应用型本科电类专业规划教材

# 信号与系统
## ——Matlab分析与实现

陈金西　主编

厦门大学出版社
XIAMEN UNIVERSITY PRESS
国家一级出版社
全国百佳图书出版单位

**图书在版编目(CIP)数据**

信号与系统：Matlab 分析与实现 / 陈金西主编. —厦门：厦门大学出版社，2016.1
应用型本科电类专业规划教材
ISBN 978-7-5615-5787-7

Ⅰ. ①信… Ⅱ. ①陈… Ⅲ. ①Matlab 软件-应用-信号系统-系统分析-高等学校-教
材 Ⅳ. ①TN911.6

中国版本图书馆 CIP 数据核字(2016)第 008178 号

| | |
|---|---|
| 出 版 人 | 蒋东明 |
| 责任编辑 | 眭 蔚 |
| 责任校对 | 胡 佩 |
| 装帧设计 | 蒋卓群 |
| 责任印制 | 许克华 |

出版发行 **厦门大学出版社**

| | |
|---|---|
| 社　　址 | 厦门市软件园二期望海路 39 号 |
| 邮政编码 | 361008 |
| 总 编 办 | 0592-2182177　0592-2181253(传真) |
| 营销中心 | 0592-2184458　0592-2181365 |
| 网　　址 | http://www.xmupress.com |
| 邮　　箱 | xmupress@126.com |
| 印　　刷 | 南平市武夷美彩印中心印刷 |

| | |
|---|---|
| 开本 | 787mm×1092mm　1/16 |
| 印张 | 36.25 |
| 字数 | 882 千字 |
| 印数 | 1～3 000 册 |
| 版次 | 2016 年 1 月第 1 版 |
| 印次 | 2016 年 1 月第 1 次印刷 |
| 定价 | 72.00 元 |

本书如有印装质量问题请直接寄承印厂调换

厦门大学出版社
微信二维码

厦门大学出版社
微博二维码

# 内容简介

本书系统地介绍了信号及系统的基本概念和理论，给出了利用 Matlab 在计算机上实现信号及系统的分析、设计、计算实例。主要内容包括六大部分：(1) 连续时间信号及连续系统的时域分析，主要介绍连续时间信号特征及其计算、连续系统的时域分析；(2) 连续系统的频域分析，主要介绍周期信号傅立叶级数、非周期信号傅立叶变换、周期信号傅立叶变换、系统的傅立叶变换分析；(3) 连续系统的 $S$ 域分析，主要介绍连续信号的拉普拉斯变换、连续系统的 $S$ 域分析；(4) 离散信号及 $Z$ 变换，主要介绍离散信号特征及其计算、离散信号 $Z$ 变换、离散系统 $Z$ 变换分析、离散信号傅立叶变换及其频谱分析；(5) 系统函数及系统结构，主要介绍系统函数的建立、零点极点与时域响应、系统函数与频率响应、系统函数导出系统结构；(6) Matlab 基本使用，主要介绍 Matlab 使用环境、数值计算及绘图、符号计算及绘图、Matlab 信号处理、Matlab 编程方法。

本书重点放在基本理论和基本设计上，强调对基本概念及其物理意义的透彻理解；每部分理论分析后再进行 Matlab 仿真，目的是先完整理解概念及理论再检验所学理论内容，加深对内容的理解。书中大量使用基于 Matlab 的应用实例，既有利于反映信号与系统的最新发展，又便于读者进行仿真实验。

本书体系新颖，内容取舍适度，重点突出，阐述通俗易懂，可作为高等院校电子信息工程、通信工程、电子科学与技术、自动化、电气工程及其自动化、计算机应用、物联网工程、生物医学工程等专业本科生教材，也可作为其他专业本科生和研究生的选修课教材，还可供从事信号与信息处理的科技工作者参考。

本书使用的符号：模拟角频率 ——$\omega$；傅立叶级数基频 ——$\Omega$；数字角频率 ——$\beta$；连续信号时间变量 ——$t$；离散信号时间变量 ——$n$；离散傅立叶变换频率变量 ——$k$。

# 前　言

　　信号与系统是电子信息、光信息、通信、自动化、计算机科学等专业学生必须掌握的专业基础知识和必修内容，也是教育部规定的工科院校多数专业必修课程之一。但从大多数开设该课程院校的教学结果来看，很多学生虽然修了该课程，也通过了考试，却对信号、系统的基本概念、物理意义不甚理解，缺乏系统的认识与理解，也就不能利用所学理论解决实际的工程问题。分析其中原因，主要有：(1)现在使用的信号与系统教材大都是纯数学推导，使学习信号与系统像学习数学分析课程一样非常抽象，加之数学推导过多，使得信号与系统教材的可读性普遍较差，很难引起读者的阅读兴趣。(2)大部分教材对信号变换、系统响应算法的物理意义缺乏清晰的描述，也缺少实际工程应用的实例，使得很多学习者只知其然，不知其所以然，也就难以实现实际应用。(3)信号处理是一门理论性及实践性很强的学科，很多现实问题从信号处理的观点看很简单，多数学生虽然掌握了一定的信号处理理论，但对现实问题缺乏了解，同样很难将理论应用于解决现实问题中。

　　针对上述问题，我们充分利用Matlab软件，从符号数学计算、数值计算的角度出发编写了这本教材。教材主要阐述信号与系统的经典理论，在理论分析上尽量减少数学推导和数学表达式描述，而充分利用时域与频域可视化波形图直观显示，对信号及系统的基本概念尽量赋予清晰的物理意义，并以应用实例将理论应用于工程实践，真正达到对信号处理理论深入浅出的表述，使教材通俗易懂。理论与Matlab释义穿插进行，又针对不同学校不同专业课时差异，把理论与Matlab实现分节编排，便于组织教学。

　　在编写的过程中，本着"精选内容、注重应用、启发创新"的原则，尽量以通俗的语言和实例来说明信号处理基本概念、算法的物理意义。我们在追求理论分析完整性的前提下，尽量将理论寓于实践中，努力将信号处理理论与实际应用紧密结合。为编写此书，我们参考了大量书籍、网站等最新资料，注意学科发展动向，同时也融入了历年的理论教学经验、实践教学积累和科研成果沉淀。希望这是一本能够适合广大学生自学，适用于本一、本二、本三等不同层次学生的高等学校教材。

　　本书是校企合作编写教材，由陈金西主编，任志山、于季刚、刘虹、唐骏、吴炳煜参与编写。在本书的编写过程中，得到了厦门理工学院领导、老师的大力支持和帮助，并提出了许多宝贵的意见，谨致以衷心的感谢！

　　限于作者的水平和经验，书中存在疏漏或者不足之处在所难免，恳请各位专家和读者批评指正。

作　者

2016 年 1 月

# 目  录

第1章　连续系统的时域分析 ································································· 1

1.1　绪论 ··········································································································· 1

1.1.1　信号的概念 ·································································································· 1

1.1.2　系统的概念 ·································································································· 1

1.1.3　信号与系统的联系 ························································································ 2

1.2　信号 ··········································································································· 2

1.2.1　信号的分类 ·································································································· 2

1.2.2　典型连续信号 ······························································································ 8

1.3　信号的基本运算 ·························································································· 13

1.3.1　信号的算术运算 ··························································································· 13

1.3.2　信号的时间变换 ··························································································· 19

1.4　奇异信号 ···································································································· 22

1.4.1　阶跃函数 ···································································································· 22

1.4.2　冲激函数 ···································································································· 25

1.5　信号的Matlab实现 ······················································································ 33

1.5.1　信号的Matlab表示 ······················································································ 33

1.5.2　常用信号的Matlab仿真 ················································································· 35

1.5.3　信号运算的Matlab实现 ················································································· 37

1.6　系统 ·········································································································· 43

1.6.1　系统分类 ···································································································· 43

1.6.2　系统的描述和分析方法 ·················································································· 48

1.7　LTI连续系统响应 ························································································· 52

1.7.1　微分方程的求解 ··························································································· 52

1.7.2　冲激响应和阶跃响应 ····················································································· 60

1.7.3　卷积积分 ···································································································· 65

1.7.4　相关函数 ···································································································· 74

1.8　系统时域分析的Matlab实现 ············································································ 78

1.8.1　代数方程求解 ······························································································ 78

1.8.2　微分方程符号求解 ························································································ 79

1.8.3　连续系统数值求解 ························································································ 82

1.8.4　卷积运算 ···································································································· 89

1.8.5　相关函数 ···································································································· 92

1.9  习题 ································································································· 95

**第 2 章  连续系统的频域分析**····························································· 104

2.1  信号正交分解 ················································································ 104

2.1.1  向量正交与正交分解 ······························································ 104

2.1.2  信号正交与正交函数集 ·························································· 105

2.1.3  信号的正交分解(投影) ························································ 105

2.2  周期信号的傅立叶级数 ·································································· 106

2.2.1  傅立叶级数的三角形式 ·························································· 106

2.2.2  对称性波形的傅立叶级数特性 ················································ 109

2.2.3  傅立叶级数的指数形式 ·························································· 110

2.2.4  周期信号的平均功率 ···························································· 110

2.3  周期信号频谱 ················································································ 111

2.3.1  信号频谱的概念 ·································································· 111

2.3.2  典型周期信号频谱 ······························································ 112

2.4  非周期信号频谱 ············································································ 114

2.4.1  傅立叶变换 ········································································ 114

2.4.2  常用函数的傅立叶变换 ·························································· 115

2.5  傅立叶变换的性质 ········································································· 119

2.5.1  线性性质 ··········································································· 119

2.5.2  对偶性 ·············································································· 119

2.5.3  奇偶虚实性 ········································································ 119

2.5.4  尺度变换 ··········································································· 120

2.5.5  移位特性 ··········································································· 121

2.5.6  卷积性质 ··········································································· 123

2.5.7  微分性质 ··········································································· 124

2.5.8  积分性质 ··········································································· 125

2.5.9  相关性质 ··········································································· 126

2.6  周期信号的傅立叶变换 ·································································· 126

2.6.1  常用周期信号的傅立叶变换 ··················································· 127

2.6.2  一般周期信号的傅立叶变换 ··················································· 127

2.6.3  周期信号傅立叶级数与傅立叶变换关系 ····································· 128

2.7  能量谱和功率谱 ············································································ 129

2.7.1  帕斯瓦尔能量恒等式 ···························································· 129

2.7.2  能量谱 ·············································································· 129

2.7.3  功率谱 ·············································································· 130

2.8  LTI 系统的频域分析 ······································································· 130

2.8.1  基本信号 $e^{j\omega t}$ 作用于 LTI 系统的响应 ···································· 131

2.8.2  一般信号作用于 LTI 系统的响应 ············································· 131

2.8.3  频率响应函数的求法 ···························································· 132

2.8.4　无失真传输与滤波 ……………………………………………… 134

2.8.5　能量谱和功率谱分析 …………………………………………… 137

2.9　抽样定理 ………………………………………………………………… 138

2.9.1　信号的抽样 ……………………………………………………… 138

2.9.2　时域抽样定理 …………………………………………………… 140

2.9.3　频域抽样定理 …………………………………………………… 141

2.9.4　信号重建 ………………………………………………………… 141

2.10　连续系统频域分析的 Matlab 实现 …………………………………… 142

2.10.1　傅立叶变换 ……………………………………………………… 142

2.10.2　LTI 系统的频域分析 …………………………………………… 148

2.10.3　信号取样及取样定理 …………………………………………… 156

2.11　习题 …………………………………………………………………… 162

第3章　连续系统的复频域分析 ……………………………………………… 173

3.1　拉普拉斯变换 …………………………………………………………… 173

3.1.1　双边拉普拉斯变换 ……………………………………………… 173

3.1.2　收敛域 …………………………………………………………… 174

3.1.3　单边拉普拉斯变换 ……………………………………………… 175

3.1.4　常用函数的单边拉普拉斯变换 ………………………………… 176

3.1.5　单边拉普拉斯变换与傅立叶变换的关系 ……………………… 177

3.2　拉普拉斯变换的性质 …………………………………………………… 178

3.2.1　线性性质 ………………………………………………………… 178

3.2.2　尺度变换 ………………………………………………………… 179

3.2.3　移位特性 ………………………………………………………… 179

3.2.4　微分特性 ………………………………………………………… 180

3.2.5　积分特性 ………………………………………………………… 184

3.2.6　卷积定理 ………………………………………………………… 186

3.2.7　初值定理和终值定理 …………………………………………… 187

3.3　拉普拉斯逆变换 ………………………………………………………… 188

3.3.1　查表法 …………………………………………………………… 188

3.3.2　部分分式展开法 ………………………………………………… 190

3.4　复频域分析 ……………………………………………………………… 193

3.4.1　微分方程的变换解 ……………………………………………… 194

3.4.2　系统的 S 域框图 ………………………………………………… 196

3.4.3　电路的 S 域模型 ………………………………………………… 200

3.5　复频域分析的 Matlab 实现 …………………………………………… 205

3.5.1　拉普拉斯变换 …………………………………………………… 205

3.5.2　微分方程的拉普拉斯变换解 …………………………………… 213

3.5.3　系统响应 ………………………………………………………… 214

3.6　习题 …………………………………………………………………… 220

**第4章 离散信号及系统分析** ················································································ 227

4.1 离散信号 ···································································································· 227

    4.1.1 离散信号的表示 ················································································ 227

    4.1.2 离散信号的运算 ················································································ 232

    4.1.3 离散信号的 Matlab 仿真 ··································································· 237

4.2 离散信号 $Z$ 变换 ······················································································ 245

    4.2.1 单边 $Z$ 变换 ····················································································· 245

    4.2.2 双边 $Z$ 变换 ····················································································· 246

    4.2.3 收敛域 ·························································································· 247

    4.2.4 常用序列 $Z$ 变换 ·············································································· 250

    4.2.5 $Z$ 变换的基本性质 ············································································ 251

    4.2.6 求 $Z$ 变换的基本方法 ········································································· 259

    4.2.7 逆 $Z$ 变换 ······················································································· 261

    4.2.8 $Z$ 变换的 Matlab 实现 ······································································ 266

4.3 离散信号的傅立叶变换 ················································································ 270

    4.3.1 离散时间傅立叶变换(DTFT) ······························································ 270

    4.3.2 周期序列及其傅立叶级数(DFS) ··························································· 274

    4.3.3 四种傅立叶变换的特点和关系 ······························································ 278

    4.3.4 离散傅立叶变换(DFT) ······································································ 278

    4.3.5 快速傅立叶变换(FFT) ······································································ 295

    4.3.6 离散信号傅立叶变换的 Matlab 实现 ······················································ 301

4.4 离散系统时域分析 ······················································································ 312

    4.4.1 系统分类 ·························································································· 312

    4.4.2 离散系统的差分方程描述 ···································································· 313

    4.4.3 离散方程的经典解法 ·········································································· 314

    4.4.4 单位样值响应 ················································································· 316

    4.4.5 线性卷积 ······················································································· 316

    4.4.6 离散系统时域分析的 Matlab 实现 ························································· 318

4.5 离散系统 $Z$ 域分析 ···················································································· 326

    4.5.1 差分方程的变换解 ············································································ 327

    4.5.2 系统的 $Z$ 域框图 ·············································································· 330

    4.5.3 离散系统的频率响应 ·········································································· 332

    4.5.4 离散系统 $Z$ 域分析的 Matlab 实现 ······················································· 337

4.6 习题 ········································································································· 346

**第5章 系统函数与结构** ·················································································· 353

5.1 系统函数与系统特性 ···················································································· 353

    5.1.1 系统函数的零极点分布图 ···································································· 353

    5.1.2 系统函数与因果性和稳定性 ·································································· 354

    5.1.3 系统函数与时域响应 ·········································································· 355

　　5.1.4　系统函数与频率响应 ································································ 357

　　5.1.5　零极点及频率响应的 Matlab 分析 ····································· 358

　5.2　系统信号流图 ·············································································· 361

　　5.2.1　信号流图 ················································································ 361

　　5.2.2　梅森公式 ················································································ 366

　5.3　系统结构 ······················································································ 367

　　5.3.1　直接形式 ················································································ 367

　　5.3.2　级联形式 ················································································ 369

　　5.3.3　并联形式 ················································································ 370

　　5.3.4　系统结构的 Matlab 实现 ····················································· 374

　5.4　习题 ······························································································· 380

**第 6 章　Matlab 软件使用** ·································································· 388

　6.1　Matlab 在信号与系统中的应用 ·················································· 388

　6.2　Matlab 软件的环境介绍 ···························································· 388

　6.3　Matlab 数值运算 ········································································ 390

　　6.3.1　算术运算 ················································································ 390

　　6.3.2　向量运算 ················································································ 393

　　6.3.3　矩阵运算 ················································································ 396

　　6.3.4　多项式数值计算 ····································································· 403

　　6.3.5　数据统计分析 ········································································· 407

　　6.3.6　数字信号处理 ········································································· 414

　6.4　Matlab 符号运算 ········································································ 435

　　6.4.1　变量定义 ················································································ 435

　　6.4.2　符号四则运算 ········································································· 437

　　6.4.3　函数运算 ················································································ 438

　　6.4.4　微积分运算 ············································································· 443

　　6.4.5　信号处理 ················································································ 448

　　6.4.6　方程求解 ················································································ 450

　　6.4.7　变量数据类型转换 ································································· 453

　6.5　Matlab 基本绘图 ········································································ 455

　　6.5.1　数值函数绘图 ········································································· 455

　　6.5.2　符号函数绘图 ········································································· 464

　6.6　M 文件 ·························································································· 469

　　6.6.1　M 脚本文件及 M 函数文件 ··················································· 469

　　6.6.2　局部变量和全局变量 ····························································· 470

　6.7　Matlab 程序流程控制 ································································· 470

　　6.7.1　for 循环结构 ··········································································· 470

　　6.7.2　while 循环结构 ······································································· 471

　　6.7.3　if 分支结构 ············································································· 471

6.7.4　switch 分支结构 ·················································· 472
6.8　Matlab 命令函数表 ················································· 473
6.8.1　管理命令和函数 ·················································· 473
6.8.2　管理变量和工作空间命令 ········································· 474
6.8.3　与文件和操作系统有关的命令 ····································· 474
6.8.4　窗口控制命令 ···················································· 474
6.8.5　启动和退出命令 ·················································· 475
6.8.6　一般 Matlab 信息 ················································ 475
6.8.7　运算符和特殊字符 ················································ 475
6.8.8　逻辑函数 ························································ 476
6.8.9　三角函数 ························································ 476
6.8.10　指数函数 ······················································· 477
6.8.11　复数函数 ······················································· 477
6.8.12　数值函数 ······················································· 477
6.8.13　基本矩阵生成函数 ··············································· 478
6.8.14　特殊变量和常数 ················································· 478
6.8.15　时间和日期函数 ················································· 479
6.8.16　矩阵操作命令 ··················································· 479
6.8.17　矩阵分析命令 ··················································· 479
6.8.18　线性方程函数 ··················································· 480
6.8.19　特征值和奇异值函数 ············································· 480
6.8.20　矩阵函数 ······················································· 480
6.8.21　泛函-非线性数值函数 ············································ 481
6.8.22　多项式函数 ····················································· 481
6.8.23　建立和控制图形窗口命令 ········································· 482
6.8.24　建立和控制坐标系命令 ··········································· 482
6.8.25　句柄图形操作 ··················································· 482
6.8.26　打印和存储命令 ················································· 483
6.8.27　绘制基本 X-Y 图形命令 ·········································· 483
6.8.28　绘制特殊 X-Y 图形命令 ·········································· 483
6.8.29　图形注释命令 ··················································· 484
6.8.30　Matlab 编程语言函数 ············································ 484
6.8.31　程序流程控制 ··················································· 484
6.8.32　交互输入 ······················································· 484
6.8.33　一般字符串函数 ················································· 485
6.8.34　字符串比较函数 ················································· 485
6.8.35　字符串与数值类型转换函数 ······································· 485
6.8.36　十进制与十六进制数转换函数 ····································· 486
6.8.37　建模命令 ······················································· 486

6.8.38　系统模型转换函数 ················································· 486

6.8.39　系统模型化简函数 ················································· 487

6.8.40　系统模型实现函数 ················································· 487

6.8.41　系统模型特性 ····················································· 487

6.8.42　时域响应 ························································· 488

6.8.43　频域响应 ························································· 488

6.8.44　根轨迹函数 ······················································· 489

6.8.45　增益控制函数 ····················································· 489

6.8.46　方程求解 ························································· 490

6.8.47　演示示例 ························································· 490

6.8.48　实用工具 ························································· 490

**习题参考答案** ············································································ 492

**参考文献** ················································································ 566

# 第1章　连续系统的时域分析

## 1.1　绪论

什么是信号？什么是系统？为什么把这两个概念联系在一起？

### 1.1.1　信号的概念

**客观事物**：自然界客观存在的实物。如声、光、电、磁、矿物、植物、动物等。

**信息**（information）：通常把对客观事物的描述内容称为信息。如对人的描述用姓名、性别、籍贯、出生日期等信息描述。商品广告上的文字、图像、声音就是对商品信息的表述。多媒体信息是指数值、文字符号、语音、图像和视频。

**数字信息**：用数值表示信息，即信息数值化。如文字通过编码表示，图像通过像素编码表示，音量通过电流大小表示。

**信号**（signal）：信号是自然界物理属性，是信息的载体。通过信号传递信息。日常生活中经常使用信号，如声信号：上课铃声表示该上课了，防空警报声表示空中有危险；光信号：十字路口的红绿灯用于指挥交通，烽火台的火光表示有险情；电磁波信号：无线电台发送的无线电波；电信号：电视机处理的图像视频信号，表示电视节目内容；磁信号：电脑中磁盘存储的信号，表示电脑存储的信息内容。

**电子信号（电子信息）**：用电流或电压表示信号，通常称电子信号或电子信息。

### 1.1.2　系统的概念

信号的产生、传输和处理需要一定的物理装置，这样的物理装置称为系统。一般而言，系统指若干相互关联的事物组合而成具有特定功能的整体。如：人本身就是一个超智能系统，可以处理客观世界的各种信息；手机、电视机、通信网、计算机网等都可以看成一个电子系统，它们所处理的语音、音乐、图像、视频、文字等都可以看成信号。

系统的基本作用是对信号进行传输和处理，如图 1.1.1 所示。

输入信号　　　　　　输出信号

激励　　系统　　响应

**图 1.1.1　系统框图**

通信系统是为传送信息而装设的全套技术设备,如图 1.1.2 所示。

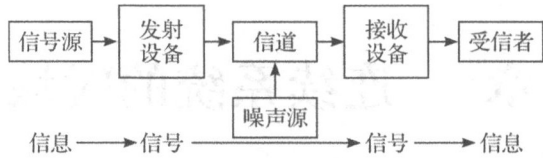

图 1.1.2　通信系统

### 1.1.3　信号与系统的联系

系统是用来产生或处理信号的。

**信号产生**:如系统振荡产生正弦信号、脉冲信号等。

**信号处理**:对信号进行某种加工或变换。信号处理目的是:(1)消除信号中多余的内容;(2)滤除混杂的噪声和干扰;(3)将信号变换成容易分析与识别的形式,便于估计和选择信号的特征参量。信号处理的应用已遍及各种科学技术领域。

**信号传输**:通信的目的是实现信息的传输。例如:

(1)原始的光通信系统。如古代利用烽火传送边疆警报。

(2)声音信号的传输。如击鼓鸣金,即古时两军作战时用鼓和金发号施令,击鼓则进,鸣金则退。

(3)利用电信号传送消息。如电报、电话、视频。

(4)利用电磁波传送无线电信号。如收音机、手机、美国全球定位系统 GPS(global positioning system)、中国北斗卫星导航系统(Beidou navigation satellite system,BDS)。

# 1.2　信号

信号是信息的一种物理体现。它一般是随时间变化(如声音信号)或位置变化(如图像信号)的物理量。在数学上,信号表示为一个或多个自变量的函数。

信号按物理属性分为电信号和非电信号。它们可以利用传感器相互转换。电信号容易产生,便于控制,易于处理。本书讨论的是电信号,简称"信号"。电信号的基本形式是随时间变化的电压或电流。

描述信号的常用方法:

(1)信号的函数表示。一般表示为时间变量的数学函数。

(2)信号的波形表示。根据数学函数,绘制出其随时间变化的波形图像。

### 1.2.1　信号的分类

信号的分类方法很多,可以从不同的角度对信号进行分类。

(1)按实际用途划分,有电视信号、雷达信号、控制信号、通信信号、广播信号等。

(2)按所具有的时间特性划分,有确定信号和随机信号、连续信号和离散信号、周期信号和非周期信号、左边信号与右边信号、因果信号与反因果信号、实信号与复信号、能量信号与功率信号、一维信号与多维信号等。下面介绍几种常用信号。

### 1.2.1.1　确定信号和随机信号

如果对于指定的某一时刻 $t$，有确定的函数值 $f(t)$ 与之对应的信号，则称为**确定信号**。如图 1.2.1(a) 为一个线性斜坡信号，在 $t_1$ 时刻，对应的数值为 $y_1$；在 $t_2$ 时刻，对应的数值为 $y_2$。确定信号可以用函数解析式、图表和波形来表示。

如果事先无法确定一个信号的变化值，也无法预先知道其变化规律，则称该信号为**随机信号**。如图 1.2.1(b) 所示为一个随机信号。在实际工作中，系统总会受到各种干扰信号的影响，这些干扰信号不仅在不同时刻的信号值是互不相关的，而且在任一时刻信号的幅值和相位都是在不断变化的。因此，从严格意义上讲，绝大多数信号都是随机信号。只不过我们在研究信号与系统时，常常忽略一些次要的干扰信号，主要研究占统治地位的信号的性质和变化趋势。本书主要研究确定信号。

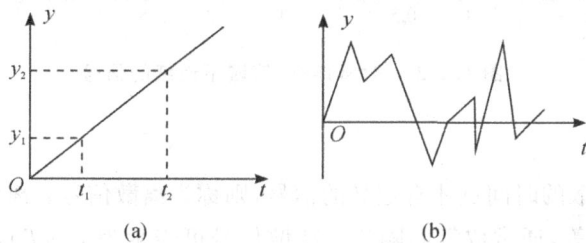

**图 1.2.1　信号波形**

### 1.2.1.2　连续信号和离散信号

**1. 连续时间信号**

在连续的时间范围内 $(-\infty < t < \infty)$ 有定义的信号，简称连续信号。用 $t$ 表示连续时间变量。

注意：这里的"连续"指函数的定义域（时间变量）是连续的，但可含间断点。至于值域，可连续（如图 1.2.2 所示），也可不连续（如图 1.2.3 所示）。

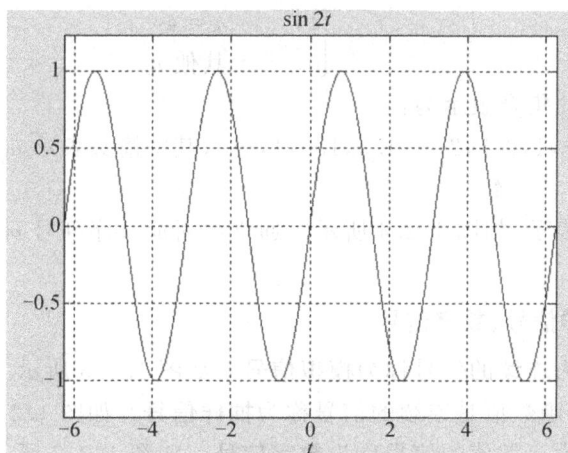

**图 1.2.2　时域连续、值域连续的信号**

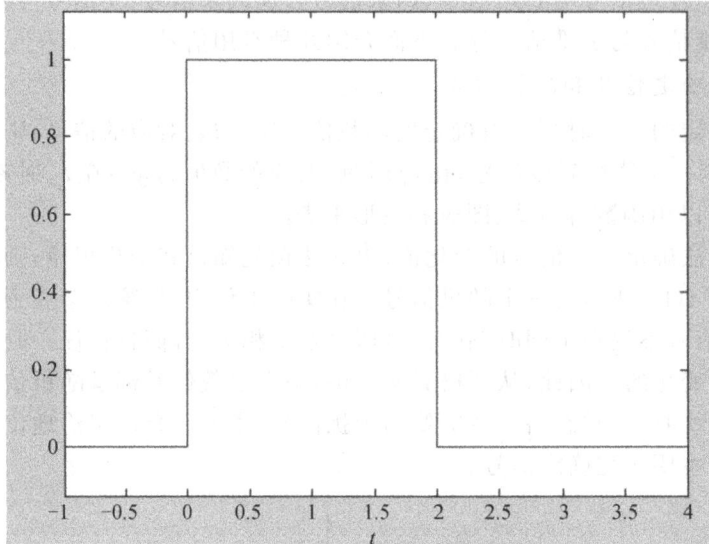

**图 1.2.3　时域连续、值域不连续的信号**

### 2. 离散时间信号

如果仅在一些离散的时间点才有定义的信号,则称为**离散信号**。离散点间隔 $T_n = t_{n+1} - t_n$ 可以等间隔也可不等,通常取等间隔 $T$。离散信号可表示为 $f(nT)$,简写为 $f(n)$,这种等间隔的离散信号也常称为**序列**,其中 $n$ 称为序号(离散时间变量)。序列可以表示成函数形式,也可以直接列出序列值或写成序列值的集合,还可以用波形表示。

如一离散信号用表达式表示为:

$$f(n) = \begin{cases} 1, & n = -1 \\ 0.5, & n = 0 \\ 2, & n = 1 \\ -1.5, & n = 2 \\ 1.5, & n = 3 \\ 1, & n = 4 \\ 0, & 其他\ n \end{cases}$$

它可以用序列值的集合表示为:

$$f(n) = \{\cdots, 1, \underset{\uparrow}{0.5}, 2, -1.5, 1.5, 1, \cdots\}$$,其中箭头表示 $n = 0$ 的位置

它也可以用图形表示,如图 1.2.4 所示。通常将对应某序列号 $m$ 的序列值称为第 $m$ 个样点的"样值"。

### 3. 模拟信号、抽样信号、数字信号

时间和函数值均为连续的信号称为**模拟信号**。如图 1.2.5 所示。

时间是离散值,而函数值是连续的信号称为**抽样信号**。如图 1.2.6 所示。

时间和函数值均为离散值的信号称为**数字信号**。如图 1.2.7 所示。

连续信号与模拟信号、离散信号与数字信号经常通用。

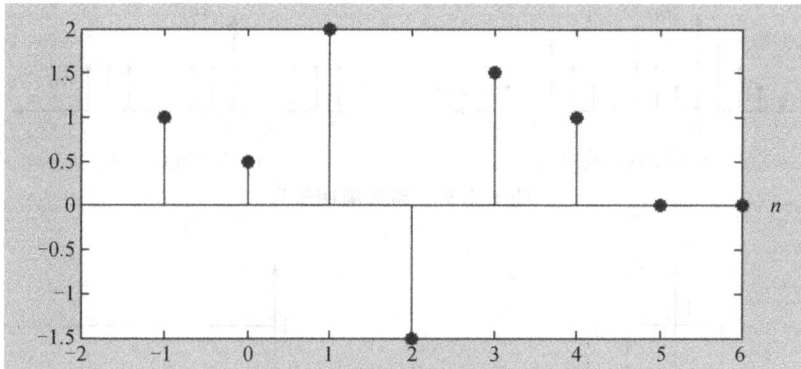

图 1.2.4　离散信号

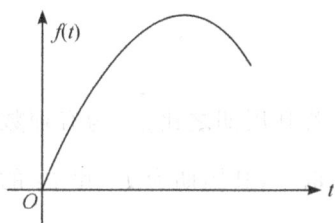

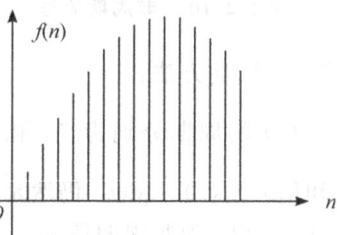

图 1.2.5　模拟信号　　　图 1.2.6　抽样信号　　　图 1.2.7　数字信号

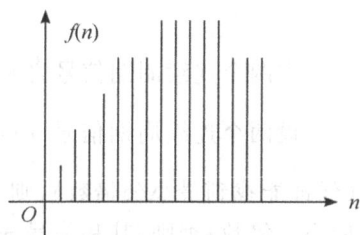

### 1.2.1.3　周期信号和非周期信号

定义在 $(-\infty,\infty)$ 区间,每隔一定时间 $T$(或整数 $N$),按相同规律重复变化的信号。

(1) 连续信号 $f(t)$ 满足关系式

$$f(t)=f(t+mT),m=0,\pm1,\pm2,\cdots$$

的信号称为周期信号,式中满足关系的最小 $T$ 称为该周期信号的周期。如图 1.2.8(a)(b)
分为方波周期信号和正弦信号。

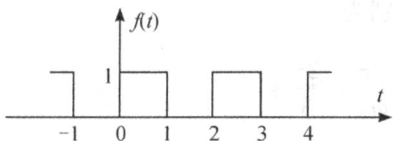

(a)方波周期信号　　　　　　　　　　(b)正弦信号

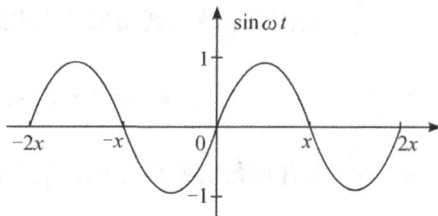

图 1.2.8　连续周期信号

(2) 离散信号 $f(n)$ 满足

$$f(n)=f(n+mN),m=0,\pm1,\pm2,\cdots$$

的信号称为离散周期信号,式中满足关系的最小整数 $N$ 称为该离散周期信号的周期。如图
1.2.9(a)(b) 分为周期锯齿波序列和周期方波序列。

(3) 不具有周期性的信号称为**非周期信号**。如图 1.2.10(a)(b) 分为矩形脉冲信号和单
位阶跃信号。

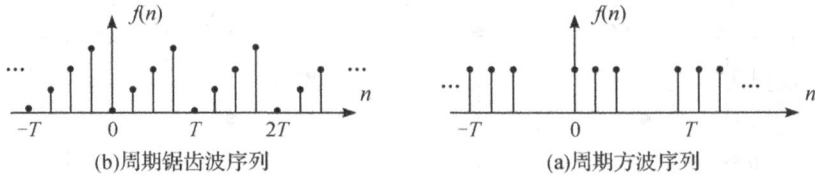

(b)周期锯齿波序列      (a)周期方波序列

图 1.2.9   离散周期信号

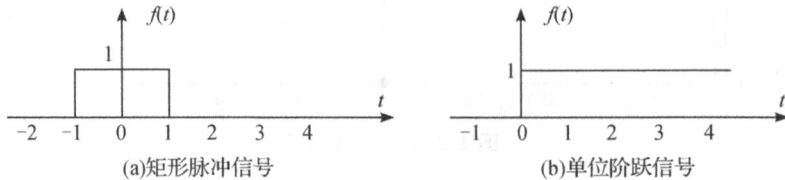

(a)矩形脉冲信号      (b)单位阶跃信号

图 1.2.10   非周期信号

求两个连续周期信号之和信号的周期方法：

设两个连续周期信号 $x(t)$，$y(t)$ 的周期分别为 $T_1$ 和 $T_2$，若其周期之比 $\dfrac{T_1}{T_2}$ 为有理数（保证能找到最小公倍数），则其和信号 $x(t)+y(t)$ 仍然是周期信号，其周期为 $T_1$ 和 $T_2$ 的最小公倍数；否则，其和信号 $x(t)+y(t)$ 为非周期信号。

**【例 1.2.1】** 判断下列连续信号是否为周期信号，若是，确定其周期。

(1) $f_1(t)=\sin 2t+\cos\left(3t+\dfrac{\pi}{3}\right)$；

(2) $f_2(t)=\cos 3t+\sin\left(2\pi t+\dfrac{\pi}{4}\right)$。

解：(1) $\sin 2t$ 是周期信号，其角频率和周期分别为

$$\omega_1=2 \text{ rad/s}, T_1=\frac{2\pi}{\omega_1}=\pi \text{ s}$$

$\cos\left(3t+\dfrac{\pi}{3}\right)$ 是周期信号，其角频率和周期分别为

$$\omega_2=3 \text{ rad/s}, T_2=\frac{2\pi}{\omega_2}=\frac{2\pi}{3} \text{ s}$$

由于 $\dfrac{T_1}{T_2}=\dfrac{3}{2}$ 为有理数，故 $f_1(t)$ 为周期信号，其周期为 $T_1$ 和 $T_2$ 的最小公倍数，为 $2\pi$。

(2) $\cos 3t$ 和 $\sin\left(2\pi t+\dfrac{\pi}{4}\right)$ 的周期分别为 $T_1=\dfrac{2}{3}\pi \text{ s}$，$T_2=1 \text{ s}$，由于 $\dfrac{T_1}{T_2}$ 为无理数，故 $f_2(t)$ 为非周期信号。

求正弦序列 $f(n)=\sin(\beta n)$ 的周期的方法：

$$f(n)=\sin(\beta n)$$
$$=\sin(\beta n+2\pi m), m=0,\pm 1,\pm 2,\cdots$$
$$=\sin\left[\beta\left(n+m\frac{2\pi}{\beta}\right)\right]=\sin[\beta(n+mN)]$$

式中 $\beta$ 称为数字角频率，单位为 rad。

根据离散周期信号定义得：

（1）当 $\dfrac{2\pi}{\beta}$ 为整数时，正弦序列是周期信号，周期 $N=\dfrac{2\pi}{\beta}$。

（2）当 $\dfrac{2\pi}{\beta}$ 为有理数时，正弦序列仍具有周期性，但其周期为 $N=M\dfrac{2\pi}{\beta}$，$M$ 取使 $N$ 为整数的最小整数。

（3）当 $\dfrac{2\pi}{\beta}$ 为无理数时，正弦序列为非周期序列。

总之，当 $\dfrac{2\pi}{\beta}$ 为有理数 $\dfrac{N}{M}$ 时，正弦信号 $\sin(\beta n)$ 为周期信号，周期为 $N$；否则为非周期信号。

求两个正弦序列相加的和信号的周期的方法与连续正弦信号方法相同。

**【例 1.2.2】** 离散周期信号示例。判断下列序列是否为周期信号，若是，确定其周期。

（1）$f_1(n)=\sin(\dfrac{3\pi}{4}n)+\cos(\dfrac{\pi}{2}n)$；

（2）$f_2(n)=\sin 2n$。

解：（1）$\sin(\dfrac{3\pi}{4}n)$ 和 $\cos(\dfrac{\pi}{2}n)$ 的数字角频率分别为 $\beta_1=\dfrac{3\pi}{4}$ rad，$\beta_2=\dfrac{\pi}{2}$ rad。

由于 $\dfrac{2\pi}{\beta_1}=\dfrac{8}{3}$ 为有理数，则 $\sin(\dfrac{3\pi}{4}n)$ 为周期信号，周期 $N_1$ 为 8；

由于 $\dfrac{2\pi}{\beta_2}=4$ 为有理数，则 $\cos(\dfrac{\pi}{2}n)$ 为周期信号，周期 $N_2$ 为 4；

所以，$f_1(n)$ 为周期序列，其周期为 $N_1$ 和 $N_2$ 的最小公倍数 8。

（2）$\sin 2n$ 的数字角频率为 $\beta=2$ rad；由于 $\dfrac{2\pi}{\beta}=\pi$ 为无理数，故 $f_2(n)=\sin 2n$ 为非周期序列。

由上面例子可以看出：

① 单一的连续正弦信号一定是周期信号，而单一的正弦序列不一定是周期序列。

② 两连续周期信号之和不一定是周期信号，而两周期序列之和一定是周期序列。

### 1.2.1.4　能量信号与功率信号

若将信号 $f(t)$ 施加于 $1\ \Omega$ 电阻上，它所消耗的瞬时功率为 $|f(t)|^2$，则 $f(t)$ 在区间 $(-\infty,\infty)$ 的能量 $E$ 为：

$$E \stackrel{\mathrm{def}}{=\!=} \int_{-\infty}^{\infty} |f(t)|^2 \mathrm{d}t$$

$f(t)$ 在区间 $(-\infty,\infty)$ 的平均功率 $P$ 为：

$$P \stackrel{\mathrm{def}}{=\!=} \lim_{T\to\infty} \frac{1}{T} \int_{-\frac{T}{2}}^{\frac{T}{2}} |f(t)|^2 \mathrm{d}t$$

若信号 $f(t)$ 的能量有界（即 $E<\infty$），则称其为能量有限信号，简称**能量信号**。此时 $P=\lim\limits_{T\to\infty}\dfrac{E}{T}=0$。

若信号 $f(t)$ 的平均功率有界（即 $P<\infty$），则称其为功率有限信号，简称**功率信号**。此

时 $E = \lim_{T \to \infty}(PT) = \infty$，即功率信号的能量无限大（不存在）。

离散信号的能量和功率的定义与连续信号类似。

离散信号 $f(n)$ 的能量：$E = \sum_{n=-\infty}^{\infty} | f(n) |^2$；

离散信号 $f(n)$ 的平均功率：$P = \lim_{N \to \infty} \dfrac{1}{2N+1} \sum_{n=-N}^{N} | f(n) |^2$。

若信号 $f(n)$ 的能量有界（即 $E < \infty$），则称 $f(n)$ 为能量信号。若信号 $f(n)$ 的平均功率有界（即 $P < \infty$），则称 $f(n)$ 为功率信号。

判定能量信号和功率信号的一般规律：

（1）一般周期信号为功率信号。

（2）时限信号（仅在有限的时间区间内不为零的非周期信号）为能量信号。

（3）还有一些非周期信号也是非能量信号。如单位阶跃信号 $\varepsilon(t)$ 是功率信号，而 $t\varepsilon(t)$、$e^t$ 是非功率非能量信号，单位冲激信号 $\delta(t)$ 是无定义的非功率非能量信号。

【例 1.2.3】求下面功率信号的平均功率。

（1）$f(t) = A$；（2）$f(t) = \varepsilon(t)$；（3）$f(t) = A\sin(2\pi t)$。

解：（1）$P = \lim_{T \to \infty} \dfrac{1}{T} \int_0^T [f(t)]^2 \mathrm{d}t = \lim_{T \to \infty} \dfrac{1}{T} \int_0^T A^2 \mathrm{d}t = A^2$；

（2）$P = \lim_{T \to \infty} \dfrac{1}{T} \int_0^T [f(t)]^2 \mathrm{d}t = \lim_{T \to \infty} \dfrac{1}{T} \int_0^T 1^2 \mathrm{d}t = 1$；

（3）$P = \lim_{T \to \infty} \dfrac{1}{T} \int_0^T [f(t)]^2 \mathrm{d}t = \int_0^1 [A\sin(2\pi t)]^2 \mathrm{d}t$

$= A^2 \int_0^1 \dfrac{1 - \cos(2 \times 2\pi t)}{2} \mathrm{d}t = \dfrac{A^2}{2}$。

【例 1.2.4】求下面能量信号的能量。

（1）$f(t) = 3\mathrm{rect}(t)$；（2）$f(t) = \mathrm{rect}(t)\sin(2\pi t)$；（3）$f(t) = e^{-2t}\varepsilon(t)$。

解：（1）$E = \int_{-\infty}^{\infty} [f(t)]^2 \mathrm{d}t = \int_{-\frac{1}{2}}^{\frac{1}{2}} [3\mathrm{rect}(t)]^2 \mathrm{d}t = \int_{-\frac{1}{2}}^{\frac{1}{2}} 9 \mathrm{d}t = 9$；

（2）$E = \int_{-\infty}^{\infty} [f(t)]^2 \mathrm{d}t = \int_{-\frac{1}{2}}^{\frac{1}{2}} [\sin(2\pi t)]^2 \mathrm{d}t = \int_{-\frac{1}{2}}^{\frac{1}{2}} \dfrac{1 - \cos(2 \times 2\pi t)}{2} \mathrm{d}t = \dfrac{1}{2}$；

（3）$E = \int_{-\infty}^{\infty} [f(t)]^2 \mathrm{d}t = \int_0^{\infty} (e^{-2t})^2 \mathrm{d}t = \dfrac{1}{4}$。

【例 1.2.5】下列信号中属于功率信号的是哪个？

（1）$\cos t \varepsilon(t)$　　（2）$e^{-t}\varepsilon(t)$　　（3）$te^{-t}\varepsilon(t)$　　（4）$e^{-|t|}$

解：属于功率信号的是（1）。

## 1.2.2　典型连续信号

下面介绍几个常用的时间连续信号。

### 1.2.2.1　实指数信号

定义：实指数信号的数学表达式为

$$f(t) = K e^{at}$$

其中 $|a|$ 表示指数变化速率，$|a|$ 越大表示函数增长或衰减越快，$|a|$ 越小表示函数增长或衰减越慢。函数图形如图 1.2.11 所示。

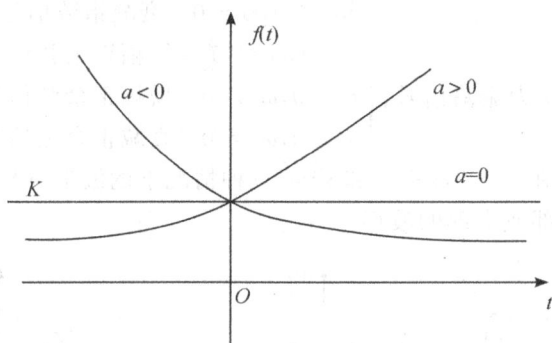

图 1.2.11　实指数信号波形

讨论：

(1) $a = 0$，直流（常数），信号不随时间变化；

(2) $a > 0$，指数增长函数，信号随时间指数增长，$a$ 越大增长越快；

(3) $a < 0$，指数衰减函数，信号随时间指数衰减，$|a|$ 越大衰减越快。

$\dfrac{1}{|a|}$ 具有时间量纲，所以称 $\tau = \dfrac{1}{|a|}$ 为实指数函数的时间常数。

单边衰减指数信号定义为

$$f(t) = \begin{cases} 0, & t < 0 \\ e^{-at} = e^{-\frac{t}{\tau}}, & t \geqslant 0 \end{cases}$$

其中，$\tau = \dfrac{1}{|a|}$ 称为指数信号的时间常数，具有时间的量纲。波形如图 1.2.12 所示。

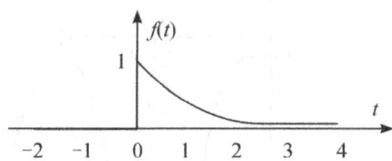

图 1.2.12　单边衰减指数信号波形

**重要特性**：指数信号对时间的微分和积分仍然是指数形式。

1.2.2.2　复指数信号

定义：复数指数信号的数学表达式为

$$f(t) = K e^{st} \quad (-\infty < t < \infty)$$
$$= K e^{\sigma t} \cos(\omega t) + j K e^{\sigma t} \sin(\omega t)$$

其中，$s = \sigma + j\omega$ 是复数，称 $s$ 为复频率；衰减因子 $\sigma$ 为实数，量纲为 $s^{-1}$；角频率 $\omega$ 为实数，量纲为 rad/s。

复指数信号在数学定义上是具有普遍意义的信号。

讨论：

$(1)\omega=0$ 时，$f(t)$ 为实指数信号，$\begin{cases}\sigma=0,\omega=0 & 直流 \\ \sigma>0,\omega=0 & 升指数信号 \\ \sigma<0,\omega=0 & 衰减指数信号\end{cases}$ ；

$(2)\omega\neq0$ 时，$f(t)$ 为振荡信号，$\begin{cases}\sigma=0,\omega\neq0 & 等幅正余弦信号 \\ \sigma>0,\omega\neq0 & 增幅正余弦信号 \\ \sigma<0,\omega\neq0 & 衰减正余弦信号\end{cases}$ 。

当 $\omega\neq0$ 时，$f(t)$ 在 $\sigma>0$，$\sigma<0$ 和 $\sigma=0$ 三种情况下的波形分别如图 1.2.13(a)(b)(c) 所示。注意：只画出实部或虚部的波形。

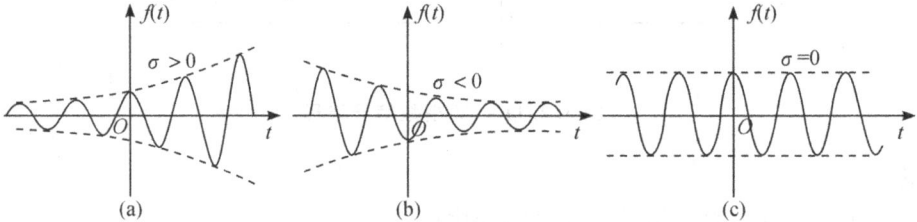

图 1.2.13　复指数信号波形

### 1.2.2.3　正弦信号

定义：正弦信号的数学表达式为

$$f(t)=A\sin(\omega t+\varphi)$$

其中，$A$ 称为振幅，表示函数最大值；$\omega$ 称为角频率，是表示函数变换快慢的物理量；$\varphi$ 称为初相，表示 $t=0$ 时的相位。如图 1.2.14 所示。

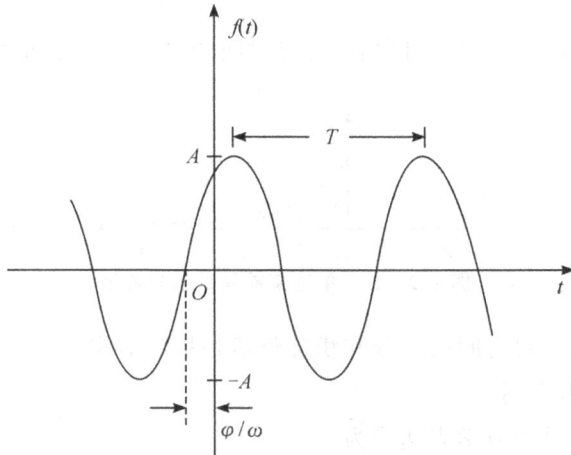

图 1.2.14　正弦信号波形

确定正弦函数的三要素：

（1）函数值大小。$A$ 称为振幅，表示函数最大值。

（2）变化速度。$\omega$ 称为角频率，表示函数变化快慢的物理量，单位为弧度/秒（rad/s）；

$f = \dfrac{\omega}{2\pi}$ 称为频率，表示 1 s 变换的周期数，单位为赫兹（Hz）；$T = \dfrac{2\pi}{\omega} = \dfrac{1}{f}$ 称为周期，表示变换一个周期的时间，单位为秒（s）。

（3）初相。$\varphi$ 称为初相，表示 $t = 0$ 时的相位，单位为弧度（rad）。

**重要特性：**正弦函数对时间的微、积分仍是同频率正弦函数。

单边衰减正弦信号定义为

$$f(t) = \begin{cases} A\,\mathrm{e}^{-at}\sin(\omega t) & t \geqslant 0 \\ 0 & t < 0 \end{cases}, a > 0，如图 1.2.15 所示。$$

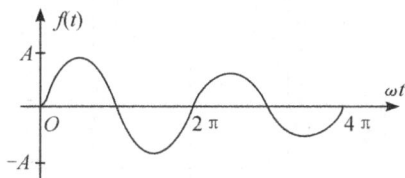

图 1.2.15　单边衰减正弦信号波形

正弦波的幅度随时间按指数规律衰减。

#### 1.2.2.4　抽样信号（辛格函数）

定义：抽样函数的数学表达式为

$$\mathrm{Sa}(t) = \frac{\sin t}{t}$$

又称非归一化辛格函数（sinc function），如图 1.2.16 所示。

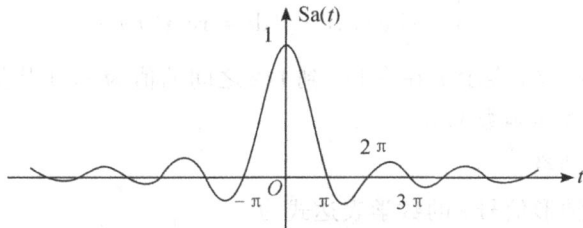

图 1.2.16　抽样函数波形

**讨论：**

（1）$\mathrm{Sa}(-t) = \mathrm{Sa}(t)$，所以 $\mathrm{Sa}(t)$ 为偶函数；

（2）$t = 0$，$\mathrm{Sa}(t) = 1$，即 $\lim\limits_{t \to 0} \mathrm{Sa}(t) = 1$；

（3）$\mathrm{Sa}(t) = 0$，$t = \pm n\pi$，$n = 1, 2, 3, \cdots$；

（4）$\displaystyle\int_0^\infty \frac{\sin t}{t}\mathrm{d}t = \frac{\pi}{2}$，$\displaystyle\int_{-\infty}^\infty \frac{\sin t}{t}\mathrm{d}t = \pi$；

（5）$\lim\limits_{t \to \pm\infty} \mathrm{Sa}(t) = 0$；

（6）**辛格函数：**$\mathrm{sinc}(t) = \dfrac{\sin(\pi t)}{\pi t} = \mathrm{Sa}(\pi t)$，0 点出现在 $t = 1, 2, \cdots$ 时，是归一化抽样函数，其波形如图 1.2.17 所示。

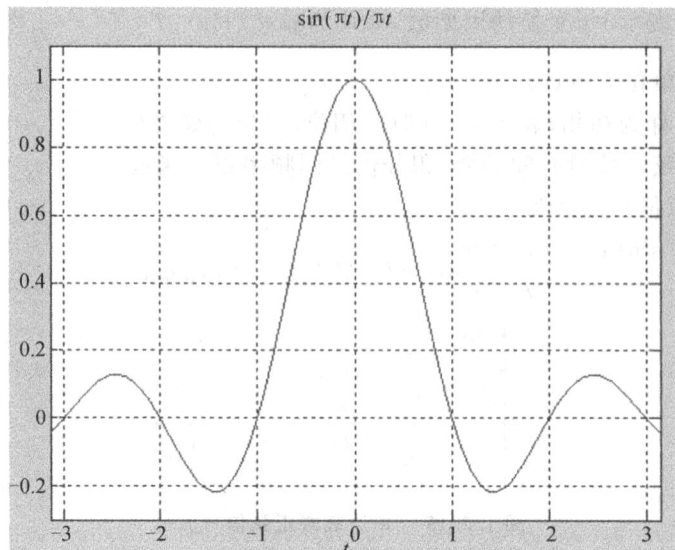

**图 1. 2. 17　辛格函数波形**

附注：

信号处理中，辛格函数之所以重要，是因为它的傅立叶（Fourier）变换正好是幅值为 1、频宽为 1 的单位矩形函数。即 $\mathrm{sinc}(t) = \dfrac{\sin(\pi t)}{\pi t} = \mathrm{Sa}(\pi t)$ 傅立叶变换是单位矩形函数 $\mathrm{rect}(f)$，是个理想滤波器。即

$$\int_{-\infty}^{\infty} \mathrm{sinc}(t)\mathrm{e}^{-\mathrm{j}2\pi ft}\,\mathrm{d}t = \mathrm{rect}(f)$$

其中单位矩形函数 $\mathrm{rect}(f)$ 表示 $f$ 在 $-1/2$ 到 $1/2$ 之间的值为 1，在其他区域的值为 0。单位矩形函数的定义参阅奇异函数部分。

**1. 2. 2. 5　高斯函数**

定义：高斯信号（钟形信号）的数学表达式为

$$f(t) = E\mathrm{e}^{-(\frac{t}{\tau})^2}$$

其波形如图 1. 2. 18 所示。

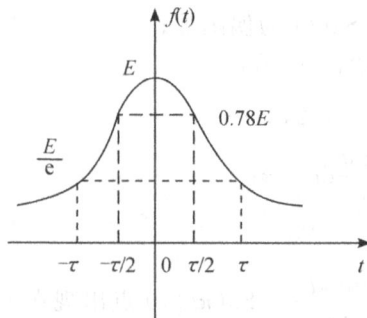

**图 1. 2. 18　钟形信号波形**

讨论：

(1) 当 $t = \dfrac{\tau}{2}$ 时, $f\left(\dfrac{\tau}{2}\right) \approx 0.78E$；

(2) 当 $t = \tau$ 时, $f(\tau) = \dfrac{E}{\mathrm{e}}$。

钟形信号在随机信号分析中占有重要地位。

# 1.3 信号的基本运算

## 1.3.1 信号的算术运算

### 1.3.1.1 加法和乘法

信号相加是指同一瞬时两信号对应值相加，是叠加信号，如图 1.3.1 所示。

信号相乘是指同一瞬时两信号对应值相乘，是调幅信号，如图 1.3.2 所示。

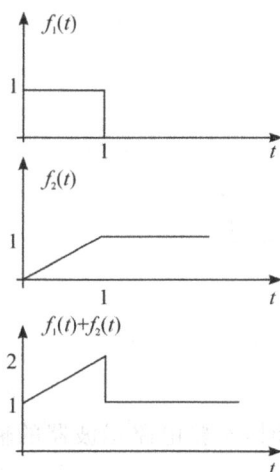

图 1.3.1 信号相加波形　　　　　　图 1.3.2 信号相乘波形

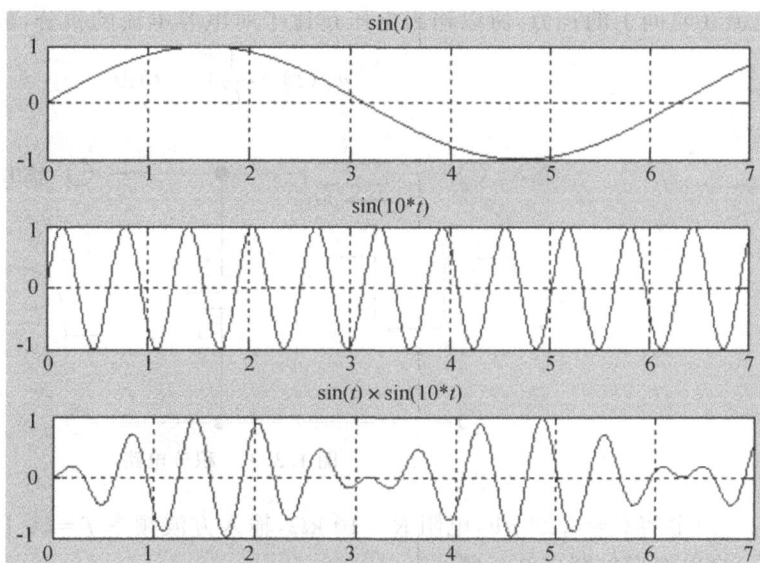

离散序列相加是指序列号相同的对应值相加。

离散序列相乘是指序列号相同的对应值相乘。

【例 1.3.1】已知：

$$f_1(n) = \begin{cases} 3, & n = -1 \\ 3, & n = 0 \\ 6, & n = 1 \\ 0, & \text{其他 } n \end{cases} \qquad f_2(n) = \begin{cases} 3, & n = 0 \\ 2, & n = 1 \\ 4, & n = 2 \\ 0, & \text{其他 } n \end{cases}$$

求 $f_1(n) + f_2(n)$, $f_1(n) \times f_2(n)$。

解：

$$f_1(n) + f_2(n) = \begin{cases} 3, & n = -1 \\ 6, & n = 0 \\ 8, & n = 1 \\ 4, & n = 2 \\ 0, & \text{其他 } n \end{cases} \qquad f_1(n) \times f_2(n) = \begin{cases} 9, & n = 0 \\ 12, & n = 1 \\ 0, & \text{其他 } n \end{cases}$$

### 1.3.1.2　积分和微分

积分和微分是常用的信号处理运算。函数在任意时刻 $t$ 的导数就是函数在该时刻的斜率。函数在任意时刻 $t$ 的积分就是到该时刻函数所覆盖的面积和。积分运算和微分运算主要用于信号波形变换。

#### 1. 积分运算电路

积分运算可将矩形脉冲波转换为锯齿波或三角波，还可将三角波转换为抛物波。积分运算电路也常用于平滑波形，消除噪声，如放大电路失调电压及反馈控制中的积分补偿等。

$RC$ 积分运算电路的基本形式和输入、输出波形图如图 1.3.3 所示。输出取自电容电压。从电容库伏特性知道，电容上的电压正比于它上面的电荷，而电容上的电荷是流过电容电流在时间上的积分，所以输出电压正比于对电容电流的积分，故称积分电路。即

$$u_C(t) = \frac{1}{C} \int i_C(t) \, \mathrm{d}t$$

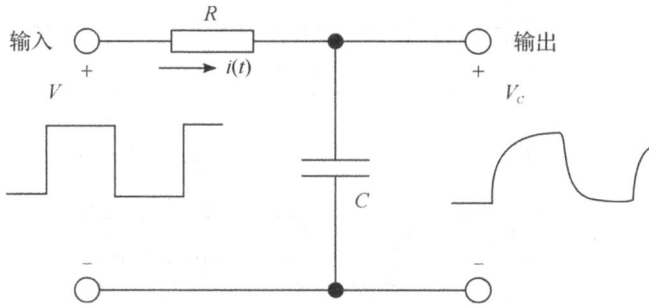

图 1.3.3　积分电路

当电容 $C = 0.22\ \mu\mathrm{F}$，电阻 $R = 10\ \mathrm{k\Omega}$，输入方波频率 $f = 50\ \mathrm{Hz}$ 时，实验电路示波器的输入、输出波形如图 1.3.4 所示。

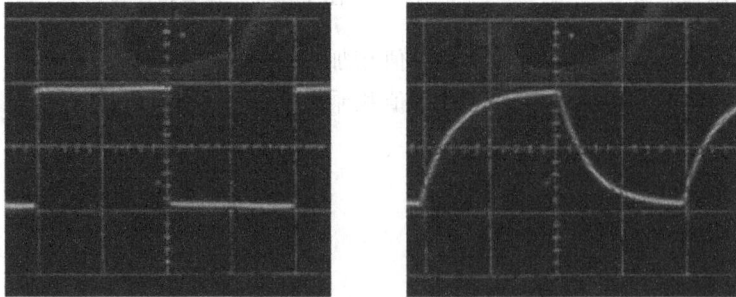

图 1.3.4　积分电路波形图

理论分析：当输入信号电压加在输入端时，电容 $C$ 上的电压逐渐上升，而其充电电流则随着电压的上升而减小。电流通过电阻 $R$、电容 $C$ 的特性可由下面的公式表达：$i_C(t)=\dfrac{V}{R}\mathrm{e}^{-\frac{t}{RC}}$，由此我们可以求出电容上的电压为 $V_C=V-iR=V(1-\mathrm{e}^{-\frac{t}{RC}})$，其波形曲线如图 1.3.5 所示。

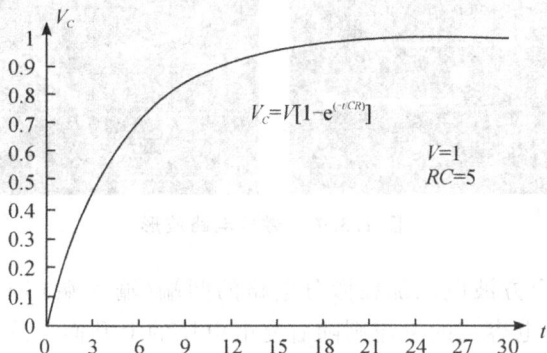

$$V_C=V[1-\mathrm{e}^{(-t/CR)}]$$
$$V=1$$
$$RC=5$$

图 1.3.5　电容电压波形

### 2. 微分运算电路

微分运算是积分运算的逆运算，可把矩形波转换为尖脉冲波。微分运算电路的输出波形只反映输入波形的变化处信息，即只有输入波形发生变化的瞬间才有输出，恒定部分时输出为 0。

$RC$ 微分电路的基本形式和输入、输出波形图如图 1.3.6 所示。输出是取电阻上的电压，实际也就是电容的电流。流过电容的电流正比于电容电压的微分，所以，输出电压正比于电容电压的微分，故称微分电路。即

$$i_C(t)=C\frac{\mathrm{d}u_C(t)}{\mathrm{d}t},\quad u_R(t)=RC\frac{\mathrm{d}u_C(t)}{\mathrm{d}t}$$

微分电路可把矩形波转换为尖脉冲波，此电路的输出波形只反映输入波形的突变部分，即只有输入波形发生突变的瞬间才有输出，而对于恒定部分则没有输出。输出的尖脉冲波形的宽度与 $R\times C$（即电路的时间常数）有关，$R\times C$ 越小，尖脉冲波形越尖，反之则越宽。此电路的 $R\times C$ 必须远远小于输入波形的宽度，否则就失去了波形变换的作用，变为一般的 $RC$ 耦合电路了，一般 $R\times C$ 小于或等于输入波形宽度的 1/10 就可以了。

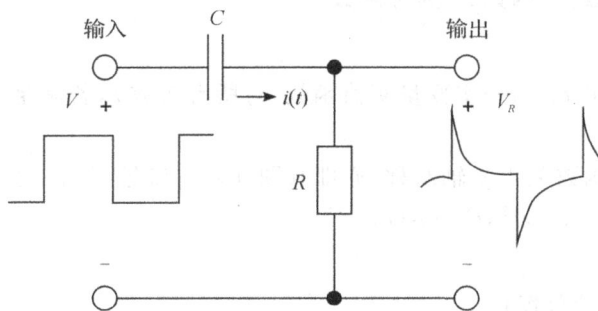

图 1.3.6　微分电路

当电容 $C=0.22\ \mu\mathrm{F}$，电阻 $R=10\ \mathrm{k\Omega}$，输入方波频率 $f=50\ \mathrm{Hz}$ 时，实验电路示波器的输入、输出波形如图 1.3.7 所示。

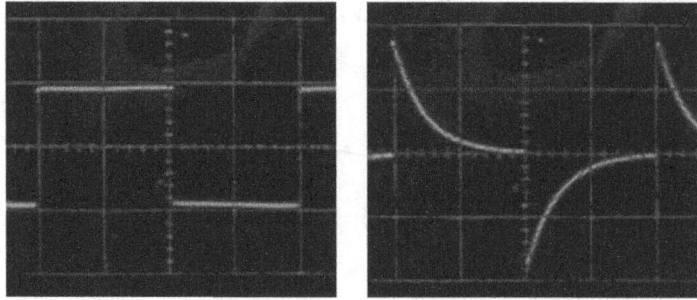

**图 1.3.7　微分电路波形**

理论分析：当第一个方波电压加在微分电路的两端（输入端）时，电容 $C$ 上的电压开始因充电而增加。而流过电容 $C$ 的电流则随着充电电压的上升而下降。流过微分电路 $(R,C)$ 的电流为 $i(t)=\dfrac{V}{R}\mathrm{e}^{-\frac{t}{RC}}$，由此，输出电压为 $V_R=i(t)R=V\mathrm{e}^{-\frac{t}{RC}}$，输出电压曲线如图 1.3.8 所示。

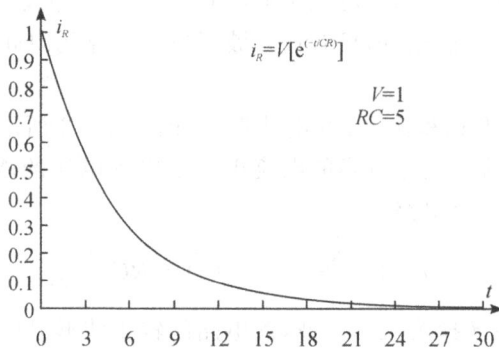

**图 1.3.8　微分电路输出电压波形**

#### 1.3.1.3　奇对称和偶对称

奇函数和偶函数命名是因为幂函数的幂的奇偶性满足下列条件：若 $n$ 为偶数，则函数 $t^n$ 是偶函数；若 $n$ 为奇数，则函数 $t^n$ 为奇函数。

**1. 偶函数**

偶函数定义：设 $f(t)$ 为一实变量实值函数，对所有实数 $t$，若满足 $f(t)=f(-t)$，则称 $f(t)$ 为**偶函数**。

几何图形上，偶函数关于 $y$ 轴对称，亦即其图在对 $y$ 轴镜射后不会改变。如图 1.3.9 所示。偶函数的例子有 $|t|,t^2,t^4,\cos(t)$。

偶函数的性质：

(1) 图像关于 $y$ 轴对称；

(2) 满足 $f(-t)=f(t)$；

(3) 关于原点对称的区间上单调性相反；

(4) 如果一个函数既是奇函数有是偶函数,那么有 $f(t)=0$。

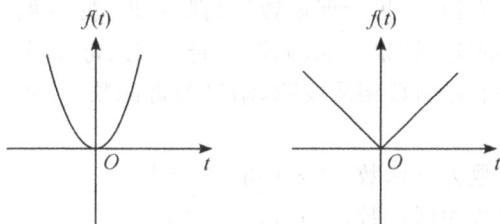

**图 1.3.9　偶函数波形**

### 2. 奇函数

奇函数定义:设 $f(t)$ 为一实变量实值函数,对所有实数 $t$,若满足 $f(t)=-f(-t)$,则称 $f(t)$ 为**奇函数**。

几何图形上,奇函数关于原点对称,亦即其图在绕原点做 180° 旋转后不会改变,如图 1.3.10 所示。奇函数的例子有 $t,t^3,\sin(t)$ 等。

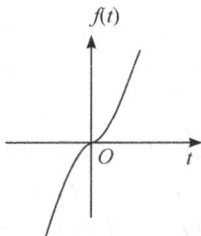

**图 1.3.10　奇函数波形**

奇函数的性质:

(1) 图像关于原点对称;

(2) 满足 $f(-t)=-f(t)$;

(3) 关于原点对称的区间上单调性一致;

(4) 如果奇函数在 $t=0$ 上有定义,那么有 $f(0)=0$。

### 3. 实数函数对称性分解

任意实数函数可分解为偶函数与奇函数之和,即

$$f(t)=f_e(t)+f_o(t)$$

式中,偶对称函数部分为:$f_e(t)=\dfrac{f(t)+f(-t)}{2}$;

奇对称函数部分为:$f_o(t)=\dfrac{f(t)-f(-t)}{2}$。

偶函数与奇函数的运算特性:

(1) 唯一一个既是奇函数又是偶函数的函数是其值为0的常数函数[即对所有 $t$,$f(t)=0$]。

(2) 通常,一个偶函数和一个奇函数的和既不会是奇函数也不会是偶函数,如 $t+t^2$。

(3) 两个偶函数相加,结果为偶函数,且一个偶函数的任意常数倍亦为偶函数。(偶＋偶＝偶,$n\times$偶＝偶)

(4) 两个奇函数的相加为奇函数,且一个奇函数的任意常数倍亦为奇函数。(奇＋奇＝

奇，$n \times$ 奇 ＝ 奇）

（5）两个偶函数相乘或除，结果为偶函数。（偶 $\times$ 偶、偶 $\div$ 偶 ＝ 偶）

（6）两个奇函数相乘或除，结果为偶函数。（奇 $\times$ 奇、奇 $\div$ 奇 ＝ 偶）

（7）一个偶函数和一个奇函数相乘或除，结果为奇函数。（偶 $\times$ 奇 ＝ 奇，偶 $\div$ 奇 ＝ 奇，奇 $\div$ 偶 ＝ 奇）

（8）一个偶函数的导数为奇函数。$[f'(偶)=奇]$

（9）一个奇函数的导数为偶函数。$[f'(奇)=偶]$

（10）两个奇函数的复合为奇函数，而两个偶函数的复合为偶函数。

（11）一个偶函数和一个奇函数的复合为偶函数。

### 4. 共轭偶对称复数函数

设 $f(t)$ 是复数函数，若满足 $f(t)=f^*(-t)$，则称 $f(t)$ 为**共轭偶**对称复数函数。

共轭偶对称性质：实部是偶函数，虚部是奇函数；模是偶函数，相位是奇函数。

证明：

$$f(t)=f_{Re}(t)+jf_{Im}(t) \tag{1}$$

$$f(-t)=f_{Re}(-t)+jf_{Im}(-t) \tag{2}$$

$$f^*(-t)=f_{Re}(-t)-jf_{Im}(-t) \tag{3}$$

根据定义，比较式（1）与式（3）得

实部是偶函数： $\qquad f_{Re}(t)=f_{Re}(-t)$

虚部是奇函数： $\qquad f_{Im}(t)=-f_{Im}(-t)$

$$f(t)=|F(t)|e^{j\varphi(t)} \tag{4}$$

式中，$|f(t)|=\sqrt{f_{Re}(t)^2+f_{Im}(t)^2}$，$\varphi(t)=\arctan\left[\dfrac{f_{Im}(t)}{f_{Re}(t)}\right]$

$$f^*(-t)=|f(-t)|e^{-j\varphi(-t)} \tag{5}$$

根据定义，比较式（4）与式（5）得

模是偶函数： $\qquad |f(t)|=|f(-t)|$

相位是奇函数： $\qquad \varphi(t)=-\varphi(-t)$

### 5. 共轭奇对称复数函数

设 $f(t)$ 是复数函数，若满足 $f(t)=-f^*(-t)$，则称 $f(t)$ 为**共轭奇**对称复数函数。

共轭奇对称性质：复数实部是奇函数，复数虚部是偶函数。

证明：

$$f(t)=f_{Re}(t)+jf_{Im}(t) \tag{1}$$

$$f(-t)=f_{Re}(-t)+jf_{Im}(-t) \tag{2}$$

$$f^*(-t)=f_{Re}(-t)-jf_{Im}(-t)$$

$$-f^*(-t)=-f_{Re}(-t)+jf_{Im}(-t) \tag{3}$$

根据定义，比较式（1）与式（3）得

实部是奇函数： $\qquad f_{Re}(t)=-f_{Re}(-t)$

虚部是偶函数： $\qquad f_{Im}(t)=f_{Im}(-t)$

### 6. 复数函数对称性分解

任意复数函数可分解为共轭偶函数与共轭奇函数之和，即

$$f(t) = f_e(t) + f_o(t)$$

其中,共轭偶对称部分是:
$$f_e(t) = \frac{f(t) + f^*(-t)}{2}$$

共轭奇对称部分是:
$$f_o(t) = \frac{f(t) - f^*(-t)}{2}$$

### 1.3.2 信号的时间变换

#### 1.3.2.1 信号反折

将自变量 $t \rightarrow -t$ 即 $f(t) \rightarrow f(-t)$ 或 $f(n) \rightarrow f(-n)$ 称为对信号 $f(\cdot)$ 的**反折或反转**。从图形上看是将 $f(\cdot)$ 以纵坐标为轴反转 $180°$。如图 1.3.11 所示。

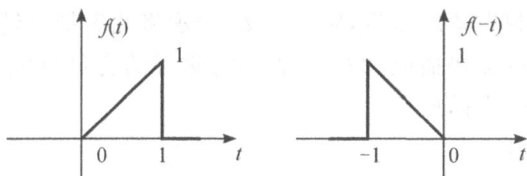

图 1.3.11 信号反折

物理上没有可实现此功能的实际器件。数字信号处理中可以实现此概念,例如堆栈中的"后进先出"。

#### 1.3.2.2 信号平移

将自变量 $t \rightarrow t - t_0$ 即 $f(t) \rightarrow f(t - t_0)$ 或 $f(n) \rightarrow f(n - n_0)$ 称为对信号 $f(\cdot)$ 的**平移或移位**。从图形上看,若 $t_0$(或 $n_0$) $> 0$,则将信号 $f(\cdot)$ 右移 $t_0$(或 $n_0$) 个单位,否则左移 $t_0$(或 $n_0$) 个单位。如:若 $t \rightarrow t - 1$,则图形右移 1 个单位;若 $t \rightarrow t + 2$,则图形左移 2 个单位。

应用上,雷达接收到的目标回波信号就是原发射信号的平移信号。

【例 1.3.2】$f(t)$ 如图 1.3.12(a) 所示,绘出 $f(t+1)$,$f(t-2)$ 的图形。

解:$f(t+1)$ 是把 $f(t)$ 图形左移 1 个单位,如图 1.3.12(b) 所示;

$f(t-2)$ 是把 $f(t)$ 图形右移 2 个单位,如图 1.3.12(c) 所示。

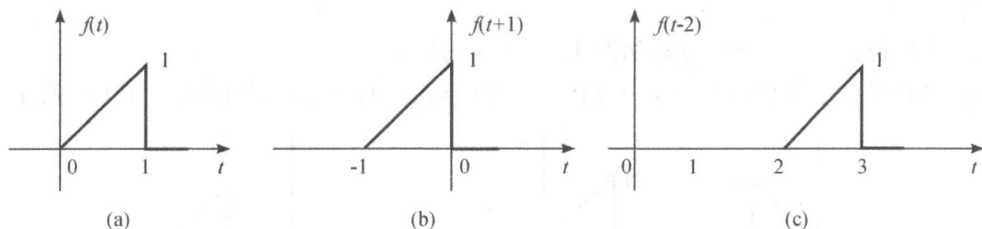

图 1.3.12 信号平移

#### 1.3.2.3 信号展缩

将自变量 $t \rightarrow at$ 即 $f(t) \rightarrow f(at)$,称为对信号 $f(t)$ 的**尺度变换或展缩**。若 $a > 1$,则波形沿横坐标压缩;若 $0 < a < 1$,则波形沿横坐标扩展。如图 1.3.13 所示,若 $t \rightarrow 2t$,则 $t$

轴压缩一半；若 $t \rightarrow 0.5t$，则 $t$ 轴扩展 2 倍。

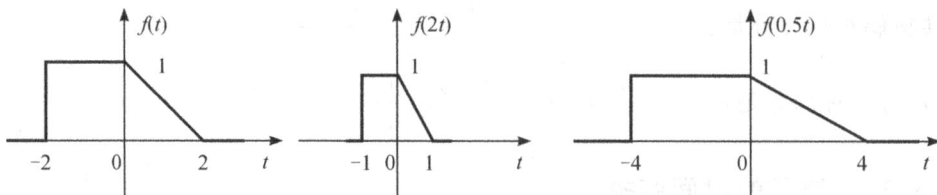

图 1.3.13    信号展缩

对于离散信号，由于 $f(n) \rightarrow f(an)$ 仅当 $an$ 为整数时才有意义。离散信号进行尺度变换时可能会使部分信号丢失，因此一般不做波形的尺度变换。

【例 1.3.3】解释信号 $f(t)$ 反折及放缩的物理含义。

解：若 $f(t)$ 是已录制声音的磁带，则 $f(-t)$ 表示将此磁带倒转播放产生的信号；$f(2t)$ 表示将此磁带以两倍速度加快播放；$2f(t)$ 表示将磁带的音量放大一倍播放；$f(0.5t)$ 表示将原磁带放音速度降低一半播放。

### 1.3.2.4    混合变换

混合运算是将自变量 $t \rightarrow at \pm b$，即 $f(t) \rightarrow f(at \pm b)$，它包含反折、移位和展缩混合运算。一般解法步骤是先平移，再展缩，这样计算会比较简单，不易出错。

【例 1.3.4】平移与反折相结合运算。已知 $f(t)$ 如图 1.3.14(a) 所示，请画出 $f(2-t)$ 的波形。

解法一：

① 先左移 2 个单位：$f(t) \rightarrow f(t+2)$，如图 1.3.14(b) 所示；

② 再反折：$f(t+2) \rightarrow f(-t+2)$，如图 1.3.14(c) 所示。

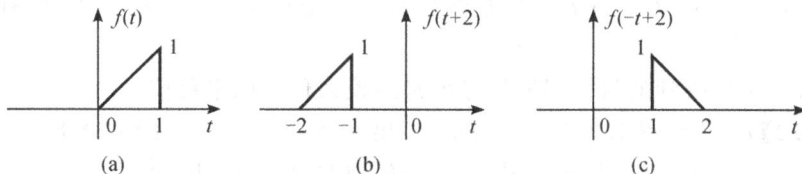

图 1.3.14    $f(t)$ 混合变换 1

解法二：

① 先反折：$f(t) \rightarrow f(-t)$，如图 1.3.15(b) 所示；

② 再右移 2 个单位：$f(-t) \rightarrow f(-t+2) = f[-(t-2)]$，如图 1.3.15(c) 所示。

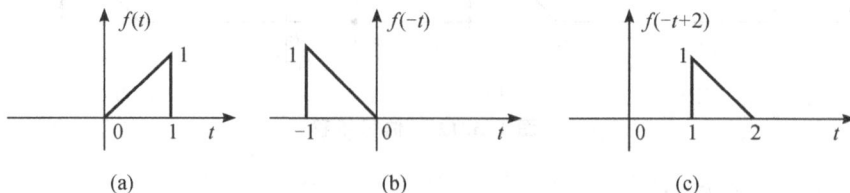

图 1.3.15    $f(t)$ 混合变换 2

【例 1.3.5】平移、反折、展缩相结合运算。已知 $f(t)$ 如图 1.3.16 所示，画出 $f(-2t-4)$ 的图形。

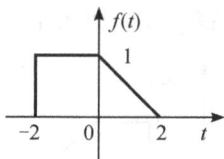

**图 1.3.16** $f(t)$ 图形

解法一:先平移,再压缩,最后反折。

(1) 把 $f(t)$ 右移 4 个单位,得 $f(t-4)$,如图 1.3.17(a) 所示;

(2) 把 $f(t-4)$ 压缩 2 倍,得 $f(2t-4)$,如图 1.3.17(b) 所示;

(3) 把 $f(2t-4)$ 反折,得 $f(-2t-4)$,如图 1.3.17(c) 所示。

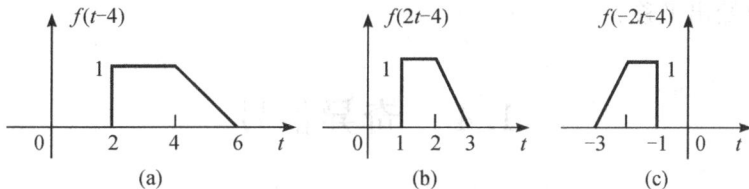

**图 1.3.17** $f(t)$ 混合变换运算 1

解法二:先压缩,再平移,最后反折。

(1) 把 $f(t)$ 的 $t$ 轴压缩 2 倍,得 $f(2t)$,如图 1.3.18(a) 所示;

(2) 把 $f(2t)$ 右移 2 个单位,得 $f[2(t-2)]=f(2t-4)$,如图 1.3.18(b) 所示;

(3) 把 $f(2t-4)$ 反折,得 $f(-2t-4)$,如图 1.3.18(c) 所示。

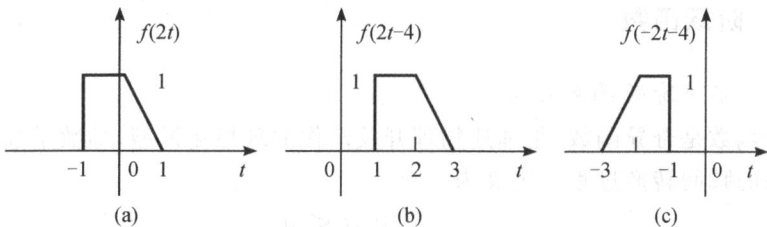

**图 1.3.18** $f(t)$ 混合变换运算 2

【例 1.3.6】平移、反折、展缩相结合逆运算。已知 $f(-4-2t)$ 如图 1.3.19 所示,画出 $f(t)$ 图形。

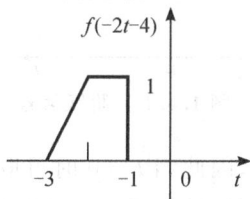

**图 1.3.19** $f(-4-2t)$ 图形

解:

(1) 把 $f(-4-2t)$ 反折,得 $f(2t-4)$,如图 1.3.20(a) 所示;

(2) 把 $f(2t-4)$ 展开 2 倍，得 $f(t-4)$，如图 1.3.20(b) 所示；

(3) 把 $f(t-4)$ 左移 4 个单位，得 $f(t)$，如图 1.3.20(c) 所示。

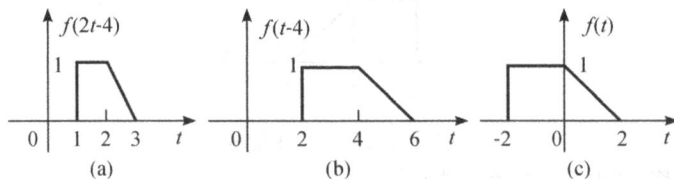

图 1.3.20　信号逆运算

总结：混合运算时，三种运算的次序可任意。但一定要注意一切变换都是相对 $t$ 而言的。通常，对于正向运算，先绘出平移，再绘出反折和展缩不易出错；对于逆运算，则先绘出反折和展缩，再绘出平移。

# 1.4　奇异信号

连续时间信号的时域是连续的，而且信号在每一时间点上都是可微的。但是在实际应用中，还有一类信号并不是处处连续或者可微，这类函数本身有不连续点（跳变点）或其导数与积分有不连续点，这类函数统称为**奇异信号**或**奇异函数**。在信号分析中，利用奇异函数乘以连续函数可以更好地用数学方法描述实际应用中的信号。常用的奇异函数主要有斜坡函数、阶跃函数及冲激函数。

## 1.4.1　阶跃函数

### 1.4.1.1　单位阶跃函数定义

**单位阶跃函数**是奇异函数，是描述物理开关动作的理想化模型，即数学描述从一个状态到另一个状态的瞬间转换过程。定义为

$$\varepsilon(t)=\begin{cases}0, & t<0 \\ 1, & t>0\end{cases}$$

其波形如图 1.4.1 所示。

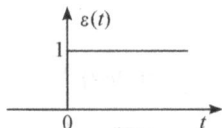

图 1.4.1　阶跃信号

实际中不存在可以突变的信号，因此当 $t=0$ 时可取 $[0,1]$ 区间的任意值。

下面采用广义函数法，即求序列函数极限的方法推导单位阶跃函数。

选定一个函数序列 $y_n(t)$：

$$y_n(t) = \begin{cases} 0, & t < -\dfrac{1}{n} \\ \dfrac{1}{2} + \dfrac{n}{2}t, & -\dfrac{1}{n} < t < \dfrac{1}{n}, (n=1,2,3,\cdots), \text{波形如图 1.4.2(a) 所示} \\ 1, & t > \dfrac{1}{n} \end{cases}$$

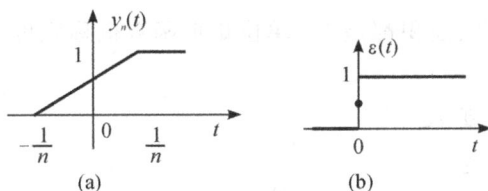

图 1.4.2　函数序列

对 $y_n(t)$ 求极限得阶跃函数 $\varepsilon(t)$:

当 $n \to \infty$ 时,函数 $y_n(t)$ 在 $t=0$ 处由 0 立即跃变到 1,其斜率为无穷大,而在 $t=0$ 处的值仍可认为是 $\dfrac{1}{2}$。所以

$$\varepsilon(t) \xlongequal{\text{def}} \lim_{n\to\infty} \gamma_n(t) = \begin{cases} 0, & t < 0 \\ \dfrac{1}{2}, & t = 0 \\ 1, & t > 0 \end{cases} , \text{波形如图 1.4.2(b) 所示}。$$

#### 1.4.1.2　延迟单位阶跃函数

**延迟单位阶跃函数**的定义为

$$\varepsilon(t - t_0) = \begin{cases} 0, t < t_0 \\ 1, t > t_0 \end{cases}$$

其波形如图 1.4.3 所示。当 $t_0 > 0$ 时,表示单位阶跃信号延迟(右移)$t_0$ 个时间单位,如图 1.4.3(a) 所示;当 $t_0 < 0$ 时,表示单位阶跃信号超前(左移)$t_0$ 个时间单位,如图 1.4.3(b)所示。

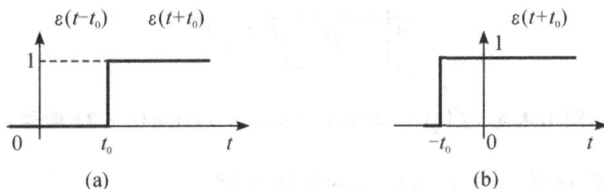

图 1.4.3　延迟单位阶跃信号

#### 1.4.1.3　单位矩形函数

**单位矩形函数**的定义为

$$\text{rect}(t) = \begin{cases} 1, & |t| < 1/2 \\ 0, & |t| > 1/2 \end{cases} = \varepsilon\left(t + \dfrac{1}{2}\right) - \varepsilon\left(t - \dfrac{1}{2}\right)$$

其波形如图 1.4.4 所示。

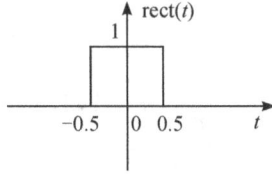

**图 1.4.4　单位矩形信号**

单位矩形函数的宽、高、面积都是 1。单位矩形函数也称宽度为 1 的门函数。它也是一种奇异函数。

1.4.1.4　单位斜坡函数

**单位斜坡函数**的定义为

$$\mathrm{ramp}(t) = \int_{-\infty}^{t} \varepsilon(\tau)\mathrm{d}\tau = t\varepsilon(t)$$

其波形如图 1.4.5 所示。

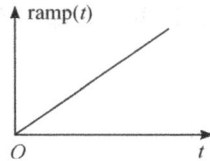

**图 1.4.5　单位斜坡信号**

单位阶跃信号的积分转为单位斜坡信号。单位斜坡函数也是奇异函数,它的导数是单位阶跃函数。

1.4.1.5　阶跃函数的性质

(1)单位阶跃信号可以方便地表示某些不连续信号。例如图 1.4.6 所示函数波形,可用函数 $f(t) = 2\varepsilon(t) - 3\varepsilon(t-1) + \varepsilon(t-2)$ 表示。

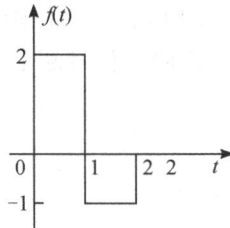

**图 1.4.6　$f(t) = 2\varepsilon(t) - 3\varepsilon(t-1) + \varepsilon(t-2)$ 信号**

(2)单位阶跃函数可以表示信号的作用区间。

如:若信号 $f(t)$ 如图 1.4.7(a) 所示,则 $f(t)\varepsilon(t)$、$f(t)[\varepsilon(t-t_1) - \varepsilon(t-t_2)]$ 的取值区间如图 1.4.7(b)、1.4.7(c) 所示。

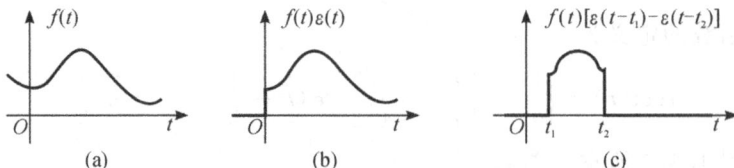

**图 1.4.7　单位阶跃取作用区间信号**

（3）阶跃信号可以将分段函数表达式写成封闭式函数表达式。

【例 1.4.1】画出下列信号 $f(t)$ 的波形，并写出封闭式表达式。

$$f(t) = \begin{cases} \dfrac{1}{3}(t+2), & -2 \leqslant t \leqslant 1 \\[2mm] -\dfrac{1}{2}(t-1), & 1 < t \leqslant 3 \\[2mm] 0, & \text{其他} \end{cases}$$

解：信号的波形如图 1.4.8 所示。其封闭表达式为：

$$f(t) = \frac{1}{3}(t+2)[u(t+2) - u(t-1)] - \frac{1}{2}(t-1)[u(t-1) - u(t-3)]$$

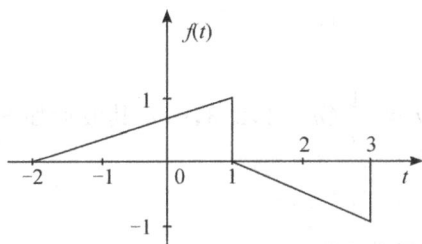

图 1.4.8　$f(t)$ 的信号波形

## 1.4.2　冲激函数

冲激函数是奇异函数，它是对强度极大、作用时间极短的一种物理量的理想化模型。

### 1.4.2.1　单位冲激函数定义

单位冲激函数的狄拉克（Dirac）定义为

$$\begin{cases} \delta(t) = 0 (t \neq 0) \\[2mm] \displaystyle\int_{-\infty}^{+\infty} \delta(t) \mathrm{d}t = 1 \end{cases}$$

其波形如图 1.4.9 所示，用箭号表示冲激，括号内数字表示冲激强度。

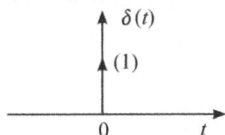

图 1.4.9　单位冲激信号

注意：$\displaystyle\int_{-\infty}^{\infty} \delta(t)\mathrm{d}t = \int_{0-}^{0+} \delta(t)\mathrm{d}t = \int_{t_1}^{t_2} \delta(t)\mathrm{d}t = 1, t_1 < 0 < t_2$。

说明：

（1）函数值只在 $t=0$ 时不为零；

（2）积分面积为 1，表示冲激强度为 1，由此称为单位冲激函数；

（3）$t=0$ 时，$\delta(t) \to \infty$，为无界函数。

冲激函数的图形用一个箭头表示（箭头边的数字表示冲激强度），表明 $\delta(t)$ 只在 $t=0$ 点有一个"冲激",在 $t=0$ 点以外各处,函数值都是零。

下面采用求序列函数极限的方法推导冲激函数。

选定一个函数序列 $y_n(t)$:

$$y_n(t) = \begin{cases} 0, & t < -\dfrac{1}{n} \\ \dfrac{1}{2} + \dfrac{n}{2}t, & -\dfrac{1}{n} < t < \dfrac{1}{n} \\ 1, & t > \dfrac{1}{n} \end{cases} (n=1,2,3,\cdots),其波形如图 1.4.10(a) 所示。$$

对 $y_n(t)$ 求导得脉冲函数 $p_n(t)$:

$$p_n(t) = \begin{cases} 0, & t < -\dfrac{1}{n} \\ \dfrac{n}{2}, & -\dfrac{1}{n} < t < \dfrac{1}{n} \\ 0, & t > \dfrac{1}{n} \end{cases} (n=1,2,3,\cdots),其波形如图 1.4.10(b) 所示。$$

对 $p_n(t)$ 求极限得冲激函数 $\delta(t)$:

当 $n \to \infty$ 时,函数 $p_n(t)$ 的宽度趋于 0,而幅度趋于无穷大,但其强度仍为 1,即 $p_n(t)$ 变成高度无穷大,宽度无穷小,面积为 1 的对称窄脉冲,所以 $\delta(t) \overset{\text{def}}{=\!=\!=} \lim\limits_{n \to \infty} p_n(t)$,如图 1.4.10(c) 所示。

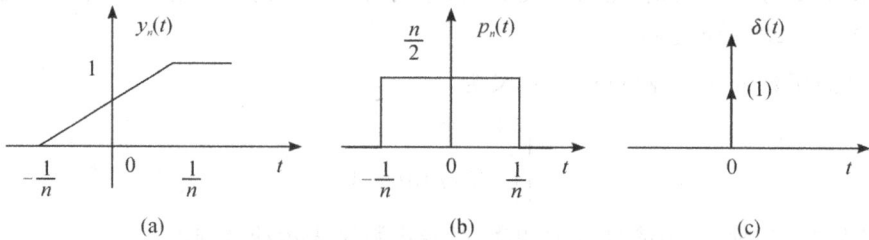

图 1.4.10　冲激信号的推导

$\delta(t)$ 与 $\varepsilon(t)$ 的关系:

因为 $\begin{cases} \displaystyle\int_{-\infty}^{t} \delta(\tau)\mathrm{d}\tau = 1, t > 0 \\ \displaystyle\int_{-\infty}^{t} \delta(\tau)\mathrm{d}\tau = 0, t < 0 \end{cases}$,所以 $\displaystyle\int_{-\infty}^{t} \delta(\tau)\mathrm{d}\tau = \varepsilon(t)$,$\dfrac{\mathrm{d}\varepsilon(t)}{\mathrm{d}t} = \delta(t)$。

即冲激函数的积分是阶跃函数,反之,阶跃函数的导数为冲激函数,如图 1.4.11 所示。

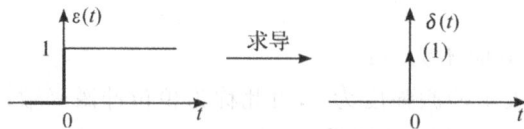

图 1.4.11　冲激信号与阶跃信号关系

应用：引入冲激函数之后，跳跃点的导数也存在，即冲激。

【例 1.4.2】已知 $f(t) = 3\varepsilon(t+1) - 3\varepsilon(t-1)$，求 $f'(t)$。

解：$f'(t) = 3\delta(t+1) - 3\delta(t-1)$，如图 1.4.12 所示。

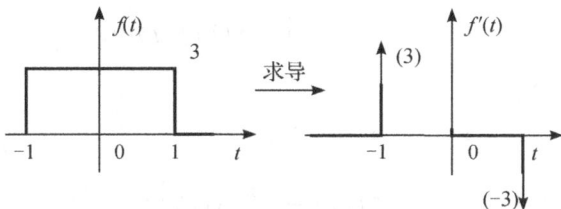

图 1.4.12　门函数的求导

### 1.4.2.2　冲激函数的性质

**1. 相加性质**

$$a\delta(t) + b\delta(t) = (a+b)\delta(t)$$

**2. 相乘性质**

$$f(t)\delta(t) = f(0)\delta(t)$$

结果是取出函数一个样值的冲激函数。

证明：

当 $t \neq 0$ 时，$\delta(t) = 0$，$f(t)\delta(t) = 0$；

当 $t = 0$ 时，$\delta(t) \neq 0$，$f(t)\delta(t) = f(0)\delta(t)$。

对于冲激函数平移情况：

$$f(t)\delta(t - t_0) = f(t_0)\delta(t - t_0)$$

**3. 取样性质**

$$\int_{-\infty}^{\infty} f(t)\delta(t)\mathrm{d}t = f(0)$$

结果是取出函数的一个样值。

证明：$\displaystyle\int_{-\infty}^{\infty} f(t)\delta(t)\mathrm{d}t = \int_{0-}^{0+} f(0)\delta(t)\mathrm{d}t = f(0)\int_{0-}^{0+}\delta(t)\mathrm{d}t = f(0)$，即

$$\int_{-\infty}^{\infty} \delta(t)f(t)\mathrm{d}t = f(0)$$

对于冲激函数平移情况：

$$\int_{-\infty}^{\infty} f(t)\delta(t - t_0)\mathrm{d}t = f(t_0)$$

**4. 奇偶性质**

冲激函数是偶函数

$$\delta(t) = \delta(-t)$$

证明：

$$\int_{-\infty}^{\infty} \delta(-t)f(t)\mathrm{d}t = \int_{\infty}^{-\infty} \delta(\tau)f(-\tau)\mathrm{d}(-\tau)$$

$$= \int_{\infty}^{-\infty} \delta(\tau) f(0) d(-\tau)$$

$$= \int_{-\infty}^{\infty} \delta(\tau) f(0) d(\tau) = f(0)$$

$$= \int_{-\infty}^{\infty} \delta(t) f(t) dt$$

所以，$\delta(t) = \delta(-t)$。

### 5. 尺度变换性质

$$\delta(at) = \frac{1}{|a|} \delta(t)$$

证明：

当 $a > 0$ 时，则

$$\int_{-\infty}^{\infty} \delta(a\tau) d\tau = \frac{1}{a} \int_{-\infty}^{\infty} \delta(a\tau) d(a\tau) = \frac{1}{a} \int_{-\infty}^{\infty} \delta(t) d(t) = \frac{1}{a}$$

当 $a < 0$ 时，则

$$\int_{-\infty}^{\infty} \delta(a\tau) d\tau = \frac{1}{a} \int_{-\infty}^{\infty} \delta(a\tau) d(a\tau)$$

$$= \frac{1}{a} \int_{\infty}^{-\infty} \delta(t) dt = -\frac{1}{a} \int_{-\infty}^{\infty} \delta(t) dt = -\frac{1}{a}$$

所以，$\delta(at) = \frac{1}{|a|} \delta(t)$。

推广：

$$\delta(at + b) = \frac{1}{|a|} \delta\left(t + \frac{b}{a}\right)$$

$$\int_{-\infty}^{\infty} f(t) \delta(at) dt = \frac{1}{|a|} f(0)$$

### 6. 微积分性质

$$\int_{-\infty}^{t} \delta(\tau) d\tau = \varepsilon(t), \quad \frac{d\varepsilon(t)}{dt} = \delta(t)$$

### 7. 冲激函数的复合函数性质

实际中有时会遇到形如 $\delta[f(t)]$ 的冲激复合函数，其中 $f(t)$ 是普通函数。

阶跃复合函数 $\varepsilon[f(t)]$ 定义为：当 $f(t) \geqslant 0$ 时，则 $\varepsilon[f(t)] = 1$；当 $f(t) < 0$ 时，则 $\varepsilon[f(t)] = 0$。

通过对阶跃复合函数 $\varepsilon[f(t)]$ 求导得到冲激复合函数 $\delta[f(t)]$。即

因为 $\frac{d}{dt}\{\varepsilon[f(t)]\} = \delta[f(t)] \frac{df(t)}{dt}$，所以 $\delta[f(t)] = \frac{1}{f'(t)} \frac{d}{dt}\{\varepsilon[f(t)]\}$。

【例 1.4.3】已知 $f(t) = t^2 - 4$，求 $\varepsilon[f(t)]$。

解：图示说明如下.

因为 $f(t) = t^2 - 4$，如图 1.4.13(a) 所示，当 $f(t) \geqslant 0$ 时，则 $\varepsilon[f(t)] = 1$；当 $f(t) < 0$ 时，则 $\varepsilon[f(t)] = 0$。所以，得 $\varepsilon[f(t)]$ 如图 1.4.13(b) 所示。

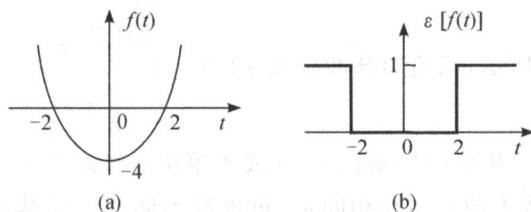

**图 1.4.13　复合阶跃函数图**

【例 1.4.4】已知 $f(t) = t^2 - 4$，求 $\delta[f(t)]$。

解：根据 $\varepsilon[f(t)]$ 如图 1.4.13(b) 所示，得

$$\varepsilon[f(t)] = \varepsilon(t^2 - 4) = 1 - \varepsilon(t+2) + \varepsilon(t-2)$$

所以

$$\delta(t^2 - 4) = \frac{1}{2t} \frac{\mathrm{d}}{\mathrm{d}t}[\varepsilon(t^2 - 4)] = \frac{1}{2t}[-\delta(t+2) + \delta(t-2)]$$

$$= -\frac{1}{2 \times (-2)}\delta(t+2) + \frac{1}{2 \times 2}\delta(t-2) = \frac{1}{4}\delta(t+2) + \frac{1}{4}\delta(t-2)$$

【例 1.4.5】求 $\displaystyle\int_0^\infty [\delta(t^2 - 1)] \mathrm{e}^{-t} \mathrm{d}t$。

解：
$$f(t) = t^2 - 1$$

$$\varepsilon(t^2 - 1) = 1 - \varepsilon(t+1) + \varepsilon(t-1)$$

$$\frac{\mathrm{d}}{\mathrm{d}t}\{\varepsilon[f(t)]\} = -\delta(t+1) + \delta(t-1)$$

$$\delta[f(t)] = \frac{1}{f'(t)} \frac{\mathrm{d}}{\mathrm{d}t}\{\varepsilon[f(t)]\}$$

$$= \frac{1}{2t}[-\delta(t+1) + \delta(t-1)] = 0.5\delta(t+1) + 0.5\delta(t-1)$$

$$\int_0^\infty [\delta(t^2 - 1)]\mathrm{e}^{-t}\mathrm{d}t = \int_0^\infty [0.5\delta(t+1) + 0.5\delta(t-1)]\mathrm{e}^{-t}\mathrm{d}t$$

$$= \int_0^\infty [0.5\delta(t-1)]\mathrm{e}^{-t}\mathrm{d}t = 0.5\mathrm{e}^{-1}$$

注意：如果 $f(t) = 0$ 有重根，则 $\delta[f(t)]$ 无意义。

## 8. 冲激偶

定义：$\delta(t)$ 的一阶导数称为**冲激偶** $\delta'(t)$，即

$$\delta'(t) = \frac{\mathrm{d}\delta(t)}{\mathrm{d}t}$$

其波形如图 1.4.14 所示。

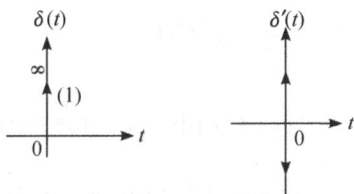

**图 1.4.14　冲激偶 $\delta'(t)$**

推导:如图 1.4.15 所示,三角形脉冲函数 $f(t) = \begin{cases} \dfrac{1}{\tau^2}t + \dfrac{1}{\tau}, & -\tau < t < 0 \\ -\dfrac{1}{\tau^2}t + \dfrac{1}{\tau}, & 0 < t < \tau \end{cases}$ ,其波形面积

等于 1。当 $\tau \to 0$ 时,则三角形脉冲函数 $f(t)$ 成为单位冲激函数 $\delta(t)$;当对 $f(t)$ 求导时,则三角形脉冲函数 $f(t)$ 成为两个面积相同正、负极性不同的矩形脉冲波 $f'(t)$,如图 1.4.15 的 $f'(t)$ 图形所示;当 $\tau \to 0$ 时,$f'(t)$ 的极限成为正负极性不同的两个冲激,如图 1.4.15 的 $\delta'(t)$ 图形所示。由此可证冲激函数的导数为正负极性不同的两个冲激。

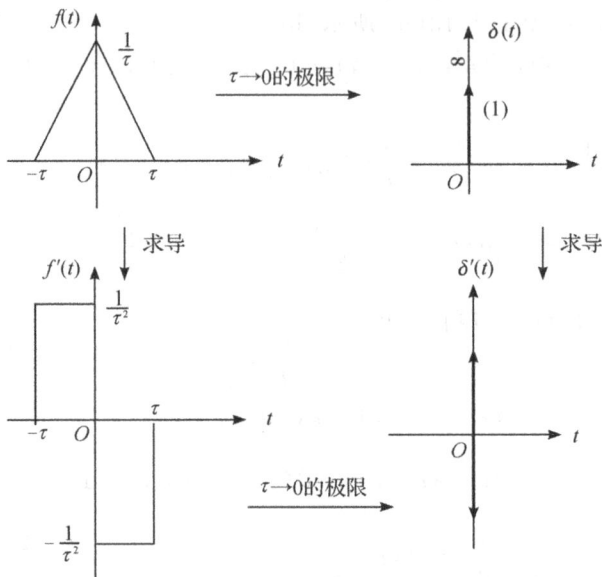

图 1.4.15　冲激偶的推导过程图

冲激偶的性质:

(1) $f(t)\delta'(t) = f(0)\delta'(t) - f'(0)\delta(t)$

证明:

因为　　　　　　　$[f(t)\delta(t)]' = f(t)\delta'(t) + f'(t)\delta(t)$

所以　　　　　　　$f(t)\delta'(t) = [f(t)\delta(t)]' - f'(t)\delta(t)$

　　　　　　　　　　　$= f(0)\delta'(t) - f'(0)\delta(t)$

(2) $\displaystyle\int_{-\infty}^{\infty} \delta'(t)f(t)\mathrm{d}t = -f'(0)$

证明:利用分部积分运算

$$\int_{-\infty}^{\infty} \delta'(t)f(t)\mathrm{d}t = f(t)\delta(t)\Big|_{-\infty}^{\infty} - \int_{-\infty}^{\infty} f'(t)\delta(t)\mathrm{d}t$$

$$= -f'(0)$$

推广:

$$\int_{-\infty}^{\infty} \delta^{(n)}(t)f(t)\mathrm{d}t = (-1)^n f^{(n)}(0)$$

$$\int_{-\infty}^{\infty} \delta'(t-t_0)f(t)\mathrm{d}t = -f'(t_0)$$

$(3) \int_{-\infty}^{t} \delta'(t)\mathrm{d}t = \delta(t), \int_{-\infty}^{\infty} \delta'(t)\mathrm{d}t = 0$

【例 1.4.6】求 $\int_{-\infty}^{\infty} (t-2)^2 \delta'(t)\mathrm{d}t$。

解：$\int_{-\infty}^{\infty} (t-2)^2 \delta'(t)\mathrm{d}t = -\dfrac{\mathrm{d}}{\mathrm{d}t}\left[(t-2)^2\right]\bigg|_{t=0} = -2(t-2)\bigg|_{t=0} = 4$。

(4) 奇函数：$\delta'(-t) = -\delta'(t)$

冲激偶的性质列于表 1.4.1。

表 1.4.1 冲激偶的性质

| 序号 | 性质 | 序号 | 性质 |
|---|---|---|---|
| 1 | $\delta^{(1)}(at) = \dfrac{1}{|a|}\dfrac{1}{a}\delta^{(1)}(t)$ | 6 | $f(t)\delta^{(1)}(t) = f(0)\delta^{(1)}(t) - f^{(1)}(0)\delta(t)$ |
| 2 | $\delta^{(n)}(at) = \dfrac{1}{|a|}\dfrac{1}{a^n}\delta^{(n)}(t)$ | 7 | $f(t)\delta^{(1)}(t-t_0) = f(t_0)\delta^{(1)}(t-t_0) - f^{(1)}(t_0)\delta(t-t_0)$ |
| 3 | $\delta^{(n)}(-t) = (-1)^n\delta^{(n)}(t)$ | 8 | $\int_{-\infty}^{\infty} f(t)\delta^{(1)}(t)\mathrm{d}t = -f^{(1)}(0)$ |
| 4 | $\int_{-\infty}^{\infty} \delta^{(1)}(t)\mathrm{d}t = 0$ | 9 | $\int_{-\infty}^{\infty} f(t)\delta^{(n)}(t)\mathrm{d}t = (-1)^n f^{(n)}(0)$ |
| 5 | $\int_{-\infty}^{t} \delta^{(1)}(t)\mathrm{d}t = \delta(t)$ | 10 | $\int_{-\infty}^{\infty} f(t)\delta^{(n)}(t-t_0)\mathrm{d}t = (-1)^n f^{(n)}(t_0)$ |

【例 1.4.7】已知 $f(t)$ 如图 1.4.16(a) 所示，画出 $g(t) = f'(t)$ 和 $g(2t)$ 的图形。

解：求解过程如图 1.4.16 所示。

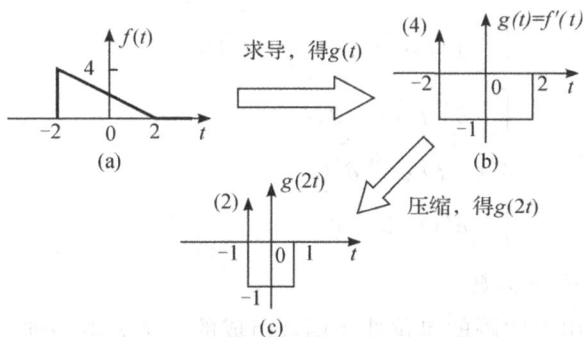

图 1.4.16 例 1.4.7 图

【例 1.4.8】计算下列各式的值：

$(1) (t^3 + 2t^2 + 4)\delta(t-2)$；

$(2) \mathrm{e}^{-4t}\delta(2t+2)$；

$(3) \int_{-\infty}^{\infty} \sin t\delta(t - \dfrac{\pi}{4})\mathrm{d}t$；

$(4) \int_{-6}^{6} \mathrm{e}^{-2t}\delta(t+10)\mathrm{d}t$；

$(5) \mathrm{e}^{-2t}u(t)\delta(t+1)$。

解：

(1) $(t^3 + 2t^2 + 4)\delta(t-2) = (2^3 + 2 \times 2^2 + 4)\delta(t-2) = 20\delta(t-2)$；

(2) $e^{-4t}\delta(2t+2) = e^{-4t}\dfrac{1}{2}\delta(t+1) = \dfrac{1}{2}e^4\delta(t+1)$；

(3) $\displaystyle\int_{-\infty}^{\infty} \sin t\,\delta\left(t - \dfrac{\pi}{4}\right)\mathrm{d}t = \sin\dfrac{\pi}{4} = \dfrac{\sqrt{2}}{2}$；

(4) $\displaystyle\int_{-6}^{6} e^{-2t}\delta(t+10)\mathrm{d}t = 0$；

(5) $e^{-2t}u(t)\delta(t+1) = 0$。

**9. 冲激函数的性质总结**

(1) 取样性

$$f(t)\delta(t) = f(0)\delta(t), \int_{-\infty}^{\infty} f(t)\delta(t)\mathrm{d}t = f(0)$$

(2) 奇偶性

$$\delta(-t) = \delta(t)$$

(3) 比例（缩放）性

$$\delta(at) = \dfrac{1}{|a|}\delta(t)$$

(4) 微积分性质

$$\delta(t) = \dfrac{\mathrm{d}\varepsilon(t)}{\mathrm{d}t}, \int_{-\infty}^{t}\delta(\tau)\mathrm{d}\tau = \varepsilon(t)$$

(5) 冲激偶

$$f(t)\delta'(t) = f(0)\delta'(t) - f'(0)\delta(t)$$

$$\int_{-\infty}^{\infty} f(t)\delta'(t)\mathrm{d}t = -f'(0)$$

$$\int_{-\infty}^{t}\delta'(t)\mathrm{d}t = \delta(t)$$

$$\delta'(-t) = -\delta'(t)$$

$$\int_{-\infty}^{\infty}\delta'(t)\mathrm{d}t = 0$$

1.4.2.3　单位梳妆函数

**单位梳妆函数**是由等间隔的单位冲激函数组成的一个无限序列。定义为

$$\delta_T(t) = \sum_{n=-\infty}^{\infty}\delta(t-nT)$$

式中 $T$ 为冲激序列之间隔，单位梳妆函数的波形如图1.4.17所示。

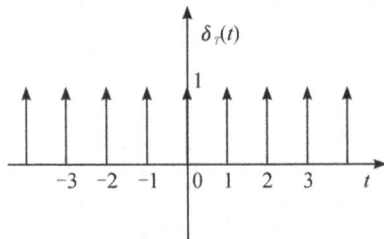

**图 1.4.17　单位梳妆函数的波形**

取样特性：

$$f(t)\delta_T(t) = \sum_{n=-\infty}^{\infty} f(t)\delta(t-nT) = f_s(t) = f(nT) = f(n)$$

$$\int_{-\infty}^{\infty} f(t)\delta_T(t)\mathrm{d}t = \sum_{n=-\infty}^{\infty} f(nT) = \sum_{n=-\infty}^{\infty} f(n) ：所有取样的样值之和。$$

这表明，连续函数 $f(t)$ 与单位梳妆函数相乘，结果是一个强度为 $f(nT)$ 的脉冲序列，于是连续函数 $f(t)$ 变成了离散函数 $f_s(t)$，从而实现了对连续函数的取样，如图1.4.18所示。

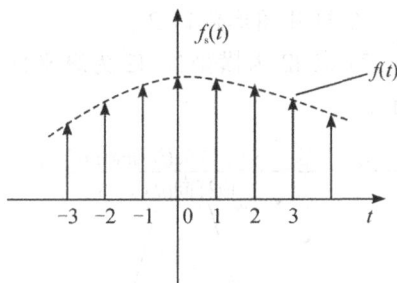

**图 1.4.18　取样信号**

# 1.5　信号的 Matlab 实现

## 1.5.1　信号的 Matlab 表示

所谓连续时间信号，是指其自变量的取值是连续的，并且除了若干不连续的点外，对于一切自变量的取值，信号都有确定的值与之对应。从严格意义上讲，Matlab 并不能处理连续信号。它是用连续信号在等时间间隔点上的样值来近似表示的，当取样时间间隔足够小时，这些离散的样值就能近似表示出连续信号。在 Matlab 中连续信号可用向量或符号来表示。

### 1.5.1.1　向量表示法

对于连续时间信号 $f(t)$，可以用两个行向量 $f$ 和 $t$ 来表示，其中向量 $t$ 是用形如 $t = t_1：\tau：t_2$ 的命令定义的时间范围向量，其中，$t_1$ 为信号起始时间，$t_2$ 为终止时间，$\tau$ 为时间间隔。向量 $f$ 为连续信号 $f(t)$ 在向量 $t$ 所定义的时间点上的样值。用绘图命令 plot( ) 函数绘制信号波形。

【例1.5.1】绘制连续信号 $f(t) = \mathrm{Sa}(t) = \dfrac{\sin(t)}{t}$ 的波形。

解：可以将函数表示成 $f$ 及 $t$ 两个行向量，然后用绘图命令 plot( ) 函数绘制其波形。程序如下：

```
t1 = - 10:0.5:10;          % 定义时间 t 的取值范围 - 10 ～ 10,取样间隔为 0.5,
                           % 则 t1 是一个维数为 41 的行向量
f1 = sin(t1)./t1;          % 定义信号表达式,求出对应采样点上的样值,
```

```
                              % 同时生成与向量 t1 维数相同的行向量 f1
figure(1);                    % 创建图形窗口 1
plot(t1,f1);                  % 以 t1 为横坐标、f1 为纵坐标绘制 f1 的波形
t2 = -10:0.1:10;              % 定义时间 t 的取值范围 -10 ～ 10,取样间隔为 0.1,
                              % 则 t2 是一个维数为 201 的行向量
f2 = sin(t2)./t2;             % 定义信号表达式,求出对应采样点上的样值
                              % 同时生成与向量 t2 维数相同的行向量 f2
figure(2);                    % 打开图形窗口 2
plot(t2,f2);                  % 以 t2 为横坐标、f2 为纵坐标绘制 f2 的波形
```

运行结果如图 1.5.1 所示。

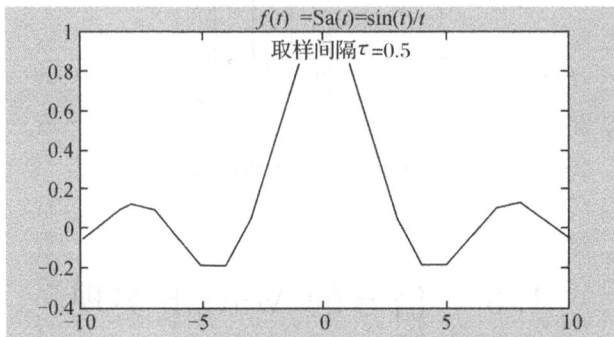

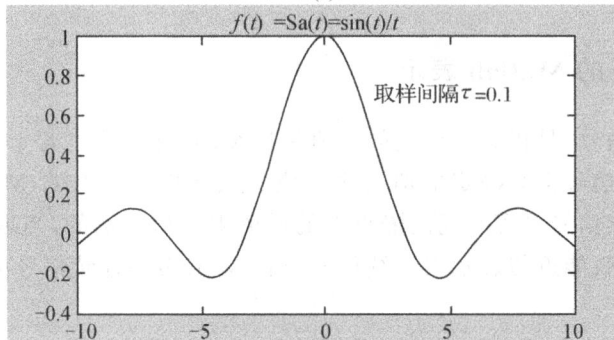

图 1.5.1　不同取样间隔的抽样函数

说明:

(1) 在 Matlab 中,plot 命令是常用的绘制连续信号波形的函数。

(2) 严格说来,计算机不能表示连续信号,所以在用 plot() 命令绘制波形时,要对自变量 $t$ 进行密集取值,Matlab 会分别计算对应点上的函数值,然后将各个数据点通过折线连接起来绘制图形,从而形成连续的曲线。因此,绘制的只是近似波形,而且其精度取决于 $t$ 的取样间隔。$t$ 的取样间隔越小,即点与点之间的距离越小,则近似程度越好,曲线越光滑。如图 1.5.1(a) 是在取样间隔为 $\tau = 0.5$ 时绘制的波形,而图 1.5.1(b) 是在取样间隔 $\tau = 0.1$ 时绘制的波形,对照两图,可以看出取样间隔小的要比取样间隔大的图光滑得多。

(3) 在上面的 $f = \sin(t)./t$ 语句中,必须用点除符号,以表示是两个函数对应点上的值

相除。

### 1.5.1.2　符号运算表示法

如果一个信号或函数可以用符号表达式来表示,那么我们就可以用符号函数专用绘图命令 ezplot(表达式,自变量定义域) 函数来绘出信号的波形。

【例 1.5.2】绘制连续信号 $f(t) = \text{Sa}(t) = \dfrac{\sin(t)}{t}$ 的波形。

解:Matlab 程序如下:

```
syms t;                % 定义符号变量 t
f = sin(t)/t;          % 定义函数表达式 f
ezplot(f,[- 10,10]);   % 绘制波形,并且设置自变量坐标轴显示范围
```

运行结果如图 1.5.2 所示。

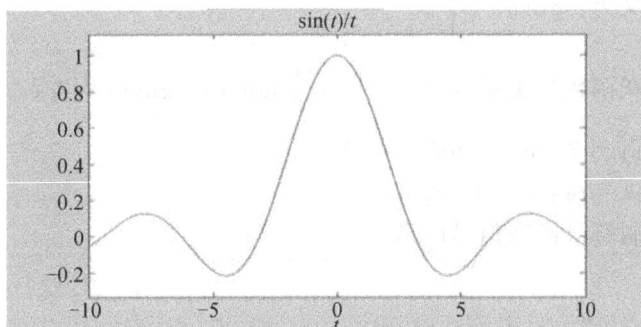

**图 1.5.2　符号数学绘图**

## 1.5.2　常用信号的 Matlab 仿真

对于普通的信号,应用向量或符号两种方法都可完成计算函数值及绘制波形,但是对于一些比较特殊的信号,例如单位阶跃信号 $\varepsilon(t)$、符号函数 $\text{sgn}(t)$ 等,在 Matlab 中这些信号有专门的表示方法。

### 1.5.2.1　单位阶跃信号

符号数学函数:heaviside($t$)。

向量数值表示:$t = t1:t2; y = (t >= 0)$。

【例 1.5.3】绘制阶跃信号图形。

解:程序为

```
syms t;
y = heaviside(t);
ezplot(y,[- 3 3]);
axis([- 4,4,- 0.5,1.5]);    % 设定坐标轴范围
```

### 1.5.2.2　门函数

门函数定义为:$G_\tau(t) = \varepsilon\left(t + \dfrac{\tau}{2}\right) - \varepsilon\left(t - \dfrac{\tau}{2}\right)$。

【例 1.5.4】绘制门信号图形。

解:程序为

```
syms t;
y = heaviside(t + 1) − heaviside(t − 1);
ezplot(y,[− 3 3]);
```

### 1.5.2.3    单位冲激函数

符号数学函数:$dirac(t)$

向量数值表示:$t = t1 : t2 ; y = (t = = 0)$

注意:$dirac(t)$ 函数可参与符号数学运算,但绘不出图形。

### 1.5.2.4    符号函数

符号函数的定义为:$sgn(t) = \begin{cases} 1, & t > 0 \\ -1, & t < 0 \end{cases}$。

符号函数与阶跃函数的关系:$\varepsilon(t) = \dfrac{1}{2} + \dfrac{1}{2}sgn(t)$,$sgn(t) = 2\varepsilon(t) - 1$。

符号函数表示:$y = 2 * heaviside(t) - 1$。

向量数值表示:$t = t1 : t2 ; y = sign(t)$。

【例 1.5.5】绘制符号函数信号图形。

解:程序为

```
syms t;
y = 2 * heaviside(t) − 1;
ezplot(y,[− 2 2]);
```

### 1.5.2.5    虚指数函数

虚指数函数定义为:$y(t) = e^{j\omega t}$。

如果变量 $t$ 定义为符号,则 $y$ 为符号函数;如果变量 $t$ 定义为向量,则 $y$ 为数值函数。

【例 1.5.6】绘制虚指数函数 $y(t) = e^{j\omega t}$ 图形。

解:程序为

```
syms t;
y = exp(j * 2 * t);
ezplot(real(y),[− 2 2]);        % 绘出实部图形,real(y) 取复数 y 的实部运算
grid on;                        % 打开网格显示
figure
ezplot(imag(y),[− 2 2]);        % 绘出虚部图形,imag(y) 取复数 y 的虚部运算
grid on;
```

### 1.5.2.6    正弦函数

正弦函数定义为:$y(t) = \sin(\omega t + \varphi)$。

如果变量 $t$ 定义为符号,则 $y$ 为符号函数;如果变量 $t$ 定义为向量,则 $y$ 为数值函数。

【例 1.5.7】绘制 $y = \sin(2 * t)$ 的正弦信号波形。

解:程序为

```
syms t;
y = sin(2 * t);
ezplot(y,[- 2 2]);
grid on;
```

#### 1.5.2.7 余弦函数

余弦函数定义为:$y(t) = \cos(\omega t + \varphi)$。

如果变量 $t$ 定义为符号,则 $y$ 为符号函数;如果变量 $t$ 定义为向量,则 $y$ 为数值函数。

【例 1.5.8】绘制 $y = \cos(2 * t)$ 的余弦信号波形。

解:程序为

```
syms t;
y = cos(2 * t);
ezplot(y,[- 2 2]);
grid on;
```

#### 1.5.2.8 辛格函数

辛格函数定义为:$y(t) = \text{sinc}(t) = \dfrac{\sin(\pi t)}{\pi t}$。

如果变量 $t$ 定义为符号,则 $y$ 为符号函数;如果变量 $t$ 定义为向量,则 $y$ 为数值函数。

【例 1.5.9】绘制辛格函数图形。

解:程序为

```
syms t;
y = sinc(t);
ezplot(y,[- 2 2]);
grid on;
```

### 1.5.3 信号运算的 Matlab 实现

#### 1.5.3.1 信号的加减乘除运算

信号的加减乘除是信号在同一时刻取值的加减乘除,因此 Matlab 对于时间信号的加减乘除都是基于向量的点运算。

【例 1.5.10】已知 $f_1(t) = \sin(2\pi t)$,$f_2(t) = \sin(16\pi t)$,使用命令画出两信号和及两信号乘积的波形图。

解:程序如下

```
syms t
f1 = sin(2 * pi * t);
f2 = sin(16 * pi * t);
f = f1. * f2;
subplot(311)
ezplot(f1);
subplot(312)
```

```
ezplot(f2);
subplot(313)
ezplot(f);
```

运行结果如图 1.5.3 所示。

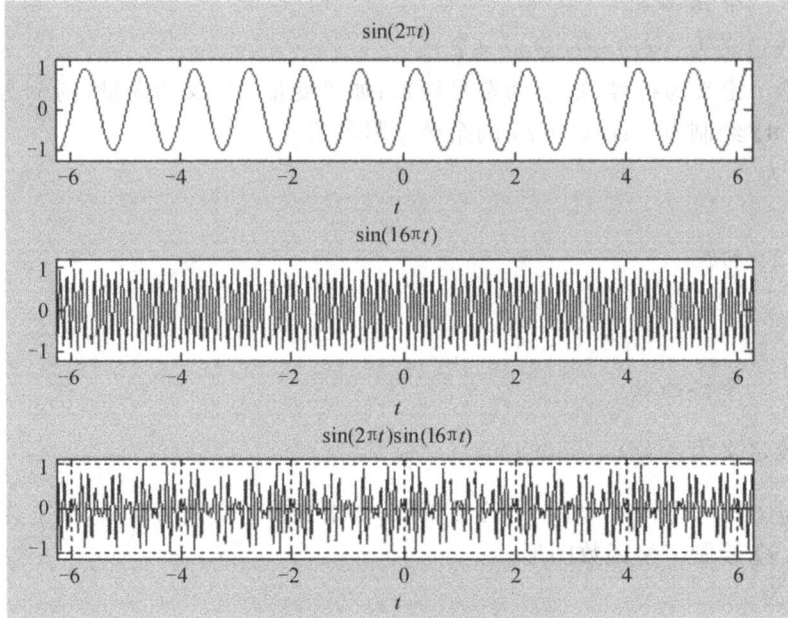

图 1.5.3　信号点乘波形

### 1.5.3.2　信号的平移、反折和尺度变换

信号的平移、反折和尺度变换是针对自变量时间而言的,其数学表达式和波形变换中存在着一定的变化规律。从数学表达式上来看,信号的上述所有计算都是自变量的替换过程。所以在使用 Matlab 进行连续时间信号的运算时,只需要进行相应的变量代换即可完成相关工作。

**【例 1.5.11】**已知信号 $f(t)$ 的波形如图 1.5.4 所示,试用 Matlab 绘出满足下列要求的信号波形。

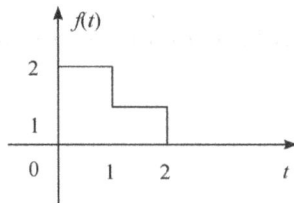

图 1.5.4　$f(t)$ 波形

(1) $f(-t)$;

(2) $f(t-2)$;

(3) $f(at)$(其中 $a$ 的值分别为 $a=0.5$ 和 $a=2$);

(4) $f(0.5t+1)$。

解:程序如下

```
syms t
f = 2 * heaviside(t) − heaviside(t − 1) − heaviside(t − 2);
ezplot(f,[− 4 5]);
grid on
title('f(t)');
f1 = subs(f,t, − t);    % 符号替代命令,使用格式:subs(表达式,原变量,新变量)
figure
ezplot(f1,[− 4 5]);
grid on
title('f(− t)');
f2 = subs(f,t,t − 2);
figure
ezplot(f2,[− 4 5]);
grid on
title('f(t − 2)');
f3 = subs(f,t,0. 5 * t);
figure
ezplot(f3,[− 4 5]);
grid on
title('f(0. 5t)');
f4 = subs(f,t,0. 5 * t + 1);
figure
ezplot(f4,[− 4 5]);
grid on
title('f(0. 5t + 1)');
```

### 1. 5. 3. 3　极限运算

极限是微积分的基础,在 Matlab 中,极限由命令 limit 实现求解,其调用格式为:

limit(f,x,a):计算符号表达式 $f$ 在 $x \rightarrow a$ 条件下的极限;

limit(f,a):计算符号表达式 $f$ 中默认自变量趋向于 $a$ 条件下的极限;

limit(f):计算符号表达式 $f$ 在默认自变量趋向于 0 时的极限;

limit(f,x,a,'right') 和 limit(f,x,a,'left'):计算符号表达式 $f$ 在 $x \rightarrow a$ 条件下的右极限和左极限。

【例 1. 5. 12】分别计算表达式 $\lim\limits_{x \to 0} \dfrac{\sin x}{x}$、$\lim\limits_{x \to 0+} \dfrac{1}{x}$、$\lim\limits_{x \to 0-} \dfrac{1}{x}$ 及 $\lim\limits_{x \to \infty-} (1 + \dfrac{a}{x})^x$ 和 $\lim\limits_{x \to \infty-} e^{-x}$ 的极限。

解:

```
syms x a;
limit(sin(x)/x)
```

```
limit(1/x,x,0,'right')
limit(1/x,x,0,'left')
v = [(1 + a/x) ^x,exp( - x)];
limit(v,x,inf,'left')
```

### 1.5.3.4 微分运算

积分运算和微分运算在信号处理中主要用于信号波形变换。Matlab 在符号数学工具箱(Symbolic Math Toolbox)中,由命令 diff 实现对表达式 $f$ 的导数运算,其调用格式为:

diff(f):求符号表达式 $f$ 对于默认自变量的导数;

diff(f,x):求符号表达式 $f$ 对于自变量 $x$ 的导数;

diff(f,x,n):求符号表达式 $f$ 对于默认自变量的 $n$ 次导数。

注意:diff() 函数在数值运算中求差分运算。

【例 1.5.13】计算:

(1) $f(t) = \dfrac{d}{dt}\sqrt{1 + e^t}$,求 $\dfrac{d}{dt}f(t)$;

(2) 已知 $f(t) = t\cos(t)$,求 $\dfrac{d}{dt}f(t)$,$\dfrac{d^2}{dt^2}f(t)$,$\dfrac{d^3}{dt^3}f(t)$;

(3) 已知参数方程 $x = a\cos(t)$,$y = b\sin(t)$,求 $\dfrac{dy}{dx}$;

(4) 已知多元函数 $f(x,y) = \dfrac{x\,e^y}{y^2}$,求偏导数 $\dfrac{df}{dx}$,$\dfrac{df}{dy}$;

(5) 已知隐函数 $f = x^2 + y^2 + z^2 - a^2$,求隐函数导数 $\dfrac{\partial z}{\partial x}$,$\dfrac{\partial z}{\partial y}$;

(6) $f(t) = \varepsilon(t)$,求 $\dfrac{d}{dt}f(t)$;

(7) $f(t) = \delta(t)$,求 $\dfrac{d}{dt}f(t)$。

解:程序如下

```
syms a b t x y z;
%(1)
f = sqrt(1 + exp(t));
diff(f)                % 求(1)。未指定求导变量和阶数,按缺省规则处理
%(2)
f = t * cos(t);
diff(f,t,2)            % 求(2)。求 f 对 x 的二阶导数
diff(f,t,3)            % 求(2)。求 f 对 x 的三阶导数
%(3)
x = a * cos(t);y = b * sin(t);
diff(y)/diff(x)        % 求(3)。按参数方程求导公式求 y 对 x 的导数
运行结果:ans = - b * cos(t)/a/sin(t)
%(4)
```

```
f = x * exp(y)/y^2;
diff(f,x)                 % 求(4)。f 对 x 的偏导数
运行结果:ans = exp(y)/y^2
diff(f,y)                 % 求(4)。f 对 y 的偏导数
运行结果:ans = x * exp(y)/y^2 - 2 * x * exp(y)/y^3
%(5)
f = x^2 + y^2 + z^2 - a^2;
zx = - diff(f,x)/diff(f,z)      % 求(5)。按隐函数求导公式求 z 对 x 的偏导数("-"号是
                                % 因为函数变量在等号同边)
运行结果:zx = - x/z
zy = - diff(f,y)/diff(f,z)      % 求(5)。按隐函数求导公式求 z 对 y 的偏导数
运行结果:zy = - y/z
%(6)
f = heaviside(t);
diff(f,t)
运行结果:ans = dirac(t)
%(7)
f = dirac(t);
diff(f,t)
运行结果:ans = dirac(1,t)    % 冲激偶
```

### 1.5.3.5　积分运算

Matlab 在符号数学工具箱中,由命令 int 实现对表达式 $f$ 的积分运算,其调用格式为:

$\text{int}(f)$:求符号表达式 $f$ 对于默认自变量的不定积分;

$\text{int}(f,x)$:求符号表达式 $f$ 对于自变量 $x$ 的不定积分;

$\text{int}(f,x,a,b)$:求符号表达式 $f$ 对于默认自变量从 $a$ 到 $b$ 的定积分。

【例 1.5.14】已知(1)$f(t)=7$;(2)$f(t)=(3-t^2)^3$;(3)$f(t)=\sin(t)$;(4)$f(t)=e^{jt}$;(5)$f(t)=\delta(t)$;(6)$f(t)=\varepsilon(t)$。求以上表达式的不定积分。

解:程序如下

```
syms t
%(1)
f = sym('7');        % 定义数值常量为符号
int(f,t)             % 求不定积分(1)
运行结果:ans = 7 * t
%(2)
f = (3 - t^2)^3;
int(f)
运行结果:ans = 27 * t - 1/7 * t^7 + 9/5 * t^5 - 9 * t^3
%(3)
f = sin(t);
```

第 1 章　连续系统的时域分析

int(f)                    % 求不定积分(3)

运行结果:ans = − cos(t)

%(4)

f = exp(j * t);

int(f)

运行结果:ans = − sqrt(− 1) * exp(sqrt(− 1) * t)

%(5)

f = dirac(t);

int(f)

运行结果:ans = heaviside(t)

%(6)

f = heaviside(t);

int(f)

运行结果:ans = heaviside(t) * t

【例 1.5.15】求定积分:

$(1) \int_0^{\frac{\pi}{2}} \cos(t) \mathrm{d}t$;$(2) \int_1^2 |1 − t| \mathrm{d}t$;$(3) \int_{-\infty}^{\infty} \sin(\pi t) \mathrm{d}t$;$(4) \int_{-\infty}^{\infty} \mathrm{Sa}(t) \mathrm{d}t$。

解:程序如下

syms t

%(1)

int(cos(t),0,pi/2)

运行结果:ans = 1

%(2)

int(abs(1 − t),1,2)

运行结果:ans = 1/2

%(3)

int(sin(pi * t)/(pi * t), − inf,inf)

运行结果:ans = 1

%(4)

int(sin(t)/t, − inf,inf)

运行结果:ans = pi

double(ans)                    % 将符号结果转换为数值

运行结果:ans = 3. 14159265358979

1.5.3.6　级数求和

Matlab 在符号数学工具箱中,由命令 symsum 实现级数的通项表达式 $f$ 求和,其调用格式为:

symsum(f):计算通项表达式 $f$ 对于默认自变量的不定和,即求前 $N$ 项和公式($n = 0$, $1, \cdots, N − 1$)。

symsum(f,v):计算通项表达式 $f$ 对于自变量 $v$ 的不定和,即求前 $N$ 项和公式($n = 0$,

$1, \cdots, N-1)$。

symsum($f,a,b$):计算通项表达式 $f$ 对于默认自变量从 $a$ 到 $b$ 的有限和。

symsum($f,v,a,b$):计算通项表达式 $f$ 对于自变量 $v$ 从 $a$ 到 $b$ 的有限和。

【例 1.5.16】分别计算表达式：(1) $\sum\limits_{k=1}^{100} k$；(2) $\sum\limits_{k=0}^{n-1} k$；(3) $\sum\limits_{0}^{10} k^2$；(4) $\sum\limits_{k=0}^{\infty} \dfrac{x^k}{k!}$。

解:程序如下

(1) syms k x

symsum(k,1,100)

运行结果：

ans = 5050

(2) symsum(k)

运行结果：

ans = 1/2 * k^2 - 1/2 * k

(3) symsum(k^2,0,10)

运行结果：

ans = 385

(4) symsum(x^k/sym('k!'),k,0,inf)

运行结果：

ans = exp(x)

# 1.6 系统

系统是具有特定功能的总体,可以看作信号的变换器、处理器。电子系统是电子元器件的集合体。电路侧重于局部,系统侧重于整体。"电路""系统"两词可以通用。

## 1.6.1 系统分类

可以从多种角度来观察、分析研究系统的特征,提出对系统进行分类的方法。以下介绍常用的几种分类。

### 1.6.1.1 连续系统与离散系统

根据时间变量特点可把系统分为连续(时间)系统与离散(时间)系统。

**连续(时间)系统**:系统的激励和响应均为连续时间信号。

**离散(时间)系统**:系统的激励和响应均为离散时间信号。

混合系统:系统的激励和响应一个是连续信号,一个是离散信号。如 A/D、D/A 变换器。

### 1.6.1.2 动态系统与即时系统

若系统在任一时刻的响应不仅与该时刻的激励有关,而且与它过去的历史状况有关,则称该系统为**动态系统**,也称为有记忆系统。

若系统在任一时刻的响应仅与该时刻的激励有关,与它过去的历史状况无关,则称该系统为**即时系统**,也称为无记忆系统。

含有记忆元件(电容、电感等)的系统是动态系统,否则是即时系统。

#### 1.6.1.3 单输入单输出系统与多输入多输出系统

只有一个输入信号、一个输出信号的系统称为**单输入单输出系统**。有多个输入信号、多个输出信号的系统称为**多输入多输出系统**。

#### 1.6.1.4 线性系统与非线性系统

满足叠加定理的系统称为**线性系统**。**叠加定理**是指系统响应满足齐次性和可加性,即一个含有多个激励源的系统的响应,等于每个激励源单独作用时响应的代数和。

假设系统输入信号为 $f(\cdot)$,系统输出信号为 $y(\cdot)$,则系统表示为

$$y(\cdot) = T[f(\cdot)] \text{ 或者 } f(\cdot) \rightarrow y(\cdot)$$

式中 $T$ 为算子,表示完成对输入信号运算。

如果 $T[af(\cdot)] = aT[f(\cdot)]$,则称系统满足**齐次性**;

如果 $T[f_1(\cdot)] + T[f_2(\cdot)] = T[f_1(\cdot) + f_2(\cdot)]$,则称系统满足**可加性**。综合上述描述,将线性系统定义为

如果系统满足

$$T[af_1(\cdot)] + T[bf_2(\cdot)] = T[af_1(\cdot) + bf_2(\cdot)]$$

则称该系统满足叠加定理,并称该系统为线性系统。

对动态系统而言,动态系统的响应不仅与激励 $\{f(\cdot)\}$ 有关,而且与系统的初始状态值 $\{x(0)\}$ 有关。初始状态也称内部激励。因此,动态系统的响应表示为

全响应:$y(\cdot) = T[\{f(\cdot)\}, \{x(0)\}]$;

零状态响应:$y_{zs}(\cdot) = T[\{f(\cdot)\}, \{0\}]$;

零输入响应:$y_{zi}(\cdot) = T[\{0\}, \{x(0)\}]$。

动态系统是线性系统的条件:

(1) 全响应可分解为零状态响应及零输入响应,即

$$y(\cdot) = y_{zs}(\cdot) + y_{zi}(\cdot)$$

(2) 零状态响应满足叠加定理:

$$T[\{af_1(\cdot) + bf_2(\cdot)\}, \{0\}] = aT[\{f_1(\cdot)\}, \{0\}] + bT[\{f_2(\cdot)\}, \{0\}]$$

(3) 零输入响应满足叠加定理:

$$T[\{0\}, \{ax_1(0) + bx_2(0)\}] = aT[\{0\}, \{x_1(0)\}] + bT[\{0\}, \{x_2(0)\}]$$

**【例1.6.1】**如果一系统的输入输出关系为 $y(t) = ax(t) + b$,试判断该系统是否为线性系统。

解:

$$y(t) = T[x(t)] = ax(t) + b$$
$$y_1(t) = T[x_1(t)] = ax_1(t) + b$$
$$y_2(t) = T[x_2(t)] = ax_2(t) + b$$
$$T[x_1(t)] + T[x_2(t)] = a[x_1(t) + x_2(t)] + 2b$$

因为 $T[x_1(t) + x_2(t)] = a[x_1(t) + x_2(t)] + b \neq T[x_1(t)] + T[x_2(t)]$,所以该系统不是线性系统。

【例 1.6.2】设系统的输入信号为 $f(t)$，初始状态为 $x(0)$，系统满足

$$y(t) = e^{-2t}x(0) + \int_0^t \sin(x)f(x)\mathrm{d}x$$

判断该系统是否为线性系统。

解：

（1）全响应

因为 $y_{zi}(t) = e^{-2t}x(0)$，$y_{zs}(t) = \int_0^t \sin(x)f(x)\mathrm{d}x$，所以 $y(t) = y_{zi}(t) + y_{zs}(t)$，全响应满足可分解性。

（2）零状态响应

$T[\{af_1(t) + bf_2(t)\}, \{0\}] = aT[\{f_1(t)\}, \{0\}] + bT[\{f_2(t)\}, \{0\}]$，零状态响应满足叠加定理。

（3）零输入响应

$T[\{0\}, \{ax_1(0) + bx_2(0)\}] = e^{-2t}[ax_1(0) + bx_2(0)] = aT[\{0\}, \{x_1(0)\}] + bT[\{0\}, \{x_2(0)\}]$，零输入响应满足叠加定理。

所以，该系统为线性系统。

【例 1.6.3】设系统的输入信号为 $f(t)$，初始状态为 $x(0)$，判断下列系统是否为线性系统。

（1）$y(t) = 5x(0) + 3f(t) + x(0)f(t) + 1$；

（2）$y(t) = 5x(0) + 2|f(t)|$；

（3）$y(t) = t^2 f(t) + \dfrac{\mathrm{d}f(t)}{\mathrm{d}t} + 2x(0)$。

解：

（1）$y_{zs}(t) = 3f(t) + 1$，$y_{zi}(t) = 5x(0) + 1$，$y(t) \neq y_{zs}(t) + y_{zi}(t)$，不满足可分解性，故为非线性系统。

（2）$y_{zs}(t) = 2|f(t)|$，$y_{zi}(t) = 5x(0)$，$y(t) = y_{zs}(t) + y_{zi}(t)$，满足可分解性。

由于 $T[\{af(t)\}, \{0\}] = 2|af(t)| \neq ay_{zs}(t)$，零状态响应不满足叠加定理，故为非线性系统。

（3）$y_{zs}(t) = t^2 f(t) + \dfrac{\mathrm{d}f(t)}{\mathrm{d}t}$，$y_{zi}(t) = 2x(0)$，$y(t) = y_{zs}(t) + y_{zi}(t)$，满足可分解性。

由于零状态响应 $y_{zs}(t) = t^2 f(t) + \dfrac{\mathrm{d}f(t)}{\mathrm{d}t}$ 满足叠加定理，零输入响应 $y_{zi}(t) = 2x(0)$ 也满足叠加定理，所以 $y(t) = t^2 f(t) + \dfrac{\mathrm{d}f(t)}{\mathrm{d}t} + 2x(0)$ 是线性系统。

### 1.6.1.5 时不变系统与时变系统

#### 1. 定义

假设系统描述为 $y(t) = T[f(t)]$，如果满足

$$y(t - \tau) = T[f(t - \tau)]$$

则称该系统为**时不变系统**，否则为**时变系统**。式中 $\tau$ 为任意延迟时间。

从描述系统的方程看，如果系统参数都是常数，它们不随时间变化，则该系统就是时不

变系统。

**【例1.6.4】**设系统的输入信号为 $f(t)$，判断下列系统是否为时不变系统。

(1) $y_{zs}(t) = 2f(t)f(t-2)$；

(2) $y_{zs}(t) = tf(t-2)$；

(3) $y_{zs}(t) = f(-t)$。

解：

(1) $f(t) \rightarrow 2f(t)f(t-2) = y_{zs}(t)$，所以 $y_{zs}(t-\tau) = 2f(t-\tau)f[(t-\tau)-2]$

$f(t-\tau) \rightarrow 2f(t-\tau)f(t-\tau-2) = y_{zs}(t-\tau)$

故该系统是时不变系统。

(2) $T[\{f(t)\},\{0\}] = tf(t-2) = y_{zs}(t)$，

所以 $y_{zs}(t-\tau) = (t-\tau)f[(t-\tau)-2] = (t-\tau)f(t-\tau-2)$

$T[\{f(t-\tau)\},\{0\}] = tf(t-\tau-2) \neq y_{zs}(t-\tau)$

故该系统不是时不变系统。

(3) $T[\{f(t)\},\{0\}] = f(-t) = y_{zs}(t)$，所以 $y_{zs}(t-\tau) = f[-(t-\tau)] = f(-t+\tau)$

$T[\{f(t-\tau)\},\{0\}] = f(-t-\tau) \neq y_{zs}(t-\tau)$

故该系统不是时不变系统。

直观判别时变系统的方法：若 $f(\cdot)$ 前出现变系数，或有反折、展缩变换，则该系统是时变系统。

如果一个系统是线性系统，同时也是时不变系统，则称该系统为线性时不变系统(linear time-invariant)，简称LTI系统。

**2.LTI连续系统的微分性质**

LTI连续系统的微分性质为：

若 $f(t) \rightarrow y_{zs}(t)$，则 $f'(t) \rightarrow y'_{zs}(t)$。

证明：对零状态系统 $f(t) \rightarrow y_{zs}(t)$，根据系统时不变性质，有 $f(t-\Delta t) \rightarrow y_{zs}(t-\Delta t)$。

利用系统线性性质得 $\dfrac{f(t)-f(t-\Delta t)}{\Delta t} \rightarrow \dfrac{y_{zs}(t)-y_{zs}(t-\Delta t)}{\Delta t}$，求极限，当 $\Delta t \rightarrow 0$ 时，

则 $\dfrac{\mathrm{d}f(t)}{\mathrm{d}t} \rightarrow \dfrac{\mathrm{d}y_{zs}(t)}{\mathrm{d}t}$。

**3.LTI连续系统的积分性质**

LTI连续系统的积分性质为：

若 $f(t) \rightarrow y_{zs}(t)$，则 $\displaystyle\int_{-\infty}^{t} f(x)\mathrm{d}x \rightarrow \int_{-\infty}^{t} y_{zs}(x)\mathrm{d}x$。

### 1.6.1.6　因果系统与非因果系统

**因果系统**是指当且仅当输入信号激励系统时，才会出现输出信号（响应）的系统。即因果系统的响应不会出现在输入信号激励系统的以前时刻；或者说系统的输出仅与当前及过去的输入有关，而与将来的输入无关。实际的物理可实现系统均为因果系统。

**因果信号**是指当 $t=0$ 时接入系统的信号，可表示为 $f(t) = f(t)\varepsilon(t)$。

**非因果系统**是指当前时刻的输出不仅取决于当前的输入，还取决于将来的输入的系统。非因果系统的概念与特性也有实际的意义，如信号的压缩、扩展，语音信号处理等。

判断因果系统方法：如果当 $t < t_0$，$f(t) = 0$ 时，则有当 $t < t_0$，$y_{zs}(t) = 0$。或者说输出不超前于输入。

如下列系统均为因果系统：

(1) $y_{zs}(t) = 7f(t-2) + f(t)$；

(2) $y_{zs}(t) = \int_{-\infty}^{t} f(x)dx$。

而下列系统为非因果系统：

(1) $y_{zs}(t) = 7f(t+1)$，因为令 $t = 1$ 时，有 $y_{zs}(1) = 7f(2)$。

(2) $y_{zs}(t) = 7f(2t)$，因为令 $t = 1$ 时，有 $y_{zs}(1) = 7f(2)$。

【例 1.6.5】某连续时间系统的输入 $f(t)$ 和输出 $y(t)$ 满足 $y(t) = |f(t) - f(t-1)|$，试判定系统的线性、时变及因果特性。

解：(1) 线性系统判断

$f_1(t) \rightarrow |f_1(t) - f_1(t-1)|$，$f_2(t) \rightarrow |f_2(t) - f_2(t-1)|$

$f_1(t) + f_2(t) \rightarrow |[f_1(t) + f_2(t)] - [f_1(t-1) + f_2(t-1)]|$

$|f_1(t) - f_1(t-1)| + |f_2(t) - f_2(t-1)| \neq |[f_1(t) + f_2(t)] - [f_1(t-1) + f_2(t-1)]|$

所以，该系统为非线性系统。

(2) 时变系统判断

$f(t) \rightarrow |f(t) - f(t-1)|$

$f(t-\tau) \rightarrow |f(t-\tau) - f(t-\tau-1)|$

所以，该系统为时不变系统。

(3) 因果系统判断

当 $t = 0$ 时，则 $y(0) = |f(0) - f(-1)|$，输出取决于当前及过去的输入。

所以，该系统为因果系统。

【例 1.6.6】某连续时间系统微分方程 $y''(t) + 3y'(t) + 2y(t) = f(t+10)$，试判定系统的线性、时变及因果特性。

解：(1) 线性系统判断

因为输入信号 $f$ 及输出信号 $y$ 均为一次方，所以该系统是线性系统。

(2) 时变系统判断

因为微分方程的系数都是常量，所以该系统是时不变系统。

(3) 因果系统判断

当 $t = 0$ 时，输出 $y(0)$ 取决于未来输入信号 $f(10)$，所以该系统是非因果系统。

### 1.6.1.7 稳定系统与非稳定系统

一个系统，若对有界的激励 $f(\cdot)$ 所产生的零状态响应 $y_{zs}(\cdot)$ 也是有界时，则称该系统为有界输入有界输出稳定，简称**稳定系统**。即若系统的输入 $|f(\cdot)| < \infty$，其输出 $|y_{zs}(\cdot)| < \infty$，则称该系统是稳定的。

【例 1.6.7】判断下面系统的稳定性。

(1) $y_{zs}(t) = f(t) + f(t-1)$；(2) $y_{zs}(t) = \int_{-\infty}^{t} f(x)dx$；(3) $y(t) = tf(t)$。

解：

(1)$y_{zs}(t) = f(t) + f(t-1)$ 是稳定系统。因为若输入信号 $f(t)$ 有界,则输出信号 $y(t)$ 有界。

(2)$y_{zs}(t) = \int_{-\infty}^{t} f(x)\mathrm{d}x$ 是不稳定系统。因为输入信号 $f(t) = \varepsilon(t)$ 是有界的(函数值是 1),而输出信号是 $\int_{-\infty}^{t} \varepsilon(x)\mathrm{d}x = t\varepsilon(t)$,当 $t$ 趋于 $\infty$ 时,其输出也趋于 $\infty$,无界。

(3)$y(t) = tf(t)$ 是不稳定系统。因为若输入信号 $f(t)$ 是有界的,而输出信号是 $y(t) = tf(t)$,当 $t$ 趋于 $\infty$ 时,其输出也趋于 $\infty$,无界。

## 1.6.2 系统的描述和分析方法

### 1.6.2.1 系统的数学模型

#### 1. 连续系统的数学描述

以 $RLC$ 电路为例,建立电路描述微分方程。如图 1.6.1 所示的 $RLC$ 电路,以 $u_s(t)$ 为激励,以 $u_C(t)$ 为响应。由 KVL 和 $R$、$L$、$C$ 元件伏安关系列方程,并整理得

$$\begin{cases} LC\dfrac{\mathrm{d}^2 u_C(t)}{\mathrm{d}t^2} + RC\dfrac{\mathrm{d}u_C(t)}{\mathrm{d}t} + u_C(t) = u_s(t) \\ u_C(0_+),\, u'_C(0_+) \end{cases}$$

该微分方程就是 $RLC$ 电路的数学模型。

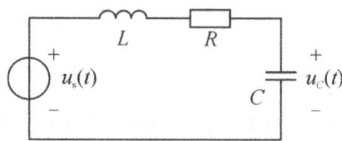

图 1.6.1 **RLC 电路**

一般地,描述 LTI 连续系统的是线性常系数微分方程。对于二阶常系数线性微分方程,抽去具体的物理含义,微分方程可以写成

$$a_2\frac{\mathrm{d}^2 y(t)}{\mathrm{d}t^2} + a_1\frac{\mathrm{d}y(t)}{\mathrm{d}t} + a_0 y(t) = f(t)$$

#### 2. 离散系统的数学解析描述

举例说明离散系统的数学解析描述。如某人每个月初在银行存入一定数量的款,月息为 $b$ 元/元,求第 $n$ 个月初存折上的款数。

设第 $n$ 个月初的款数为 $y(n)$,这个月初的存款为 $f(n)$,上个月初的款数为 $y(n-1)$,利息为 $by(n-1)$,则 $y(n) = y(n-1) + by(n-1) + f(n)$,即 $y(n) - (1+b)y(n-1) = f(n)$。

若设开始存款月为 $n = 0$,则有 $y(0) = f(0)$。

上述方程就称为输出序列项 $y(n)$ 与输入序列项 $f(n)$ 之间所满足的差分方程。所谓**差分方程**是指由未知输出序列项与输入序列项构成的方程。未知序列项变量 $y$ 的最高序列号与最低序列号的差数,称为差分方程的**阶数**。上述为一阶差分方程。由 $n$ 阶差分方程描述的系统称为 $n$ 阶离散系统。

描述 LTI 离散系统的是线性常系数差分方程。

【例 1.6.8】下列差分方程描述的系统，是否为线性？是否为时不变？写出方程的阶数。

(1) $y(n) + (n-1)y(n-1) = f(n)$;

(2) $y(n) + y(n+1) + y(n-1) = f(n)$;

(3) $y(n) + 2y(n-1) = f(n-1)$。

解：

判断方法：方程中均为输出、输入序列的一次方关系项，则该系统是线性系统。输入信号、输出信号前的系数为常数，且无反折、展缩变换，则该系统为时不变系统。

(1) $y(n) + (n-1)y(n-1) = f(n)$ 是线性、时变的一阶系统；

(2) $y(n) + y(n+1) + y(n-1) = f(n)$ 是线性、时不变的二阶系统；

(3) $y(n) + 2y(n-1) = f(n-1)$ 是线性、时变的一阶系统；

#### 1.6.2.2　系统的框图描述

系统方程从数学角度来说代表了某些运算关系：相乘、微分（差分）、相加运算。将这些基本运算用一些基本单元符号表示出来并相互连接表征系统方程的运算关系，这样画出的图称为模拟框图，简称框图。

**1. 连续系统框图的基本单元**

（1）加法器

加法器如图 1.6.2 所示。

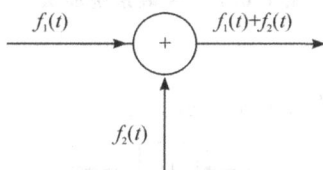

**图 1.6.2　加法器**

（2）积分器

积分器如图 1.6.3 所示。

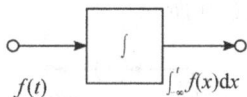

**图 1.6.3　积分器**

（3）数乘器

数乘器如图 1.6.4 所示。

或

**图 1.6.4　数乘器**

（4）乘法器

乘法器如图 1.6.5 所示。

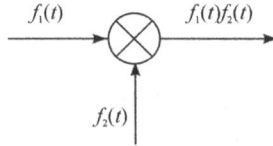

图 1.6.5　乘法器

（5）延时器

延时器如图 1.6.6 所示。

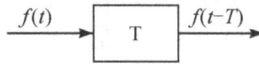

图 1.6.6　延时器

## 2. 离散系统框图的基本单元

（1）加法器

离散系统框图的加法器如图 1.6.7 所示。

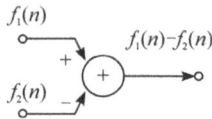

图 1.6.7　离散系统加法器

（2）迟延单元

离散系统框图的迟延器如图 1.6.8 所示。

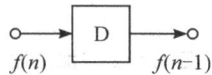

图 1.6.8　离散系统迟延器

（3）数乘器

离散系统框图的数乘器如图 1.6.9 所示。

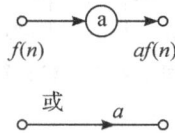

图 1.6.9　离散系统数乘器

## 3. 系统的框图描述

电路系统的分析及设计过程:实际电路系统 → 建立微分方程 → 模拟框图 → 实验室实现(模拟系统)→ 指导实际电路系统设计。

由基本元件框图组成的系统称为系统框图。系统框图可图形化表示微分方程。

【例 1.6.9】已知 $y''(t) + ay'(t) + by(t) = f(t)$,画出系统模拟框图。

解:将方程写为 $y''(t)=f(t)-ay'(t)-by(t)$，由积分器绘出框图，如图1.6.10所示。

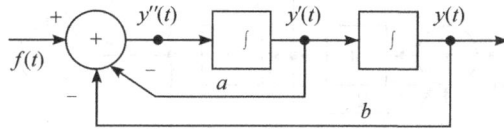

**图 1.6.10　系统模拟框图**

【例1.6.10】请画出如下微分方程所代表的系统的系统框图。

$$\frac{\mathrm{d}^2 y(t)}{\mathrm{d}t^2}+3\frac{\mathrm{d}y(t)}{\mathrm{d}t}+2y(t)=\frac{\mathrm{d}f(t)}{\mathrm{d}t}+f(t)$$

解: $\dfrac{\mathrm{d}^2 y(t)}{\mathrm{d}t^2}=-3\dfrac{\mathrm{d}y(t)}{\mathrm{d}t}-2y(t)+\dfrac{\mathrm{d}f(t)}{\mathrm{d}t}+f(t)$

$$y(t)=-3\int y(t)\mathrm{d}t-2\iint y(t)\mathrm{d}t+\int f(t)\mathrm{d}t+\iint f(t)\mathrm{d}t$$

由积分器绘出框图，如图1.6.11所示。

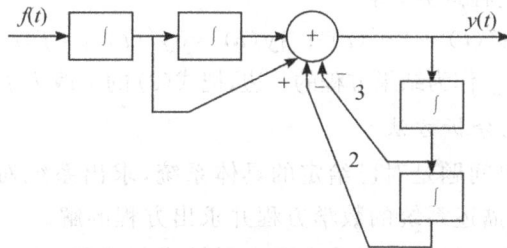

**图 1.6.11　系统模拟框图**

由图1.6.11可见，本系统是二阶系统，却用4个积分器元件，不合理，因此，此框图可进一步简化。或者设中间变量 $x$，将微分方程改写为：

$$\begin{cases}\dfrac{\mathrm{d}^2 x(t)}{\mathrm{d}t^2}+3\dfrac{\mathrm{d}x(t)}{\mathrm{d}t}+2x(t)=f(t)\\[2mm]y(t)=\dfrac{\mathrm{d}x(t)}{\mathrm{d}t}+x(t)\end{cases}$$

$$\begin{cases}\dfrac{\mathrm{d}^2 x(t)}{\mathrm{d}t^2}=-3\dfrac{\mathrm{d}x(t)}{\mathrm{d}t}-2x(t)+f(t)\\[2mm]y(t)=\dfrac{\mathrm{d}x(t)}{\mathrm{d}t}+x(t)\end{cases}$$

绘出模拟框图，如图1.6.12所示。

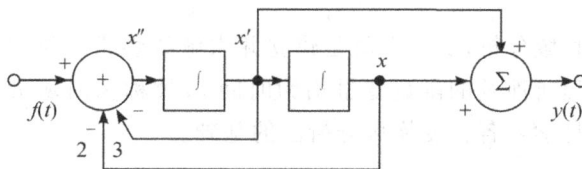

**图 1.6.12　模拟框图**

【例1.6.11】已知系统框图如图1.6.13所示，写出该系统的微分方程。

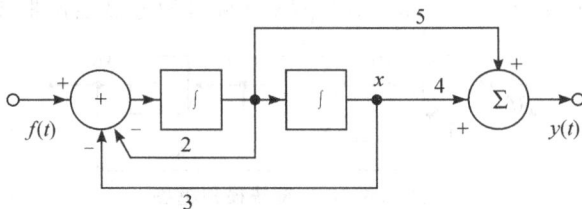

图 1.6.13　系统框图

解:设前面加法器的输出为辅助变量 $x''(t)$,则

$$x''(t) = f(t) - 2x'(t) - 3x(t)$$

把 $x$ 与 $f$ 分别放到方程两边,即

$$x''(t) + 2x'(t) + 3x(t) = f(t) \tag{1}$$

第二个加法器的输出:

$$y(t) = 5x'(t) + 4x(t) \tag{2}$$

根据前面例子的逆过程运算,得

$$y''(t) + 2y'(t) + 3y(t) = 5f'(t) + 4f(t)$$

注:把式(1)的 $x$ 改为 $y$ 作为结果方程的一边,把式(2)的 $x$ 改为 $f$ 作为结果方程的另一边。

### 1.6.2.3　LTI系统分析方法

系统分析研究的主要问题是对已给定的具体系统,求出系统对给定激励的响应。具体地说,系统分析就是建立描述系统的数学方程并求出方程的解。

连续系统的分析方法可以通过微分方程在时域进行求解,也可利用系统单位冲激响应 $h(t)$ 与激励信号 $f(t)$ 进行卷积求解,还可通过傅立叶变换在频域进行求解,或通过拉普拉斯(Laplace)变换在复频域进行求解,或者通过系统函数 $H(s)$ 的零极点分布分析系统特性。

离散系统的分析方法可以通过差分方程在时域进行求解,也可通过 $Z$ 变换在 $Z$ 域进行求解,或者通过系统函数 $H(z)$ 的零极点分布分析系统特性。

求解的基本思路:把零输入响应和零状态响应分开求解;把复杂信号分解为众多基本信号之和,然后分别求各基本信号的响应,最后根据线性系统的叠加性,系统的响应等于各个基本信号所引起的响应之和。

# 1.7　LTI连续系统响应

LTI连续系统的时域分析,实际上就是建立并求解线性常系数微分方程。由于线性常系数微分方程求解过程所涉及的函数变量均为时间 $t$,故称为时域分析法。这种方法比较直观,物理概念清楚,是学习各种变换域分析法的基础。

## 1.7.1　微分方程的求解

描述 LTI 系统的常微分方程的一般形式为:

$$a_n \frac{d^n y(t)}{dt^n} + a_{n-1} \frac{d^{n-1} y(t)}{dt^{n-1}} + \cdots + a_1 \frac{dy(t)}{dt} + a_0 y(t) =$$

$$b_m \frac{d^m f(t)}{dt^m} + b_{m-1} \frac{d^{m-1} f(t)}{dt^{m-1}} + \cdots + b_1 \frac{df(t)}{dt} + b_0 f(t)$$

常微分方程的**经典解**为"完全通解＝齐次通解＋特解",然后由初始条件$(0_+)$确定完全解。

### 1.7.1.1　齐次通解

由常微分方程列出特征方程,求出特征方程的特征根,写出齐次通解形式。

齐次方程:$a_n \dfrac{d^n y(t)}{dt^n} + a_{n-1} \dfrac{d^{n-1} y(t)}{dt^{n-1}} + \cdots + a_1 \dfrac{dy(t)}{dt} + a_0 y(t) = 0$;

特征方程:$a_n \lambda^n + a_{n-1} \lambda^{n-1} + \cdots + a_1 \lambda + a_0 = 0$;

特征根:$n$ 次特征方程具有 $n$ 个特征根 $\lambda_i, i = 1, \cdots, n$。

**齐次通解**:$y_h(t) = \sum\limits_{i=1}^{n} C_i e^{\lambda_i t}$,$n$ 阶微分方程的齐次通解是 $n$ 个指数函数项之和。

不同特征根形式的齐次通解形式参考表 1.7.1。注意重根情况处理方法。

**表 1.7.1　齐次通解形式表**

| 特征根 | 齐次通解形式 |
| --- | --- |
| 单实根 $\lambda_i$ | $e^{\lambda_i t}$ |
| $p$ 重实根 $\lambda_i$ | $e^{\lambda_i t}, t e^{\lambda_i t}, \cdots, t^{p-1} e^{\lambda_i t}$ |
| 共轭复根 $a \pm jb$ | $e^{(a+jb)t}, e^{(a-jb)t}$ 或者 $e^{at} \cos(bt), e^{at} \sin(bt)$ |
| $p$ 重共轭复根 $a \pm jb$ | $e^{(a+jb)t}, e^{(a-jb)t}, t e^{(a+jb)t}, t e^{(a-jb)t}, \cdots, t^{p-1} e^{(a+jb)t}, t^{p-1} e^{(a-jb)t}$ 或者 $e^{at} \cos(bt), e^{at} \sin(bt), t e^{at} \cos(bt), t e^{at} \sin(bt), \cdots, t^{p-1} e^{at} \cos(bt), t^{p-1} e^{at} \sin(bt)$ |

单实根 $\lambda_i$ 时,齐次解的形式为 $e^{\lambda_i t}$;

$p$ 重实根 $\lambda_i$ 时,齐次解的形式为 $e^{\lambda_i t}, t e^{\lambda_i t}, \cdots, t^{p-1} e^{\lambda_i t}$;

共轭复根 $a \pm jb$ 时,齐次解的形式为 $e^{(a+jb)t}, e^{(a-jb)t}$ 或者 $e^{at} \cos(bt), e^{at} \sin(bt)$;

$p$ 重共轭复根 $a \pm jb$ 时,齐次解的形式为 $e^{(a+jb)t}, e^{(a-jb)t}, t e^{(a+jb)t}, t e^{(a-jb)t}, \cdots, t^{p-1} e^{(a+jb)t}$, $t^{p-1} e^{(a-jb)t}$ 或者 $e^{at} \cos(bt), e^{at} \sin(bt), t e^{at} \cos(bt), t e^{at} \sin(bt), \cdots, t^{p-1} e^{at} \cos(bt), t^{p-1} e^{at} \sin(bt)$。

**【例 1.7.1】**求微分方程 $\dfrac{d^3}{dt^3} y(t) - \dfrac{d^2}{dt^2} y(t) + \dfrac{d}{dt} y(t) - y(t) = 0$ 的齐次通解。

解:特征方程为:$\lambda^3 - \lambda^2 + \lambda - 1 = 0$,

特征根:$\lambda_1 = 1, \lambda_2 = j, \lambda_3 = -j$,

齐次通解:$y_h(t) = C_1 e^t + C_2 e^{jt} + C_3 e^{-jt}$。

**【例 1.7.2】**求微分方程 $\dfrac{d^3}{dt^3} y(t) + 7 \dfrac{d^2}{dt^2} y(t) + 16 \dfrac{d}{dt} y(t) + 12 y(t) = f(t)$ 的齐次通解。

解:系统的特征方程为:$\lambda^3 + 7\lambda^2 + 16\lambda + 12 = 0$,

特征根:$(\lambda + 2)^2 (\lambda + 3) = 0, \lambda_1 = -2$(重根)$, \lambda_2 = -3$,

齐次通解为:$y_h(t) = (C_1 t + C_2) e^{-2t} + C_3 e^{-3t}$。

### 1.7.1.2 特解

根据微分方程右端激励信号形式,设定含待定系数的特解函数式,然后代入原微分方程,最后比较系数求出特解。

设定含待定系数的特解函数式可参考表 1.7.2。

**表 1.7.2 特解函数式**

| 激 励 | 特解形式 |
|---|---|
| 常数(直流信号) | $P$(常数) |
| $t^m$(幂信号) | $P_m t^m + P_{m-1} t^{m-1} + \cdots + P_1 t + P_0$(特征根均不为 0)<br>$t^r(P_m t^m + P_{m-1} t^{m-1} + \cdots + P_1 t + P_0)$(有 $r$ 重为 0 的特征根) |
| $e^{at}$(实指数信号) | $P e^{at}$($\alpha$ 不等于特征根)<br>$(P_1 t + P_0) e^{at}$($\alpha$ 等于特征单根)<br>$(P_r t^r + P_{r-1} t^{r-1} + \cdots + P_0) e^{at}$($\alpha$ 等于 $r$ 重特征根) |
| $\sin(\omega t)$ 或 $\cos(\omega t)$<br>(三角或虚指数信号) | $P_1 \cos(\omega t) + P_2 \sin(\omega t)$($\pm j\omega$ 不等于特征根)<br>$P_1 \cos(\omega t) + P_2 \sin(\omega t) + t P_3 \cos(\omega t) + t P_4 \sin(\omega t)$($\pm j\omega$ 等于特征单根) |

**【例 1.7.3】**给定系统微分方程式$\dfrac{d^2 y(t)}{dt^2} + 2\dfrac{dy(t)}{dt} + 3y(t) = \dfrac{df(t)}{dt} + f(t)$,如果已知 (1)$f(t) = t^2$,(2)$f(t) = e^t$,分别求两种情况下此方程的特解。

解:特征根为 $-1 + j\sqrt{2}$,$-1 - j\sqrt{2}$。

(1) 由于 $f(t) = t^2$,故特解函数式为:

$y_p(t) = P_2 t^2 + P_1 t + P_0$,式中 $P_2, P_1, P_0$ 为待定系数。将此式代入原微分方程得:

$$3P_2 t^2 + (4P_2 + 3P_1) t + (2P_2 + 2P_1 + 3P_0) = t^2 + 2t$$

等式两端各对应幂次的系数应相等,于是有

$$\begin{cases} 3P_2 = 1 \\ 4P_2 + 3P_1 = 2 \\ 2P_2 + 2P_1 + 3P_0 = 0 \end{cases}$$

解得:$P_2 = \dfrac{1}{3}$,$P_1 = \dfrac{2}{9}$,$P_0 = -\dfrac{10}{27}$,所以特解为:$y_p(t) = \dfrac{1}{3}t^2 + \dfrac{2}{9}t - \dfrac{10}{27}$。

(2) 特解为 $y_p(t) = P e^t$,$P$ 是待定系数。

代入方程后有:

$$P e^t + 2P e^t + 3P e^t = e^t + e^t$$

$$P = \dfrac{1}{3}$$

于是,特解为 $\dfrac{1}{3} e^t$。

**【例 1.7.4】**求微分方程式$\dfrac{d^2 y(t)}{dt^2} + y(t) = \sin(t)$ 的特解。

解:求得特征根为 $j$,$-j$。

设特解为 $y_p(t) = P_1\cos(t) + P_2\sin(t) + P_3 t\cos(t) + P_4 t\sin(t)$，代入原方程：

$$\frac{d^2 y_p(t)}{dt^2} + y_p(t) = \sin(t)$$

求得：$P_3 = -\dfrac{1}{2}$，$P_4 = 0$。

特解为：$y_p(t) = P_1\cos(t) + P_2\sin(t) - \dfrac{1}{2}t\cos(t)$。

### 1.7.1.3  完全解

常微分方程的完全解形式为：

完全通解 ＝ 齐次通解 ＋ 特解

最后由起始值 $(0_+)$ 确定出完全通解中的待定常数 $C_i$，这样才能完全确定系统的响应。如果方程中不含冲激项，则 $(0_+) = (0_-)$；如果方程中含有冲激项，则 $(0_+) \neq (0_-)$，其 $(0_+)$ 的确定可参阅 1.7.1.4 关于 $0_+$ 和 $0_-$ 的讨论。

【例 1.7.5】描述某系统的微分方程为：

$$y''(t) + 5y'(t) + 6y(t) = f(t)$$

求：(1) 当 $f(t) = 2e^{-t}$，$t \geq 0$；$y(0_-) = 2$，$y'(0_-) = -1$ 时的完全解。

(2) 当 $f(t) = e^{-2t}$，$t \geq 0$；$y(0_-) = 1$，$y'(0_-) = 0$ 时的完全解。

解：(1) 特征方程为 $\lambda^2 + 5\lambda + 6 = 0$，其特征根为 $\lambda_1 = -2$，$\lambda_2 = -3$，齐次通解为：$y_h(t) = C_1 e^{-2t} + C_2 e^{-3t}$。

当 $f(t) = 2e^{-t}$ 时，其特解可设为 $y_p(t) = Pe^{-t}$，将特解代入微分方程 $Pe^{-t} + 5(-Pe^{-t}) + 6Pe^{-t} = 2e^{-t}$，解得 $P = 1$，所以特解为：$y_p(t) = e^{-t}$。完全通解为：$y(t) = y_h(t) + y_p(t) = C_1 e^{-2t} + C_2 e^{-3t} + e^{-t}$，其中待定常数 $C_1$，$C_2$ 由起始值确定。

$y(0_+) = C_1 + C_2 + 1 = y(0_-) = 2$，$y'(0_+) = -2C_1 - 3C_2 - 1 = y'(0_-) = -1$，

解得：$C_1 = 3$，$C_2 = -2$。

最后求得完全解为：$y(t) = 3e^{-2t} - 2e^{-3t} + e^{-t}$，$t \geq 0$。

(2) 齐次通解同上。当激励 $f(t) = e^{-2t}$ 时，其指数与特征根之一相同。故其特解假设为：

$$y_p(t) = (P_1 t + P_0)e^{-2t}$$

代入微分方程可得 $P_1 e^{-2t} = e^{-2t}$，所以 $P_1 = 1$，但 $P_0$ 不能求得。特解为：$y_p(t) = (t + P_0)e^{-2t}$。

完全通解为：

$$y(t) = C_1 e^{-2t} + C_2 e^{-3t} + t e^{-2t} + P_0 e^{-2t}$$
$$= (C_1 + P_0)e^{-2t} + C_2 e^{-3t} + t e^{-2t}$$

将初始条件代入，得

$$y(0_+) = (C_1 + P_0) + C_2 = y(0_-) = 1$$
$$y'(0_+) = -2(C_1 + P_0) - 3C_2 + 1 = y'(0_-) = 0$$

解得 $C_1 + P_0 = 2$，$C_2 = -1$，最后得微分方程的完全解为：

$$y(t) = 2e^{-2t} - e^{-3t} + t e^{-2t}，t \geq 0$$

式中第一项的系数 $C_1 + P_0 = 2$，不能区分 $C_1$ 和 $P_0$，因而也不能区分自由响应和强迫响应。

齐次解的函数形式仅与系统本身的特性有关，而与激励 $f(t)$ 的函数形式无关，因此又

称为系统的**固有响应**或**自由响应**。此外,由于齐次解随着时间 $t$ 的增大而逐渐消失,所以也称为**暂态响应**。特解的函数形式由外部激励确定,因此也称为**强迫响应**。若特解是阶跃函数或周期函数的组合,其随着时间 $t$ 变化一直稳定存在,故称此种特解为**稳态响应**。

### 1.7.1.4 初始值 $0_+$ 和 $0_-$ 的讨论

若输入 $f(t)$ 是在 $t=0$ 时接入系统,则确定待定系数 $C_i$ 时是用 $t=0_+$ 时刻的起始值 $y^{(j)}(0_+),j=0,1,2,\cdots,n-1$(其中 $n$ 为微分方程的最高阶数)。

在 $t=0_-$ 时,激励尚未接入,该时刻的值 $y^{(j)}(0_-)$ 反映了系统的历史情况,而与激励无关,因此称 $y^{(j)}(0_-)$ 为**初始状态**。

在 $t=0_+$ 时,激励已经接入,所以 $y^{(j)}(0_+)$ 已包含了输入信号的作用,不便于描述系统的历史信息。为便于区分 $y^{(j)}(0_+)$ 与 $y^{(j)}(0_-)$,称 $y^{(j)}(0_+)$ 为**起始值**。

微分方程求解需要由 $y^{(j)}(0_+)$ 来确定完全通解中的系数,因此必须从已知的初始状态 $y^{(j)}(0_-)$ 中求得起始值 $y^{(j)}(0_+)$。如果微分方程中不含冲激函数项,则 $y^{(j)}(0_+)=y^{(j)}(0_-)$;如果微分方程中含有冲激函数项,则可利用方程两边冲激函数项系数相等的奇异项系数匹配法求 $y^{(j)}(0_+)$。

奇异项系数匹配法步骤:

(1) 假设含待定系数的解形式。根据微分方程含有冲激项情况,就可假设方程解 $y$ 最高阶导数的数学形式,即解的最高阶导数是微分方程中冲激函数的最高阶导数及其以下各阶导数的线性组合(其中冲激函数项含有线性组合的待定系数)。有了假设最高阶解形式,然后通过积分就可得到降阶的解形式。

(2) 求待定系数。把设定的解代入原微分方程,比较冲激项,求出冲激项的待定系数。

(3) 求 $0_+$ 起始值。对含有冲激函数的解,在 $0_-<t<0_+$ 区间进行积分,求出其 $0_+$ 起始值。

注意:如果微分方程中仅含有一个冲激函数项,则可简单、直接地对微分方程在 $0_-<t<0_+$ 区间进行积分,根据方程两边冲激函数项系数相等,即可求出其 $y^{(j)}(0_+)$ 起始值。

**【例 1.7.6】** 描述某系统的微分方程为

$$y''(t)+3y'(t)+2y(t)=2f'(t)+6f(t)$$

已知 $y(0_-)=2,y'(0_-)=0,f(t)=\varepsilon(t)$,求 $y(0_+)$ 和 $y^{(1)}(0_+)$。

解:将输入 $f(t)=\varepsilon(t)$ 代入上述微分方程得

$$y''(t)+3y'(t)+2y(t)=2\delta(t)+6\varepsilon(t) \tag{1}$$

$y'(t)$ 不含冲激函数,否则 $y''(t)$ 将含有冲激偶 $\delta'(t)$ 项。由于 $y'(t)$ 中不含 $\delta(t)$,故 $y(t)$ 在 $t=0$ 处是连续的,即 $y(0_+)=y(0_-)=2$。

由于等号右边为 $2\delta(t)$,故 $y''(t)$ 应包含冲激函数,从而 $y'(t)$ 在 $t=0$ 处将发生跃变,即 $y'(0_+)\neq y'(0_-)$。

根据系数匹配法求 $y'(0_+)$:

方法 1:

设 $$y''(t)=a\delta(t)+r_1(t) \tag{2}$$

式(2)积分得 $$y'(t)=r_2(t) \tag{3}$$

式(3)积分得 $$y(t)=r_3(t) \tag{4}$$

把式(2)、式(3)、式(4)代入式(1)中,得:

$$a\delta(t) + r_1(t) + 3r_2(t) + 2r_3(t) = 2\delta(t) + 6\varepsilon(t)$$

比较冲激项系数得 $a = 2$。

对含有冲激项的式(2)在 $0_- < t < 0_+$ 区间进行积分：

$$\int_{0_-}^{0_+} y''(t)\mathrm{d}t = \int_{0_-}^{0_+} 2\delta(t)\mathrm{d}t + \int_{0_-}^{0_+} r_1(t)\mathrm{d}t, y'(0_+) - y'(0_-) = 2$$

所以 $y'(0_+) = y'(0_-) + 2 = 2$。

方法 2：

由于 $y''(t) + 3y'(t) + 2y(t) = 2\delta(t) + 6\varepsilon(t)$ 仅有一个冲激项[分析可知仅 $y''(t)$ 包含冲激函数]，直接对微分方程在 $0_- < t < 0_+$ 区间进行积分，得

$$y'(0_+) - y'(0_-) = 2$$

所以 $y'(0_+) = y'(0_-) + 2 = 2$。

**【例 1.7.7】** 描述某系统的微分方程为

$$y''(t) + 3y'(t) + 2y(t) = 2\delta''(t) + \delta'(t)$$

已知 $y(0_-) = 3, y'(0_-) = 1$，求 $y(0_+)$ 和 $y'(0_+)$。

解：利用系数匹配法求解

(1)根据方程，可假设方程解及其各阶导数的形式。

设 $y''(t) = a\delta''(t) + b\delta'(t) + c\delta(t) + r_1(t)$，式中 $r_1(t)$ 不含冲激函数，

上式积分得 $y'(t) = a\delta'(t) + b\delta(t) + r_2(t)$，式中 $r_2(t) = c\varepsilon(t) + r_1^{(-1)}(t)$。

上式积分得 $y(t) = a\delta(t) + r_3(t)$，式中 $r_3(t) = b\varepsilon(t) + r_2^{(-1)}(t)$。

(2)将上述关系代入原系统微分方程，并整理得

$a\delta''(t) + b\delta'(t) + c\delta(t) + r_1(t) + 3a\delta'(t) + 3b\delta(t) + 3r_2(t) + 2a\delta(t) + 2r_3(t) = 2\delta''(t) + \delta'(t)$

比较等式两边冲激项系数，有 $a = 2, b + 3a = 1, c + 3b + 2a = 0$，解得 $a = 2, b = -5$, $c = 11$，故

$$y''(t) = 2\delta''(t) - 5\delta'(t) + 11\delta(t) + r_1(t)$$
$$y'(t) = 2\delta'(t) - 5\delta(t) + r_2(t)$$
$$y(t) = 2\delta(t) + r_3(t)$$

即 $y(t)$ 包含齐次解 $r_3(t)$ 和特解 $2\delta(t)$。

(3)求初始值

对 $y''(t)$ 从 $0_-$ 到 $0_+$ 积分得

$$y'(0_+) - y'(0_-) = 11, y'(0_+) = y'(0_-) + 11 = 12$$

(说明：冲激函数一阶导数及一阶以上导数的积分为 0。)

对 $y'(t)$ 从 $0_-$ 到 $0_+$ 积分得

$$y(0_+) - y(0_-) = -5, y(0_+) = y(0_-) - 5 = 3 - 5 = -2$$

注意：当微分方程右边[输入信号 $f(t)$]含有冲激函数时，则响应 $y(t)$ 及其各阶导数中，有些阶次导数在 $t = 0$ 处将发生跃变，此时初始条件$(0_+) \neq (0_-)$；否则，当微分方程右边不含冲激函数时，则响应 $y(t)$ 及其各阶导数中将不会出现跃变，此时初始条件$(0_+) = (0_-)$。

#### 1.7.1.5　零输入响应和零状态响应

**1. 零输入响应**

零输入响应是激励为 0 时仅由系统的起始值 $x(0_+)$ 所引起的响应,用 $y_{zi}(t)$ 表示。由于输入信号为 0,所以 LTI 系统的微分方程转成为齐次方程,即

$$a_n \frac{\mathrm{d}^n y(t)}{\mathrm{d}t^n} + a_{n-1} \frac{\mathrm{d}^{n-1} y(t)}{\mathrm{d}t^{n-1}} + \cdots + a_1 \frac{\mathrm{d}y(t)}{\mathrm{d}t} + a_0 y(t) = 0$$

所以,零输入响应就是微分方程的齐次解形式,其待定系数由起始值 $y_{zi}^{(j)}(0_+)$ 确定。

对于零输入响应,由于激励为零,故起始值为:

$$y_{zi}^{(j)}(0_+) = y^{(j)}(0_-), \text{式中} \ j = 0, 1, 2, \cdots, n-1$$

**2. 零状态响应**

零状态响应是系统的初始状态 $x(0_-)$ 为 0 时,仅由激励信号 $f(t)$ 引起的响应,用 $y_{zs}(t)$ 表示。微分方程为非齐次方程

$$a_n \frac{\mathrm{d}^n y(t)}{\mathrm{d}t^n} + a_{n-1} \frac{\mathrm{d}^{n-1} y(t)}{\mathrm{d}t^{n-1}} + \cdots + a_1 \frac{\mathrm{d}y(t)}{\mathrm{d}t} + a_0 y(t) =$$

$$b_m \frac{\mathrm{d}^m f(t)}{\mathrm{d}t^m} + b_{m-1} \frac{\mathrm{d}^{m-1} f(t)}{\mathrm{d}t^{m-1}} + \cdots + b_1 \frac{\mathrm{d}f(t)}{\mathrm{d}t} + b_0 f(t)$$

零状态响应可用微分方程经典解求解,其待定系数由起始值 $y_{zs}^{(j)}(0_+)$ 确定。对于零状态响应,初始状态 $y_{zs}^{(j)}(0_-) = 0$。而起始值 $y_{zs}^{(j)}(0_+), (j = 0, 1, 2, \cdots, n-1)$ 的求法可参阅系数匹配法。

**3. 全响应**

LTI 系统的**全响应**可分解为零输入响应和零状态响应之和,即

$$y(t) = y_{zi}(t) + y_{zs}(t)$$

式中 $y_{zi}(t)$ 表示零输入响应,$y_{zs}(t)$ 表示零状态响应。

【**例 1.7.8**】描述某系统的微分方程为

$$y''(t) + 3y'(t) + 2y(t) = 2f'(t) + 6f(t)$$

已知 $y(0_-) = 2, y'(0_-) = 0, f(t) = \varepsilon(t)$。求该系统的零输入响应、零状态响应和全响应。

解:

(1) 零输入响应 $y_{zi}(t)$ 是激励为 0 时的响应,故 $y_{zi}(t)$ 满足

$$y''_{zi}(t) + 3y'_{zi}(t) + 2y_7(t) = 0$$
$$y_{zi}(0_+) = y(0_-) = 2$$
$$y'_{zi}(0_+) = y'(0_-) = 0$$

该齐次方程的特征根为 $-1, -2$,故齐次通解为 $y_{zi}(t) = C_1 \mathrm{e}^{-t} + C_2 \mathrm{e}^{-2t}$,代入起始值并解得系数为 $C_1 = 4, C_2 = -2$,代入齐次通解得零输入响应 $y_{zi}(t) = (4\mathrm{e}^{-t} - 2\mathrm{e}^{-2t})\varepsilon(t)$。

(2) 零状态响应 $y_{zs}(t)$

$$y''_{zs}(t) + 3y'_{zs}(t) + 2y_{zs}(t) = 2\delta(t) + 6\varepsilon(t)$$

并有 $y_{zs}(0_-) = y'_{zs}(0_-) = 0$。

由于微分方程右边含有 $\delta(t)$,故 $y''_{zs}(t)$ 含有 $\delta(t)$,从而 $y'_{zs}(t)$ 跃变,即

$$y'_{zs}(0_+) \neq y'_{zs}(0_-)$$

而 $y_{zs}(t)$ 不含 $\delta(t)$，故在 $t=0$ 处连续，即 $y_{zs}(0_+)=y_{zs}(0_-)=0$。

根据奇异项系数匹配法，从 $0_-$ 到 $0_+$ 对微分方程进行积分，得

$$[y'_{zs}(0_+)-y'_{zs}(0_-)]+3[y_{zs}(0_+)-y_{zs}(0_-)]=2$$

因此，$y'_{zs}(0_+)=2+y_{zs}(0_-)=2$。

当 $t>0$ 时，有 $y''_{zs}(t)+3y'_{zs}(t)+2y_{zs}(t)=6$，求得齐次通解为 $C_{zs1}e^{-t}+C_{zs2}e^{-2t}$，特解为常数 3，所以，零状态响应通解为 $y_{zs}(t)=C_{zs1}e^{-t}+C_{zs2}e^{-2t}+3$。

把起始值代入零状态响应通解中，得 $C_{zs1}=-4$，$C_{zs2}=1$，所以零状态响应 $y_{zs}(t)=(-4e^{-t}+e^{-2t}+3)\varepsilon(t)$，全响应 $y(t)=y_{zi}(t)+y_{zs}(t)$。

#### 1.7.1.6　频率响应

当输入信号为 $e^{j\omega t}$ 时，系统的特解（稳态响应）称为系统的**频率响应**。对于线性时不变系统，系统输出总是复数指数信号的调幅信号，即 $H(j\omega)e^{j\omega t}$。

LTI 系统的微分方程为

$$a_n\frac{d^ny(t)}{dt^n}+a_{n-1}\frac{d^{n-1}y(t)}{dt^{n-1}}+\cdots+a_1\frac{dy(t)}{dt}+a_0y(t)=$$

$$b_m\frac{d^mf(t)}{dt^m}+b_{m-1}\frac{d^{m-1}f(t)}{dt^{m-1}}+\cdots+b_1\frac{df(t)}{dt}+b_0f(t)$$

设输入信号为 $e^{j\omega t}$，则特解（稳态响应）为 $Pe^{j\omega t}$，代入微分方程得：

$$P=\frac{b_m(j\omega)^m+b_{m-1}(j\omega)^{m-1}+\cdots+b_1(j\omega)+b_0}{a_n(j\omega)^n+a_{n-1}(j\omega)^{n-1}+\cdots+a_1(j\omega)+a_0}$$

所以系统输出为 $y(t)=Pe^{j\omega t}=\dfrac{b_m(j\omega)^m+b_{m-1}(j\omega)^{m-1}+\cdots+b_1(j\omega)+b_0}{a_n(j\omega)^n+a_{n-1}(j\omega)^{n-1}+\cdots+a_1(j\omega)+a_0}e^{j\omega t}$。

称 $H(j\omega)=\dfrac{b_m(j\omega)^m+b_{m-1}(j\omega)^{m-1}+\cdots+b_1(j\omega)+b_0}{a_n(j\omega)^n+a_{n-1}(j\omega)^{n-1}+\cdots+a_1(j\omega)+a_0}$ 为系统的频率响应，称 $H(j\omega)$ 的模 $|H(j\omega)|$ 为系统的幅频响应，称 $H(j\omega)$ 的相位 $\arg[H(j\omega)]$ 为系统的相频响应。

【例 1.7.9】系统如图 1.7.1 所示，输入信号电压为 $u(t)$，输出电压为 $y(t)$，求系统的频率响应。

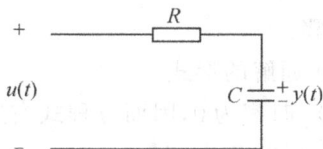

**图 1.7.1　RC 电路**

解：系统的微分方程为 $\dfrac{dy(t)}{dt}+\dfrac{1}{RC}y(t)=\dfrac{1}{RC}u(t)$，设输入信号为 $u(t)=e^{j\omega t}$，则方程为

$\dfrac{dy(t)}{dt}+\dfrac{1}{RC}y(t)=\dfrac{1}{RC}e^{j\omega t}$，假设特解 $y_p(t)=Pe^{j\omega t}$，代入方程得

$$P=\frac{\dfrac{1}{RC}}{j\omega+\dfrac{1}{RC}}$$

特解为 $y_p(t) = \dfrac{\dfrac{1}{RC}}{j\omega + \dfrac{1}{RC}} e^{j\omega t}$，所以系统的频率响应为 $H(j\omega) = \dfrac{\dfrac{1}{RC}}{j\omega + \dfrac{1}{RC}} = \dfrac{1 - j\omega RC}{1 + (\omega RC)^2}$。

幅频响应：$|H(j\omega)| = \sqrt{\dfrac{1 + (\omega RC)^2}{[1 + (\omega RC)^2]^2}} = \sqrt{\dfrac{1}{1 + (\omega RC)^2}}$；

相频响应：$\arg[H(j\omega)] = -\arctan(\omega RC)$。

## 1.7.2　冲激响应和阶跃响应

### 1.7.2.1　单位冲激响应

**1. 定义**

由单位冲激函数 $\delta(t)$ 所引起的零状态响应称为单位冲激响应，简称**冲激响应**，记为 $h(t)$，如图 1.7.2 所示。系统表达式为 $h(t) = T[\{0\}, \delta(t)]$。

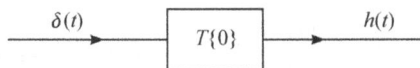

图 1.7.2　单位冲激响应系统图

**2. 单位冲激响应的求解**

对于 LTI 系统，冲激响应的数学模型可以用一个 $n$ 阶常微分方程表示，即

$$\frac{d^n y(t)}{dt^n} + a_{n-1} \frac{d^{n-1} y(t)}{dt^{n-1}} + \cdots + a_1 \frac{dy(t)}{dt} + a_0 y(t) =$$

$$b_m \frac{d^m f(t)}{dt^m} + b_{m-1} \frac{d^{m-1} f(t)}{dt^{m-1}} + \cdots + b_1 \frac{df(t)}{dt} + b_0 f(t)$$

令 $f(t) = \delta(t)$，则 $y(t) = h(t)$。原微分方程改写为：

$$h^{(n)}(t) + a_{n-1} h^{(n-1)}(t) + \cdots + a_1 h^{(1)}(t) + a_0 h(t) =$$

$$b_m \delta^{(m)}(t) + b_{m-1} \delta^{(m-1)}(t) + \cdots + b_1 \delta^{(1)}(t) + b_0 \delta(t)$$

单位冲激响应 $h(t)$ 求解步骤：

（1）求出单位冲激响应 $h(t)$ 通解的形式

由于 $\delta(t)$ 及其导数在 $t \geqslant 0_+$ 时都为 0，因而方程式右边的自由项恒等于 0，这样原系统的冲激响应形式与其齐次通解的形式相同。即：

与特征根有关：当特征根均为单根时，冲激响应为 $h(t) = \left[\sum\limits_{i=1}^{n} C_i e^{\lambda_i t}\right] \varepsilon(t)$，其他情况参考前面齐次解部分。与 $n, m$ 相对大小有关：当 $n > m$ 时，$h(t)$ 不含 $\delta(t)$ 及其各阶导数；当 $n = m$ 时，$h(t)$ 含有 $\delta(t)$；当 $n < m$ 时，$h(t)$ 应包含 $\delta(t)$ 及其各阶导数。

（2）求出起始值($0_+$)

根据系数匹配法求出 $0_+$ 值。

（3）由起始值 $0_+$ 确定通解系数，得到冲激响应。

【例 1.7.10】如图 1.7.3 所示 $RC$ 电路，输入信号电压为 $u_s(t)$，输出电压为 $u_C(t)$。求单位冲激响应。

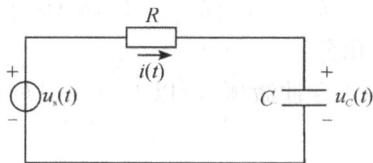

图 1.7.3 RC 电路

解：电路微分方程为 $RC\dfrac{\mathrm{d}u_C(t)}{\mathrm{d}t}+u_C(t)=u_s(t)$，当 $RC\dfrac{\mathrm{d}h(t)}{\mathrm{d}t}+h(t)=\delta(t)$，$h(0_-)=0$ 时，输出 $h(t)$ 为单位冲激响应，即 $h(t)=A\mathrm{e}^{-\frac{t}{RC}}$，$A$ 由 $h(0_+)$ 确定。

由于 $h'(t)$ 包含冲激函数，所以 $h(0_+)\neq h(0_-)$。

对 $RC\dfrac{\mathrm{d}h(t)}{\mathrm{d}t}+h(t)=\delta(t)$ 积分得 $RC[h(0_+)-h(0_-)]=1$，$h(0_+)=\dfrac{1}{RC}$，求得 $A=\dfrac{1}{RC}$，

$h(t)=\dfrac{1}{RC}\mathrm{e}^{-\frac{t}{RC}}\varepsilon(t)$。

【例 1.7.11】写出如图 1.7.4 所示系统框图的系统方程，并求其冲激响应。

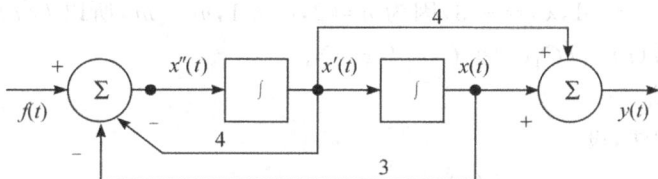

图 1.7.4 系统框图

解：$x''(t)+4x'(t)+3x(t)=f(t)$，$y(t)=4x'(t)+x(t)$，则 $y''(t)+4y'(t)+3y(t)=4f'(t)+f(t)$，将 $\delta(t)$ 代替 $f(t)$，$h(t)$ 代替 $y(t)$ 得冲激响应微分方程：

$$\begin{cases} h''(t)+4h'(t)+3h(t)=4\delta'(t)+\delta(t) \\ h'(0_-)=0,h(0_-)=0 \end{cases}$$

（1）求冲激响应通解（齐次通解）

微分方程的特征根为 $-1,-3$，故系统的冲激响应通解为

$$h(t)=(C_1\mathrm{e}^{-t}+C_2\mathrm{e}^{-3t})\varepsilon(t)$$

（2）求出 $0_+$ 值

根据冲激项系数匹配法，设

$$h''(t)=a\delta'(t)+b\delta(t)+r_1(t)$$
$$h'(t)=a\delta(t)+r_2(t)\text{（含冲激项）}$$
$$h(t)=r_3(t)\text{（不含冲激项）}$$

代入微分方程得：

$$a\delta'(t)+b\delta(t)+r_1(t)+4a\delta(t)+4r_2(t)+3r_3(t)=4\delta'(t)+\delta(t)$$

比较冲激项系数得：$a=4$，$b=-15$。

对 $h''(t)$ 从 $0_-$ 到 $0_+$ 进行积分

$$\int_{0_-}^{0_+}h''(t)\mathrm{d}t=\int_{0_-}^{0_+}a\delta'(t)\mathrm{d}t+\int_{0_-}^{0_+}b\delta(t)\mathrm{d}t+\int_{0_-}^{0_+}r_1(t)\mathrm{d}t$$

$$h'(0_+) - h'(0_-) = b = -15, h'(0_+) = -15$$

对 $h'(t)$ 从 $0_-$ 到 $0_+$ 进行积分：

因为 $h'(t) = a\delta(t) + r_2(t)$ 含冲激项，所以 $h(0_+) - h(0_-) = 4, h(0_+) = 4$。

（3）求冲激响应

把 $(0_+)$ 代入齐次通解，确定系数 $C_1, C_2$ 得

$$h(0_+) = C_1 + C_2 = 4$$

$$h'(t) = -C_1 e^{-t} - 3C_2 e^{-3t}, h'(0_+) = -C_1 - 3C_2 = -15$$

所以 $C_1 = -\dfrac{3}{2}, C_2 = \dfrac{11}{2}$，冲激响应 $h(t) = (-\dfrac{3}{2}e^{-t} + \dfrac{11}{2}e^{-3t})\varepsilon(t)$。

**【例 1.7.12】** 求系统 $\dfrac{d^2 y(t)}{dt^2} + 4\dfrac{dy(t)}{dt} + 3y(t) = \dfrac{df(t)}{dt} + 2f(t)$ 的冲激响应。

解：将 $\delta(t)$ 代替 $f(t)$，$h(t)$ 代替 $y(t)$ 得冲激响应微分方程：

$$\frac{d^2 h(t)}{dt^2} + 4\frac{dh(t)}{dt} + 3h(t) = \frac{d\delta(t)}{dt} + 2\delta(t)$$

（1）求冲激响应通解（齐次通解）

求得特征根 $\lambda_1 = -1, \lambda_2 = -3$，因为 $n = 2, m = 1, n > m$，所以 $h(t)$ 中不包含冲激项，则冲激响应通解：$h(t) = (C_1 e^{-t} + C_2 e^{-3t})\varepsilon(t)$。

（2）求出 $0_+$ 值

根据系数匹配法，设

$$\frac{d^2 h(t)}{dt^2} = a\delta'(t) + b\delta(t) + r_1(t)$$

$$\frac{dh(t)}{dt} = a\delta(t) + r_2(t)$$

$$h(t) = r_3(t)$$

代入方程，比较系数得：$a = 1, b = -2$。

对上式从 $0_-$ 到 $0_+$ 进行积分，得 $h(0_+) = 1, h'(0_+) = -2$。

（3）求冲激响应

把 $(0_+)$ 代入通解 $h(t)$、$h'(t)$，确定通解系数 $C_1$、$C_2$，得

$$h(t) = (C_1 e^{-t} + C_2 e^{-3t}), h(0_+) = C_1 + C_2 = 1$$

$$h'(t) = -C_1 e^{-t} - 3C_2 e^{-3t}, h'(0_+) = -C_1 - 3C_2 = -2$$

所以 $C_1 = \dfrac{1}{2}, C_2 = \dfrac{1}{2}$，冲激响应为 $h(t) = \dfrac{1}{2}(e^{-t} + e^{-3t})\varepsilon(t)$。

### 1.7.2.2 单位阶跃响应

**1. 定义**

由单位阶跃函数 $\varepsilon(t)$ 所引起的零状态响应称为单位阶跃响应，简称**阶跃响应**，记为 $s(t)$。如图 1.7.5 所示，系统表达式为：

$$s(t) = T[\{\varepsilon(t)\}, \{0\}]$$

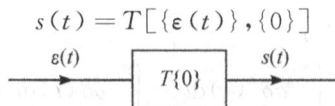

**图 1.7.5 单位阶跃响应**

### 2. 阶跃响应 $s(t)$ 的求解方法

（1）由系统微分方程经典法求解

由阶跃响应微分方程求 $s(t)$ 的齐次解、特解和初值 $s(0_+)$，最后求出 $s(t)$。

（2）由系统微分方程先求出冲激响应 $h(t)$，然后据 $s(t)$ 与 $h(t)$ 的微积分关系求 $s(t)$。

因为 $\varepsilon(t) = \int_{-\infty}^{t} \delta(t) \mathrm{d}t$，$\delta(t) = \dfrac{\mathrm{d}}{\mathrm{d}t} \varepsilon(t)$，根据线性时不变系统满足微、积分特性，得

$$s(t) = \int_{-\infty}^{t} h(\tau) \mathrm{d}\tau$$

$$h(t) = \frac{\mathrm{d}s(t)}{\mathrm{d}t}$$

比较而言，第二种方法条理更明晰，系统性更强，也更易掌握。

【例 1.7.13】如图 1.7.6 所示 $RC$ 电路，输入信号电压为 $u_s(t)$，输出电压为 $u_C(t)$。求单位阶跃响应、冲激响应。

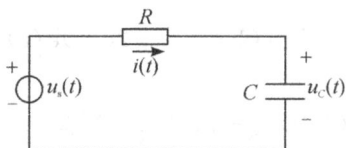

**图 1.7.6 $RC$ 电路**

解：电路微分方程为 $RC \dfrac{\mathrm{d}u_C(t)}{\mathrm{d}t} + u_C(t) = u_s(t)$，当 $RC \dfrac{\mathrm{d}s(t)}{\mathrm{d}t} + s(t) = \varepsilon(t)$，$s(0_-) = 0$ 时，输出 $s(t)$ 为单位阶跃响应，即

$$s(t) = (1 - \mathrm{e}^{-\frac{t}{RC}}) \varepsilon(t)$$

对 $s(t)$ 求导数得冲激响应

$$h(t) = \frac{\mathrm{d}}{\mathrm{d}t} s(t) = \frac{\mathrm{d}}{\mathrm{d}t} \left[ (1 - \mathrm{e}^{-\frac{t}{RC}}) \varepsilon(t) \right] = \frac{1}{RC} \mathrm{e}^{-\frac{t}{RC}} \varepsilon(t)$$

【例 1.7.14】已知某线性系统的微分方程描述为

$$y''(t) + 6y'(t) + 5y(t) = 9f'(t) + 5f(t)$$

系统的激励为 $f(t) = \varepsilon(t)$，在 $t = 0$ 和 $t = 1$ 时刻测量得到系统的输出为 $y(0) = 0$，$y(1) = 1 - \mathrm{e}^{-5}$。

（1）求系统在激励下的全响应，并指出响应中的自由响应、强迫响应、零输入响应、零状态响应分量；

（2）画出系统模拟框图。

解：（1）先求系统的冲激响应 $h(t)$。$h(t)$ 应满足以下微分方程：

$$h''(t) + 6h'(t) + 5h(t) = 9\delta'(t) + 5\delta(t)$$

设 $h_1(t)$ 满足微分方程

$$h''_1(t) + 6h'_1(t) + 5h_1(t) = \delta(t) \tag{1}$$

则 $h(t) = 9h'_1(t) + 5h_1(t)$。

由式（1）求 $h_1(t)$：

特征方程：$\lambda^2 + 6\lambda + 5 = 0$，特征根：$\lambda_1 = -1$，$\lambda_2 = -5$，则 $h_1(t) = (A_1 \mathrm{e}^{\lambda_1 t} + A_2 \mathrm{e}^{\lambda_2 t}) \varepsilon(t) =$

$(A_1 e^{-t} + A_2 e^{-5t}) \varepsilon(t)$。

下面求系数 $A_1, A_2$：由式（1）微分方程可知 $h''_1(t)$ 中应包含 $\delta(t)$ 项，则 $h'_1(t)$ 在 $t=0$ 处不连续，即 $h'_1(0_+) \neq h'_1(0_-) = 0$；$h'_1(t)$ 中不含 $\delta(t)$ 项，则 $h_1(t)$ 在 $t=0$ 处连续，即 $h_1(0_+) = h_1(0_-) = 0$。对式（1）微分方程从 $0_-$ 到 $0_+$ 积分，可得 $h'_1(0_+) = 1$，利用 $0_+$ 初始值 $h_1(0_+) = 0, h'_1(0_+) = 1$ 确定系数 $A_1, A_2$：

$$\begin{cases} h_1(0_+) = A_1 + A_2 = 0 \\ h'_1(t) = -A_1 - 5A_2 = 1 \end{cases}$$

解得 $A_1 = A_2 = \dfrac{1}{4}$，故 $h_1(t) = \dfrac{1}{4}(e^{-t} - e^{-5t})\varepsilon(t)$，$h(t) = (10e^{-5t} - e^{-t})\varepsilon(t)$，则零状态响应（本题是单位阶跃响应）为

$$y_{zs}(t) = f(t)h(t) = \int_{-\infty}^{\infty} \varepsilon(t-\tau) \cdot (10e^{-5\tau} - e^{-\tau})\varepsilon(\tau)d\tau$$

$$= \int_0^t (10e^{-5\tau} - e^{-\tau})d\tau \cdot \varepsilon(t)$$

$$= (1 + e^{-t} - 2e^{-5t})\varepsilon(t)$$

由此可得：

$$y_{zs}(0) = (1 + e^{-t} - 2e^{-5t})\varepsilon(t)\big|_{t=0} = 0$$

$$y_{zs}(1) = (1 + e^{-t} - 2e^{-5t})\varepsilon(t)\big|_{t=1} = 1 + e^{-1} - 2e^{-5}$$

下面求系统的零输入响应 $y_{zi}(t)$。$y_{zi}(t)$ 应满足以下微分方程：

$$y''_{zi}(t) + 6y'_{zi}(t) + 5y_{zi}(t) = 0$$

则 $y_{zi}(t) = (B_1 e^{-t} + B_2 e^{-5t})\varepsilon(t)$。

下面求系数 $B_1, B_2$：

$$\begin{cases} y_{zi}(0) = B_1 + B_2 \\ y_{zi}(1) = e^{-1}B_1 + e^{-5}B_2 \end{cases}$$

$$\begin{cases} y(0) = y_{zi}(0) + y_{zs}(0) = B_1 + B_2 = 0 \\ y(1) = y_{zi}(1) + y_{zs}(1) = e^{-1}B_1 + e^{-5}B_2 + 1 + e^{-1} - 2e^{-5} = 1 - e^{-5} \end{cases}$$

得到

$$\begin{cases} B_1 + B_2 = 0 \\ e^{-1}B_1 + e^{-5}B_2 = -e^{-1} + e^{-5} \end{cases}$$

解得 $B_1 = -1, B_2 = 1$，故 $y_{zi}(t) = (e^{-5t} - e^{-t})\varepsilon(t)$，则系统的全响应为

$$y(t) = y_{zi}(t) + y_{zs}(t) = (1 - e^{-5t})\varepsilon(t)$$

由上式可知自由响应 $y_h(t)$、强迫响应 $y_p(t)$ 分别为：

$$y_h(t) = -e^{-5t}\varepsilon(t), \quad y_p(t) = 1$$

（2）系统框图如图 1.7.7 所示。

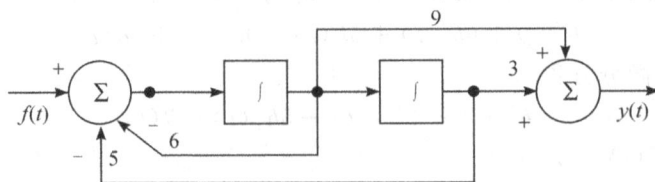

图 1.7.7　系统框图

### 1.7.3　卷积积分

#### 1.7.3.1　信号的时域分解与卷积积分

**1. 信号的时域分解**

为了便于信号分析,常把复杂信号(sophisticated signal)分解成一些基本信号(basic signal)的组合。下面介绍把任意信号 $f(t)$ 分解成矩形窄脉冲序列(rectangular impulse sequence)。

(1) 任意信号 $f(t)$ 可以分解成一系列矩形窄脉冲的组合,如图 1.7.8 所示。

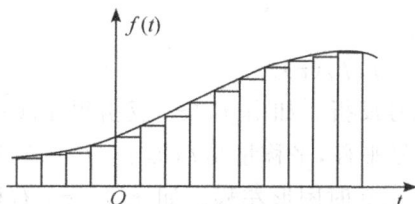

**图 1.7.8　用矩形脉冲逼近信号 $f(t)$**

几何解释分解过程:

将时间坐标分成许多相等的时间间隔 $\Delta$,则从零时刻起,第一个脉冲为 $f(0)[\varepsilon(t-0)-\varepsilon(t-\Delta)]$,第二个矩形脉冲为 $f(\Delta t)[\varepsilon(t-\Delta)-\varepsilon(t-2\Delta)]$,…,将这一系列脉冲相加得

$$f(t) \approx \cdots + f(-\Delta)[\varepsilon(t+\Delta)-\varepsilon(t-0)] + f(0)[\varepsilon(t-0)-\varepsilon(t-\Delta)] +$$
$$f(\Delta)[\varepsilon(t-\Delta)-\varepsilon(t-2\Delta)] + \cdots$$

$$= \sum_{k=-\infty}^{t} f(k\Delta)\{\varepsilon(t-k\Delta)-\varepsilon[t-(k+1)\Delta]\}$$

$$= \sum_{k=-\infty}^{t} f(k\Delta) \frac{\varepsilon(t-k\Delta)-\varepsilon[t-(k+1)\Delta]}{\Delta} \Delta$$

由此可知,时域里任一函数可近似地分解为一系列窄脉冲之和。

(2) 对窄脉冲求极限

在 $\Delta \rightarrow 0$ 的极限情况下,$\Delta$ 变为 $\mathrm{d}\tau$,$k\Delta \rightarrow \tau$,则

$$\lim_{\Delta \rightarrow 0} \frac{\varepsilon(t-k\Delta)-\varepsilon[t-(k+1)\Delta]}{\Delta} = \delta(t-\tau)$$

$$f(t) = \int_{-\infty}^{t} f(\tau)\delta(t-\tau)\mathrm{d}\tau$$

所以,当矩形脉冲的脉宽趋于无限小时,时域里任一函数就等于该函数与单位冲激函数的卷积积分。

**2. 任意信号作用下的零状态响应**

根据 $h(t)$ 的定义:$\delta(t) \rightarrow h(t)$,由时不变性:$\delta(t-\tau) \rightarrow h(t-\tau)$;由齐次性:$f(\tau)\delta(t-\tau)$ $\rightarrow f(\tau)h(t-\tau)$;由叠加性:$\int_{-\infty}^{\infty} f(\tau)\delta(t-\tau)\mathrm{d}\tau \rightarrow \int_{-\infty}^{\infty} f(\tau)h(t-\tau)\mathrm{d}\tau$。

结论:$y_{zs}(t) = \int_{-\infty}^{\infty} f(\tau)h(t-\tau)\mathrm{d}\tau = f(t) * h(t)$。

由此可见,任意信号 $f(t)$ 作用下的零状态响应是 $f(t)$ 与 $h(t)$ 的卷积积分。

### 3. 卷积积分

已知定义在区间 $(-\infty, \infty)$ 上的两个函数 $f_1(t)$ 和 $f_2(t)$，则定义积分

$$f(t) = \int_{-\infty}^{\infty} f_1(\tau) f_2(t-\tau) \mathrm{d}\tau$$

为 $f_1(t)$ 与 $f_2(t)$ 的卷积积分，简称卷积，记为

$$f(t) = f_1(t) * f_2(t)$$

卷积是表示函数 $f_1(t)$ 与 $f_2(t)$ 经过翻转和平移的重叠部分的面积。积分是在虚设的变量 $\tau$ 下进行的，$\tau$ 为积分变量，$t$ 为平移变量，这样，随着 $t$ 的取值不同，这个积分就定义了一个新函数 $f(t)$。

卷积过程可分解为五步：

(1) 换元：$t$ 换为 $\tau$ 得 $f_1(\tau)$，$f_2(\tau)$。

(2) 反折：把其中一个信号反折。如由 $f_1(\tau)$ 反折得 $f_1(-\tau)$。

(3) 平移：把反折后的信号平移，平移量是 $t$，即 $f_1(t-\tau)$，这样 $t$ 是一个参变量。在 $\tau$ 坐标系中，$t > 0$ 时图形右移，$t < 0$ 时图形左移。如 $f_1(-\tau)$ 右移 $t$ 得 $f_1(t-\tau)$。

(4) 乘积：$f_1(t-\tau) f_2(\tau)$。

(5) 积分：$\tau$ 从 $-\infty$ 到 $\infty$ 对乘积项 $f_1(t-\tau) f_2(\tau)$ 进行积分。换句话说，让 $t$ 从 $-\infty$ 滑动到 $\infty$。两函数交会时，计算交会范围中两函数乘积的积分值。实际上，我们是在计算一个滑动的加权平均值。也就是使用 $f_1(-\tau)$ 当作加权函数，来对 $f_2(\tau)$ 取加权平均值。

【例 1.7.15】$f(t) = \mathrm{e}^t$，$-\infty < t < \infty$，$h(t) = (6\mathrm{e}^{-2t} - 1)\varepsilon(t)$，求 $y_{zs}(t)$。

解：$y_{zs}(t) = f(t) * h(t) = \int_{-\infty}^{\infty} \mathrm{e}^\tau [6\mathrm{e}^{-2(t-\tau)} - 1]\varepsilon(t-\tau)\mathrm{d}\tau$，当 $t - \tau < 0$，即 $\tau > t$ 时，$\varepsilon(t-\tau) = 0$，所以

$$y_{zs}(t) = \int_{-\infty}^{t} \mathrm{e}^\tau [6\mathrm{e}^{-2(t-\tau)} - 1]\mathrm{d}\tau = \int_{-\infty}^{t} (6\mathrm{e}^{-2t}\mathrm{e}^{3\tau} - \mathrm{e}^\tau)\mathrm{d}\tau$$

$$= \mathrm{e}^{-2t} \int_{-\infty}^{t} (6\mathrm{e}^{3\tau})\mathrm{d}\tau - \int_{-\infty}^{t} \mathrm{e}^\tau \mathrm{d}\tau$$

$$= \mathrm{e}^{-2t} \cdot 2\mathrm{e}^{3\tau} \Big|_{-\infty}^{t} - \mathrm{e}^\tau \Big|_{-\infty}^{t} = 2\mathrm{e}^{-2t} \cdot \mathrm{e}^{3t} - \mathrm{e}^t = \mathrm{e}^t$$

【例 1.7.16】已知 $f(t) = \mathrm{e}^{2t}\varepsilon(-t)$，$h(t) = \varepsilon(t-3)$，求 $y(t) = f(t) * h(t)$，绘出 $y(t)$ 的波形。

解：$y(t) = f(t) * h(t) = \int_{-\infty}^{\infty} f(\tau)h(t-\tau)\mathrm{d}\tau = \int_{-\infty}^{\infty} \mathrm{e}^{-2\tau}\varepsilon(-\tau)\varepsilon(t-3-\tau)\mathrm{d}\tau$

以上积分应分两种情形来分析：

(1) 当 $t \leqslant 3$ 时

$$y(t) = \int_{-\infty}^{\infty} \mathrm{e}^{2\tau}\varepsilon(-\tau)\varepsilon(t-3-\tau)\mathrm{d}\tau = \int_{-\infty}^{t-3} \mathrm{e}^{-2\tau}\mathrm{d}\tau \cdot \varepsilon(-t+3) = 0.5\mathrm{e}^{2(t-3)}\varepsilon(-t+3)$$

(2) 当 $t > 3$ 时

$$y(t) = \int_{-\infty}^{\infty} \mathrm{e}^{2\tau}\varepsilon(-\tau)\varepsilon(t-3-\tau)\mathrm{d}\tau = \int_{-\infty}^{0} \mathrm{e}^{-2\tau}\mathrm{d}\tau \cdot \varepsilon(t-3) = 0.5\varepsilon(t-3)$$

综合以上可得

$$y(t) = 0.5\mathrm{e}^{2(t-3)}\varepsilon(-t+3) + 0.5\varepsilon(t-3)$$

$y(t)$ 的波形如图 1.7.9。

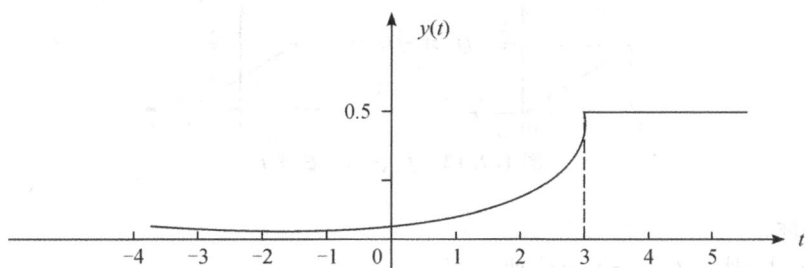

**图 1.7.9　例 1.7.16 波形**

### 1.7.3.2　卷积的图解法

【例 1.7.17】已知

$$f_1(t) = \begin{cases} 1 & |t| < 1 \\ 0 & |t| > 1 \end{cases}, \quad f_2(t) = \frac{t}{2}(0 \leqslant t \leqslant 3)$$

使用图解法求 $f_1(t)$ 与 $f_2(t)$ 的卷积 $y(t) = f_1(t) * f_2(t)$。

解：(1) 换元：$t$ 换为 $\tau$ 得 $f_1(\tau)$、$f_2(\tau)$，如图 1.7.10 所示。

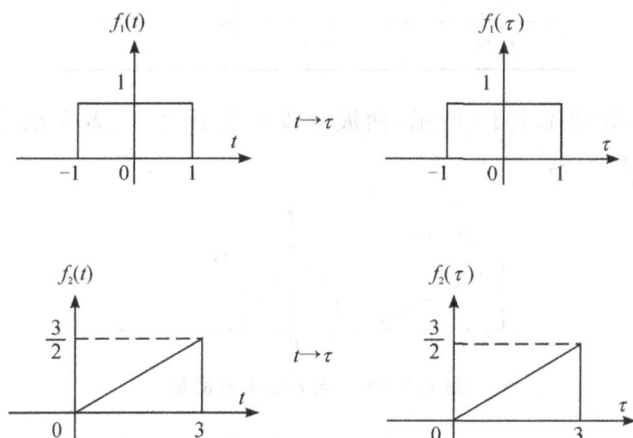

**图 1.7.10　换元**

(2) 反折：把其中任意一个信号反折。如由 $f_2(\tau)$ 反折得 $f_2(-\tau)$，如图 1.7.11 所示。

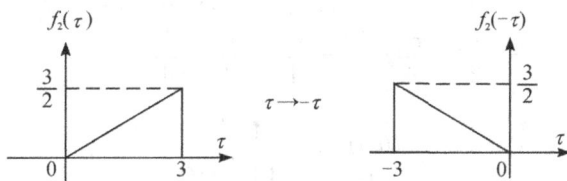

**图 1.7.11　$f_2(\tau)$ 反折**

(3) 平移：把反折后的信号 $f_2(-\tau)$ 做平移，平移量是 $t$，即 $f_2(t-\tau)$，如图 1.7.12 所示。

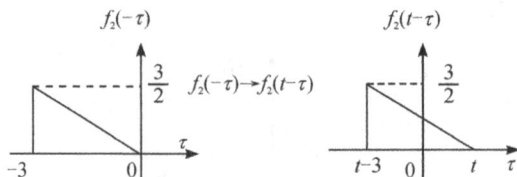

图 1.7.12   $f_2(-\tau)$ 右移 $t$

浮动坐标：

当 $t=0$ 时，则 $f_2(t-\tau)$ 未移动；

当 $t>0$ 时，则 $f_2(t-\tau)$ 右移；

当 $t<0$ 时，则 $f_2(t-\tau)$ 左移；

当 $t$ 从 $-\infty$ 到 $\infty$，则对应 $f_2(t-\tau)$ 从左到右移动。

（4）乘积：$f_1(\tau)f_2(t-\tau)$。

（5）积分：$\tau$ 从 $-\infty$ 到 $\infty$ 对乘积项 $f_1(\tau)f_2(t-\tau)$ 进行积分，积分上、下限如表1.7.3。

表 1.7.3   乘积项的积分上、下限

| 浮动坐标 | 下限 | 上限 |
|---|---|---|
| $f_2(t-\tau)$ | $t-3$ | $t-0$ |
| $f_1(\tau)$ | $-1$ | $1$ |

① 当 $t\leqslant 1$ 时，如图 1.7.13 所示，两波形没有公共处，二者乘积为 0，积分也为 0，即 $y(t)=f_1(t)*f_2(t)=0$。

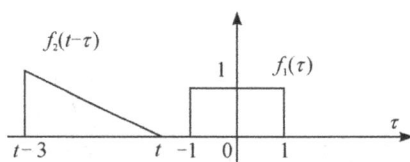

图 1.7.13   当 $t\leqslant 1$ 时图形

② 当 $-1\leqslant t\leqslant 1$ 时，$f_2(t-\tau)$ 向右移位，如图 1.7.14 所示，当移动时间 $t>-1$ 时两波形有公共部分，积分开始不为 0，积分下限 $-1$，上限 $t$，积分如下：

$$y(t)=\int_{-1}^{t}f_1(\tau)f_2(t-\tau)\mathrm{d}\tau=\int_{-1}^{t}1\cdot\frac{1}{2}(t-\tau)\mathrm{d}\tau$$

$$=\left(\frac{\tau}{2}-\frac{\tau^2}{4}\right)\Big|_{-1}^{t}=\frac{t^2}{4}+\frac{t}{2}+\frac{1}{4}$$

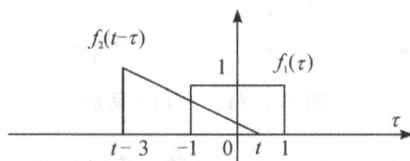

图 1.7.14   当 $-1\leqslant t\leqslant 1$ 时图形

③ 当 $1\leqslant t\leqslant 2$ 时，$f_2(t-\tau)$ 继续向右移位，如图 1.7.15 所示，两波形有公共部分，在

$[-1,1]$ 之间，积分限为$[-1,1]$，积分如下：

$$y(t) = \int_{-1}^{1} f_1(\tau) f_2(t-\tau) \mathrm{d}\tau = \int_{-1}^{1} 1 \cdot \frac{1}{2}(t-\tau) \mathrm{d}\tau = t$$

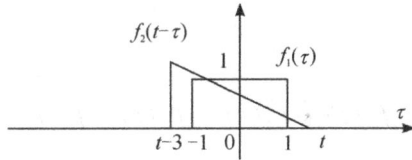

**图 1.7.15　当 1 ≤ $t$ ≤ 2 时图形**

④ 当 $2 \leqslant t \leqslant 4$ 时，$f_2(t-\tau)$ 继续向右移位，如图 1.7.16 所示，两波形有公共部分，在 $[t-3,1]$ 之间，积分限为 $[t-3,1]$，积分如下：

$$y(t) = \int_{t-3}^{1} f_1(\tau) f_2(t-\tau) \mathrm{d}\tau = \int_{-1}^{1} 1 \cdot \frac{1}{2}(t-\tau) \mathrm{d}\tau = -\frac{t^2}{2} + \frac{t}{2} + 2$$

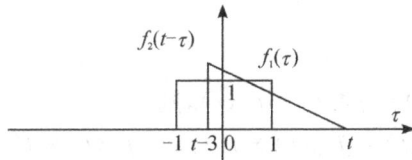

**图 1.7.16　当 2 ≤ $t$ ≤ 4 时图形**

⑤ 当 $t \geqslant 4$ 时，$f_2(t-\tau)$ 继续向右移位，如图 1.7.17 所示，两波形没有公共部分，积分为 0，即

$$y(t) = \int_{-\infty}^{\infty} f_1(\tau) f_2(t-\tau) \mathrm{d}\tau = 0$$

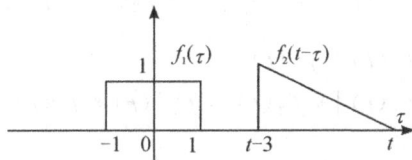

**图 1.7.17　当 $t$ ≥ 4 时图形**

卷积结果如图 1.7.18 所示。

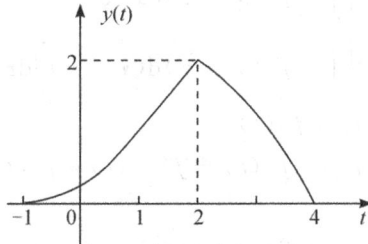

**图 1.7.18　卷积结果**

图解法一般比较烦琐，确定积分的上下限是关键，可借助浮动坐标确定。但若只求某一时刻卷积值还是比较方便的。

### 1.7.3.3 卷积积分的性质

卷积积分是一种数学运算,它有许多重要的性质(或运算规则),灵活地运用这些性质可以使卷积运算简化。

**1. 卷积代数运算**

(1) 交换律

$$f_1(t) * f_2(t) = f_2(t) * f_1(t)$$

(2) 分配律

$$f_1(t) * [f_2(t) + f_3(t)] = f_1(t) * f_2(t) + f_1(t) * f_3(t)$$

(3) 结合律

$$[f(t) * f_1(t)] * f_2(t) = f(t) * [f_1(t) * f_2(t)]$$

**2. 卷积的微积分性质(微积分特性)**

若 $f(t)$ 是 $f_1(t)$ 与 $f_2(t)$ 的卷积,则 $f(t)$ 的微积分可以转移到 $f_1(t)$ 的微积分或 $f_2(t)$ 的微积分。

(1) 微分特性

若 $f(t) = f_1(t) * f_2(t) = f_2(t) * f_1(t)$,则

$$f'(t) = f'_1(t) * f_2(t) = f_1(t) * f'_2(t)$$

证明:$f'(t) = \dfrac{\mathrm{d}}{\mathrm{d}t} \displaystyle\int_{-\infty}^{\infty} f_1(\tau) f_2(t-\tau) \mathrm{d}\tau = \int_{-\infty}^{\infty} f_1(\tau) \dfrac{\mathrm{d}}{\mathrm{d}t} f_2(t-\tau) \mathrm{d}\tau = f_1(t) * f'_2(t)$

同理 $f'(t) = \dfrac{\mathrm{d}}{\mathrm{d}t} \displaystyle\int_{-\infty}^{\infty} f_2(\tau) f_1(t-\tau) \mathrm{d}\tau = \int_{-\infty}^{\infty} f_2(\tau) \dfrac{\mathrm{d}}{\mathrm{d}t} f_1(t-\tau) \mathrm{d}\tau = f_2(t) * f'_1(t)$

推广:

$$\frac{\mathrm{d}^n}{\mathrm{d}t^n}[f_1(t) * f_2(t)] = \frac{\mathrm{d}^n f_1(t)}{\mathrm{d}t^n} * f_2(t) = f_1(t) * \frac{\mathrm{d}^n f_2(t)}{\mathrm{d}t^n}$$

证明:上式 $= \delta^{(n)}(t) * [f_1(t) * f_2(t)]$

$$= [\delta^{(n)}(t) * f_1(t)] * f_2(t) = f_1^{(n)}(t) * f_2(t)$$

(2) 积分特性

若 $f(t) = f_1(t) * f_2(t) = f_2(t) * f_1(t)$,则

$$f^{(-1)}(t) = f_1^{(-1)}(t) * f_2(t) = f_1(t) * f_2^{(-1)}(t)$$

证明:$f^{(-1)}(t) = \displaystyle\int_{-\infty}^{\infty} f_1(\tau) \left[\int_{-\infty}^{t} f_2(x-\tau) \mathrm{d}x\right] \mathrm{d}\tau$

$$= \int_{-\infty}^{\infty} f_1(\tau) \left[\int_{-\infty}^{t} f_2(x-\tau) \mathrm{d}(x-\tau)\right] \mathrm{d}\tau = f_1(t) * f_2^{(-1)}(t)$$

或:$f^{(-1)}(t) = \varepsilon(t) * [f_1(t) * f_2(t)]$

$$= [\varepsilon(t) * f_1(t)] * f_2(t) = f_1^{(-1)}(t) * f_2(t)$$

推广:

$$f^{(-n)}(t) = f_1^{(-n)}(t) * f_2(t) = f_1(t) * f_2^{(-n)}(t)$$

(3) 微积分合并特性

设 $f(t) = f_1(t) * f_2(t)$,则

$$f^{(i)}(t) = f_1^{(j)}(t) * f_2^{(i-j)}(t)$$

如 $f_1(t) * f_2(t) = f_1^{(1)}(t) * f_2^{(-1)}(t)$，$f^{(2)}(t) = f_1^{(3)}(t) * f_2^{(-1)}(t)$，$f^{(-2)}(t)$
$$= f_1^{(2)}(t) * f_2^{(-4)}(t)。$$

证明：$f^{(-1)}(t) = f_1(t) * f_2^{(-1)}(t)$，两边求导得

$$\frac{\mathrm{d}}{\mathrm{d}t} f^{(-1)}(t) = \left[\frac{\mathrm{d}}{\mathrm{d}t} f_1(t)\right] * f_2^{(-1)}(t)，$$

所以 $f(t) = f_1^{(1)}(t) * f_2^{(-1)}(t)$。

### 3. 冲激函数的卷积（冲激特性）

若函数 $f(t)$ 与冲激函数 $\delta(t)$ 相卷积，则结果为 $f(t)$ 本身，即

$$f(t) * \delta(t) = \delta(t) * f(t) = f(t)$$

证明：$\delta(t) * f(t) = \int_{-\infty}^{\infty} \delta(\tau) f(t-\tau) \mathrm{d}\tau = \int_{-\infty}^{\infty} \delta(\tau) f(t) \mathrm{d}\tau = f(t)$

根据卷积的微积分、时移特性，若函数 $f(t)$ 与冲激函数 $\delta(t)$ 的微积分或移位相卷积，则卷积结果是把冲激函数 $\delta(t)$ 的微积分或移位特性直接转移到 $f(t)$ 上，即

（1）时移 $f(t) * \delta(t-t_0) = f(t-t_0)$

证明：$f(t) * \delta(t-t_0) = \int_{-\infty}^{\infty} \delta(\tau-t_0) f(t-\tau) \mathrm{d}\tau = \int_{-\infty}^{\infty} \delta(\tau-t_0) f(t-t_0) \mathrm{d}\tau = f(t-t_0)$

（2）微分 $f(t) * \delta'(t) = f'(t)$

证明：$\delta'(t) * f(t) = \int_{-\infty}^{\infty} \delta'(\tau) f(t-\tau) \mathrm{d}\tau = \delta(\tau) f(t-\tau) \Big|_{-\infty}^{\infty} - \int_{-\infty}^{\infty} \delta(\tau) f'(t-\tau) \mathrm{d}\tau$
$$= f'(t)$$

推广：$f(t) * \delta^{(n)}(t) = f^{(n)}(t)$

（3）积分 $f(t) * \delta^{(-1)}(t) = f^{(-1)}(t)$

若函数 $f(t)$ 与阶跃函数（冲激函数的积分）相卷积，则卷积结果是对 $f(t)$ 积分。

证明：$f(t) * \delta^{(-1)}(t) = f(t) * \varepsilon(t) = \int_{-\infty}^{\infty} f(\tau) \varepsilon(t-\tau) \mathrm{d}\tau = \int_{-\infty}^{t} f(\tau) \mathrm{d}\tau$

由此导出阶跃性质：若函数 $f(t)$ 与阶跃函数（冲激函数的积分）相卷积，则卷积结果是对 $f(t)$ 积分，即

$$f(t) * \varepsilon(t) = f^{(-1)}(t)$$

证明：$f(t) * \varepsilon(t) = \int_{-\infty}^{\infty} f(\tau) \varepsilon(t-\tau) \mathrm{d}\tau = \int_{-\infty}^{t} f(\tau) \mathrm{d}\tau$。如 $\varepsilon(t) * \varepsilon(t) = t\varepsilon(t)$。

### 4. 卷积的时移特性（时移特性）

若 $f(t)$ 是 $f_1(t)$ 与 $f_2(t)$ 的卷积，则 $f(t)$ 的时移可以转移到 $f_1(t)$ 的时移或 $f_2(t)$ 的时移，即若 $f(t) = f_1(t) * f_2(t)$，则

$$f(t-t_1-t_2) = f_1(t-t_1) * f_2(t-t_2)$$
$$= f_1(t) * f_2(t-t_1-t_2)$$
$$= f_1(t-t_1-t_2) * f_2(t)$$

证明：$f_1(t-t_1) * f_2(t-t_2) = [f_1(t) * \delta(t-t_1)] * [f_2(t) * \delta(t-t_2)]$
$$= f_1(t) * f_2(t) * \delta(t-t_1) * \delta(t-t_2)$$
$$= f(t) * \delta(t-t_1-t_2)$$
$$= f(t-t_1-t_2)$$

求卷积是本章的重点与难点。求解卷积的方法可归纳为：

(1) 利用定义式,直接进行积分。对于容易求积分的函数比较有效,如指数函数、多项式函数等。

(2) 图解法。特别适用于求某时刻点上的卷积值。

(3) 利用性质。比较灵活。

三者常常结合起来使用。

**【例 1.7.18】** 下列等式不成立的是哪个?

(A) $f_1(t-t_0) * f_2(t+t_0) = f_1(t) * f_2(t)$

(B) $\dfrac{\mathrm{d}}{\mathrm{d}t}[f_1(t) * f_2(t)] = \left[\dfrac{\mathrm{d}}{\mathrm{d}t}f_1(t)\right] * \left[\dfrac{\mathrm{d}}{\mathrm{d}t}f_2(t)\right]$

(C) $f(t) * \delta'(t) = f'(t)$

(D) $f(t) * \delta(t) = f(t)$

解:等式不成立的是 B。

**【例 1.7.19】** 已知一线性时不变系统的单位冲激响应 $h(t) = \dfrac{\pi}{2}\sin\left(\dfrac{\pi}{2}t\right)\varepsilon(t)$,输入信号 $f(t)$ 的波形如图 1.7.19 所示。用时域法求系统的零状态响应 $y_{zs}(t)$。

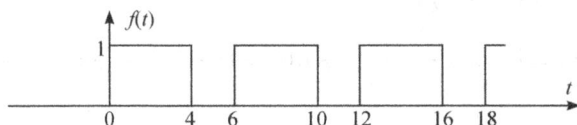

**图 1.7.19　输入信号**

解:利用卷积的微积分性质,可得

$$y_{zs}(t) = f(t) * h(t) = f^{(1)}(t) * h^{(-1)}(t)$$

$$h^{(-1)}(t) = \int_{-\infty}^{t} h(\tau)\mathrm{d}\tau = \int_{-\infty}^{t} \frac{\pi}{2}\sin\left(\frac{\pi}{2}\tau\right)\varepsilon(\tau)\mathrm{d}\tau = \left(1 - \cos\frac{\pi t}{2}\right)\varepsilon(t)$$

对输入信号 $f(t)$ 求一阶导数,如图 1.7.20 所示。

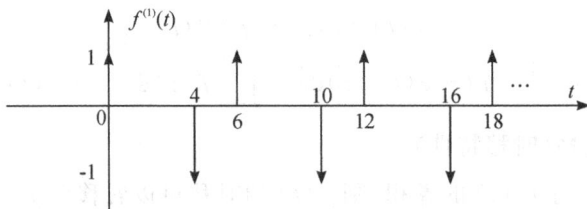

**图 1.7.20　对 $f(t)$ 求一阶导数**

$$f^{(1)}(t) = \sum_{n=0}^{\infty}\left[\delta(t-6n) - \delta(t-6n-4)\right]$$

则 $y_{zs}(t) = f^{(1)}(t) * h^{(-1)}(t)$

$$= h^{(-1)}(t) * \sum_{n=0}^{\infty}\left[\delta(t-6n) - \delta(t-6n-4)\right]$$

$$= \sum_{n=0}^{\infty}\left[h^{(-1)}(t-6n) - h^{(-1)}(t-6n-4)\right]$$

$$= \sum_{n=0}^{\infty} \left\{ \left[ 1 - \cos \frac{\pi}{2} (t - 6n) \right] \varepsilon (t - 6n) - \left[ 1 - \cos \frac{\pi}{2} (t - 6n - 4) \right] \varepsilon (t - 6n - 4) \right\}$$

$$= \sum_{n=0}^{\infty} \left[ 1 - (-1)^n \cos \frac{\pi t}{2} \right] [\varepsilon (t - 6n) - \varepsilon (t - 6n - 4)]$$

【例 1.7.20】已知一线性时不变系统的激励 $f(t)$ 和单位冲激响应 $h(t)$ 的波形如图 1.7.21(a)(b) 所示。用时域法求系统的零状态响应 $y_{zs}(t)$，画出 $y_{zs}(t)$ 的波形。

图 1.7.21　输入信号、冲激响应

解：为运算方便，对 $h(t)$、$f(t)$ 分别求微分和积分，如图 1.7.22 所示。

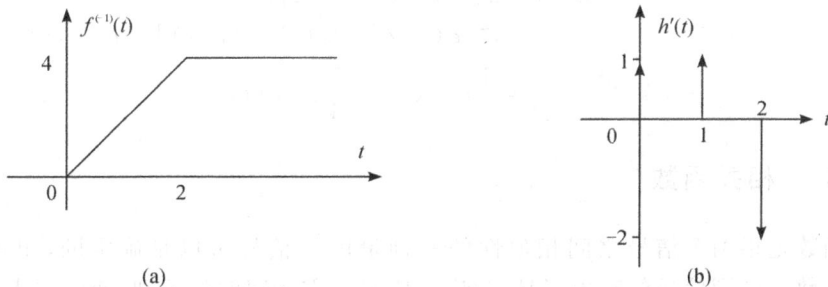

图 1.7.22　微分和积分信号

$$f^{(-1)}(t) = \int_{-\infty}^{t} f(\tau) \mathrm{d}\tau = 2t [\varepsilon (t) - \varepsilon (t - 2)] + 2\varepsilon (t - 2) = 2t\varepsilon (t) - 2(t - 2)\varepsilon (t - 2)$$

$$h'(t) = \delta (t) + \delta (t - 1) - 2\delta (t - 2)$$

$$\begin{aligned} y_{zs}(t) &= f(t) * h(t) = f^{(-1)}(t) * h'(t) \\ &= f^{(-1)}(t) + f^{(-1)}(t - 1) - 2f^{(-1)}(t - 2) \\ &= 2t\varepsilon (t) + 2(t - 1)\varepsilon (t - 1) - 6(t - 2)\varepsilon (t - 2) - 2(t - 3)\varepsilon (t - 3) + 4(t - 4)\varepsilon (t - 4) \end{aligned}$$

$y_{zs}(t)$ 的波形如图 1.7.23 所示。

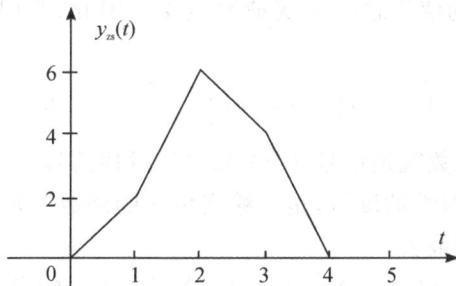

图 1.7.23　$y_{zs}(t)$ 的波形

【例 1.7.21】因果性的 LTI 系统，其输入 $f(t)$、输出 $y(t)$ 关系可用下列微积分方程表示：

$$\frac{dy(t)}{dt} + 5y(t) = \int_{-\infty}^{\infty} f(\tau)x(t-\tau)d\tau - f(t)$$

其中 $x(t) = e^{-t}\varepsilon(t) + 3\delta(t)$，用时域分析法求此系统的冲激响应 $h(t)$。

解：原方程可表示为

$$y'(t) + 5y(t) = f(t) * x(t) - f(t) \tag{1}$$

系统的冲激响应为 $h(t)$ 的微分方程：

$$h'(t) + 5h(t) = \delta(t) * x(t) - \delta(t) \tag{2}$$

$$h'_1(t) + 5h_1(t) = \delta(t) \tag{3}$$

$$h(t) = h_1(t) * x(t) - h_1(t) \tag{4}$$

由式(3)可得

$$h_1(t) = e^{-5t}\varepsilon(t)$$

代入式(4)得

$$\begin{aligned}
h(t) &= h_1(t) * x(t) - h_1(t) \\
&= e^{-5t}\varepsilon(t) * [e^{-t}\varepsilon(t) + 3\delta(t)] - e^{-5t}\varepsilon(t) \\
&= \frac{1}{4}e^{-t}\varepsilon(t) + \frac{7}{4}e^{-5t}\varepsilon(t)
\end{aligned}$$

### 1.7.4　相关函数

相关函数是指两个信号之间相似性的一种量度。信号可以是确定的，也可以是随机的。相关函数是鉴别信号的有力工具，被广泛应用于雷达回波的识别、通信同步信号的识别等领域。

相关是一种与卷积类似的运算。与卷积不同的是，相关函数不需反折。

#### 1.7.4.1　自相关函数

自相关函数是信号 $f(t)$ 在时域中特性的平均度量，它用来描述信号在一个时刻的取值与延迟 $\tau$ 后信号取值的依赖关系，其定义式为：

$$R(\tau) = \lim_{T \to \infty} \frac{1}{T} \int_0^T f(t)f(t-\tau)dt = \lim_{T \to \infty} \frac{1}{T} \int_0^T f(t+\tau)f(t)dt$$

对于周期信号，积分平均时间 $T$ 为信号周期。对于有限时间内的信号，例如单个脉冲，当 $T$ 趋于无穷大时，该平均值将趋于0，无研究意义。因此，非周期信号的自相关函数定义为：

$$R(\tau) = \int_{-\infty}^{\infty} f(t)f(t-\tau)dt = \int_{-\infty}^{\infty} f(t+\tau)f(t)dt$$

由定义可知，自相关函数就是信号 $f(t)$ 和它的时移信号 $f(t-\tau)$ 乘积的平均值，是信号与延迟 $\tau$ 后信号之间相似性的度量，是时移变量 $\tau$ 的函数。延迟时间为0时，则成为信号的均方值，此时它的值达到最大。

【例 1.7.22】已知信号 $f(t) = A\cos(\omega t + \varphi)$，求 $f(t)$ 的自相关函数。

解：$R(\tau) = \lim_{T \to \infty} \frac{1}{T} \int_0^T A\cos(\omega t + \varphi)A\cos[\omega(t-\tau) + \varphi]dt$

$$= \lim_{T \to \infty} \frac{1}{T} \left[ \int_0^T \frac{A^2}{2} \cos(2\omega t + 2\varphi - \omega\tau) \mathrm{d}t + \int_0^T \frac{A^2}{2} \cos(-\omega\tau) \mathrm{d}t \right]$$

$$= \frac{A^2}{2} \cos(\omega\tau)$$

**【例 1.7.23】** 若信号是由两个频率与初相角不同的频率分量组成,即 $f(t) = A_1 \cos(\omega_1 t + \varphi_1) + A_2 \cos(\omega_2 t + \varphi_2)$,求 $f(t)$ 的自相关函数。

解: $R(\tau) = \dfrac{A_1^2}{2} \cos(\omega_1 \tau) + \dfrac{A_2^2}{2} \cos(\omega_2 \tau)$

**【例 1.7.24】** 求正弦信号 $f(t) = A \sin(\omega t + \varphi)$ 的自相关函数。

解: 对于正弦信号,由于 $f(t) = A\sin(\omega t + \varphi) = A\cos\left(\omega t + \varphi - \dfrac{\pi}{2}\right)$,其自相关函数仍为 $R(\tau) = \dfrac{A^2}{2}\cos(\omega\tau)$。

由此可见,正弦(余弦)信号的自相关函数同样是一个余弦函数。它保留了原信号的频率成分,其频率不变,幅值等于原幅值平方的一半,即等于该频率分量的平均功率,但丢失了相位的信息。

自相关函数具有如下主要性质:

(1)自相关函数为偶函数。$R(\tau) = R(-\tau)$,其图形关于纵轴对称。因此,不论时移方向是超前还是滞后($\tau$ 为正或负),函数值不变。

(2)当 $\tau = 0$ 时,自相关函数具有最大值,且等于信号的均方值,即

$$R(\tau) = \lim_{T \to \infty} \frac{1}{T} \int_0^T f(t) f(t) \mathrm{d}t = \sigma^2$$

(3)周期信号的自相关函数仍为同频率的周期信号。

(4)若随机信号不含周期成分,当 $\tau$ 趋于无穷大时,$R(\tau)$ 趋于信号平均值的平方,即

$$\lim_{\tau \to \infty} R(\tau) = \mu^2$$

实际工程应用中,常采用自相关系数 $\rho(\tau)$ 来度量其不同时刻信号值之间的相关程度。$f(t)$ 的自相关系数定义式为

$$\rho(\tau) = \frac{R(\tau) - \mu^2}{\sigma^2}$$

式中 $\sigma$ 为 $f(t)$ 的均方根值(标准差),$\mu$ 为 $f(t)$ 的平均值。当 $\tau = 0$ 时,$\rho(0) = 1$,说明相关程度最大;当 $\tau \to \infty$ 时,$\rho(\infty) = 0$,说明信号 $f(t)$ 与 $f(t-\tau)$ 之间彼此无关。由于 $|R(\tau)| \leqslant R(0)$,所以 $|\rho(\tau)| \leqslant 1$。$\rho(\tau)$ 值的大小表示信号相关性的强弱。

自相关函数的性质可用图 1.7.24 表示。

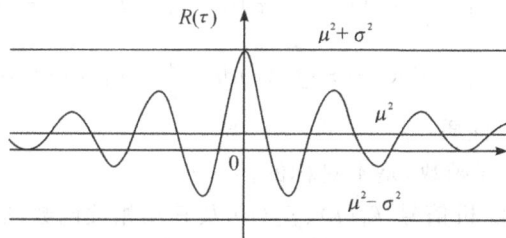

**图 1.7.24　自相关函数的性质**

常见的四种典型信号的自相关函数如表 1.7.4 所示。

表 1.7.4 常见四种典型信号的自相关函数

| 时域波形 | 自相关函数波形 |
|---|---|
| 正弦信号 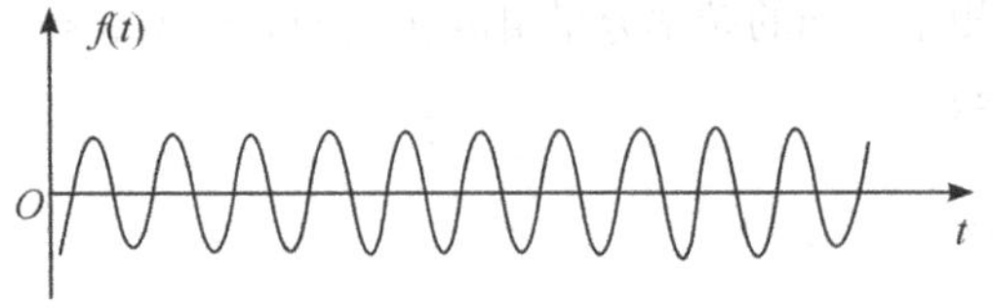 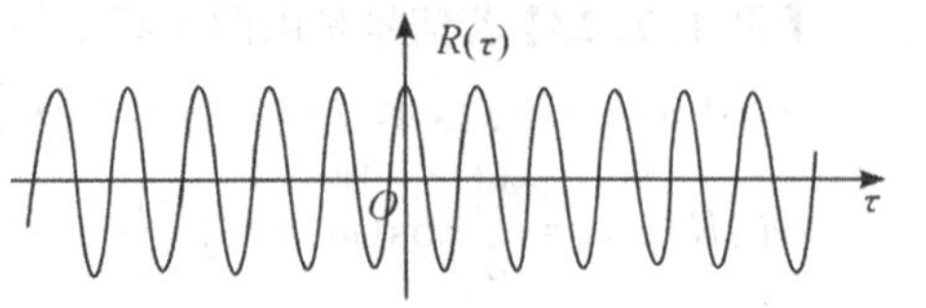 | |
| 正弦＋随机信号 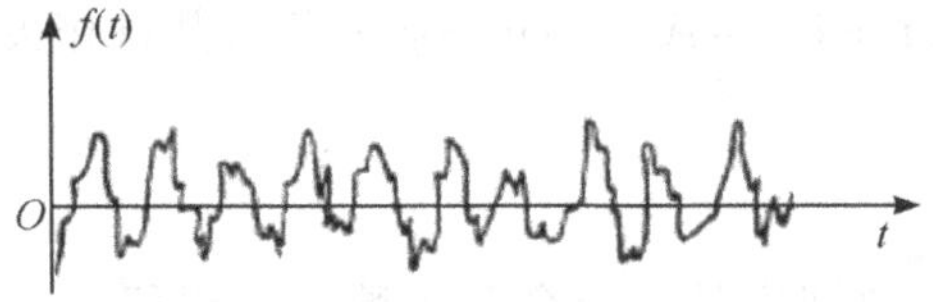 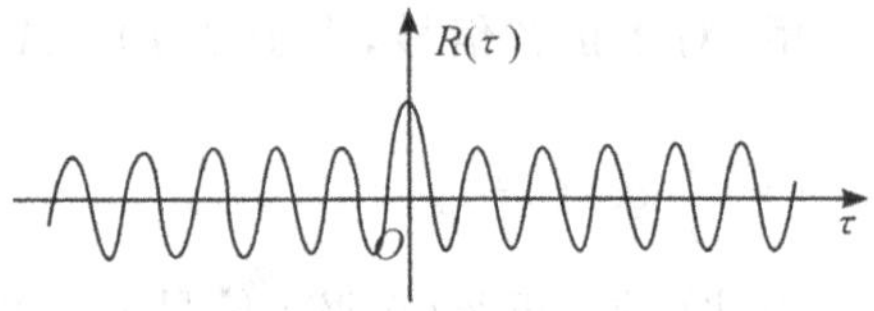 | |
| 窄带随机信号 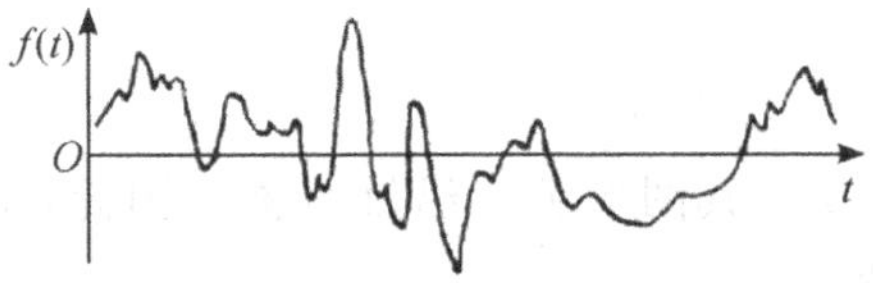 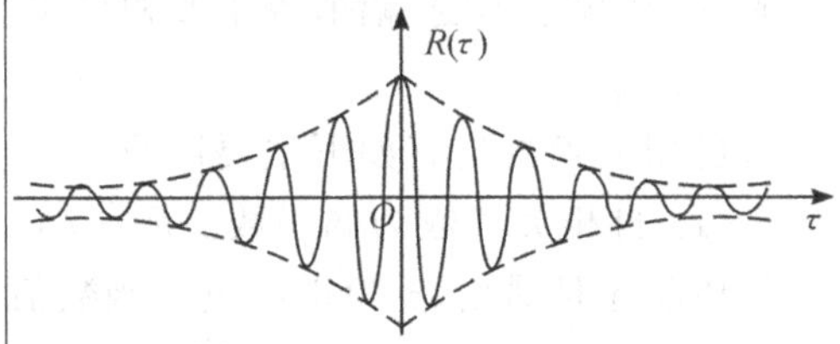 | |
| 宽带随机信号 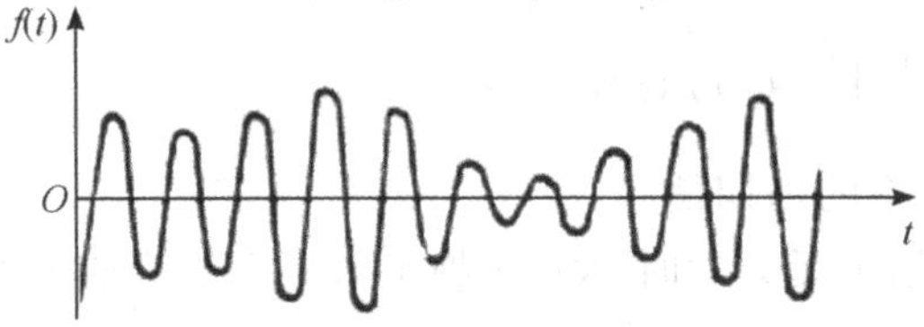 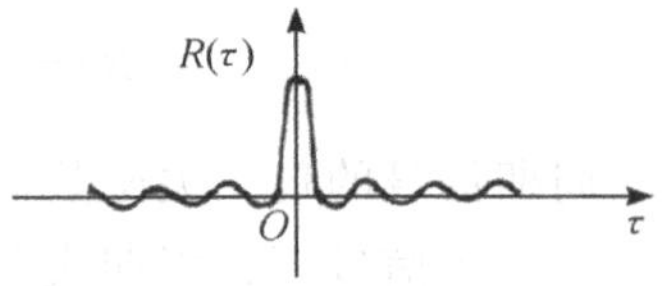 | |

### 1.7.4.2 互相关函数

实功率信号 $f_1(t)$ 和 $f_2(t)$ 的互相关函数定义为

$$R_{12}(\tau) = \lim_{T \to \infty} \frac{1}{T} \int_0^T f_1(t) f_2(t-\tau) \mathrm{d}t = \lim_{T \to \infty} \frac{1}{T} \int_0^T f_1(t+\tau) f_2(t) \mathrm{d}t$$

$$R_{21}(\tau) = \lim_{T \to \infty} \frac{1}{T} \int_0^T f_1(t-\tau) f_2(t) \mathrm{d}t = \lim_{T \to \infty} \frac{1}{T} \int_0^T f_1(t) f_2(t+\tau) \mathrm{d}t$$

实能量信号函数 $f_1(t)$ 和 $f_2(t)$ 的互相关函数定义为

$$R_{12}(\tau) = \int_{-\infty}^{\infty} f_1(t) f_2(t-\tau) \mathrm{d}t = \int_{-\infty}^{\infty} f_1(t+\tau) f_2(t) \mathrm{d}t$$

$$R_{21}(\tau) = \int_{-\infty}^{\infty} f_1(t-\tau) f_2(t) \mathrm{d}t = \int_{-\infty}^{\infty} f_1(t) f_2(t+\tau) \mathrm{d}t$$

互相关函数具有如下性质：

（1）互相关函数不是偶函数，是不对称的。

如图 1.7.25 为两个随机信号 $f_1(t)$、$f_2(t)$ 及其互相关函数图形，其峰值偏离原点的位置反映两信号的时差。例如 $R_{12}(\tau)$ 在 $\tau = \tau_\mathrm{d}$ 达到最大值，说明当 $f_2(t)$ 滞后 $\tau_\mathrm{d}$ 时间时，

$f_1(t)$ 与 $f_2(t)$ 最相似。

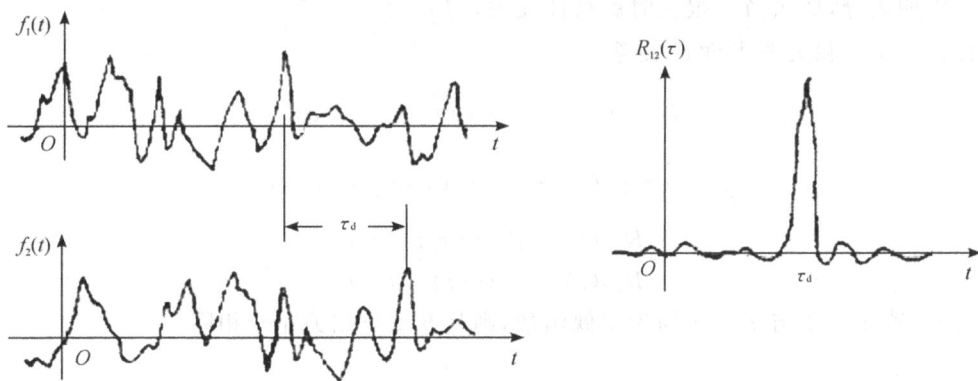

图 1.7.25 相关运算

(2) $R_{12}(\tau) = R_{21}(-\tau)$，即 $f_1(t)$ 与 $f_2(t)$ 互换后，它们的互相关函数关于纵轴对称，如图 1.7.26 所示，说明使信号 $f_2(t)$ 在时间上超前与使另一信号 $f_1(t)$ 滞后，其结果是一样的。

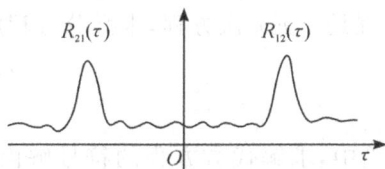

图 1.7.26 互相关函数的对称性

(3) 若两个信号 $f_1(t)$ 与 $f_2(t)$ 没有同频率周期成分，是两个完全独立的信号，则当 $\tau \to \infty$ 时有

$$\lim_{\tau \to \infty} R_{12}(\tau) = \mu_1 \mu_2$$

式中 $\mu_1$ 为 $f_1(t)$ 的平均值，$\mu_2$ 为 $f_2(t)$ 的平均值。

(4) 频率相同的两个周期信号的互相关函数仍是周期信号，其周期与原信号相同。

【例 1.7.25】两个周期信号分别为 $f_1(t) = A\cos(\omega t + \varphi_1)$ 和 $f_2(t) = B\cos(\omega t + \varphi_2)$，求互相关函数。

解：其互相关函数为

$$R_{12}(\tau) = \frac{1}{T}\int_0^T f_1(t)f_2(t-\tau)\mathrm{d}t = \frac{1}{T}\int_0^T A\cos(\omega t + \varphi_1)B\cos[\omega(t-\tau) + \varphi_2]\mathrm{d}t$$

$$= \frac{AB}{2}\cos[\omega\tau + (\varphi_1 - \varphi_2)]$$

实际工程应用中，常采用互相关系数 $\rho_{12}(\tau)$ 来度量两个信号 $f_1(t)$ 与 $f_2(t)$ 在不同时刻的相关程度。两个信号 $f_1(t)$ 与 $f_2(t)$ 的**互相关系数**定义为：

$$\rho_{12}(\tau) = \frac{R_{12}(\tau) - \mu_1\mu_2}{\sigma_1\sigma_2}$$

式中 $\mu_1$ 为 $f_1(t)$ 的平均值，$\mu_2$ 为 $f_2(t)$ 的平均值，$\sigma_1$ 为 $f_1(t)$ 的均方根值（标准差），$\sigma_2$ 为 $f_2(t)$ 的均方根值。

77

互相关系数反映了两个信号之间的相关性,且 $|\rho_{12}(\tau)| \leqslant 1$。若 $f_1(t)$ 与 $f_2(t)$ 没有同频率的周期成分,那么当 $\tau$ 很大时就彼此无关,即 $\rho_{12}(\infty)=0$。

### 1.7.4.3　相关与卷积的关系

$$R_{12}(t)=\int_{-\infty}^{\infty} f_1(x)f_2(x-t)\mathrm{d}x$$

$$f_1(t)*f_2(t)=\int_{-\infty}^{\infty} f_1(x)f_2(t-x)\mathrm{d}x$$

$$R_{12}(t)=f_1(t)*f_2(-t)$$

$$R_{21}(t)=f_1(-t)*f_2(t)$$

可见,若 $f_1(t)$ 与 $f_2(t)$ 均为实偶函数,则其卷积与相关完全相同。

# 1.8　系统时域分析的 Matlab 实现

## 1.8.1　代数方程求解

$n$ 阶常微分方程的特征方程是一元 $n$ 次方程,求微分方程解特征根就是求解一元 $n$ 次方程。

### 1.8.1.1　符号解

在 Matlab 符号数学工具箱中,求解代数方程的符号解由命令 solve 实现,其调用格式为:

solve(' eq '):求解符号方程 eq＝0 的代数方程的自变量为默认自变量。

solve(' eq ',' var '):求解符号表达式方程 eq＝0,其自变量为 var。

solve(' eq1,eq2,…,eqn ',' var1,var2,…,varn '):求解符号表达式方程组 eq1,eq2,…,eqn 的解,其自变量分别为 var1,var2,…,varn。

【例 1.8.1】求代数方程 $p*\sin(x)=r$ 的解。

解:

x = solve('p * sin(x) = r','x')

结果:

x = asin(r/p)

【例 1.8.2】求解代数方程 $ax^2+bx+c=0$ 的解。

解:

syms a b c x

y = a * x^2 + b * x + c;

x = solve(y)

运行结果:

x =

1/2/a * ( − b + (b^2 − 4 * a * c)^(1/2))

1/2/a * ( − b − (b^2 − 4 * a * c)^(1/2))

【例 1.8.3】求解代数方程组 $\begin{cases} x^2 + xy + y = 3 \\ x^2 - 4x + 3 = 0 \end{cases}$ 的解。

解：

[x,y] = solve('x^2 + x * y + y = 3','x^2 - 4 * x + 3 = 0')

运行结果：

x =

[1]

[3]

y =

[1]

[-3/2]

【例 1.8.4】求微分方程 $\dfrac{d^3}{dt^3}y(t) - \dfrac{d^2}{dt^2}y(t) + \dfrac{d}{dt}y(t) - y(t) = 0$ 的特征根。

解：solve('x^3 - x^2 + x - 1 = 0')

运行结果：

ans =

1

i

-i

### 1.8.1.2 数值解

求一元 $n$ 次方程 $\sum\limits_{i=0}^{n} a_i x^i = 0$ 的数值解的步骤：

(1) 创建方程左边的多项式向量 $p = [a_n, a_{n-1}, \cdots, a_1, a_0]$；

(2) 求方程的解 $x = \text{roots}(p)$。

【例 1.8.5】求方程 $x^3 - x^2 + x - 1 = 0$ 的解。

解：程序为

p = [1, -1, 1, -1]

x = roots(p)

运行结果：

x =

1.00000000000000

0.00000000000000 + 1.00000000000000i

0.00000000000000 - 1.00000000000000i

## 1.8.2 微分方程符号求解

对于连续的 LTI 系统，当系统输入为 $f(t)$，输出为 $y(t)$ 时，则输入与输出之间满足线性常系数微分方程：

$$\sum_{i=0}^{n} a_i y^{(i)}(t) = \sum_{j=0}^{m} b_j f^{(j)}(t)$$

当系统输入为单位冲激信号 $\delta(t)$ 时产生的零状态响应称为系统的单位冲激响应,用 $h(t)$ 表示。当输入为单位阶跃信号 $\varepsilon(t)$ 时系统产生的零状态响应称为系统的单位阶跃响应,记为 $s(t)$。

在 Matlab 符号数学工具箱中,求常微分方程的符号解由函数 dsolve 实现。调用格式: r = dsolve('eq1,eq2,…','cond1,cond2,…','x'):求解常微分方程组 eq1,eq2… 的符号解。参数 cond1,cond2… 为指定常微分方程的边界条件或初始条件,不指定条件则为通解。自变量 $x$ 如果不指定,则为默认自变量 $t$。

在方程中,用大写字母 D 表示一阶导数,D2 和 D3 分别表示二阶导数和三阶导数,D 后面的字符为变量。

【例1.8.6】求微分方程 $y' + y\tan x - \cos x = 0$ 的通解。

解:y = dsolve('Dy + y * tan(x) − cos(x) = 0','x')

【例1.8.7】微分方程 $xy'' + 3y' = 0$ 的通解。

解:y = dsolve('x * D2y + 3 * Dy = 0','x')

【例1.8.8】求微分方程 $\dfrac{dy}{dx} = ay$ 的通解和当 $y(0) = b$ 时的完全解。

解:

通解:y = dsolve('Dy = a * y')

完全解:y = dsolve('Dy = a * y','y(0) = b')

【例1.8.9】二阶电路微分方程求解(符号数学求解)

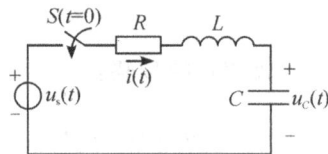

图 1.8.1 二阶电路

$$LC\frac{d^2 u_C}{dt^2} + RC\frac{du_C}{dt} + u_C = u_s$$

$$uc(0) = 3, i(0) = 0$$

解:

零输入响应:

当 $L = 0.5, C = 0.02$,则本二阶电路的谐振频率 $f = 1.5915$,谐振周期 $T = 0.6283$。程序如下:

```
uc = dsolve('L * C * D2u + R * C * Du + u = Us','u(0) = 3','Du(0) = 0');
L = 0.5;C = 0.02;R = 0.3;Us = 0;        %R = 10 为临界状态
y = subs(uc);                            % 把 L、C、R 参数值代入
ezplot(y,[0,5]);
grid on;
```

仿真结果如图 1.8.2 所示。

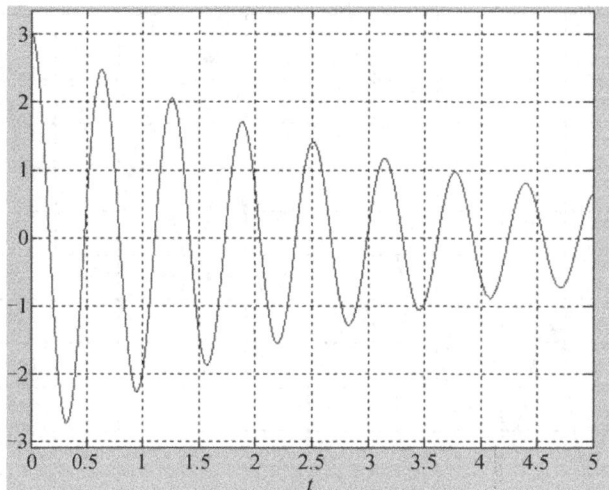

图 1.8.2　零输入响应

冲击响应：

```
uc = dsolve('L * C * D2u + R * C * Du + u = dirac(t)','u(0) = 3','Du(0) = 0');
L = 0.5;C = 0.02;R = 0.3;
y = simplify(subs(uc));
ezplot(y,[0 5]);
grid on;
```

阶跃响应：

```
uc = dsolve('L * C * D2u + R * C * Du + u = heaviside(t)','u(0) = 3','Du(0) = 0');
L = 0.5;C = 0.02;R = 0.3;
y = subs(uc);
ezplot(y,[0 5]);
grid on;
```

信号源 $u_s = 3 * t$：

```
uc = dsolve('L * C * D2u + R * C * Du + u = 3 * t','u(0) = 3','Du(0) = 0')
L = 0.5;C = 0.02;R = 0.03;
y = subs(uc);
ezplot(y,[0 5]);
grid on;
```

运行结果如图 1.8.3 所示。

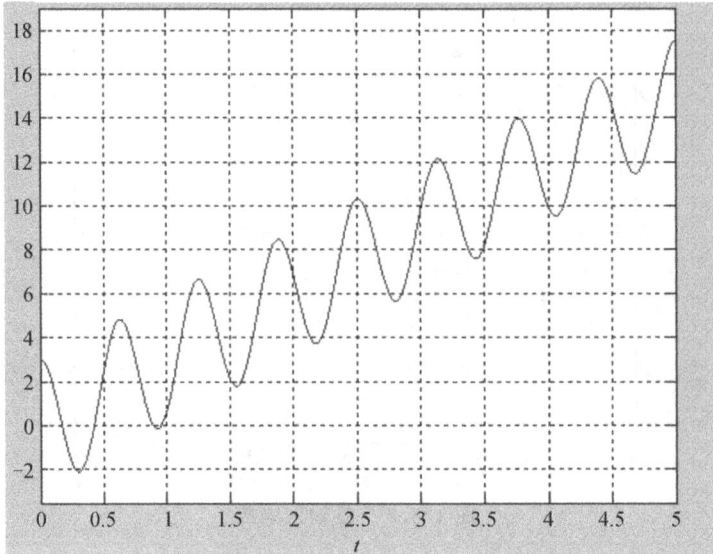

图 1.8.3　信号源 $u_s = 3 * t$ 的响应

信号源 $u_s = \cos(3 * t)$

```
uc = dsolve('L * C * D2u + R * C * Du + u = cos(3 * t)','u(0) = 3','Du(0) = 0');
L = 0.5;C = 0.02;R = 0.03;
y = subs(uc);
ezplot(y,[0 5]);
grid on;
```

### 1.8.3　连续系统数值求解

对于连续的LTI系统,当系统输入为 $f(t)$,输出为 $y(t)$,则输入与输出之间满足线性常系数微分方程:

$$\sum_{i=0}^{n} a_i y^{(i)}(t) = \sum_{j=0}^{m} b_j f^{(j)}(t)$$

系统的单位冲激响应 $h(t)$ 包含了系统的固有特性,它是由系统本身的结构及参数所决定的,与系统的输入无关。我们只要知道系统的冲激响应,即可求得系统在不同激励下产生的响应。因此,求解系统的冲激响应 $h(t)$ 对我们进行连续系统的分析具有非常重要的意义。

在 Matlab 中有专门用于求解连续系统冲激响应和阶跃响应,并绘制其时域波形的函数——impulse()和step()。如果系统输入为 $f(t)$,冲激响应为 $h(t)$,系统的零状态响应为 $y(t)$,则有: $y(t) = h(t) * f(t)$。

在 Matlab 中,应用 lsim()函数很容易就能对微分方程所描述的系统的响应进行仿真,求出系统在任意激励信号作用下的响应。lsim()函数不仅能够求出连续系统在指定的任意时间范围内系统响应的数值解,而且还能同时绘制出系统响应的时域波形图。

以上各函数的调用格式如下。

### 1.8.3.1 冲激响应

impulse()函数(相当于离散系统的 impz 函数):函数 impulse()将绘制出由向量 *a* 和 *b* 所表示的连续系统在指定时间范围内的单位冲激响应 $h(t)$ 的时域波形图,并能求出指定时间范围内冲激响应的数值解。使用方法:

impulse(b,a):以默认方式绘出由向量 *a* 和 *b* 所定义的连续系统的冲激响应的时域波形。

impulse(b,a,t0):绘出由向量 *a* 和 *b* 所定义的连续系统在 $0 \sim t0$ 时间范围内冲激响应的时域波形。

impulse(b,a,t1:p:t2):绘出由向量 *a* 和 *b* 所定义的连续系统在 $t1 \sim t2$ 时间范围内,并且以时间间隔 $p$ 均匀取样的冲激响应的时域波形。

y=impulse(b,a,t1:p:t2):只求出由向量 *a* 和 *b* 所定义的连续系统在 $t1 \sim t2$ 时间范围内,并且以时间间隔 $p$ 均匀取样的冲激响应的数值解,但不绘出其相应波形。

【**例 1.8.10**】求系统 $\dfrac{\mathrm{d}^2 y(t)}{\mathrm{d}t^2} + 4\dfrac{\mathrm{d}y(t)}{\mathrm{d}t} + 3y(t) = \dfrac{\mathrm{d}f(t)}{\mathrm{d}t} + 2f(t)$ 的冲激响应。

解:程序如下

a=[1 4 3];b=[1 2];impulse(b,a,0:0.01:5);

运行结果如图 1.8.4 所示。

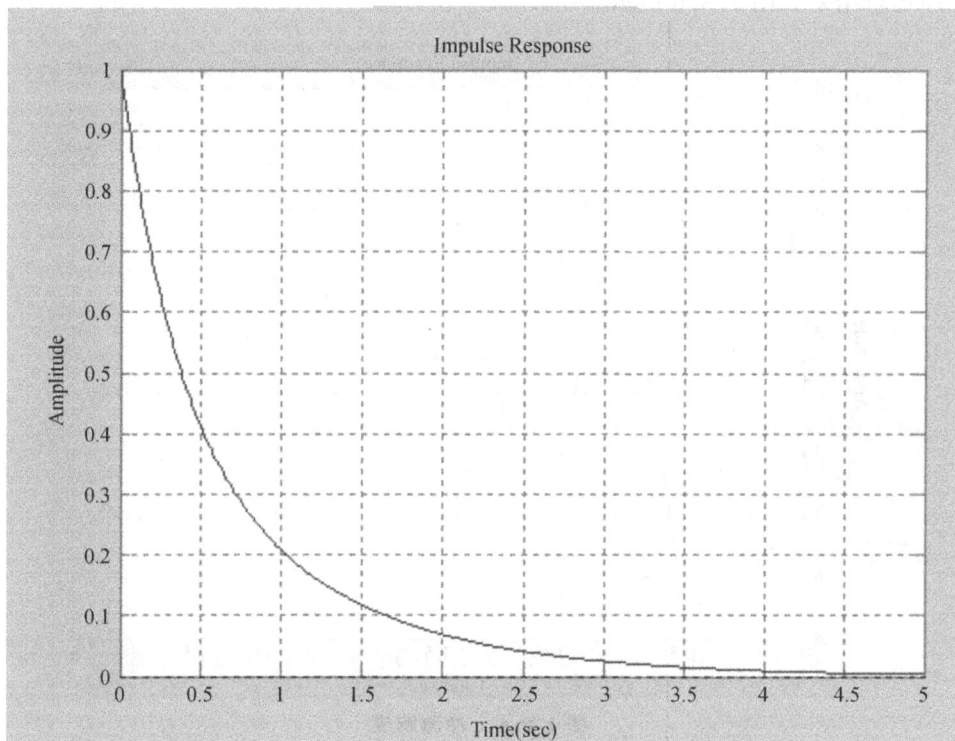

**图 1.8.4  冲激响应**

【**例 1.8.11**】电路如图 1.8.5 所示,$L=0.5$,$C=0.02$,$R=1$,已知输入信号为单位冲激信号,求电容的输出电压。

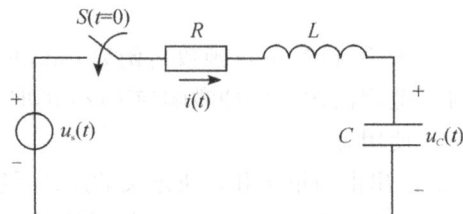

图 1.8.5　*RLC* 电路

解：当 $L=0.5$，$C=0.02$，则计算得电路的谐振频率 $f=1.5915$，谐振周期 $T=0.6283$。
电路微分方程方程为

$$LC\,\frac{\mathrm{d}^2 u_C}{\mathrm{d}t^2} + RC\,\frac{\mathrm{d}u_C}{\mathrm{d}t} + u_C = u_s$$

把 $L=0.5$，$C=0.02$，$R=1$ 代入得

$$\frac{\mathrm{d}^2 u_C}{\mathrm{d}t^2} + 2\,\frac{\mathrm{d}u_C}{\mathrm{d}t} + 100u_C = 100u_s(t)$$

冲激响应程序为
a = [1 2 100];b = 100;impulse(b,a,0:0.01:3)
程序运行结果如图 1.8.6 所示。

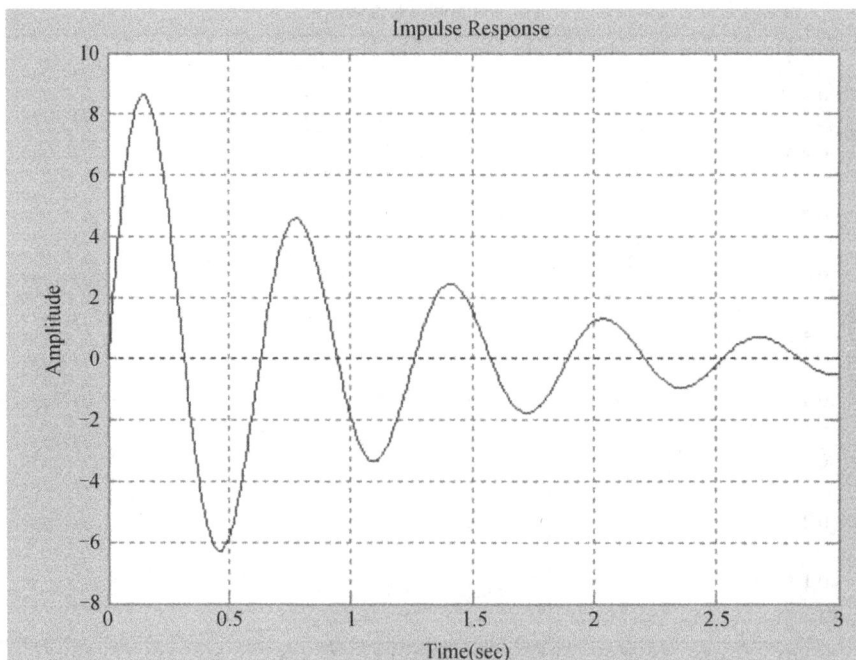

图 1.8.6　冲激响应

### 1.8.3.2　阶跃响应

函数 step() 将绘制出由向量 **a** 和 **b** 所表示的连续系统的阶跃响应在指定的时间范围内的波形图，并且求出数值解。和 impulse() 函数一样，step() 也有如下四种调用格式：

step(b,a)

step(b,a,t0)

step(b,a,t1:p:t2)

y = step(b,a,t1:p:t2)

上述调用格式的功能和 impulse( ) 函数完全相同，所不同只是所绘制（求解）的是系统的阶跃响应 $s(t)$，而不是冲激响应 $h(t)$。

【例 1.8.12】电路如图 1.8.7 所示，$L = 0.5$，$C = 0.02$，$R = 3$，已知输入信号为单位阶跃信号，求电容的输出电压。

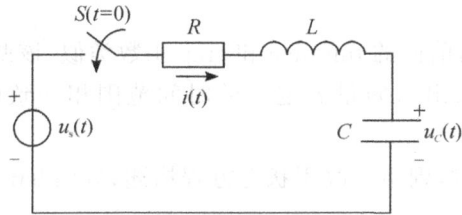

图 1.8.7  *RLC* 二阶电路

解：电路微分方程方程为

$$LC \frac{\mathrm{d}^2 u_C}{\mathrm{d}t^2} + RC \frac{\mathrm{d}u_C}{\mathrm{d}t} + u_C = u_s(t)$$

代入参数得

$$\frac{\mathrm{d}^2 u_C}{\mathrm{d}t^2} + 6 \frac{\mathrm{d}u_C}{\mathrm{d}t} + 100 u_C = 100\varepsilon(t)$$

程序为

a = [1 6 100];b = 100;step(b,a,0:0.01:3)

程序运行结果如图 1.8.8 所示。

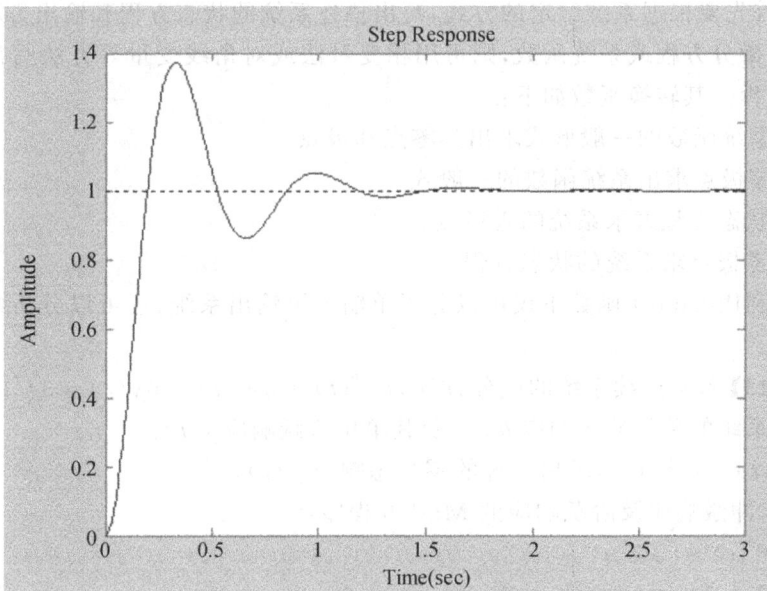

图 1.8.8  阶跃响应

### 1.8.3.3　任意信号响应

使用 lsim() 函数,可求输入任意信号的系统数值解。

根据系统有无初始状态,lsim() 函数有如下两种调用格式:

(1) 系统无初态时,调用 lsim() 函数可求出系统的零状态响应,其格式如下:

lsim(b,a,x,t):绘出由向量 $a$ 和 $b$ 所定义的连续系统在输入为 $x$ 和 $t$ 所定义的信号时,系统零状态响应的时域仿真波形,且时间范围与输入信号相同。其中 $x$ 和 $t$ 表示输入信号的行向量,$t$ 表示输入信号时间范围的向量,$x$ 则是输入信号对应于向量 $t$ 所定义的时间点上的取样值。

$y$ = lsim(b,a,x,t):与前面的 impulse 和 step 函数类似,该调用格式并不绘制出系统的零状态响应曲线,而只是求出与向量 $t$ 定义的时间范围相一致的系统零状态响应的数值解。

(2) 系统有初始状态时,则系统改用状态方程描述,调用 lsim() 函数可求出系统的全响应,格式如下:

lsim(A,B,C,D,x,t,X0):绘出由系数矩阵 $A$,$B$,$C$,$D$ 所定义的连续时间系统在输入为 $x$ 和 $t$ 所定义的信号时,系统输出函数的全响应的时域仿真波形。$t$ 为表示输入信号时间范围的向量,$x$ 则是输入信号 $x(t)$ 对应于向量 $t$ 所定义的时间点上的取样值,$X0$ 表示系统状态变量 $X=[x1,x2,\cdots,xn]'$ 在 $t=0$ 时刻的初值。

[Y,X] = lsim(A,B,C,D,x,t,X0):不绘出全响应波形,而只是求出与向量 $t$ 定义的时间范围相一致的系统输出向量 $Y$ 的全响应以及状态变量 $X$ 的数值解。

显然,函数 lsim() 对系统响应进行仿真的效果取决于向量 $t$ 的时间间隔的密集程度,$t$ 的取样时间间隔越小,则响应曲线越光滑,仿真效果也越好。

说明:

(1) 当系统有初始状态时,若使用 lsim() 函数求系统的全响应,就要使用系统的状态空间描述法,即首先要根据系统给定的方式,写出描述系统的状态方程和输出方程。假如系统原来给定的是微分方程或系统函数,则可用相变量法或对角线变量等方法写出系统的状态方程和输出方程。其转换函数如下:

tf2zp:从系统函数的一般形式求出其零点和极点。

zp2tf:从零极点求出系统函数的一般式。

ss2zp:从状态方程式求系统的零极点。

zp2ss:从零极点求系统的状态方程。

(2) 显然利用 lsim() 函数不仅可以分析单输入单输出系统,还可以分析复杂的多输入多输出系统。

**【例 1.8.13】** 若某连续系统的微分方程为 $y''(t)+5y'(t)+6y(t)=3f'(t)+2f(t)$,

(1) 求该系统的单位冲激响应 $h(t)$ 及其单位阶跃响应 $s(t)$。

(2) 若 $f(t)=e^{-2t}\varepsilon(t)$,求出系统的零状态响应 $y(t)$。

解:(1) 求冲激响应及阶跃响应的 Matlab 程序:

```
a = [1 5 6];b = [3 2];
subplot(2,1,1),impulse(b,a,4)
subplot(2,1,2),step(b,a,4)
```

运行结果如图 1.8.9 所示。

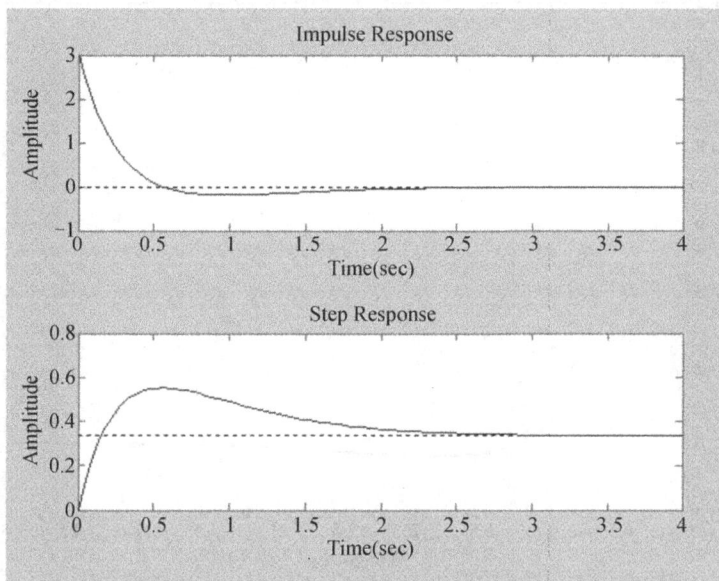

**图 1.8.9   冲激响应及阶跃响应**

（2）求零状态响应的 Matlab 程序：

```
a = [1 5 6];b = [3 2];
p1 = 0.01;               % 定义取样时间间隔为 0.01
t1 = 0:p1:5;             % 定义时间范围
x1 = exp(-2 * t1);       % 定义输入信号
lsim(b,a,x1,t1);         % 取样间隔为 0.01 时系统响应
hold on;                 % 保持图形窗口以便能在同一窗口中绘制多条曲线
p2 = 0.5;                % 定义取样间隔为 0.5
t2 = 0:p2:5;             % 定义时间范围
x2 = exp(-2 * t2);       % 定义输入信号
lsim(b,a,x2,t2);         % 取样间隔为 0.5 时系统响应
hold off;                % 解除保持
```

运行结果如图 1.8.10 所示。

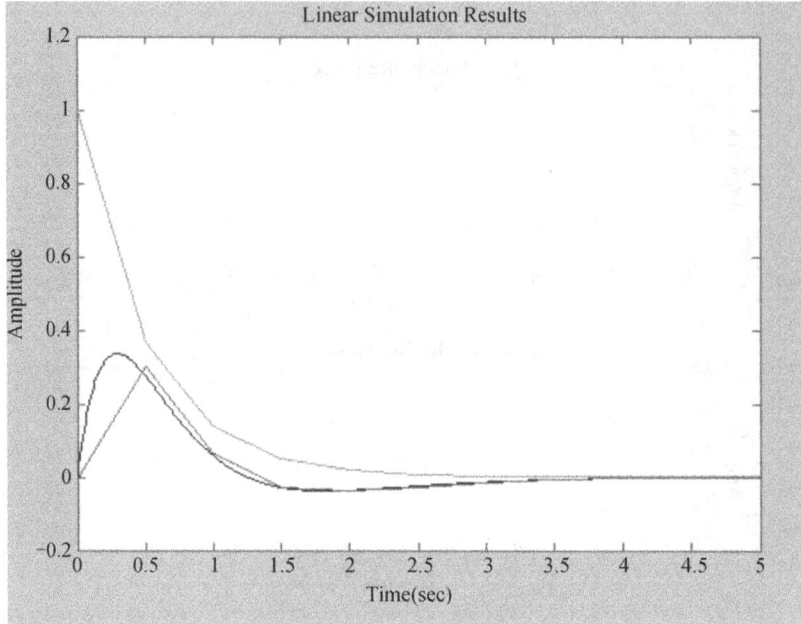

图 1.8.10 零状态响应

【例 1.8.14】电路如图 1.8.11 所示，$L=0.5$，$C=0.02$，$R=3$，已知输入信号为 $e^{-t}$，求电容的输出电压。

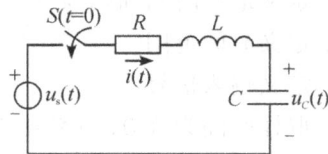

图 1.8.11 *RLC* 电路

解：电路微分方程方程为

$$LC\frac{\mathrm{d}^2 u_C}{\mathrm{d}t^2} + RC\frac{\mathrm{d}u_C}{\mathrm{d}t} + u_C = U_s$$

代入参数得

$$\frac{\mathrm{d}^2 u_C}{\mathrm{d}t^2} + 6\frac{\mathrm{d}u_C}{\mathrm{d}t} + 100u_C = 100u_s(t)$$

程序为

```
a = [1 6 100];b = 100;
t = 0:0.01:3;f = exp(- 1 * t);
lsim(b,a,f,t)
```

程序运行结果如图 1.8.12 所示。

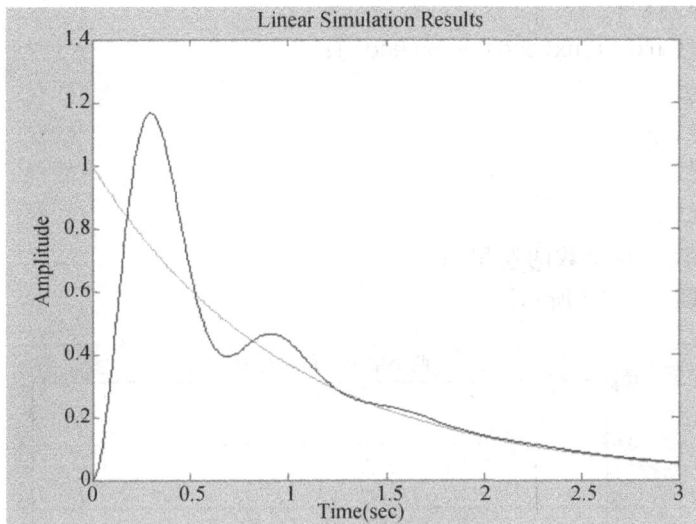

图 1.8.12　零状态响应

## 1.8.4　卷积运算

卷积积分是信号与系统时域分析的重要方法之一。定义为：

$$f(t) = \int_{-\infty}^{\infty} f_1(\tau) f_2(t-\tau) \mathrm{d}\tau$$

对连续信号 $f_1(t)$ 和 $f_2(t)$ 进行离散采样，设采样周期为 $T$，则卷积积分为

$$f(nT) \approx T \sum_{m=-\infty}^{\infty} f_1(m) f_2(n-m) = T f_1(n) * f_2(n)$$

1.8.4.1　数值计算

在 Matlab 中可采用 conv 命令进行求卷积计算。使用格式为：

$$f = T * \mathrm{conv}(f1, f2)$$

式中 T 为取样时间间隔。

【例 1.8.15】已知单位三角函数 $x(t)$ 为

$$x(t) = \begin{cases} t+1, & -1 \leqslant t \leqslant 0 \\ -t+1, & 0 < t \leqslant 1 \end{cases}$$

求两个单位三角函数 $x(t)$ 的卷积。

解：程序如下

```
T = 0.01;              % 采样周期
nx = -100:100;
n1 = -100:0;
n2 = 1:100;
x1 = n1 * T + 1;       % t <= 0 的信号
x2 = -n2 * T + 1;      % t > 0 的信号
x = [x1  x2];          % 信号连接一起
```

```
y = T * conv(x,x);
n3 = [nx(1) + nx(1):nx(end) + nx(end)];
plot(n3 * T,y);
grid on
xlabel('时间 /s');
ylabel('y(t)');
title('两个单位三角函数的卷积');
```

运行结果如图 1.8.13 所示。

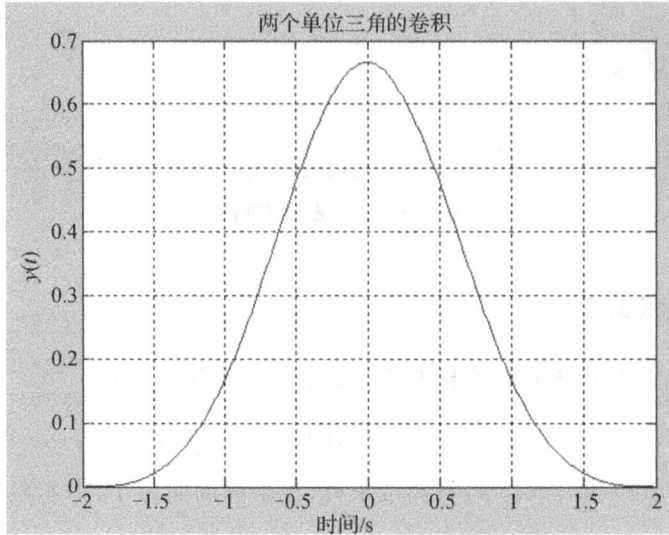

图 1.8.13　单位三角函数的卷积

【例 1.8.16】已知两个矩形波为

$$f_1(t) = \begin{cases} 1, -1 \leqslant t \leqslant 1 \\ 0, t \text{ 为其他} \end{cases}, f_2(t) = \begin{cases} 1, 0 \leqslant t \leqslant 1 \\ 0, t \text{ 为其他} \end{cases}$$

求 $y(t) = f_1(t) * f_2(t)$。

解:程序如下

```
T = 0.01;              % 采样周期
n1 = - 100:100;
f1 = ones(1,length(n1));
n2 = 0:100;
f2 = ones(1,length(n2));
y = T * conv(f1,f2);
n3 = [n1(1) + n2(1):n1(end) + n2(end)];
plot(n3 * T,y);
grid on
xlabel('时间 /s');
ylabel('y(t)');
```

运行结果如图 1.8.14 所示。

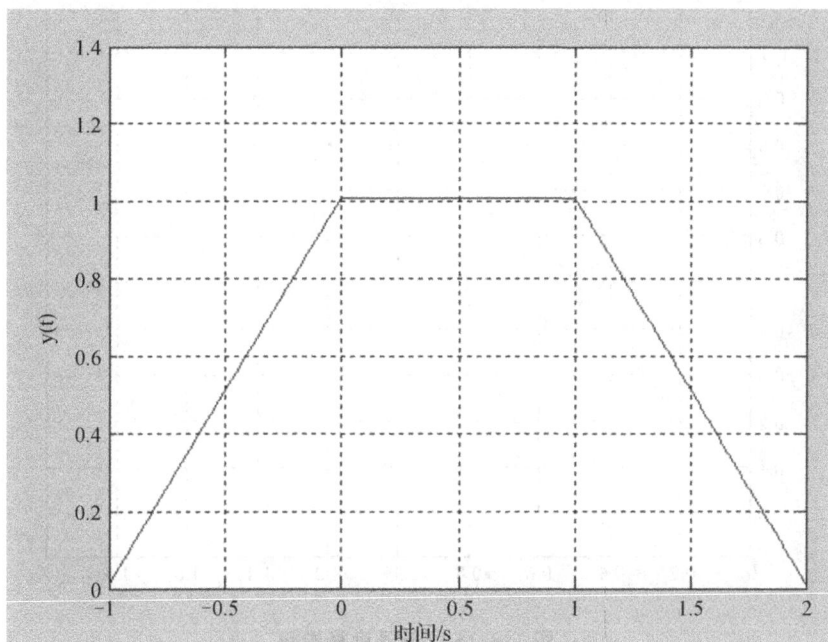

**图 1.8.14　两个矩形波卷积**

### 1.8.4.2　符号数学计算

从卷积定义出发,可以利用 Matlab 符号运算法求卷积积分,但要注意积分变量和积分限的选取。

**【例 1.8.17】**试用 Matlab 符号运算法求卷积

$$y(t) = [\varepsilon(t) - \varepsilon(t-1)] * [\varepsilon(t) - \varepsilon(t-1)]$$

解:程序为

```
clear all
syms tao
t = sym('t','positive');           % 定义 t 为正值的变量
f1 = heaviside(t) - heaviside(t - 1);
x1 = subs(f1,t,tao);               % 积分变量替换
x2 = subs(f1,t,t - tao);           % 积分变量替换、反折、平移
y = int(x1 * x2,tao,0,t);
y1 = simplify(y)
ezplot(y1,[0,2]);
grid on;
```

运行结果如图 1.8.15 所示。

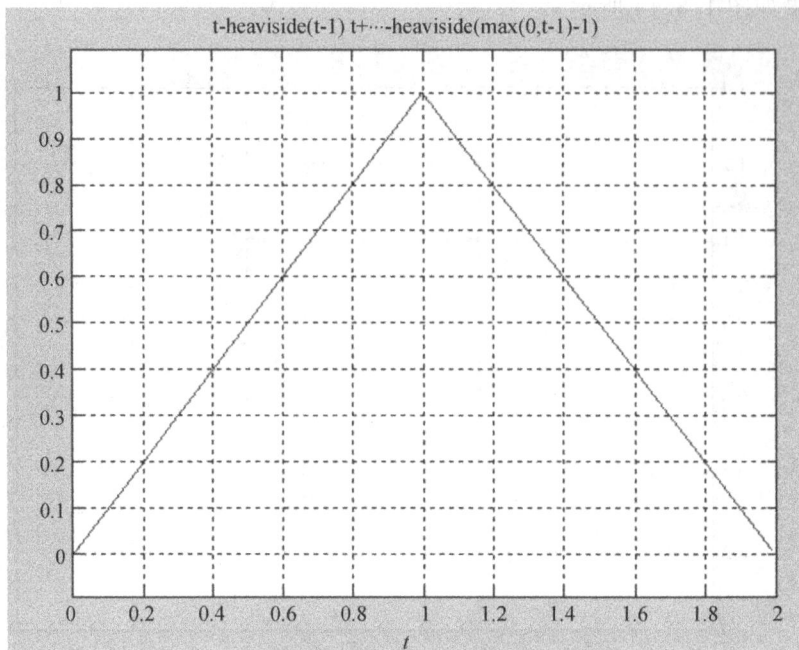

图 1.8.15　符号运算卷积

### 1.8.5　相关函数

自相关函数描述信号 $f(t)$ 在任意两个不同时刻 $t_1$，$t_2$ 取值之间的相关程度。在 Matlab 中使用 xcorr 命令求解。

使用格式：

自相关函数：$[r, tao] = xcorr(x, SCALEOPT)$；

互相关函数：$[r, tao] = xcorr(x1, x2, SCALEOPT)$；

tao 为得到的延迟时间向量，$r$ 为对应延迟 tao 的相关函数向量，$x$ 为信号向量序列。

SCALEOPT 为计算相关函数的四种不同方式，分别是：

（1）'none'（默认）：直接相乘后相加，对应定义式为

$$R(\tau) = \int_{-\infty}^{\infty} f(t) f(t - \tau) \mathrm{d}t = \int_{-\infty}^{\infty} f(t + \tau) f(t) \mathrm{d}t$$

（2）'biased'（有偏移）：除以参与运算序列的长度 $M$（全部组数），对应于除以周期 $T$ 的定义，即

$$R(\tau) = \lim_{T \to \infty} \frac{1}{T} \int_0^T f(t) f(t - \tau) \mathrm{d}t = \lim_{T \to \infty} \frac{1}{T} \int_0^T f(t + \tau) f(t) \mathrm{d}t$$

（3）'unbiased'（无偏移）：除以参与运算的实际组数。

（4）'coeff'（相关系数）：归一化后得到相关系数，即

$$\rho_{12}(\tau) = \frac{R_{12}(\tau) - \mu_1 \mu_2}{\sigma_1 \sigma_2}$$

【例 1.8.18】求 $x = \cos(2 * t)$ 的相关函数。

解:程序如下

```
dt = 0. 1;
t = [0:dt:10];
x = cos(2 * t);
[a1,b1] = xcorr(x,' biased');
[a2,b2] = xcorr(x,'unbiased');
[a3,b3] = xcorr(x,'coeff');          % 求相关系数
[a4,b4] = xcorr(x,'none');
subplot(5,1,1)
t1 = - 10:dt:10;
x1 = cos(2 * t1);                    % 为了绘出与相关函数等宽度的余弦信号
plot(t1,x1);
title('cos(2 * t)')
grid on
subplot(5,1,2)
plot(b1 * dt,a1)
title(' biased')
grid on
subplot(5,1,3)
plot(b2 * dt,a2)
title('unbiased')
grid on
subplot(5,1,4)
plot(b3 * dt,a3)
title('coeff')
grid on
subplot(5,1,5)
plot(b4 * dt,a4)
title('none')
grid on
```

运行结果如图 1.8.16 所示。

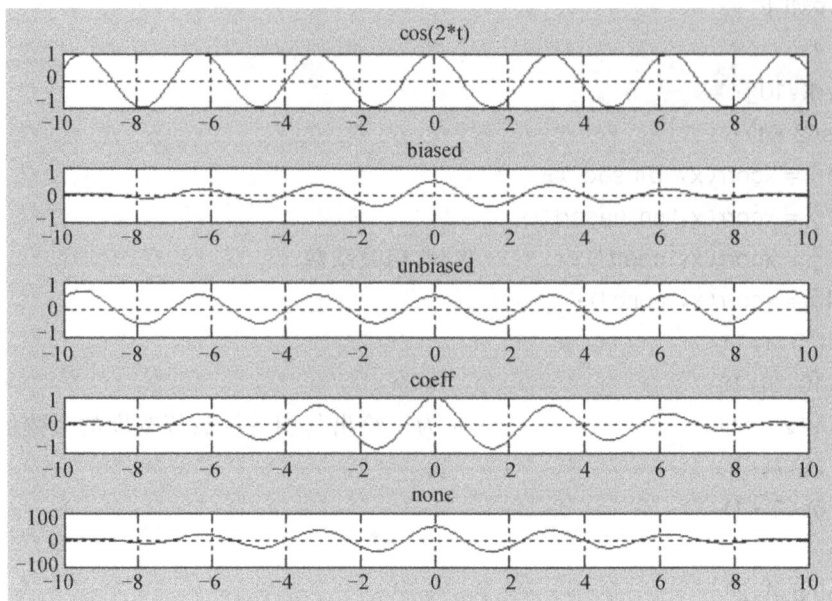

图 1.8.16　不同参数的相关函数结果

【例 1.8.19】已知单位三角函数 $x(t)$ 为

$$x(t) = \begin{cases} t + 1, & -1 \leqslant t \leqslant 0 \\ -t + 1, & 0 < t \leqslant 1 \end{cases}$$

求单位三角函数 $x(t)$ 的自相关函数。

解:程序如下

```
T = 0.01;
nx = - 100:100;
n2 = 1:100;
x1 = n1 * T + 1;
x2 = - n2 * T + 1;
x = [x1 x2];
[y,b2] = xcorr(x);
plot(b2 * T,y);
grid on
xlabel('时间/s');
ylabel('y(t)');
title('单位三角函数的自相关函数');
```

运行结果如图 1.8.17 所示。

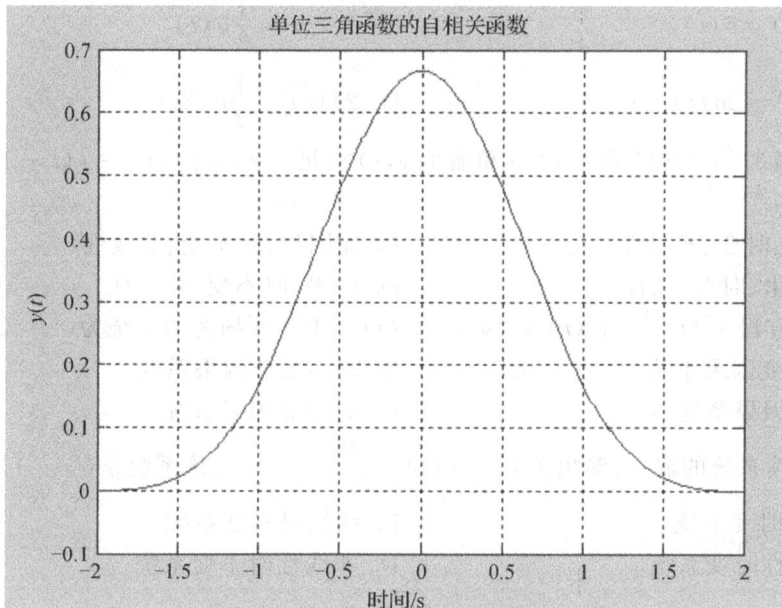

图 1.8.17　单位三角函数的自相关函数

# 1.9　习题

**一、单项选择题**

1. 信号 $x(t) = 3\cos\left(4t + \dfrac{\pi}{3}\right)$ 的周期为(　　)。

A. $2\pi$ 　　　　　　B. $\pi$ 　　　　　　C. $\dfrac{\pi}{2}$ 　　　　　　D. $\dfrac{2}{\pi}$

2. 下列信号中属于功率信号的是(　　)。

A. $\cos t\varepsilon(t)$ 　　　B. $e^{-t}\varepsilon(t)$ 　　　C. $te^{-t}\varepsilon(t)$ 　　　D. $e^{-|t|}$

3. 设 $f(t) = 0, t < 3$,试确定下列信号为 0 的 $t$ 值：

(1) $f(1-t) + f(2-t)$ 信号为 0 的 $t$ 值是(　　)；

A. $t > -2$ 或 $t > -1$ 　　　　　　B. $t = 1$ 和 $t = 2$

C. $t > -1$ 　　　　　　D. $t > -2$

(2) $f(1-t) \cdot f(2-t)$ 信号为 0 的 $t$ 值是(　　)；

A. $t > -2$ 或 $t > -1$ 　　　　　　B. $t = 1$ 和 $t = 2$

C. $t > -1$ 　　　　　　D. $t > -2$

(3) $f\left(\dfrac{t}{3}\right)$ 信号为 0 的 $t$ 值是(　　)。

A. $t > 3$ 　　　　B. $t = 0$ 　　　　C. $t < 9$ 　　　　D. $t = 3$

4. 下列表达式中正确的是(　　)。

A. $\delta(2t)=\delta(t)$          B. $\delta(2t)=\dfrac{1}{2}\delta(t)$

C. $\delta(2t)=2\delta(t)$          D. $2\delta(t)=\dfrac{1}{2}\delta(2t)$

5. 某连续时间系统的输入 $f(t)$ 和输出 $y(t)$ 满足 $y(t)=|f(t)-f(t-1)|$，则该系统为（    ）。

     A. 因果、时变、非线性          B. 非因果、时不变、非线性

     C. 非因果、时变、线性          D. 因果、时不变、非线性

6. 微分方程 $y''(t)+3y'(t)+2y(t)=f(t+10)$ 所描述的系统为（    ）。

     A. 时不变因果系统          B. 时不变非因果系统

     C. 时变因果系统          D. 时变非因果系统

7. 某连续系统的输入、输出关系为 $y(t)=\displaystyle\int_{-\infty}^{2t-1} f(\tau)\mathrm{d}\tau$，该系统是（    ）。

     A. 线性时变系统          B. 线性时不变系统

     C. 非线性时变系统          D. 非线性时不变系统

8. 积分 $\displaystyle\int_{-5}^{5}(t-3)\delta(-2t+4)\mathrm{d}t=$（    ）。

     A. $-1$          B. $-0.5$          C. $0$          D. $0.5$

9. 一线性时不变连续时间系统，其在某激励信号作用下的自由响应为 $(\mathrm{e}^{-3t}+\mathrm{e}^{-t})\varepsilon(t)$，强迫响应为 $(1-\mathrm{e}^{-2t})\varepsilon(t)$，则下面的说法正确的是（    ）。

     A. 该系统一定是二阶系统

     B. 该系统一定是稳定系统

     C. 零输入响应中一定包含 $(\mathrm{e}^{-3t}+\mathrm{e}^{-t})\varepsilon(t)$

     D. 零状态响应中一定包含 $(1-\mathrm{e}^{-2t})\varepsilon(t)$

10. 信号 $f_1(t)$ 和 $f_2(t)$ 如图 1.9.1 所示，卷积 $f(t)=f_1(t)*f_2(t)$，则 $f(-1)$ 等于（    ）。

     A. $1$          B. $-1$          C. $1.5$          D. $-0.5$

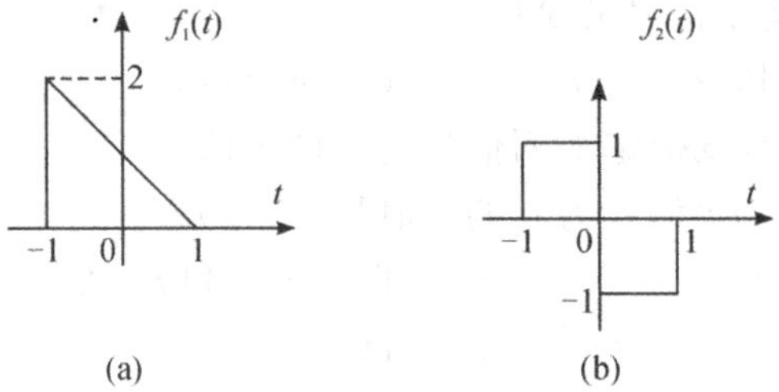

图 1.9.1

11. 下列等式不成立的是（    ）。

A. $f_1(t-t_0)*f_2(t+t_0)=f_1(t)*f_2(t)$

B. $\dfrac{\mathrm{d}}{\mathrm{d}t}[f_1(t)*f_2(t)]=[\dfrac{\mathrm{d}}{\mathrm{d}t}f_1(t)]*[\dfrac{\mathrm{d}}{\mathrm{d}t}f_2(t)]$

C. $f(t)*\delta'(t)=f'(t)$

D. $f(t) * \delta(t) = f(t)$

12. 信号 $x(k) = 2\cos\left(\dfrac{\pi}{4}k\right) + \sin\left(\dfrac{\pi}{8}k\right) - 2\cos\left(\dfrac{\pi}{2}k + \dfrac{\pi}{6}\right)$ 的周期为（　　　）。

A. 8 　　　　　　　　 B. 16 　　　　　　　 C. 2 　　　　　　　 D. 4

**二、判断题**（判断下列说法是否正确，正确的打"√"，错误的打"×"）

1. 两个信号之和一定是周期信号。（　　　）

2. 所有非周期信号都是能量信号。（　　　）

3. $f(t) = \cos t + \sin(\sqrt{2}t)$，该信号为周期信号（　　　），周期为 $2\pi$（　　　）。

4. $f(n) = \sin\left(\dfrac{\pi}{4}n\right) + \cos\left(\dfrac{\pi}{3}n\right)$，该信号为周期信号（　　　），周期为 12（　　　）。

5. 由已知信号 $f(t)$ 构造信号：$F(t) = \displaystyle\sum_{n=-\infty}^{\infty} f(t+nT)$，则 $F(t)$ 是周期信号。（　　　）

6. 非线性系统的全响应必等于零状态响应与零输入响应之和。（　　　）

7. 冲激信号是一个高且窄的尖锋信号，它有有限的面积和能量。（　　　）

8. 系统 $y(t) = 2f(t) + 3$ 是线性系统。（　　　）

9. 系统 $y(t) = tf(t)$ 是稳定系统。（　　　）

10. 系统 $y(t) = f(2t)$ 是时不变系统。（　　　）

11. 系统 $y(t) = tf(t)$ 是时不变系统。（　　　）

12. 系统 $y(t) = f(2t)$ 不是因果系统。（　　　）

13. 系统 $y(t) = f(-t)$ 不是因果系统。（　　　）

14. 系统 $\dfrac{\mathrm{d}y(t)}{\mathrm{d}t} + y(t) = f(t+10)$ 是线性系统。（　　　）

15. 系统 $\dfrac{\mathrm{d}y(t)}{\mathrm{d}t} + t^2 y(t) = f(t)$ 是线性系统。（　　　）

16. 系统 $y(t) = f(t+10) + f^2(t)$ 是时不变系统。（　　　）

17. 系统 $\dfrac{\mathrm{d}y(t)}{\mathrm{d}t} + y(t) = f(t+10)$ 是时不变系统。（　　　）

18. 系统 $\dfrac{\mathrm{d}y(t)}{\mathrm{d}t} + t^2 y(t) = f(t)$ 是时不变系统。（　　　）

19. 系统 $\dfrac{\mathrm{d}y(t)}{\mathrm{d}t} + t^2 y(t) = f(t)$ 是因果系统。（　　　）

20. 系统 $\dfrac{\mathrm{d}y(t)}{\mathrm{d}t} + y(t) = f(t+10)$ 是因果系统。（　　　）

21. 系统 $y(t) = f(t+10) + f^2(t)$ 是因果系统。（　　　）

22. 系统 $\dfrac{\mathrm{d}y(t)}{\mathrm{d}t} + t^2 y(t) = f(t)$ 是有记忆系。（　　　）

23. 系统 $\dfrac{\mathrm{d}y(t)}{\mathrm{d}t} + y(t) = f(t+10)$ 是有记忆系。（　　　）

24. 系统 $y(t) = f(t+10) + f^2(t)$ 是有记忆系。（　　　）

25. 系统 $y(t) = 2f(t) + f^2(t)$ 是有记忆系。（　　　）

26. 系统 $y(t) = t^2 f(t) + \dfrac{\mathrm{d}f(t)}{\mathrm{d}t} + 2x(0)$ 是时不变系统。（　　　）

27. 系统 $y(t) = t^2 f(t) + \dfrac{\mathrm{d}f(t)}{\mathrm{d}t} + 2x(0)$ 是线性系统。（　　　）

28. 如果 $x(t)$ 和 $y(t)$ 均为奇函数，则 $x(t) * y(t)$ 为偶函数。（　　　）

29. 卷积的方法只适用于线性时不变系统的分析。（　　　）

30. 若 $y(t) = f(t) * h(t)$（卷积运算），则 $y(-t) = f(-t) * h(-t)$。（　　　）

31. $f(t) * \delta(t) = f(t)$。（　　　）

32. $f(t)\delta(t) = f(0)$。（　　　）

33. $\displaystyle\int_{-\infty}^{t} \delta(\tau)\mathrm{d}\tau = 1$。（　　　）

34. $\displaystyle\int_{-\infty}^{t} f(\tau)\mathrm{d}\tau = f(t) * \varepsilon(t)$。（　　　）

35. 线性常系数微分方程表示的系统，其输出响应由微分方程的特解和齐次解组成，或由零输入响应和零状态响应所组成。齐次解称为自由响应（　　　），特解称为强迫响应（　　　）；零输入响应称为自由响应（　　　），零状态响应称为强迫响应（　　　）。

### 三、计算填空题

1. $f_1(t) = \displaystyle\int_{-\infty}^{\infty} 2(t^2 - 2)\delta(t - 2)\mathrm{d}t = (\quad\quad)$。

2. $f_2(t) = \displaystyle\int_{0}^{\infty} [\delta(t^2 - 1)]\mathrm{e}^{-t}\mathrm{d}t = (\quad\quad)$。

3. $\displaystyle\int_{-\infty}^{\infty} (t + \cos\pi t)[\delta(t) + \delta'(t)]\mathrm{d}t = (\quad\quad)$。

4. $\delta(\sin t) = (\quad\quad)$。

5. $\sin t\,\delta'(t) = (\quad\quad)$。

6. $\displaystyle\int_{-4}^{4} t^2 \delta'(t - 1)\mathrm{d}t = (\quad\quad)$。

7. 已知 $f(t) = (t^2 + 4)\varepsilon(t)$，则 $f''(t) = (\quad\quad)$。

8. $\displaystyle\int_{-\infty}^{\infty} (t^2 + 2t)\delta(-t + 1)\mathrm{d}t = (\quad\quad)$。

9. $\displaystyle\int_{0}^{t} (\tau^2 + 2)\delta(2 - \tau)\mathrm{d}\tau = (\quad\quad)$。

10. $\displaystyle\int_{3}^{1} \mathrm{e}^{-2t}\delta(t - 2)\mathrm{d}t = (\quad\quad)$。

11. $\displaystyle\int_{-\infty}^{3} (2t^2 + 3t)\delta\left(\dfrac{1}{2}t - 2\right)\mathrm{d}t = (\quad\quad)$。

12. $\displaystyle\int_{-\infty}^{\infty} \varepsilon(2t - 2)\varepsilon(4 - 2t)\mathrm{d}t = (\quad\quad)$。

13. $\dfrac{\mathrm{d}}{\mathrm{d}t}[\mathrm{e}^{-2t} * \varepsilon(t)] = (\quad\quad)$。

14. $\displaystyle\int_{-\infty}^{t} f(\tau)\mathrm{d}\tau = f(t) * (\quad\quad)$。

15. 一连续 LTI 系统的单位阶跃响应 $g(t) = e^{-3t}\varepsilon(t)$，则该系统的单位冲激响应为 $h(t) = ($      $)$。

16. 已知信号 $h(t) = \varepsilon(t-1) - \varepsilon(t-2)$，$f(t) = \varepsilon(t-2) - \varepsilon(t-4)$，则卷积 $f(t) * h(t) = ($      $)$。

17. 某系统如图 1.9.2 所示，若输入 $f(t) = \sum_{n=0}^{\infty} \delta(t - nT)$，则系统的零状态响应 $y(t)$ 为（      ）。

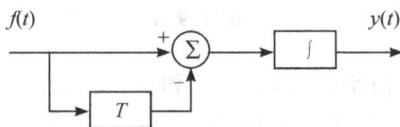

图 1.9.2

18. 对连续信号延迟 $t_0$ 的延时器的单位阶冲激应为（      ），积分器的单位阶冲激应为（      ），微分器的单位阶冲激应为（      ）。

#### 四、综合应用分析题

1. 信号如图 1.9.3 所示。已知初始状态为零时的 LTI 系统，输入为 $f_1(t)$ 时对应的输出为 $y_1(t)$，当输入为 $f_2(t)$ 时，求对应的输出为 $y_2(t)$。

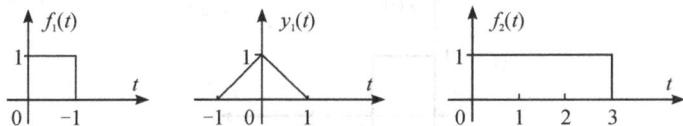

图 1.9.3

2. 已知 $f(-2t+1)$ 波形如图 1.9.4 所示，试画出 $f(t)$ 的波形。

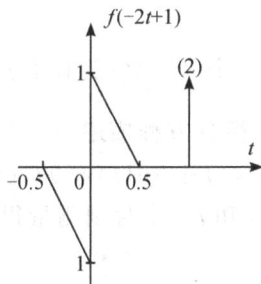

图 1.9.4

3. 已知 $f(t)$ 波形如图 1.9.5 所示，试画出 $f\left(2 - \dfrac{t}{3}\right)$ 的波形。

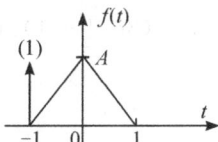

图 1.9.5

4. 已知 $\dfrac{\mathrm{d}f(t)}{\mathrm{d}t}=3\displaystyle\sum_{k=-\infty}^{\infty}\delta(t-2k)-3\displaystyle\sum_{k=-\infty}^{\infty}\delta(t-2k-1)$，试画出 $f(t)$ 的一种可能波形。

5. 已知 $f(t)$ 如图 1.9.6 所示，$y(t)=\dfrac{\mathrm{d}}{\mathrm{d}t}f(t)$，画出 $y(t)$ 和 $y(2t)$ 的波形。

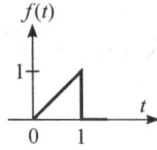

图 1.9.6

6. 一个 LTI 系统有两个初始条件：$x_1(0)$ 和 $x_2(0)$，若

(1) $x_1(0)=1,x_2(0)=0$，其零入响应为 $y_{zi1}(t)=(\mathrm{e}^{-t}+\mathrm{e}^{-2t})\varepsilon(t)$；

(2) $x_1(0)=0,x_2(0)=1$，其零入响应为 $y_{zi2}(t)=-(\mathrm{e}^{-t}-\mathrm{e}^{-2t})\varepsilon(t)$。

已知激励为 $f(t),x_1(0)=1,x_2(0)=-1$ 时，其全响应为 $(2+\mathrm{e}^{-t})\varepsilon(t)$，试求激励为 $2f(t),x_1(0)=-1,x_2(0)=-2$ 时的全响应 $y(t)$。

7. 线性时不变因果系统，已知当激励 $f_1(t)=\varepsilon(t)$ 时的全响应为 $y_1(t)=(3\mathrm{e}^{-t}+4\mathrm{e}^{-2t})\varepsilon(t)$；当激励 $f_2(t)=2\varepsilon(t)$ 时的全响应为 $y_2(t)=(5\mathrm{e}^{-t}-3\mathrm{e}^{-2t})\varepsilon(t)$。求在相同初始条件下，激励 $f_3(t)$ 波形如图 1.9.7 所示时的全响应 $y_3(t)$。

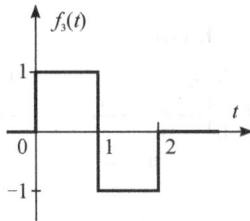

图 1.9.7

8. $\displaystyle\lim_{y\to 0}\dfrac{y}{x^2+y^2}\dfrac{1}{\pi}$ 是否定义了一个 $\delta(x)$？为什么？

9. 已知某线性系统可以用以下微分方程描述

$$y''(t)+6y'(t)+5y(t)=9f'(t)+5f(t)$$

系统的激励为 $f(t)=\varepsilon(t)$，在 $t=0$ 和 $t=1$ 时刻测量得到系统的输出为 $y(0)=0,y(1)=1-\mathrm{e}^{-5}$。

(1) 求系统在激励下的全响应，并指出响应中的自由响应、强迫响应、零输入响应、零状态响应分量；

(2) 画出系统模拟框图。

10. 某线性时不变系统的单位阶跃响应为

$$g(t)=(3\mathrm{e}^{-2t}-1)\varepsilon(t)$$

用时域解法求：

(1) 系统的冲激响应 $h(t)$；

(2) 系统对激励 $f_1(t)=t\varepsilon(t)$ 的零状态响应 $y_{zs1}(t)$；

（3）系统对激励 $f_2(t) = t[\varepsilon(t) - \varepsilon(t-1)]$ 的零状态响应 $y_{zs2}(t)$。

11. 已知一线性时不变系统的单位冲激响应 $h(t) = \dfrac{\pi}{2}\sin\left(\dfrac{\pi}{2}t\right)\varepsilon(t)$，输入信号 $f(t)$ 的波形如图 1.9.8 所示。用时域法求系统的零状态响应 $y_{zs}(t)$。

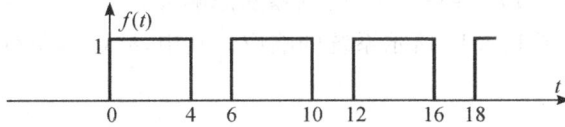

**图 1.9.8**

12. 已知一线性时不变系统的单位冲激响应 $h(t)$ 和激励 $f(t)$ 的波形如图 1.9.9(a)(b) 所示。用时域法求系统的零状态响应 $y_{zs}(t)$，并画出 $y_{zs}(t)$ 的波形。

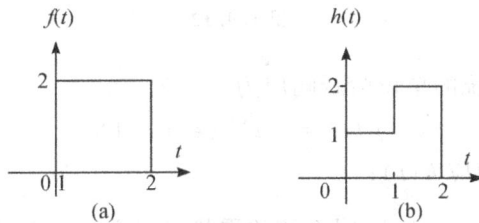

**图 1.9.9**

13. 如图 1.9.10 所示系统由几个子系统组成，各子系统的冲激响应为 $h_1(t) = \varepsilon(t)$，$h_2(t) = \delta(t-1)$，$h_3(t) = -\delta(t)$，试求此系统的冲激响应 $h(t)$。若以 $f(t) = e^{-t}\varepsilon(t)$ 作为激励信号，用时域卷积法求系统的零状态响应 $y_{zs}(t)$。

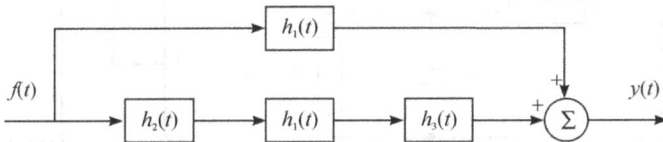

**图 1.9.10**

14. 已知 $f(t)$ 和 $h(t)$ 的波形如图 1.9.11(a)(b) 所示，求 $f(t) * h(t)$。

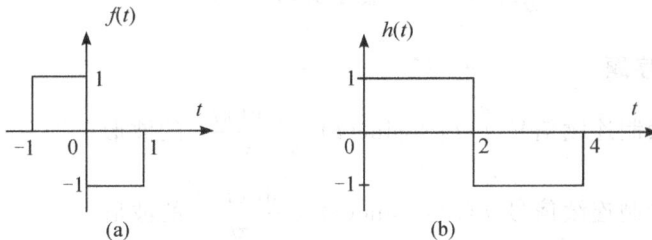

**图 1.9.11**

15. 因果性的 LTI 系统，其输入输出关系可用下列微积分方程表示：

$$\frac{\mathrm{d}y(t)}{\mathrm{d}t} + 5y(t) = \int_{-\infty}^{\infty} f(\tau)x(t-\tau)\mathrm{d}\tau - f(t)$$

其中 $x(t) = e^{-t}\varepsilon(t) + 3\delta(t)$，用时域分析法求此系统的冲激响应 $h(t)$。

16. 某 LTI 系统的输入 $f(t)$ 与零状态响应 $y(t)$ 之间的关系为：

$$y(t) = \int_{-\infty}^{t} e^{-(t-\tau)} f(\tau - 2) d\tau$$

（1）求系统的冲激响应 $h(t)$；

（2）求 $f(t) = \varepsilon(t+1) - \varepsilon(t-2)$ 时的零状态响应；

（3）用简便方法求图 1.9.12 所示系统的响应。其中，$h_1(t) = \delta(t-1)$，$h(t)$ 为（1）中结果，$f(t)$ 与（2）中相同。

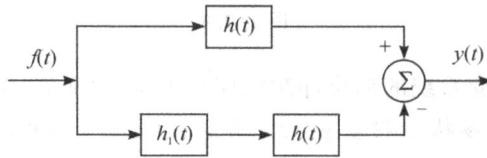

**图 1.9.12**

17. 某线性时不变系统的单位阶跃响应为

$$g(t) = \varepsilon(t) - \varepsilon(t-1)$$

求：（1）系统的冲激响应 $h(t)$；

（2）当激励 $f(t) = \int_{t-5}^{t-1} \delta(\tau) d\tau$ 时系统的零状态响应 $y_{zs}(t)$，并画出 $y_{zs}(t)$ 的波形。

18. 如图 1.9.13（a）所示电路系统，$R_1 = 2\text{ k}\Omega$，$R_2 = 1\text{ k}\Omega$，$C = 1500\text{ mF}$，输入信号 $f(t)$ 如图 1.9.13（b）所示，用时域法求输出电压 $u_C(t)$。

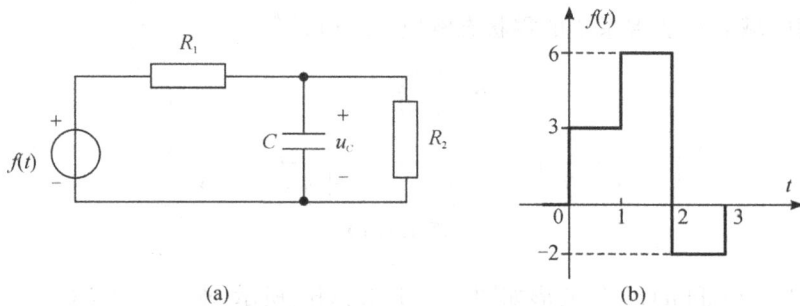

(a)          (b)

**图 1.9.13**

### 五、Matlab 程序题

1. 用向量法绘制连续信号 $f(t) = \text{sinc}(t) = \dfrac{\sin(\pi t)}{\pi t}$ 的波形。

2. 用符号法绘制连续信号 $f(t) = \text{sinc}(t) = \dfrac{\sin(\pi t)}{\pi t}$ 的波形。

3. 用符号法求单位冲激函数 $\delta(t)$ 的积分。

4. 用符号法求单位阶跃函数 $\varepsilon(t)$ 的导数。

5. 用符号法求微分方程 $xy'' + 5y = 0$ 的通解。

6. 用数值法求系统 $\dfrac{d^2 y(t)}{dt^2} + 5\dfrac{dy(t)}{dt} + 3y(t) = 2f(t)$ 的冲激响应、阶跃响应。

7. 已知两个矩形波为

$$f_1(t) = \begin{cases} 1, -2 \leqslant t \leqslant 2 \\ 0, t \text{ 为其他} \end{cases}, f_2(t) = \begin{cases} 1, 0 \leqslant t \leqslant 1 \\ 0, t \text{ 为其他} \end{cases}$$

求 $y(t) = f_1(t) * f_2(t)$。

# 第 2 章　　连续系统的频域分析

## 2.1　信号正交分解

### 2.1.1　向量正交与正交分解

2.1.1.1　向量正交定义

设 2 个 $n$ 维向量分别为 $\boldsymbol{V}_x$、$\boldsymbol{V}_y$，如果满足内积（点积）为 0，即

$$\boldsymbol{V}_x\,\boldsymbol{V}_y^{\mathrm{T}} = \sum_{i=1}^{n} v_{x_i} v_{y_i} = 0$$

则称 2 个 $n$ 维向量 $\boldsymbol{V}_x$，$\boldsymbol{V}_y$ 相互正交。在二维或三维的几何空间中，两个或三个向量两两成 $90°$ 角时，它们互为正交向量。所以正交也就是在二维或三维空间中相互垂直的意思。正交向量集是指由两两正交的向量组成的向量集合。

2.1.1.2　向量的正交分解

任意二维空间的向量可以由两个相互垂直的向量来表示。如图 2.1.1(a) 所示，任意二维向量 $\boldsymbol{A}$ 可在二维平面正交分解为 $[\boldsymbol{A}_x,\boldsymbol{A}_y]$。

任意三维空间的向量可以由三个相互垂直的向量来表示。如图 2.1.1(b) 所示，任意三维向量 $\boldsymbol{A}$ 可在三维空间正交分解为 $[\boldsymbol{A}_x,\boldsymbol{A}_y,\boldsymbol{A}_z]$。

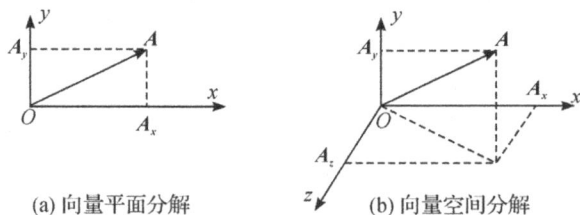

(a) 向量平面分解　　　(b) 向量空间分解

图 2.1.1　向量正交分解

$n$ 维线性空间（又称向量空间、矢量空间）就是指构成这个空间的 $n$ 个基是相互正交的，即这个 $n$ 维空间中所有的 $n$ 维向量都可以由这组基线性组合表示，而且这些基又相互正交。常见的向量运算有加法、点积（内积）和叉积（外积）。

向量空间正交分解的概念可推广到信号空间。

## 2.1.2　信号正交与正交函数集

### 2.1.2.1　信号正交定义

**信号正交**是指两个时间函数在某个时间区间上的内积为0,即在$[t_1,t_2]$区间,如果信号$\varphi_1(t)$和$\varphi_2(t)$满足

$$\int_{t_1}^{t_2} \varphi_1(t)\varphi_2^*(t)\mathrm{d}t = 0$$

则称信号$\varphi_1(t)$和$\varphi_2(t)$在区间$[t_1,t_2]$内正交。式中的 * 号表示共轭复数。

### 2.1.2.2　正交函数集

若$n$个函数$\varphi_1(t),\varphi_2(t),\cdots,\varphi_n(t)$构成一个函数集,如果这些函数在区间$[t_1,t_2]$内满足

$$\int_{t_1}^{t_2} \varphi_i(t)\varphi_j^*(t)\mathrm{d}t = \begin{cases} 0, & i \neq j \\ K_i \neq 0, & i = j \end{cases}$$

则称此函数集是在区间$[t_1,t_2]$的**正交函数集**。式中$\varphi_j^*(t)$是$\varphi_j(t)$的共轭复数。

### 2.1.2.3　完备正交函数集

如果在正交函数集$\{\varphi_1(t),\varphi_2(t),\cdots,\varphi_n(t)\}$之外,不存在函数$\varphi(t)(\neq 0)$满足

$$\int_{t_1}^{t_2} \varphi^*(t)\varphi_i(t)\mathrm{d}t = 0$$

则称此函数集为**完备正交函数集**。

三角函数$\{1,\cos(n\Omega t),\sin(n\Omega t),n=1,2,\cdots\}$在一个周期内是一个完备的正交函数集。虚指数函数$\{\mathrm{e}^{jn\Omega t},n=0,\pm 1,\pm 2,\cdots\}$在一个周期内也是一个完备的正交函数集。

在二维空间中,两个垂直的单位向量可以表示这个平面上的任何一个向量。然而,这两个垂直的单位向量并不能表示三维空间的向量。任意三维空间的向量可以由三个相互垂直的向量来表示。可见,对于三维向量空间,只有三维正交向量是完备的正交向量集,而二维的正交向量则不是完备的正交向量集。

正交向量集是否完备,在不同的向量空间中得到的结果是不同的。若对于这个向量空间中任一向量,用其在这个正交向量集中的分量之和来表示,可得到和原向量相等的向量,则该正交向量集是完备的。

类似地,不能笼统地说一个正交函数集是否是完备的。比如,不能说三角函数集是完备的。只能说,对于周期函数而言,三角函数集是完备的正交函数集。

## 2.1.3　信号的正交分解(投影)

### 2.1.3.1　信号的正交分解

设有$n$个函数$\varphi_1(t),\varphi_2(t),\cdots,\varphi_n(t)$在区间$[t_1,t_2]$构成完备正交函数集,则任意函数$f(t)$可分解为$n$个正交函数之线性组合,即

正交分解：
$$f(t) = \sum_{i=1}^{n} C_i\varphi_i(t)$$

分解系数：
$$C_i = \frac{1}{K_i}\int_{t_1}^{t_2} f(t)\varphi_i(t)\mathrm{d}t$$

式中 $K_i = \int_{t_1}^{t_2} \varphi_i^2(t)\mathrm{d}t$，为 $\varphi_i(t)$ 长度的平方（模的平方）。

#### 2.1.3.2  帕斯瓦尔（Parseval）能量公式

帕斯瓦尔定理指出，一个信号所含有的能量（功率）恒等于此信号在完备正交函数集中各分量能量（功率）之和。它表明信号在时域的总能量等于信号在频域的总能量，即信号经傅立叶变换后其总能量保持不变，符合能量守恒定律。**帕斯瓦尔能量公式**为：

$$\int_{t_1}^{t_2} f^2(t)\mathrm{d}t = \sum_{i=1}^{\infty} C_i^2 K_i$$

说明：一个周期的能量，由原函数与分解后函数的方差趋于 0 推导而来，请读者自己推导。

信号处理是将一个信号空间映射到另外一个信号空间，如傅立叶变换、拉普拉斯变换、$Z$ 变换等。信号的能量就是信号函数的范数。帕斯瓦尔定理就是说映射前后范数不变，在数学中叫保范映射。实际上，信号处理中的变换都是保范映射，只要帕斯瓦尔定理成立就是保范映射（即能量不变的映射）。

# 2.2  周期信号的傅立叶级数

## 2.2.1  傅立叶级数的三角形式

三角函数集 $\{1,\cos(n\Omega t),\sin(n\Omega t),n=1,2,\cdots\}$ 在一个周期内是一个完备的正交函数集，所以信号 $f(t)$ 可以在三角函数集上进行正交分解。

设周期信号 $f(t)$，其周期为 $T$，角频率 $\Omega = 2\pi/T$，则其**傅立叶级数分解**为

$$f(t) = \frac{a_0}{2} + \sum_{n=1}^{\infty} a_n\cos(n\Omega t) + \sum_{n=1}^{\infty} b_n\sin(n\Omega t)$$
$$= \frac{c_0}{2} + \sum_{n=1}^{\infty} c_n\cos(n\Omega t + \varphi_n)$$

式中 $a_n, b_n$ 称为**傅立叶系数**。因为正、余弦满足正交，所以

$$a_n = \frac{2}{T}\int_{-\frac{T}{2}}^{\frac{T}{2}} f(t)\cos(n\Omega t)\mathrm{d}t$$

式中 $a_n$ 为角频率 $n\Omega$ 余弦信号分量的振幅。

$$b_n = \frac{2}{T}\int_{-\frac{T}{2}}^{\frac{T}{2}} f(t)\sin(n\Omega t)\mathrm{d}t$$

式中 $b_n$ 为角频率 $n\Omega$ 正弦信号分量的振幅。

$\dfrac{a_0}{2} = \dfrac{c_0}{2}$ 为直流分量；$c_n$ 为正弦、余弦分量合并后余弦信号的振幅；$\varphi_n$ 为正弦、余弦分量合并后余弦信号的初始相位。

正弦、余弦分量合并为余弦信号推导：

设由 $a$、$b$、$c$、$\varphi$ 构成一个直角三角形，如图 2.2.1 所示。

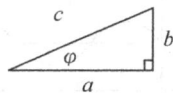

**图 2.2.1 直角三角形**

根据直角三角形性质得：

$$c = \sqrt{a^2 + b^2}, \cos\varphi = \frac{a}{c}, \sin\varphi = \frac{b}{c}, \varphi = \arctan\frac{b}{c}$$

所以，$a\cos(n\Omega t) + b\sin(n\Omega t) = c\left[\frac{a}{c}\cos(n\Omega t) + \frac{b}{c}\sin(n\Omega t)\right]$

$$= c[\cos(\varphi)\cos(n\Omega t) + \sin(\varphi)\sin(n\Omega t)]$$

$$= c[\cos(n\Omega t - \varphi)]$$

结论：

$c_0 = a_0$；

$c_n = \sqrt{a_n^2 + b_n^2}, n = 1, 2, 3, \cdots$；

$\varphi_n = -\arctan\dfrac{b_n}{a_n}$（取负数是因为余弦函数超前正弦函数 $\dfrac{\pi}{2}$）；

$a_n = c_n\cos\varphi_n$；

$b_n = -c_n\sin\varphi_n$。

因为 $a_n = a_{-n}, b_n = -b_{-n}$，所以 $\varphi_n = -\varphi_{-n}$，即 $\varphi_n$ 是 $n$ 的奇对称函数。

需要指出的是，周期信号 $f(t)$ 能够展开成傅立叶级数的充要条件是满足狄里赫利 (Dirichlet) 条件，即

(1) 在一个周期里，函数间断点的数目有限；

(2) 在一个周期里，函数的极值数目有限；

(3) 在一个周期里，函数绝对可积，即 $\displaystyle\int_0^T |f(t)|\,\mathrm{d}t < \infty$。

【例 2.2.1】求周期为 $T$ 的方波 $f(t)$ 的傅立叶级数。

解：$a_n = \dfrac{2}{T}\displaystyle\int_0^T f(t)\cos(n\Omega t)\,\mathrm{d}t = \dfrac{2}{T}\displaystyle\int_0^{\frac{T}{2}}(1)\cos(n\Omega t)\,\mathrm{d}t + \dfrac{2}{T}\displaystyle\int_{\frac{T}{2}}^T(-1)\cos(n\Omega t)\,\mathrm{d}t$

$\qquad = \dfrac{2}{T}\dfrac{1}{n\Omega}\left[\sin(n\Omega t)\right]\Big|_0^{T/2} + \dfrac{2}{T}\dfrac{1}{n\Omega}\left[-\sin(n\Omega t)\right]\Big|_{T/2}^T = 0$

$b_n = \dfrac{2}{T}\displaystyle\int_0^T f(t)\sin(n\Omega t)\,\mathrm{d}t = \dfrac{2}{T}\displaystyle\int_0^{\frac{T}{2}}(1)\sin(n\Omega t)\,\mathrm{d}t + \dfrac{2}{T}\displaystyle\int_{\frac{T}{2}}^T(-1)\sin(n\Omega t)\,\mathrm{d}t$

$\quad = \dfrac{2}{T}\dfrac{1}{n\Omega}\left[-\cos(n\Omega t)\right]\Big|_0^{T/2} + \dfrac{2}{T}\dfrac{1}{n\Omega}\left[\cos(n\Omega t)\right]\Big|_{T/2}^T = \dfrac{2}{n\pi}[1 - \cos(n\pi)]$

$\quad = \begin{cases} 0, & n = 2, 4, 6, \cdots \\ \dfrac{4}{n\pi}, & n = 1, 3, 5, \cdots \end{cases}$

$f(t) = \dfrac{4}{\pi}\sin(\Omega t) + \dfrac{4}{3\pi}\sin(3\Omega t) + \dfrac{4}{5\pi}\sin(5\Omega t) + \cdots$

谐波叠加结果平面图如图 2.2.2 所示。

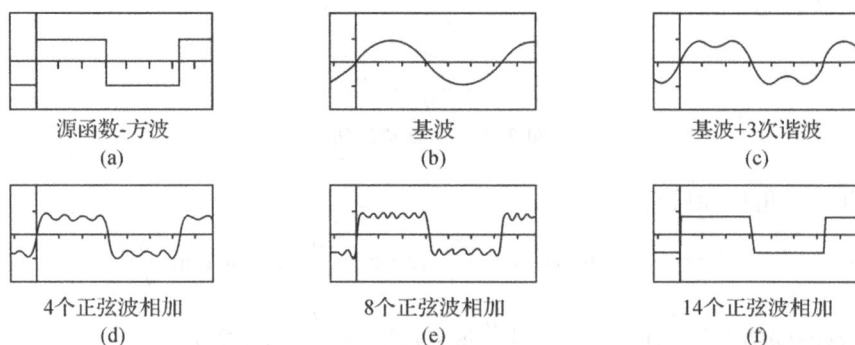

图 2.2.2　谐波叠加结果

绘出一个方波谐波叠加立体示意图，如图 2.2.3 所示。图中 $c_n$ 为谐波幅度坐标，$t$ 为时间

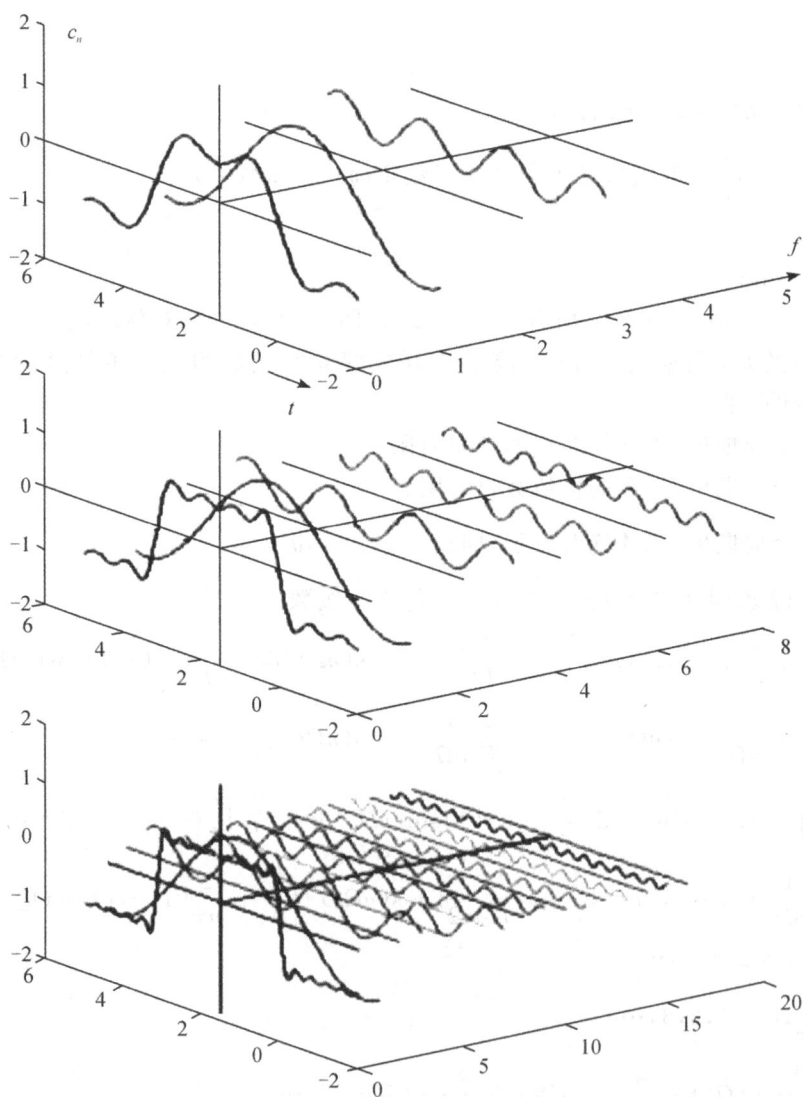

图 2.2.3　谐波叠加立体示意图

坐标,$f$ 为频率坐标。正面看是时域函数波形图,侧面看是幅度频谱图。在这几幅图中,最前面的曲线就是后面所有正弦波叠加而成的总和,也就是越来越接近矩形波。而后面的正弦波按照频率从低到高、从前向后排列开来,每一个波的振幅都是不同的,这些就是组合为矩形波的各个正弦波分量。每两个正弦波之间都还有一条直线,并不是分割线,而是振幅为 0 的各谐波分量。也就是说,为了组成特殊的曲线,有些正弦波成分是不需要的。图 2.2.2(c) 是由 2 个正弦波(基波和 3 次谐波)相加得到的叠加图,图 2.2.2(d) 是由 4 个正弦波(基波及 3、5、7 次谐波)相加得到的叠加图;图 2.2.2(e) 是由 8 个正弦波(基波及 3、5、7、9、11、13、15 次谐波)相加得到叠加图;依此继续叠加,当用无数个谐波相加而成的叠加波形将是矩形波形。

### 2.2.2　对称性波形的傅立叶级数特性

#### 2.2.2.1　偶对称函数

若 $f(t)$ 为偶函数,即

$$f(t) = f(-t)$$

则 $b_n = 0$,其傅立叶级数中只含余弦谐波分量(偶对称谐波)。

#### 2.2.2.2　奇对称函数

若 $f(t)$ 为奇函数,即

$$f(t) = -f(-t)$$

则 $a_n = 0$,其傅立叶级数中只含正弦谐波分量(奇对称谐波)。

#### 2.2.2.3　奇谐函数

若 $f(t)$ 为奇谐函数(波形移动半个周期后,对称于横坐标,如图 2.2.4 所示),即

$$f(t) = -f(t \pm \frac{T}{2})$$

则其傅立叶级数中只含奇次谐波分量,而偶次谐波分量为 0,即 $a_0 = a_2 = \cdots = 0, b_2 = b_4 = \cdots = 0$。

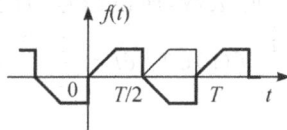

图 2.2.4　奇谐函数

#### 2.2.2.4　偶谐函数

若 $f(t)$ 为偶谐函数(波形移动半个周期后相等,如图 2.2.5 所示),即

$$f(t) = f(t \pm \frac{T}{2})$$

则其傅立叶级数中只含偶次谐波分量,而奇次谐波分量为 0,即 $a_1 = a_3 = \cdots = 0, b_1 = b_3 = \cdots = 0$。

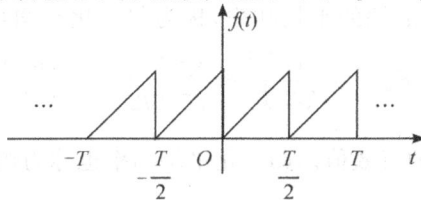

图 2.2.5　偶谐函数

### 2.2.3  傅立叶级数的指数形式

三角形式的傅立叶级数物理含义比较明确,但运算比较不便,因而经常采用指数形式的傅立叶级数。虚指数函数 $\{e^{jn\Omega t}\}$ 在一个周期内是一个完备的正交函数集,所以信号 $f(t)$ 可以在虚指数函数集上进行正交分解。定义为:

$$f(t) = \sum_{n=-\infty}^{\infty} F_n e^{jn\Omega t}$$

$$F_n = \frac{1}{T} \int_{-\frac{T}{2}}^{\frac{T}{2}} f(t) e^{-jn\Omega t} \, dt$$

傅立叶级数不同形式系数之间的关系推导:

$$f(t) = \frac{c_0}{2} + \sum_{n=1}^{\infty} c_n \cos(n\Omega t + \varphi_n) = \frac{c_0}{2} + \sum_{n=1}^{\infty} c_n \frac{e^{j\varphi_n}(e^{jn\Omega t} + e^{-jn\Omega t})}{2}$$

$$= \frac{c_0}{2} + \frac{1}{2}\sum_{n=1}^{\infty} c_n e^{j\varphi_n} e^{jn\Omega t} + \frac{1}{2}\sum_{n=1}^{\infty} c_n e^{j\varphi_n} e^{-jn\Omega t}$$

$$= \frac{c_0}{2} + \frac{1}{2}\sum_{n=1}^{\infty} c_n e^{j\varphi_n} e^{jn\Omega t} + \frac{1}{2}\sum_{n=-1}^{-\infty} c_n e^{j\varphi_n} e^{jn\Omega t} \ (因为\ \varphi_n = -\varphi_{-n},所以\ \varphi_0 = 0)$$

$$= \frac{1}{2}\sum_{n=-\infty}^{\infty} c_n e^{j\varphi_n} e^{jn\Omega t} = \sum_{n=-\infty}^{\infty} F_n e^{jn\Omega t}$$

$$F_n = \frac{1}{2} c_n e^{j\varphi_n} = \frac{1}{2}(c_n \cos\varphi_n + jc_n \sin\varphi_n) = \frac{1}{2}(a_n - jb_n) = |F_n| e^{j\varphi_n}$$

$$|F_n| = \frac{1}{2} c_n, \quad \varphi_n = -\arctan\left(\frac{b_n}{a_n}\right)$$

其中 $a_n, c_n, |F_n|$ 是 $n$ 的偶函数;$b_n, \varphi_n$ 是 $n$ 的奇函数。

**【例 2.2.2】**求 $f(t) = e^{-t}$ 在以区间 $[-1,1]$ 为周期的指数形式的傅立叶级数。

**解:**因为在区间 $[-1,1]$ 求傅立叶级数,所以信号周期 $T = 2$。

$$F_n = \frac{1}{T}\int_{-\frac{T}{2}}^{\frac{T}{2}} f(t) e^{-jn\Omega t} \, dt = \frac{1}{2}\int_{-1}^{1} e^{-t} e^{-jn\Omega t} \, dt$$

式中 $\Omega = \dfrac{2\pi}{T} = \pi$。

$$F_n = \frac{e e^{jn\pi} - e^{-1}e^{-jn\pi}}{2(1+jn\pi)} = \frac{e^{jn\pi}}{1+jn\pi}\left(\frac{e^1 - e^{-1}}{2}\right) = \frac{(-1)^n}{1+jn\pi}\sinh(1)$$

式中 $\sinh(t)$ 为双曲正弦函数。

### 2.2.4  周期信号的平均功率

周期信号在 $1\ \Omega$ 电阻上消耗的平均功率,称为归一化平均功率。即

$$P = \frac{1}{T}\int_0^T f^2(t)\,dt = \sum_{n=-\infty}^{\infty} |F_n|^2 = \left(\frac{c_0}{2}\right)^2 + \sum_{n=1}^{\infty}\left(\frac{c_n}{\sqrt{2}}\right)^2 = \left(\frac{a_0}{2}\right)^2 + \sum_{n=1}^{\infty}\left[\left(\frac{a_n}{\sqrt{2}}\right)^2 + \left(\frac{b_n}{\sqrt{2}}\right)^2\right]$$

式中 $\dfrac{c_n}{\sqrt{2}}, \dfrac{a_n}{\sqrt{2}}, \dfrac{b_n}{\sqrt{2}}$ 为正弦信号的有效值。归一化平均功率也称为帕斯瓦尔恒等式。

证明：

信号：
$$f(t) = \frac{a_0}{2} + \sum_{n=1}^{\infty} \left[ a_n \cos(n\Omega t) + b_n \sin(n\Omega t) \right] = \frac{c_0}{2} + \sum_{n=1}^{\infty} c_n \cos(n\Omega t + \varphi_n)$$

平均功率：
$$P = \frac{1}{T} \int_0^T f^2(t) \, dt = \frac{1}{T} \int_0^T \left[ \frac{c_0}{2} + \sum_{n=1}^{\infty} c_n \cos(n\Omega t + \varphi_n) \right]^2 dt$$

对上式展开，根据 $\int_0^T \cos(n\Omega t)\cos(m\Omega t)\,dt = \begin{cases} \dfrac{T}{2}, & n=m \\ 0, & n \neq m \end{cases}$ ，并对换求和与积分次序，得

$$P = \frac{1}{T}\int_0^T \left(\frac{c_0}{2}\right)^2 dt + \frac{1}{T}\sum_{n=1}^{\infty}\int_0^T c_n^2 \cos^2(n\Omega t + \varphi_n)\,dt$$

$$= \left(\frac{c_0}{2}\right)^2 + \frac{1}{T}\sum_{n=1}^{\infty}\int_0^T c_n^2 \frac{1 + \cos[2(n\Omega t + \varphi_n)]}{2}\,dt = \left(\frac{c_0}{2}\right)^2 + \sum_{n=1}^{\infty}\frac{1}{2}c_n^2$$

最后得

$$P = \frac{1}{T}\int_0^T f^2(t)\,dt = \left(\frac{c_0}{2}\right)^2 + \sum_{n=1}^{\infty}\frac{1}{2}c_n^2 = \sum_{n=-\infty}^{\infty}|F_n|^2 = \left(\frac{a_0}{2}\right)^2 + \sum_{n=1}^{\infty}\frac{1}{2}(a_n^2 + b_n^2)$$

由此可见：

(1) 从频域计算周期信号的平均功率等于直流、基波及各次谐波分量有效值的平方和。

(2) 时域计算信号的功率与频域计算信号的功率相等。

# 2.3　周期信号频谱

## 2.3.1　信号频谱的概念

从广义上说，信号的某种特征量随信号频率变化的关系，称为信号的频谱，所画出的图形称为信号的频谱图。

周期信号的频谱是指周期信号中各次谐波幅值、相位随频率的变化关系，即将正弦信号的 $c_n$-$\omega$ 和 $\varphi_n$-$\omega$ 的关系分别画在以 $\omega$ 为横轴的平面上得到的两个图，分别称为振幅频谱图和相位频谱图。因为 $n \geqslant 0$，所以称这种频谱为**单边频谱**。

也可画虚指数信号的 $|F_n|$-$\omega$ 和 $\varphi_n$-$\omega$ 的关系，称为**双边频谱**。若 $F_n$ 为实数，也可直接画 $F_n$。

图 2.3.1 所示是单边频谱，是周期方波信号的傅立叶级数分解立体示意图，图中 $c_n$ 为谐波幅度坐标，$t$ 为时间坐标，$f$ 为频率坐标。正面看是时域函数波形图，侧面看是幅度频谱图。

通过时域到频域的变换，我们得到了一个从侧面看的频谱，但是这个频谱并没有包含时域中全部的信息。因为频谱只代表每一个对应的正弦波的振幅是多少，而没有提到相位。正弦波 $A\cos(\omega t + \theta)$ 由振幅、频率、初始相位三要素组成，缺一不可。正弦波的初始相位决定了波的位置，所以对于频域分析，仅仅有频谱（振幅谱）是不够的，我们还需要一个相位谱。那么这个相位谱在哪呢？相位谱就是各谐波初始相位与其频率的关系图。余弦函数的初始相位是指时域波形中，离时间 0 最近的峰值位置时间除以所在频率的周期，再乘以 $2\pi$，

单位为弧度。图中的相位谱是从上往下看,频谱(幅度谱)是从侧面看,时域波形是从前面看。

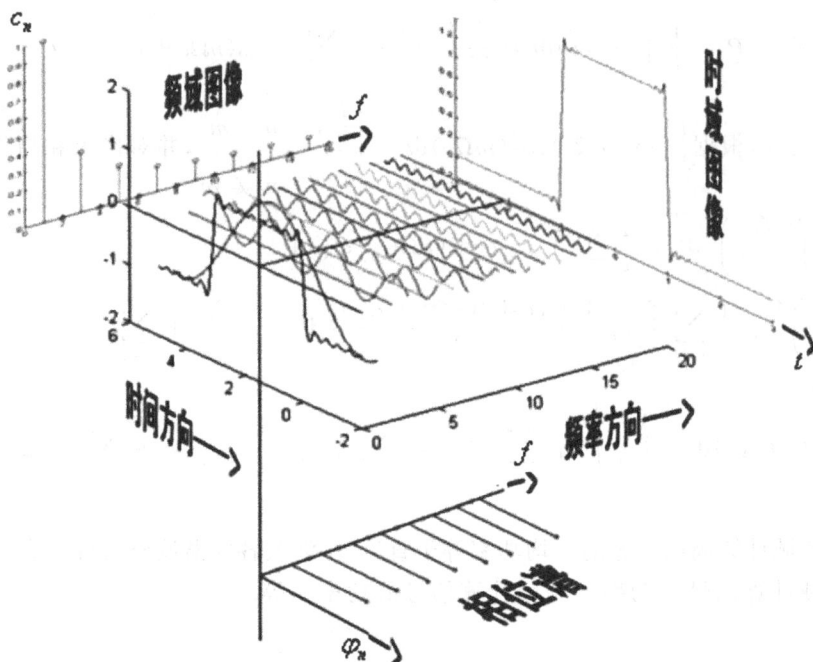

图 2.3.1　周期方波时域、幅频、相频的立体示意图

## 2.3.2　典型周期信号频谱

### 2.3.2.1　周期矩形脉冲

有一幅度为 1,脉冲宽度为 $\tau$ 的周期矩形脉冲,其周期为 $T$,如图 2.3.2 所示。

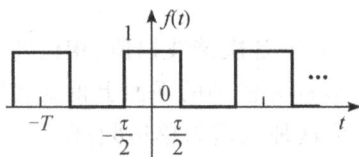

图 2.3.2　周期矩形脉冲

傅立叶指数形式级数为

$$F_n = \frac{1}{T}\int_{-\frac{T}{2}}^{\frac{T}{2}} f(t)\mathrm{e}^{-jn\Omega t}\,\mathrm{d}t = \frac{1}{T}\int_{-\frac{\tau}{2}}^{\frac{\tau}{2}} \mathrm{e}^{-jn\Omega t}\,\mathrm{d}t = \frac{\tau}{T}\mathrm{Sa}(\frac{n\Omega}{2}\tau)\,, n=0,\pm 1,\pm 2,\pm 3,\cdots$$

其傅立叶级数为实数函数,频谱图可直接绘出,如图 2.3.3 所示。

周期矩形信号频谱的特点:

(1)周期信号的频谱具有谐波(离散)性。谱线位置是基频 $\Omega$ 的整数倍。

(2)一般具有收敛性。总趋势减小。

谱线的结构与波形参数的关系:

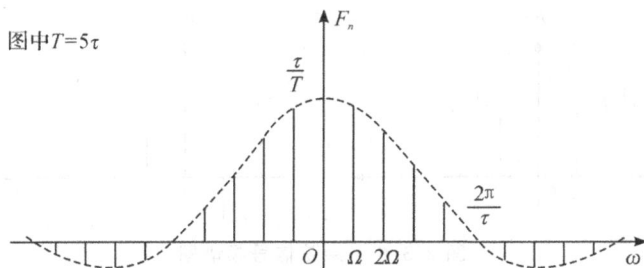

**图 2.3.3　周期矩形脉冲信号的频谱**

(1)$T$一定,此时基频$\Omega=\dfrac{2\pi}{T}$(谱线间隔)不变,当$\tau$变小时,则两零点之间的谱线数目增多,即$\omega_1/\Omega=(2\pi/\tau)/(2\pi/T)=T/\tau$。

(2)$\tau$一定,$T$增大,间隔$\Omega$减小,频谱变密,幅度减小。

(3)频谱最大值=占空比$(\tau/T)$,带宽=$1/\tau$(Hz)=$2\pi/\tau$(rad/s)。

(4)如果周期$T$无限增长(这时就成为非周期信号),那么,谱线间隔将趋近于0,周期信号的离散频谱就过渡到非周期信号的连续频谱。各频率分量的幅度也趋近于无穷小。

周期矩形信号的频带宽度:在满足一定失真条件下,信号可以用某段频率范围的信号来表示,此频率范围称为**频带宽度**。

矩形信号频谱特点是:

(1)一般把第一个零点作为周期矩形脉冲信号的频带宽度,即$\Delta f=1/\tau$。

(2)对于一般周期信号,将幅度下降为$0.1|F_n|_{\max}$的频率区间定义为频带宽度。

(3)系统的通频带大于信号的带宽,信号通过系统才能不失真。

### 2.3.2.2　虚指数信号

$$f(t)=E\,\mathrm{e}^{\mathrm{j}(\Omega t+\varphi)}=E\,\mathrm{e}^{\mathrm{j}\varphi}\,\mathrm{e}^{\mathrm{j}\Omega t}$$

可见,只有当$n=1$时,$F_1=E\,\mathrm{e}^{\mathrm{j}\varphi}$,即虚指数信号只有一条频谱线,其频谱图如图2.3.4所示。

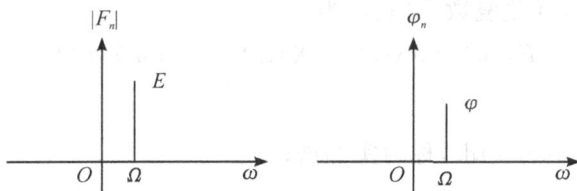

**图 2.3.4　虚指数信号频谱图**

### 2.3.2.3　余弦信号

$$f(t)=E\cos(\Omega t+\varphi)=\frac{1}{2}E\,\mathrm{e}^{\mathrm{j}\varphi}\,\mathrm{e}^{\mathrm{j}\Omega t}+\frac{1}{2}E\,\mathrm{e}^{-\mathrm{j}\varphi}\,\mathrm{e}^{-\mathrm{j}\Omega t}$$

可见,只有当$n=1$及$n=-1$时,$F_1=\dfrac{1}{2}E\,\mathrm{e}^{\mathrm{j}\varphi}$及$F_{-1}=\dfrac{1}{2}E\,\mathrm{e}^{-\mathrm{j}\varphi}$,即余弦信号只有2条频率正负对称的幅度频谱线,其幅度是余弦信号振幅的一半,而相位谱就是余弦信号的初始相位,一正一负呈奇对称。余弦信号频谱图如图2.3.5所示。

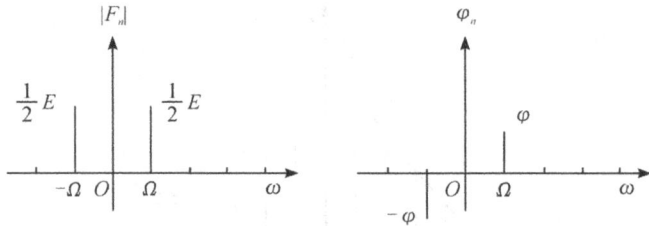

图 2.3.5　余弦信号频谱图

# 2.4　非周期信号频谱

周期信号是一种特殊信号,而一般的信号是非周期信号,因此,必须对非周期信号进行频谱分析。傅立叶变换就是研究非周期信号的频谱。

## 2.4.1　傅立叶变换

傅立叶级数明确地表示了谐波频率与其幅值及相位的关系,即根据谐波频率就可以确定其幅值和相位。对非周期信号或周期趋于无穷大的信号,做傅立叶级数,则其频谱间隔将趋于 0 而变成连续频谱,其谐波信号幅度无穷小,没有意义。因此,对于能量信号,改用傅立叶变换代替傅立叶级数来定义频谱,傅立叶变换定义的是频谱密度函数。傅立叶变换定义如下:

傅立叶变换:$F(j\omega) = \int_{-\infty}^{\infty} f(t) e^{-j\omega t} dt$;

傅立叶反变换:$f(t) = \dfrac{1}{2\pi} \int_{-\infty}^{\infty} F(j\omega) e^{j\omega t} d\omega$。

$F(j\omega)$ 称为 $f(t)$ 的傅立叶变换或**频谱密度函数**,简称**频谱**。$f(t)$ 称为 $F(j\omega)$ 的傅立叶反变换或原函数。$F(j\omega)$ 是复数,可表示为

$$F(j\omega) = R(\omega) + jX(\omega) = |F(j\omega)| e^{j\varphi(\omega)}$$

式中

$R(\omega) = \int_{-\infty}^{\infty} f(t)\cos(\omega t)dt$,称为实部谱;

$X(\omega) = -\int_{-\infty}^{\infty} f(t)\sin(\omega t)dt$,称为虚部谱;

$|F(j\omega)| = \sqrt{R^2(\omega) + X^2(\omega)}$,称为幅度谱;

$\varphi(\omega) = \arctan\left[\dfrac{X(\omega)}{R(\omega)}\right]$,称为相位谱。

工程上,一般使用幅度谱及相位谱表示频谱。

傅立叶变换是由傅立叶级数导出的。即

因为 $F_n = \dfrac{1}{T} \int_{-\frac{T}{2}}^{\frac{T}{2}} f(t) e^{-jn\Omega t} dt$,所以 $F_n T = \int_{-\frac{T}{2}}^{\frac{T}{2}} f(t) e^{-jn\Omega t} dt$;

因为 $f(t) = \sum_{n=-\infty}^{\infty} F_n \mathrm{e}^{\mathrm{j}n\Omega t}$，所以 $f(t) = \sum_{n=-\infty}^{\infty} F_n T \mathrm{e}^{\mathrm{j}n\Omega t} \dfrac{1}{T}$。

考虑到当 $T \to \infty$ 时，则 $\Omega \to$ 无穷小，频谱间隔 $\to 0$，离散频谱变为连续频谱，级数求和变为积分。因此把 $\Omega$ 记为 $\mathrm{d}\omega$，$n\Omega$ 记为 $\omega$（由离散量 $n\Omega$ 变为连续量 $\omega$），从而 $\dfrac{1}{T} = \dfrac{\Omega}{2\pi}$ 改为 $\dfrac{\mathrm{d}\omega}{2\pi} = \mathrm{d}f$，求和运算（$\sum$）改为积分运算（$\int$），则：

傅立叶变换 $F(\mathrm{j}\omega) = \lim_{T \to \infty} F_n T = \displaystyle\int_{-\infty}^{\infty} f(t) \mathrm{e}^{-\mathrm{j}\omega t} \mathrm{d}t$；

傅立叶逆变换 $f(t) = \dfrac{1}{2\pi} \displaystyle\int_{-\infty}^{\infty} F(\mathrm{j}\omega) \mathrm{e}^{\mathrm{j}\omega t} \mathrm{d}\omega$。

说明：

（1）前面推导并未遵循严格的数学步骤。可证明函数 $f(t)$ 傅立叶变换存在的充分条件是 $\displaystyle\int_{-\infty}^{\infty} |f(t)| \mathrm{d}t < \infty$。

（2）用下列关系还可方便计算一些积分

$F(0) = \displaystyle\int_{-\infty}^{\infty} f(t)\mathrm{d}t$，信号的时域平均值是频率为 0 的直流值。

$f(0) = \dfrac{1}{2\pi} \displaystyle\int_{-\infty}^{\infty} F(\mathrm{j}\omega)\mathrm{d}\omega$，信号的频域平均值是时间为 0 的冲激值。

（3）能量信号傅立叶变换的频谱密度函数 $F(\mathrm{j}\omega)$ 和功率信号傅立叶级数的频谱函数 $F_n$ 的频谱主要区别有：①$F(\mathrm{j}\omega)$ 是连续谱，而 $F_n$ 是离散谱。②$F(\mathrm{j}\omega)$ 的单位是幅度/频率，而 $F_n$ 的单位是幅度。③能量信号的能量有限，并连续地分布在频率轴上，每个频率点上的信号幅度是无穷小的，只有微变量 $\mathrm{d}f$ 上（即除以 $T$）才有确定的非零幅度值；功率信号（周期信号）的功率有限，但能量无限，它在无限多的离散频率点上有确定的非零幅度值。

### 2.4.2 常用函数的傅立叶变换

#### 2.4.2.1 门函数

门函数的波形如图 2.4.1 所示，记为 $g_\tau(t)$，则傅立叶变换为：

$$g_\tau(t) \leftrightarrow \tau \mathrm{Sa}\left(\dfrac{\omega\tau}{2}\right)$$

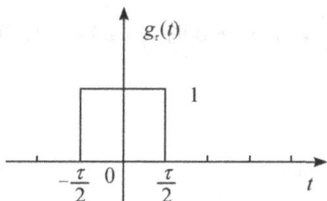

**图 2.4.1　门函数波形**

证明：$G_\tau(\mathrm{j}\omega) = \displaystyle\int_{-\tau/2}^{\tau/2} \mathrm{e}^{-\mathrm{j}\omega t} \mathrm{d}t = \dfrac{\mathrm{e}^{-\mathrm{j}\omega\frac{\tau}{2}} - \mathrm{e}^{\mathrm{j}\omega\frac{\tau}{2}}}{-\mathrm{j}\omega} = \dfrac{2\sin\left(\dfrac{\omega\tau}{2}\right)}{\omega} = \tau \mathrm{Sa}\left(\dfrac{\omega\tau}{2}\right)$

其傅立叶变换只有实部的实数函数,而虚部等于 0,可直接绘出如图 2.4.2 所示的实部实数频谱图,代替其幅度谱 $|G_\tau(\omega)|$ 及相位谱 $\varphi(\omega)$。

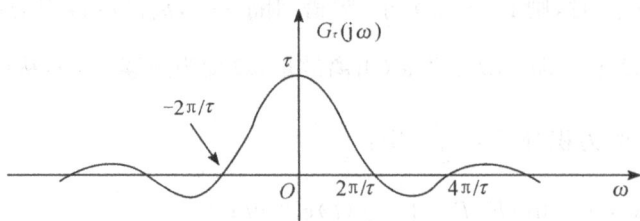

图 2.4.2　门函数的频谱图

由图 2.4.1 可见,虽然门函数信号在时域集中于有限时间 $\tau$ 的范围内,然而它的频谱却分布在无限宽的频率范围上(如图 2.4.2 所示),但是其主要的信号能量分布在 $f = 0 \sim \dfrac{1}{\tau}$ 范围内。所以,通常认为门函数信号占有频率范围近似为 $\dfrac{1}{\tau}$,即带宽 $B = \dfrac{1}{\tau}$。

### 2.4.2.2　单边指数函数

若 $f(t) = \mathrm{e}^{-at}\varepsilon(t)$,$a > 0$,其波形如图 2.4.3 所示,则傅立叶变换为:

$$f(t) \leftrightarrow \frac{1}{\mathrm{j}\omega + a}$$

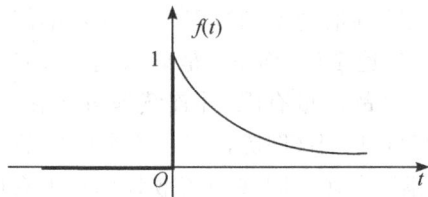

图 2.4.3　单边指数函数

证明:$F(\mathrm{j}\omega) = \displaystyle\int_0^\infty \mathrm{e}^{-at}\,\mathrm{e}^{-\mathrm{j}\omega t}\,\mathrm{d}t = -\frac{1}{a+\mathrm{j}\omega}\mathrm{e}^{-(a+\mathrm{j}\omega)t}\Big|_0^\infty = \frac{1}{a+\mathrm{j}\omega}$

由于 $F(\mathrm{j}\omega)$ 是复数,频谱图需分别绘出幅度谱及相位谱两个图,如图 2.4.4 所示。

幅度谱:$|F(\mathrm{j}\omega)| = \dfrac{1}{\sqrt{a^2+\omega^2}}$,当 $\omega = 0$ 时,$|F(\mathrm{j}\omega)| = \dfrac{1}{a}$;当 $\omega \to \pm\infty$ 时,$|F(\mathrm{j}\omega)| \to 0$。

相位谱:$\varphi(\omega) = 0 - \arctan\dfrac{\omega}{a}$,当 $\omega \to 0$ 时,$\varphi(\omega) = 0$;当 $\omega \to \infty$ 时,$\varphi(\omega) \to -\dfrac{\pi}{2}$;当 $\omega \to -\infty$ 时,$\varphi(\omega) \to \dfrac{\pi}{2}$。

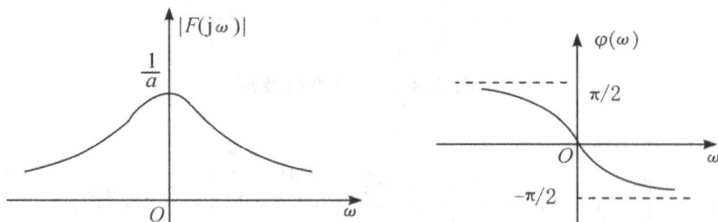

图 2.4.4　单边指数函数的频谱图

#### 2.4.2.3　双边指数函数

若 $f(t)=\mathrm{e}^{-a|t|},a>0$，其波形如图 2.4.5 所示，则傅立叶变换为

$$f(t)\leftrightarrow\frac{2a}{\omega^2+a^2}$$

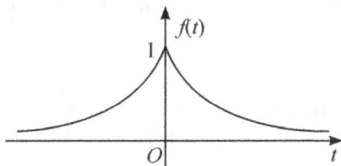

**图 2.4.5　双边指数函数**

由于 $F(\mathrm{j}\omega)$ 只有实部的实数函数，其频谱图可直接绘出，如图 2.4.6 所示。

证明：
$$F(\mathrm{j}\omega)=\int_{-\infty}^{0}\mathrm{e}^{at}\,\mathrm{e}^{-\mathrm{j}\omega t}\,\mathrm{d}t+\int_{0}^{\infty}\mathrm{e}^{-at}\,\mathrm{e}^{-\mathrm{j}\omega t}\,\mathrm{d}t=\frac{2a}{\omega^2+a^2}$$

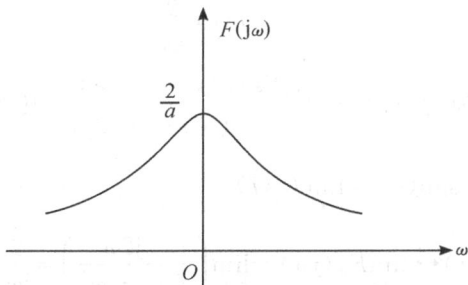

**图 2.4.6　双边指数函数的频谱图**

#### 2.4.2.4　冲激函数

单位冲激函数的傅立叶变换为

$$\delta(t)\leftrightarrow1,\delta'(t)\leftrightarrow\mathrm{j}\omega$$

证明：
$$\delta(t)\leftrightarrow\int_{-\infty}^{\infty}\delta(t)\mathrm{e}^{-\mathrm{j}\omega t}\,\mathrm{d}t=1$$

$$\delta'(t)\leftrightarrow\int_{-\infty}^{\infty}\delta'(t)\mathrm{e}^{-\mathrm{j}\omega t}\,\mathrm{d}t=-\frac{\mathrm{d}}{\mathrm{d}t}\mathrm{e}^{-\mathrm{j}\omega t}\bigg|_{t=0}=\mathrm{j}\omega$$

#### 2.4.2.5　直流信号

直流信号 $f(t)=1$ 的傅立叶变换为：

$$1\leftrightarrow2\pi\delta(\omega)$$

有一些不满足绝对可积这一充分条件，如 $1,\varepsilon(t)$ 等，但傅立叶变换却存在。直接用定义式不好求解，可构造一函数序列 $\{f_a(t)\}$ 逼近 $f(t)$，即

$$f(t)=\lim_{a\to0}f_a(t)$$

而 $f_a(t)$ 满足绝对可积条件，并且 $\{f_a(t)\}$ 的傅立叶变换所形成的序列 $\{f_a(\mathrm{j}\omega)\}$ 是极限收敛的，则可定义 $f(t)$ 的傅立叶变换 $F(\mathrm{j}\omega)$ 为

$$F(\mathrm{j}\omega)=\lim_{a\to0}F_a(\mathrm{j}\omega)$$

这样定义的傅立叶变换也称为广义傅立叶变换。

证明：设构造函数为 $f_a(t) = e^{-a|t|}, a > 0$，其傅立叶变换为 $F_a(j\omega) = \dfrac{2a}{a^2 + \omega^2}$，则 $f(t) = \lim\limits_{a \to 0} f_a(t) = 1$，其傅立叶变换为

$$F(j\omega) = \lim_{a \to 0} F_a(j\omega) = \lim_{a \to 0} \frac{2a}{a^2 + \omega^2} = \begin{cases} 0, & \omega \neq 0 \\ \infty, & \omega = 0 \end{cases}$$

对 $F(j\omega)$ 求积分得：

$$\lim_{a \to 0} \int_{-\infty}^{\infty} \frac{2a}{a^2 + \omega^2} d\omega = \lim_{a \to 0} \int_{-\infty}^{\infty} \frac{2}{1 + \left(\frac{\omega}{a}\right)^2} d\frac{\omega}{a} = \lim_{a \to 0} 2\arctan \frac{\omega}{a} \bigg|_{-\infty}^{\infty} = 2\pi$$

所以，$1 \leftrightarrow 2\pi\delta(\omega)$。

### 2.4.2.6 符号函数

符号函数 $\text{sgn}(t) = \begin{cases} 1, & t > 0 \\ -1, & t < 0 \end{cases}$ 的傅立叶变换为：

$$\text{sgn}(t) \leftrightarrow \frac{2}{j\omega}$$

证明：设构造函数为 $f_a(t) = \begin{cases} e^{-at}\varepsilon(t), & a > 0 \\ -e^{at}\varepsilon(-t), & a < 0 \end{cases}$，其傅立叶变换为 $F_a(j\omega) = -\dfrac{j2\omega}{a^2 + \omega^2}$，则符号函数为 $\text{sgn}(t) = \lim\limits_{a \to 0} f_a(t)$。

其傅立叶变换为 $\text{sgn}(t) \leftrightarrow \lim\limits_{a \to 0} F_a(j\omega) = \lim\limits_{a \to 0} \left(-\dfrac{j2\omega}{a^2 + \omega^2}\right) = \dfrac{2}{j\omega} = -j\dfrac{2}{\omega}$。其虚部频谱如图 2.4.7 所示。

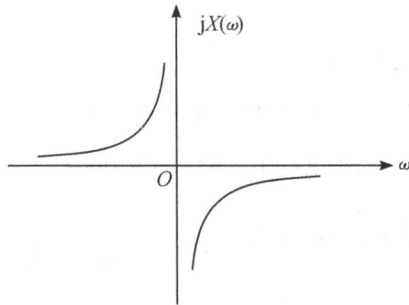

**图 2.4.7 符号函数虚部频谱图**

### 2.4.2.7 阶跃函数

阶跃函数 $\varepsilon(t) = \begin{cases} 1, & t > 0 \\ 0, & t < 0 \end{cases}$ 的傅立叶变换为：

$$\varepsilon(t) \leftrightarrow \frac{1}{j\omega} + \pi\delta(\omega)$$

证明：$\varepsilon(t) = \dfrac{1}{2}[\text{sgn}(t) + 1] \leftrightarrow \dfrac{1}{2}\left[\dfrac{2}{j\omega} + 2\pi\delta(\omega)\right] = \dfrac{1}{j\omega} + \pi\delta(\omega)$

# 2.5 傅立叶变换的性质

### 2.5.1 线性性质

如果 $f_1(t) \leftrightarrow F_1(j\omega)$，$f_2(t) \leftrightarrow F_2(j\omega)$，则

$$af_1(t) + bf_2(t) \leftrightarrow aF_1(j\omega) + bF_2(j\omega)$$

式中 $a, b$ 为任意常量。

### 2.5.2 对偶性

如果 $f(t) \leftrightarrow F(j\omega)$，则

$$F(jt) \leftrightarrow 2\pi f(-\omega)$$

证明：$f(t) = \dfrac{1}{2\pi} \displaystyle\int_{-\infty}^{\infty} F(j\omega) e^{j\omega t} d\omega$

把式中 $\omega$ 改为 $t$，把 $t$ 改为 $\omega$ 得：

$$f(\omega) = \frac{1}{2\pi} \int_{-\infty}^{\infty} F(jt) e^{j\omega t} dt$$

把 $\omega$ 改为 $-\omega$ 得：

$$f(-\omega) = \frac{1}{2\pi} \int_{-\infty}^{\infty} F(jt) e^{-j\omega t} dt$$

所以 $F(jt) \leftrightarrow 2\pi f(-\omega)$。

【例 2.5.1】求直流信号 $f(t) = 1$ 的频谱。

解：因为 $\delta(t) \leftrightarrow 1$，所以 $f(t) = 1 \leftrightarrow 2\pi\delta(\omega)$。

【例 2.5.2】求抽样信号 $f(t) = \mathrm{Sa}(t) = \dfrac{\sin(t)}{t}$ 的频谱。

解：因为 $g_\tau(t) \leftrightarrow \tau \mathrm{Sa}(\dfrac{\tau}{2}\omega)$，当 $\tau = 2$ 时，$g_2(t) \leftrightarrow 2\mathrm{Sa}(\omega)$，所以 $2\mathrm{Sa}(t) \leftrightarrow 2\pi g_2(-\omega) = 2\pi g_2(\omega)$，即 $\mathrm{Sa}(t) \leftrightarrow \pi g_2(\omega)$。

### 2.5.3 奇偶虚实性

一个复数函数可分解为实部和虚部，或者分解为共轭奇对称部分和共轭偶对称部分，则复数函数的傅立叶变换的奇偶虚实对称关系为：

虚数（部）$\leftrightarrow$ 共轭奇对称；实数（部）$\leftrightarrow$ 共轭偶对称

若 $f(t)$ 是实函数，则其频谱 $F(j\omega)$ 为共轭偶对称函数。即

$$f(t) \leftrightarrow F(j\omega) = \int_{-\infty}^{\infty} f(t) e^{-j\omega t} dt$$

$$= \int_{-\infty}^{\infty} f(t) \cos(\omega t) dt - j \int_{-\infty}^{\infty} f(t) \sin(\omega t) dt$$

$$= R(\omega) + jX(\omega) = |F(j\omega)| e^{j\varphi(\omega)}$$

其中
$$R(\omega) = \int_{-\infty}^{\infty} f(t)\cos(\omega t)\,\mathrm{d}t, X(\omega) = -\int_{-\infty}^{\infty} f(t)\sin(\omega t)\,\mathrm{d}t$$

$$|F(j\omega)| = \sqrt{R^2(\omega) + X^2(\omega)}, \varphi(\omega) = \arctan\left[\frac{X(\omega)}{R(\omega)}\right]$$

由此可得:当信号 $f(t)$ 是实函数时,其频谱实部 $R(\omega) = R(-\omega)$ 为偶函数,频谱虚部 $X(\omega) = -X(-\omega)$ 为奇函数,频谱 $F(-j\omega) = F^*(j\omega)$ 为共轭偶对称;频谱幅度 $|F(j\omega)| = |F(-j\omega)|$ 为偶函数,频谱相位 $\varphi(\omega) = -\varphi(-\omega)$ 为奇函数。

进一步讨论实函数的对称性:

因为 $f(-t) \leftrightarrow F(-j\omega) = F^*(j\omega)$,所以有如下结论:

如果 $f(t)$ 是实函数并且偶对称,$f(t) = f(-t)$,则其频域 $X(\omega) = 0, F(j\omega) = R(\omega)$。即时域实函数且偶对称则频域只存在实部且偶对称,而虚部为 0。

如果 $f(t)$ 是实函数并且奇对称,$f(t) = -f(-t)$,则其频域 $R(\omega) = 0, F(j\omega) = jX(\omega)$。即时域实函数且奇对称则频域只存在虚部且奇对称,而实部为 0。

如果 $f(t)$ 是虚函数,则其频谱 $F(j\omega)$ 为共轭奇对称函数。读者自己证明。

如门函数 $g_\tau(t)$ 是偶对称实函数,其傅立叶变换为 $g_\tau(t) \leftrightarrow \tau \mathrm{Sa}(\frac{\omega\tau}{2})$,则频谱是实函数且偶对称,如图 2.4.2 所示。

又如符号函数 $\mathrm{sgn}(t) = \begin{cases} 1, & t > 0 \\ -1, & t < 0 \end{cases}$ 是奇对称实函数,其傅立叶变换为 $\mathrm{sgn}(t) \leftrightarrow -j\frac{2}{\omega}$,则频谱是虚函数且奇对称,如图 2.4.7 所示。

### 2.5.4    尺度变换

如果 $f(t) \leftrightarrow F(j\omega)$,则

$$f(at) \leftrightarrow \frac{1}{|a|} F(j\frac{\omega}{a})$$

式中 $a$ 为任意常量。

证明: $F[f(at)] = \int_{-\infty}^{\infty} f(at) e^{-j\omega t}\,\mathrm{d}t$,

当 $a > 0$ 时, $F[f(at)] \xrightarrow{\tau = at} \int_{-\infty}^{\infty} f(\tau) e^{-j\omega\frac{\tau}{a}} \frac{1}{a}\,\mathrm{d}\tau = \frac{1}{a} F\left(j\frac{\omega}{a}\right)$;

当 $a < 0$ 时, $F[f(at)] \xrightarrow{\tau = at} \int_{\infty}^{-\infty} f(\tau) e^{-j\omega\frac{\tau}{a}} \frac{1}{a}\,\mathrm{d}\tau = -\frac{1}{a}\int_{-\infty}^{\infty} f(\tau) e^{-j\omega\frac{\tau}{a}}\,\mathrm{d}\tau = -\frac{1}{a} F\left(j\frac{\omega}{a}\right)$。

所以 $F[f(at)] = \frac{1}{|a|} F\left(j\frac{\omega}{a}\right)$。

当 $a = -1$ 时,则 $f(-t) \leftrightarrow F(-j\omega) = F^*(j\omega)$。

【例 2.5.3】以门函数为例说明尺度变化关系,门函数的时域波形及其频谱如图 2.5.1 所示。

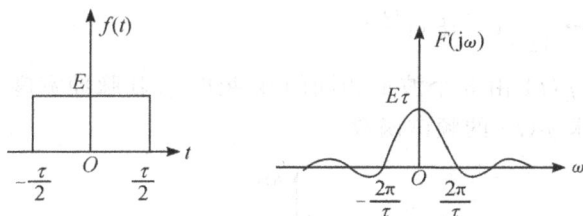

**图 2.5.1  门函数及其频谱图**

解:(1)当 $0 < a < 1$ 时,则时域扩展 $a$ 倍,频带压缩 $a$ 倍。取 $a = 0.5$ 时,时频变换如图 2.5.2 所示。

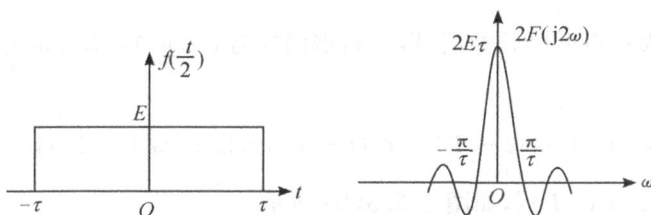

**图 2.5.2  门函数时域扩展及其频谱图**

脉冲持续时间增加 $a$ 倍,变化慢了,信号在频域的频带压缩 $a$ 倍。高频分量减少,幅度上升 $a$ 倍。

(2)当 $a > 1$ 时,则时域压缩 $a$ 倍,频域扩展 $a$ 倍。取 $a = 2$ 时,时频变换如图 2.5.3 所示。

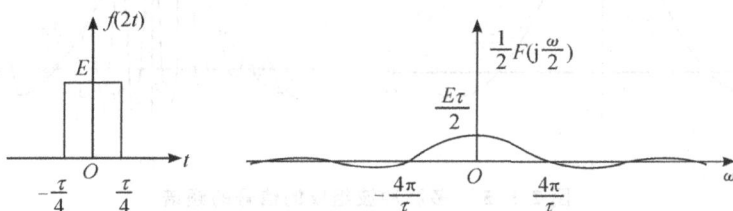

**图 2.5.3  门函数时域压缩及其频谱图**

脉冲持续时间短,变化快。信号在频域高频分量增加,频带展宽,各分量的幅度下降 $a$ 倍。

(3)当 $a = -1$ 时,则时域反折,频域也反折。

## 2.5.5  移位特性

### 2.5.5.1  时移特性(时域移位 → 频谱旋转)

如果 $f(t) \leftrightarrow F(j\omega)$,则

$$f(t \pm b) \leftrightarrow e^{\pm j\omega b} F(j\omega)$$

式中 $b$ 为任意常量。

证明:

$$F[f(t-b)] = \int_{-\infty}^{\infty} f(t-b) e^{-j\omega t} \, dt$$

$$\xrightarrow{t-b=\tau} \int_{-\infty}^{\infty} f(\tau) e^{-j\omega \tau} \, d\tau \, e^{-j\omega b}$$

$$= e^{-j\omega b} F(j\omega)$$

推广：$f(at \pm b) \leftrightarrow \dfrac{1}{|a|}\mathrm{e}^{\pm \mathrm{j}\frac{\omega}{a}b}F(\mathrm{j}\dfrac{\omega}{a})$。

【例 2.5.4】如果 $f(t)$ 由 3 个波形相同的脉冲组成，其脉冲宽度为 $\tau$，脉冲相邻间隔为 $T$，如图 2.5.4 所示，求 $f(t)$ 的频谱函数。

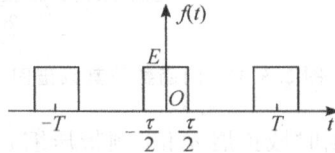

图 2.5.4　三个脉冲波组成的函数

解：令 $f_1(t)$ 表示矩形单脉冲信号，其频谱函数为 $F_1(\mathrm{j}\omega)=E\tau\mathrm{Sa}\left(\dfrac{\tau}{2}\omega\right)$，如图 2.5.5(a) 所示。

因为 $f(t)=f_1(t)+f_1(t+T)+f_1(t-T)$，所以 $F(\mathrm{j}\omega)=F_1(\mathrm{j}\omega)(1+\mathrm{e}^{\mathrm{j}\omega T}+\mathrm{e}^{-\mathrm{j}\omega T})=E\tau \cdot \mathrm{Sa}\left(\dfrac{\omega\tau}{2}\right)[1+2\cos(\omega T)]$，如图 2.5.5(b) 所示。

由频谱图可见，脉冲个数增多，频谱包络不变，带宽不变。

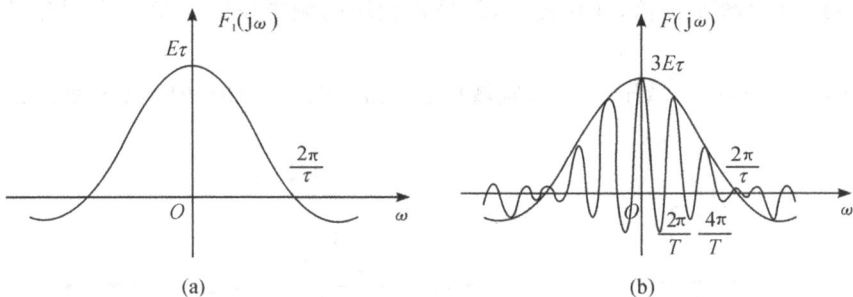

图 2.5.5　多脉冲波组成的信号的频谱

### 2.5.5.2　频移性质

频移信号的实质是信号调制，其傅立叶变换性质为：如果 $f(t)\leftrightarrow F(\mathrm{j}\omega)$，则

$$f(t)\mathrm{e}^{\mathrm{j}\omega_0 t}\leftrightarrow F[\mathrm{j}(\omega-\omega_0)]$$

证明：

$$F[\mathrm{e}^{\mathrm{j}\omega_0 t}f(t)]=\int_{-\infty}^{\infty}\mathrm{e}^{\mathrm{j}\omega_0 t}f(t)\mathrm{e}^{-\mathrm{j}\omega t}\mathrm{d}t$$

$$=\int_{-\infty}^{\infty}f(t)\mathrm{e}^{-\mathrm{j}(\omega-\omega_0)t}\mathrm{d}t=F[\mathrm{j}(\omega-\omega_0)]$$

由此可见，时域乘以正旋转因子（实际是调幅信号），频谱往右（高频）移动。换句话说，时域旋转 → 频谱移位。

【例 2.5.5】已知 $f(t)=\mathrm{e}^{\mathrm{j}3t}$，求 $F(\mathrm{j}\omega)$。

解：因为 $1\leftrightarrow 2\pi\delta(\omega)$，所以 $1\times\mathrm{e}^{\mathrm{j}3t}\leftrightarrow 2\pi\delta(\omega-3)$。

【例 2.5.6】已知矩形调幅信号 $f(t)=Eg_\tau(t)\cos(\omega_0 t)$，其中 $g_\tau(t)$ 为门函数，门宽度为 $\tau$，试求其频谱函数。

解：已知矩形脉冲 $g_\tau(t)$ 的频谱为 $G_\tau(j\omega) = \tau \cdot Sa\left(\dfrac{\omega\tau}{2}\right)$，因为

$$f(t) = \frac{1}{2}Eg_\tau(t)(e^{j\omega_0 t} + e^{-j\omega_0 t})$$

所以
$$F(j\omega) = \frac{1}{2}EG_\tau[j(\omega - \omega_0)] + \frac{1}{2}EG_\tau[j(\omega + \omega_0)]$$

$$= \frac{E\tau}{2}Sa\left[\frac{(\omega - \omega_0)\tau}{2}\right] + \frac{E\tau}{2}Sa\left[\frac{(\omega + \omega_0)\tau}{2}\right]$$

将包络线的频谱一分为二，向左、右各平移 $\omega_0$，如图 2.5.6 所示。

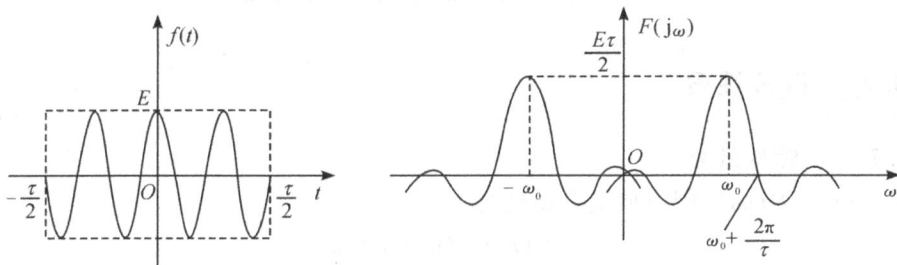

**图 2.5.6　矩形调幅信号的频谱图**

## 2.5.6　卷积性质

### 2.5.6.1　时域卷积
如果 $f_1(t) \leftrightarrow F_1(j\omega)$，$f_2(t) \leftrightarrow F_2(j\omega)$，则
$$f_1(t) * f_2(t) \leftrightarrow F_1(j\omega)F_2(j\omega)$$

证明：$f_1(t) * f_2(t) = \displaystyle\int_{-\infty}^{\infty} f_1(\tau)f_2(t - \tau)d\tau$

$$F[f_1(t) * f_2(t)] = \int_{-\infty}^{\infty}\left[\int_{-\infty}^{\infty} f_1(\tau)f_2(t - \tau)d\tau\right]e^{-j\omega t}dt$$

$$= \int_{-\infty}^{\infty} f_1(\tau)\left[\int_{-\infty}^{\infty} f_2(t - \tau)e^{-j\omega t}dt\right]d\tau$$

因为 $\displaystyle\int_{-\infty}^{\infty} f_2(t - \tau)e^{-j\omega t}dt = F_2(j\omega)e^{-j\omega\tau}$

所以 $F[f_1(t) * f_2(t)] = \displaystyle\int_{-\infty}^{\infty} f_1(\tau)F_2(j\omega)e^{-j\omega\tau}d\tau$

$$= F_2(j\omega)\int_{-\infty}^{\infty} f_1(\tau)e^{-j\omega\tau}d\tau = F_1(j\omega) \cdot F_2(j\omega)$$

### 2.5.6.2　频域卷积
如果 $f_1(t) \leftrightarrow F_1(j\omega)$，$f_2(t) \leftrightarrow F_2(j\omega)$，则
$$f_1(t)f_2(t) \leftrightarrow \frac{1}{2\pi}F_1(j\omega) * F_2(j\omega)$$

【例 2.5.7】已知 $f(t) = \left(\dfrac{\sin t}{t}\right)^2$，求 $F(j\omega)$。

解：$g_2(t) \leftrightarrow 2Sa(\omega)$

$$2\mathrm{Sa}(t) \leftrightarrow 2\pi g_2(-\omega), \mathrm{Sa}(t) \leftrightarrow \pi g_2(\omega)$$

$$F(\mathrm{j}\omega) = \left(\frac{\sin t}{t}\right)^2 \leftrightarrow \frac{1}{2\pi}\left[\pi g_2(\omega)\right] * \left[\pi g_2(\omega)\right] = \frac{\pi}{2} g_2(\omega) * g_2(\omega)$$

频谱图如图 2.5.7 所示。

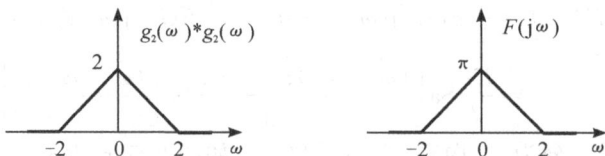

图 2.5.7 抽样函数的平方函数频谱图

### 2.5.7 微分性质

#### 2.5.7.1 时域微分

如果 $f(t) \leftrightarrow F(\mathrm{j}\omega)$，则时域微分特性为

$$f^{(n)}(t) \leftrightarrow (\mathrm{j}\omega)^n F(\mathrm{j}\omega)$$

证明：
$$f^{(1)}(t) = \delta^{(1)}(t) * f(t) \leftrightarrow (\mathrm{j}\omega) F(\mathrm{j}\omega)$$
$$f^{(n)}(t) = \delta^{(n)}(t) * f(t) \leftrightarrow (\mathrm{j}\omega)^n F(\mathrm{j}\omega)$$

#### 2.5.7.2 频域微分

如果 $f(t) \leftrightarrow F(\mathrm{j}\omega)$，则频域微分特性为

$$(-\mathrm{j}t)^n f(t) \leftrightarrow F^{(n)}(\mathrm{j}\omega)$$

证明：因为 $F(\mathrm{j}\omega) = \int_{-\infty}^{\infty} f(t) \mathrm{e}^{-\mathrm{j}\omega t} \mathrm{d}t$

所以 $\dfrac{\mathrm{d}F(\mathrm{j}\omega)}{\mathrm{d}\omega} = \int_{-\infty}^{\infty} f(t)(-\mathrm{j}t) \mathrm{e}^{-\mathrm{j}\omega t} \mathrm{d}t = \int_{-\infty}^{\infty} \left[(-\mathrm{j}t) f(t)\right] \mathrm{e}^{-\mathrm{j}\omega t} \mathrm{d}t$，即

$$(-\mathrm{j}t) f(t) \leftrightarrow \frac{\mathrm{d}F(\mathrm{j}\omega)}{\mathrm{d}\omega}$$

同理：$(-\mathrm{j}t)^n f(t) \leftrightarrow \dfrac{\mathrm{d}^n F(\mathrm{j}\omega)}{\mathrm{d}\omega^n}$。

【例 2.5.8】已知 $f(t) = \dfrac{1}{t^2}$，求 $f(t)$ 的傅立叶变换。

解：因为 $\mathrm{sgn}(t) \leftrightarrow \dfrac{2}{\mathrm{j}\omega}$，所以根据对偶性得

$$\frac{2}{\mathrm{j}t} \leftrightarrow 2\pi \mathrm{sgn}(-\omega), \frac{1}{t} \leftrightarrow -\mathrm{j}\pi \mathrm{sgn}(\omega)$$

$$\frac{\mathrm{d}}{\mathrm{d}t}\left(\frac{1}{t}\right) \leftrightarrow -(\mathrm{j}\omega)\mathrm{j}\pi \mathrm{sgn}(\omega) = \pi\omega\, \mathrm{sgn}(\omega)$$

$$\frac{1}{t^2} \leftrightarrow -\pi\omega\, \mathrm{sgn}(\omega) = -\pi|\omega|$$

【例 2.5.9】求如图 2.5.8 所示的三角函数 $f(t)$ 的傅立叶变换。

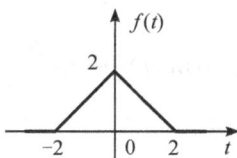

图 2.5.8 三角函数

解：对 $f(t)$ 求导，如图 2.5.9 所示。

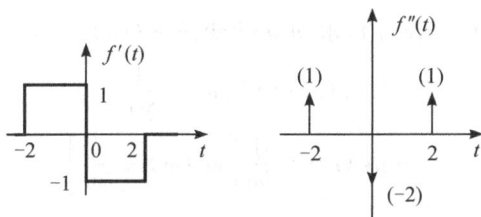

图 2.5.9 三角函数的求导波形

对 $f(t)$ 求二阶导数得 $f^{(2)}(t)=\delta(t+2)-2\delta(t)+\delta(t-2)$

$$F\left[f^{(2)}(t)\right]=\mathrm{e}^{\mathrm{j}2\omega}-2+\mathrm{e}^{-\mathrm{j}2\omega}=2\cos(2\omega)-2$$

$$(\mathrm{j}\omega)^2 F(\mathrm{j}\omega)=2\cos(2\omega)-2$$

$$F(\mathrm{j}\omega)=\frac{2-2\cos(2\omega)}{\omega^2}$$

## 2.5.8 积分性质

### 2.5.8.1 时域积分

如果 $f(t)\leftrightarrow F(\mathrm{j}\omega)$，则时域积分为

$$f^{(-1)}(t)=\int_{-\infty}^{t}f(\tau)\mathrm{d}\tau\leftrightarrow\pi F(0)\delta(\omega)+\frac{F(\mathrm{j}\omega)}{\mathrm{j}\omega}$$

式中 $F(0)=F(\mathrm{j}\omega)\big|_{\omega=0}=\int_{-\infty}^{\infty}f(t)\mathrm{d}t$，为时域积分平均值（直流值）。

证明：$f^{(-1)}(t)=\varepsilon(t)*f(t)\leftrightarrow\left[\pi\delta(\omega)+\dfrac{1}{\mathrm{j}\omega}\right]F(\mathrm{j}\omega)=\pi F(0)\delta(\omega)+\dfrac{F(\mathrm{j}\omega)}{\mathrm{j}\omega}$

### 2.5.8.2 频域积分

如果 $f(t)\leftrightarrow F(\mathrm{j}\omega)$，则频域积分特性为：

$$\pi f(0)\delta(t)+\frac{f(t)}{-\mathrm{j}t}\leftrightarrow F^{(-1)}(\mathrm{j}\omega)$$

式中 $f(0)=\dfrac{1}{2\pi}\displaystyle\int_{-\infty}^{\infty}F(\mathrm{j}\omega)\mathrm{d}\omega$，为频域积分平均值。

如果 $f(0)=0$，则 $\dfrac{f(t)}{-\mathrm{j}t}\leftrightarrow F^{(-1)}(\mathrm{j}\omega)$。

证明：若 $f(t)\leftrightarrow F(\mathrm{j}\omega)$，根据对称性有 $F(\mathrm{j}t)\leftrightarrow 2\pi f(-\omega)$，根据时域积分得

$$\int_{-\infty}^{t}F(\mathrm{j}\tau)\mathrm{d}\tau\leftrightarrow 2\pi\left[\frac{1}{\mathrm{j}\omega}f(-\omega)+\pi f(0)\delta(\omega)\right]$$

再根据对称性得

$$2\pi\left[\frac{1}{jt}f(-t)+\pi f(0)\delta(t)\right]\leftrightarrow 2\pi\int_{-\infty}^{\omega}F[j(-\eta)]\mathrm{d}(-\eta)$$

令 $-t=t$，则 $-\eta=\eta$，即有

$$\frac{1}{-jt}f(t)+\pi f(0)\delta(-t)\leftrightarrow\int_{-\infty}^{\omega}F[j(\eta)]\mathrm{d}(\eta)$$

所以 $\dfrac{1}{-jt}f(t)+\pi f(0)\delta(t)\leftrightarrow\displaystyle\int_{-\infty}^{\omega}F[j(\eta)]\mathrm{d}(\eta)$。

**【例 2.5.10】** 已知 $f(t)=t\varepsilon(t)$，求傅立叶变换 $F(j\omega)$。

解：

$$\varepsilon(t)\leftrightarrow\pi\delta(\omega)+\frac{1}{j\omega}$$

$$-jt\varepsilon(t)\leftrightarrow\frac{\mathrm{d}}{\mathrm{d}\omega}\left[\pi\delta(\omega)+\frac{1}{j\omega}\right]$$

$$t\varepsilon(t)\leftrightarrow j\pi\delta'(\omega)-\frac{1}{\omega^2}$$

注意：$t\varepsilon(t)=\varepsilon(t)*\varepsilon(t)\leftrightarrow\left[\pi\delta(\omega)+\dfrac{1}{j\omega}\right]\times\left[\pi\delta(\omega)+\dfrac{1}{j\omega}\right]$ 是错误的。因为 $\delta(\omega)\delta(\omega)$ 和 $\dfrac{1}{j\omega}\delta(\omega)$ 没有定义。

**【例 2.5.11】** 求积分 $\displaystyle\int_{-\infty}^{\infty}\dfrac{\sin(a\omega)}{\omega}\mathrm{d}\omega$。

解：

$$g_{2a}(t)\leftrightarrow\frac{2\sin(a\omega)}{\omega}$$

拉普拉斯逆变换：$g_{2a}(t)=\dfrac{1}{2\pi}\displaystyle\int_{-\infty}^{\infty}\dfrac{2\sin(a\omega)}{\omega}e^{j\omega t}\mathrm{d}\omega=\dfrac{1}{\pi}\displaystyle\int_{-\infty}^{\infty}\dfrac{\sin(a\omega)}{\omega}e^{j\omega t}\mathrm{d}\omega$

$$g_{2a}(0)=\frac{1}{\pi}\int_{-\infty}^{\infty}\frac{\sin(a\omega)}{\omega}\mathrm{d}\omega=1$$

所以 $\displaystyle\int_{-\infty}^{\infty}\dfrac{\sin(a\omega)}{\omega}\mathrm{d}\omega=\pi$，$\displaystyle\int_{0}^{\infty}\dfrac{\sin(a\omega)}{\omega}\mathrm{d}\omega=\dfrac{\pi}{2}$。

### 2.5.9 相关性质

如果 $f_1(t)\leftrightarrow F_1(j\omega)$，$f_2(t)\leftrightarrow F_2(j\omega)$，$f(t)\leftrightarrow F(j\omega)$，则互相关函数傅立叶变换为：

$$R_{12}(t)\leftrightarrow F_1(j\omega)F_2^*(j\omega)$$
$$R_{21}(t)\leftrightarrow F_2(j\omega)F_1^*(j\omega)$$

自相关函数傅立叶变换为：$R(t)\leftrightarrow F(j\omega)F^*(j\omega)=|F(j\omega)|^2$。

证明：相关函数与卷积的关系为 $R_{12}(t)=f_1(t)*f_2(-t)$，所以

$$R_{12}(t)=f_1(t)*f_2(-t)\leftrightarrow F_1(j\omega)F_2(-j\omega)=F_1(j\omega)F_2^*(j\omega)$$

# 2.6　周期信号的傅立叶变换

对于周期信号，采用傅立叶级数进行频谱分析，其频谱是离散的。对于非周期信号，采

用傅立叶变换进行频谱分析,其频谱是连续的。为了应用方便,可以把周期信号或非周期信号统一到傅立叶变换。周期信号的傅立叶变换频谱为冲激谱。

### 2.6.1 常用周期信号的傅立叶变换

常用的周期信号的傅立叶变换有:

2.6.1.1 直流信号

$$1 \leftrightarrow 2\pi\delta(\omega)$$

2.6.1.2 虚指数信号

$$e^{j\omega_0 t} \leftrightarrow 2\pi\delta(\omega - \omega_0)$$

证明:因为 $1 \leftrightarrow 2\pi\delta(\omega)$,根据频移特性得:

$$e^{j\omega_0 t} \leftrightarrow 2\pi\delta(\omega - \omega_0)$$

2.6.1.3 余弦信号

$$\cos(\omega_0 t) \leftrightarrow \pi\delta(\omega + \omega_0) + \pi\delta(\omega - \omega_0)$$

证明:$\cos(\omega_0 t) = \dfrac{e^{j\omega_0 t} + e^{-j\omega_0 t}}{2} \leftrightarrow \pi\delta(\omega - \omega_0) + \pi\delta(\omega + \omega_0)$

2.6.1.4 正弦信号

$$\sin(\omega_0 t) \leftrightarrow -j\pi\delta(\omega - \omega_0) + j\pi\delta(\omega + \omega_0)$$

证明:$\sin(\omega_0 t) = \dfrac{e^{j\omega_0 t} - e^{-j\omega_0 t}}{2j} \leftrightarrow -j\pi\delta(\omega - \omega_0) + j\pi\delta(\omega + \omega_0)$

### 2.6.2 一般周期信号的傅立叶变换

求周期信号 $f_T(t)$ 的傅立叶变换可以采用以下两种方法。

2.6.2.1 先求出周期信号 $f_T(t)$ 的傅立叶级数,然后求其傅立叶变换

如果周期信号 $f_T(t)$ 的傅立叶级数为 $f_T(t) = \sum\limits_{n=-\infty}^{\infty} F_n e^{jn\Omega t}$,则其傅立叶变换为

$$f_T(t) \leftrightarrow 2\pi \sum_{n=-\infty}^{\infty} F_n \delta(\omega - n\Omega)$$

式中 $\Omega = \dfrac{2\pi}{T}$。

2.6.2.2 利用时域卷积的方法

先求周期信号 $f_T(t)$ 中一个周期 $f_0(t)$ 的傅立叶变换,然后利用时域卷积定理求周期信号的傅立叶变换。即

$$f_T(t) \leftrightarrow \Omega\delta_\Omega(\omega) F_0(j\omega)$$

式中 $\Omega = \dfrac{2\pi}{T}$。

证明:$f_T(t) = f_0(t) * \delta_T(t)$,$f_0(t)$ 为周期信号的一个周期。

因为,$f_0(t)$ 的傅立叶变换为 $f_0(t) \leftrightarrow F_0(j\omega)$;$\delta_T(t)$ 的傅立叶变换:

$\delta_T(t)$ 周期信号的傅立叶级数 $F_n = \dfrac{1}{T}\displaystyle\int_{-\frac{T}{2}}^{\frac{T}{2}} f(t)\mathrm{e}^{-\mathrm{j}n\Omega t}\,\mathrm{d}t = \dfrac{1}{T}\displaystyle\int_{-\frac{T}{2}}^{\frac{T}{2}} \delta(t)\mathrm{e}^{-\mathrm{j}n\Omega t}\,\mathrm{d}t = \dfrac{1}{T}$，

$\delta_T(t) \leftrightarrow 2\pi \displaystyle\sum_{n=-\infty}^{\infty} \dfrac{1}{T}\delta(\omega-n\Omega) = \dfrac{2\pi}{T}\displaystyle\sum_{n=-\infty}^{\infty}\delta(\omega-n\Omega) = \Omega\displaystyle\sum_{n=-\infty}^{\infty}\delta(\omega-n\Omega) = \Omega\delta_\Omega(\omega)$，

所以，$f_T(t) \leftrightarrow F_0(\mathrm{j}\omega)\Omega\delta_\Omega(\omega) = \Omega\delta_\Omega(\omega)F_0(\mathrm{j}\omega)$，式中 $\Omega = \dfrac{2\pi}{T}$。

说明：

(1) 周期信号 $f_T(t)$ 的傅立叶变换由冲激序列组成，冲激函数仅存在于谐波频率处；

(2) 谱线的幅度不是有限值，因为 $F(\mathrm{j}\omega)$ 代表频谱密度。

**【例 2.6.1】** 周期为 $T$ 的单位冲激周期函数为 $\delta_T(t) = \displaystyle\sum_{n=-\infty}^{\infty}\delta(t-nT)$，求其傅立叶变换。

解：周期信号的傅立叶级数

$$F_n = \dfrac{1}{T}\int_{-\frac{T}{2}}^{\frac{T}{2}} f(t)\mathrm{e}^{-\mathrm{j}n\Omega t}\,\mathrm{d}t = \dfrac{1}{T}\int_{-\frac{T}{2}}^{\frac{T}{2}} \delta(t)\mathrm{e}^{-\mathrm{j}n\Omega t}\,\mathrm{d}t = \dfrac{1}{T}$$

所以，周期信号傅立叶变换为：

$$\delta_T(t) \leftrightarrow 2\pi \sum_{n=-\infty}^{\infty} \dfrac{1}{T}\delta(\omega-n\Omega) = \dfrac{2\pi}{T}\sum_{n=-\infty}^{\infty}\delta(\omega-n\Omega) = \Omega\sum_{n=-\infty}^{\infty}\delta(\omega-n\Omega) = \Omega\delta_\Omega(\omega)$$

式中 $\Omega = \dfrac{2\pi}{T}$。

### 2.6.3 周期信号傅立叶级数与傅立叶变换关系

周期信号的第一个周期信号 $f_0(t)$ 的傅立叶变换 $F_0(\mathrm{j}\omega)$ 与周期信号 $f_T(t)$ 的傅立叶系数 $F_n$ 的关系为：

因为 $f_T(t) \leftrightarrow F_T(\mathrm{j}\omega) = \Omega \displaystyle\sum_{n=-\infty}^{\infty} F_0(\mathrm{j}\omega)\delta(\omega-n\Omega) = 2\pi\displaystyle\sum_{n=-\infty}^{\infty} F_n\delta(\omega-n\Omega)$

所以 $\qquad\qquad\qquad F_n = \dfrac{1}{T}F_0(\mathrm{j}\omega)\Big|_{\omega=n\Omega}$

上式表明，周期信号的傅立叶系数 $F_n$ 等于该周期信号的第一个周期 $f_0(t)$ 的傅立叶变换 $F_0(\mathrm{j}\omega)$ 在频率为 $n\Omega$ 处的值除以 $T$。相当于频域采样，则时域周期延拓。

**【例 2.6.2】** 单位冲激函数的间隔为 $T$，用符号 $\delta_T(t)$ 表示周期单位冲激序列为 $\delta_T(t) = \displaystyle\sum_{n=-\infty}^{\infty}\delta(t-nT)$，求 $\delta_T(t)$ 的傅立叶级数及傅立叶变换。

解：(1) 求 $\delta_T(t)$ 傅立叶级数

$\delta_T(t)$ 的傅立叶系数为 $F_n = \dfrac{1}{T}\displaystyle\int_{-\frac{T}{2}}^{\frac{T}{2}} f(t)\mathrm{e}^{-\mathrm{j}n\Omega t}\,\mathrm{d}t = \dfrac{1}{T}$，所以 $\delta_T(t) = \displaystyle\sum_{n=-\infty}^{\infty} F_n\mathrm{e}^{\mathrm{j}n\Omega t} = \dfrac{1}{T}\displaystyle\sum_{n=-\infty}^{\infty}\mathrm{e}^{\mathrm{j}n\Omega t}$，式中 $\Omega = \dfrac{2\pi}{T}$。

可见，周期单位冲激序列的傅立叶级数中只包含位于 $\omega=0, \pm\Omega, \pm2\Omega, \cdots, \pm n\Omega, \cdots$ 的频率分量，且各分量幅值大小相等，均等于 $\dfrac{1}{T}$，如图 2.6.1 所示。

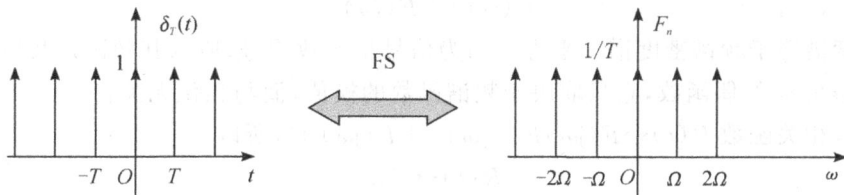

**图 2.6.1** $\delta_T(t)$ 的傅立叶级数频谱图

（2）求 $\delta_T(t)$ 傅立叶变换

因为 $f_T(t) \xleftrightarrow{\text{FT}} 2\pi \sum\limits_{n=-\infty}^{\infty} F_n \delta(\omega - n\Omega)$，$\Omega = \dfrac{2\pi}{T}$，又因为 $\delta_T(t) \xleftrightarrow{\text{FS}} F_n = \dfrac{1}{T}$，所以

$$\delta_T(t) \xleftrightarrow{\text{FT}} F(\text{j}\omega) = \Omega \sum_{n=-\infty}^{\infty} \delta(\omega - n\Omega), \Omega = \frac{2\pi}{T}.$$

可见，周期单位冲激序列的傅立叶变换中只包含位于 $\omega = 0, \pm\Omega, \pm 2\Omega, \cdots, \pm n\Omega, \cdots$ 频率处的冲激函数，其强度大小相等，均等于 $\Omega$，如图 2.6.2 所示。

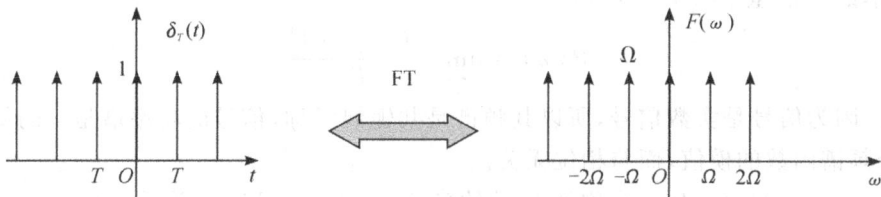

**图 2.6.2** $\delta_T(t)$ 的傅立叶变换频谱图

# 2.7　能量谱和功率谱

## 2.7.1　帕斯瓦尔能量恒等式

设非周期信号为 $f(t)$，其傅立叶变换为 $F(\text{j}\omega)$（也称为幅度谱密度函数），则信号能量为

$$E = \int_{-\infty}^{\infty} |f(t)|^2 \mathrm{d}t = \frac{1}{2\pi} \int_{-\infty}^{\infty} |F(\text{j}\omega)|^2 \mathrm{d}\omega = \int_{-\infty}^{\infty} |F(\text{j}\omega)|^2 \mathrm{d}f$$

## 2.7.2　能量谱

**能量谱密度函数**是指单位频率的信号能量，简称为**能量谱**，记为 $E(\omega)$。能量信号一般采用能量谱描述。

在频带 $\mathrm{d}f$ 内信号的能量为 $E(\omega)\mathrm{d}f$，因而信号在整个频率范围的总能量为：

$$E = \int_{-\infty}^{\infty} E(\omega)\mathrm{d}f = \frac{1}{2\pi} \int_{-\infty}^{\infty} E(\omega)\mathrm{d}\omega$$

由帕斯瓦尔关系得到能量密度谱为：

$$E(\omega) = |F(j\omega)|^2$$

即能量密度谱等于频谱密度谱的平方。因为信号是实数信号,所以其频谱是共轭偶对称,信号的能量谱是 $\omega$ 的偶函数,它只取决于频谱函数的模值,而与相位无关。

由于自相关函数 $R(t) \leftrightarrow F(j\omega)F^*(j\omega) = |F(j\omega)|^2$,所以

$$R(t) \leftrightarrow E(\omega)$$

结论:能量有限信号的能量谱函数与自相关函数是一对傅立叶变换对。

### 2.7.3　功率谱

**功率谱密度函数**是指单位频率的信号平均功率,简称**功率谱**,记为 $P(\omega)$。功率信号一般采用功率谱描述。

在频带 $\mathrm{d}f$ 内信号的平均功率为 $P(\omega)\mathrm{d}f$,因而信号在整个频率范围的平均功率为:

$$P = \int_{-\infty}^{\infty} P(\omega)\mathrm{d}f = \frac{1}{2\pi}\int_{-\infty}^{\infty} P(\omega)\mathrm{d}\omega$$

因为,功率谱＝能量谱$/T$,所以有:

$$P(\omega) = \lim_{T \to \infty} \frac{|F_T(j\omega)|^2}{T}$$

由此可见,因为信号是实数信号,所以其频谱是共轭偶对称,信号的功率谱是 $\omega$ 的偶函数,它只取决于频谱函数的模值,而与相位无关。

$$R(t) \leftrightarrow P(\omega) [称维纳-欣钦(Wiener-Khintchine) 关系式]$$

结论:功率有限信号(一般指周期信号)的功率谱函数与自相关函数是一对傅立叶变换对。

【**例 2.7.1**】求余弦信号 $f(t) = E\cos(\omega_1 t)$ 的自相关函数和功率谱。

解:对此功率有限信号,由自相关函数的定义,得

$$\begin{aligned}
R(\tau) &= \lim_{T \to \infty}\left[\frac{1}{T}\int_{-\frac{T}{2}}^{\frac{T}{2}} f(t)f(t-\tau)\mathrm{d}t\right]\\
&= \lim_{T \to \infty}\frac{E^2}{T}\int_{-\frac{T}{2}}^{\frac{T}{2}}\cos(\omega_1 t)\cos[\omega_1(t-\tau)]\mathrm{d}t\\
&= \lim_{T \to \infty}\frac{E^2}{T}\int_{-\frac{T}{2}}^{\frac{T}{2}}\cos(\omega_1 t)[\cos(\omega_1 t)\cos(\omega_1 \tau) + \sin(\omega_1 t)\sin(\omega_1 \tau)]\mathrm{d}t\\
&= \lim_{T \to \infty}\frac{E^2}{T}\cos(\omega_1 \tau)\int_{-\frac{T}{2}}^{\frac{T}{2}}\cos^2(\omega_1 t)\mathrm{d}t = \frac{E^2}{2}\cos(\omega_1 \tau)
\end{aligned}$$

因为功率有限信号的功率谱函数与自相关函数是一对傅立叶变换,所以功率谱为:

$$P(\omega) = \int_{-\infty}^{\infty} R(\tau)e^{-j\omega\tau}\mathrm{d}\tau = \frac{E^2\pi}{2}[\delta(\omega-\omega_1) + \delta(\omega+\omega_1)]$$

# 2.8　LTI 系统的频域分析

LTI 系统的傅立叶分析是将输入信号分解为无穷多项不同频率的虚指数函数之和。其

基本信号为虚指数函数 $e^{j\omega t}$。

### 2.8.1　基本信号 $e^{j\omega t}$ 作用于 LTI 系统的响应

设 LTI 系统的冲激响应为 $h(t)$，当激励信号为角频率 $\omega$ 的基本信号 $e^{j\omega t}$ 时，则响应为

$$y(t)=h(t)*e^{j\omega t}=\int_{-\infty}^{\infty}h(\tau)e^{j\omega(t-\tau)}\mathrm{d}\tau=\int_{-\infty}^{\infty}h(\tau)e^{-j\omega\tau}\mathrm{d}\tau\cdot e^{j\omega t}$$

式中积分 $\int_{-\infty}^{\infty}h(\tau)e^{-j\omega\tau}\mathrm{d}\tau$ 正好是冲激响应 $h(t)$ 的傅立叶变换，记为 $H(j\omega)$。称 $H(j\omega)$ 为系统的**频率响应**。因此，系统冲激响应 $h(t)$ 反映了该系统的时域特征，而系统的频率响应 $H(j\omega)$ 反映了该系统的频域特征，二者的关系为一个傅立叶变换对。

$$y(t)=H(j\omega)e^{j\omega t}$$

系统输出信号 $y(t)$ 只改变输入信号 $e^{j\omega t}$ 的幅度及相位。$H(j\omega)$ 反映了系统响应 $y(t)$ 的幅度和相位随频率变化情况。

### 2.8.2　一般信号作用于 LTI 系统的响应

设 LTI 系统的单位冲激响应为 $h(t)$，激励为一般信号 $f(t)$，根据 LTI 系统在任意信号 $f(t)$ 作用下的零状态响应 $y(t)$ 是 $f(t)$ 与 $h(t)$ 的卷积积分，则

$$y(t)=h(t)*f(t)$$

根据卷积性质得 $Y(j\omega)=H(j\omega)F(j\omega)$，**频率响应** $H(j\omega)$ 可定义为系统零状态响应的傅立叶变换 $Y(j\omega)$ 与激励 $f(t)$ 的傅立叶变换 $F(j\omega)$ 之比，即

$$H(j\omega)=\frac{Y(j\omega)}{F(j\omega)}$$

$$H(j\omega)=|H(j\omega)|e^{j\varphi(\omega)}=\frac{|Y(j\omega)|}{|F(j\omega)|}e^{j[\varphi_y(\omega)-\varphi_f(\omega)]}$$

$|H(j\omega)|$ 称为幅频特性（或幅频响应）；$\varphi(\omega)$ 称为相频特性（或相频响应）。$|H(j\omega)|$ 是 $\omega$ 的偶函数，$\varphi(\omega)$ 是 $\omega$ 的奇函数。

LTI 系统频域分析过程如图 2.8.1 所示，分析步骤为：

(1) 对输入信号 $f(t)$ 进行傅立叶变换得 $F(j\omega)$；

(2) 求系统频率响应函数 $H(j\omega)$；

(3) 求输出频率响应 $Y(j\omega)=F(j\omega)H(j\omega)$；

(4) 求 $Y(j\omega)$ 傅立叶逆变换，得系统输出信号 $y(t)$。

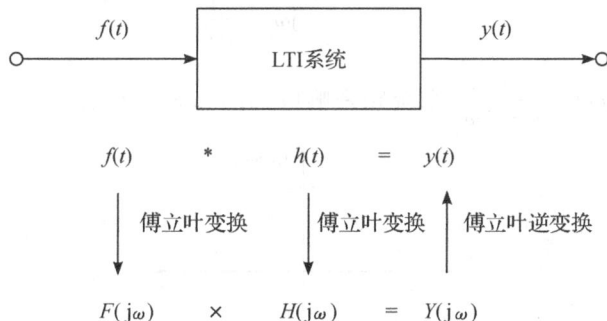

**图 2.8.1　LTI 系统的响应图**

### 2.8.3 频率响应函数的求法

系统频率响应函数 $H(j\omega)$ 的常用求法有：

(1) 由微分方程求解。对微分方程两边取傅立叶变换。

(2) 由电路相量模型图直接求出。

【例2.8.1】二阶电路如图2.8.2所示。其输入信号为 $u_s(t)$ ，输出 $u_C$ ，求系统频率响应。

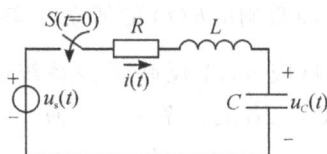

**图 2.8.2　二阶电路图**

解：列出电路微分方程为

$$LC\frac{\mathrm{d}^2 u_C}{\mathrm{d}t^2} + RC\frac{\mathrm{d}u_C}{\mathrm{d}t} + u_C = u_s$$

对式子进行傅立叶变换 $LC(j\omega)^2 u_C(j\omega) + RC(j\omega)u_C(j\omega) + u_C(j\omega) = u_s(j\omega)$ ，

频率响应为 $H(j\omega) = \dfrac{u_C(j\omega)}{u_s(j\omega)} = \dfrac{1}{LC(j\omega)^2 + RC(j\omega) + 1}$ 。

【例2.8.2】如图2.8.3(a)所示为 $RC$ 低通网络，输入电压 $u_1(t)$ 为如图2.8.3(b)所示矩形脉冲，利用傅立叶变换分析求 $u_2(t)$ 。

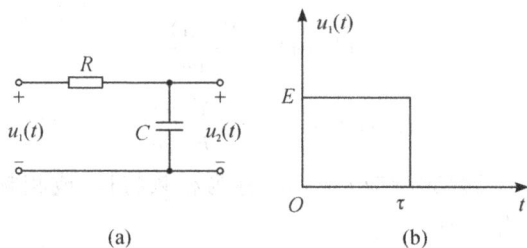

(a)　　　　　　　　　　　　(b)

**图 2.8.3　RC 低通网络**

解：根据相量模型得频率响应

$$H(j\omega) = \frac{\dfrac{1}{RC}}{j\omega + \dfrac{1}{RC}}$$

令 $\alpha = \dfrac{1}{RC}$ ， $H(j\omega) = \dfrac{\alpha}{\alpha + j\omega}$ ，系统频率响应如图2.8.4所示。

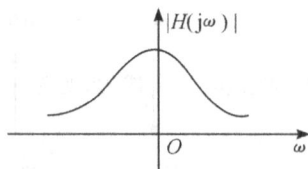

**图 2.8.4　RC 低通网络幅频特性**

因为由输入信号图得 $u_1(t) = E[u(t) - u(t-\tau)]$，所以

$$U_1(j\omega) = E\pi\delta(\omega) + \frac{E}{j\omega} - E\pi\delta(\omega)e^{-j\omega\tau} - \frac{E}{j\omega}e^{-j\omega\tau}$$

$$= \frac{E}{j\omega}(1 - e^{-j\omega\tau})$$

（1）输入、输出信号频谱分析

$$U_1(j\omega) = \frac{E}{j\omega}(e^{j\frac{\omega\tau}{2}} - e^{-j\frac{\omega\tau}{2}}) \cdot e^{-j\frac{\omega\tau}{2}}$$

$$= E\tau Sa(\frac{\omega\tau}{2})e^{-j\frac{\omega\tau}{2}}$$

$$|U_1(j\omega)| = \left| E\tau Sa(\frac{\omega\tau}{2}) \right|$$

其幅频特性如图 2.8.5(a) 所示。

又因为 $U_2(j\omega) = H(j\omega) \cdot U_1(j\omega)$，所以

$$U_2(j\omega) = \frac{\alpha}{\alpha + j\omega}\left[ E\tau Sa(\frac{\omega\tau}{2}) \right]e^{-j\frac{\omega\tau}{2}} = |U_2(j\omega)|e^{j\varphi_2(\omega)}$$

$$|U_2(j\omega)| = \frac{2\alpha E\left| \sin\left(\frac{\omega\tau}{2}\right) \right|}{\sqrt{\alpha^2 + \omega^2}}, \quad |U_2(j\omega)| = \frac{2E\left| \sin\frac{\omega\tau}{2} \right|}{\omega RC\sqrt{\frac{1}{R^2C^2} + \omega^2}}$$

其幅频特性如图 2.8.5(b) 所示。

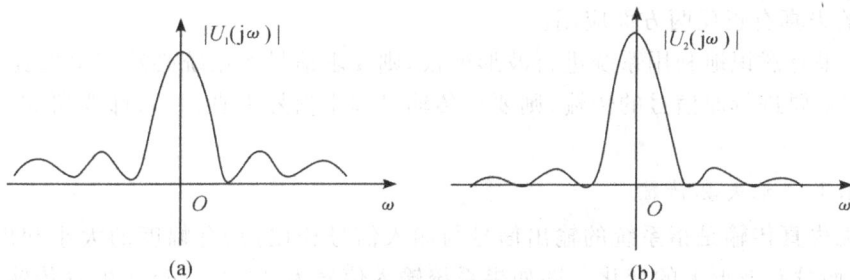

**图 2.8.5　输入、输出信号频谱图**

（2）求响应

$$U_2(j\omega) = \frac{\alpha}{\alpha + j\omega} \cdot \frac{E}{j\omega}(1 - e^{-j\omega\tau}) = E(\frac{1}{j\omega} - \frac{1}{\alpha + j\omega})(1 - e^{-j\omega\tau})$$

$$= E\frac{1}{j\omega}(1 - e^{-j\omega\tau}) - \frac{E}{\alpha + j\omega}(1 - e^{-j\omega\tau})$$

又因为 $\dfrac{E}{j\omega}(1 - e^{-j\omega\tau}) \xrightarrow{F^{-1}} E[u(t) - u(t-\tau)]$，$\dfrac{E}{j\omega + \alpha} \xrightarrow{F^{-1}} Ee^{-at}u(t)$

所以 $u_2(t) = E[u(t) - u(t-\tau)] - E[e^{-at}u(t) - e^{-a(t-\tau)}u(t-\tau)]$

$$= E(1 - e^{-\frac{1}{RC}t})u(t) - E[1 - e^{-\frac{1}{RC}(t-\tau)}]u(t-\tau)$$

其波形如图 2.8.6 所示，对比输入、输出波形可见，输出是失真的，原因是高频部分被滤除了。

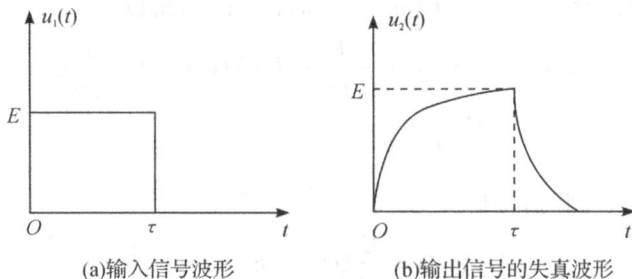

(a)输入信号波形  (b)输出信号的失真波形

图 2.8.6　输入及输出波形

### 2.8.4　无失真传输与滤波

线性系统引起信号失真有两方面因素：

（1）幅度失真。系统对信号中各频率分量的幅度产生不同程度的衰减，使响应信号各频率分量的相对幅度产生变化。

（2）相位失真。系统对信号中各频率分量产生的相移与频率不成正比，使响应各频率分量在时间轴上的相对位置发生变化，即引起相位失真。

说明：

（1）线性系统的幅度失真与相位失真都不产生新的频率分量。

（2）对于非线性系统，由于非线性特性对所传输信号产生非线性失真，因而非线性失真可能产生新的频率分量。

信号的失真有正反两方面应用：

（1）如果有意识地利用系统进行波形变换，则要求信号经系统必然产生失真。

（2）如果要进行原信号的传输，则要求传输过程中信号失真最小，即要研究无失真传输的条件。

#### 2.8.4.1　无失真传输

信号**无失真传输**是指系统的输出信号与输入信号相比，只有幅度的大小和出现时间的先后不同，而没有波形上的变化。即如果系统输入信号为 $f(t)$，经过无失真传输后，则输出信号应为

$$y(t) = Kf(t - t_d)$$

其频谱关系为 $Y(\mathrm{j}\omega) = K\mathrm{e}^{-\mathrm{j}\omega t_d}F(\mathrm{j}\omega)$。

如果系统要实现无失真传输，则对系统 $h(t)$，$H(\mathrm{j}\omega)$ 的要求是：

（1）系统冲激响应 $h(t)$ 满足 $h(t) = K\delta(t - t_d)$；

（2）系统频率响应函数 $H(\mathrm{j}\omega)$ 满足 $H(\mathrm{j}\omega) = \dfrac{Y(\mathrm{j}\omega)}{F(\mathrm{j}\omega)} = K\mathrm{e}^{-\mathrm{j}\omega t_d}$，即幅频特性为 $|H(\mathrm{j}\omega)| = K$，

相频特性为 $\varphi(\omega) = -\omega t_d$，如图 2.8.7 所示，也就是全通理想滤波器。

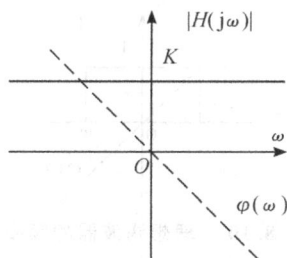

图 2.8.7　无失真系统的频率特性

**【例 2.8.3】**电路如图 2.8.8 所示，$C=1$ F，$L=1$ H，求电路的系统函数 $H(s)$。若输出电压 $u_0(t)$ 与输入电流 $f(t)$ 无波形失真，确立一组 $R_1$，$R_2$ 满足此条件，并确定传输过程有无延时。

解：电路的 $S$ 域模型如图 2.8.9 所示。

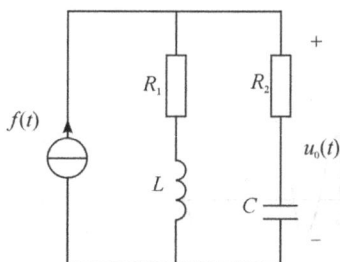

图 2.8.8　例 2.8.3 电路图　　　　图 2.8.9　$S$ 域模型

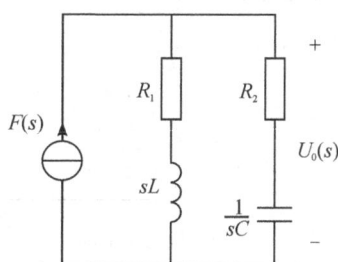

电路的系统函数 $H(s)$ 为

$$H(s) = \frac{U_0(s)}{F(s)} = (R_1 + s) \; /\!/ \; (R_2 + \frac{1}{s}) = \frac{R_2 s^2 + (1 + R_1 R_2)s + R_1}{s^2 + (R_1 + R_2)s + 1}$$

要实现无失真传输，应满足：

$$H(s) = K e^{-st_0} \quad (K, t_0 \text{ 为常数})$$

对比上面两个式子，可得

$$\begin{cases} t_0 = 0 \quad \text{（说明传输过程中无延时）} \\ \dfrac{R_2 s^2 + (1 + R_1 R_2)s + R_1}{s^2 + (R_1 + R_2)s + 1} = R_2 \dfrac{s^2 + (1 + R_1 R_2)s/R_2 + R_1/R_2}{s^2 + (R_1 + R_2)s + 1} = K \end{cases}$$

要使上式成立，应满足：

$$\begin{cases} \dfrac{R_1}{R_2} = 1 \\ \dfrac{1 + R_1 R_2}{R_2} = R_1 + R_2 \end{cases} \Rightarrow R_1 = R_2 = 1 (\Omega)$$

#### 2.8.4.2　理想低通滤波器

具有如图 2.8.10 所示幅频、相频特性的系统称为**理想低通滤波器**。$\omega_c$ 称为截止角频率。

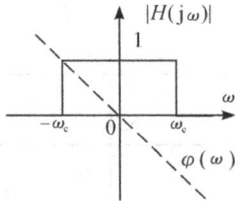

图 2.8.10　理想滤波器的频率特性

根据图 2.8.10，理想低通滤波器的频率响应可写为：

$$H(j\omega) = \begin{cases} e^{-j\omega t_d}, & |\omega| < \omega_c \\ 0, & |\omega| > \omega_c \end{cases} = g_{2\omega_c}(\omega)e^{-j\omega t_d}$$

对理想低通滤波器的 $H(j\omega)$ 求傅立叶逆变换，得其冲激响应为：$h(t) = F^{-1}[g_{2\omega_c}(\omega)e^{-j\omega t_d}] = \dfrac{\omega_c}{\pi}Sa[\omega_c(t-t_d)]$，其波形如图 2.8.11 所示。

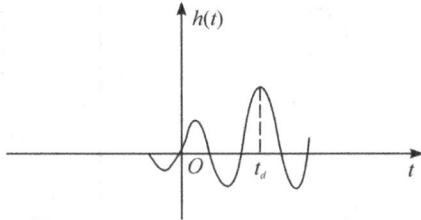

图 2.8.11　理想滤波器的冲激响应

由冲激响应求理想低通滤波器的阶跃响应为：

$$s(t) = h(t) * \varepsilon(t) = \int_{-\infty}^{t} h(\tau)d\tau = \int_{-\infty}^{t} \frac{\omega_c}{\pi} \frac{\sin[\omega_c(\tau-t_d)]}{\omega_c(\tau-t_d)}d\tau$$

$$= \frac{1}{2} + \frac{1}{\pi}\int_{0}^{\omega_c(t-t_d)} \frac{\sin x}{x}dx = \frac{1}{2} + \frac{1}{\pi}Sa[\omega_c(t-t_d)]$$

波形如图 2.8.12 所示。

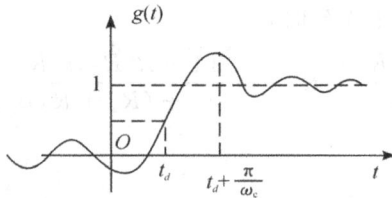

图 2.8.12　理想滤波器的阶跃响应

由理想滤波器的阶跃响应波形可见，系统有明显失真，只要 $\omega_c < \infty$，则必有振荡，其过冲比稳态值高约 9%。这一由频率截断效应引起的振荡现象称为吉布斯现象。

第一个极大值：$g_{max} = \dfrac{1}{2} + \dfrac{1}{\pi}Sa[\pi] = 1.0895$。

### 2.8.4.3　物理可实现系统

物理可实现系统的条件是：

（1）从时域特性而言，一个物理可实现的系统，其冲激响应在 $t < 0$ 时必须为 0，即 $h(t) = 0, t < 0$。或者说响应不应在激励作用之前出现，即 $h(t) = h(t)\varepsilon(t)$。时域条件是充分必要条件。

（2）从频域特性来说，佩利（Paley）和维纳（Wiener）证明了物理可实现的幅频特性条件为 $\int_{-\infty}^{\infty} |H(j\omega)|^2 d\omega < \infty$，即幅频特性满足平方可积，并且满足佩利-维纳准则 $\int_{-\infty}^{\infty} \frac{|\ln|H(j\omega)||}{1+\omega^2} d\omega < \infty$。

佩利-维纳准则是系统可实现的必要条件，要求系统幅频特性总的衰减不能过于迅速。

如果 $H(j\omega)$ 是 $(j\omega)$ 的有理多项式，则总能满足上述条件，即是因果物理可实现系统。

### 2.8.5 能量谱和功率谱分析

能量谱和功率谱常用于随机信号分析。

如果 $f(t), y(t)$ 是有限信号，$f(t)$ 的能量谱密度为 $E_f(\omega)$，频谱密度为 $F(j\omega)$，$y(t)$ 的能量谱密度为 $E_y(\omega)$，频谱密度为 $Y(j\omega)$，则

$$E_f(\omega) = |F(j\omega)|^2, \quad E_y(\omega) = |Y(j\omega)|^2$$

因为 $|Y(j\omega)|^2 = |H(j\omega)|^2 |F(j\omega)|^2$，所以 $E_y(\omega) = |H(j\omega)|^2 E_f(\omega)$。

【例 2.8.4】对于白噪声，其功率谱密度为 $P_N(\omega) = N$（常量），$-\infty < \omega < \infty$。求自相关函数。

解：利用维纳-欣钦关系式，得自相关函数 $R_N(\tau) = N\delta(\tau)$。

由于白噪声的功率谱密度为常数，所以白噪声的自相关函数为冲激函数，表明白噪声在各时刻的取值杂乱无章，没有任何相关性。

对于 $\tau \neq 0$ 的所有时刻，$R_N(\tau)$ 都取 0，仅在 $\tau = 0$ 时为强度等于 $N$ 的冲激。

【例 2.8.5】功率密度为 $N$ 的白噪声通过如图 2.8.13 所示 RC 低通网络，求输出的功率 $P_y(\omega)$ 及自相关函数 $R_y(\tau)$，并求输出的平均功率 $P_y$。

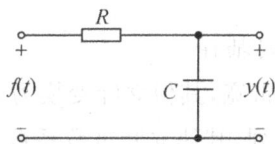

**图 2.8.13 RC 低通网络**

解：输入 $f(t)$ 的功率谱为 $P_f(\omega) = N$，

系统函数：
$$H(j\omega) = \frac{\dfrac{1}{RC}}{\dfrac{1}{RC} + j\omega} = \frac{1}{1 + j\omega RC}$$

输出功率谱：
$$P_y(\omega) = P_f(\omega)|H(j\omega)|^2 = N\frac{1}{1+(\omega RC)^2}$$

自相关函数：
$$R_y(\tau) = F^{-1}[P_y(\omega)] = F^{-1}\left[\frac{N}{1+(\omega RC)^2}\right]$$

$$R_y(\tau) = \frac{N}{2RC} e^{-\frac{1}{RC}|t|}$$

平均功率：

$$P_y = \frac{1}{2\pi} \int_{-\infty}^{\infty} P_y(\omega) d\omega = \frac{1}{\pi} \int_0^{\infty} \frac{1}{1+(\omega RC)^2} d\omega$$

$$= \frac{N}{\pi RC} \arctan(R\omega C) \Big|_0^{\infty} = \frac{N}{2RC}$$

# 2.9 抽样定理

抽样定理论述了在一定条件下，一个连续信号完全可以用离散样本值表示。这些样本值包含了该连续信号的全部信息，利用这些样本值可以恢复原信号。可以说，抽样定理在连续信号与离散信号之间架起了一座桥梁，为其互为转换提供了理论依据。

## 2.9.1 信号的抽样

利用取样脉冲序列 $p(t)$ 从连续信号 $f(t)$ 中抽取一系列的离散值，这些离散值信号称为**抽样信号**，记为 $f_s(t)$。从数学上讲，抽样过程就是信号相乘的过程，即 $f_s(t) = f(t)p(t)$，因此，可以使用傅立叶变换的频域卷积性质来求抽样信号 $f_s(t)$ 的频谱。常用的抽样脉冲序列有周期矩形脉冲序列和周期冲激序列。数字信号处理过程如图 2.9.1 所示。

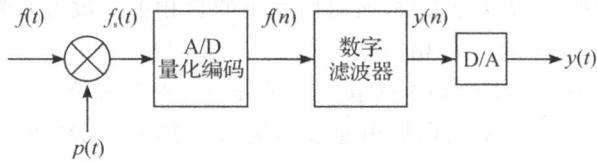

**图 2.9.1 数字信号处理过程**

### 2.9.1.1 周期矩形脉冲序列抽样

如果原连续信号 $f(t)$ 为有限带宽，其傅立叶变换为 $F(j\omega)$，其中 $-\omega_m < \omega < \omega_m$；抽样脉冲 $p(t)$ 是一个周期矩形脉冲序列，其傅立叶级数系数为 $P_n$，抽样脉冲 $p(t)$ 的傅立叶变换为 $P(j\omega) = 2\pi \sum_{n=-\infty}^{\infty} P_n \delta(\omega - n\omega_s)$，式中 $\omega_s = \frac{2\pi}{T_s}$ 为抽样角频率，$T_s$ 为取样间隔，则抽样信号 $f_s(t)$ 的傅立叶变换为

$$F_s(j\omega) = \frac{1}{2\pi} F(j\omega) * P(j\omega) = \sum_{n=-\infty}^{\infty} F(j\omega) * P_n \delta(\omega - n\omega_s) = \sum_{n=-\infty}^{\infty} P_n F[j(\omega - n\omega_s)]$$

即

$$F_s(j\omega) = \sum_{n=-\infty}^{\infty} P_n F[j(\omega - n\omega_s)]$$

上式表明，信号在时域被抽样后，它的频谱是原连续信号频谱以抽样角频率为间隔周期的延拓，即信号在时域抽样或离散化相当于频域周期化，其频谱幅度受抽样脉冲序列的傅立叶系数加权，即被 $P_n$ 加权。

画 $f_s(t)$ 的频谱时,设定 $\omega_s \geqslant 2\omega_m$,这时其频谱不发生混叠,因此可利用低通滤波器从 $F_s(j\omega)$ 中取出 $F(j\omega)$,即从 $f_s(t)$ 中重建原信号 $f(t)$,否则将发生混叠。设抽样脉冲的宽度为 $\tau$,周期为 $T_s$,则抽样信号频谱图如图 2.9.2 所示。

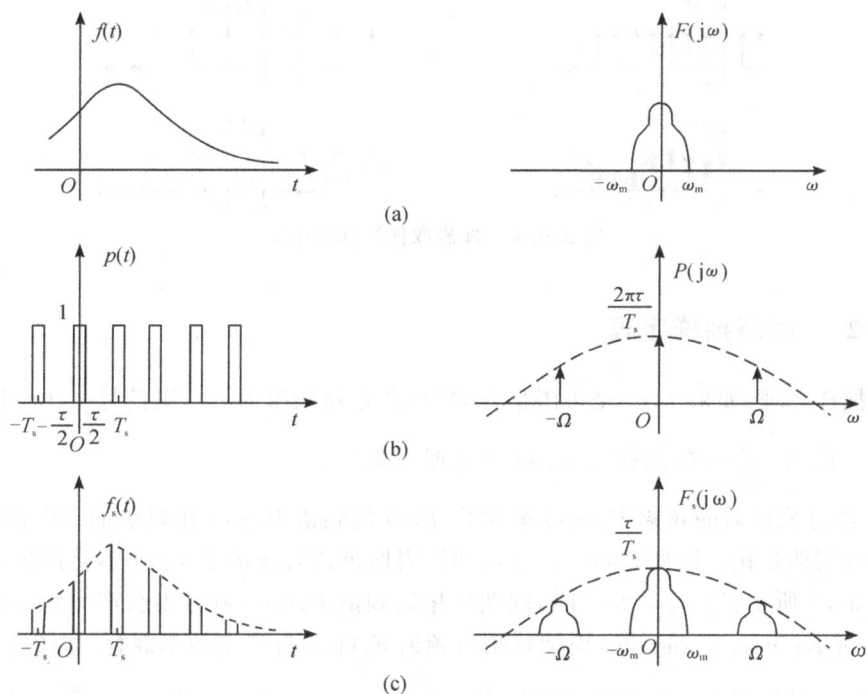

**图 2.9.2 取样信号频谱图**

### 2.9.1.2 理想抽样

**理想抽样**是指采用周期单位冲激序列信号 $\delta_{T_s}(t)$ 进行抽样,如图 2.9.3 所示。

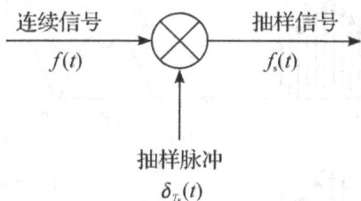

**图 2.9.3 理想取样**

设频带为 $-\omega_m < \omega < \omega_m$ 的有限带宽连续信号 $f(t)$ 的傅立叶变换为 $F(j\omega)$,周期为 $T_s$ 的单位冲激序列 $\delta_{T_s}(t)$ 的傅立叶系数为 $F_n = \dfrac{1}{T_s}\displaystyle\int_0^{T_s} f(t)\mathrm{e}^{-jn\Omega t}\,\mathrm{d}t = \dfrac{1}{T_s}$,则抽样信号 $f_s(t)$ 傅立叶变换为

$$F_s(j\omega) = \sum_{n=-\infty}^{\infty} P_n F[j(\omega - n\omega_s)] = \frac{1}{T_s}\sum_{n=-\infty}^{\infty} F[j(\omega - n\omega_s)]$$

上式表明,信号在时域被理想抽样后,它的频谱是原连续信号频谱以抽样角频率为间隔周期的延拓,即信号在时域抽样或离散化相当于频域周期化。其频谱幅度受单位冲激序列的傅立叶系数加权,即被除以 $T_s$。理想抽样及其频谱图如图 2.9.4 所示。

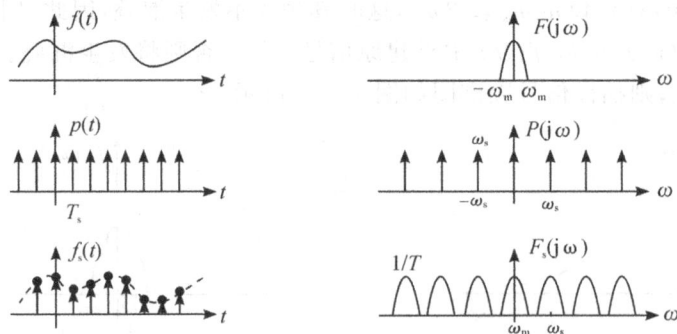

图 2.9.4　理想取样及其频谱图

### 2.9.2　时域抽样定理

**时域抽样定理**：如果 $f(t)$ 是带限信号，最高截止角频率为 $\omega_m$，则信号 $f(t)$ 可以用均匀等间隔 $T_s$（$T_s \leqslant \dfrac{1}{2f_m}$）的抽样值 $f(nT_s)$ 来唯一确定。

$f(t)$ 经过抽样后的频谱 $F_s(j\omega)$ 就是将 $f(t)$ 的频谱 $F(j\omega)$ 在频率轴上以抽样频率 $\omega_s$ 为间隔进行周期延拓。因此，当 $\omega_s > 2\omega_m$ 时，周期延拓后频谱 $F_s(j\omega)$ 不会产生频率混叠，如图 2.9.5(a) 所示；当 $\omega_s = 2\omega_m$ 时，周期延拓后频谱 $F_s(j\omega)$ 刚好不会产生频率混叠，如图 2.9.5(b) 所示；当 $\omega_s < 2\omega_m$ 时，周期延拓后频谱 $F_s(j\omega)$ 将产生频率混叠，如图 2.9.5(c) 所示。通常把满足抽样定理要求的最低抽样频率 $f_s = 2f_m$（即 $f_s = \dfrac{\omega_s}{2\pi}$，$f_m = \dfrac{\omega_m}{2\pi}$）称为奈奎斯特频率，把最大允许的取样间隔 $T_s = \dfrac{1}{f_s} = \dfrac{1}{2f_m}$ 称为奈奎斯特间隔。

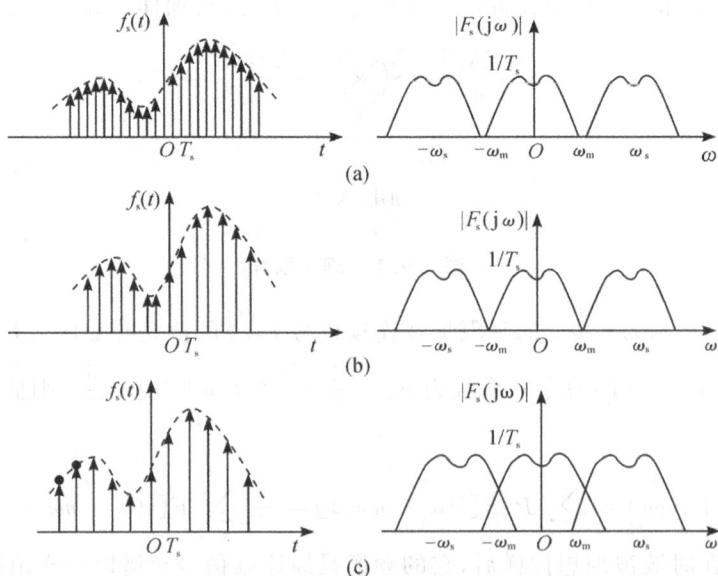

图 2.9.5　抽样定理示意图

### 2.9.3 频域抽样定理

根据时域与频域的对偶性,可推出**频域抽样定理**:一个在时域持续区间$[-t_m, t_m]$以外为 0 的时限信号 $f(t)$ 的频谱函数为 $F(j\omega)$(即持续时间 $2t_m$ 的信号对应最小的频率为 $\frac{1}{2t_m}$),如果频域抽样间隔满足 $f_s \leqslant \frac{1}{2t_m}$,则 $F(j\omega)$ 可唯一地由其在均匀间隔 $f_s$ 上的样点值 $F(jn\omega_s)$ 确定。即

$$F(j\omega) = \sum_{n=-\infty}^{\infty} F\left(j\frac{n\pi}{t_m}\right) Sa(\omega t_m - n\pi)$$

式中 $t_m = \frac{1}{2f_s}$。

### 2.9.4 信号重建

抽样定理表明,当取样间隔小于奈奎斯特间隔时,可以使用抽样信号唯一确定原信号,即信号的重建。信号重建电路可以采用截止频率 $\omega_c \geqslant \omega_m$ 的理想低通滤波器实现从抽样信号的频谱中无失真地恢复原信号。该理想低通滤波器也称为重建滤波器。抽样信号重建过程如图 2.9.6 所示。

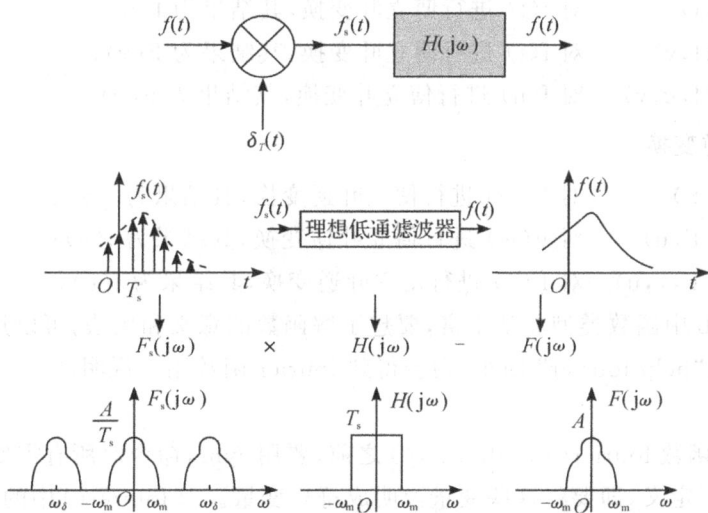

**图 2.9.6  抽样信号重建过程**

设理想低通滤波器的冲激响应为 $h(t)$,则

$$f(t) = f_s(t) * h(t)$$

式中,$f_s(t) = f(t) \sum_{n=-\infty}^{\infty} \delta(t - nT_s) = \sum_{n=-\infty}^{\infty} f(nT_s)\delta(t - nT_s)$,$h(t) = T_s \frac{\omega_c}{\pi} Sa(\omega_c t)$。

所以,$f(t) = \sum_{n=-\infty}^{\infty} f(nT_s)\delta(t - nT_s) * T_s \frac{\omega_c}{\pi} Sa(\omega_c t)$

$$= T_s \frac{\omega_c}{\pi} \sum_{n=-\infty}^{\infty} f(nT_s) \text{Sa}[\omega_c(t - nT_s)]$$

上式也称**内插公式**，它表明连续信号可展开为抽样函数 $\text{Sa}(t)$ 的无穷级数，该级数的系数为抽样值 $f(nT_s)$。也就是说，如果在抽样信号 $f_s(t)$ 的每个样点处，画一个最大峰值为 $f(nT_s)$ 的 $\text{Sa}(t)$ 函数波形，则其相加波形就是原连续信号 $f(t)$。所以，只要已知各取样点的值 $f(nT_s)$，就能唯一地确定出原连续信号 $f(t)$。

# 2.10　连续系统频域分析的 Matlab 实现

## 2.10.1　傅立叶变换

在 Matlab 中实现傅立叶变换的方法有两种：一种是利用 Matlab 中的符号数学工具箱提供的专用函数直接求解函数的傅立叶变换和傅立叶逆变换，另一种是傅立叶变换的数值计算实现法。下面分别介绍这两种实现方法的原理。

### 2.10.1.1　符号数学法

**1. 傅立叶变换**

F = fourier(f)　　　对 f(t) 进行傅立叶变换，其结果为 F(w)；

F = fourier(f,v)　　对 f(t) 进行傅立叶变换，其结果为 F(v)；

F = fourier(f,u,v)　对 f(u) 进行傅立叶变换，其结果为 F(v)。

**2. 傅立叶逆变换**

f = ifourier(F)　　　对 F(w) 进行傅立叶逆变换，其结果为 f(x)；

f = ifourier(F,u)　　对 F(w) 进行傅立叶逆变换，其结果为 f(u)；

f = ifourier(F,v,u)　对 F(v) 进行傅立叶逆变换，其结果为 f(u)。

由于 Matlab 中函数类型非常丰富，要想了解函数的意义和用法，可以用 help 命令。如在命令窗口键入"help fourier"回车，则会得到 fourier 函数用法说明。

注意：

（1）在调用函数 fourier() 及 ifourier() 之前，要用 syms 命令对所有需要用到的变量（如 t,u,v,w 等）进行定义，即要将这些变量说明成符号变量。对 fourier() 中的 f 及 ifourier() 中的 F 也可用符号定义符 sym 将其说明为符号表达式。

（2）采用 fourier() 及 ifourier() 得到的返回函数，仍然为符号表达式。在对其作图时要用 ezplot() 符号绘图函数，而不能用 plot() 设置绘图函数。

（3）fourier() 及 ifourier() 函数的应用有很多局限性，如果在返回函数中含有 $\delta(\omega)$ 等函数，则 ezplot() 函数也无法作出图来。另外，在用 fourier() 函数对某些信号进行变换时，其返回函数如果包含一些不能直接表达的式子，则此时当然也就无法作图了。这是 fourier() 函数的一个局限。另一个局限是在很多场合，尽管原时间信号 $f(t)$ 是连续的，但却不能表示成符号表达式，此时只能应用下面介绍的数值计算法来进行傅立叶变换了。当然，大多数情况下,用数值计算法所求的频谱函数只是一种近似值。

【例 2.10.1】求门函数 $f(t) = \varepsilon(t+1) - \varepsilon(t-1)$ 的傅立叶变换,并画出幅度频谱图。

解:程序如下

```
syms t w                          % 定义两个符号变量 t,w
Gt = Heaviside(t + 1) − Heaviside(t − 1);   % 产生门宽为 2 的门函数
Fw = fourier(Gt,t,w);             % 对门函数做傅立叶变换求 F(jw)
FFP = abs(Fw);                    % 求振幅频谱 | F(jw) |
ezplot(FFP,[− 10 * pi 10 * pi]);grid on;   % 绘制函数图形,并加网格
axis([− 10 * pi 10 * pi 0 2.2])   % 限定坐标轴范围
```

运行结果如图 2.10.1 所示。

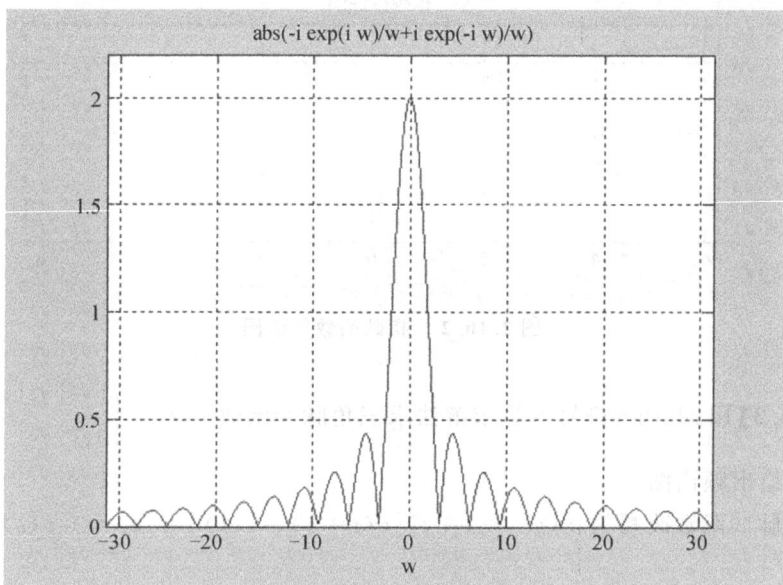

图 2.10.1　运行结果

【例 2.10.2】用 Matlab 符号运算求解法求单边指数信号 $f(t) = e^{-3t}\varepsilon(t)$ 的傅立叶变换,并绘出频谱图。

解:程序如下

```
syms t
f = exp(− 2 * t) * heaviside(t);
F = fourier(f);
subplot(211);
ezplot(abs(F)),grid on;
title('幅频特性图');
phase = atan(imag(F)/real(F));
subplot(212);
ezplot(phase);grid on;
```

title('相频特性图');

运行结果如图 2.10.2 所示。

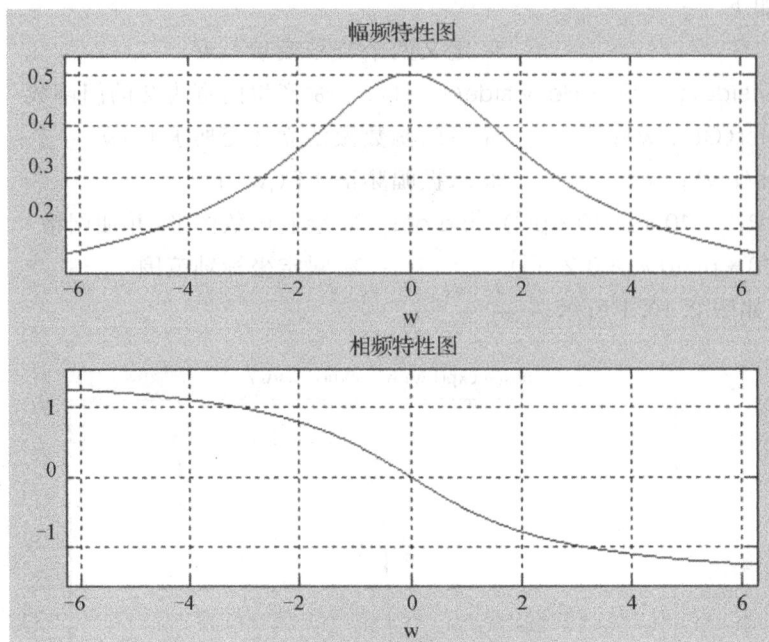

图 2.10.2　指数函数频谱图

【例 2.10.3】用 Matlab 符号运算求解法求三角脉冲函数 $f(t)=\begin{cases}1-|t|,|t|\leqslant 1\\0,\qquad|t|>1\end{cases}$ 的傅立叶变换，并绘出频谱图。

解：三角脉冲函数改写为 $f(t)=(1+t)[\varepsilon(t+1)-\varepsilon(t)]+(1-t)[\varepsilon(t)-\varepsilon(t-1)]$，程序如下

```
syms t
f = (1 + t) * (heaviside(t + 1) − heaviside(t)) + (1 − t) * (heaviside(t) − heaviside(t − 1));
F = fourier(f);
subplot(211);
ezplot(abs(F)),grid on;
title('幅频特性图');
phase = atan(imag(F)/real(F));
subplot(212);
ezplot(phase);grid on;
title('相频特性图');
```

运行结果如图 2.10.3 所示。

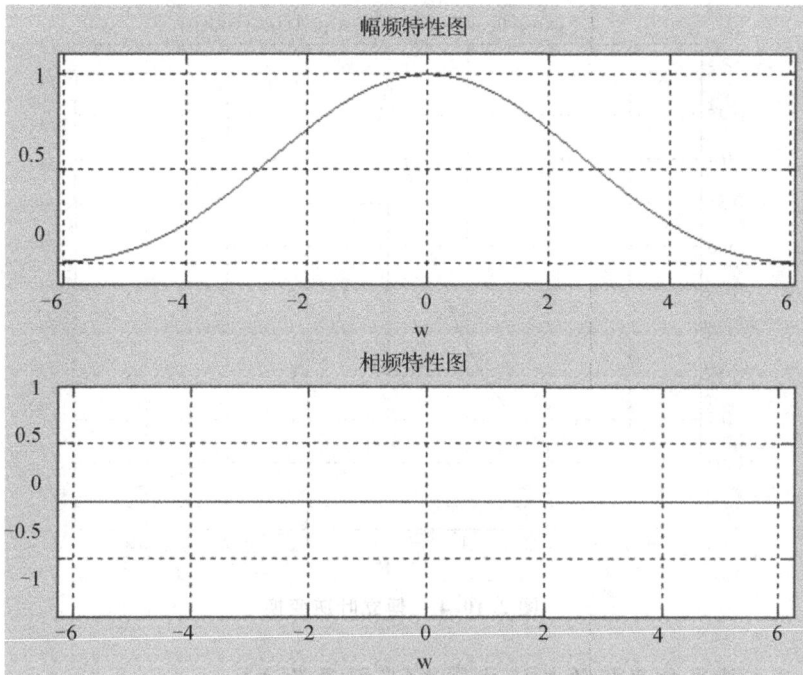

**图 2.10.3　三角函数频谱图**

【例 2.10.4】求函数 $F(j\omega) = \dfrac{1}{1 + \omega^2}$ 的傅立叶逆变换 $f(t)$。

解：程序如下

```
syms t w                % 定义两个符号变量 t,w
Fw = 1/(1 + w^2);       % 定义频谱函数 F(jw)
ft = ifourier(Fw,w,t);  % 对频谱函数 F(jw) 进行傅立叶逆变换
ezplot(ft);
grid on;
```

运行结果：

```
ft =
1/2 * exp(t) * heaviside(- t) + 1/2 * exp(- t) * heaviside(t)
```

波形如图 2.10.4 所示。

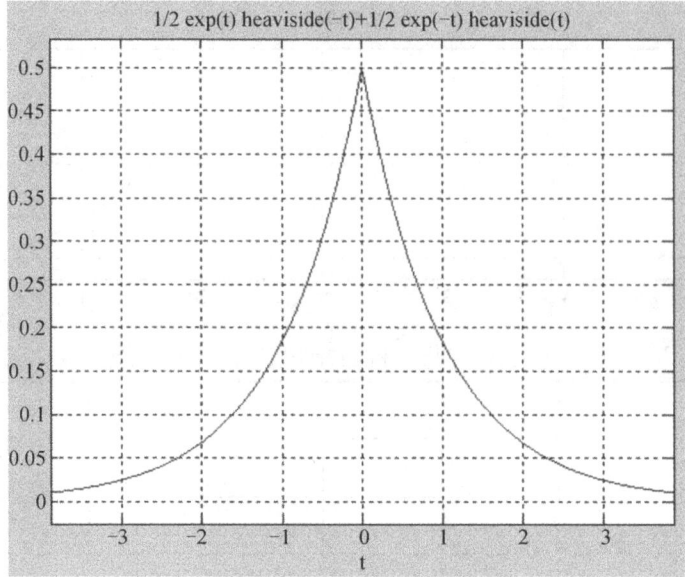

图 2.10.4　傅立叶逆变换

### 2.10.1.2　傅立叶变换的数值计算法(采样离散法)

严格说来,如果不使用符号数学工具箱,是不能分析连续时间信号的。采用数值计算方法实现连续时间信号的傅立叶变换,实质上只是借助于 Matlab 的强大数值计算功能,特别是其强大的矩阵运算能力而进行的一种近似计算。傅立叶变换的数值计算实现法的原理如下。

对于连续时间信号 $f(t)$,其傅立叶变换为:

$$F(j\omega) = \int_{-\infty}^{\infty} f(t)e^{-j\omega t}\,dt = \lim_{\tau \to 0} \sum_{n=-\infty}^{\infty} f(n\tau)e^{-j\omega n\tau}\tau$$

其中 $\tau$ 为取样间隔,如果 $f(t)$ 是时限信号,或者当 $|t|$ 大于某个给定值时,$f(t)$ 的值已经衰减到趋于 0,可以近似地看成是时限信号,则上式中的 $n$ 取值就是有限的,假定为 $N$,则:

$$F(j\omega) = \tau \sum_{n=0}^{N-1} f(n\tau)e^{-j\omega n\tau}$$

若对频率变量 $\omega$ 正频率进行 $M$ 点取样,得:

$$F(k) = F(j\omega_k) = \tau \sum_{n=0}^{N-1} f(n\tau)e^{-j\omega_k n\tau}, 0 < k < M-1$$

式中 $N$ 为时域取样点数,$M$ 为正频率域取样点数。通常取

$$\omega_k = \frac{\omega_s}{M}k = \frac{2\pi/\tau}{M}k = \frac{2\pi}{M\tau}k$$

式中 $\omega_s$ 是正频域要取样的频率范围,或信号的正频带宽度(即时域的采样频率)。采用 Matlab 实现上式时,其要点是要生成 $f(t)$ 的 $N$ 个样本值 $f(n\tau)$ 的向量,以及向量 $e^{-j\omega_k n\tau}$,然后求两向量的内积(即两矩阵的乘积),即完成上式的傅立叶变换的数值计算。

注意:时间取样间隔 $\tau$ 的确定,其依据是 $\tau$ 必须小于奈奎斯特取样间隔。如果 $f(t)$ 不是严格的带限信号,则可以根据实际计算的精度要求来确定一个适当的频率 $\omega_s$ 为信号的带宽。

【例 2.10.5】用数值计算法实现门函数 $f(t) = \varepsilon(t+1) - \varepsilon(t-1)$ 的傅立叶变换,并画出幅度频谱图。

解:该信号的频谱为 $F(j\omega) = 2\mathrm{Sa}(\omega)$,其第一个过零点频率为 $\pi$,一般将此频率认为是信号的带宽。但考虑到 $F(j\omega)$ 的形状(为抽样函数),假如将精度提高到该值的 50 倍,即取 $\omega_s = 50\omega_B = 50\pi$,则据此确定的奈奎斯特取样间隔为:$\tau \leqslant \dfrac{1}{2f_s} = \dfrac{1}{2 \times \dfrac{\omega_s}{2\pi}} = 0.02$。(采样间隔越小,能观察的频宽越大。)

Matlab 程序如下:

```
R = 0.02;                      % 取样间隔 τ = 0.02
t = -2:R:2;                    % t 为从 -2 到 2,间隔为 0.02 的行向量,有 201 个样本点
ft = (t >= -1 & t <= 1);       % ft 为 f(t) 的抽样样值行向量
W1 = 10 * pi;                  % W1 为要频域采样的正频率范围
M = 500;k = 0:M - 1;w = k * W1/M;   % 频域采样数为 M,w 为频率正半轴的采样点
Fw = ft * exp(- j * t' * w) * R;   % 求傅立叶变换 F(jw)
FRw = abs(Fw);                 % 取振幅
W = [- fliplr(w),w(2:M - 1)];  % 由信号双边频谱的偶对称性,利用 fliplr(w)
                               % 形成负半轴的点,函数 fliplr(w) 对矩阵 w 行
                               % 向量做 180° 反转,w(2:M - 1) 为正半轴的点
FW = [fliplr(FRw),FRw(2:M - 1)];   % 形成对应于 2M - 1 个频率点的值
Subplot(2,1,1);plot(t,ft);grid;    % 画出原时间函数 f(t) 的波形,并显示网格
xlabel('t');ylabel('f(t)');        % 坐标轴标注
title('f(t) = u(t + 1) - u(t - 1)');   % 标题标注
subplot(2,1,2);plot(W,FW);grid on;  % 画出幅度频谱的波形
xlabel('W');ylabel('F(W)');        % 坐标轴标注
title('f(t) 的振幅频谱图');          % 标题标注
```

运行结果如图 2.10.5 所示。

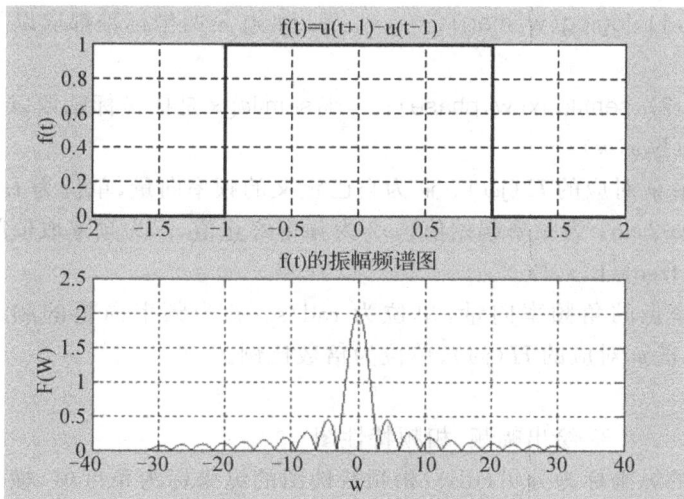

图 2.10.5  门函数频谱

### 2.10.2　LTI 系统的频域分析

一个连续 LTI 系统的数学模型通常用常系数线性微分方程描述,即

$$a_n y^{(n)}(t) + \cdots + a_1 y^{(1)}(t) + a_0 y(t) = b_m f^{(m)}(t) + \cdots + b_1 f^{(1)}(t) + b_0 f(t)$$

对上式两边取傅立叶变换,并根据傅立叶变换的时域微分性质,得:

$$[a_n (j\omega)^n + \cdots + a_1(j\omega) + a_0]Y(j\omega) = [b_m (j\omega)^m + \cdots + b_1(j\omega) + b_0]F(j\omega)$$

系统频率响应定义为:

$$H(j\omega) = \frac{Y(j\omega)}{F(j\omega)} = \frac{b_m (j\omega)^m + \cdots + b_1(j\omega) + b_0}{a_n (j\omega)^n + \cdots + a_1(j\omega) + a_0}$$

可见 $H(j\omega)$ 为两个 $j\omega$ 的多项式之比。其中,分母、分子多项式的系数分别为系统微分方程式左边与右边相应项的系数,$H(j\omega)$ 称为系统的系统函数,也称为系统的频率响应特性,简称系统频率响应或频率特性。一般 $H(j\omega)$ 是复函数,可表示为:

$$H(j\omega) = | H(j\omega) | e^{j\varphi(\omega)}$$

其中,$| H(j\omega) |$ 称为系统的幅频响应特性,简称为幅频响应或幅频特性;$\varphi(\omega)$ 称为系统的相频响应特性,简称相频响应或相频特性。$H(j\omega)$ 描述了系统响应的傅立叶变换与激励的傅立叶变换间的关系。$H(j\omega)$ 只与系统本身的特性有关,与激励无关,因此它是表征系统特性的一个重要参数。

Matlab 提供求系统幅频特性和相频特性的命令 freqs(b,a),使用格式:

(1)freqs(b,a)

直接绘出幅频特性及相频特性图,横坐标为默认取 200 个频率点的角频率向量,单位为 rad/s。幅频特性图纵坐标为取以 10 为底的对数值,相频纵坐标为角度值。

(2)[h,w] = freqs(b,a)

$w$ 为返回频率点的角频率向量,单位为 rad/s。默认时自动取值 200 个角频率点。$h$ 为频率向量 $w$ 对应的 $H(j\omega)$ 值,是复数值,单位为倍数比例。绘 $H(j\omega)$ 图形可使用以下命令:

幅频:mag = abs(h);　　　% 单位:比例值

相频:phase = angle(h);　　% 单位:弧度

绘制幅频图:

subplot(2,1,1),loglog(w,mag);　　　　　%loglog 是两坐标轴都取以 10 为底的对数

绘制相频图:

subplot(2,1,2),semilogx(w,phase);　　　% semilogx 是横坐标轴取以 10 为底的对数

(3)h = freqs(b,a,w)

$h$ 为频率向量 $w$ 对应的 $H(j\omega)$。$w$ 为自己定义的频率向量,单位为 rad/s。$w$ 向量的一般形式为 $w1:p:w2$,$w1$ 为频率起始值,$w2$ 为频率终止值,$p$ 为频率取值间隔。

(4)[h,w] = freqs(b,a,f)

$w$ 为返回频率点的角频率向量,单位为 rad/s。$f$ 为频率向量的频率点数(默认 200 点)。$h$ 为频率向量 $w$ 对应的 $H(j\omega)$,单位为倍数比例。

(5)波特图

bode(b,a)　　　　% 绘出幅频、相频特性图

幅频特性图的纵坐标为分贝(dB),相频特性图的纵坐标为角度值,横坐标为取以 10 为

底的对数值,单位为 rad/s。

【例 2.10.6】电路如图 2.10.6 所示,输入信号电压为 $u_s(t)$,输出为电容电压 $u_C(t)$。求:(1)当 $L=0.5$ H,$C=0.02$ F,$R=1$ Ω 时系统频率响应;(2)当 $L=0.5$ H,$C=0.02$ F,$R=10$ Ω 时系统频率响应。

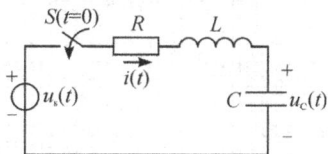

图 2.10.6　RLC 电路

解:当 $L=0.5$,$C=0.02$,则计算得电路的谐振角频率为 10 rad/s,$f=1.5915$ Hz,谐振周期 $T=0.6283$。

电路微分方程方程为

$$LC\,\frac{\mathrm{d}^2 u_C}{\mathrm{d}t^2} + RC\,\frac{\mathrm{d}u_C}{\mathrm{d}t} + u_C = u_s$$

(1)把 $L=0.5$,$C=0.02$,$R=1$ 代入得

$$\frac{\mathrm{d}^2 u_C}{\mathrm{d}t^2} + 2\,\frac{\mathrm{d}u_C}{\mathrm{d}t} + 100 u_C = 100 u_s(t)$$

系统频率响应程序为:

```
a = [1 2 100];b = 100;freqs(b,a)
```

程序运行结果如图 2.10.7 所示,电路处于欠阻尼状态,存在振荡极值。

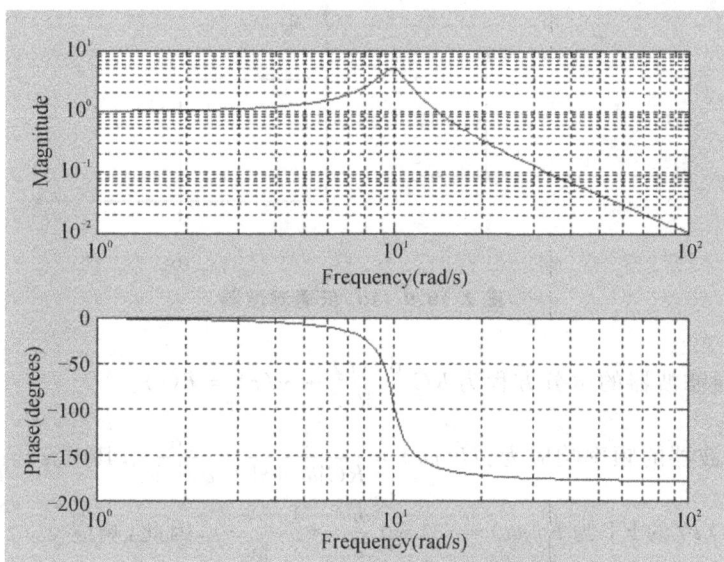

图 2.10.7　电路处于欠阻尼状态频率特性

(2)把 $L=0.5$,$C=0.02$,$R=10$ 代入得

$$\frac{\mathrm{d}^2 u_C}{\mathrm{d}t^2} + 20\,\frac{\mathrm{d}u_C}{\mathrm{d}t} + 100 u_C = 100 u_s(t)$$

系统频率响应程序为：

```
a=[1 20 100];b=100;freqs(b,a)
```

程序运行结果如图 2.10.8 所示，电路处于过阻尼状态，是低通滤波器。

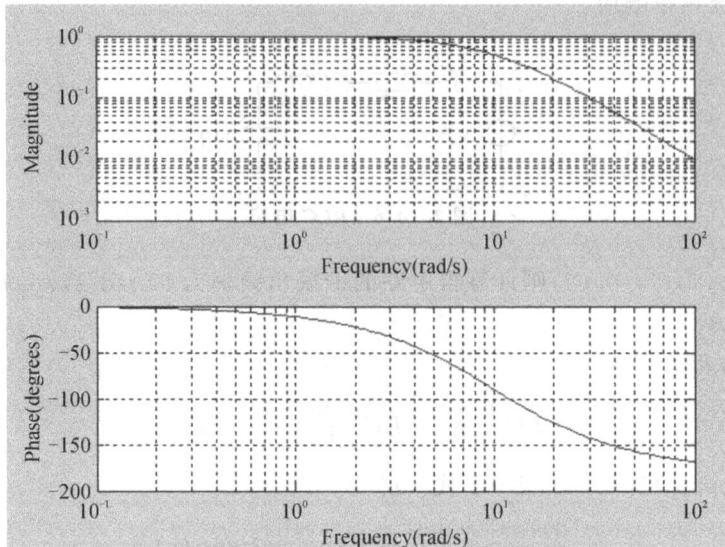

**图 2.10.8　电路处于过阻尼状态频率特性**

【例 2.10.7】图 2.10.9(a) 为 RC 低通滤波器，$R=20\text{ k}\Omega$，$C=10\text{ }\mu\text{F}$。在输入端加入矩形脉冲，如图 2.10.9(b) 所示，利用傅立叶分析法求输出端电压。

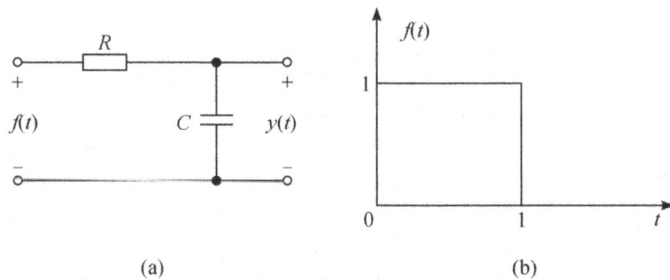

(a) (b)

**图 2.10.9　RC 低通滤波器**

解：RC 低通滤波器的微分方程为 $RC\dfrac{\mathrm{d}y(t)}{\mathrm{d}t}+y(t)=f(t)$。

RC 低通滤波器的频率响应为：$H(\mathrm{j}\omega)=\dfrac{1}{RC\mathrm{j}\omega+1}=\dfrac{\alpha}{\alpha+\mathrm{j}\omega}$，其中 $\alpha=\dfrac{1}{RC}=5$。

激励信号 $f(t)$ 的 FT 为 $F(\mathrm{j}\omega)=\mathrm{e}^{-\mathrm{j}\frac{\omega}{2}}\mathrm{Sa}(\dfrac{\omega}{2})=\dfrac{1-\mathrm{e}^{-\mathrm{j}\omega}}{\mathrm{j}\omega}$，因此，响应 $y(t)$ 的 FT 为：$Y(\mathrm{j}\omega)$

$=H(\mathrm{j}\omega)F(\mathrm{j}\omega)=\dfrac{5(1-\mathrm{e}^{-\mathrm{j}\omega})}{\mathrm{j}\omega(5+\mathrm{j}\omega)}=\dfrac{5(1-\mathrm{e}^{-\mathrm{j}\omega})}{5\mathrm{j}\omega-\omega^2}$。

Matlab 源程序如下：

```
w=-5*pi:0.1:5*pi;
b=[5];
```

```
a = [1,5];
H = freqs(b,a,w);
subplot(2,1,1);
plot(w,abs(H));grid on;
xlabel('\omega(rad/s)');ylabel('|H(j\omega)|');
title('H(j\omega) 的幅频特性');
subplot(2,1,2);
plot(w,angle(H));grid on;
xlabel('\omega(rad/s)');ylabel('\phi(\omega)');
title('H(j\omega) 的相频特性');
% 以下绘制输入信号、输出信号及其频谱
figure
syms t w;
f = heaviside(t) - heaviside(t - 1);
F = fourier(f);
Y = 5 * (1 - exp(- j * w))/(5 * j * w - w^2);
y = ifourier(Y);
subplot(2,2,1);
ezplot(f,[- 0. 1 2]);grid on;
xlabel('t(s)');ylabel('f(t)');
title('矩形脉冲信号');
subplot(2,2,2);
ezplot(abs(F),[- 5 * pi,5 * pi]);grid on;
xlabel('\omega(rad/s)');ylabel('|F(j\omega)|');
title('F(j\omega) 的幅频特性');
subplot(2,2,3);
ezplot(y,[- 0. 1 2]);grid on;
xlabel('t(s)');ylabel('y(t)');
title('系统响应信号 y(t)');
subplot(2,2,4);
ezplot(abs(Y),[- 5 * pi,5 * pi]);grid on;
xlabel('\omega(rad/s)');ylabel('|Y(j\omega)|');
title('Y(j\omega) 的幅频特性');
```

程序运行结果:系统频率响应如图 2.10.10 所示,系统输入、输出信号的时域波形及频域特性如图 2.10.11 所示。

由图 2.10.11 可看出,时域中输出信号与输入信号的波形产生了失真,表现在波形的上升和下降部分,输出信号的波形上升和下降部分比输入波形要平缓许多。而在频域,激励信号频谱的高频分量与低频分量相比受到较严重的衰减。这就是低通滤波器所起的作用。

对于正弦激励信号 $A\cos(\omega_0 t + \varphi)$,当经过系统 $H(j\omega)$,其稳态响应为:

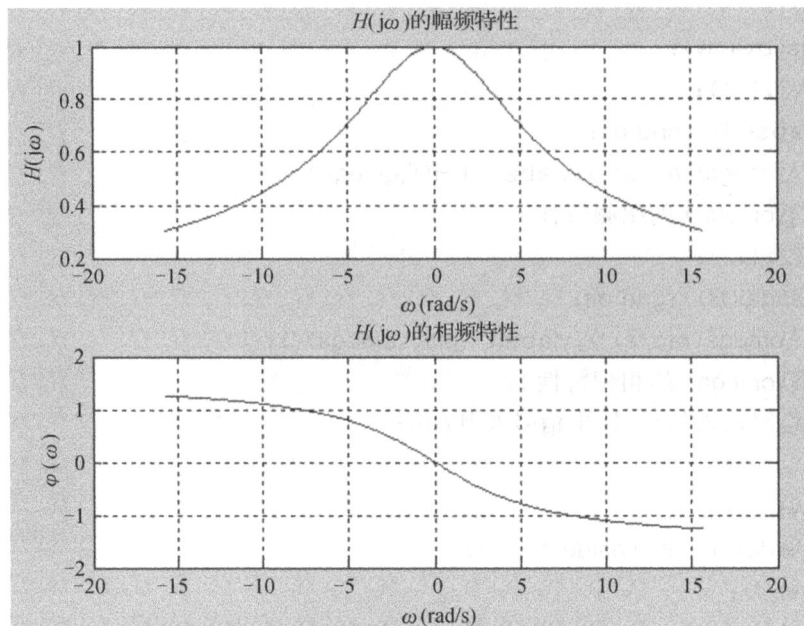

图 2.10.10　*RC* 电路频率特性图

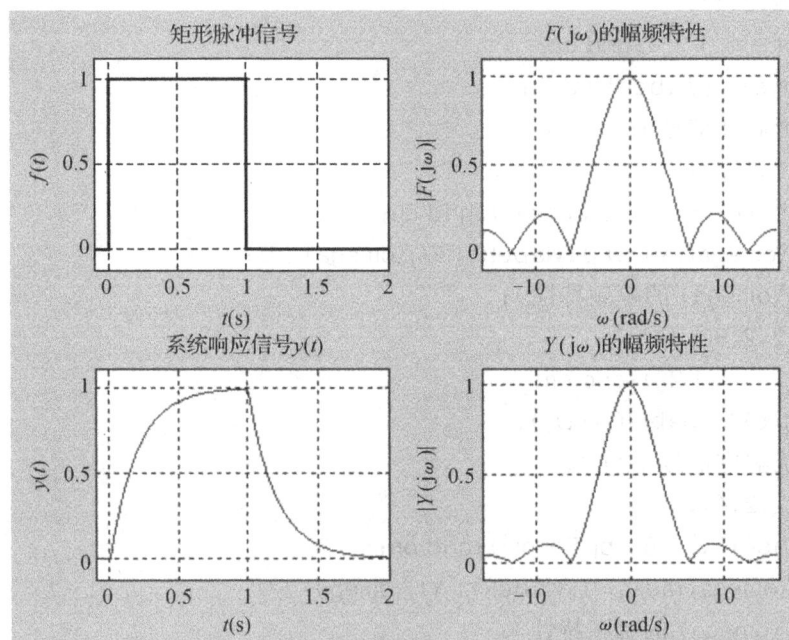

图 2.10.11　*RC* 电路输入、输出特性图

$$y(t) = A\cos(\omega_0 t + \varphi)H(j\omega_0) = A \mid H(j\omega_0) \mid \cos[\omega_0 t + \varphi + \angle H(j\omega_0)]$$

对于周期信号激励而言,可首先将周期信号进行傅立叶级数展开,然后求在各傅立叶级数分解的频率分量作用下系统的稳态响应分量,再由系统的线性性质将这些稳态响应分量叠加,从而得到系统总的响应。该方法的理论是基于正弦信号作用下系统的正弦稳态响应。

【例 2.10.8】已知某连续 LTI 系统的微分方程为：
$$y^{(3)}(t) + 10y^{(2)}(t) + 8y^{(1)}(t) + 5y(t) = 10f^{(1)}(t) + 5f(t)$$
求该系统的频率响应，并用 Matlab 绘出其幅频特性和相频特性图。

解：对系统微分方程两端取傅立叶变换，得：
$$Y(j\omega)[(j\omega)^3 10(j\omega)^2 + 8(j\omega) + 5] = F(j\omega)[10(j\omega) + 5]$$
因此，频率响应为：
$$H(j\omega) = \frac{Y(j\omega)}{F(j\omega)} = \frac{10(j\omega) + 5}{(j\omega)^3 + 10(j\omega)^2 + 8(j\omega) + 5}$$

利用 Matlab 中的 freqs 函数可求出其数值解，并绘出其幅频特性和相频特性图。
Matlab 源程序如下：

```
w = -2 * pi:0.1:2 * pi;
b = [10,5];
a = [1,10,8,5];
H = freqs(b,a,w);
subplot(2,1,1);
plot(w,abs(H));grid on;
xlabel('\omega(rad/s)');ylabel('|H(j\omega)|');
title('H(j\omega) 的幅频特性');
subplot(2,1,2);
plot(w,angle(H));grid on;
xlabel('\omega(rad/s)');ylabel('\phi(\omega)');
title('H(j\omega) 的相频特性');
```

程序运行结果如图 2.10.12 所示。

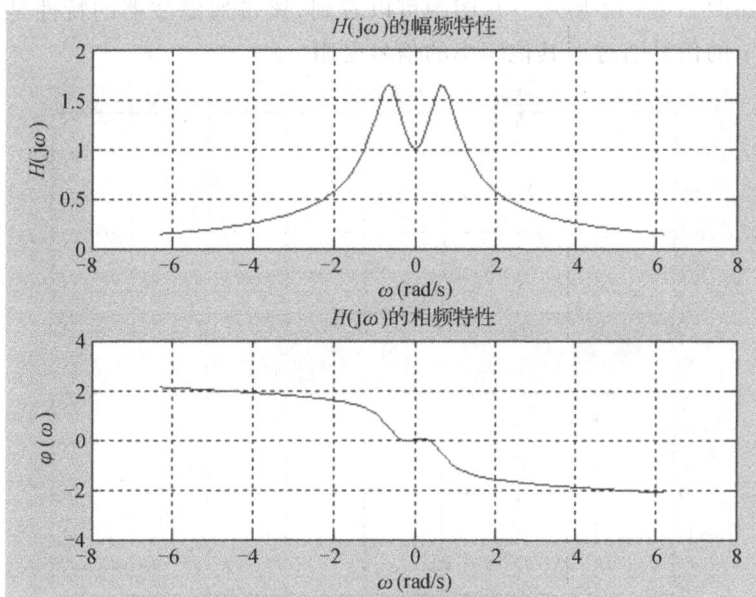

图 2.10.12　系统频率特性图

【例 2.10.9】图 2.10.13 是一种 *RLC* 带通滤波器电路。试求当 $R=10\ \Omega, L=0.1\ \mathrm{H}$，$C=0.1\ \mathrm{F}$ 时该滤波器的幅频特性和相频特性。

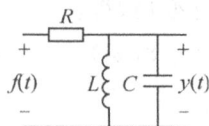

图 2.10.13　*RLC* 带通滤波器

解:带通滤波器的频率响应为:

$$H(\mathrm{j}\omega)=\frac{Y(\mathrm{j}\omega)}{F(\mathrm{j}\omega)}=\frac{\dfrac{\mathrm{j}\omega}{RC}}{(\mathrm{j}\omega)^2+\dfrac{\mathrm{j}\omega}{RC}+\dfrac{1}{LC}}$$

代入参数,带通滤波器的谐振频率为 $\omega=\pm\dfrac{1}{\sqrt{LC}}=\pm10(\mathrm{rad/s})$。

带通滤波器的幅频特性和相频特性的 Matlab 源程序如下:

```
w = -6 * pi:0.01:6 * pi;
b = [1,0];
a = [1,1,100]
H = freqs(b,a,w);subplot(2,1,1);
plot(w,abs(H)),grid on;
subplot(2,1,2);
plot(w,angle(H)),grid on;
```

运行结果如图 2.10.14 所示。从图中可以看到,该带通滤波器的特性是让接近谐振频率 $\omega=10\ \mathrm{rad/s}$ 的信号通过而其他频率的信号受阻。

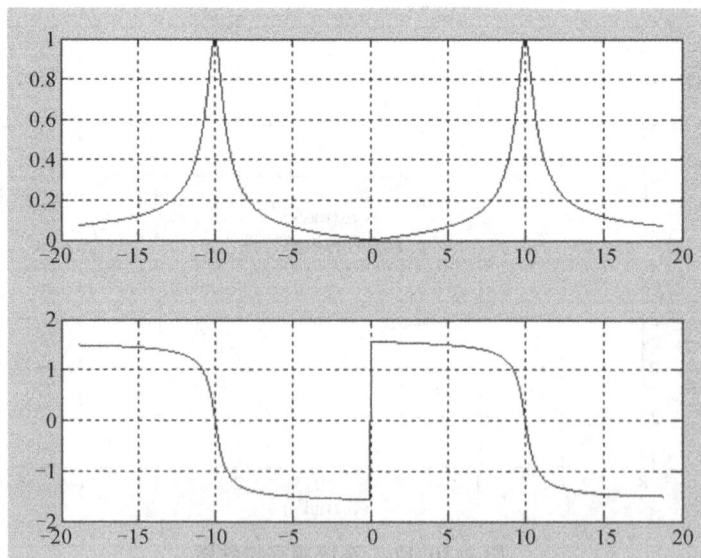

图 2.10.14　带通滤波器频谱

【例 2.10.10】设系统的频率响应为 $H(j\omega) = \dfrac{1}{-\omega^2 + 3j\omega + 2}$，若外加激励信号为 $f(t) = 6\cos(2t) + 2\cos(10t)$，用 Matlab 命令求其稳态响应。

解：Matlab 源程序如下：

```
t = 0:0.1:20;
w1 = 2;w2 = 10;
H1 = 1/( - w1^2 + 3 * j * w1 + 2);
H2 = 1/( - w2^2 + 3 * j * w2 + 2);
f = 6 * cos(w1 * t) + 2 * cos(w2 * t);
y = abs(H1) * 6 * cos(2 * t + angle(H1)) + abs(H2) * 2 * cos(10 * t + angle(H2));
subplot(2,1,1);              % 绘制时域输入波形
plot(t,f);grid on;
subplot(2,1,2);              % 绘制时域输出波形
plot(t,y);grid on;
figure;
w = 0:0.1:12;
H = 1./( - w.^2 + 3 * j * w + 2);
subplot(2,1,1);              % 绘制系统幅频特性
plot(w,abs(H));grid on;
subplot(2,1,2);              % 绘制系统相频特性
plot(w,angle(H));grid on;
```

程序运行结果：时域波形如图 2.10.15 所示，系统频率响应如图 2.10.16 所示。

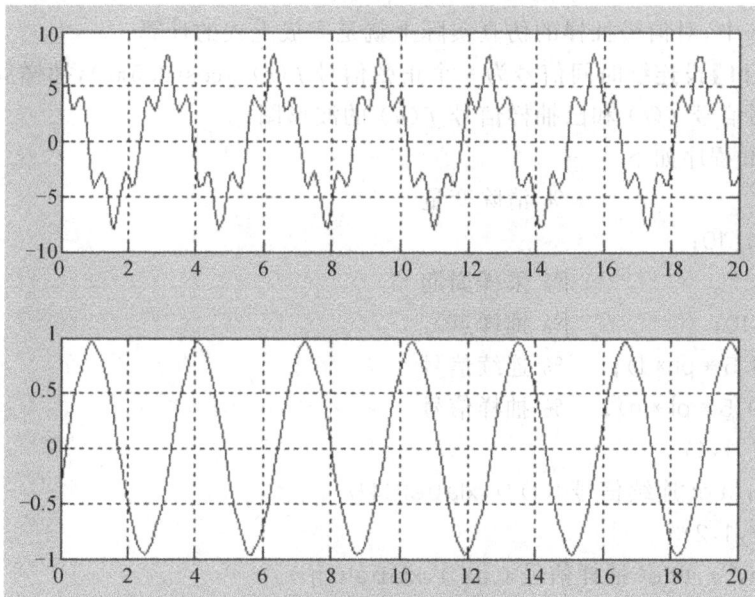

图 2.10.15　时域波形

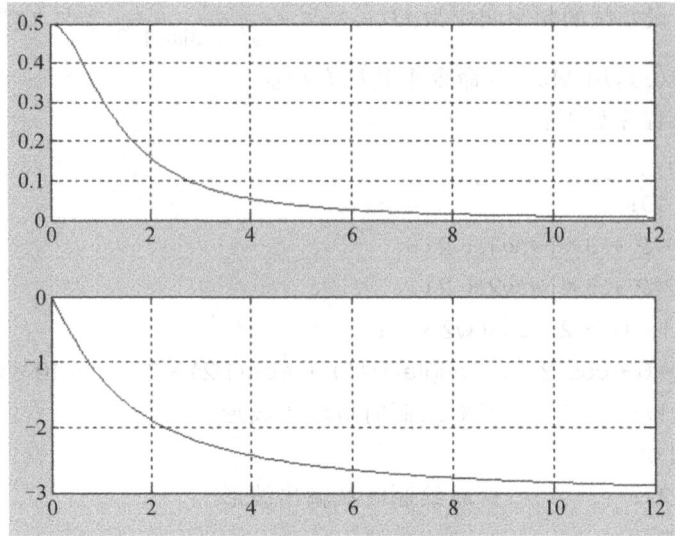

图 2.10.16　系统频率响应

从图形可看出,信号通过该系统后,其高频分量衰减较大,说明该系统是低通滤波器。

### 2.10.3　信号取样及取样定理

#### 2.10.3.1　信号取样

设连续时间信号为 $f(t)$,抽样周期为 $T_s$,抽样频率为 $\omega_s$,则已抽样信号的数学表达式为

$$f_s(t) = f(t)|_{t=nT_s} = f(nT_s)$$

在 Matlab 中,对信号抽样的仿真实际上就是完成上式的计算。

【例 2.10.11】设连续时间信号为一个正弦信号 $f(t) = \cos(0.5\pi t)$,抽样周期为 $T_s = 1/4$ s。编程序绘制信号 $f(t)$ 和已抽样信号 $f(n)$ 的波形图。

解:Matlab 程序如下

```
clear;                    % 清除变量
t = 0:0.01:10;
Ts = 1/4;                 % 采样周期
n = 0:Ts:10;              % 抽样点
ft = cos(0.5 * pi * t);   % 连续信号
fn = cos(0.5 * pi * n);   % 抽样信号
subplot(2,1,1)
plot(t,ft),title('连续信号 f(t)'),xlabel(' t ')
subplot(2,1,2)
stem(n,fn,'.'),title('抽样信号 f(n)'),xlabel(' n ')
```

执行该程序后,得到的波形如图 2.10.17 所示。

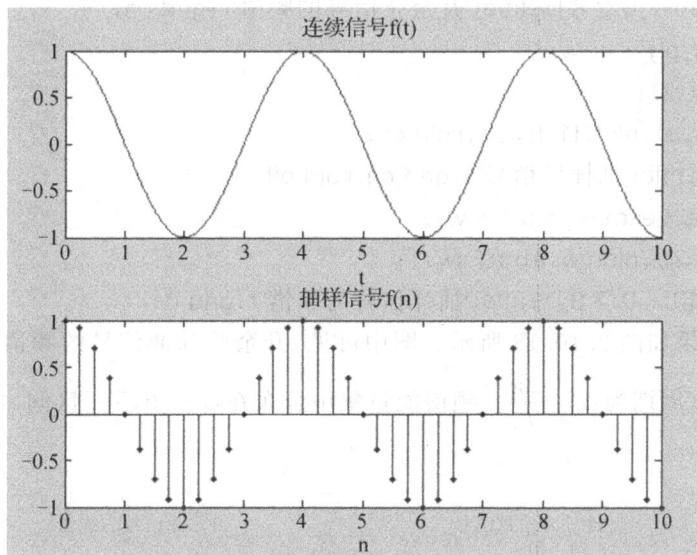

图 2.10.17　连续时间信号及其抽样后的离散时间序列

在这个例子的程序中,先将连续时间 $t$ 进行离散化,使之成为以 $T_s = 1/4$ s 的离散时间 $n$,然后,将 $n$ 代入到信号 $x(t)$ 的数学表达式中计算,就完成了抽样过程,且得到了抽样后的离散时间序列 $x(n)$。

### 2.10.3.2　理想抽样信号频谱

信号在时域被抽样后,它的频谱是原连续信号频谱以抽样角频率为间隔周期的延拓,即信号在时域抽样或离散化相当于频域周期化。理想抽样信号频谱为:

$$F_s(j\omega) = \sum_{n=-\infty}^{\infty} P_n F[j(\omega - n\omega_s)] = \frac{1}{T_s} \sum_{n=-\infty}^{\infty} F[j(\omega - n\omega_s)]$$

式中 $P_n$ 为抽样脉冲的傅立叶系数,$T_s$ 为抽样间隔,$\omega_s = \dfrac{2\pi}{T_s}$ 为抽样角频率。可以看出,$F_s(j\omega)$ 是以抽样频率 $\omega_s$ 为周期的周期频谱。

【例 2.10.12】已知升余弦信号 $f(t) = 1 + \cos(\dfrac{\pi}{\tau}t)$,$|t| \leqslant \tau$。取 $\tau = \pi$,以抽样周期 $T_s = 1$ 进行理想抽样,求抽样信号 $f_s(t)$ 频谱。

解:程序如下

```
Ts = 1;dt = 0.1;
t1 = - pi:dt:pi;
ft = 1 + cos(t1);
subplot(2,2,1);plot(t1,ft);title('连续升余弦信号');grid on;
N = 500;
k = - N:N;                    % 频率数值计算点
w = pi * k/(N * dt);          % 模拟角频率
Fw = dt * ft * exp(- j * t1' * w);   % 傅立叶变换数值计算
subplot(2,2,2);plot(w,abs(Fw));
```

```
axis([- 10 10 - 0.2 8]);title('升余弦信号的频谱');grid on;
t2 = - pi:Ts:pi;
fs = 1 + cos(t2);
subplot(2,2,3);plot(t1,ft,':');hold on;
stem(t2,fs);title('抽样后信号');grid on;hold off;
Fsw = Ts * fs * exp(- j * t2' * w);
subplot(2,2,4);plot(w,abs(Fsw));
axis([- 10 10 - 0.2 8]);title('抽样信号的频谱');grid on;
```

程序运行结果如图 2.10.18 所示。图中可见,升余弦脉冲信号的频谱抽样后发生了周期延拓,频域上该周期为 $\omega_s = \dfrac{2\pi}{T_s}$。频谱能量集中分布在 $\omega = [0, \dfrac{2\pi}{\tau}]$ 区间(本例为 $\omega$ 在 $[0,2]$ 区间)。

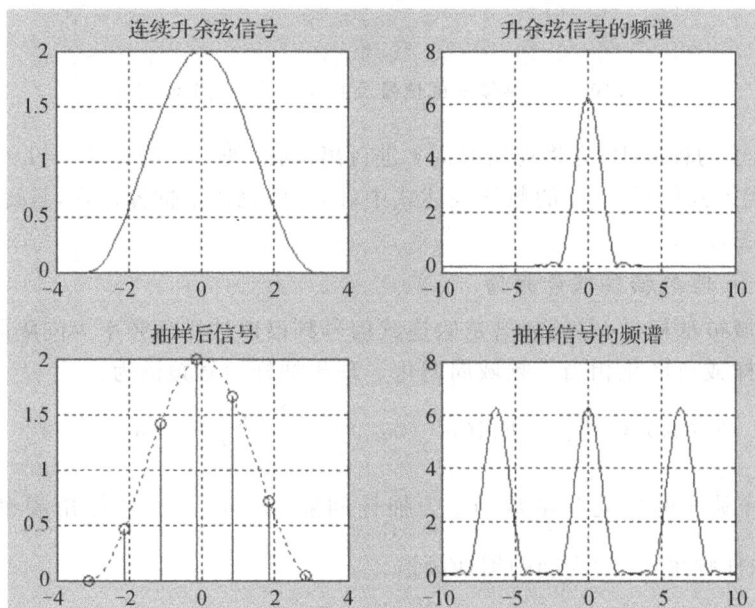

**图 2.10.18　抽样信号及其频谱图**

### 2.10.3.3　信号抽样过程中的频谱混叠(抽样定理)

为了能够观察到已抽样信号的频谱是否会存在混叠现象,或者混叠程度有多么严重,有必要计算并绘制出已抽样信号的傅立叶变换。

**【例 2.10.13】**已知升余弦信号 $f(t) = 1 + \cos(\dfrac{\pi}{\tau}t)$,$|t| \leqslant \tau$,以不同抽样周期 $T_s$ 进行理想抽样,求抽样信号 $f_s(t)$ 频谱。

解:因为升余弦脉冲信号频谱大部分集中在 $\omega = [0, \dfrac{2\pi}{\tau}]$,当取 $\tau = \pi$ 时,则奈奎斯特频率为 $\dfrac{2}{\pi}$,取奈奎斯特抽样间隔 $T_s = \dfrac{\pi}{2}$ 及 $T_s = 0.75\pi$ 为例说明频谱混叠现象。

程序如下:

```
Ts = pi/2;dt = 0.1 * Ts;
t1 = - pi:dt:pi;
ft = 1 + cos(t1);
subplot(3,2,1);plot(t1,ft);title('连续升余弦信号');grid on;
N = 500;
k = - N:N;                    % 频率数值计算点
w = pi * k/(N * dt);          % 模拟角频率
Fw = dt * ft * exp(- j * t1' * w);   % 连续信号傅立叶变换数值计算
subplot(3,2,2);plot(w,abs(Fw));
axis([- 6 6 - 0.2 7]);title('升余弦信号的频谱');grid on;
t2 = - pi:Ts:pi;
fs = 1 + cos(t2);
subplot(3,2,3);plot(t1,ft,':');hold on;
stem(t2,fs);title('奈奎斯特频率抽样后信号');grid on;hold off;
Fsw = Ts * fs * exp(- j * t2' * w);   % 抽样信号傅立叶变换数值计算
subplot(3,2,4);plot(w,abs(Fsw));
axis([- 6 6 - 0.2 7]);title('奈奎斯特频率抽样信号的频谱');grid on;
Ts = 0.75 * pi;
t3 = - pi:Ts:pi;
fs3 = 1 + cos(t3);
subplot(3,2,5);plot(t1,ft,':');hold on;
stem(t3,fs3);title('小于奈奎斯特频率抽样后信号');grid on;hold off;
Fsw = Ts * fs3 * exp(- j * t3' * w);   % 抽样信号傅立叶变换数值计算
subplot(3,2,6);plot(w,abs(Fsw));
axis([- 6 6 - 0.2 7]);title('小于奈奎斯特频率抽样信号的频谱');grid on;
```

程序运行结果如图 2.10.19 所示。由图可见,升余弦信号的频谱抽样后发生了周期延

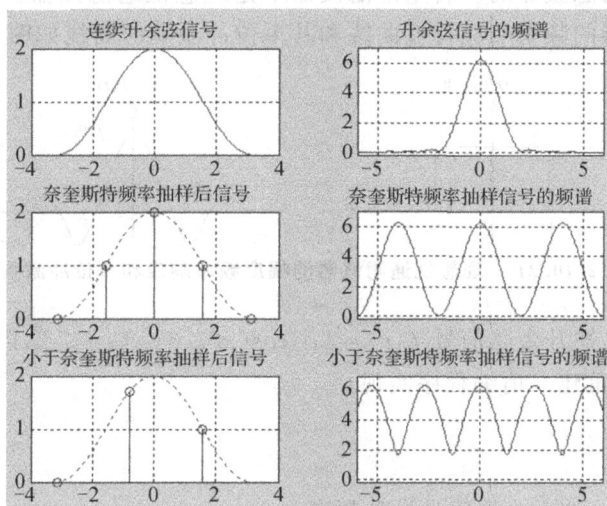

图 2.10.19    不同抽样频率的频谱

拓,频域上该周期为 $\omega_s = \dfrac{2\pi}{T_s}$。当抽样频率为奈奎斯特频率时,频谱不会产生混叠(临界状态);当抽样频率为小于奈奎斯特频率时,频谱会产生混叠失真。

本例可以用来观察在不同的抽样频率条件下已抽样信号频谱的混叠程度,从而更加牢固地理解抽样定理。另外,程序中的时间步长 $dt$ 的选择应该与抽样周期 $T_s$ 保持一定的比例关系,建议 $T_s$ 不应小于 $10dt$,否则计算得到的已抽样信号的频谱将出现误差。

### 2.10.3.4 信号重建

如果满足抽样定理,那么我们就可以唯一地由已抽样信号 $x(n)$ 恢复出原连续时间信号 $x(t)$。在理想情况下,可以将离散时间序列通过一个理想低通滤波器,图 2.10.20 给出了理想情况下信号重建的原理示意图。

图 2.10.20 信号重建原理图

理想低通滤波器也称重建滤波器,它的单位冲激响应为 $h(t) = \dfrac{T\omega_c \sin(\omega_c t)}{\pi \omega_c t}$,式中 $T$ 为取样周期,$\omega_c$ 为低通滤波器截止频率。

已抽样信号 $x_p(t)$ 的数学表达式为 $x_p(t) = \sum\limits_{-\infty}^{\infty} x(nT)\delta(t-nT)$,根据系统输入输出的卷积表达式,有:

$$x_r(t) = x_p(t) * h(t)$$

将 $x_p(t)$ 代入得:

$$x_r(t) = \sum_{n=-\infty}^{\infty} x(nT) \frac{T\omega_c}{\pi} \frac{\sin[\omega_c(t-nT)]}{\omega_c(t-nT)}$$

上式称为内插公式(interpolation formula)。需要注意的是,这里的内插公式是基于重建滤波器为理想低通滤波器的。若重建滤波器不是理想低通滤波器,则不能用这个内插公式。理想低通滤波器的频率响应特性曲线和其单位冲激响应曲线如图 2.10.21 所示。

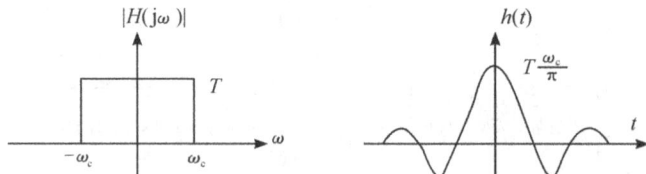

图 2.10.21 理想低通滤波器的幅度频率响应和单位冲激响应

【例 2.10.14】已知升余弦信号 $f(t) = 1 + \cos(\pi t), 0 \leqslant |t| \leqslant 2$,以不同抽样周期 $T_s$ 进行理想抽样,并进行重建。请编程序实现。

解:程序如下

```
clear;close all,
wm = 2 * pi;        % wm 为信号最高频率
```

```
a = input('请输入频率比例 ws/wm =:');          % ws 为抽样频率,wm 为信号最高频率
wc = wm;                                      % wc 为理想低通滤波器截止频率
t0 = 2;t = - t0:0.01:t0;
x = 1 + cos(pi * t);
subplot(221);                                 % 绘制原信号 x(t)
plot(t,x);grid on,axis([- 2,2,- 0.5,2.5]);
title('原信号 x(t) ');xlabel(' t ');
ws = a * wm;                                  % 抽样角频率
Ts = 2 * pi/ws;                               % 抽样周期
N = fix(t0/Ts);                               % 抽样点数
n = - N:N;
nTs = n * Ts;                                 %nTs 为离散变量
xs = (1 + cos(pi * nTs));    %xs 为 x(t) 的抽样信号
subplot(2,2,2)                                % 绘制 xs
stem(n,xs,'.');xlabel('n');grid on,title('抽样信号 x[n]');
xr = zeros(1,length(t));                      % xr 为重建信号
L = length(- N:N);
xa = xr;
figure(2);
stem(nTs,xs,'.');xlabel(' Time index n ');grid on;hold on
for i = 1:L
m = (L - 1)/2 + 1 - i;
xa = Ts * (wc) * xs(i) * sinc((wc) * (t + m * Ts)/pi)/pi;    % 计算内插
plot(t,xa,'b:');axis([- 2,2,- 0.5,2.5]);hold on
pause
xr = xr + xa;                                 % 内插
end
plot(t,xr,'r');axis([- 2,2,- 0.5,2.5]);hold on
figure(1);
subplot(223)
plot(t,xr,'r');axis([- 2,2,- 0.5,2.5]);
xlabel(' Time t ');grid on
title('重建信号 xr(t) ');                      % 计算重建信号与原信号误差
error = abs(xr - x);
subplot(2,2,4)
plot(t,error);grid on
title('误差');xlabel(' Time t ')
```

程序运行结果:输入不同抽样频率,得到不同结果图。运行过程出现暂停,可按任意键
继续程序运行,以方便观察其重建过程及结果。

# 2.11　习题

**一、单项选择题**

1. 下列叙述正确的是(　　　)。

A. $f(t)$ 为周期偶函数,则其傅立叶级数只有偶次谐波

B. $f(t)$ 为周期偶函数,则其傅立叶级数只有余弦偶次谐波分量

C. $f(t)$ 为周期奇函数,则其傅立叶级数只有奇次谐波

D. $f(t)$ 为周期奇函数,则其傅立叶级数只有正弦分量

2. 如 $f(t)$ 是实信号,下列说法不正确的是(　　　)。

A. 该信号的幅度谱是偶函数

B. 该信号的相位谱是奇函数

C. 该信号的频谱是实偶函数

D. 该信号的频谱的实部是偶函数,虚部是奇函数

3. 已知 $f(t)=2\delta(t-1)$,它的傅立叶变换是(　　　)。

A. 2　　　　　B. $2e^{j\omega}$　　　　　C. $2e^{-j\omega}$　　　　　D. $-2$

4. 连续周期信号的傅立叶变换(级数)是(　　　)。

A. 连续的　　　B. 周期性的　　　C. 离散的　　　D. 与单周期的相同

5. 已知 $f(t)=e^{j2t}\delta(t)$,它的傅立叶变换是(　　　)。

A. 1　　　　　B. $j(\omega-2)$　　　　　C. 0　　　　　D. $-j(\omega-2)$

6. $\sin(\omega_0 t)\varepsilon(t)$ 的傅立叶变换为(　　　)。

A. $\dfrac{\pi}{j2}[\delta(\omega-\omega_0)-\delta(\omega+\omega_0)]$

B. $\pi[\delta(\omega-\omega_0)-\delta(\omega+\omega_0)]$

C. $\dfrac{\pi}{j2}[\delta(\omega-\omega_0)-\delta(\omega+\omega_0)]+\dfrac{\omega_0}{\omega_0^2-\omega^2}$

D. $[\delta(\omega-\omega_0)-\delta(\omega+\omega_0)]+\dfrac{\omega_0}{\omega_0^2-\omega^2}$

7. 离散时间非周期信号的傅立叶变换是(　　　)。

A. 离散的　　　　　　　　　　B. 连续的

C. 非周期性的　　　　　　　　D. 与连续时间非周期性信号相同

8. 某二阶系统的频率响应为 $\dfrac{j\omega+2}{(j\omega)^2+3j\omega+2}$,则该系统具有(　　　)微分方程形式。

A. $y''+3y'+2y=f+2$　　　　　　B. $y''-3y'-2y=f'+2$

C. $y''+3y'+2y=f'+2f$　　　　　D. $y''-3y'+2y=f+2$

9. 周期信号 $f(t)=\displaystyle\sum_{n=-\infty}^{\infty}\delta(t-2n)$ 的傅立叶变换是(　　　)。

A. $2\pi\displaystyle\sum_{n=-\infty}^{\infty}\delta(\omega-n\pi)$　　　　　　B. $\pi\displaystyle\sum_{n=-\infty}^{\infty}\delta(\omega-2n\pi)$

C. $\pi\sum\limits_{n=-\infty}^{\infty}\delta(\omega-n\pi)$ 　　　　　　　　D. $0.5\pi\sum\limits_{n=-\infty}^{\infty}\delta(\omega-n\pi)$

10. 信号 $e^{-(2+j5)t}\varepsilon(t)$ 的傅立叶变换为（　　）。

A. $\dfrac{1}{2+j\omega}e^{j5\omega}$ 　　　　　　　　B. $\dfrac{1}{2+j(\omega+5)}$

C. $\dfrac{1}{-2+j(\omega-5)}$ 　　　　　　　　D. $\dfrac{1}{5+j\omega}e^{j2\omega}$

11. 如图 2.11.1(a) 所示的信号 $f_1(t)$ 的傅立叶变换 $F_1(j\omega)$ 已知，则如图 2.11.1(b) 所示的信号 $f_2(t)$ 的傅立叶变换为（　　）。

A. $F_1(-j\omega)e^{-j\omega t_0}$ 　　　　　　　　B. $F_1(j\omega)e^{-j\omega t_0}$

C. $F_1(-j\omega)e^{j\omega t_0}$ 　　　　　　　　D. $F_1(j\omega)e^{j\omega t_0}$

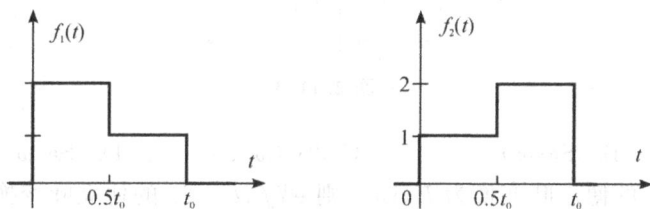

图 2.11.1

12. 连续时间信号 $f(t)$ 的最高频率 $\omega_m=10^4\pi$ rad/s，若对其取样，并从取样后的信号中恢复原信号 $f(t)$，则奈奎斯特间隔和所需低通滤波器的截止频率分别为（　　）。

A. $10^{-4}$ s，$10^4$ Hz 　　　　　　　　B. $10^{-4}$ s，$5\times10^3$ Hz

C. $5\times10^{-3}$ s，$5\times10^3$ Hz 　　　　　　　　D. $5\times10^{-3}$ s，$10^4$ Hz

13. 设 $f(t)$ 的频谱函数为 $F(j\omega)$，则 $f(-0.5t+3)$ 的频率函数等于（　　）。

A. $\dfrac{1}{2}F(-j\dfrac{\omega}{2})e^{-j\frac{3}{2}\omega}$ 　　　　　　　　B. $\dfrac{1}{2}F(j\dfrac{\omega}{2})e^{j\frac{3}{2}\omega}$

C. $2F(-j2\omega)e^{j6\omega}$ 　　　　　　　　D. $2F(-j2\omega)e^{-j6\omega}$

14. 脉冲信号 $f(t)$ 与 $2f(2t)$ 之间具有相同的（　　）。

A. 频带宽度　　B. 脉冲宽度　　　　C. 直流分量　　　　D. 能量

15. 假设信号 $f_1(t)$ 的奈奎斯特取样频率为 $\omega_1$，$f_2(t)$ 的奈奎斯特取样频率为 $\omega_2$，则信号 $f(t)=f_1(t+2)f_2(t+1)$ 的奈奎斯特取样频率为（　　）。

A. $\omega_1$ 　　　　B. $\omega_2$ 　　　　　　C. $\omega_1+\omega_2$ 　　　　D. $\omega_1\omega_2$

16. 已知信号 $f(t)$ 的波形如图 2.11.2 所示，如其频谱函数表达式为 $F(j\omega)=|F(j\omega)|e^{j\varphi(\omega)}$，则 $\varphi(\omega)$ 等于（　　）。

A. 4 　　　　　　　　　　　　B. 2

C. $-2$ 　　　　　　　　　　　　D. 以上全错

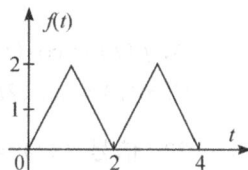

图 2.11.2

17. 信号 $f(t)=\cos\left(\dfrac{\omega}{2}t+\varphi\right)$，当取样频率至少为（　　）时，$f(t)$ 就唯一地由取样值 $f(kT)(k=0,1,2,\cdots)$ 确定。

A. $4\omega$ 　　　　　B. $0.5\omega$ 　　　　　　C. $2\omega$ 　　　　　D. $\omega$

18. 下列三种说法（　　）是错误的。

A. 只要取样周期 $T < 2T_0$，信号 $f(t) = \varepsilon(t + T_0) - \varepsilon(t - T_0)$ 的冲激串取样不会有混叠

B. 只要取样周期 $T < \pi/\omega_0$，傅立叶变换为 $F(j\omega) = \varepsilon(\omega + \omega_0) - \varepsilon(\omega - \omega_0)$ 的信号 $f(t)$ 的冲激串取样不会有混叠

C. 只要取样周期 $T < \pi/\omega_0$，傅立叶变换为 $F(j\omega) = \varepsilon(\omega) - \varepsilon(\omega - \omega_0)$ 的信号 $f(t)$ 的冲激串取样不会有混叠

19. 图 2.11.3 所示信号 $f(t)$，其傅立叶变换为 $F(j\omega) = R(\omega) + jX(\omega)$，其实部 $R(\omega)$ 的表达式为（　　）。

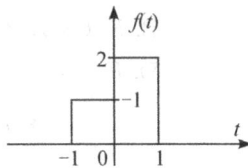

图 2.11.3

A. $3Sa(2\omega)$     B. $3Sa(\omega)$     C. $3Sa(\omega/2)$     D. $2Sa(\omega)$

20. 信号 $f(t)$ 的傅立叶变换为 $F(j\omega)$，则 $e^{j4t}f(t-2)$ 的傅立叶变换为（　　）。

A. $F(j\omega - 4)e^{-2(j\omega - 4)}$       B. $F[j(\omega - 4)]e^{-j2(\omega - 4)}$

C. $F[j(\omega + 4)]e^{j2(\omega + 4)}$       D. $F[j(\omega + 4)]e^{-j2(\omega + 4)}$

21. 已知 $f(t) = Sa^2(t)$，对 $f(t)$ 理想冲激取样，则使频谱不发生混叠的奈奎斯特间隔 $T_s$ 为（　　）。

A. $\dfrac{\pi}{2}$ s     B. $\dfrac{2}{\pi}$ s     C. $\pi$ s     D. $\dfrac{1}{4}$ s

22. 系统的幅频特性 $|H(j\omega)|$ 和相频特性 $\varphi(\omega)$ 如图 2.11.4(a)(b) 所示，则下列信号通过该系统时，不会产生失真的是（　　）。

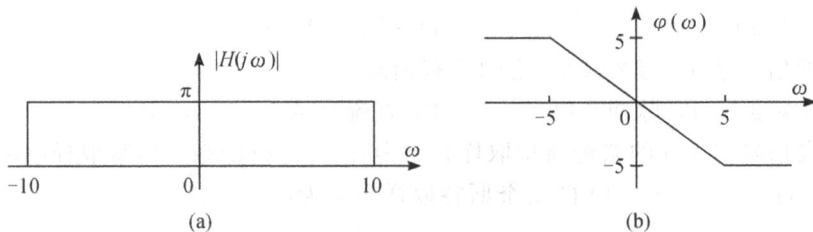

图 2.11.4

A. $f(t) = \cos(t) + \cos(8t)$       B. $f(t) = \sin(2t) + \cos(4t)$

C. $f(t) = \sin(2t)\sin(4t)$       D. $f(t) = \cos^2(4t)$

23. 信号 $f(t) = \dfrac{d}{dt}[e^{-2(t-1)}\varepsilon(t)]$ 的傅立叶变换 $F(j\omega)$ 等于（　　）。

A. $\dfrac{j\omega}{2 + j\omega}e^2$    B. $\dfrac{j\omega}{-2 + j\omega}e^2$    C. $\dfrac{j\omega}{2 + j\omega}e^{j\omega}$    D. $\dfrac{j\omega}{-2 + j\omega}e^{j\omega}$

24. 周期信号的频谱一定是（　　）。

A. 离散谱     B. 连续谱     C. 有限连续谱     D. 无限离散谱

25. 周期奇函数的傅立叶级数中,只可能含有(　　　)。

A. 正弦项　　　　B. 直流项和余弦项　　C. 直流项和正弦项　　　D. 余弦项

26. 如图 2.11.5 的信号 $f(t)$,时间轴单位为 ms,$f(t)$ 通过一截止频率为 $50\pi$ rad/s,通带内传输幅值为 1、相移为 0 的理想低通滤波器,则输出的频率分量为(　　　)。

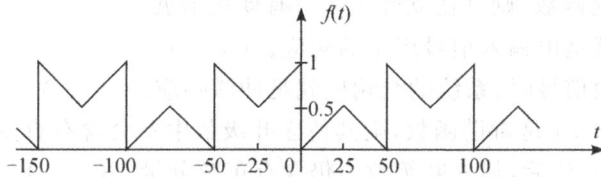

图 2.11.5

A. $a_0/2 + a_1\cos(20\pi t) + a_2\cos(40\pi t)$　　　　B. $a_0/2 + b_1\sin(20\pi t) + b_2\sin(40\pi t)$

C. $a_0/2 + a_1\cos(20\pi t)$　　　　D. $a_0/2 + b_1\sin(20\pi t)$

27. 信号的频谱是周期的离散谱,则原时间信号为(　　　)。

A. 连续的周期信号　　　　　　　　B. 离散的周期信号

C. 连续的非周期信号　　　　　　　D. 离散的非周期信号

28. 已知实信号 $f(t)$ 的傅立叶变换 $F(j\omega) = R(\omega) + jX(\omega)$,则信号 $y(t) = \dfrac{1}{2}[f(t) + f(-t)]$ 的傅立叶变换 $Y(j\omega)$ 等于(　　　)。

A. $R(\omega)$　　　　B. $2R(\omega)$　　　　C. $2R(2\omega)$　　　　D. $R(0.5\omega)$

29. 如图 2.11.6 所示周期信号 $f(t)$,其直流分量等于(　　　)。

A. 0　　　　　　B. 2　　　　　　C. 4　　　　　　D. 6

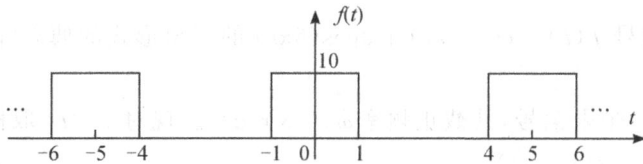

图 2.11.6

30. 已知 $f(t) = 2\delta(t-1)$,它的傅立叶变换是(　　　)。

A. $2\pi$　　　　B. $2e^{j\omega}$　　　　C. $2e^{-j\omega}$　　　　D. $-2$

31. $\sin(\omega_0 t)$ 的傅立叶变换为(　　　)。

A. $\dfrac{\pi}{j}[\delta(\omega - \omega_0) - \delta(\omega + \omega_0)]$

B. $\pi[\delta(\omega - \omega_0) - \delta(\omega + \omega_0)]$

C. $\dfrac{\pi}{j2}[\delta(\omega - \omega_0) - \delta(\omega + \omega_0)] + \dfrac{\omega_0}{\omega_0^2 - \omega^2}$

D. $[\delta(\omega - \omega_0) - \delta(\omega + \omega_0)] + \dfrac{\omega_0}{\omega_0^2 - \omega^2}$

**二、判断题**(判断以下说法是否正确,正确的打"√",错误的打"×")

1. 所有连续的周期信号的频谱都有收敛性。(　　　)

2. 没有信号可以既是有限时长的同时又是带限的频谱。（　　　）

3. 一个奇的且为纯虚数的信号总是有一个奇的且为纯虚数的傅立叶变换。（　　　）

4. 周期连续时间信号的频谱是离散频率的非周期函数。（　　　）

5. 非周期连续时间信号的频谱是连续频率的非周期函数。（　　　）

6. $f(t)$ 为周期偶函数，则其傅立叶级数只有偶次谐波。（　　　）

7. 零输入响应就是由输入信号产生的响应。（　　　）

8. 当激励为冲激信号时，系统的全响应就是冲激响应。（　　　）

9. 若周期信号 $f(t)$ 是奇谐函数，则其傅立叶级数中不会含有直流分量。（　　　）

10. 奇函数加上直流后，傅立叶级数中仍含有正弦分量。（　　　）

11. 周期性冲激序列的傅立叶变换也是周期性冲激函数。（　　　）

12. 系统函数与激励信号无关。（　　　）

13. 周期信号的频谱为连续谱。（　　　）

14. 频域分析法中的系统函数 $H(j\omega)$ 是时域单位冲激响应的傅立叶变换。（　　　）

## 三、填空题

1. 两个时间函数 $f_1(t)$，$f_2(t)$ 在 $[t_1, t_2]$ 区间内相互正交的条件是（　　　）。

2. 已知冲激序列 $\delta_T(t) = \sum\limits_{n=-\infty}^{\infty} \delta(t-nT)$，其指数形式的傅立叶级数为（　　　）。

3. 若连续线性时不变系统的输入为 $f(t)$，输出为 $y(t)$，则系统无畸变传输的时域表达式为 $y(t) = $（　　　）。

4. 已知冲激序列 $\delta_T(t) = \sum\limits_{n=-\infty}^{\infty} \delta(t-nT)$，其三角形式的傅立叶级数 $a_n = $（　　　），$b_n = $（　　　）。

5. 连续周期信号 $f(t) = \cos(2\pi t) + 3\cos(6\pi t)$ 的三角形式的傅立叶级数 $a_n = $（　　　），$b_n = $（　　　）。

6. 设 $f(t)$ 为一带限信号，其截止频率 $\omega_c = 8$ rad/s。现对 $f(4t)$ 取样，则不发生频谱混叠时的最大间隔 $T_{max} = $（　　　）。

7. $\dfrac{\sin(4\pi t)}{\pi t} * [\cos(2\pi t) + \sin(6\pi t)] = $（　　　）。

8. 对带通信号 $f(t) = \text{Sa}(\pi t)\cos(4\pi t)$ 进行取样，要求取样后频谱不发生混叠失真，所有可能的取样频率 $\omega_s$ 的取值为（　　　）。

9. 如图 2.11.7 所示周期矩形脉冲信号 $f(t)$ 的频谱在 $0 \sim 150$ kHz 的频率范围内共有（　　　）条谱线。

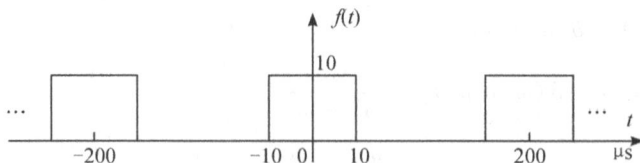

图 2.11.7

10. 频谱函数 $F(j\omega) = g_4(\omega)\cos(\pi\omega)$ 的傅立叶逆变换 $f(t)$ 等于（　　　）。

11. 如图 2.11.8 所示信号 $f(t)$ 的傅立叶变换记为 $F(j\omega)$，试求 $F(0) = ($      $)$，$\int_{-\infty}^{\infty} F(j\omega) d\omega = ($      $)$。

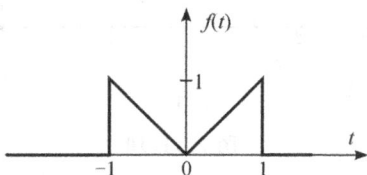

图 2.11.8

12. 已知 $f(t)$ 的频谱函数 $F(j\omega) = \begin{cases} 1, & |\omega| \leqslant 2\pi \text{ rad/s} \\ 0, & |\omega| > 2\pi \text{ rad/s} \end{cases}$，则对 $f(2t-1)$ 进行均匀取样的奈奎斯特取样间隔 $T_s$ 为（      ）。

13. 频谱函数 $F(j\omega) = 2\varepsilon(1-\omega)$ 的傅立叶逆变换 $f(t) = ($      $)$。

14. 频谱函数 $F(j\omega) = \dfrac{1}{j\omega - 1}$ 的傅立叶逆变换 $f(t) = ($      $)$。

15. 若 $f(t)$ 的奈奎斯特角频率为 $\omega_0$，则 $f(t) + f(t-t_0)$ 的奈奎斯特角频率为（      ），$f(t)\cos(\omega_0 t)$ 的奈奎斯特角频率为（      ）。

16. 周期信号 $f(t)$ 双边频谱 $F_n$ 如图 2.11.9 所示，$\omega = 1 \text{ rad/s}$，则 $f(t)$ 的三角函数表达式为（      ）。

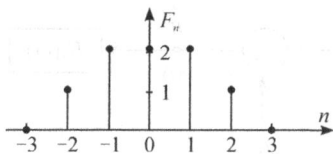

图 2.11.9

17. 信号 $f(t) = 2\dfrac{\sin(t)}{t}$ 的能量为（      ）。

18. $\dfrac{\sin(2\pi t)}{2\pi t} * \dfrac{\sin(8\pi t)}{8\pi t} = ($      $)$。

19. 已知一连续 LTI 系统的频率响应 $H(j\omega) = \dfrac{1+j\omega}{1-j\omega}$，该系统的幅频特性 $|H(j\omega)| = ($      $)$，相频特性 $\varphi(\omega)$ 为（      ），是否无失真传输系统（      ）。

20. 某理想低通滤波器的频率特性 $H(j\omega) = \begin{cases} e^{-j\omega t_0}, & |\omega| < \omega_0 \\ 0, & \text{其他} \end{cases}$，计算其时域特性 $h(t) = ($      $)$。

**四、综合应用分析题**

1. 已知频谱 $F(j\omega)$ 如图 2.11.10 所示，求 $f(t)$。

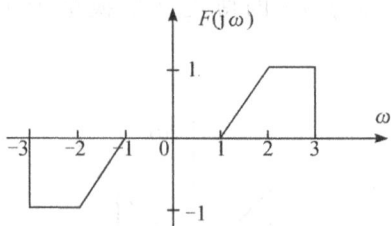

图 2.11.10

2. 设 $f(t)$ 的傅立叶变换 $F(j\omega)$ 满足以下条件：

(1) $f(t)$ 为实值信号，且 $f(t)=0, t \leqslant 0$;

(2) $\dfrac{1}{2\pi} \displaystyle\int_{-\infty}^{\infty} \mathrm{Re}[F(j\omega)] e^{j\omega t} \, d\omega = e^{-|t|}$。

求 $f(t)$。

3. 周期信号 $f(t)=3\cos(t)+\sin\left(5t+\dfrac{\pi}{6}\right)-2\cos\left(8t-\dfrac{2\pi}{3}\right)$,

(1) 画出其单边幅度谱和相位谱；(2) 计算并画出信号的功率谱。

4. 图 2.11.11 所示系统，已知 $f(t)=\displaystyle\sum_{n=-\infty}^{\infty} e^{jnt}$ ($n$ 为整数), $s(t)=\cos(t)$, 系统函数

$H(j\omega)=\begin{cases} 1, & |\omega| < 1.5 \\ 0, & |\omega| > 1.5 \end{cases}$。试画出 $A, B, C$ 各点信号的频谱图。

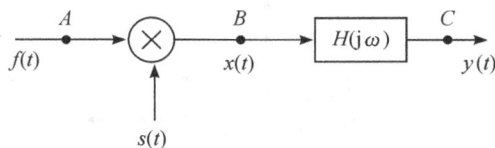

图 2.11.11

5. 如图 2.11.12(a) 所示系统中，若 $f(t)$ 的频谱 $F(j\omega)$ 和 $H_1(j\omega)$ 如图 2.11.12(b) 所示, $H_2(j\omega)=\begin{cases} \dfrac{\sin(15\omega)}{\omega}, & |\omega| \leqslant 30\pi \\ 0, & |\omega| > 30\pi \end{cases}$, 若使输出 $y(t)=f(t)$,

(1) 画出 $f_2(t)$ 的频谱 $F_2(j\omega)$; (2) 确定 $\omega_2$ 的值; (3) 求 $H_3(j\omega)$, 并画出其波形图。

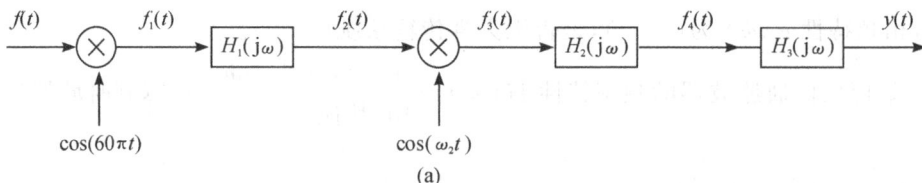

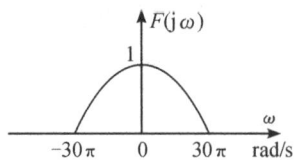

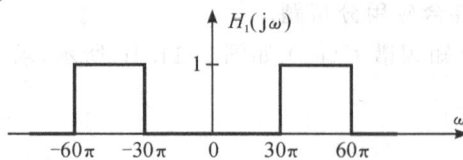

(a)

(b)

图 2.11.12

6. 信号 $f(t)$ 的傅立叶变换为 $F(j\omega)$，设给出以下条件：

(1) $f(t)$ 是实值且非负的；

(2) $F^{-1}\left[(1+j\omega)F(j\omega)\right]=Ae^{-2t}\varepsilon(t)$，$A$ 与 $t$ 无关；

(3) $\int_{-\infty}^{\infty}\left|F(j\omega)\right|^{2}d\omega=2\pi$。

求 $f(t)$ 的闭合表达式。

7. 利用傅立叶变换性质证明：$\int_{-\infty}^{\infty}Sa^{2}(t)dt=\pi$。

8. 已知系统输入信号为 $f(t)$，且 $f(t)\leftrightarrow F(j\omega)$，系统函数为 $H(j\omega)=-2j\omega$，分别求下列两种情况的系统响应 $y(t)$。

(1) $f(t)=e^{jt}$；　　　　　　　(2) $F(j\omega)=\dfrac{1}{2+j\omega}$。

9. 如图 2.11.13 所示为频谱压缩系统，已知

$$f(t)=A+B\cos(\Omega t),s(t)=\delta_{T_{s}}(t)=\sum_{n=-\infty}^{\infty}\delta(t-nT_{s}),\omega_{s}=\frac{2\pi}{T_{s}}=\frac{\Omega}{1.025}$$

求证该系统的输出为 $y(t)=Kf(at)$，并确定 $K$ 和压缩比 $a$ 值。

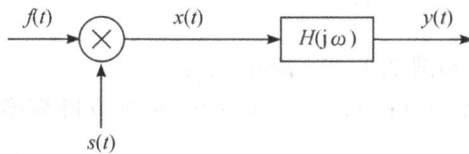

**图 2.11.13**

10. 利用傅立叶变换证明：$\displaystyle\int_{-\infty}^{\infty}\frac{\sin(\alpha\omega)}{\alpha\omega}d\omega=\frac{\pi}{|\alpha|}$。

11. 电路如图 2.11.14 所示，$R=1\ \Omega,L=1\ H$，激励电压 $f(t)=e^{-2|t|}$，求 $u_{R}(t)$。

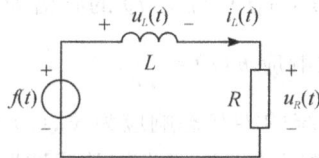

**图 2.11.14**

12. 两信号 $f_{1}(t)$、$f_{2}(t)$ 的相关函数定义为 $r(t)=\int_{-\infty}^{\infty}f_{1}(\tau)f_{2}(t+\tau)d\tau$。已知 $f_{1}(t)=e^{-t}\varepsilon(t)$，$r(t)=e^{-2t}\varepsilon(t)$，求 $f_{2}(t)$。

13. 有实信号 $f(t)\varepsilon(t)$，其傅立叶变换 $F(j\omega)=R(\omega)+jX(\omega)$，已知 $R(\omega)=\dfrac{\sin\omega}{\omega}$，

(1) 计算 $X(\omega)$；(2) 求 $f(t)\varepsilon(t)$，并画出波形。

14. 某连续时间 LTI 系统如图 2.11.15 所示，其中：

$$h_{1}(t)=\frac{d}{dt}\left[\frac{\sin(\omega_{c}t)}{2\pi t}\right],H_{2}(j\omega)=e^{-j\frac{2\pi\omega}{\omega_{c}}},h_{3}(t)=\frac{\sin(3\omega_{c}t)}{\pi t},h_{4}(t)=\varepsilon(t)$$

(1) 确定 $H_{1}(j\omega)$，并粗略画出其图形。

（2）求整个系统的冲激响应 $h(t)$。

（3）判断系统的下列性质，并说明理由：A. 记忆或无记忆；B. 因果性；C. 稳定性。

（4）当系统输入 $f(t)=\sin(2\omega_c t)+\cos(0.5\omega_c t)$ 时，求系统的输出 $y(t)$。

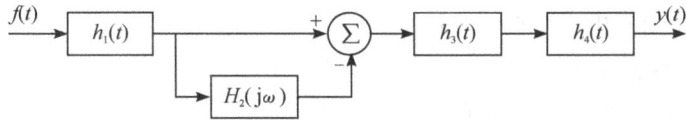

图 2.11.15

15. 某连续时间 LTI 系统的单位冲激响应为：

$$h(t)=\frac{1}{2T}\left[\mathrm{Sa}\left(\frac{\pi t}{T}\right)+2\mathrm{Sa}\left(\frac{\pi t}{T}-\frac{\pi}{2}\right)+\mathrm{Sa}\left(\frac{\pi t}{T}-\pi\right)\right]$$

（1）求该系统的频率响应 $H(\mathrm{j}\omega)$，并概要画出其幅频响应和相频响应。它是什么类型的（低通、高通、带通、全通、线性相位等）滤波器？

（2）当系统的输入 $f(t)=\dfrac{\sin\left(\dfrac{\pi t}{2T}\right)}{\pi t}\sin\left(\dfrac{2\pi t}{T}\right)+\displaystyle\sum_{n=0}^{\infty}2^{-n}\cos\left[n\left(\dfrac{\pi t}{2T}+\dfrac{\pi}{4}\right)\right]$ 时，求系统的输出 $y(t)$。

16. 已知 $f(t)$ 的波形如图 2.11.16 所示，求：

（1）$f(t)$ 的傅立叶变换 $F_1(\mathrm{j}\omega)$；（2）$f(6-2t)$ 的傅立叶变换 $F_2(\mathrm{j}\omega)$。

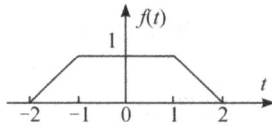

图 2.11.16

17. 已知输入 $f(t)=x(t)\cos(\omega_0 t)$，且 $x(t)$ 的频谱为 $X(\mathrm{j}\omega)$，当 $|\omega|>\omega_0$，$|X(\mathrm{j}\omega)|=0$，设线性时不变系统的单位冲激响应 $h(t)=\dfrac{1}{\pi t}$。

（1）证明：信号 $f(t)$ 产生系统的零状态响应为 $y_{zs}(t)=x(t)\sin(\omega_0 t)$。

（2）写出频率特性函数，并说明该滤波器为何种滤波器。

18. 线性时不变系统的频率特性如图 2.11.17(a) 所示，系统输入 $f(t)$ 如图 2.11.17(b) 所示，请给出系统的零状态响应 $y_{zs}(t)$ 波形图或解析表示。

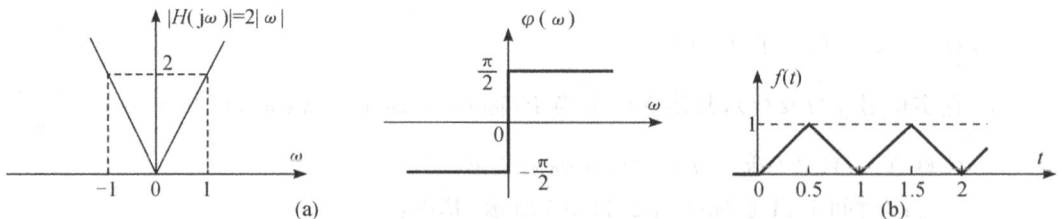

图 2.11.17

19. 已知信号 $f(t)$ 如图 2.11.18 所示，其傅立叶变换 $F(\mathrm{j}\omega)=|F(\mathrm{j}\omega)|\mathrm{e}^{\mathrm{j}\varphi(\omega)}$。求：

（1）$F(j0)$ 的值；（2）积分 $\int_{-\infty}^{\infty} F(j\omega)\,d\omega$ ；（3）信号的能量。

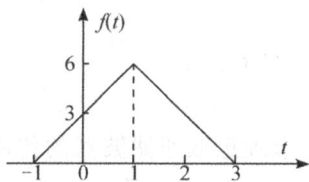

图 2.11.18

20. 已知系统框图如图2.11.19(a)(b)所示，其中 $x_1(t) = \dfrac{\sin(100t)}{\pi t}$，$x_2(t) = T\sum\limits_{n=-\infty}^{\infty} \delta(t-nT)$。

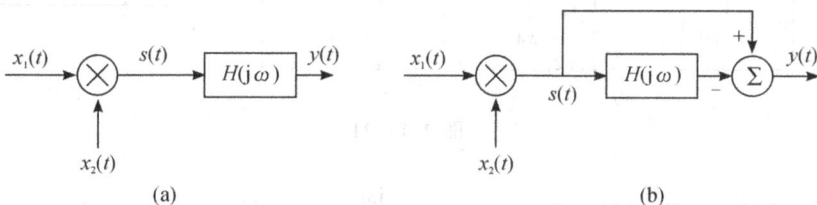

图 2.11.19

（1）画出 $x_1(t)$，$x_2(t)$ 的频谱图；

（2）在如图 2.11.19(a) 所示系统中，若要求 $y(t)=x_1(t-0.03)$，试确定 $x_2(t)$ 的周期 $T$ 及框图中 $H(j\omega)$；

（3）在如图 2.11.19(b) 所示系统中，若要求 $y(t)=x_1(t)$，试确定 $x_2(t)$ 的周期 $T$ 及框图中 $H(j\omega)$。

21. 一连续时间理想低通滤波器，其频率响应是 $H(j\omega)=\begin{cases}1, & |\omega| \leqslant 100 \\ 0, & |\omega| > 100\end{cases}$，当基波周期为 $T=\dfrac{\pi}{6}$，其傅立叶级数系数 $F_n$ 的信号 $f(t)$ 输入到滤波器时，滤波器的输出为 $y(t)$，且 $y(t)=f(t)$。问对于什么样的 $n$ 值，才能有 $F_n=0$？

22. 考虑图 2.11.20 所示系统，其中，$f(t)$ 是周期 $T=\dfrac{2\pi}{\Omega}$ 的实周期信号，其傅立叶级数为 $f(t)=\sum\limits_{n=-\infty}^{\infty} F_n e^{jn\Omega t}$，已知 $p(t)=\cos(\Omega t)$，$h(t)=\dfrac{\Omega}{2\pi}\mathrm{Sa}\left(\dfrac{\Omega t}{2}\right)$。

（1）求系统的输出 $y(t)$。

（2）若把 $p(t)$ 改为 $p(t)=\sin(\Omega t)$，重新求 $y(t)$。

（3）基于(1)(2)的结果，请回答：如果要求分别确定一个周期信号 $f(t)$ 任一个傅立叶系数 $F_n$ 的实部和虚部，应如何选择 $p(t)$？

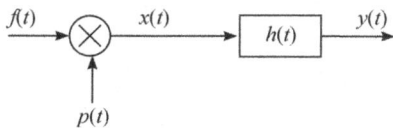

图 2.11.20

23. 如图 2.11.21(a) 所示系统,$f(t)$ 为被传送的信号,设其频谱 $F(j\omega)$ 如图 2.11.21(b)所示,$x_1(t)=x_2(t)=\cos(\omega_0 t)$,$\omega_0 \gg \omega_b$,$x_1(t)$ 为发送端的载波信号,$x_2(t)$ 为接收端的本地振荡信号。

(1) 求解并画出 $y_1(t)$ 的频谱 $Y_1(j\omega)$;

(2) 求解并画出 $y_2(t)$ 的频谱 $Y_2(j\omega)$;

(3) 若输出信号 $y(t)=f(t)$,求理想低通滤波器的传递函数 $H(j\omega)$,并画出其频谱图。

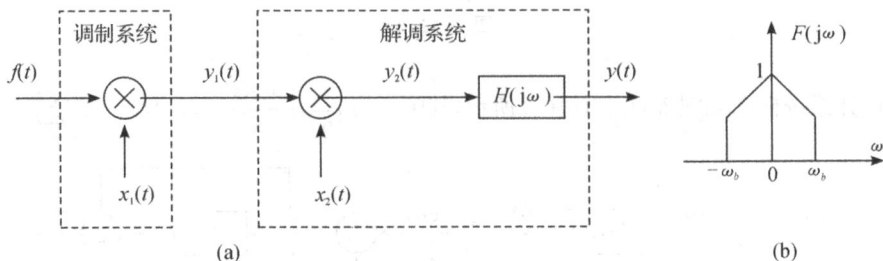

图 2.11.21

24. 已知某稳定 LTI 系统:$H(j\omega)=\dfrac{j\omega}{-\omega^2 + 3j\omega + 2}$,输入 $f(t)$ 如图 2.11.22 所示,求:

(1) 系统冲激响应 $h(t)$;

(2) 系统的初始状态($t = 0\_$);

(3) $t > 0$ 时,系统响应 $y(t)$。

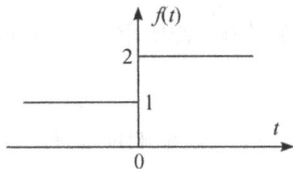

图 2.11.22

## 五、Matlab 程序题

1. 求出 $f(t)=\varepsilon(2t+1)-\varepsilon(2t-1)$ 的频谱函数。

2. 求出单边指数信号 $f(t)=e^{-t}\varepsilon(t)$ 的频谱函数。

3. 利用 ifourier() 函数求 $F(j\omega)=-j\dfrac{2\omega}{16+\omega^2}$ 频谱函数的傅立叶反变换。

4. 已知系统微分方程和激励信号为:$y'(t)+1.5y(t)=f'(t)$,$f(t)=\cos(2t)$。试用 Matlab 程序求系统的稳态响应。

5. 设有三个不同频率的正弦信号,频率分别为 $f_1 = 100$ Hz,$f_2 = 200$ Hz,$f_3 = 3500$ Hz,现在使用抽样频率 $f_s = 4000$ Hz 对这三个信号进行抽样,使用 Matlab 命令画出各抽样信号的波形和频谱。

# 第3章　连续系统的复频域分析

## 3.1　拉普拉斯变换

频域分析以虚指数信号 $e^{j\omega t}$ 为基本信号,任意信号可分解为众多不同频率的虚指数分量的线性组合,使系统响应的求解得到简化,物理意义清楚。但也存在不足,如:

(1) 有些重要信号不存在傅立叶变换,如 $e^{3t}\varepsilon(t)$;

(2) 对于给定初始状态的系统难以利用频域分析。

本章将通过把频域中的傅立叶变换推广到复频域来解决这些问题。通过引入复频率 $s = \sigma + j\omega$,以复指数函数 $e^{st}$ 为基本信号,任意信号可分解为不同复频率的复指数分量的线性组合。这里用于系统分析的独立变量是复频率 $s$,故称为 $S$ 域分析。所采用的数学工具为拉普拉斯变换。

### 3.1.1　双边拉普拉斯变换

双边拉普拉斯变换定义是

$$F_b(s) = \int_{-\infty}^{\infty} f(t) e^{-st} \, dt$$

式中 $s = \sigma + j\omega$,称为复频率。

双边拉普拉斯逆变换定义是

$$f(t) = \frac{1}{2\pi j} \int_{\sigma - j\infty}^{\sigma + j\infty} F_b(s) e^{st} \, ds$$

$F_b(s)$ 称为 $f(t)$ 的**双边拉普拉斯变换**(或象函数),$f(t)$ 称为 $F_b(s)$ 的**双边拉普拉斯逆变换**(或原函数)。

从傅立叶变换导出拉普拉斯变换:有些函数不满足绝对可积条件,求解傅立叶变换困难。为此,可用一衰减因子 $e^{-\sigma t}$($\sigma$ 为实常数) 乘以信号 $f(t)$,适当选取 $\sigma$ 的值,使乘积信号 $f(t)e^{-\sigma t}$ 当 $t \to \infty$ 时信号幅度趋近于 0,从而使 $f(t)e^{-\sigma t}$ 的傅立叶变换存在。即

$$F_1(j\omega) = F[f(t) \cdot e^{-\sigma t}] = \int_{-\infty}^{\infty} [f(t) e^{-\sigma t}] \cdot e^{-j\omega t} \, dt$$

$$= \int_{-\infty}^{\infty} f(t) e^{-(\sigma + j\omega)t} \, dt = F(\sigma + j\omega)$$

令 $s = \sigma + j\omega$,则拉普拉斯变换为:

$$F(s) = \int_{-\infty}^{\infty} f(t) e^{-(\sigma + j\omega)t} \, dt = \int_{-\infty}^{\infty} f(t) e^{-st} \, dt$$

式中 $s$ 具有频率量纲，称为**复频率**。

$f(t)\mathrm{e}^{-\sigma t}$ 是 $F(\sigma + \mathrm{j}\omega)$ 的傅立叶逆变换，即

$$f(t)\mathrm{e}^{-\sigma t} = \frac{1}{2\pi} \int_{-\infty}^{\infty} F(\sigma + \mathrm{j}\omega) \mathrm{e}^{\mathrm{j}\omega t} \mathrm{d}\omega$$

两边同时乘以 $\mathrm{e}^{\sigma t}$

$$f(t) = \frac{1}{2\pi} \int_{-\infty}^{\infty} F(\sigma + \mathrm{j}\omega) \mathrm{e}^{(\sigma + \mathrm{j}\omega)t} \mathrm{d}\omega$$

令 $s = \sigma + \mathrm{j}\omega$，改换积分变量，若 $\sigma$ 取常数，则 $\mathrm{d}s = \mathrm{j}\mathrm{d}\omega$，更改积分限：$\omega$ 的积分限为 $(-\infty, \infty)$，则 $s$ 的积分限为 $(\sigma - \mathrm{j}\infty, \sigma + \mathrm{j}\infty)$，因此拉普拉斯逆变换为

$$f(t) = \frac{1}{2\pi\mathrm{j}} \int_{\sigma - \mathrm{j}\infty}^{\sigma + \mathrm{j}\infty} F(s) \mathrm{e}^{st} \mathrm{d}s$$

### 3.1.2　收敛域

只有选择合适的 $\sigma$ 值使积分收敛，才能保证信号 $f(t)$ 的双边拉普拉斯变换存在。使 $f(t)$ 拉普拉斯变换存在的 $\sigma$ 取值范围称为 $F_b(s)$ 的**收敛域**。若找不到收敛域，则该信号的拉普拉斯变换不存在。

**【例 3.1.1】**求因果信号 $f_1(t) = \mathrm{e}^{at}\varepsilon(t)$ 的拉普拉斯变换。

解：$f_1(t) \overset{L}{\longleftrightarrow} F_{b1}(s) = \int_{-\infty}^{\infty} f(t)\mathrm{e}^{-st} \mathrm{d}t = \int_{0}^{\infty} \mathrm{e}^{at}\mathrm{e}^{-st} \mathrm{d}t = \int_{0}^{\infty} \mathrm{e}^{(a-\sigma)t}\mathrm{e}^{-\mathrm{j}\omega t} \mathrm{d}t = \int_{0}^{\infty} \mathrm{e}^{(a-s)t} \mathrm{d}t$

$\qquad = \dfrac{1}{s-a}$，收敛域 $\mathrm{Re}[s] = \sigma > a$

仅当 $\mathrm{Re}[s] > a$ 时，$f_1(t)$ 的拉普拉斯变换才存在，即其收敛域为 $s$ 平面 $\mathrm{Re}[s] > a$ 的右边区域，如图 3.1.1(a) 所示。

**【例 3.1.2】**求反因果信号 $f_2(t) = \mathrm{e}^{bt}\varepsilon(-t)$ 的拉普拉斯变换。

解：$f_2(t) \overset{L}{\longleftrightarrow} F_{b2}(s) = \int_{-\infty}^{\infty} f(t)\mathrm{e}^{-st} \mathrm{d}t = \int_{-\infty}^{0} \mathrm{e}^{bt}\mathrm{e}^{-st} \mathrm{d}t = \int_{-\infty}^{0} \mathrm{e}^{(b-\sigma)t}\mathrm{e}^{-\mathrm{j}\omega t} \mathrm{d}t = \int_{\infty}^{0} \mathrm{e}^{-(b-s)t} \mathrm{d}(-t)$

$\qquad = -\dfrac{1}{s-b}$，收敛域 $\mathrm{Re}[s] = \sigma < b$

仅当 $\mathrm{Re}[s] < b$ 时，$f_2(t)$ 的拉普拉斯变换才存在，即其收敛域为 $s$ 平面 $\mathrm{Re}[s] < b$ 的左边区域，如图 3.1.1(b) 所示。

**【例 3.1.3】**求双边信号 $f_3(t) = \mathrm{e}^{at}\varepsilon(t) + \mathrm{e}^{bt}\varepsilon(-t)$ 的拉普拉斯变换。

解：$f_3(t) \overset{L}{\longleftrightarrow} F_{b3}(s) = \int_{-\infty}^{\infty} f(t)\mathrm{e}^{-st} \mathrm{d}t = \int_{-\infty}^{0} \mathrm{e}^{bt}\mathrm{e}^{-st} \mathrm{d}t + \int_{0}^{\infty} \mathrm{e}^{at}\mathrm{e}^{-st} \mathrm{d}t$

$\qquad = \dfrac{1}{s-a} - \dfrac{1}{s-b}$，收敛域 $a < \mathrm{Re}[s] < b$

仅当 $a < \mathrm{Re}[s] < b$ 时，$f_3(t)$ 的拉普拉斯变换才存在，即其收敛域为 $s$ 平面中 $a < \mathrm{Re}[s] < b$ 的一个带状区域，如图 3.1.1(c) 所示。若 $a > b$ 或 $a = b$ 时，不存在收敛域，则不存在拉普拉斯变换。

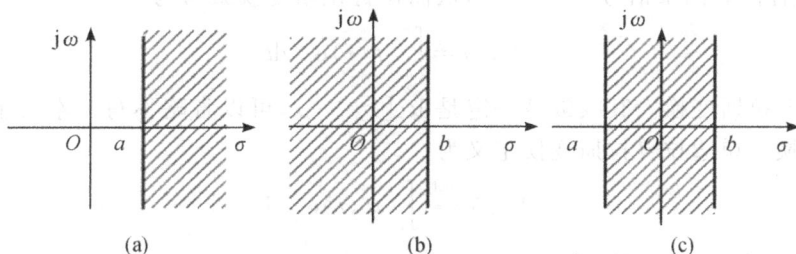

**图 3.1.1　拉普拉斯变换收敛域示意图**

【例 3.1.4】求双边信号 $f_4(t) = e^{at}$ 的拉普拉斯变换。

解：$f_4(t) = e^{at}$ 的拉普拉斯变换不存在。留给读者自己分析。

结论：

(1) 因果信号：$f_1(t) = e^{at}\varepsilon(t) \leftrightarrow F_{b1}(s) = \dfrac{1}{s-a}$，$\mathrm{Re}[s] > a$，即收敛域一定在右边平面；

(2) 反因果信号：$f_2(t) = e^{bt}\varepsilon(-t) \leftrightarrow F_{b2}(s) = -\dfrac{1}{s-b}$，$\mathrm{Re}[s] < b$，即收敛域一定在左边平面；

(3) 双边信号：$f_3(t) = e^{at}\varepsilon(t) + e^{bt}\varepsilon(-t) \leftrightarrow F_{b3}(s) = \dfrac{1}{s-a} - \dfrac{1}{s-b}$，$a < \mathrm{Re}[s] < b$，即收敛域一定在平面中间一个带状区域。

【例 3.1.5】求下列信号的双边拉普拉斯变换。

(1) $f_1(t) = e^{-3t}\varepsilon(t) + e^{-2t}\varepsilon(t)$

(2) $f_2(t) = e^{-3t}\varepsilon(-t) + e^{-2t}\varepsilon(-t)$

(3) $f_3(t) = e^{-3t}\varepsilon(t) + e^{-2t}\varepsilon(-t)$

解：(1) $f_1(t) \leftrightarrow F_1(s) = \dfrac{1}{s+3} + \dfrac{1}{s+2}$，收敛域：$\mathrm{Re}[s] = \sigma > -2$；

(2) $f_2(t) \leftrightarrow F_2(s) = \dfrac{1}{s+3} + \dfrac{1}{s+2}$，收敛域：$\mathrm{Re}[s] = \sigma < -3$；

(3) $f_3(t) \leftrightarrow F_3(s) = \dfrac{1}{s+3} + \dfrac{1}{s+2}$，收敛域：$-3 < \sigma < -2$.

可见，象函数相同，但收敛域不同。双边拉普拉斯变换必须标出收敛域。

【例 3.1.6】求信号 $f(t) = e^{at}\varepsilon(t) - e^{at}\varepsilon(-t)$ 的双边拉普拉斯变换。

解：$e^{at}\varepsilon(t) \xleftrightarrow{L} \dfrac{1}{s-a}$，收敛域为 $\mathrm{Re}[s] = \sigma > a$；

$-e^{at}\varepsilon(-t) \xleftrightarrow{L} \dfrac{1}{s-a}$，收敛域为 $\mathrm{Re}[s] = \sigma < a$；

因此，$f(t) = e^{at}\varepsilon(t) - e^{at}\varepsilon(-t)$ 函数不存在拉普拉斯变换。

同理，$f(t) = 1$（直流信号），$f(t) = \cos(\omega_0 t)$ 等双边都不衰减的双边信号不存在拉普拉斯变换。

### 3.1.3　单边拉普拉斯变换

实际应用的信号 $f(t)$ 都有初始时刻，不妨设其初始时刻为坐标原点，即当 $t < 0$ 时，则

$f(t)=0$,或者说为因果信号 $f(t)\varepsilon(t)$,从而拉普拉斯变换式写为

$$F(s)=\int_{0-}^{\infty}f(t)\mathrm{e}^{-st}\,\mathrm{d}t$$

称为单边拉普拉斯变换。其收敛域一定是 $\mathrm{Re}[s]>a$,可以省略不写。本书主要讨论单边拉普拉斯变换。单边拉普拉斯变换定义为

$$F(s)\stackrel{\mathrm{def}}{=\!=\!=}\int_{0-}^{\infty}f(t)\mathrm{e}^{-st}\,\mathrm{d}t$$

简记为 $F(s)=L[f(t)]$ 或 $f(t)\longleftrightarrow F(s)$。

单边拉普拉斯逆变换定义为

$$f(t)\stackrel{\mathrm{def}}{=\!=\!=}\Big[\frac{1}{2\pi\mathrm{j}}\int_{\sigma-\mathrm{j}\infty}^{\sigma+\mathrm{j}\infty}F(s)\mathrm{e}^{st}\,\mathrm{d}s\Big]\varepsilon(t)$$

简记为 $f(t)=L^{-1}[F(s)]$。

$F(s)$ 称为 $f(t)$ 的**单边拉普拉斯变换**(或象函数),简称拉普拉斯变换。$f(t)$ 称为 $F(s)$ 的**单边拉普拉斯逆变换**(或原函数)。

### 3.1.4　常用函数的单边拉普拉斯变换

#### 3.1.4.1　冲激函数

$$\delta(t)\stackrel{L}{\longleftrightarrow}1,\text{全体 } s$$

$$\delta'(t)\stackrel{L}{\longleftrightarrow}s,\text{全体 } s$$

证明:$\delta(t)\stackrel{L}{\longleftrightarrow}\int_{-\infty}^{\infty}\delta(t)\mathrm{e}^{-st}\,\mathrm{d}t=\int_{-\infty}^{\infty}\delta(t)\,\mathrm{d}t=1$,全体 $s$

$$\delta'(t)\stackrel{L}{\longleftrightarrow}\int_{-\infty}^{\infty}\delta'(t)\mathrm{e}^{-st}\,\mathrm{d}t=\int_{-\infty}^{\infty}\{[\delta(t)\mathrm{e}^{-st}]'-(\mathrm{e}^{-st})'\delta(t)\}\,\mathrm{d}t$$

$$=\int_{-\infty}^{\infty}\delta'(t)\,\mathrm{d}t+\int_{-\infty}^{\infty}s\mathrm{e}^{-st}\delta(t)\,\mathrm{d}t=s,\text{全体 } s$$

#### 3.1.4.2　阶跃函数

$$\varepsilon(t)\stackrel{L}{\longleftrightarrow}\frac{1}{s},\mathrm{Re}(s)=\sigma>0$$

证明:$\varepsilon(t)\stackrel{L}{\longleftrightarrow}\int_{-\infty}^{\infty}\varepsilon(t)\mathrm{e}^{-st}\,\mathrm{d}t=\int_{0}^{\infty}\mathrm{e}^{-st}\,\mathrm{d}t=\frac{1}{s},\sigma>0$

#### 3.1.4.3　指数函数

$$\mathrm{e}^{at}\varepsilon(t)\stackrel{L}{\longleftrightarrow}\frac{1}{s-a},\sigma>a$$

证明:$\mathrm{e}^{at}\varepsilon(t)\stackrel{L}{\longleftrightarrow}\int_{0}^{\infty}\mathrm{e}^{at}\mathrm{e}^{-st}\,\mathrm{d}t=\int_{0}^{\infty}\mathrm{e}^{(a-s)t}\,\mathrm{d}t=\frac{1}{s-a},\sigma>a$

#### 3.1.4.4　斜坡函数

$$t\varepsilon(t)\stackrel{L}{\longleftrightarrow}\frac{1}{s^2},\sigma>0$$

证明:$t\varepsilon(t)\stackrel{L}{\longleftrightarrow}\int_{0}^{\infty}t\mathrm{e}^{-st}\,\mathrm{d}t=-\frac{1}{s}\int_{0}^{\infty}t\,\mathrm{d}\mathrm{e}^{-st}=-\frac{1}{s}\Big[t\mathrm{e}^{-st}\Big|_{0}^{\infty}-\int_{0}^{\infty}\mathrm{e}^{-st}\,\mathrm{d}t\Big]$

$$= -\frac{1}{s}\left[\frac{t}{e^{st}}\bigg|_0^\infty + \frac{1}{s}e^{-st}\bigg|_0^\infty\right] = -\frac{1}{s}\left[0 + \frac{1}{s}e^{-st}\bigg|_0^\infty\right] = \frac{1}{s^2}$$

推广：$t^n\varepsilon(t) \overset{L}{\longleftrightarrow} \dfrac{n!}{s^{n+1}}(n > 0)$。

#### 3.1.4.5　余弦函数

$$\cos(\omega_0 t)\varepsilon(t) \overset{L}{\longleftrightarrow} \frac{s}{s^2 + \omega_0^2},\sigma > 0$$

证明：$\cos(\omega_0 t)\varepsilon(t) = \dfrac{e^{j\omega_0 t} + e^{-j\omega_0 t}}{2}\varepsilon(t) \overset{L}{\longleftrightarrow} \dfrac{1}{2}\left(\dfrac{1}{s - j\omega_0} + \dfrac{1}{s + j\omega_0}\right) = \dfrac{s}{s^2 + \omega_0^2}$

#### 3.1.4.6　正弦函数

$$\sin(\omega_0 t)\varepsilon(t) \overset{L}{\longleftrightarrow} \frac{\omega_0}{s^2 + \omega_0^2},\sigma > 0$$

证明：$\sin(\omega_0 t)\varepsilon(t) = \dfrac{e^{j\omega_0 t} - e^{-j\omega_0 t}}{2j}\varepsilon(t) \overset{L}{\longleftrightarrow} \dfrac{1}{2j}\left(\dfrac{1}{s - j\omega} - \dfrac{1}{s + j\omega}\right) = \dfrac{\omega_0}{s^2 + \omega_0^2}$

### **3.1.5**　**单边拉普拉斯变换与傅立叶变换的关系**

因为讨论的是单边拉普拉斯变换，所以 $f(t)$ 必须为因果信号。下面以 $f(t)$ 为因果信号对单边拉普拉斯变换与傅立叶变换关系进行讨论。

设 $f(t) \leftrightarrow F(s)$，$\mathrm{Re}[s] > a$，如果 $F(s)$ 的收敛域包含 $j\omega$ 轴[即 $a \leqslant 0$，或者说 $F(s)$ 的所有极点不落在 $s$ 平面右半边]，则 $f(t)$ 的傅立叶变换存在；否则傅立叶变换不存在。

（1）如果 $a < 0$ [$H(s)$ 的极点在平面左半边，其对应的时域函数 $f(t) = e^{at}$ 是指数衰减的]，收敛边界落于 $s$ 平面左半边，即 $F(s)$ 的收敛域包含 $j\omega$ 轴，则 $f(t)$ 的傅立叶变换存在，并且 $F(j\omega) = F(s)\big|_{s=j\omega}$。

【**例 3.1.7**】求函数 $f(t) = e^{at}\varepsilon(t)(a < 0)$ 的傅立叶变换。

解：函数 $f(t) = e^{at}\varepsilon(t)(a < 0)$ 是衰减函数，如图 3.1.2 所示。

拉普拉斯变换：$F(s) = \dfrac{1}{s - a}$，收敛域 $\sigma > a$。

则傅立叶变换为：

$$F(j\omega) = F(s)\big|_{s=j\omega} = \frac{1}{j\omega - a}$$

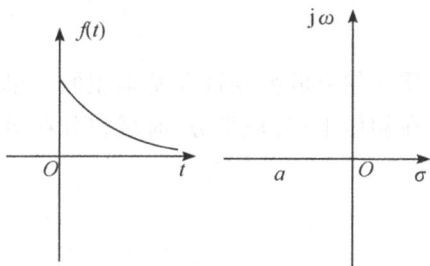

**图 3.1.2　指数衰减函数**

如 $f(t) = e^{-2t}\varepsilon(t) \leftrightarrow F(s) = \dfrac{1}{s+2}$,收敛域为 $\sigma > -2$,则傅立叶变换为

$$F(j\omega) = \frac{1}{j\omega + 2}$$

(2) 如果 $a = 0$ [$H(s)$ 的极点在 $s$ 平面 $j\omega$ 轴上,其对应的时域函数 $f(t) = e^{at}$ 是不衰减的,也是不增长的],收敛边界落于 $s$ 平面 $j\omega$ 轴上,则当收敛边界位于虚轴时,$F(j\omega)$ 是存在的,但 $F(j\omega)$ 与 $F(s)$ 之间不再是简单的置换关系,因为傅立叶变换中包含冲激函数项。

【例 3.1.8】求函数 $f(t) = e^{at}\varepsilon(t) = \varepsilon(t)$(式中 $a = 0$)的傅立叶变换。

解:函数 $f(t) = \varepsilon(t)$,则拉普拉斯变换为 $F(s) = \dfrac{1}{s}$,而傅立叶变换为 $F(j\omega) = \pi\delta(\omega) + \dfrac{1}{j\omega}$。

(3) 如果 $a > 0$ [对应于函数 $f(t)$ 是增长的],收敛边界落于 $s$ 平面右半边,则 $F(j\omega)$ 不存在。

【例 3.1.9】求函数 $f(t) = e^{at}\varepsilon(t)(a > 0)$ 的傅立叶变换。

解:$f(t) = e^{at}\varepsilon(t)(a > 0)$ 是增长函数,如图 3.1.3 所示。

拉普拉斯变换为:$F(s) = \dfrac{1}{s-a}$,收敛域为 $\sigma > a$。

虽然其拉普拉斯变换存在,但对应的傅立叶变换 $F(j\omega)$ 却不存在,所以不能由 $F(s)$ 通过替代方法求 $F(j\omega)$。

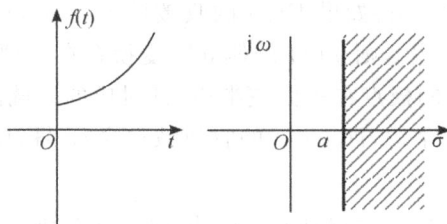

图 3.1.3　指数增长函数

如 $f(t) = e^{2t}\varepsilon(t) \leftrightarrow \dfrac{1}{s-2}$,收敛域 $\sigma > 2$,则其傅立叶变换不存在。

# 3.2　拉普拉斯变换的性质

双边拉普拉斯变换的性质与傅立叶变换性质基本相似。单边拉普拉斯变换的性质与傅立叶变换性质差别主要表现在初值上(时域微分、时域积分在单边拉普拉斯变换时应考虑初值问题)。

## 3.2.1　线性性质

若 $f_1(t) \leftrightarrow F_1(s), \alpha_1 < \text{Re}[s] < \beta_1, f_2(t) \leftrightarrow F_2(s), \alpha_2 < \text{Re}[s] < \beta_2$,则

$$af_1(t) + bf_2(t) \leftrightarrow aF_1(s) + bF_2(s)$$

ROC：$\max(\alpha_1, \alpha_2) < \mathrm{Re}[s] < \min(\beta_1, \beta_2)$。

【例 3.2.1】求 $f(t) = \cos(\omega t)\varepsilon(t)$ 的拉普拉斯变换。

解：
$$f(t) = \cos(\omega t)\varepsilon(t) = \frac{1}{2}(e^{j\omega t} + e^{-j\omega t})\varepsilon(t)$$

因为
$$e^{-\alpha t}\varepsilon(t) \leftrightarrow \frac{1}{s + \alpha}$$

所以
$$\cos(\omega t)\varepsilon(t) \leftrightarrow \frac{1}{2}\left(\frac{1}{s - j\omega} + \frac{1}{s + j\omega}\right) = \frac{s}{s^2 + \omega^2}$$

同理 $\sin(\omega t)\varepsilon(t) \leftrightarrow \dfrac{\omega}{s^2 + \omega^2}$。

### 3.2.2　尺度变换

若 $f(t) \leftrightarrow F(s)$，$\alpha < \mathrm{Re}[s] < \beta$，则
$$f(at) \leftrightarrow \frac{1}{|a|}F\left(\frac{s}{a}\right)$$

ROC：$|a|\alpha < \mathrm{Re}[s] < |a|\beta$。

证明：
$$L[f(at)] = \int_{-\infty}^{\infty} f(at)e^{-st}\,\mathrm{d}t$$

令 $\tau = at$，则 $t = \dfrac{\tau}{a}$，$\mathrm{d}t = \dfrac{1}{a}\mathrm{d}\tau$。

当 $a > 0$ 时，
$$L[f(at)] = \int_{-\infty}^{\infty} f(\tau)e^{-\left(\frac{s}{a}\right)\tau}\,\mathrm{d}\left(\frac{\tau}{a}\right) = \frac{1}{a}\int_{-\infty}^{\infty} f(\tau)e^{-\left(\frac{s}{a}\right)\tau}\,\mathrm{d}\tau = \frac{1}{a}F\left(\frac{s}{a}\right) = \frac{1}{a}F\left(\frac{s}{a}\right)$$

当 $a < 0$ 时，
$$L[f(at)] = \int_{-\infty}^{\infty} f(\tau)e^{-\left(\frac{s}{a}\right)\tau}\,\mathrm{d}\left(\frac{\tau}{a}\right) = \frac{1}{a}\int_{\infty}^{-\infty} f(\tau)e^{-\left(\frac{s}{a}\right)\tau}\,\mathrm{d}\tau = -\frac{1}{a}\int_{-\infty}^{\infty} f(\tau)e^{-\left(\frac{s}{a}\right)\tau}\,\mathrm{d}\tau$$
$$= -\frac{1}{a}F\left(\frac{s}{a}\right) = -\frac{1}{a}F\left(\frac{s}{a}\right)$$

所以 $f(at) \leftrightarrow \dfrac{1}{|a|}F\left(\dfrac{s}{a}\right)$，$|a|\alpha < \mathrm{Re}[s] < |a|\beta$。

对于单边拉普拉斯变换，则要求 $a > 0$，因为若 $a < 0$，则信号会反折到左边。

### 3.2.3　移位特性

3.2.3.1　信号时移的双边拉普拉斯变换特性

如果 $f(t) \leftrightarrow F(s)$，$\alpha < \mathrm{Re}[s] < \beta$，则
$$f(t \pm t_0) \leftrightarrow e^{\pm st_0}F(s)$$

ROC：$\alpha < \mathrm{Re}[s] < \beta$。

3.2.3.2　信号时移的单边拉普拉斯变换特性

单边拉普拉斯变换的时移特性与双边拉普拉斯变换的时移特性的差别是：单边拉普拉斯变换只存在右移（即 $t_0 > 0$），其他是相同的。因为在实际使用的因果信号中，信号只有右移。

如果 $L[f(t)\varepsilon(t)] = F(s)$，$\mathrm{Re}[s] > \alpha$，且 $t_0 > 0$，则

$$L[f(t-t_0)\varepsilon(t-t_0)] = \mathrm{e}^{-st_0}F(s)$$

ROC：$\mathrm{Re}[s] > \alpha$。

证明：$L[f(t-t_0)\varepsilon(t-t_0)] = \displaystyle\int_{0_-}^{\infty} f(t-t_0)\varepsilon(t-t_0)\mathrm{e}^{-st}\,\mathrm{d}t = \int_{t_0}^{\infty} f(t-t_0)\mathrm{e}^{-st}\,\mathrm{d}t$

令 $\tau = t - t_0$，则有 $t = \tau + t_0$，$\mathrm{d}t = \mathrm{d}\tau$，代入上式

$$L[f(t-t_0)\varepsilon(t-t_0)] = \int_{0_-}^{\infty} f(\tau)\mathrm{e}^{-st_0}\mathrm{e}^{-s\tau}\,\mathrm{d}\tau = F(s)\mathrm{e}^{-st_0}$$

既有延迟又有尺度变换的拉普拉斯变换的性质为

$$L[f(at-b)\varepsilon(at-b)] = \frac{1}{a}F\left(\frac{s}{a}\right)\mathrm{e}^{-s\frac{b}{a}}$$

对于单边拉普拉斯变换要求 $a > 0$，$b > 0$。

**【例 3.2.2】** 求单位矩形信号 $f(t) = \varepsilon\left(t+\dfrac{1}{2}\right) - \varepsilon\left(t-\dfrac{1}{2}\right)$ 的拉普拉斯变换。

解：$F(s) = \dfrac{\mathrm{e}^{\frac{1}{2}s}}{s} - \dfrac{\mathrm{e}^{-\frac{1}{2}s}}{s} = \dfrac{\mathrm{e}^{\frac{1}{2}s} - \mathrm{e}^{-\frac{1}{2}s}}{s}$

### 3.2.3.3　复频率平移特性

如果 $f(t) \leftrightarrow F(s)$，$\alpha < \mathrm{Re}[s] < \beta$，则

$$f(t)\mathrm{e}^{at} \leftrightarrow F(s-a)$$

ROC：$\alpha - \mathrm{Re}(a) < \mathrm{Re}[s] < \beta - \mathrm{Re}(a)$。

证明：$L[f(t)\mathrm{e}^{at}] = \displaystyle\int_{-\infty}^{\infty} f(t)\mathrm{e}^{at}\mathrm{e}^{-st}\,\mathrm{d}t = \int_{-\infty}^{\infty} f(t)\mathrm{e}^{-(s-a)t}\,\mathrm{d}t = F(s-a)$

**【例 3.2.3】** 求信号 $f(t) = \mathrm{e}^{-at}\cos(\omega_0 t)\varepsilon(t)$ 的拉普拉斯变换。

解：因为 $L[\cos(\omega_0 t)\varepsilon(t)] = \dfrac{s}{s^2+\omega_0^2}$，所以 $\mathrm{e}^{-at}\cos(\omega_0 t)\varepsilon(t) \leftrightarrow \dfrac{s+\alpha}{(s+\alpha)^2+\omega_0^2}$。

同理：$\mathrm{e}^{-at}\sin(\omega_0 t)\varepsilon(t) \leftrightarrow \dfrac{\omega_0}{(s+\alpha)^2+\omega_0^2}$。

## 3.2.4　微分特性

### 3.2.4.1　双边拉普拉斯变换时域微分特性

如果 $f(t) \leftrightarrow F(s)$，$\alpha < \mathrm{Re}[s] < \beta$，则

$$f'(t) \leftrightarrow sF(s)$$

ROC：$\alpha < \mathrm{Re}[s] < \beta$。

### 3.2.4.2　单边拉普拉斯变换时域微分特性

如果 $L[f(t)] = F(s)$，则

$$L\left[\frac{\mathrm{d}f(t)}{\mathrm{d}t}\right] = sF(s) - f(0_-)$$

证明：

$$\int_{0_-}^{\infty} f'(t)\mathrm{e}^{-st}\,\mathrm{d}t = f(t)\mathrm{e}^{-st}\Big|_{0_-}^{\infty} - \left[\int_{0_-}^{\infty} -sf(t)\mathrm{e}^{-st}\,\mathrm{d}t\right]$$

$$= -f(0_-) + sF(s) = sF(s) - f(0_-)$$

推广：$L[f^{(2)}(t)] = s[sF(s) - f(0_-)] - f'(0_-)$

$$= s^2 F(s) - sf(0_-) - f'(0_-)$$

$$L[f^{(n)}(t)] = s^n F(s) - \sum_{r=0}^{n-1} s^{n-r-1} f^{(r)}(0_-)$$

### 3.2.4.3　复频域微分特性

若 $f(t) \leftrightarrow F(s), \alpha < \text{Re}[s] < \beta$，则

$$(-t)f(t) \leftrightarrow \frac{\mathrm{d}F(s)}{\mathrm{d}s}$$

ROC：$\alpha < \text{Re}[s] < \beta$。

证明：

$$F(s) = \int_{-\infty}^{\infty} f(t) \cdot \mathrm{e}^{-st} \mathrm{d}t$$

两边对 $s$ 求导：$\dfrac{\mathrm{d}F(s)}{\mathrm{d}s} = \dfrac{\mathrm{d}}{\mathrm{d}s} \displaystyle\int_{-\infty}^{\infty} f(t) \cdot \mathrm{e}^{-st} \mathrm{d}t = \int_{-\infty}^{\infty} f(t) \dfrac{\mathrm{d}}{\mathrm{d}s}(\mathrm{e}^{-st}) \mathrm{d}t$

$$= \int_{-\infty}^{\infty} f(t)(-t)(\mathrm{e}^{-st}) \mathrm{d}t = \int_{-\infty}^{\infty} [-tf(t)](\mathrm{e}^{-st}) \mathrm{d}t$$

推广：$(-t)^n f(t) \leftrightarrow \dfrac{\mathrm{d}^n F(s)}{\mathrm{d}s^n}, \alpha < \text{Re}[s] < \beta$。

**【例 3.2.4】** 已知 $f(t) = \mathrm{e}^{-at}\varepsilon(t)$，求 $L[f'(t)]$。

解：$f(t) \leftrightarrow F(s) = \dfrac{1}{s+a}$，而 $f'(t)$ 则含有冲激信号。

(1) 假设从 $t = 0 = 0_-$，则 $f(0_-) = \mathrm{e}^{-at}\varepsilon(t)\,|_{t=0_-} = 0$，根据拉普拉斯变换定义得：

$$\int_{0_-}^{\infty} f'(t)\mathrm{e}^{-st} \mathrm{d}t = \int_{0_-}^{\infty} [\mathrm{e}^{-at}\delta(t) - a\mathrm{e}^{-at}\varepsilon(t)]\mathrm{e}^{-st} \mathrm{d}t$$

$$= \int_{0_-}^{\infty} [\mathrm{e}^{-at}\mathrm{e}^{-st}\delta(t) - a\mathrm{e}^{-at}\mathrm{e}^{-st}] \mathrm{d}t = 1 + \frac{a\mathrm{e}^{-(a+s)t}}{a+s}\bigg|_{0_-}^{\infty}$$

$$= 1 - \frac{a}{s+a} = \frac{s}{s+a}$$

根据拉普拉斯变换微分性质得

$$L[f'(t)] = sF(s) - f(0_-) = \frac{s}{s+a}，其中 f(0_-) = 0$$

由此可见，利用微分性质计算与定义计算结果一致。

(2) 假设从 $t = 0 = 0_+$，则 $f(0_+) = \mathrm{e}^{-at}\varepsilon(t)\,|_{t=0_+} = 1$，根据拉普拉斯变换定义得

$$\int_{0_+}^{\infty} f'(t)\mathrm{e}^{-st} \mathrm{d}t = \int_{0_+}^{\infty} [\mathrm{e}^{-at}\delta(t) - a\mathrm{e}^{-at}\varepsilon(t)]\mathrm{e}^{-st} \mathrm{d}t$$

$$\int_{0_+}^{\infty} [\mathrm{e}^{-at}\mathrm{e}^{-st}\delta(t) - a\mathrm{e}^{-at}\mathrm{e}^{-st}] \mathrm{d}t = 0 + \frac{a\mathrm{e}^{-(a+s)t}}{a+s}\bigg|_{0_+}^{\infty}$$

$$= 0 - \frac{a}{s+a} = -\frac{a}{s+a}$$

根据拉普拉斯变换微分性质得

$$L[f'(t)] = sF(s) - f(0_+) = -\frac{a}{s+a}$$

由此可见,利用微分性质计算与定义计算结果一致。

结论:从 $t=0=0_-$ 考虑信号,则函数包含冲激信号;从 $t=0=0_+$ 考虑信号,则函数不包含冲激信号。从计算结果可知,拉普拉斯变换的微分性质已把系统的初始条件结合到系统的响应中,因此,利用微分性质可直接求系统全响应。

【例 3.2.5】求函数 $f(t)=t\mathrm{e}^{-at}\varepsilon(t)$ 的象函数。

解:令 $f_1(t)=\mathrm{e}^{-at}\varepsilon(t)$,则 $F_1(s)=\dfrac{1}{s+a}$,$\mathrm{Re}[s]>a$,$f(t)=t\mathrm{e}^{-at}\varepsilon(t)=tf_1(t)$,则

$$F(s)=-\frac{\mathrm{d}F_1(s)}{\mathrm{d}s}=-\frac{\mathrm{d}}{\mathrm{d}s}\left(\frac{1}{s+a}\right)=\frac{1}{(s+a)^2}$$

对于衰减斜坡信号有:

$$t^n\mathrm{e}^{-at}\varepsilon(t)\xleftrightarrow{\ L\ }\frac{n!}{(s+a)^{n+1}}$$

【例 3.2.6】求函数 $f(t)=t^2\mathrm{e}^{-at}\varepsilon(t)$ 的象函数。

解:令 $f_1(t)=\mathrm{e}^{-at}\varepsilon(t)$,则 $F_1(s)=\dfrac{1}{s+a}$,$\mathrm{Re}[s]>a$,$f(t)=t^2\mathrm{e}^{-at}\varepsilon(t)=t^2f_1(t)$,则

$$F(s)=\frac{\mathrm{d}^2F_1(s)}{\mathrm{d}s^2}=\frac{\mathrm{d}^2}{\mathrm{d}s^2}\left(\frac{1}{s+a}\right)=\frac{2}{(s+a)^3}$$

【例 3.2.7】已知信号

$$f(t)=\begin{cases}t,&0<t<1\\2-t,&1<t<2\\0,&t<0,t>2\end{cases}$$

画出波形,求其拉普拉斯变换。

解:$f(t)$ 的波形如图 3.2.1 所示。对 $f(t)$ 求一阶导数,$f'(t)$ 的波形如图 3.2.2 所示。

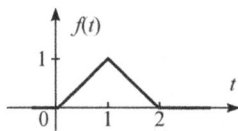

图 3.2.1　$f(t)$ 的波形　　　　图 3.2.2　$f'(t)$ 的波形

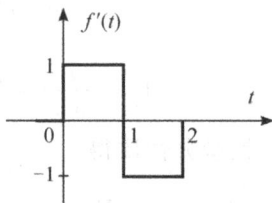

$$f'(t)=\varepsilon(t)-2\varepsilon(t-1)+\varepsilon(t-2)$$

对上式求拉普拉斯变换

$$sF(s)=\frac{1}{s}(1-2\mathrm{e}^{-s}+\mathrm{e}^{-2s})=\frac{(1-\mathrm{e}^{-s})^2}{s}$$

所以

$$F(s)=\frac{(1-\mathrm{e}^{-s})^2}{s^2}$$

【例 3.2.8】已知 $y(t)$ 的波形如图 3.2.3 所示,求 $Y(s)$。

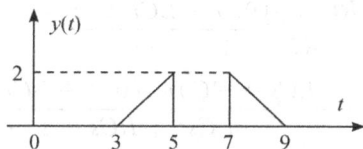

**图 3.2.3  $y(t)$ 的波形**

解:为便于求 $y(t)$ 的拉普拉斯变换,先对 $y(t)$ 求导数

$$y'(t) = [\varepsilon(t-3) - \varepsilon(t-5)] - 2\delta(t-5) + 2\delta(t-7) - [\varepsilon(t-7) - \varepsilon(t-9)]$$

对上式求拉普拉斯变换得:

$$sY(s) = \frac{e^{-3s}}{s}(1 - e^{-2s}) - 2e^{-5s}(1 - e^{-2s}) - \frac{e^{-7s}}{s}(1 - e^{-2s})$$

$$= \left(\frac{e^{-3s} - e^{-7s}}{s} - 2e^{-5s}\right)(1 - e^{-2s})$$

所以
$$Y(s) = \frac{e^{-3s} - e^{-7s} - 2se^{-5s}}{s^2}(1 - e^{-2s})$$

【例 3.2.9】有两个时域因果信号,已知

$$x'_1(t) = -2x_2(t) + \delta(t)$$
$$x'_2(t) = x_1(t)$$

求 $L[x_1(t)]$ 和 $L[x_2(t)]$,并注明收敛域。

解:对 $x_1(t), x_2(t)$ 的两个关系式求拉普拉斯变换

$$\begin{cases} sX_1(s) = -2X_2(s) + 1 \\ sX_2(s) = X_1(s) \end{cases}$$

所以
$$\begin{cases} X_1(s) = \dfrac{s}{s^2 + 2}, \operatorname{Re}[s] > 0 \\ X_2(s) = \dfrac{1}{s^2 + 2}, \operatorname{Re}[s] > 0 \end{cases}$$

【例 3.2.10】$RLC$ 二阶电路如图 3.2.4 所示,当 $t=0$ 时开关 $S$ 闭合,已知电容初始电压为 $u_C(0_-)$ V,电感初始电流为 $i(0_-)$ A,求电容电压。

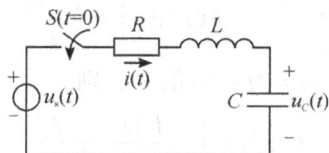

**图 3.2.4  $RLC$ 二阶电路**

解:列出电路微分方程:

$$LC\frac{d^2 u_C(t)}{dt^2} + RC\frac{du_C(t)}{dt} + u_C(t) = u_s(t)$$

拉普拉斯变换得:

$$LC[s^2 U_C(s) - su_C(0_-) - u'_C(0_-)] + RC[sU_C(s) - u_C(0_-)] + U_C(s) = U_s(s)$$

$$U_C(s) = \frac{U_s(s) + (LCs + RC)u_C(0_-) + LCi(0_-)}{LCs^2 + RCs + 1}$$

$$= \frac{U_s(s)}{LCs^2 + RCs + 1} + \frac{(LCs + RC)u_C(0_-) + LCi(0_-)}{LCs^2 + RCs + 1}$$

【例 3.2.11】求 $f(t) = t\cos(\omega_0 t)\varepsilon(t)$ 的拉普拉斯变换。

解：

$$\cos(\omega_0 t)\varepsilon(t) \overset{L}{\longleftrightarrow} \frac{s}{s^2 + \omega_0^2}, \mathrm{Re}(s) > 0$$

$$t\cos(\omega_0 t)\varepsilon(t) \overset{L}{\longleftrightarrow} -\frac{\mathrm{d}}{\mathrm{d}s}\left(\frac{s}{s^2 + \omega_0^2}\right) = \frac{s^2 - \omega_0^2}{(s^2 + \omega_0^2)^2}, \mathrm{Re}(s) > 0$$

### 3.2.5 积分特性

#### 3.2.5.1 双边拉普拉斯变换的时域积分特性

若 $f(t) \leftrightarrow F(s)$，$\alpha < \mathrm{Re}[s] < \beta$，则

$$L\left[\int_{-\infty}^{t} f(\tau)\mathrm{d}\tau\right] = \frac{F(s)}{s}$$

$\mathrm{ROC}: \max(\alpha, 0) < \mathrm{Re}[s] < \beta$。

或者

$$L\left[\int_{t}^{\infty} f(\tau)\mathrm{d}\tau\right] = \frac{F(s)}{s}$$

$\mathrm{ROC}: \alpha < \mathrm{Re}[s] < \min(\beta, 0)$。

证明：$\int_{0}^{t} f(\tau)\mathrm{d}\tau \leftrightarrow \int_{-\infty}^{\infty}\left[\int_{0}^{t} f(\tau)\mathrm{d}\tau\right]\mathrm{e}^{-st}\mathrm{d}t$

$$= \left[-\frac{\mathrm{e}^{-st}}{s}\int_{0}^{t} f(\tau)\mathrm{d}\tau\right]\Bigg|_{-\infty}^{\infty} + \frac{1}{s}\int_{-\infty}^{\infty} f(t)\mathrm{e}^{-st}\mathrm{d}t$$

$$= \frac{1}{s}\int_{-\infty}^{\infty} f(t)\mathrm{e}^{-st}\mathrm{d}t = \frac{F(s)}{s}$$

#### 3.2.5.2 单边拉普拉斯变换的时域积分特性

若 $L[f(t)] = F(s)$ [式中 $f(t)$ 为单边因果信号]，则

$$L\left[\int_{0_-}^{t} f(\tau)\mathrm{d}\tau\right] = \frac{F(s)}{s}$$

若 $L[f(t)] = F(s)$ [式中 $f(t)$ 为双边信号]，则

$$L\left[\int_{-\infty}^{t} f(\tau)\mathrm{d}\tau\right] = \frac{F(s)}{s} + \frac{f^{(-1)}(0_-)}{s}$$

式中 $f^{(-1)}(0_-) = \int_{-\infty}^{t} f(\tau)\mathrm{d}\tau$ 是 $f(\tau)$ 积分式在 $t = 0_-$ 的取值。

证明：

$$\int_{-\infty}^{t} f(\tau)\mathrm{d}\tau = \int_{-\infty}^{0} f(\tau)\mathrm{d}\tau + \int_{0}^{t} f(\tau)\mathrm{d}\tau$$

$$= f^{(-1)}(0)\varepsilon(t) + \int_{0}^{t} f(\tau)\mathrm{d}\tau$$

(1) $f^{(-1)}(0_-)\varepsilon(t) \leftrightarrow \dfrac{f^{(-1)}(0_-)}{s}$；

$$(2) \int_0^t f(\tau)\mathrm{d}\tau \leftrightarrow \int_0^\infty \left[\int_0^t f(\tau)\mathrm{d}\tau\right]\mathrm{e}^{-st}\,\mathrm{d}t = \left[-\frac{\mathrm{e}^{-st}}{s}\int_0^t f(\tau)\mathrm{d}\tau\right]\Bigg|_0^\infty + \frac{1}{s}\int_0^\infty f(t)\mathrm{e}^{-st}\,\mathrm{d}t$$

$$= \frac{1}{s}\int_0^\infty f(t)\mathrm{e}^{-st}\,\mathrm{d}t = \frac{F(s)}{s}.$$

推广：

单边因果信号拉普拉斯变换：$f^{(-n)}(x)\mathrm{d}x \leftrightarrow \dfrac{1}{s^n}F(s)$。

### 3.2.5.3 频域积分特性

若 $f(t) \leftrightarrow F(s)$，$\alpha < \mathrm{Re}[s] < \beta$，则

$$\frac{f(t)}{-t} \leftrightarrow \int_{-\infty}^s F(\eta)\mathrm{d}\eta$$

ROC：$\alpha < \mathrm{Re}[s] < \beta$。

或者

$$\frac{1}{t}f(t) \leftrightarrow \int_s^\infty F(\eta)\mathrm{d}\eta$$

ROC：$\alpha < \mathrm{Re}[s] < \beta$。

证明：
$$F(s) = \int_{-\infty}^\infty f(t) \cdot \mathrm{e}^{-st}\,\mathrm{d}t$$

两边对 $s$ 积分：

$$\int_{-\infty}^s F(s)\mathrm{d}s = \int_{-\infty}^s \left[\int_{-\infty}^\infty f(t) \cdot \mathrm{e}^{-st}\,\mathrm{d}t\right]\mathrm{d}s$$

$$= \int_{-\infty}^\infty f(t)\left[\int_{-\infty}^s \mathrm{e}^{-st}\,\mathrm{d}s\right]\mathrm{d}t$$

$$= \int_{-\infty}^\infty f(t)\left[-\frac{1}{t}\,\mathrm{e}^{-st}\Big|_{-\infty}^s\right]\mathrm{d}t = \int_{-\infty}^\infty \frac{f(t)}{-t} \cdot \mathrm{e}^{-st}\,\mathrm{d}t$$

【例3.2.12】电路如图3.2.5所示，$t=0$ 时开关闭合，已知电容初始电压为 $u_C(0_-)$ V，电感初始电流 $i(0_-)$，求电感电流 $i(t)$。

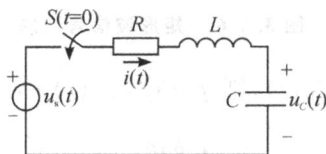

图 3.2.5 *RLC* 电路

解：
$$u_s(t) = Ri(t) + L\frac{\mathrm{d}i(t)}{\mathrm{d}t} + \frac{1}{C}\int_{-\infty}^t i(\tau)\mathrm{d}\tau$$

拉普拉斯变换得

$$U_s(s) = RI(s) + L[sI(s) - i(0)] + \frac{1}{C}\left[\frac{I(s)}{s} + \frac{i^{(-1)}(0)}{s}\right]$$

$$I(s) = \frac{U_s(s) - Li(0) + \dfrac{u_C(0)}{s}}{R + Ls + \dfrac{1}{Cs}}$$

### 3.2.6 卷积定理

#### 3.2.6.1 时域卷积定理

若函数 $f_1(t) \leftrightarrow F_1(s), \alpha_1 < \mathrm{Re}[s] < \beta_1, f_2(t) \leftrightarrow F_2(s), \alpha_2 < \mathrm{Re}[s] < \beta_2$，则

$$f_1(t) * f_2(t) \leftrightarrow F_1(s)F_2(s)$$

ROC：$\max(\alpha_1, \alpha_2) < \mathrm{Re}[s] < \min(\beta_1, \beta_2)$，即其收敛域为 $F_1(s)$ 收敛域和 $F_2(s)$ 收敛域的公共部分。

证明：$L[f_1(t) * f_2(t)] = \int_0^\infty \int_0^\infty f_1(\tau)\varepsilon(\tau) f_2(t-\tau)\varepsilon(t-\tau)\mathrm{d}\tau \, \mathrm{e}^{-st}\mathrm{d}t$

交换积分次序

$$L[f_1(t) * f_2(t)] = \int_0^\infty f_1(\tau) \left[ \int_0^\infty f_2(t-\tau)\varepsilon(t-\tau)\mathrm{e}^{-st}\mathrm{d}t \right] \mathrm{d}\tau$$

令 $x = t-\tau, t = x+\tau$，积分区间：$\int_{-\tau}^\infty$ 同 $\int_0^\infty$

$$L[f_1(t) * f_2(t)] = \int_0^\infty f_1(\tau)\mathrm{e}^{-s\tau}\left[ \int_0^\infty f_2(x)\mathrm{e}^{-sx}\mathrm{d}x \right]\mathrm{d}\tau$$
$$= F_1(s)F_2(s)$$

#### 3.2.6.2 复频域（S 域）卷积定理

若函数 $f_1(t) \leftrightarrow F_1(s), \alpha_1 < \mathrm{Re}[s] < \beta_1, f_2(t) \leftrightarrow F_2(s), \alpha_2 < \mathrm{Re}[s] < \beta_2$，则

$$f_1(t)f_2(t) \leftrightarrow \frac{1}{2\pi\mathrm{j}} \int_{c-\mathrm{j}\infty}^{c+\mathrm{j}\infty} F_1(\eta)F_2(s-\eta)\mathrm{d}\eta = \frac{1}{2\pi\mathrm{j}} F_1(s) * F_2(s)$$

ROC：$\alpha_1 + \alpha_2 < \mathrm{Re}[s] < \beta_1 + \beta_2$，且 $\alpha_1 < c < \beta_1$。

**【例 3.2.13】** 求如图 3.2.6 所示的矩形波信号 $f(t)$ 的拉普拉斯变换。

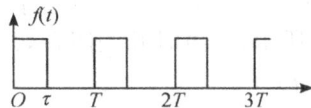

图 3.2.6 矩形波信号波形

解：设 $f(t)$ 的一个周期为 $f_0(t)$，则 $f(t) = f_0(t) * \delta_T(t)$，如图 3.2.7 所示：

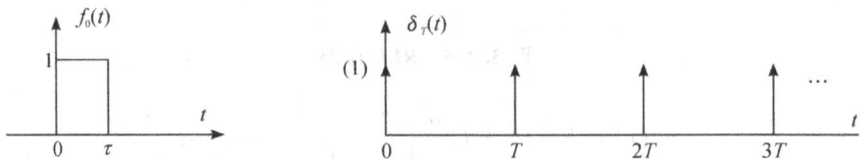

图 3.2.7 $f(t) = f_0(t) * \delta_T(t)$

$$f_0(t) = g_\tau\left(t - \frac{\tau}{2}\right) = \varepsilon(t) - \varepsilon(t-\tau) \leftrightarrow \frac{1}{s} - \frac{1}{s}\mathrm{e}^{-s\tau} = \frac{1 - \mathrm{e}^{-s\tau}}{s}$$

$$\delta_T(t) = \delta(t) + \delta(t-T) + \delta(t-2T) + \cdots \leftrightarrow 1 + \mathrm{e}^{-sT} + \mathrm{e}^{-2sT} + \cdots = \frac{1}{1 - \mathrm{e}^{-sT}}$$

所以
$$F(s) = \frac{1-\mathrm{e}^{-st}}{s} \frac{1}{1-\mathrm{e}^{-sT}} = \frac{1-\mathrm{e}^{-st}}{s(1-\mathrm{e}^{-sT})}$$

### 3.2.7　初值定理和终值定理

#### 3.2.7.1　初值定理

直接由象函数 $F(s)$ 求原函数 $f(t)$ 的初值有应用意义。如果函数 $f(t)$ 及其导数 $\dfrac{\mathrm{d}f(t)}{\mathrm{d}t}$ 可以进行拉普拉斯变换，$f(t)$ 的拉普拉斯变换为 $F(s)$，则

$$f(0_+) = \lim_{t \to 0+} f(t) = \lim_{s \to \infty} sF(s)$$

初值存在条件：$f(t)$ 在 $t=0$ 处不含冲击函数及其各阶导数。

证明：由原函数微分定理可知

$$sF(s) - f(0_-) = L\left(\frac{\mathrm{d}f(t)}{\mathrm{d}t}\right) = \int_{0-}^{\infty} \frac{\mathrm{d}f(t)}{\mathrm{d}t} \mathrm{e}^{-st} \mathrm{d}t$$
$$= \int_{0-}^{0+} \frac{\mathrm{d}f(t)}{\mathrm{d}t} \mathrm{e}^{-st} \mathrm{d}t + \int_{0+}^{\infty} \frac{\mathrm{d}f(t)}{\mathrm{d}t} \mathrm{e}^{-st} \mathrm{d}t$$

(1) 如果 $f(t)$ 在原点是连续的，则

$$\lim_{s \to \infty} \int_{0-}^{0+} \frac{\mathrm{d}f(t)}{\mathrm{d}t} \mathrm{e}^{-st} \mathrm{d}t = 0$$
$$\lim_{s \to \infty} \left[\int_{0+}^{\infty} \frac{\mathrm{d}f(t)}{\mathrm{d}t} \mathrm{e}^{-st} \mathrm{d}t\right] = \int_{0+}^{\infty} \frac{\mathrm{d}f(t)}{\mathrm{d}t} \left[\lim_{s \to \infty} \mathrm{e}^{-st}\right] \mathrm{d}t = 0$$

所以
$$\lim_{s \to \infty} [sF(s) - f(0_-)] = 0$$
$$f(0_-) = \lim_{s \to \infty} [sF(s)] = f(0_+) = f(0)$$

(2) 如果 $f(t)$ 在原点有跃变，则对 $f(t)$ 求导有冲激，设为 $f'(0) = [f(0_+) - f(0_-)]\delta(t)$，有

$$\lim_{s \to \infty} \int_{0-}^{0+} \frac{\mathrm{d}f(t)}{\mathrm{d}t} \mathrm{e}^{-st} \mathrm{d}t = f(0_+) - f(0_-)$$
$$\lim_{s \to \infty} [sF(s) - f(0_-)] = f(0_+) - f(0_-)$$
$$f(0_+) = \lim_{s \to \infty} [sF(s)]$$

结论：$f(0_+) = \lim\limits_{s \to \infty} sF(s)$。

推广：

$$f'(0_+) = \lim_{s \to \infty} s\{F[f'(t)]\} = \lim_{s \to \infty} s[sF(s) - f(0_+)]$$

【例 3.2.14】已知 $f(t) = \varepsilon(t)$，求 $f(0_+)$。

解：$f(t) \overset{L}{\longleftrightarrow} F(s) = \dfrac{1}{s}$，$f(0_+) = \lim\limits_{t \to 0+} f(t) = \lim\limits_{s \to \infty} sF(s) = 1$，即单位阶跃信号的初始值 $f(0_+) = 1$。

【例 3.2.15】已知 $f(t) = \dfrac{\mathrm{d}}{\mathrm{d}t}[\mathrm{e}^{-t}\varepsilon(t)]$，求 $f(0_+)$。

解：$f(t) \overset{L}{\longleftrightarrow} F(s) = \dfrac{s}{s+1} = -\dfrac{1}{s+1} + 1$，常量部分属于冲激。去除冲激后函数的初始值为：

$$f(0_+) = \lim_{s \to \infty}[sF(s) - ks] = \lim_{s \to \infty}\left[s\left(1 - \frac{1}{s+1}\right) - s\right]$$

$$= \lim_{s \to \infty}\frac{-s}{s+1} = \lim_{s \to \infty}\frac{-1}{1 + \frac{1}{s}} = -1$$

所以 $f(0_+) = -1$。

#### 3.2.7.2　终值定理

如果函数 $f(t)$ 拉普拉斯变换式为 $F(s)$，且 $f(t)$ 的终值存在，则

$$f(\infty) = \lim_{s \to 0}sF(s)$$

函数 $f(t)$ 终值存在的条件：$sF(s)$ 的所有极点在左半平面上，即函数是衰减函数。

证明：如果 $sF(s)$ 的所有极点在左半平面上，$f(t)$ 的终值存在，则

$$\lim_{s \to 0}\int_0^\infty \frac{\mathrm{d}f(t)}{\mathrm{d}t}e^{-st}\mathrm{d}t = \lim_{s \to 0}[sF(s) - f(0)]$$

$$\lim_{t \to \infty}f(t) - f(0) = \lim_{s \to 0}[sF(s)] - f(0)$$

所以　　　　　　　　　　$$\lim_{t \to \infty}f(t) = \lim_{s \to 0}[sF(s)]$$

【例 3.2.16】求 $F(s) = \dfrac{1}{s+a}(a > 0)$ 所对应的原函数 $f(t)$ 的终值。

解：因为 $sF(s)$ 只有一个极点 $s = -a$ 在左半平面，所以终值存在，即

$$\lim_{t \to \infty}f(t) = \lim_{s \to 0}sF(s) = \lim_{s \to 0}\frac{s}{s+a} = 0$$

# 3.3　拉普拉斯逆变换

拉普拉斯逆变换的定义为：$f(t) = \dfrac{1}{2\pi j}\displaystyle\int_{\sigma - j\infty}^{\sigma + j\infty}F(s)e^{st}\mathrm{d}s$。

直接利用定义式求逆变换，涉及复变函数积分，计算比较困难。因此求拉普拉斯逆变换通常采样以下三种方法：

(1) 查表；(2) 利用性质；(3) 部分分式展开法。

### 3.3.1　查表法

根据常用拉普拉斯变换对表，查获相应的时域函数。

| $f(t)$ | $F(s)$ | 收敛域 |
|---|---|---|
| 1. $e^{-at}\varepsilon(t)$ | $\dfrac{1}{s+a}$ | $\mathrm{Re}(s) = \sigma > -a$ |
| 2. $\varepsilon(t)$ | $\dfrac{1}{s}$ | $\sigma > 0$ |
| 3. $t\varepsilon(t)$ | $\dfrac{1}{s^2}$ | $\sigma > 0$ |

| $f(t)$ | $F(s)$ | 收敛域 |
|---|---|---|
| 4. $t^n \varepsilon(t)$ | $\dfrac{n!}{s^{n+1}}$ | $\sigma > 0$ |
| 5. $\delta(t)$ | $1$ | $\sigma \geqslant -\infty$,即所有 $s$ |
| 6. $\delta'(t)$ | $s$ | $\sigma \geqslant -\infty$,即所有 $s$ |
| 7. $\varepsilon(-t)$ | $-\dfrac{1}{s}$ | $\sigma < 0$ |
| 8. $t\mathrm{e}^{-at}\varepsilon(t)$ | $\dfrac{1}{(s+a)^2}$ | $\sigma > -a$ |
| 9. $t^n \mathrm{e}^{-at}\varepsilon(t)$ | $\dfrac{n!}{(s+a)^{n+1}}$ | $\sigma > -a$ |
| 10. $\cos(\omega_0 t)\varepsilon(t)$ | $\dfrac{s}{s^2+\omega_0^2}$ | $\sigma > 0$ |
| 11. $\sin(\omega_0 t)\varepsilon(t)$ | $\dfrac{\omega_0}{s^2+\omega_0^2}$ | $\sigma > 0$ |
| 12. $\mathrm{e}^{-at}\cos(\omega_0 t)\varepsilon(t)$ | $\dfrac{s+a}{(s+a)^2+\omega_0^2}$ | $\sigma > -a$ |
| 13. $\mathrm{e}^{-at}\sin(\omega_0 t)\varepsilon(t)$ | $\dfrac{\omega_0}{(s+a)^2+\omega_0^2}$ | $\sigma > -a$ |
| 14. $\displaystyle\sum_{n=0}^{\infty}\delta(t-nT)$ | $\dfrac{1}{1-\mathrm{e}^{-sT}}$ | $\sigma \geqslant -\infty$,即所有 $s$ |
| 15. $t\cos(\omega_0 t)\varepsilon(t)$ | $\dfrac{s^2-\omega_0^2}{(s^2+\omega_0^2)^2}$ | $\sigma > 0$ |
| 16. $t\sin(\omega_0 t)\varepsilon(t)$ | $\dfrac{2\omega_0 s}{(s^2+\omega_0^2)^2}$ | $\sigma > 0$ |

【例 3.3.1】求 $F(s) = \dfrac{1}{s} - \dfrac{1}{s+1} + \dfrac{1}{3}\dfrac{1}{s-2}$ 的单边拉普拉斯逆变换。

解:查表得 $\dfrac{1}{s}$,$\dfrac{1}{s+1}$,$\dfrac{1}{3}\dfrac{1}{s-2}$ 的拉普拉斯逆变换分别为 $\varepsilon(t)$,$\mathrm{e}^{-t}\varepsilon(t)$,$\dfrac{1}{3}\mathrm{e}^{2t}\varepsilon(t)$,所以

$$f(t) = \varepsilon(t) - \mathrm{e}^{-t}\varepsilon(t) + \dfrac{1}{3}\mathrm{e}^{2t}\varepsilon(t)$$

【例 3.3.2】求 $F(s) = \dfrac{s+\gamma}{(s+\alpha)^2+\beta^2}$ 的单边拉普拉斯逆变换 $f(t)$。

解:查表得

$$L[\mathrm{e}^{-\alpha t}\sin(\beta t)] = \dfrac{\beta}{(s+\alpha)^2+\beta^2}, \quad L[\mathrm{e}^{-\alpha t}\cos(\beta t)] = \dfrac{s}{(s+\alpha)^2+\beta^2}$$

$$F(s) = \frac{s+\gamma}{(s+\alpha)^2+\beta^2} = \frac{s+\alpha}{(s+\alpha)^2+\beta^2} + \frac{\gamma-\alpha}{(s+\alpha)^2+\beta^2}$$

$$= \frac{s+\alpha}{(s+\alpha)^2+\beta^2} + \frac{\gamma-\alpha}{\beta} \cdot \frac{\beta}{(s+\alpha)^2+\beta^2}$$

求得：
$$f(t) = e^{-at}\cos(\beta t) + \frac{\gamma-\alpha}{\beta}e^{-at}\sin(\beta t)\varepsilon(t)$$

### 3.3.2 部分分式展开法

若象函数 $F(s)$ 是 $s$ 的有理分式,则可写为
$$F(s) = \frac{b_M s^M + b_{M-1}s^{M-1} + \cdots + b_1 s + b_0}{s^N + a_{N-1}s^{N-1} + \cdots + a_1 s + a_0}$$

若 $M \geq N$(假分式),则可用多项式除法将象函数 $F(s)$ 分解为有理多项式 $P(s)$ 与有理真分式之和,即

$$F(s) = P(s) + \frac{B(s)}{A(s)}$$

有理多项式 $P(s)$ 的逆变换包含冲击函数及其各阶导数。下面主要讨论有理真分式的情形。

#### 3.3.2.1 零、极点的概念

若 $F(s)$ 是 $s$ 的实系数有理真分式 $(M < N)$,则可写为
$$F(s) = \frac{B(s)}{A(s)} = \frac{b_M s^M + b_{M-1}s^{M-1} + \cdots + b_1 s + b_0}{s^N + a_{N-1}s^{N-1} + \cdots + a_1 s + a_0}$$

因式分解得 $F(s) = \dfrac{B(s)}{A(s)} = \dfrac{b_M(s-z_1)(s-z_2)\cdots(s-z_M)}{a_N(s-p_1)(s-p_2)\cdots(s-p_N)}$。

$B(s) = 0$ 的根 $(z_1, z_2, z_3, \cdots, z_M)$ 称为 $F(s)$ 的零点；

$A(s) = 0$ 的根 $(p_1, p_2, p_3, \cdots, p_N)$ 称为 $F(s)$ 的**极点**。

#### 3.3.2.2 部分分式展开求逆变换

**1. 第一种情况:**$F(s)$ 只有单阶极点

$$F(s) = \frac{B(s)}{(s-p_1)(s-p_2)\cdots(s-p_N)}$$

$p_1, p_2, p_3, \cdots, p_N$ 为不同的实数根

$$F(s) = \frac{K_1}{s-p_1} + \frac{K_2}{s-p_2} + \cdots + \frac{K_N}{s-p_N}$$

式中 $K_i = (s-p_i)F(s)\big|_{s=p_i}$

因为
$$L^{-1}\left[\frac{1}{s-p_i}\right] = e^{p_i t}\varepsilon(t)$$

所以
$$f(t) = L^{-1}[F(s)] = \sum_{i=1}^{N} K_i e^{p_i t}\varepsilon(t)$$

**【例 3.3.3】**已知 $F(s) = \dfrac{s^2+3s+3}{s^3+6s^2+11s+6}$,求其单边拉普拉斯逆变换 $f(t)$。

解:(1)求解极点

$$F(s) = \frac{s^2 + 3s + 3}{(s+1)(s+2)(s+3)}$$

（2）展成部分分式

$$F(s) = \frac{k_1}{s+1} + \frac{k_2}{s+2} + \frac{k_3}{s+3}$$

求系数：将等式两边同时乘以 $s+1$，且令 $s=-1$

$$右边 = (s+1)\left(\frac{k_1}{s+1} + \frac{k_2}{s+2} + \frac{k_3}{s+3}\right)\bigg|_{s=-1} = k_1$$

$$左边 = (s+1)F(s)\big|_{s=-1}$$

$$= (s+1)\frac{s^2 + 3s + 3}{(s+1)(s+2)(s+3)}\bigg|_{s=-1} = \frac{1}{2}$$

所以 $k_1 = \dfrac{1}{2}$。

同理得 $\quad k_2 = (s+2)F(s)\big|_{s=-2} = -1, k_3 = (s+3)F(s)\big|_{s=-3} = \dfrac{3}{2}$

所以 $F(s) = \dfrac{\frac{1}{2}}{s+1} + \dfrac{-1}{s+2} + \dfrac{\frac{3}{2}}{s+3}$。

（3）逆变换

根据 $L[e^{-\alpha t}\varepsilon(t)] = \dfrac{1}{s+\alpha}$，得

$$f(t) = \left(\frac{1}{2}e^{-t} - e^{-2t} + \frac{3}{2}e^{-3t}\right)\varepsilon(t)$$

## 2. 第二种情况：极点为共轭复数

设共轭极点为 $\alpha \pm j\beta$，则

$$F(s) = \frac{B(s)}{A_1(s)(s-\alpha-j\beta)(s-\alpha+j\beta)}$$

$$= \frac{F_1(s)}{(s-\alpha-j\beta)(s-\alpha+j\beta)}\left[式中\ F_1(s) = \frac{B(s)}{A_1(s)}\right]$$

$$F(s) = \frac{K_1}{s-\alpha-j\beta} + \frac{K_2}{s-\alpha+j\beta} + \cdots$$

$$K_1 = (s-\alpha-j\beta)F(s)\big|_{s=\alpha+j\beta} = \frac{F_1(\alpha+j\beta)}{2j\beta} = -j\frac{F_1(\alpha+j\beta)}{2\beta}$$

$$K_2 = (s-\alpha+j\beta)F(s)\big|_{s=\alpha-j\beta} = \frac{F_1(\alpha-j\beta)}{-2j\beta} = j\frac{F_1(\alpha-j\beta)}{2\beta}$$

可见 $K_1, K_2$ 成共轭关系，并设

$$K_1 = A + jB = |K_1|e^{j\varphi}, K_2 = A - jB = K_1^* = |K_1|e^{-j\varphi}$$

其中 $|K_1| = \sqrt{A^2 + B^2}$，$\varphi = \arctan\dfrac{B}{A}$。

$$L^{-1}\left(\frac{K_1}{s-\alpha-j\beta} + \frac{K_2}{s-\alpha+j\beta}\right) = e^{\alpha t}(K_1 e^{j\beta t} + K_2 e^{-j\beta t})\varepsilon(t)$$

$$= \mathrm{e}^{at}\left[K_1\cos(\beta t) + \mathrm{j}K_1\sin(\beta t) + K_2\cos(\beta t) - \mathrm{j}K_2\sin(\beta t)\right]\varepsilon(t)$$

$$= \mathrm{e}^{at}\left[(K_1 + K_2)\cos(\beta t) + \mathrm{j}(K_1 - K_2)\sin(\beta t)\right]\varepsilon(t)$$

$$= \mathrm{e}^{at}\left[2A\cos(\beta t) - 2B\sin(\beta t)\right]\varepsilon(t)$$

$$= 2\mathrm{e}^{at}\left[A\cos(\beta t) - B\sin(\beta t)\right]\varepsilon(t)$$

$$= 2\,|\,K_1\,|\,\mathrm{e}^{at}\cos(\beta t + \varphi)\varepsilon(t)$$

式中 $\alpha$ 为共轭极点实部值，$\beta$ 为共轭极点虚部值；$A$ 为部分分式 $K_1$ 的实部值，$B$ 为部分分式 $K_1$ 的虚部值，$|\,K_1\,|$ 为 $K_1$ 的模，$\varphi$ 为 $K_1$ 的相位。

**【例 3.3.4】** 已知 $F(s) = \dfrac{2s}{s^2 + 1}$，求其单边拉普拉斯逆变换。

解：
$$F(s) = \frac{2s}{s^2 + 1} = \frac{1}{s - \mathrm{j}} + \frac{1}{s + \mathrm{j}}$$

极点：$s_1 = \mathrm{j}, s_2 = -\mathrm{j}$，即 $\alpha = 0, \beta = 1$。

部分分式系数 $K_1 = K_2 = 1$，即 $A = 1, B = 0, \varphi = 0$。

$$f(t) = 2\mathrm{e}^{at}\left[A\cos(\beta t) - B\sin(\beta t)\right]\varepsilon(t) = 2\cos(t)\varepsilon(t)$$

$$f(t) = 2\,|\,K_1\,|\,\mathrm{e}^{at}\cos(\beta t + \varphi)\varepsilon(t) = 2\cos(t)\varepsilon(t)$$

**【例 3.3.5】** 已知 $F(s) = \dfrac{s^2 + 3}{(s + 2)(s^2 + 2s + 5)}$，求其单边拉普拉斯逆变换。

解：$F(s) = \dfrac{s^2 + 3}{(s + 1 + \mathrm{j}2)(s + 1 - \mathrm{j}2)(s + 2)} = \dfrac{K_0}{s + 2} + \dfrac{K_1}{s + 1 - \mathrm{j}2} + \dfrac{K_2}{s + 1 + \mathrm{j}2}$

$$K_0 = (s + 2)F(s)\,\Big|_{s = -2} = \frac{7}{5}$$

$$K_1 = \frac{s^2 + 3}{(s + 2)(s + 1 + \mathrm{j}2)}\,\Bigg|_{s = -1 + \mathrm{j}2} = \frac{-1 + \mathrm{j}2}{5} = -\frac{1}{5} + \mathrm{j}\frac{2}{5} = \frac{\sqrt{5}}{5}\mathrm{e}^{-\mathrm{j}\arctan 2}$$

根据 $K_2$ 与 $K_1$ 共轭得：$K_2 = -\dfrac{1}{5} - \mathrm{j}\dfrac{2}{5} = \dfrac{\sqrt{5}}{5}\mathrm{e}^{\mathrm{j}\arctan 2}$。

根据极点 $s_1 = -1 + \mathrm{j}2$ 得 $\alpha = -1, \beta = 2$，根据部分分式系数 $K_1 = A + \mathrm{j}B$ 得 $A = -\dfrac{1}{5}$，$B = \dfrac{2}{5}$，所以拉普拉斯逆变换为

$$f(t) = \frac{7}{5}\mathrm{e}^{-2t} + 2\mathrm{e}^{-t}\left[-\frac{1}{5}\cos(2t) - \frac{2}{5}\sin(2t)\right]\varepsilon(t)$$

$$= \frac{7}{5}\mathrm{e}^{-2t} + \frac{2\sqrt{5}}{5}\mathrm{e}^{-t}\left[\cos(2t) - \arctan 2\right]\varepsilon(t)$$

### 3. 第三种情况：$F(s)$ 含有重极点

如果 $A(s)$ 在 $s = p_1$ 处有 $r$ 重根，即 $s_1 = s_2 = \cdots = s_r = p_1$，且其余 $N - r$ 个根 $s_{r+1}, \cdots, s_N$ 都不等于 $p_1$，则

$$F(s) = \frac{B(s)}{A(s)} = \frac{K_{11}}{(s - p_1)^r} + \frac{K_{12}}{(s - p_1)^{r-1}} + \cdots + \frac{K_{1r}}{s - p_1} + \frac{B_2(s)}{A_2(s)}$$

式中
$$K_{1m} = \frac{1}{(m-1)!}\,\frac{\mathrm{d}^{m-1}}{\mathrm{d}s^{m-1}}\left[(s - p_1)^r F(s)\right]\,\Bigg|_{s = p_1},\quad m = 1, 2, \cdots, r$$

求重根的系数 $K_{11}, K_{12}, \cdots, K_{1r}$ 的方法证明：

把 $F(s) = \dfrac{B(s)}{A(s)} = \dfrac{K_{11}}{(s-p_1)^r} + \dfrac{K_{12}}{(s-p_1)^{r-1}} + \cdots + \dfrac{K_{1r}}{s-p_1} + \dfrac{B_2(s)}{A_2(s)}$ 两边乘以 $(s-p_1)^r$ 得：

$$(s-p_1)^r F(s) = K_{11} + (s-p_1)^1 K_{12} + \cdots + (s-p_1)^{r-1} K_{1r} + (s-p_1)^r \dfrac{B_2(s)}{A_2(s)}$$

当取 $s = p_1$ 时，上式右边 $= K_{11}$，所以 $K_{11} = (s-p_1)^r F(s)\big|_{s=p_1}$，同理

$$K_{12} = \dfrac{\mathrm{d}}{\mathrm{d}s}[(s-p_1)^r F(s)]\big|_{s=p_1}$$

$$\vdots$$

$$K_{1m} = \dfrac{1}{(m-1)!} \dfrac{\mathrm{d}^{m-1}}{\mathrm{d}s^{m-1}}[(s-p_1)^r F(s)]\bigg|_{s=p_1}, \quad m = 1, 2, \cdots, r$$

【例 3.3.6】求 $F(s) = \dfrac{s^2}{(s+2)(s+1)^2}$ 的单边拉普拉斯逆变换。

解：$F(s) = \dfrac{s^2}{(s+2)(s+1)^2} = \dfrac{k_1}{s+2} + \dfrac{k_2}{s+1} + \dfrac{k_3}{(s+1)^2}$

(1) 确定系数（留数）

$k_1$ 为单根系数，$k_3$ 为重根最高次方系数

$$k_1 = (s+2)\dfrac{s^2}{(s+2)(s+1)^2}\bigg|_{s=-2} = 4$$

$$k_3 = (s+1)^2 \dfrac{s^2}{(s+2)(s+1)^2}\bigg|_{s=-1} = 1$$

$$k_2 = \dfrac{\mathrm{d}}{\mathrm{d}s}[(s+1)^2 F(s)]\big|_{s=-1} = \dfrac{s^2+4s}{(s+2)^2}\bigg|_{s=-1} = -3$$

(2) 逆变换

$$F(s) = \dfrac{4}{s+2} + \dfrac{-3}{s+1} + \dfrac{1}{(s+1)^2}$$

所以 $f(t) = L^{-1}[F(s)] = (4\mathrm{e}^{-2t} - 3\mathrm{e}^{-t} + t\mathrm{e}^{-t})\varepsilon(t)$。

# 3.4　复频域分析

用拉普拉斯变换分析 LTI 常系数线性微分方程的优点是：

(1) 通过拉普拉斯变换可将时域中的微分方程变换为复频域中的代数方程，使求解简化。

(2) 系统的初始状态可以自动地包含到象函数中，从而可一举求得常微分方程的完全解。

(3) 用拉普拉斯变换法分析网络系统时，甚至不必列出系统的微分方程，而直接利用电路的 $S$ 域模型列出电路方程，就可以获得响应的象函数，再经过拉普拉斯逆变换即得原函数。

用拉普拉斯变换法分析电路的步骤：

(1) 列 $S$ 域方程。可以从时域电路模型或 $S$ 域电路模型入手，即从时域电路模型列写时域微分方程，用微积分性质求拉普拉斯变换的 $S$ 域方程，或者直接根据电路的 $S$ 域模型建

立电路 $S$ 域代数方程。

（2）求解 $S$ 域方程。

（3）求拉普拉斯逆变换得到时域解答。

### 3.4.1　微分方程的变换解

描述 $n$ 阶 LTI 系统常系数微分方程的一般形式为

$$\sum_{i=0}^{N} a_i y^{(i)}(t) = \sum_{j=0}^{M} b_j f^{(j)}(t)$$

系统的初始状态为 $y(0_-), y^{(1)}(0_-), \cdots, y^{(N-1)}(0_-)$。假设输入信号 $f(t)$ 是在 $t=0$ 时接入系统,则 $f^{(j)}(0_-)=0, j=0,1,\cdots,N-1$。

对微分方程进行拉普拉斯变换,得

$$\sum_{i=0}^{N} a_i \left[ s^i Y(s) - \sum_{k=0}^{i-1} s^{i-1-k} y^{(k)}(0_-) \right] = \sum_{j=0}^{M} b_j s^j F(s)$$

$$\left[ \sum_{i=0}^{N} a_i s^i \right] Y(s) - \sum_{i=0}^{N} a_i \left[ \sum_{k=0}^{i-1} s^{i-1-k} y^{(k)}(0_-) \right] = \left[ \sum_{j=0}^{M} b_j s^j \right] F(s)$$

所以　$Y(s) = \dfrac{C(s)}{A(s)} + \dfrac{B(s)}{A(s)} F(s) = Y_{zi}(s) + Y_{zs}(s)$

式中 $B(s) = \sum_{j=0}^{M} b_j s^j$，$C(s) = \sum_{i=0}^{N} a_i \left[ \sum_{k=0}^{i-1} s^{i-1-k} y^{(k)}(0_-) \right]$ 是包含系统所有初始状态值，$A(s) = \sum_{i=0}^{N} a_i s^i$ 是微分方程的特征多项式。由此可知，$\dfrac{C(s)}{A(s)}$ 与系统初始状态有关，与输入信号无关，称为零输入响应 $Y_{zi}(s)$，即 $Y_{zi}(s) = \dfrac{C(s)}{A(s)}$；$\dfrac{B(s)}{A(s)} F(s)$ 与系统初始状态无关，与输入信号、系统结构及参数有关，称为零状态响应 $Y_{zs}(s)$，即 $Y_{zs}(s) = \dfrac{B(s)}{A(s)} F(s)$；$\dfrac{B(s)}{A(s)}$ 只与系统的结构、元件参数有关，而与激励、初始状态无关，反映的是系统特征，是非常有用的，称为**系统函数** $H(s)$，即

$$H(s) \stackrel{\text{def}}{=\!=} \frac{Y_{zs}(s)}{F(s)} = \frac{B(s)}{A(s)}$$

对 $Y(s) = \dfrac{C(s)}{A(s)} + \dfrac{B(s)}{A(s)} F(s) = Y_{zi}(s) + Y_{zs}(s)$ 进行拉普拉斯逆变换后即为系统时域全响应。即：系统全响应＝零输入响应＋零状态响应

$$y(t) = y_{zi}(t) + y_{zs}(t)$$

【例 3.4.1】如图 3.4.1 所示的 RLC 二阶电路，已知 $R=1, L=1, C=1, u_s(t) = \varepsilon(t) u_C(0_-) = 1, i(0_-) = 0$，求电容电压及系统函数。

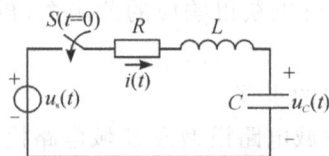

图 3.4.1　**RLC 二阶电路**

解：

$$LC \frac{\mathrm{d}^2 u_C(t)}{\mathrm{d}t^2} + RC \frac{\mathrm{d}u_C(t)}{\mathrm{d}t} + u_C(t) = u_s(t)$$

代入 $R,L,C$ 参数：$\dfrac{\mathrm{d}^2 u_C(t)}{\mathrm{d}t^2} + \dfrac{\mathrm{d}u_C(t)}{\mathrm{d}t} + u_C(t) = u_s(t)$，拉普拉斯变换得

$$[s^2 U_C(s) - s u_C(0_-) - u'_C(0_-)] + [s U_C(s) - u_C(0_-)] + U_C(s) = \frac{1}{s}$$

把 $u_C(0_-) = 1, i(0_-) = c u'_C(0_-) = 0$ 代入，得

$$U_C(s) = \frac{U_s(s) + (s+1) u_C(0_-) + u'_C(0_-)}{s^2 + s + 1} = \frac{\frac{1}{s} + (s+1) + 0}{s^2 + s + 1} = \frac{s^2 + s + 1}{s^3 + s^2 + s} = \frac{1}{s}$$

所以，$u_C(t) = \varepsilon(t)$，系统函数为 $H(s) = \dfrac{1}{LCs^2 + RCs + 1}$。

【**例 3.4.2**】电路如图 3.4.2 所示，输入信号 $u_s(t) = e^{-at}\varepsilon(t)$，电容初始电压为 $u_C(0_-)$，求 $u_C(t)$。

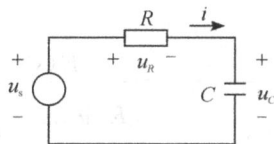

**图 3.4.2  RC 电路**

解：根据 KVL 得：

$$u_R(t) + u_C(t) = u_s(t)$$

根据电容伏安特性得：

$$i(t) = C \frac{\mathrm{d}u_C(t)}{\mathrm{d}t}$$

$$RC \frac{\mathrm{d}u_C(t)}{\mathrm{d}t} + u_C(t) = e^{-at}\varepsilon(t), \quad \frac{\mathrm{d}u_C(t)}{\mathrm{d}t} + \frac{1}{RC} u_C(t) = \frac{1}{RC} e^{-at}\varepsilon(t)$$

设 $\dfrac{1}{RC} = b$，则

$$\frac{\mathrm{d}u_C(t)}{\mathrm{d}t} + b u_C(t) = b e^{-at}\varepsilon(t)$$

拉普拉斯变换得：

$$s \cdot U_C(s) - u_C(0_-) + b U_C(s) = b \cdot \frac{1}{s + \alpha}$$

$$U_C(s) = b \cdot \frac{1}{s + \alpha} \cdot \frac{1}{s + b} + \frac{u_C(0_-)}{s + b} = \frac{b}{\alpha - b}\left(\frac{1}{s + b} - \frac{1}{s + \alpha}\right) + \frac{u_C(0)}{s + b}$$

拉普拉斯逆变换得全响应：

$$u_C(t) = \left[ u_C(0_-) e^{-bt} + \frac{b}{\alpha - b}(e^{-bt} - e^{-at}) \right]\varepsilon(t)$$

【**例 3.4.3**】电路如图 3.4.3 所示，电感初始电流为 $i_L(0_-) = a$，电容初始电压为 $u_C(0_-) = b$，$t = 0$ 时开关 $S$ 闭合，接入信号 $E(t)$，求电流 $i(t)$。

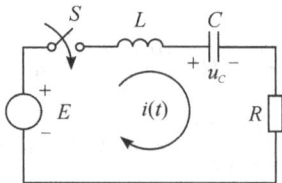

图 3.4.3 RLC 电路

解: $$E(t) = Ri(t) + L\frac{\mathrm{d}i(t)}{\mathrm{d}t} + \frac{1}{C}\int_{-\infty}^{t} i(\tau)\mathrm{d}\tau$$

一般的解法是对上式进行微分,把其转换成微分方程后进行求解。这里利用拉普拉斯微分、积分性质直接求解。

$$E(s) = RI(s) + L[sI(s) - i(0_-)] + \frac{1}{C}\left[\frac{I(s)}{s} + \frac{i^{(-1)}(0_-)}{s}\right]$$

因为 $$\frac{i^{(-1)}(0_-)}{C} = \frac{\int_{-\infty}^{0_-} i(\tau)\mathrm{d}\tau}{C} = \frac{q(0_-)}{C} = u_C(0_-)$$

所以 $$I(s) = \frac{E(s) - Li(0_-) + \dfrac{u_C(0_-)}{s}}{R + Ls + \dfrac{1}{Cs}} = \frac{E(s)}{R + Ls + \dfrac{1}{Cs}} + \frac{-Li(0_-) + \dfrac{u_C(0_-)}{s}}{R + Ls + \dfrac{1}{Cs}}$$

如果 $i_L(0_-) = 0$ A, $u_C(0_-) = 0$ V,输入为直流电源 $E$,则

$$I(s) = \frac{E}{s\left(Ls + R + \dfrac{1}{sC}\right)} = \frac{E}{L}\frac{1}{\left(s^2 + \dfrac{R}{L}s + \dfrac{1}{LC}\right)}$$

极点 $p, p_2$: $$p_1 = -\frac{L}{2R} + \sqrt{\left(\frac{L}{2R}\right)^2 - \frac{1}{LC}}$$

$$p_2 = -\frac{L}{2R} - \sqrt{\left(\frac{L}{2R}\right)^2 - \frac{1}{LC}}$$

所以 $$I(s) = \frac{E}{L}\frac{1}{(s - p_1)(s - p_2)} = \frac{E}{L}\frac{1}{(p_1 - p_2)}\left[\frac{1}{(s - p_1)} - \frac{1}{(s - p_2)}\right]$$

逆变换: $$i(t) = \frac{E}{L(p_1 - p_2)}(\mathrm{e}^{p_1 t} - \mathrm{e}^{p_2 t})$$

### 3.4.2 系统的 $S$ 域框图

微分方程的系统模拟中使用三种运算器:加法器、数乘器(也称标量乘法器)和积分器。在实际工程中,三种运算器都是用含有运算放大器的电路来实现。

三种运算器的时域模拟框图、$S$ 域框图及表示输入与输出的信号流图如表 3.4.1所示。

表 3.4.1　时域框图、$S$ 域框图及信号流图比较表

| 名称 | 时域表示 | $S$ 域表示 | 信号流图表示 |
|---|---|---|---|
| 加法器 | $y(t) = f_1(t) + f_2(t)$ | $Y(s) = F_1(s) + F_2(s)$ | $Y(s) = F_1(s) + F_2(s)$ |
| 数乘器 | $Y(t) = af(t)$ | $Y(s) = aF(s)$ | $Y(s) = aF(s)$ |
| 积分器 | $y(t) = \int_{-\infty}^{t} f(\tau)\mathrm{d}\tau$ $= y(0^-) + \int_{0_-}^{t} f(\tau)\mathrm{d}\tau$ 其中 $y(0^-) = \int_{-\infty}^{0_-} f(\tau)\mathrm{d}\tau$ | $Y(s) = \dfrac{1}{s}F(s) + \dfrac{1}{s}y(0^-)$ | $Y(s) = \dfrac{1}{s}F(s) + \dfrac{1}{s}y(0^-)$ |

　　由加法器、数乘器和积分器的时域模型连接而成的图称为**系统时域模拟框图**,简称模拟图。由加法器、数乘器和积分器的 $S$ 域模型连接而成的框图称为**系统 $S$ 域框图**。系统模拟图、系统的微分方程、系统 $S$ 域框图、系统函数 $H(s)$ 在描述系统特性方面是等价的。

　　**【例 3.4.4】** 设系统微分方程为 $y''(t) + a_1 y'(t) + a_0 y(t) = f(t)$。

　　(1) 画出其系统模拟图;(2) 画出其系统 $S$ 域框图;(3) 求系统函数 $H(s)$。

　　解:(1) 将系统微分方程改写为

$$y''(t) = -a_1 y'(t) - a_0 y(t) + f(t)$$

根据此式即可画出时域形式的模拟图,如图 3.4.4(a) 所示。可见图中有两个积分器(因为微分方程是二阶的)、两个数乘器和一个加法器。图中各变量之间的关系一目了然。

　　(2) 将系统微分方程进行拉普拉斯变换即有

$$s^2 Y(s) + a_1 s Y(s) + a_0 Y(s) = F(s)$$

或

$$s^2 Y(s) = -a_1 s Y(s) - a_0 Y(s) + F(s)$$

根据此式即可画出 $S$ 域形式的模拟框图,如图 3.4.4(b) 所示。

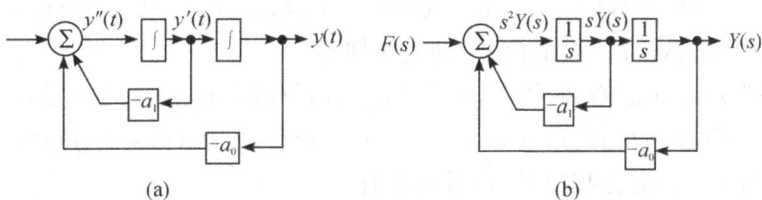

图 3.4.4　系统框图

对比图 3.4.4(a) 和(b)可看出,两者的结构完全相同,仅两者的变量表示形式不同。图 3.4.4(a) 中是时域变量,图 3.4.4(b) 中则是 $S$ 域变量,而且两者完全是对应的。所以为简便,以后就不必要将两种图都画出了,而只需画出其中之一即可。

(3) 根据系统微分方程的拉普拉斯变换式可求出系统函数

$$H(s) = \frac{Y(s)}{F(s)} = \frac{1}{s^2 + a_1 s + a_0} = \frac{s^{-2}}{1 + a_1 s^{-1} + a_0 s^{-2}}$$

将系统函数 $H(s)$ 与系统 $S$ 域框图进行对比,分母多项式为反馈部分框图,分子为直通部分框图。所以,若系统函数 $H(s)$ 已知,则根据 $H(s)$ 可直接画出 $S$ 域模拟框图。

【例 3.4.5】若系统的微分方程为:

$$y''(t) + a_1 y'(t) + a_0 y(t) = b_2 f''(t) + b_1 f'(t) + b_0 f(t)$$

(1) 画出其系统模拟框图;(2) 求系统函数 $H(s)$;(3) 画出其系统 $S$ 域框图。

解:(1) 为了画出与此微分方程或 $H(s)$ 相对应的模拟框图,可引入中间变量 $x(t)$,使之满足:

$$x''(t) + a_1 x'(t) + a_0 x(t) = f(t) \tag{1}$$

故有

$$x''(t) = -a_1 x'(t) - a_0 x(t) + f(t) \tag{2}$$

与式(2)相对应的模拟图如图 3.4.5 的第一个加法器运算,即图中下面反馈部分框图。

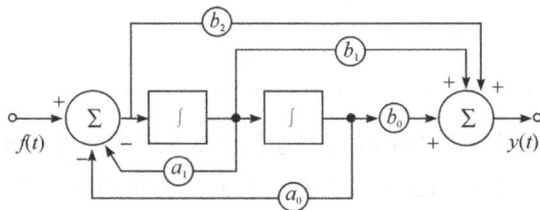

图 3.4.5　系统模拟框图

将式(1)分别乘以系数 $b_0, b_1, b_2$,即有

$$b_0 x''(t) + a_1 [b_0 x'(t)] + a_0 [b_0 x(t)] - b_0 f(t) \tag{3}$$

$$b_1 x''(t) + a_1 [b_1 x'(t)] + a_0 [b_1 x(t)] = b_1 f(t) \tag{4}$$

$$b_2 x''(t) + a_1 [b_2 x'(t)] + a_0 [b_2 x(t)] = b_2 f(t) \tag{5}$$

对式(4)求导一次,对式(5)求导两次,即有

$$[b_1 x''(t)]' + a_1 [b_1 x'(t)]' + a_0 [b_1 x(t)]' = b_1 f'(t)$$

$$[b_2 x''(t)]'' + a_1 [b_2 x'(t)]'' + a_0 [b_2 x(t)]'' = b_2 f''(t)$$

此两式又可写为

$$[b_1 x'(t)]'' + a_1 [b_1 x'(t)]' + a_0 [b_1 x'(t)] = b_1 f'(t) \tag{6}$$

$$[b_2 x''(t)]'' + a_1 [b_2 x''(t)]' + a_0 [b_2 x''(t)] = b_2 f''(t) \tag{7}$$

将式(3)、式(6)、式(7)相加并归并同类项即得

$$[b_2 x''(t) + b_1 x'(t) + b_0 x(t)]'' + a_1 [b_2 x''(t) + b_1 x'(t) + b_0 x(t)]' + a_0 [b_2 x''(t) + b_1 x'(t) + b_0 x(t)] = b_2 f''(t) + b_1 f'(t) + b_0 f(t) \tag{8}$$

将式(8)与系统微分方程比较,可看出必有

$$y(t) = b_2 x''(t) + b_1 x'(t) + b_0 x(t) \tag{9}$$

根据式（9）即可画出与之对应的模拟框图，如图 3.4.5 中的上面直通部分框图所示。这样，就得到了系统微分方程相对应的完整的直接形式的模拟框图，如图 3.4.5 所示。

（2）系统的 $S$ 域框图与系统的模拟框图相似，把积分器改为 $s^{-1}$ 即可，如图 3.4.6 所示。也可先求出系统函数 $H(s)$，然后绘出 $S$ 域框图，即对系统微分方程进行拉普拉斯变换，得其系统函数

$$H(s) = \frac{Y(s)}{F(s)} = \frac{b_2 s^2 + b_1 s + b_0}{s^2 + a_1 s + a_0} = \frac{b_2 + b_1 s^{-1} + b_0 s^{-2}}{1 + a_1 s^{-1} + a_0 s^{-2}}$$

（3）根据系统函数 $H(s)$ 的表示式可直接画出 $S$ 域框图，其分子为直通框图，分母为反馈框图，如图 3.4.6 所示。

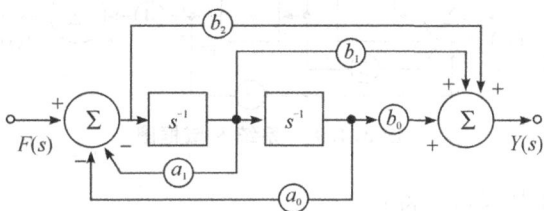

图 3.4.6　系统 $S$ 域框图

从图 3.4.5 中可以看出，图中有 2 个积分器（因微分方程是二阶的）、2 个加法器（因系统微分方程中等号左边和右边各有一个求和式）和 5 个数乘器。

【例 3.4.6】请画出如下微分方程所代表系统的系统模拟图。

$$\frac{\mathrm{d}^2 y(t)}{\mathrm{d}t^2} + 3\frac{\mathrm{d}y(t)}{\mathrm{d}t} + 2y(t) = \frac{\mathrm{d}f(t)}{\mathrm{d}t} + f(t)$$

解：设中间变量为 $x(t)$，并使 $\dfrac{\mathrm{d}^2 x(t)}{\mathrm{d}t^2} + 3\dfrac{\mathrm{d}x(t)}{\mathrm{d}t} + 2x(t) = f(t)$，$\dfrac{\mathrm{d}^2 x(t)}{\mathrm{d}t^2} = f(t) - 3\dfrac{\mathrm{d}x(t)}{\mathrm{d}t} - 2x(t)$，根据此式可绘出如图 3.4.7 所示左边的加号运算。

$$f(t) + f'(t) = [x''(t) + 3x'(t) + 2x(t)] + [x^{(3)}(t) + 3x''(t) + 2x'(t)]$$
$$= x^{(3)}(t) + 4x''(t) + 5x'(t) + 2x(t)$$
$$= [x'(t) + x(t)]'' + 3[x'(t) + x(t)]' + 2[x'(t) + x(t)]$$

比较系统微分方程原式，得 $y(t) = x'(t) + x(t)$，根据此式可绘出如图 3.4.7 所示右边的加号运算图。

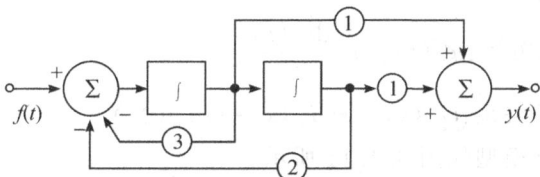

图 3.4.7　系统模拟框图

【例 3.4.7】系统时域模拟图如图 3.4.8 所示，列出其微分方程。

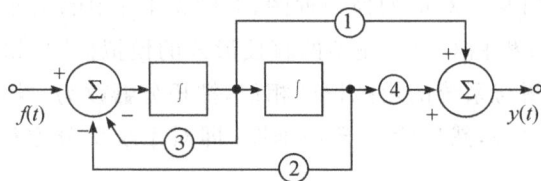

图 3.4.8　系统时域模拟图

解：把时域模拟图改为 $S$ 域框图，如图 3.4.9 所示。

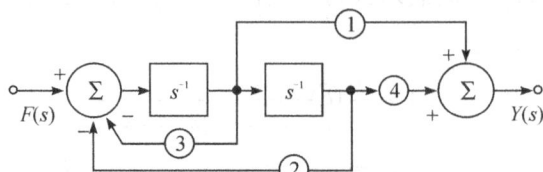

图 3.4.9　系统 $S$ 域框图

设左边加法器输出为 $X(s)$，得：

第一个加法器输出：
$$X(s) = \frac{1}{1 + 3s^{-1} + 2s^{-2}} F(s)$$

第二个加法器输出：
$$Y(s) = (4s^{-2} + s^{-1})X(s) = \frac{s^2 + 4}{s^2 + 3s + 2} F(s)$$

所以系统微分方程为
$$y''(t) + 3y'(t) + 2y(t) = f''(t) + 4f(t)$$

### 3.4.3　电路的 $S$ 域模型

3.4.3.1　电阻元件的 $S$ 域模型

电阻元件时域伏安关系：$u_R(t) = R \cdot i_R(t)$；

电阻元件 $S$ 域伏安关系：$U_R(s) = RI_R(s)$。

电阻元件 $S$ 域电路模型如图 3.4.10 所示。

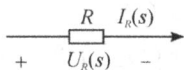

图 3.4.10　电阻 $S$ 域模型

### 2. 电感元件的 $S$ 域模型

电感元件时域伏安关系：$u_L(t) = L\dfrac{\mathrm{d}i_L(t)}{\mathrm{d}t}$

电感元件 $S$ 域伏安关系：$U_L(s) = sLI_L(s) - Li_L(0_-)$。

电感元件 $S$ 域电路模型如图 3.4.11 所示。

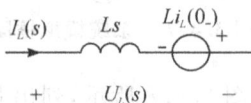

图 3.4.11　电感 $S$ 域电压源模型

利用电源转换可以得到电流源形式的 $S$ 域伏安关系：

$$I_L(s) = \frac{U_L(s)}{Ls} + \frac{1}{s} i_L(0_-)$$

电感元件电流源形式的 $S$ 域模型如图 3.4.12 所示。

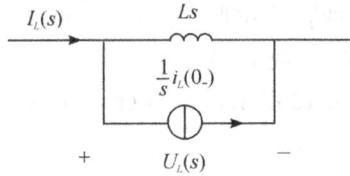

**图 3.4.12　电感 $S$ 域电流源模型**

### 3.4.3.3　电容元件的 $S$ 域模型

电容元件的时域伏安关系：$i_C(t) = C\dfrac{\mathrm{d}u_C(t)}{\mathrm{d}t}$ 或 $u_C(t) = \dfrac{1}{C}\displaystyle\int_{-\infty}^{t} i_C(\tau)\mathrm{d}t$；

电容元件的 $S$ 域伏安关系：$U_C(s) = I_C(s)\dfrac{1}{sC} + \dfrac{1}{s}u_C(0_-)$。

电容元件 $S$ 域电路模型如图 3.4.13 所示。

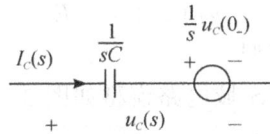

**图 3.4.13　电容 $S$ 域电压源模型**

利用电源转换可以得到电流源形式的 $S$ 域伏安关系：

$$I_C(s) = sCU_C(s) - Cu_C(0_-)$$

电容元件 $S$ 域电流源模型如图 3.4.14 所示。

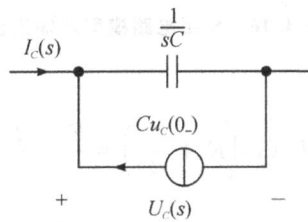

**图 3.4.14　电容 $S$ 域电流源模型**

### 3.4.3.4　KCL、KVL 方程的 $S$ 域形式

KCL 的时域关系：$\sum i(t) = 0$；

KCL 的 $S$ 域关系：$\sum I(s) = 0$；

KVL 的时域关系：$\sum u(t) = 0$；

KVL 的 $S$ 域关系：$\sum U(s) = 0$。

3.4.3.5　由电路 $S$ 域模型求电路响应的步骤

(1) 画 $0_-$ 等效电路,求初始状态值;

(2) 画 $t>0$ 时的 $S$ 域等效模型;

(3) 列写 $S$ 域方程(代数方程);

(4) 解 $S$ 域方程,求出响应的拉普拉斯变换 $U(s)$ 或 $I(s)$;

(5) 求拉普拉斯反变换得 $u(t)$ 或 $i(t)$。

**【例3.4.8】** $RC$ 电路如图3.4.15所示,已知 $e(t)=E\varepsilon(t)-E\varepsilon(-t)$,利用 $S$ 域模型求电容两端电压 $u_C(t)$

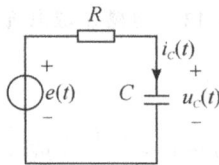

**图 3.4.15　RC 电路**

解:(1) 求初始值

当 $t<0$ 时, $e(t)=-E\varepsilon(-t)$,则

$$u_C(0_-)=-E$$

(2) 画 $t>0$ 时的 $S$ 域等效模型

当 $t>0$ 时, $e(t)=E\varepsilon(t)$,则 $S$ 域电路模型如图3.4.16(a)所示。

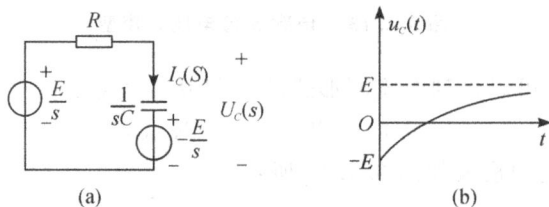

**图 3.4.16　S 域电路模型及输出波形**

(3) 列 $S$ 域方程

$$I_C(s)\left(R+\frac{1}{sC}\right)=\frac{E}{s}+\frac{E}{s}$$

(4) 解方程

$$I_C(s)=\frac{2E}{s\left(R+\dfrac{1}{sC}\right)}$$

$$U_C(s)=I_C(s)\cdot\frac{1}{sC}+\frac{-E}{s}$$

$$U_C(s)=\frac{E}{s}-\frac{2E}{s+\dfrac{1}{RC}}$$

(5) 求拉普拉斯逆变换

$u_C(t)=E(1-e^{-\frac{t}{RC}})\varepsilon(t)$,波形如图3.4.16(b)所示。

【**例 3.4.9**】电路如图 3.4.17 所示,已知初始状态为 $0$,$t=0$ 时开关 $S$ 闭合,电源为直流电压源,源电压为 $E$,求电路电流 $i(t)$,并绘出波形。

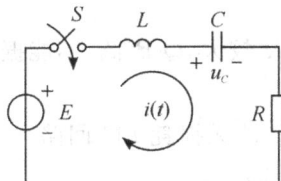

**图 3.4.17   RLC 电路**

**解:**(1)求初始值

当 $t<0$ 时,则 $i_L(0_-)=0$ A,$u_C(0_-)=0$ V

(2)画 $t>0$ 时的 $S$ 域等效模型

当 $t>0$ 时,电路的 $S$ 域模型如图 3.4.18 所示。

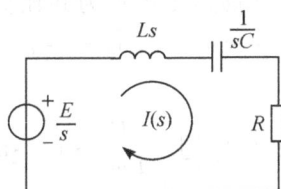

**图 3.4.18   电路的 $S$ 域模型**

(3)列写 $S$ 域电路方程

$$LsI(s)+RI(s)+\frac{1}{Cs}I(s)=\frac{E}{s}$$

(4)解方程

$$I(s)=\frac{E}{s\left(Ls+R+\dfrac{1}{sC}\right)}=\frac{E}{L}\frac{1}{\left(s^2+\dfrac{R}{L}s+\dfrac{1}{LC}\right)}$$

极点为

$$p_1=-\frac{R}{2L}+\sqrt{\left(\frac{R}{2L}\right)^2-\frac{1}{LC}},p_2=-\frac{R}{2L}-\sqrt{\left(\frac{R}{2L}\right)^2-\frac{1}{LC}}$$

所以

$$I(s)=\frac{E}{L}\frac{1}{(s-p_1)(s-p_2)}=\frac{E}{L}\frac{1}{(p_1-p_2)}\left(\frac{1}{s-p_1}-\frac{1}{s-p_2}\right)$$

(5)拉普拉斯逆变换,求 $i(t)$

$$i(t)=\frac{E}{L(p_1-p_2)}(\mathrm{e}^{p_1t}-\mathrm{e}^{p_2t})$$

以下讨论改变电路参数,得到不同形式的解:

设 $\alpha=\dfrac{R}{2L}$,$\omega_0=\dfrac{1}{\sqrt{LC}}$,则

$$p_1=-\alpha+\sqrt{\alpha^2-\omega_0^2},p_2=-\alpha-\sqrt{\alpha^2-\omega_0^2}$$

第一种情况：$\alpha = 0$（即电阻为 0 的无损耗 $LC$ 回路）；

第二种情况：$\alpha < \omega_0$（即电阻 $R$ 较小，$Q$ 值高的 $LC$ 回路）；

第三种情况：$\alpha = \omega_0$；

第四种情况：$\alpha > \omega_0$（即电阻 $R$ 较大，$Q$ 值低，不能振荡的 $LC$ 回路）。

下面分别讨论其电路特性。

第一种情况：$\alpha = 0$（即电阻为 0 的无损耗 $LC$ 回路）

极点为虚数，$p_1 = j\omega_0$，$p_2 = -j\omega_0$。

解的形式为：$i(t) = \dfrac{E}{L} \cdot \dfrac{1}{2j\omega_0}(e^{j\omega_0 t} - e^{-j\omega_0 t}) = E\sqrt{\dfrac{C}{L}} \cdot \sin(\omega_0 t)$，波形如图 3.4.19 所示。

可见，此时电路的作用是直流激励产生不衰减的正弦振荡。

第二种情况：$\alpha < \omega_0$（即电阻 $R$ 较小，$Q$ 值高的 $LC$ 回路，$Q = \dfrac{\omega_0}{2\alpha}$，称为欠阻尼状态）

设 $\omega_d = \sqrt{\omega_0 - \alpha^2}$，$\sqrt{\alpha^2 - \omega_0} = j\omega_d$，则极点为共轭复数

$$p_1 = -\alpha + j\omega_d, \quad p_2 = -\alpha - j\omega_d$$

解的形式为：

$$i(t) = \frac{E}{L} \cdot \frac{1}{2j\omega_d}\left[e^{(-\alpha+j\omega_d)t} - e^{(-\alpha-j\omega_d)t}\right] = \frac{E}{L\omega_d} \cdot e^{-\alpha t}\sin(\omega_d t)$$，波形如图 3.4.19 所示。

可见，此时电路的作用是直流激励产生衰减的正弦振荡。$\alpha = \dfrac{R}{2L}$，随着 $R$ 增大，衰减就增快。

第三种情况：$\alpha = \omega_0$（称为临界阻尼状态）

当 $\alpha = \omega_0$（即 $\dfrac{R}{2L} = \dfrac{1}{\sqrt{LC}}$），则极点为相等的实数重根

$$p_1 = p_2 = -\alpha$$

解的形式为：

$$I(s) = \frac{E}{L}\frac{1}{(s+\alpha)^2}$$

$$i(t) = \frac{E}{L} \cdot e^{-\alpha t} = \frac{E}{L} \cdot t\, e^{-\frac{R}{2L}t}$$

波形如图 3.4.19 所示。

可见，随着 $R$ 增大，阻尼也增大，电路已不能产生振荡。当 $\alpha = \omega_0$ 时，电路进入临界状态。

第四种情况：$\alpha > \omega_0$（即电阻 $R$ 较大，$Q$ 值低，不能振荡的 $LC$ 回路，称为过阻尼状态）

当 $\alpha > \omega_0$ 时，则极点为不等的实数根。

解的形式为：

$$i(t) = \frac{E}{L} \cdot \frac{1}{2\sqrt{\alpha^2 - \omega_0^2}} e^{-\alpha t}\left(e^{\sqrt{\alpha^2 - \omega_0^2}\, t} - e^{-\sqrt{\alpha^2 - \omega_0^2}\, t}\right)$$

$$= \frac{E}{L} \cdot \frac{1}{\sqrt{\alpha^2 - \omega_0^2}} e^{-\alpha t}\sinh(\sqrt{\alpha^2 - \omega_0^2}\, t)$$

是双曲正弦线。波形如图 3.4.19 所示。

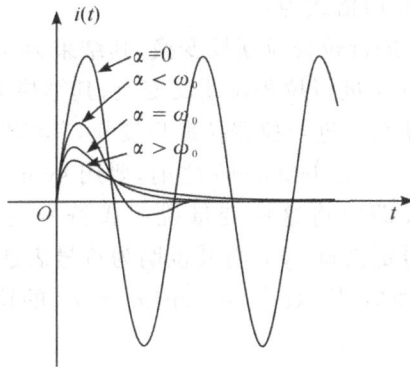

**图 3.4.19　*RLC* 电路的响应波形**

# 3.5　复频域分析的 Matlab 实现

### 3.5.1　拉普拉斯变换

拉普拉斯变换是分析连续时间信号的重要手段。对于当 $t \to \infty$ 时信号幅值不衰减的时间信号，即在 $f(t)$ 不满足绝对可积的条件时，其傅立叶变换可能不存在，而拉普拉斯变换是存在的，此时可以用拉普拉斯变换法来分析它们。连续时间信号 $f(t)$ 的单边拉普拉斯变换 $F(s)$ 的定义为：

$$F(s) = \int_{0-}^{\infty} f(t) \mathrm{e}^{-st} \, \mathrm{d}t$$

拉普拉斯反变换的定义为：

$$f(t) = \frac{1}{2\pi \mathrm{j}} \int_{\sigma-\mathrm{j}\omega}^{\sigma+\mathrm{j}\omega} F(s) \mathrm{e}^{st} \, \mathrm{d}s$$

显然，上式中 $F(s)$ 是复变量 $s$ 的复变函数，为了便于理解和分析 $F(s)$ 随 $s$ 的变化规律，将 $F(s)$ 写成模及相位的形式：$F(s) = |F(s)| \mathrm{e}^{\mathrm{j}\varphi(s)}$。其中，$|F(s)|$ 是复信号 $F(s)$ 的模，而 $\varphi(s)$ 是 $F(s)$ 的相位。由于复变量 $s = \sigma + \mathrm{j}\omega$，如果以 $\sigma$ 为横坐标（实轴），$\mathrm{j}\omega$ 为纵坐标（虚轴），这样，复变量 $s$ 就成为一个复平面，我们称之为 $s$ 平面。从三维几何空间的角度来看，$|F(s)|$ 和 $\varphi(s)$ 分别对应着复平面上的两个曲面，如果绘出它们的三维曲面图，就可以直观地分析连续信号的拉普拉斯变换 $F(s)$ 随复变量 $s$ 的变化情况，在 Matlab 语言中有专门对信号进行正、反拉普拉斯变换的函数，并且利用 Matlab 的三维绘图功能很容易画出漂亮的三维曲面图。

#### 3.5.1.1　使用 Matlab 专用函数求拉普拉斯变换

在 Matlab 中实现拉普拉斯变换的函数使用格式为：

F＝laplace(f)：对信号 $f(t)$ 进行拉普拉斯变换，其结果为 $F(s)$；

F＝laplace(f,v)：对信号 $f(t)$ 进行拉普拉斯变换，其结果为 $F(v)$；

F＝laplace(f,u,v):对函数 $f(u)$ 进行拉普拉斯变换,其结果为 $F(v)$。

拉普拉斯反变换的函数使用格式为:

f＝ilaplace(F):对 $F(s)$ 进行拉普拉斯反变换,其结果为 $f(t)$;

f＝ilaplace(F,u):对 $F(\omega)$ 进行拉普拉斯反变换,其结果为 $f(u)$;

f＝ilaplace(F,v,u):对 $F(v)$ 进行拉普拉斯反变换,其结果为 $f(u)$。

注意:在调用函数 laplace() 及 ilaplace() 之前,要用 syms 命令对所有需要用到的变量(如 $t,u,v,w$ 等)进行说明,即要将这些变量说明成符号变量。对 laplace() 中的 $f$ 及 ilaplace() 中的 $F$ 也可用符号定义符 sym 将其说明为符号表达式。

**【例 3.5.1】** 求出连续时间信号 $f(t)=e^{-t}\sin(at)\varepsilon(t)$ 的拉普拉斯变换。

解:程序如下

```
ft = sym('exp(-t)*sin(a*t)');        % 定义时间函数 f(t) 的表达式
Fs = laplace(ft);                    % 求 f(t) 的拉普拉斯变换式 F(s)
```

或

```
syms a t;                            % 定义变量
Fs = laplace(exp(-t)*sin(a*t))
```

运行结果:Fs =

a/((s + 1)^2 + a^2)

**【例 3.5.2】** 求出连续时间信号 $f(t)=\sin(t)\varepsilon(t)$ 的拉普拉斯变换,并画出图形。

解:程序如下

```
syms t s;                 % 定义符号变量
ft = sin(t)*heaviside(t);  % 定义时间函数 f(t) 的表达式
Fs = laplace(ft)          % 求 f(t) 的拉普拉斯变换式 F(s)
```

运行结果:Fs =

1/(s^2 + 1)

绘制拉普拉斯变换三维曲面图的方法有两种。

方法一:符号数学方法绘图

```
syms x y s
s = x + i*y;              % 产生复变量 s
FFs = 1/(s^2 + 1);        % 将 F(s) 表示成复变函数形式
FFss = abs(FFs);          % 求出 F(s) 的模
ezmesh(FFss);             % 画出拉普拉斯变换的网格曲面图
ezsurf(FFss);             % 画出带阴影效果的三维曲面图
colormap(hsv);            % 设置图形中多条曲线的颜色顺序
```

方法二:数值方法绘图

```
figure(2)                 % 打开另一个图形窗口
x1 = -5:0.1:5;            % 设置 s 平面的横坐标范围
y1 = -5:0.1:5;            % 设置 s 平面的纵坐标范围
[x,y] = meshgrid(x1,y1);  % 产生网格矩阵 x,y
s = x + i*y;              % 产生矩阵 s 来表示所绘制曲面图的复平面区域,
```

```
                      % 其中矩阵 s 包含了复平面 $-5<\sigma<6$，$-5<j\omega<5$
                      % 范围内以间隔 0.1 取样的所有样点
fs = 1. /(s. * s + 1);      % 计算拉普拉斯变换在复平面上的样点值
ffs = abs(fs);             % 求幅值
mesh(x,y,ffs);             % 绘制拉普拉斯变换的三维网格曲面图
surf(x,y,ffs);             % 绘制带阴影效果的三维曲面图
axis([- 5,5, - 5,5,0,8]);  % 设置坐标显示范围
colormap(hsv);             % 设置图形中多条曲线的颜色顺序
```

程序运行结果如图 3.5.1 所示。

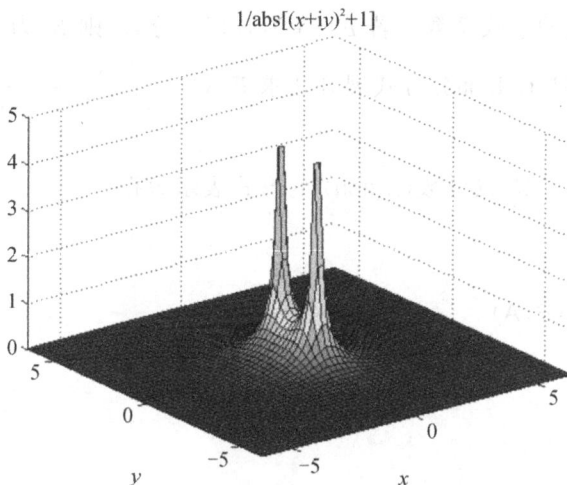

**图 3.5.1  拉普拉斯变换的三维曲面图**

说明：从拉普拉斯变换的三维曲面图中可以看出，曲面图上有像山峰一样突出的尖峰，这些峰值点在 $S$ 平面的对应点就是信号拉普拉斯变换的极点位置，而曲面图上的谷点则对应着拉普拉斯变换的零点位置。因此，信号拉普拉斯变换的零极点位置决定了其曲面图上峰点和谷点位置。

【例 3.5.3】求函数 $F(s) = \dfrac{1}{s^2 + 1}$ 的拉普拉斯逆变换式。

解：程序如下

```
syms t s              % 定义符号变量
Fs = 1/(1 + s^2);     % 定义 F(s) 的表达式
ft = ilaplace(Fs)     % 求 F(s) 的拉普拉斯逆变换式 f(t)
```

运行结果：ft = sin(t)

注意：在 Matlab 中，求拉普拉斯反变换的函数 ilaplace() 指单边拉普拉斯变换，其运行结果是单边函数。如例中的运行结果为 $ft = \sin(t)$，实际上是指 $ft = \sin(t)$，$t > 0$。

### 3.5.1.2　部分分式法求拉普拉斯逆变换

如果信号的 $S$ 域表示式 $F(s)$ 是有理分式，进行拉普拉斯反变换的另一个方法是对 $F(s)$ 进行部分分式展开，然后求各简单分式的拉普拉斯逆变换。设 $F(s)$ 的有理分式表示

**207**

为

$$F(s) = \frac{b_m s^m + b_{m-1} s^{m-1} + \cdots + b_2 s^2 + b_1 s + b_0}{a_n s^n + a_{n-1} s^{n-1} + \cdots + a_2 s^2 + a_1 s + a_0} = \frac{B(s)}{A(s)}$$

部分分式表示为：

$$F(s) = \frac{r_1}{s - p_1} + \frac{r_2}{s - p_2} + \cdots + \frac{r_n}{s - p_n} + K$$

Matlab 信号处理工具箱提供了一个对 $F(s)$ 进行部分分式展开的函数 residue，其命令使用格式为

$$[R, P, K] = \text{residue}(B, A)$$

其中，**B**，**A** 分别表示 $F(s)$ 的分子与分母多项式的系数向量，**R** 为部分分式的系数向量，**P** 为极点向量，**K** 为多项式的余式系数。若 $F(s)$ 为有理真分式，则 $K$ 为 0。

【**例 3.5.4**】利用 Matlab 部分分式展开法求 $F(s) = \dfrac{s + 2}{s^3 + 4s^2 + 3s}$ 的拉普拉斯逆变换。

解：程序为

```
format rat;              % 以分数(ration)的形式表示数据
B = [1,2];
A = [1,4,3,0];
[r,p,k] = residue(B,A)
```

运行结果为：

```
r =
    -1/6
    -1/2
    2/3
p =
    -3
    -1
    0
k =
    []
```

从上述结果可知，$F(s)$ 有 3 个单实极点，即 $p_1 = -3, p_2 = -1, p_3 = 0$；其对应部分分式展开系数为 $-1/6, -1/2, 2/3$；余项为 0。因此，$F(s)$ 的部分分式展开为：

$$F(s) = \frac{2/3}{s} + \frac{-1/2}{s + 1} + \frac{-1/6}{s + 3}$$

所以，$F(s)$ 的逆变换为 $f(t) = \left(\dfrac{2}{3} - \dfrac{1}{2} e^{-t} - \dfrac{1}{6} e^{-3t}\right) \varepsilon(t)$。

【**例 3.5.5**】利用 Matlab 部分分式展开法求 $F(s) = \dfrac{s - 2}{s(s + 1)^3}$ 的拉普拉斯逆变换。

解：$F(s)$ 的分母不是标准的多项式形式，可利用 Matlab 的 conv 函数（多项式相乘命令）将因子相乘的形式转换为多项式的形式，其 Matlab 源程序为：

```
B = [1, -2];
```

```
A = conv([1,0],conv([1,1],conv([1,1],[1,1])));
[r,p,k] = residue(B,A)
```

程序运行结果:

```
r =
    2
    2
    3
  - 2
p =
  - 1
  - 1
  - 1
    0
K =[]
```

根据程序运行结果,$F(s)$ 可展开为    $F(s) = \dfrac{2}{s+1} + \dfrac{2}{(s+1)^2} + \dfrac{3}{(s+3)^3} - \dfrac{2}{s}$

所以 $F(s)$ 的拉普拉斯逆变换为 $f(t) = (2e^{-t} + 2te^{-t} + 1.5t^2e^{-t} - 2)\varepsilon(t)$

【例 3.5.6】已知连续信号的拉普拉斯变换为 $F(s) = \dfrac{2s+4}{s^3+4s}$,试用 Matlab 求其拉普拉斯

逆变换 $f(t)$。

解:程序如下

```
format rat；      % 格式显示为有理式
a = [1 0 4 0];
b = [2 4];
[r,p,k] = residue(b,a)
```

运行结果:

```
r =
  - 1/2   -   1/2i
  - 1/2   +   1/2i
    1
p =
    0   +   2i
    0   -   2i
    0
k =
    []
```

由上述结果可以看出,$F(s)$ 有三个极点 $p_{1,2} = \pm j2$,$p_3 = 0$。为了求得共轭极点对应的信号分量,可用 abs() 和 angle() 分别求出部分分式展开系数的模和幅角,命令如下:

```
abs(r)
```

运行结果：

ans =

     985/1393

     985/1393

        1

angle(r)/pi

运行结果：

ans =

     − 3/4

     3/4

     0

由上述结果可得 $f(t) = \left[1 + \sqrt{2}\cos(2t - \dfrac{3}{4}\pi)\right]\varepsilon(t)$。

【例 3.5.7】试用 Matlab 命令对函数 $F(s) = \dfrac{18s^3}{18s^3 + 3s^2 - 4s - 1}$ 进行部分分式展开，并求出其 $Z$ 反变换。

解：程序为：

B = [18,0,0,0];

A = [18,3, − 4, − 1];

[R,P,K] = residue(B,A)

运行结果：

R =

    0. 18000000000000

    − 0. 34666666666667

    0. 04444444444444

P =

    0. 50000000000000

    − 0. 33333333333333

    − 0. 33333333333333

K =

    1

从运行结果可知，$p_2 = p_3$，表示系统有一个二重极点。所以，$F(s)$ 的部分分式展开为

$$F(s) = \frac{0.18}{s - 0.5} + \frac{-0.34}{s + 0.3333} + \frac{0.04}{(s + 0.3333)^2} + 1$$

因此，其拉普拉斯逆变换为

$$f(t) = (0.18\mathrm{e}^{0.5t} - 0.34\mathrm{e}^{-0.3333t} + 0.04t\mathrm{e}^{-0.3333t})\varepsilon(t) + \delta(t)$$

【例 3.5.8】求 $F(s) = \dfrac{s^2}{s^3 + 4s^2 + 5s + 2}$ 的单边拉普拉斯逆变换。

解:程序如下

```
B = [1,0,0];
A = [1,4,5,2];
[R,P,K] = residue(B,A)
```

运行结果：

```
R =
    4.00000000000000
   - 3.00000000000000
    1.00000000000000
P =
   - 2.00000000000000
   - 1.00000000000000
   - 1.00000000000000
K =
    []
```

所以，$F(s) = \dfrac{4}{s+2} + \dfrac{-3}{s+1} + \dfrac{1}{(s+1)^2}$。

因此，其拉普拉斯逆变换为

$$f(t) = (4e^{-2t} - 3e^{-t} + te^{-t})\varepsilon(t)$$

### 3.5.1.3　由拉普拉斯曲面图观察频域与复频域的关系

如果信号 $f(t)$ 的拉普拉斯变换 $F(s)$ 的极点均位于 $S$ 平面左半平面，则信号 $f(t)$ 的傅立叶变换 $F(j\omega)$ 与 $F(s)$ 存在如下关系：

$$F(j\omega) = F(s)\big|_{s=j\omega}$$

即在信号的拉普拉斯变换 $F(s)$ 中令 $\sigma = 0$，就可得到信号的傅立叶变换。从三维几何空间角度来看，信号 $f(t)$ 的傅立叶变换 $F(j\omega)$ 就是其拉普拉斯变换曲面图中虚轴所对应的曲线，可以通过将 $F(s)$ 曲面图在虚轴上进行剖面来直观地观察信号拉普拉斯变换与其傅立叶变换的对应关系。

【例 3.5.9】试利用 Matlab 程序绘制信号 $f(t) = e^{-t}\sin(t)\varepsilon(t)$ 的拉普拉斯变换的曲面图，观察曲面图在虚轴剖面上的曲线，并将其与信号傅立叶变换 $F(j\omega)$ 绘制的幅度频谱相比较。

解：根据拉普拉斯变换和傅立叶变换定义和性质，可求得该信号的拉普拉斯变换和傅立叶变换如下：

$$F(s) = \frac{1}{(s+1)^2+1}, F(j\omega) = \frac{1}{(j\omega+1)^2+1}$$

利用前面介绍的方法绘制拉普拉斯变换曲面图。为了更好地观察曲面图在虚轴剖面上的曲线，定义绘制曲面图的 $S$ 平面实轴范围从 0 开始，并用 view 函数来调整观察视角。实现程序如下：

```
clf;
```

```
a = -0:0.1:5;
b = -20:0.1:20;
[x,y] = meshgrid(a,b);
s = x + i * y;                              % 确定绘图区域
Fs = 1. /((s + 1). * (s + 1) + 1);          % 计算拉普拉斯变换
Fm = abs(Fs);
mesh(x,y,Fm);                               % 绘制曲面网格图
surf(x,y,Fm);                               % 绘制曲面图
view(-60,20)                                % 调整观察视角
axis([-0,5, -20,20,0,0.5]);
title('拉普拉斯变换(S 域象函数)');
colormap(hsv);
```

程序运行结果如图 3.5.2 所示,它是拉普拉斯变换结果的曲面图。从该曲面图可以明显地观察到 $F(s)$ 在虚轴剖面上曲线的变化情况。

拉普拉斯变换（$S$ 域象函数）

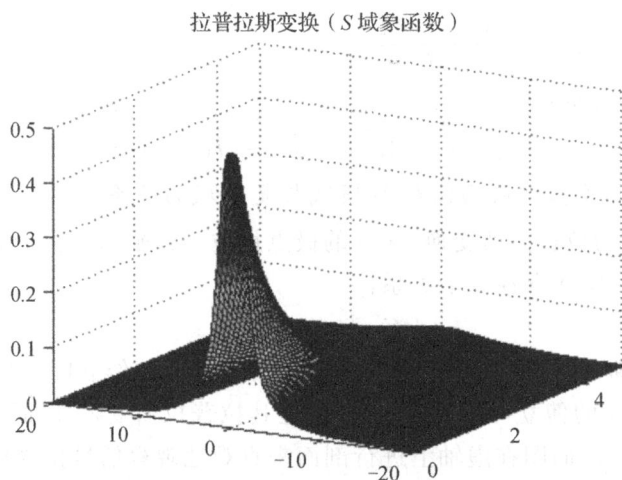

图 3.5.2    指数衰减正弦信号拉普拉斯变换曲面图

利用 Matlab 绘制该信号的傅立叶变换幅频曲线,程序如下:

```
w = -20:0.1:20;                             % 确定频率范围
Fw = 1. /((i * w + 1). * (i * w + 1) + 1);  % 计算傅立叶变换
plot(w,abs(Fw));                            % 绘制信号振幅频谱曲线
title('傅立叶变换(振幅频谱曲线)');
xlabel('频率 w');
```

程序运行结果如图 3.5.3 所示。对比图 3.5.2 和图 3.5.3,可直观地观察到拉普拉斯变换与傅立叶变换的对应关系。

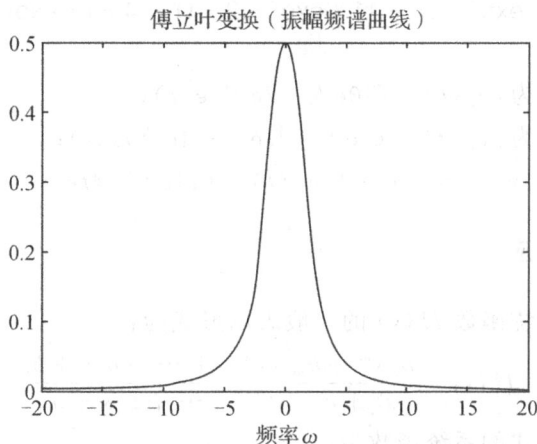

图 3.5.3　指数衰减正弦信号傅立叶变换曲幅频图

### 3.5.2　微分方程的拉普拉斯变换解

拉普拉斯变换是分析连续 LTI 系统的重要手段。拉普拉斯变换把时域中的常系数线性微分方程变换为复频域中的线性代数方程,而且系统的初始条件同时包含在该代数方程中,因而大大简化了微分方程的求解。借助 Matlab 符号数学工具箱实现拉普拉斯正逆变换的方法可以求解微分方程,即求得系统的完全响应。

【例 3.5.10】已知某连续 LTI 系统的微分方程为 $y''(t) + 3y'(t) + 2y(t) = f(t)$,且已知激励信号 $f(t) = 4e^{-3t}\varepsilon(t)$,初始条件为 $y(0_-) = 3, y'(0_-) = 4$,求系统的零输入响应、零状态响应和全响应。

解:对原方程两边进行拉普拉斯变换,并利用初始条件,得:

$$s^2Y(s) - sy(0_-) - y'(0_-) + 3[sY(s) - y(0_-)] + 2Y(s) = F(s)$$

将初始条件及激励变换代入,整理得:

$$Y(s) = \frac{3s + 13}{s^2 + 3s + 2} + \frac{F(s)}{s^2 + 3s + 2}$$

其中,第一项为零输入响应的拉普拉斯变换,第二项为零状态响应的拉普拉斯变换。利用 Matlab 求其时域解,程序如下:

```
syms t s
Yzi = (3 * s + 13)/(s^2 + 3 * s + 2);
yzi = ilaplace(Yzi)                       % 零输入响应时域形式
运行结果:yzi = 10 * exp(t) - 7 * exp(- 2 * t)
ft = 4 * exp(- 2 * t) * heaviside(t);     % 输入的时域信号
Fs = laplace(ft);                         % 时域信号的拉普拉斯变换
Yzs = Fs/(s^2 + 3 * s + 2);               % 零状态响应的拉普拉斯形式
yzs = ilaplace(Yzs)                       % 零状态响应的时域形式
运行结果:yzs = 4 * (- 1 - t) * exp(- 2 * t) + 4 * exp(- t)
yt = simplify(yzi + yzs)                  % 全响应 = 零输入响应 + 零状态响应
```

运行结果:yt = 14 * exp(− t) − 11 * exp(− 2 * t) − 4 * t * exp(− 2 * t)

所以,系统响应为:

系统的零输入响应为:$y_{zi}(t) = (10e^{-t} - 7e^{-2t})\varepsilon(t)$;

系统的零状态响应为:$y_{zs}(t) = (4e^{-t} - 4te^{-t} - 4e^{-2t})\varepsilon(t)$;

系统的完全响应为:$y(t) = y_{zi}(t) + y_{zs}(t) = (14e^{-t} - 4te^{-t} - 11e^{-2t})\varepsilon(t)$。

### 3.5.3  系统响应

描述连续系统的系统函数 $H(s)$ 的一般表示形式为:

$$H(s) = \frac{b_m s^m + b_{m-1}s^{m-1} + \cdots + b_1 s + b_0}{s^n + a_{n-1}s^{n-1} + \cdots + a_1 s + a_0}$$

其对应的零极点形式的系统函数为:

$$H(s) = \frac{b_m(s - z_1)(s - z_2)\cdots(s - z_m)}{(s - p_1)(s - p_2)\cdots(s - p_n)}$$

共有 $n$ 个极点$(p_1, p_2, \cdots, p_n)$ 和 $m$ 个零点$(z_1, z_2, \cdots, z_m)$。

把零极点画在 $S$ 平面中得到的图称为零极点图,可以通过零极点分布判断系统的特性。当系统的极点处在$S$的左半平面时,系统稳定;处在虚轴上的单阶极点时,系统稳定;处在 $S$ 的右半平面的极点及处在虚轴上的高阶极点时,系统是不稳定的。

系统函数也可用部分分式展开式表示,即

$$H(s) = \frac{r_1}{s - p_1} + \frac{r_2}{s - p_2} + \cdots + \frac{r_{n-1}}{s - p_{n-1}} + \frac{r_n}{s - p_n} + k$$

式中 $p_1, p_2, \cdots, p_n$ 为系统函数的极点;$r_1, r_2, \cdots, r_n$ 为部分分式展开中的系数;当 $H(s)$ 为真分式时,$k = 0$。

系统的频率响应为:

$$H(j\omega) = H(s)\big|_{s = j\omega}$$

$H(j\omega)$ 是复函数,可表示为:

$$H(j\omega) = |H(j\omega)|e^{j\varphi(\omega)}$$

$|H(j\omega)|$ 称为系统幅频特性,$\varphi(\omega)$ 称为系统相频特性。

Matlab 语言提供了系统函数表示形式之间的相互转换、零极点图及单位冲激响应等命令。使用方法如下:

1.[z,p,k] = tf2zp(b,a):从系统函数的一般形式求出其零点和极点。返回 z 为零点,p 为极点,k 为增益。即系统函数为:

$$H(s) = \frac{k(s - z_1)(s - z_2)\cdots(s - z_m)}{(s - p_1)(s - p_2)\cdots(s - p_n)}$$

2.[b,a] = zp2tf(z,p,k):从零极点求出系统函数的一般式。

3.[r,p,k] = residue(b,a):从系统函数的一般形式求出部分分式分解。即系统函数为:

$$H(s) = \frac{r_1}{s - p_1} + \frac{r_2}{s - p_2} + \cdots + \frac{r_n}{s - p_n} + k(s)$$

4.zplane(b,a):绘出零点、极点图。**b**,**a** 分别为零点、极点行向量。

zplane(z,p):绘出零点、极点图。**z**,**p** 分别为零点、极点列向量。

5. impulse(b,a):系统单位冲激响应。

6. 系统频率响应命令使用格式:

(1)freqs(b,a):直接绘出幅频特性及相频特性图,横坐标为取以 10 为底的对数值的角频率向量,单位为 rad/s。幅频特性图纵坐标为取以 10 为底的对数值,相频纵坐标为角度值。

(2)[h,w]=freqs(b,a):w 为返回计算频率响应的频率点的角频率向量,单位为 rad/s。默认时自动取值200个角频率点。h 为频率向量w对应的 $H(j\omega)$。abs(h)为幅频特性,幅度单位为比例倍数;angle(h)为相频特性,相位单位为弧度(rad)。

绘图可使用以下命令:

幅频:mag=abs(h);　　　　　　% 单位:比例值

相频:phase=angle(h);　　　　　% 单位:弧度

绘制幅频图:loglog(w,mag);　　　%loglog是两坐标轴都取以 10 为底的对数

绘制相频图:semilogx(w,phase);　% semilogx是横坐标轴取以 10 为底的对数

(3)h=freqs(b,a,w):w 为自己定义的频率向量,单位为 rad/s。h 为返回频率向量w对应的 $H(j\omega)$。

(4)[h,w]=freqs(b,a,N):w 为返回频率点的角频率向量,单位为 rad/s。N 为自定义计算的频率点数。h 为频率向量w对应的 $H(j\omega)$,单位为倍数比例。

(5)波特图:bode(b,a):绘出幅频、相频特性图。幅频特性图的纵坐标为分贝(dB);相频特性图的纵坐标为角度值,横坐标为取以 10 为底的对数值,单位为 rad/s。

【例 3.5.11】求系统函数 $H(s)=\dfrac{1}{s^2+2s+1}$ 的频率响应。

解:程序如下

```
clear all;
clc
b=[1];
a=[1 2 1];
[H,w]=freqs(b,a);
figure(1);
subplot(2,1,1);
plot(w,abs(H)),grid on;
title('幅频特性');
xlabel(' rad/sec ');
ylabel('比例倍数');
subplot(2,1,2);
plot(w,angle(H))
title('相频特性');
xlabel(' rad/sec ');
ylabel('弧度(rad) ');
grid on
```

```
% 对数绘图
figure(2);
subplot(2,1,1);
loglog(w,abs(H));          % 横、纵坐标取以 10 为底的对数
title('横、纵坐标取以 10 为底的对数')
%grid on
subplot(2,1,2);
semilogx(w,angle(H));      % 横坐标取以 10 为底的对数
title('横坐标取以 10 为底的对数')
%grid on
%freqs 直接绘图
figure(3);
freqs(b,a);                % 直接绘图。幅频图的横、纵坐标取以 10 为底的对数;
                           % 相频图的横坐标取以 10 为底的对数,纵坐标为角度值
title(' freqs(b,a) 直接绘图');
% 绘制波特图
figure(4);
bode(b,a);                 % 绘出波特图
title('波特图');
grid on;
```

程序运行结果如图 3.5.4、图 3.5.5、图 3.5.6、图 3.5.7 所示。

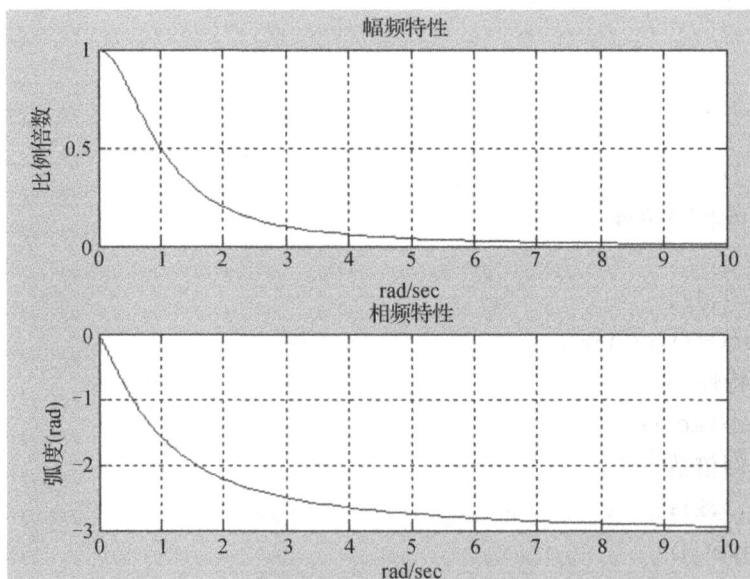

图 3.5.4　[H,w] = freqs(b,a) 绘制系统频率特性图

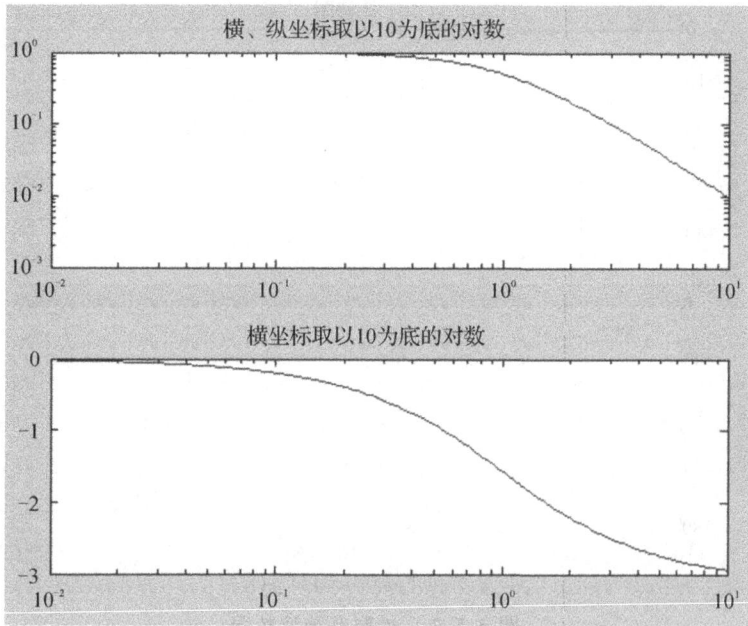

图 3.5.5 ［H,w］= freqs(b,a) 取对数后的频率特性图

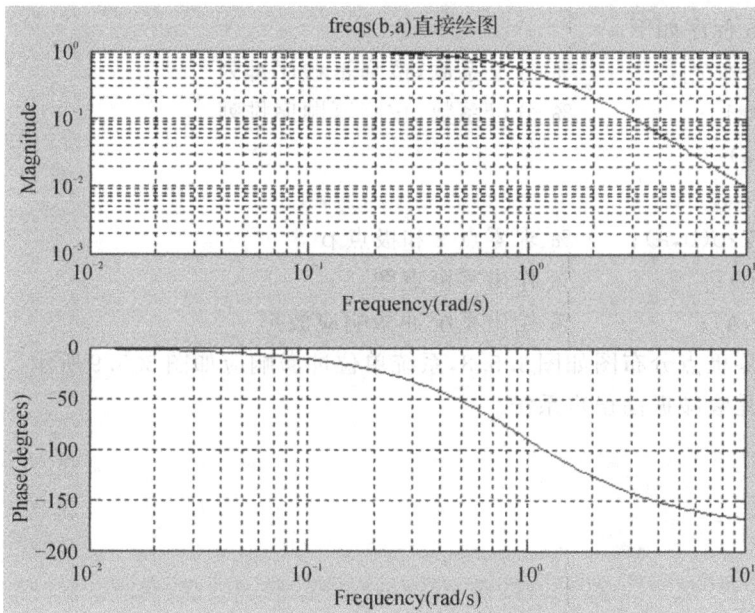

图 3.5.6　freqs(b,a) 直接绘制系统频率特性图

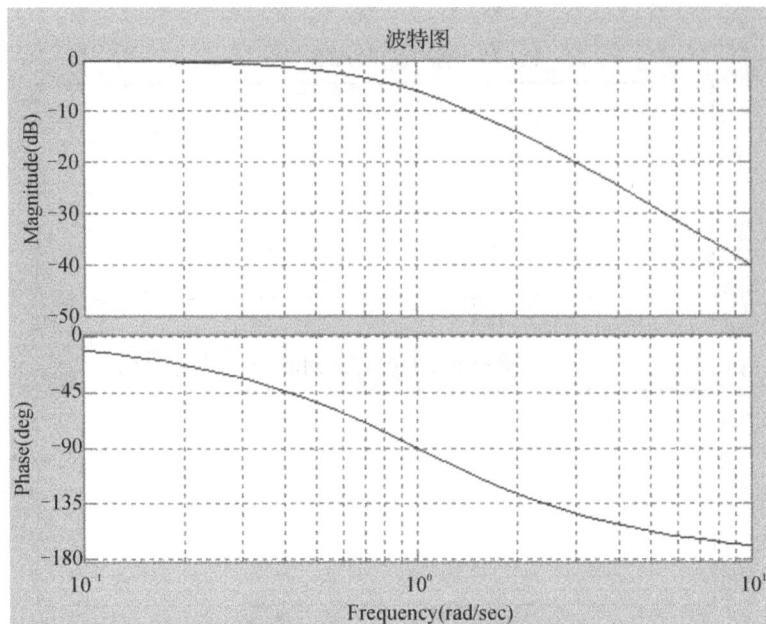

图 3.5.7　绘制系统波特图

【例 3.5.12】已知系统函数 $H(s) = \dfrac{s^2 - 0.5s + 2}{s^2 + 0.4s + 1}$，求其零极点图及系统单位冲激响应。

解：Matlab 程序如下

```
b = [1 - 0.5 2];          % 分子系数，按降幂顺序排列
a = [1 0.4 1];            % 分母系数，按降幂顺序排列
zplane(b,a)
% 或者
[z,p] = tf2zp(b,a);       % 求零点 z 和极点 p
zplane(z,p);              % 作出零极点图
impulse(b,a);             % 绘出系统冲激响应波形
```

运行结果零极点分布图如图 3.5.8，系统单位冲激响应如图 3.5.9 所示。由零极点分布图可知该系统是衰减振荡稳定系统。

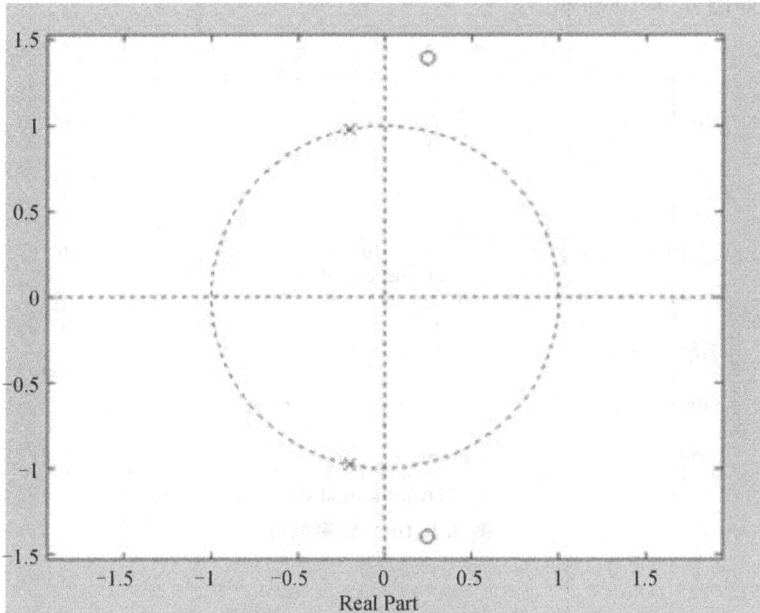

图 3.5.8　零点、极点图

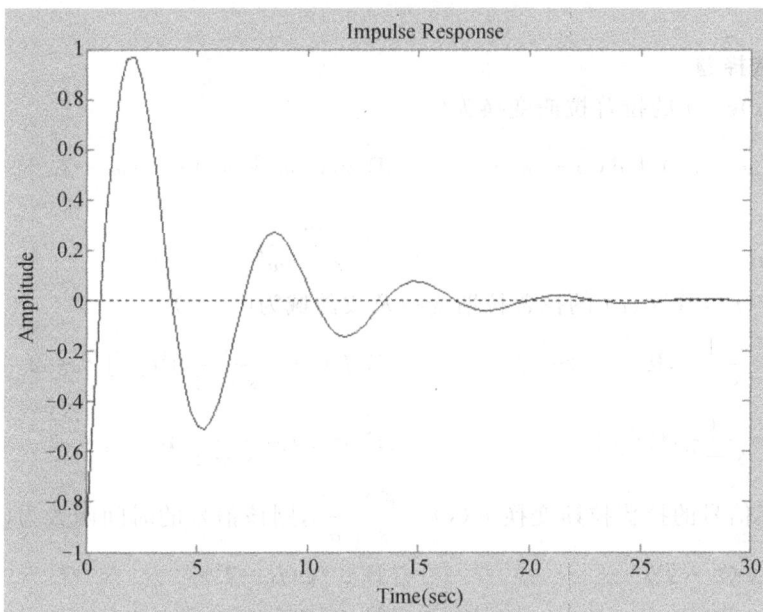

图 3.5.9　单位冲激响应

【例 3.5.13】已知系统的传递函数为 $H(s) = \dfrac{0.2s^2 + 0.3s + 1}{s^2 + 0.4s + 1}$，求其频率特性。

解：程序如下

```
b = [0.2 0.3 1];a = [1 0.4 1];
w = logspace( - 1,1);        % 按对数值均匀取频率点
freqs(b,a,w)                 % 画出频率响应曲线
```

运行结果如图 3.5.10 所示。

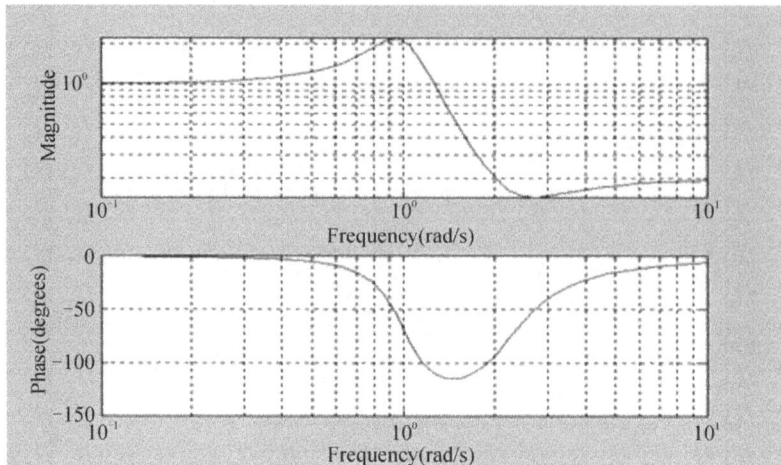

图 3.5.10    频率响应

# 3.6    习题

**一、单项选择题**

1. $\cos(\omega_0 t)\varepsilon(t)$ 的拉普拉斯变换为(        )。

A. $\dfrac{\pi}{2}[\delta(\omega+\omega_0)+\delta(\omega-\omega_0)]$         B. $\pi[\delta(\omega+\omega_0)+\delta(\omega-\omega_0)]$

C. $\dfrac{s}{s^2+\omega_0^2}$                                D. $\dfrac{\omega_0}{s^2+\omega_0^2}$

2. 信号 $f(t)=e^{2t}\varepsilon(t)$ 的拉普拉斯变换及收敛域为(        )。

A. $F(s)=\dfrac{1}{s+2},\mathrm{Re}[s]>-2$         B. $F(s)=\dfrac{1}{s-2},\mathrm{Re}[s]<-2$

C. $F(s)=\dfrac{1}{s-2},\mathrm{Re}[s]>2$         D. $F(s)=\dfrac{1}{s+2},\mathrm{Re}[s]<2$

3. 已知某信号的拉普拉斯变换 $F(s)=\dfrac{e^{-(s+a)T}}{s+\alpha}$，则该信号的时间函数为(        )。

A. $e^{-a(t-T)}\varepsilon(t-T)$                     B. $e^{-at}\varepsilon(t-T)$

C. $e^{-at}\varepsilon(t-\alpha)$                         D. $e^{-a(t-a)}\varepsilon(t-T)$

4. 单边拉普拉斯变换 $F(s)=\dfrac{s\,e^{-s}}{s^2+4}$ 的原函数是(        )。

A. $\sin(2t)\varepsilon(t-1)$                          B. $\sin 2(t-1)\varepsilon(t-1)$

C. $\cos 2(t-1)\varepsilon(t-1)$                       D. $\cos(2t)\varepsilon(t-1)$

5. 单边拉普拉斯变换 $F(s)=\dfrac{2s+1}{s^2}e^{-2s}$ 的原函数是(        )。

A. $t\varepsilon(t)$                                   B. $t\varepsilon(t-2)$

C. $(t-2)\varepsilon(t)$        D. $(t-2)\varepsilon(t-2)$

6. 若线性时不变因果系统的 $H(j\omega)$ 可由其系统函数 $H(s)$ 将其中的 $s$ 换成 $j\omega$ 来求取，则要求该系统函数 $H(s)$ 的收敛域应为（   ）。

  A. $\sigma$ 大于某一正数      B. $\sigma$ 大于某一负数

  C. $\sigma$ 小于某一正数      D. $\sigma$ 小于某一负数

7. 已知一个 LTI 系统初始无储能，当输入 $f_1(t)=\varepsilon(t)$ 时，则输出为 $y_1(t)=2e^{-2t}\varepsilon(t)+\delta(t)$；当输入 $f(t)=3e^{-t}\varepsilon(t)$ 时，系统的零状态响应 $y(t)$ 为（   ）。

  A. $(-9e^{-t}+12e^{-2t})\varepsilon(t)$     B. $(3-9e^{-t}+12e^{-2t})\varepsilon(t)$

  C. $\delta(t)+(-6e^{-t}+8e^{-2t})\varepsilon(t)$    D. $3\delta(t)+(-9e^{-t}+12e^{-2t})\varepsilon(t)$

8. 以下为 4 个因果信号的拉普拉斯变换，其中（   ）不存在傅立叶变换。

  A. $\dfrac{1}{s}$      B. 1      C. $\dfrac{1}{s+2}$      D. $\dfrac{1}{s-2}$

9. 系统函数 $H(s)$ 与激励信号 $X(s)$ 之间是（   ）。

  A. 反比关系    B. 无关系    C. 线性关系    D. 不确定

10. 线性时不变系统输出中的自由响应的形式由（   ）决定。

  A. 系统函数极点的位置      B. 激励信号的形式

  C. 系统起始状态       D. 以上均不对

**二、判断题**（判断下列说法是否正确，正确的打"√"，错误的打"×"）

1. 系统函数 $H(s)$ 是系统冲激响应 $h(t)$ 的拉普拉斯变换。（   ）

2. 系统函数 $H(s)$ 是系统的零状态响应的拉普拉斯变换与输入信号的拉普拉斯变换之比。（   ）

3. 如果 $f(t)$ 是因果信号，$F(j\omega)$ 是其傅立叶变换，删除 $F(j\omega)$ 所含的冲激项，用 $s$ 代替 $j\omega$，就可得 $f(t)$ 的拉普拉斯变换 $F(s)$。（   ）

4. 一个信号存在拉普拉斯变换，就一定存在傅立叶变换。（   ）

5. 一个信号存在傅立叶变换，就一定存在单边拉普拉斯变换。（   ）

6. 一个信号存在傅立叶变换，就一定存在双边拉普拉斯变换。（   ）

7. 拉普拉斯变换法既能求解系统的稳态响应，又能求解系统的暂态响应。（   ）

**三、计算填空题**

1. 某连续系统的冲激响应 $h(t)=\dfrac{3}{2}(e^{-2t}+e^{-4t})\varepsilon(t)$，则描述该系统的微分方程是（   ）。

2. 利用初值定理和终值定理分别求 $F(s)=\dfrac{4s+5}{2s+1}$ 原函数的初值 $f(0_+)=$（   ），终值 $f(\infty)=$（   ）。

3. 如图 3.6.1 所示周期信号 $f(t)$ 的单边拉普拉斯变换 $F(s)$ 为（   ）。

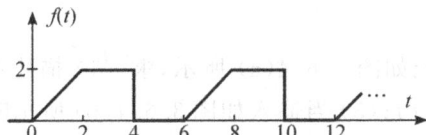

图 3.6.1

4. 信号 $f(t)=\varepsilon(t+2)-\varepsilon(t-2)$ 的单边拉普拉斯变换 $F(s)$ 为（　　　）。

5. 如图 3.6.2 所示电路系统，若以 $u_s(t)$ 为输入，$u_o(t)$ 为输出，则该系统的冲激响应 $h(t)=$（　　　）。

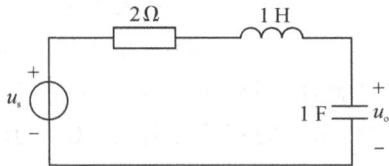

图 3.6.2

6. 函数 $F(s)=\dfrac{2e^{-s}}{s^2+3s+2}$ 的拉普拉斯逆变换为（　　　）。

7. 已知 $f(t)$ 的单边拉普拉斯变换为 $F(s)$，则函数 $te^{-4t}f(2t)$ 的单边拉普拉斯变换为（　　　）。

8. 因果信号 $f(t)$ 的拉普拉斯变换 $F(s)=\dfrac{2s^3+6s^2+12s+20}{s^3+2s^2+3s}$，则 $f(0_+)=$（　　　），$f(\infty)=$（　　　），$f(t)$ 在 $t=0$ 的冲激强度为（　　　）。

9. 已知 $f(t)=e^{-3t}\varepsilon(t)$，则 $f_s(t)=f(t)\delta_T(t)$，$T=2$ 的拉普拉斯变换为（　　　）。

10. 设 $F(s)=\dfrac{1}{(s+1)(s+2)}$，$-2<\mathrm{Re}[s]<-1$，则其反变换 $f(t)=$（　　　）。

**四、综合应用分析题**

1. 已知系统输入 $f(t)$ 及其零状态响应 $y_{zs}(t)$ 的波形如图 3.6.3(a)(b) 所示，求 $h(t)$ 并绘出波形。

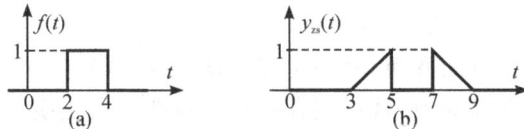

图 3.6.3

2. 某线性时不变系统，当激励为 $f(t)$ 时的完全响应为 $y_1(t)=2e^{-t}\varepsilon(t)$，当激励为 $\dfrac{\mathrm{d}f(t)}{\mathrm{d}t}$ 时的完全响应为 $y_2(t)=\delta(t)$，若已知 $f(t)$ 为单位阶跃信号 $e(t)$，

（1）求该系统的零输入响应；

（2）若系统起始状态不变，求其激励为 $f(t)=e^{-t}\varepsilon(t)$ 时系统的完全响应；

（3）画出该系统时域模拟框图。

3. 某线性时不变系统，其初始条件一定，当输入 $f_1(t)=\delta(t)$ 时，其全响应 $y_1(t)=-3e^{-t}\varepsilon(t)$；当输入 $f_2(t)=\varepsilon(t)$ 时，其全响应 $y_2(t)=(1-5e^{-t})\varepsilon(t)$。求当输入 $f(t)=t\varepsilon(t)$ 时的全响应 $y(t)$。

4. 已知一因果 LTI 系统如图 3.6.4(a) 所示，求：(1) 描述系统的微分方程；(2) 系统函数 $H(s)$ 和单位冲激响应 $h(t)$；(3) 当输入如图 3.6.4(b) 所示时，$t>0$ 系统输出 $y(t)$ 的零状态响应、零输入响应。

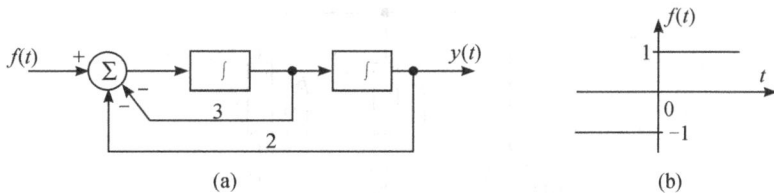

图 3.6.4

5. 如图 3.6.5 所示电路,已知激励信号 $f(t) = [\sin(2t) - \cos(2t)]\varepsilon(t)$,初始时刻电容两端的电压为零。求:

(1) 系统函数 $H(s)$;

(2) 系统的完全响应 $y(t)$。

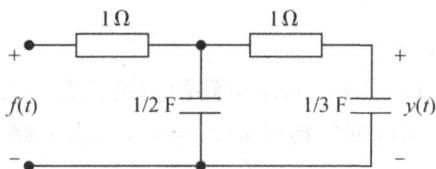

图 3.6.5

6. 如图 3.6.6 所示电路,$t=0$ 时开关打开,已知 $f(t) = 2e^{-2t}\varepsilon(t)$,试用复频域分析法求 $t \geq 0$ 的电容电压 $u_C(t)$,并指出零输入响应和零状态响应。

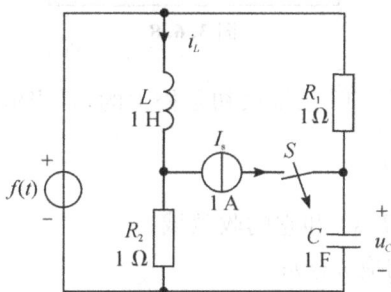

图 3.6.6

7. 已知信号

$$f(t) = \begin{cases} t, & 0 < t < 1 \\ 2-t, & 1 < t < 2 \\ 0, & t < 0, t > 2 \end{cases}$$

画出波形,求其拉普拉斯变换。

8. 求如图 3.6.7 所示电路的系统函数 $H(s)$,若 $u_0(t)$ 与 $i(t)$ 无波形失真,确立一组 $R_1$、$R_2$ 满足此条件,并确定传输过程有无延时。

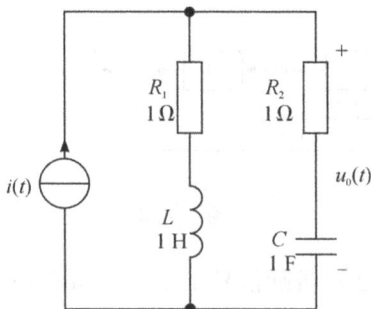

**图 3.6.7**

9. 已知某电路如图 3.6.8 所示，$R=2\ \Omega, L=1\ \mathrm{H}, C=1\ \mathrm{F}$，以电容上的电压 $u(t)$ 为输出，$f(t)$ 为输入。

(1) 求单位冲激响应 $h(t)$；

(2) 欲使零输入响应 $u_{zi}(t)=h(t)$，求电路的初始状态 $i(0_-), u(0_-)$；

(3) 当输入 $f(t)=\varepsilon(t)$ 时，欲使输出 $u(t)=\varepsilon(t)$，求电路的初始状态 $i(0_-), u(0_-)$。

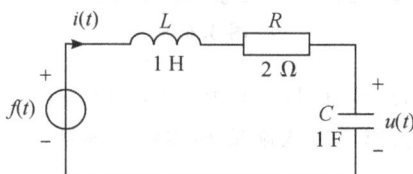

**图 3.6.8**

10. 已知某连续时间因果 LTI 系统最初是松弛的，且当输入 $f(t)=\mathrm{e}^{-2t}\varepsilon(t)$ 时，输出为

$$y(t)=\frac{2}{3}\mathrm{e}^{-2t}\varepsilon(t)+\frac{1}{3}\mathrm{e}^{-t}\varepsilon(t)。$$

(1) 求系统的系统函数 $H(s)$ 和它的收敛域；

(2) 求系统的单位冲激响应 $h(t)$；

(3) 写出描述系统的微分方程。

11. 已知单位阶跃响应的拉普拉斯变换为 $G(s)=\dfrac{2}{(s^2+2s+10)(\mathrm{e}^{4s}-1)}, \mathrm{Re}[s]>0$ 的连续时间 LTI 系统，试求其单位冲激响应 $h(t)$。

12. 已知某因果线性时不变系统可用二阶实系数微分方程表示，且已知：(1) 系统函数 $H(s)$ 在有限的 $S$ 平面内有一极点 $s=-\dfrac{\sqrt{2}}{2}+\mathrm{j}\dfrac{\sqrt{2}}{2}$ 和零点 $s=2$；(2) 系统单位冲激响应 $h(t)$ 的初值为 2，且不含冲激项。

(1) 试求描述该系统的微分方程；(2) 试求系统的冲激响应 $h(t)$；(3) 定性画出系统的幅频特性。

13. 有两个时域因果信号，已知

$$x'_1(t)=-2x_2(t)+\delta(t)$$
$$x'_2(t)=x_1(t)$$

求 $L[x_1(t)]$ 和 $L[x_2(t)]$，并注明收敛域。

14. 已知系统的系统函数为 $H(s)=\dfrac{1}{s+1}$，求系统对信号 $f(t)=\cos t+\cos\sqrt{3}\,t\,(-\infty<t<\infty)$ 的响应 $y(t)$。

15. 如图 3.6.9 所示系统，

(1) 求系统函数 $H(s)$；

(2) 当 $f(t)=10\sin\left(t+\dfrac{\pi}{4}\right)\varepsilon(t)$ 时，求系统的稳态响应。

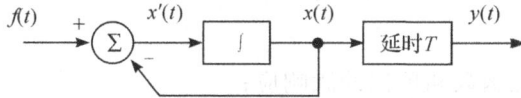

图 3.6.9

16. 某二阶线性时不变系统方程为 $\dfrac{\mathrm{d}^2 y(t)}{\mathrm{d}t^2}+a_0\dfrac{\mathrm{d}y(t)}{\mathrm{d}t}+a_1 y(t)=b_0\dfrac{\mathrm{d}f(t)}{\mathrm{d}t}+b_1 f(t)$，在激励 $\mathrm{e}^{-2t}\varepsilon(t)$ 作用下的全响应为 $(-\mathrm{e}^{-t}+4\mathrm{e}^{-2t}-\mathrm{e}^{-3t})\varepsilon(t)$，而在激励 $\delta(t)-2\mathrm{e}^{-2t}\varepsilon(t)$ 作用下的全响应为 $(3\mathrm{e}^{-t}+\mathrm{e}^{-2t}-5\mathrm{e}^{-3t})\varepsilon(t)$（设起始初始状态固定）。求：

(1) 待定系数 $a_0,a_1$；

(2) 系统的零输入响应 $y_{zi}(t)$ 和冲激响应 $h(t)$；

(3) 待定系数 $b_0,b_1$。

17. 描述某线性时不变系统的框图如图 3.6.10 所示，已知输入 $f(t)=3(1+\mathrm{e}^{-t})\varepsilon(t)$ 时，系统的全响应为 $y(t)=(4\mathrm{e}^{-2t}+3\mathrm{e}^{-3t}+1)\varepsilon(t)$。

(1) 列出该系统的输入、输出方程；

(2) 求系统的零输入响应 $y_{zi}(t)$；

(3) 求系统的初始状态 $y(0_-),y'(0_-)$。

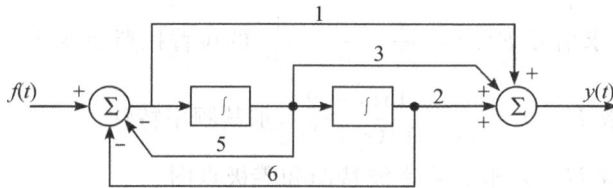

图 3.6.10

18. 如图 3.6.11 所示电路，已知 $u_C(0_-)=8$ V，$i_L(0_-)=4$ A，$t=0$ 时开关闭合。

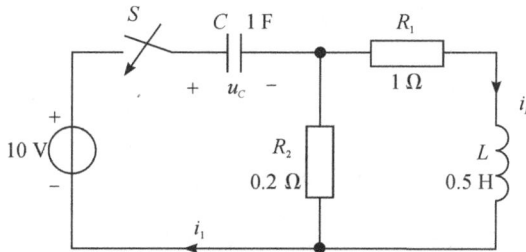

图 3.6.11

(1) 画出电路的 $S$ 域电路模型；

(2) 求 $t \geqslant 0$ 时全响应 $i_1(t)$。

19. 某线性时不变二阶系统,其系统函数为 $H(s) = \dfrac{s+3}{s^2+3s+2}$,已知输入激励 $f(t) = \mathrm{e}^{-3t}\varepsilon(t)$ 及起始状态 $y(0_-)=1$, $y'(0_-)=2$,求系统的全响应 $y(t)$ 及零输入响应 $y_{zi}(t)$、零状态响应 $y_{zs}(t)$,并确定其自由响应和强迫响应。

20. 已知由子系统互连而成的系统如图 3.6.12 所示,其中 $h_1(t)=\delta(t)$, $h_2(t)$ 由微分方程 $y'_1(t)+y_1(t)=f_1(t)$ 确定, $h_3(t)=\displaystyle\int_{-\infty}^{t}\delta(\tau)\mathrm{d}\tau$, $f(t)=\mathrm{e}^{-2(t-1)}\varepsilon(t)$,试用拉普拉斯变换求:

(1) 互连系统的系统函数和单位冲激响应;

(2) 在 $f(t)$ 作用下,互连系统的零状态响应 $y_{zs}(t)$。

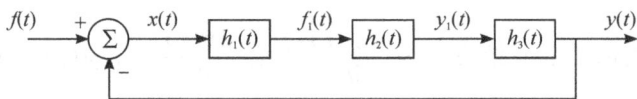

图 3.6.12

### 五、Matlab 程序题

1. 求出函数 $f(t)=2\mathrm{e}^{-t}\varepsilon(t)+5\mathrm{e}^{-5t}\varepsilon(t)$ 的拉普拉斯变换式,并用 Matlab 绘制拉普拉斯变换在 $S$ 平面的三维曲面图。

2. 已知信号的拉普拉斯变换为 $F(s)=\dfrac{(s+1)(s+3)}{s(s+2)(s+5)}$,请用 Matlab 画出其三维曲面图,观察其图形特点,说出函数零极点位置与其对应曲面图的关系。

3. 已知连续时间信号 $f(t)=\mathrm{e}^{-3t}\varepsilon(t)$,试求出该信号的拉普拉斯变换 $F(s)$ 和傅立叶变换 $F(\mathrm{j}\omega)$,用 Matlab 绘出拉普拉斯变换曲面图 $|F(s)|$ 及幅频曲线 $|F(\mathrm{j}\omega)|$,观察曲面图在虚轴上的剖面图,并将其与幅频曲线相比较,分析频域与复频域的对应关系。

4. 试用 Matlab 求信号 $F(s)=\dfrac{s^2+5s+4}{s^3+5s^2+6s}$ 的拉普拉斯逆变换。

5. 已知系统函数 $H(s)=\dfrac{3(s-1)(s-2)}{(s+1)(s+2)}$,求其频率特性。

6. 已知系统函数 $H(s)$,求其频率波特图和零极点图。

$$H(s) = \frac{s^4+35s^3+291s^2+1093s+1700}{s^9+9s^8+66s^7+294s^6+1029s^5+2541s^4+4684s^3+5856s^2+4629s+1700}$$

# 第4章 离散信号及系统分析

## 4.1 离散信号

离散信号是由连续时间信号 $f(t)$ 通过理想采样得到的信号，是一串离散的数值序列。

### 4.1.1 离散信号的表示

#### 4.1.1.1 序列的集合表示

在信号理论中，离散时间信号是指在离散时刻才有定义的信号，简称离散信号，或者序列，用集合表示，记为 $\{x(n)\}$。序列是时间上不连续的一串样本值的集合，其中序号 $n$ 是整数，而 $x(n)$ 则是第 $n$ 号样本值，大括号用来表示全部样本的集合。在不引起混淆的前提下，大括号常可省略，即序列通常也可简记为 $x(n)$。

一个无限长复数值的序列

$$\{x(n)\} = \{\cdots, 2+j3, 0.8+j2, 1-j5, 4, 3+j4, -j2, \cdots\}, n \in (-\infty, \infty)$$

这里的箭头标出了 $n=0$ 的序号位置，即原点 $x(0)=1-j5$，那么，$x(-1)=0.8+j2$，$x(1)=4, x(2)=3+j4$，等等，依此类推。显然，该复序列可以分解成实部子序列 $\{x_{Re}(n)\}$ 和虚部子序列 $\{x_{Im}(n)\}$。序列的实部为：

$$x_{Re}(n) = \{\cdots, 2, 0.8, 1, 4, 3, 0, \cdots\}$$

虚部为：

$$x_{Im}(n) = \{\cdots, 3, 2, -5, 0, 4, -2, \cdots\}$$

显然有 $x(n) = x_{Re}(n) + jx_{Im}(n)$，其对应的复数共轭序列为 $x^*(n) = x_{Re}(n) - jx_{Im}(n)$。当然 $x(n)$ 还可以写成幅度序列与相位序列的形式，请读者思考。

实际工程中，离散时间序列 $x(n)$ 经常是从连续时间信号 $x(t)$ 通过采样得到的，且都为实数。假设在均匀采样情况下，采样时间间隔为 $T_s$，亦即采样频率 $f_s = 1/T_s$，则：

$$x(n) = x(t)\mid_{t=nT_s} = x(nT_s)$$

如果把采样时间间隔 $T_s$ 归一化，即看成是 $T_s = 1$ 个单位（可以是 1 ms，也可以是 1 d），那么，用一个 $N$ 点的离散序列 $x(n)$ 就可以代表不同持续时间长度（$NT_s$）的连续信号片段，它仅与实际的 $T_s$ 有关。另外，还应注意到，对于序列点之间所对应的连续信号的真正幅度值是多少,是无从知晓的,实际上也不用关心,因为只要满足采样定理,序列信号与连续信号的信息是一样的。

### 4.1.1.2　常用的典型序列

#### 1. 单位脉冲序列

单位脉冲序列$\delta(n)$,又称为单位样值函数。定义为

$$\delta(n) = \begin{cases} 1, & n = 0 \\ 0, & n \neq 0 \end{cases}$$

波形如图 4.1.1 所示。

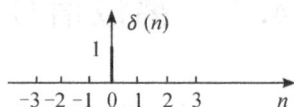

图 4.1.1　单位脉冲序列

单位脉冲序列只在原点处取得单位 1 的值,其余点全都是 0 值,是一个很普通的序列。

注意$\delta(n)$与连续时间系统中单位冲激信号$\delta(t)$的区别,在连续信号里,冲激信号是一个极限的概念,是对极短时间里幅值巨大的冲激现象的抽象表达,并非现实中的信号。

#### 2. 单位阶跃序列

单位阶跃序列$\varepsilon(n)$定义为

$$\varepsilon(n) = \begin{cases} 1, & n \geq 0 \\ 0, & n < 0 \end{cases}$$

波形如图 4.1.2 所示。

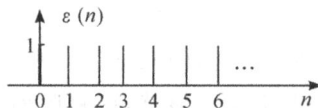

图 4.1.2　单位阶跃序列

延迟 $M$ 个序号的单位阶跃序列为

$$\varepsilon(n-M) = \begin{cases} 1, & n \geq M \\ 0, & n < M \end{cases}$$

#### 3. 矩形窗序列

矩形窗序列$R_N(n)$定义为

$$R_N(n) = \begin{cases} 1, & 0 \leq n \leq N-1 \\ 0, & n < 0, n \geq N \end{cases}$$

波形如图 4.1.3 所示。

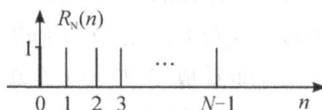

图 4.1.3　$N$ 点矩形窗序列

显然，$R_N(n)=\varepsilon(n)-\varepsilon(n-N)$。一个序列若乘以矩形窗，相当于窗外数据被忽略成 0，因此，经常用 $R_N(n)$ 来截取长序列中感兴趣的一段内容。

### 4. 实指数序列

实指数序列的数学表达式为

$$f(n)=a^n,a\neq 0$$

波形如图 4.1.4 所示。

当 $a>1$ 时，$f(n)$ 随 $n$ 单调指数增长。

当 $a=1$ 时，$f(n)$ 为常数序列。

当 $0<a<1$ 时，$f(n)$ 随 $n$ 单调指数衰减。

当 $-1<a<0$ 时，$f(n)$ 的绝对值随 $n$ 指数衰减，且序列的符号正、负交替变化。

当 $a=-1$ 时，$f(n)$ 为常数序列，且符号正、负交替变化。

当 $a<-1$ 时，$f(n)$ 的绝对值随 $n$ 指数增长，且序列的符号正、负交替变化。

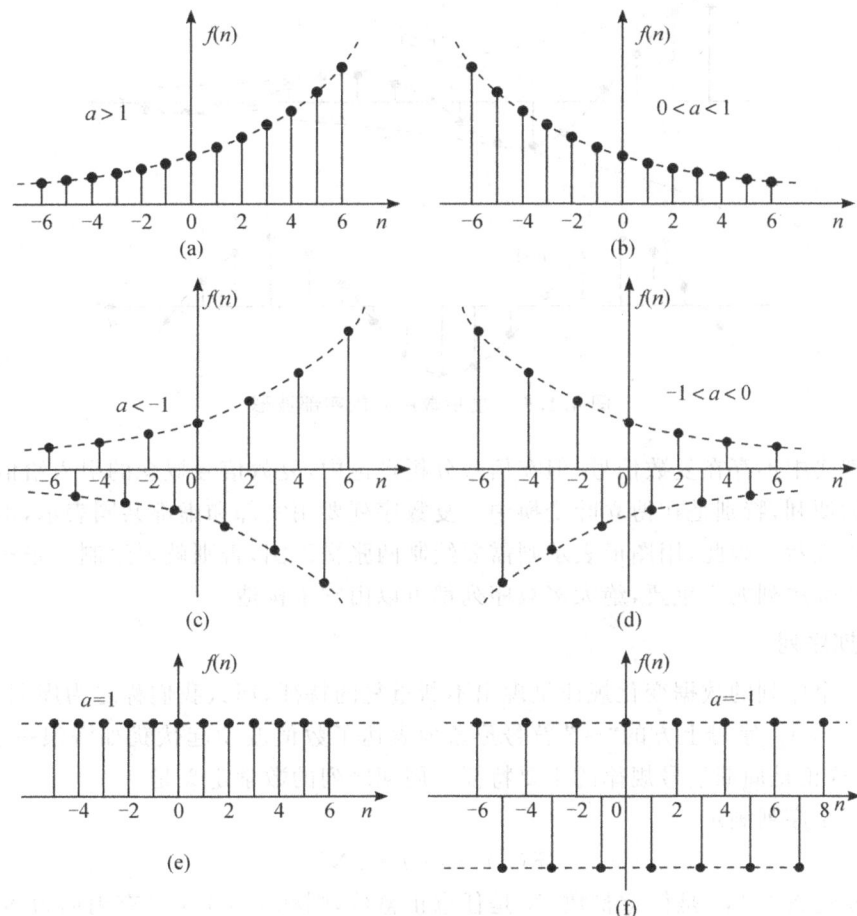

图 4.1.4　实指数序列

### 5. 复数指数序列

复数指数序列数学表达式为：

$$f(n) = e^{(a+j\beta_0)n} = e^{an}e^{j\beta_0 n} = r^n e^{j\beta_0 n} = r^n[\cos(\beta_0 n) + j\sin(\beta_0 n)]$$

可见，$f(n)$ 的幅值是按指数规律变化的，实部和虚部是余弦及正弦序列。

当 $r > 1$ 时，$f(n)$ 的实部和虚部均为随 $n$ 按指数增长规律变化的余弦及正弦序列。

当 $r < 1$ 时，$f(n)$ 的实部和虚部均为随 $n$ 按指数衰减规律变化的余弦及正弦序列。

当 $r = 1$ 时，$f(n)$ 的实部和虚部为等幅的余弦及正弦序列。

其实部波形如图 4.1.5 所示。

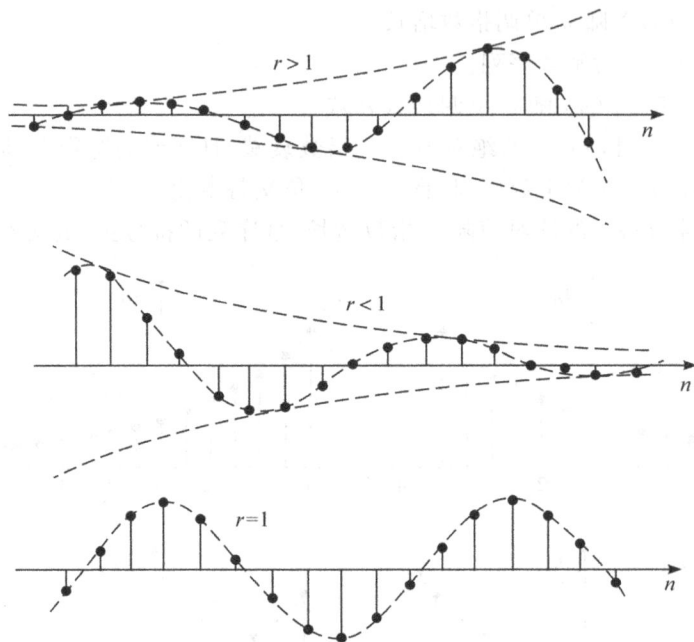

图 4.1.5  复指数序列的实部波形

尽管现实中不存在复数信号，但在信号分析理论中，复数信号概念的引入给信号表示带来了巨大的便利，特别是在傅立叶变换中。复数序列要用实部和虚部共同表示，也可以用幅度和相位来表示。因此，用图形表示则需要绘制两张平面图，否则就要绘制一张三维的立体图。复数指数序列尤为重要，绝大多数序列都可以由它来构造。

#### 6. 周期序列

如果一个序列的数据变化规律呈现出不断重复的特征，那么我们称之为周期序列，记为 $\tilde{x}(n)$ 或 $x_N(n)$。字母上方的"～"符号形象地表达了数值波动起伏犹如海浪一般，相同却没完没了，这正是周期信号规律的主要特征。周期序列的数学定义是

如果一个序列满足

$$\tilde{x}(n) = \tilde{x}(n+rN)$$

式中 $0 \leqslant n \leqslant N-1$，$r$ 是任意整数，$N$ 是任意正整数，则称 $\tilde{x}(n)$ 是具有周期为 $N$ 的周期序列。

例如 $\tilde{f}(n) = \{\cdots, 1, 3, 6, 9, 7, 4, 1, 3, 6, 9, 7, 4, 1, 3, 6, \cdots\}$，其波形如图 4.1.6 所示。

仔细观察可知 $N = 6$，就是说该序列只由 6 个数值组成并不断重复。判断一个序列是否为周期的，取决于能否找到 $r$ 和 $N$ 来满足 $\tilde{x}(n) = \tilde{x}(n+rN)$。

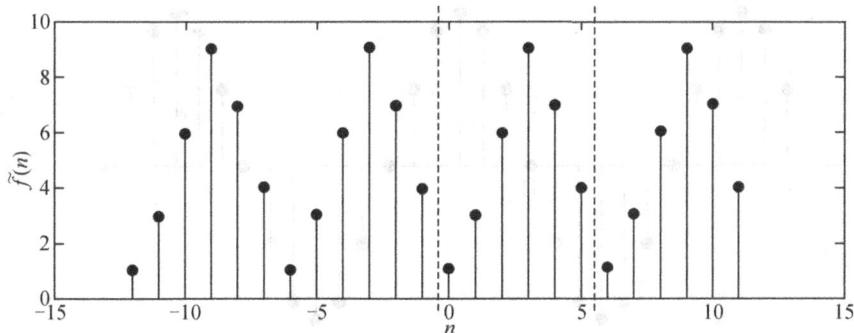

图 4.1.6　周期序列图例

下面以离散时间复指数信号为例说明其周期性：

$$f(n) = e^{j\beta n}$$

式中 $\beta$ 是数字角频率。

由周期信号定义得：

$$f(n+N) = e^{j\beta(n+N)} = e^{j\beta n} e^{j\beta N} = f(n)$$

保证上式成立的条件是 $e^{j\beta N} = 1$，即

$$\beta N = 2k\pi, \quad N = k\frac{2\pi}{\beta}$$

可见，只有满足 $N$ 为整数时，信号 $e^{j\beta n}$ 才是周期信号，即 $\dfrac{2\pi}{\beta} = \dfrac{N}{k}$ 能成为最简整数之比（称为有理数）时才是周期信号，其周期为 $N$。

### 7. 正弦序列

正弦序列数学表达式为：

$$f(n) = \sin(\beta_0 n)$$

式中 $\beta_0$ 是数字域角频率，单位是 rad。这个序列的值是从连续时间正弦波 $\sin(2\pi f_0 t)$ 经间隔为 $T$ 的均匀采样，即令 $t = nT$ 后获得，式中 $\beta_0 = \Omega_0 T = 2\pi f_0 T = 2\pi \dfrac{f_0}{f_s}$，$\Omega_0$ 是模拟域角频率，$f_s = \dfrac{1}{T}$ 是抽样频率。

正弦序列 $f(n)$ 是否为周期序列以及周期长度 $N$ 为多少点，都取决于数字角频率 $\beta_0$ 的值。

例如 $\beta_0 = 0.5\pi$，则 $f(n) = \sin(0.5\pi n) = \{\cdots, 0, 1, 0, -1, 0, 1, 0, -1, 0, \cdots\}$，可以看出，最小周期为 4 点。或者 $\dfrac{2\pi}{\beta_0} = \dfrac{2\pi}{0.5\pi} = \dfrac{4}{1}$，可得周期 $N = 4$。

如 $f(n) = A\cos(\dfrac{\pi}{6}n)$，则 $\dfrac{2\pi}{\beta_0} = \dfrac{2\pi}{\pi/6} = \dfrac{12}{1}$，其周期 $N = 12$，波形如图 4.1.7 所示。

【例 4.1.1】判断下列信号是否为周期信号，若是，求出其周期。

（1）$f(n) = 2\cos(\dfrac{6\pi}{5}n + 2)$；

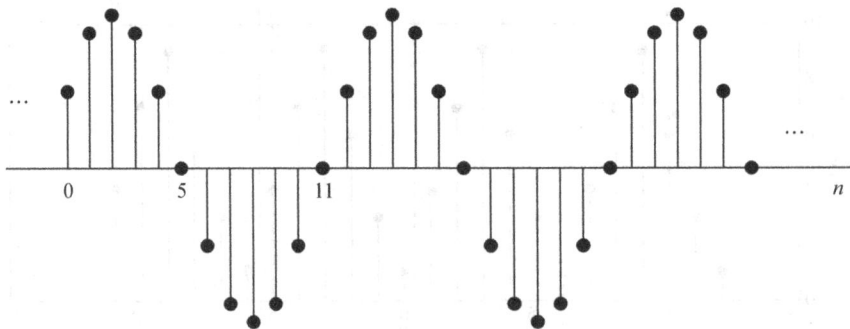

图 4.1.7　正弦序列

(2) $f(n) = \sum\limits_{n=-\infty}^{\infty} [\delta(n-4m) - \delta(n-2-4m)]$。

解:(1) $f(n) = 2\cos(\dfrac{6\pi}{5}n + 2)$

$\beta = \dfrac{6\pi}{5}, N = k(\dfrac{2\pi}{\beta}) = k(\dfrac{2\pi}{6\pi} \times 5) = k(\dfrac{5}{3})$

当 $k = 3$ 时,$N = 5$。所以 $f(n)$ 是周期信号,周期为 5。

(2) $f(n) = \sum\limits_{m=-\infty}^{\infty} [\delta(n-4m) - \delta(n-2-4m)]$

由周期信号定义 $f(n) = f(n+N)$ 得:

$f(n+N) = \sum\limits_{m=-\infty}^{\infty} [\delta(n+N-4m) - \delta(n+N-2-4m)]$

$\xrightarrow{\ 令 N = 4k\ } \sum\limits_{m=-\infty}^{\infty} [\delta(n+4k-4m) - \delta(n+4k-2-4m)]$,$k$ 为整数

$= \sum\limits_{m=-\infty}^{\infty} \{\delta[n-4(m-k)] - \delta[n-2-4(m-k)]\}$

$\xrightarrow{\ 令 m-k = p\ } \sum\limits_{p=-\infty}^{\infty} [\delta(n-4p) - \delta(n-2-4p)]$

$= f(n)$

可见,$f(n)$ 是周期序列,周期为 $N = 4k = 4$(取 $k = 1$)。

## 4.1.2　离散信号的运算

### 4.1.2.1　序列相加减

序列相加减定义为两个序列原点对齐,序列号相同对应的项相加减,形成新序列。即

$$y(n) = f_1(n) + f_2(n)$$

【例 4.1.2】若已知 $f_1(n)$ 和 $f_2(n)$ 的波形如图 4.1.8(a)(b)所示,则 $f(n) = f_1(n) + f_2(n)$ 的波形如图 4.1.8(c)所示。

### 4.1.2.2　序列相乘

序列相乘定义为两个序列原点对齐,序列号相同对应的项相乘,形成新序列。即

$$y(n) = f_1(n) f_2(n)$$

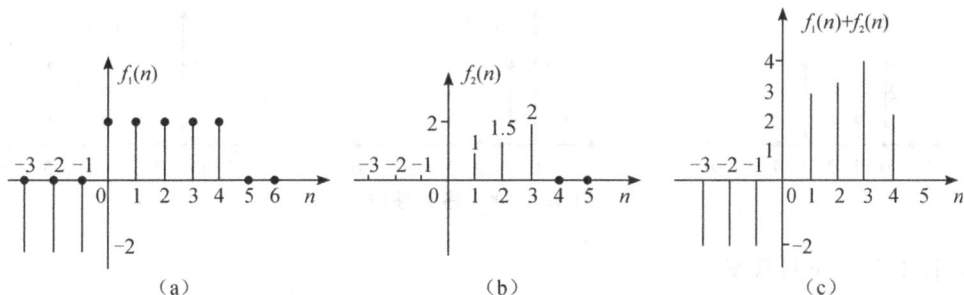

图 4.1.8 序列相加

特别地,当 $f_1(n) = a$ 时,则 $y(n) = af_2(n)$,即 $f_2(n)$ 序列中每个元素都乘常数 $a$。

【例 4.1.3】若已知 $f_1(n)$ 和 $f_2(n)$ 的波形如图 4.1.9(a)(b) 所示,则 $f(n) = f_1(n)f_2(n)$ 的波形如图 4.1.9(c) 所示。

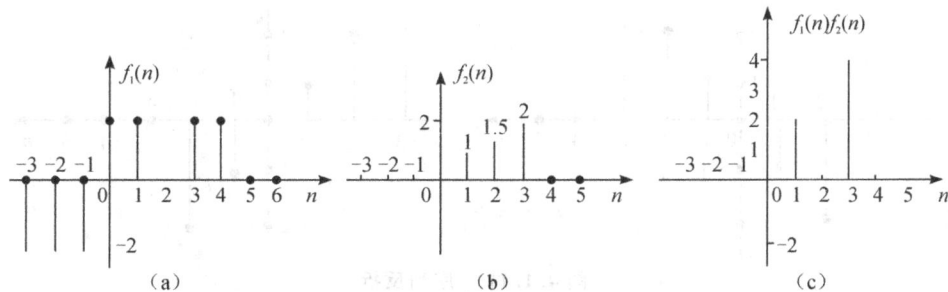

图 4.1.9 序列相乘

#### 4.1.2.3 平方和与绝对和

序列的平方和称为序列的能量,定义为:

$$W = \sum_{n=-\infty}^{\infty} |f(n)|^2$$

如果某序列的 $W$ 为有限值,则称该序列平方可和。若为有限 $N$ 项信号,其平均功率 $P = W/N$。

如果序列的绝对值之和为有限值,即

$$S = \sum_{n=-\infty}^{\infty} |f(n)|$$

则称该序列绝对可和。绝对可和常用来求偏差总和。注意,它不同于序列总和 $Q = \sum_{n=-\infty}^{\infty} f(n)$。

如果序列 $f(n)$ 的每个样本绝对值都为有限值,即 $|f(n)| < M$,则称 $f(n)$ 为有界序列。

#### 4.1.2.4 序列移位

序列移位定义为把序列 $f(n)$ 平移 $M$ 个序数,得到新的序列。即

$$y(n) = f(n-M)$$

当 $M > 0$ 时,表示 $y(n)$ 是 $f(n)$ 的延迟;当 $M < 0$ 时,$y(n)$ 比 $f(n)$ 超前。图 4.1.10 给出了当 $M = \pm 2$ 时的平移信号。

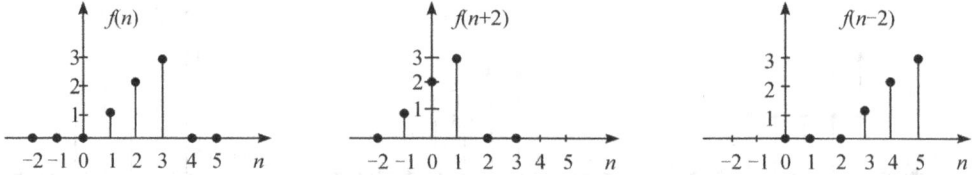

图 4.1.10　序列移位

### 4.1.2.5　序列反折

序列反折定义为将序列 $f(n)$ 反折,得到新的序列。即

$$y(n) = f(-n)$$

序列在 $n=0$ 处,序列反向倒转,如图 4.1.11 所示。

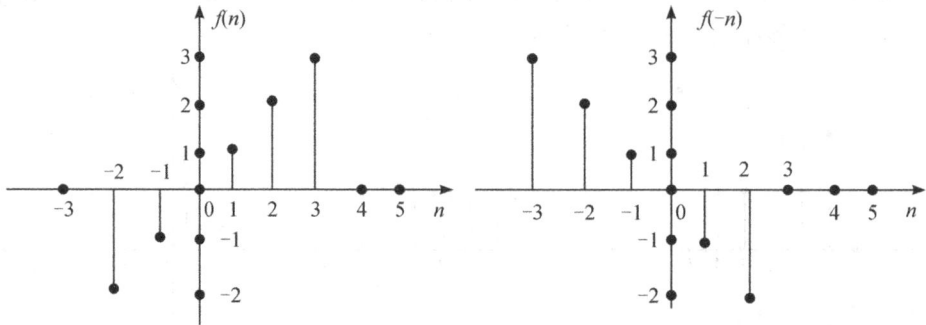

图 4.1.11　序列反折

### 4.1.2.6　尺度变换

若已知离散时间信号 $f(n)$,其尺度变换序列定义为:

$$y(n) = f(an) \text{ 或 } f\left(\frac{n}{a}\right)$$

式中 $a$ 为正整数。需要指出的是,它不同于连续时间信号简单地在时间轴上按比例压缩或扩展,而是以 $a$ 抽样频率抽取或内插。图 4.1.12 分别画出了当 $a=2$ 和 $a=\frac{1}{2}$ 时的波形。

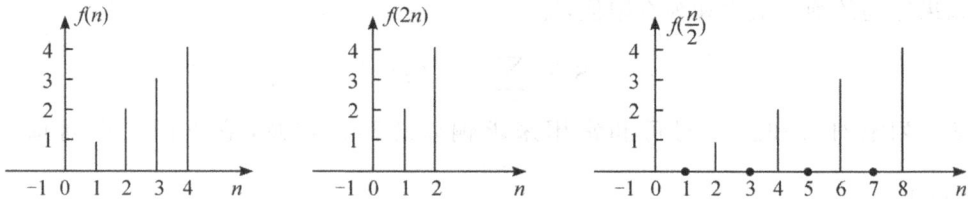

图 4.1.12　序列的尺度变化

由图 4.1.12 可以看出,$f(2n)$ 是 $f(n)$ 序列中每 2 点抽取一点后得到的序列,而 $f\left(\frac{n}{2}\right)$ 是从 $f(n)$ 序列中相邻两抽样点之间插入一个零值点后得到的序列。

### 4.1.2.7　序列信号的差分

离散时间信号的差分有两种形式:前向差分和后向差分。

前向差分定义为：$\dfrac{\Delta f(n)}{\Delta n} = \dfrac{f(n+1) - f(n)}{(n+1) - n}$，即

$$\Delta f(n) = f(n+1) - f(n)$$

后向差分定义为：$\dfrac{\nabla f(n)}{\nabla n} = \dfrac{f(n) - f(n-1)}{n - (n-1)}$，即

$$\nabla f(n) = f(n) - f(n-1)$$

一阶前向差分：

$$\Delta f(n) = f(n+1) - f(n)$$

二阶前向差分：

$$\begin{aligned}
\Delta^2 f(n) &= \Delta[\Delta f(n)] = \Delta[f(n+1) - f(n)]\\
&= f(n+2) - f(n+1) - f(n+1) + f(n)\\
&= f(n+2) - 2f(n+1) + f(n)
\end{aligned}$$

$m$ 阶前向差分

$$\begin{aligned}
\Delta^m f(n) &= \Delta^{m-1}[f(n+1) - f(n)]\\
&= f(n+m) + b_{m-1} f(n+m-1) + \cdots + b_0 f(n)
\end{aligned}$$

注意：式中 $b_{m-1} \sim b_0$ 包含符号。

同理，$m$ 阶后向差分可表示为

$$\nabla^m f(n) = f(n) + b_1 f(n-1) + \cdots + b_m f(n-m)$$

【例 4.1.4】若已知 $f(n)$ 的波形，画出其前向差分 $\Delta f(n)$ 和后向差分 $\nabla f(n)$ 的波形。

解：$f(n)$ 前向差分的波形 $\Delta f(n)$ 如图 4.1.13(a) 所示。

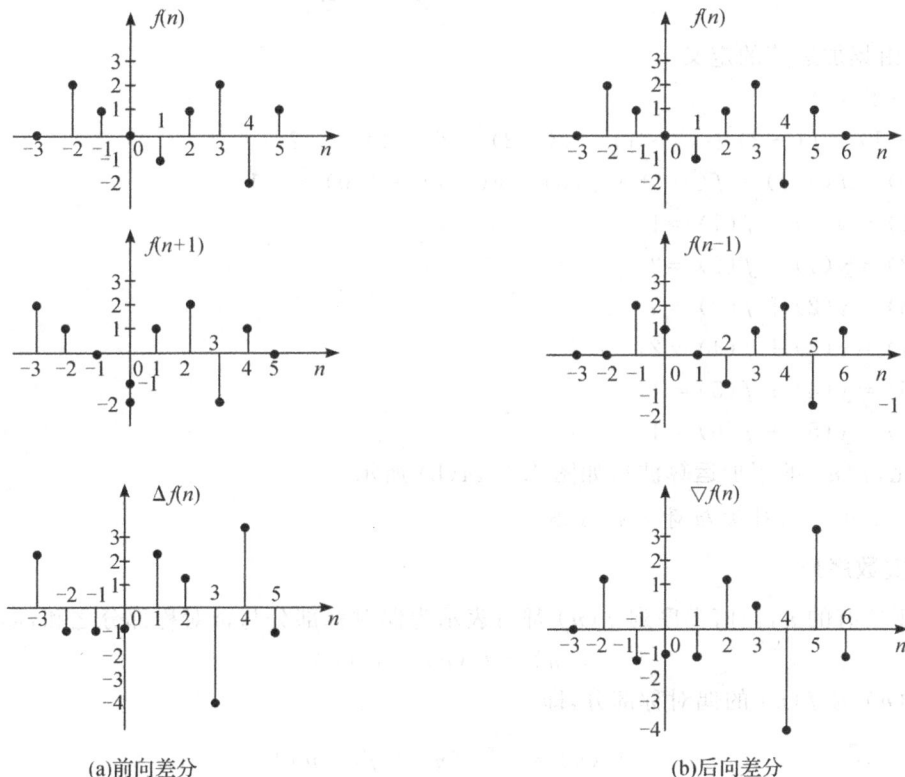

(a)前向差分　　　　　　　　　　　　(b)后向差分

图 4.1.13　序列差分运算

同样,后向差分 $\bigtriangledown f(n)$ 的波形如图 4.1.13(b) 所示。

4.1.2.8　序列信号的累加

根据连续信号的积分运算的定义:

$$f^{(-1)}(t) = \int_{-\infty}^{t} f(\tau) d\tau = \lim_{\Delta\tau \to 0} \sum_{\tau=-\infty}^{t} f(\tau) \Delta\tau$$

在离散信号中,最小间隔 $\Delta\tau = 1$,因此可类似定义离散信号的累加运算:

$$y(n) = \sum_{i=-\infty}^{n} f(i)$$

【例 4.1.5】图 4.1.14(a) 给出了离散信号 $f(n)$ 的波形图,画出其累加运算 $y(n)$ 的波形图。

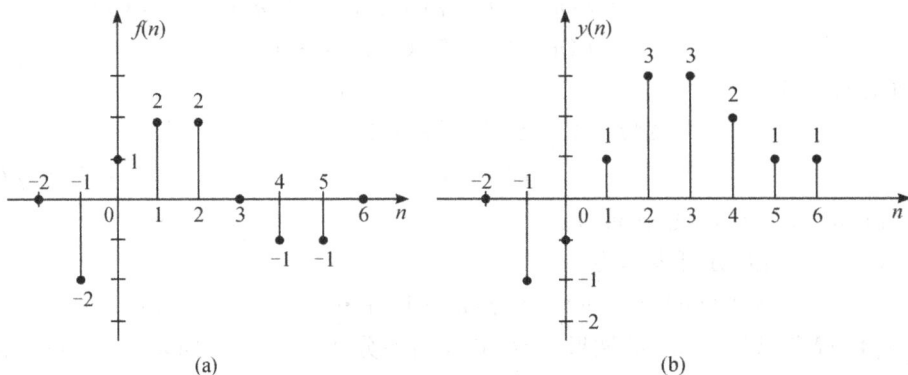

图 4.1.14　序列累加运算

解:由累加运算的定义

$y(-2) = 0$

$y(-1) = f(-2) + f(-1) = y(-2) + f(-1) = -2$

$y(0) = f(-2) + f(-1) + f(0) = y(-1) + f(0) = -1$

$y(1) = y(0) + f(1) = 1$

$y(2) = y(1) + f(2) = 3$

$y(3) = y(2) + f(3) = 3$

$y(4) = y(3) + f(4) = 2$

$y(5) = y(4) + f(5) = 1$

$y(6) = y(5) + f(6) = 1$

因此,$f(n)$ 的累加运算波形如图 4.1.14(b) 所示

4.1.2.9　偶对称与奇对称分解

**1. 实数序列**

对于所有的 $n$,任何实序列 $f(n)$ 都可表示为偶对称部分与奇对称部分之和,即

$$f(n) = f_e(n) + f_o(n)$$

式中 $f_e(n)$ 为 $f(n)$ 的偶对称部分,即

$$f_e(n) = \frac{1}{2}[f(n) + f(-n)]$$

$f_o(n)$ 为 $f(n)$ 的奇对称部分，即

$$f_o(n) = \frac{1}{2}[f(n) - f(-n)]$$

显然，$f_e(n) = f_e(-n)$ 具备偶对称特性，而 $f_o(n) = -f_o(-n)$ 则具备奇对称性。

**2. 复数序列**

对于所有的 $n$，任何复数序列 $f(n)$ 都可表示为共轭偶对称部分与共轭奇对称部分之和，即

$$f(n) = f_e(n) + f_o(n)$$

式中 $f_e(n)$ 为 $f(n)$ 的共轭偶对称部分，即

$$f_e(n) = \frac{1}{2}[f(n) + f^*(-n)]$$

$f_o(n)$ 为 $f(n)$ 的共轭奇对称部分，即

$$f_o(n) = \frac{1}{2}[f(n) - f^*(-n)]$$

显然，$f_e(n) = f_e^*(-n)$ 具备共轭偶对称定义，而 $f_o(n) = -f_o^*(-n)$ 则具备共轭奇对称定义。

### 4.1.2.10　序列的单位脉冲分解

任何序列 $f(n)$ 都可以由单位脉冲序列 $\delta(n)$ 及其移位的线性组合表达，即

$$f(n) = \sum_{m=-\infty}^{\infty} f(m)\delta(n-m)$$

【**例 4.1.6**】写出如图 4.1.15 所示序列的表达式。

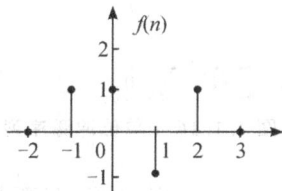

**图 4.1.15　$f(n)$ 的序列图**

**解：** $f(n) = \{1, 1, -1, 1, 0\} = \delta(n+1) + \delta(n) - \delta(n-1) + \delta(n-2)$

### 4.1.3　离散信号的 Matlab 仿真

在 Matlab 中，离散信号的表示方法与连续信号不同，它无法用符号运算法来表示，而只能采用数值计算法表示（即用矩阵表示离散信号）。由于 Matlab 中矩阵元素的个数是有限的，因此，Matlab 无法表示无限序列；另外，在绘制离散信号时必须使用专门绘制离散数据的命令，即 stem() 函数，而不能用 plot() 函数。

stem 函数的基本用法和 plot 函数一样，它绘制的波形图的每个样本点上有一个小圆圈，默认是空心的。如果要实心，需使用参数"fill"、"filled"或者参数"."。由于 Matlab 中矩

阵元素的个数有限,所以 Matlab 只能表示一定时间范围内有限长度的序列;而对于无限序列,也只能在一定时间范围内表示。

### 4.1.3.1 常用离散信号

#### 1. 单位取样序列

单位取样序列 $\delta(n)$ 也称为单位冲激序列,定义为

$$\delta(n) = \begin{cases} 1, n = 0 \\ 0, n \neq 0 \end{cases}$$

注意:单位冲激序列不是单位冲激函数的简单离散抽样,它在 $n = 0$ 处取确定的值 1。

【例 4.1.7】利用 Matlab 绘出单位冲激序列的波形图。

解:程序为

```
n = -5:5;                % 定义自变量的取值范围,并生成行向量
f = (n == 0);            % 生成与向量 n 的维数相同的单位冲激序列矩阵
stem(n,f,'filled');      % 绘制波形,'filled'定义数据点的形状
axis([-5,5,0,1.5])       % 定义坐标轴显示范围
```

运行结果如图 4.1.16 所示。

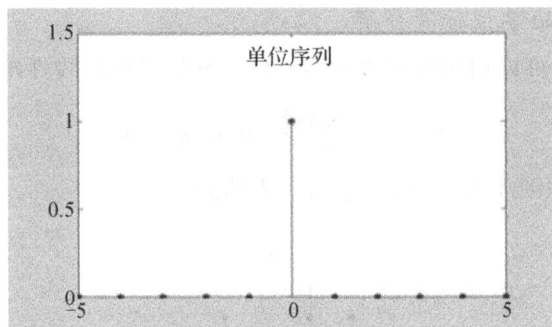

图 4.1.16 单位冲激序列

如果要绘制移位的单位序列 $\delta(n-\tau)$ 的波形,只要将以上程序略加修改即可,例如要绘制信号 $\delta(n-3)$ 的图形,可将以上程序改为:

```
n = -5:5;
f = (n == 3);
stem(n,f,'filled');
```

#### 2. 单位阶跃序列

单位阶跃序列 $\varepsilon(n)$ 定义为:

$$\varepsilon(n) = \begin{cases} 1, n \geqslant 0 \\ 0, n < 0 \end{cases}$$

【例 4.1.8】利用 Matlab 绘出单位阶跃序列的波形图。

解:程序为

```
n = -3:5;
```

```
f=(n>=0);
stem(n,f,'filled'),xlabel('n'),grid on;
title('单位阶跃序列')
axis([-3 5 -0.1 1.1])
```
程序运行结果如图 4.1.17 所示。

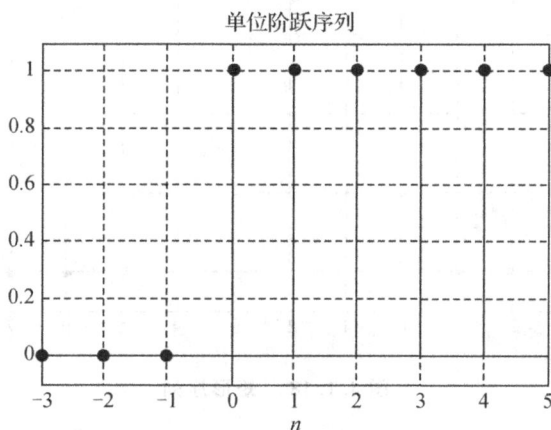

图 4.1.17　单位阶跃序列

### 3. 矩形序列

矩形序列 $R_N(n)$ 定义为

$$R_N(n)=\begin{cases}1,0\leqslant n\leqslant N-1\\0,n<0,n\geqslant N\end{cases}$$

矩形序列有一个重要的参数 —— 序列宽度 $N$。$R_N(n)$ 与 $\varepsilon(n)$ 之间的关系为

$$R_N(n)=\varepsilon(n)-\varepsilon(n-N)$$

【例 4.1.9】利用 Matlab 命令绘出矩形序列 $R_5(n)$ 的波形图。

解:程序为

```
n=-3:8;
f=(n>=0)&(n<=4);
stem(n,f,'filled'),xlabel('n'),grid on;
title('矩形序列')
axis([-3 8 -0.1 1.1])
```
程序运行结果如图 4.1.18 所示。

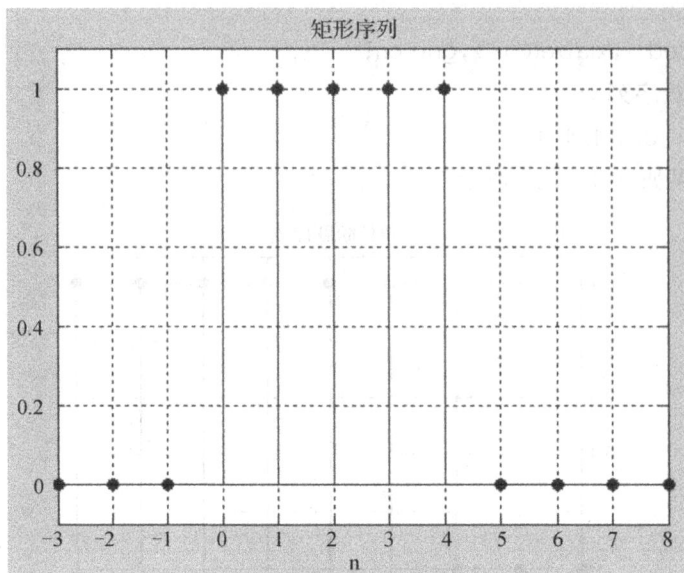

图 4.1.18　矩形序列

### 4. 单边指数序列

单边指数序列定义为：

$$x(n) = a^n \varepsilon(n)$$

单边指数序列 $n$ 的取值范围为 $n \geqslant 0$。

【例 4.1.10】利用 Matlab 命令分别绘制单边指数序列 $x_1(n) = 1.3^n \varepsilon(n)$，$x_2(n) = (-1.3)^n \varepsilon(n)$，$x_3(n) = (0.7)^n \varepsilon(n)$，$x_4(n) = (-0.7)^n \varepsilon(n)$ 的波形图。

解：程序为

```
n = 0:10;
a1 = 1.3;a2 = -1.3;a3 = 0.7;a4 = -0.7;
x1 = a1.^n;x2 = a2.^n;x3 = a3.^n;x4 = a4.^n;
subplot(221);
stem(n,x1,'fill'),grid on;
xlabel('n'),title('x(n) = 1.3^{n}');
subplot(222);
stem(n,x2,'fill'),grid on;
xlabel('n'),title('x(n) = (-1.3)^{n}');
subplot(223);
stem(n,x3,'fill'),grid on;
xlabel('n'),title('x(n) = 0.7^{n}');
subplot(224);
stem(n,x4,'fill'),grid on;
xlabel('n'),title('x(n) = (-0.7)^{n}');
```

程序运行结果如图 4.1.19 所示。从图可知，当 $|a| > 1$ 时，单边指数序列发散；当 $|a| < 1$

时,该序列收敛。当 $a > 0$ 时,该序列均取正值;当 $a < 0$ 时,序列在正负摆动。

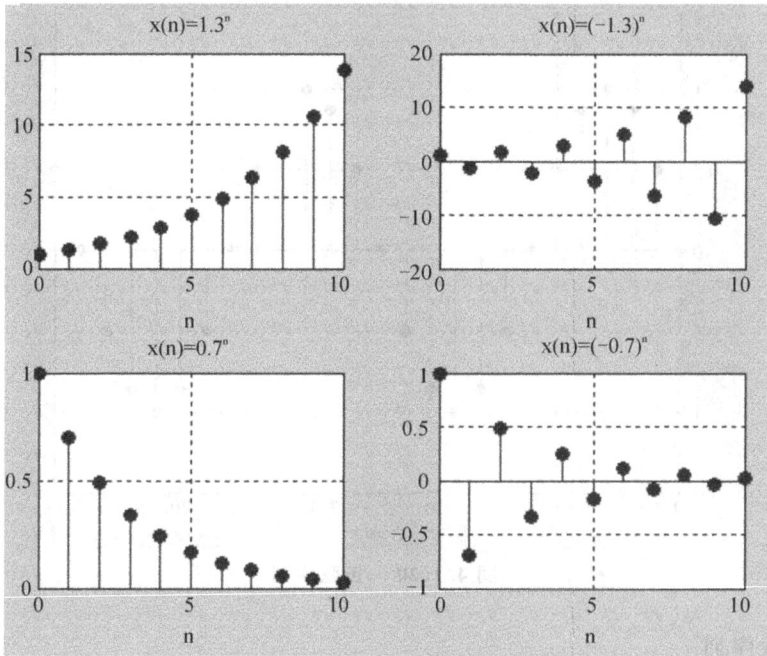

**图 4.1.19　单边指数序列**

### 5. 正弦序列

正弦序列定义为:

$$x(n) = \sin(n\beta + \varphi)$$

其中,$\beta$ 是正弦序列的数字频率;$\varphi$ 为初相。与连续的正弦信号不同,正弦序列的自变量 $n$ 必须为整数。可以证明,只有当 $\dfrac{2\pi}{\beta}$ 为有理数时,正弦序列才具有周期性。

【**例 4.1.11**】利用 Matlab 命令绘制正弦序列 $x(n) = \sin\left(\dfrac{n\pi}{6}\right)$ 的波形图。

解:Matlab 源程序为

```
n = 0:25;
x = sin(pi/6 * n);
stem(n,x,'fill'),xlabel('n'),grid on;
title('正弦序列');
axis([0,25, - 1.5,1.5]);
```

程序运行结果如图 4.1.20 所示。

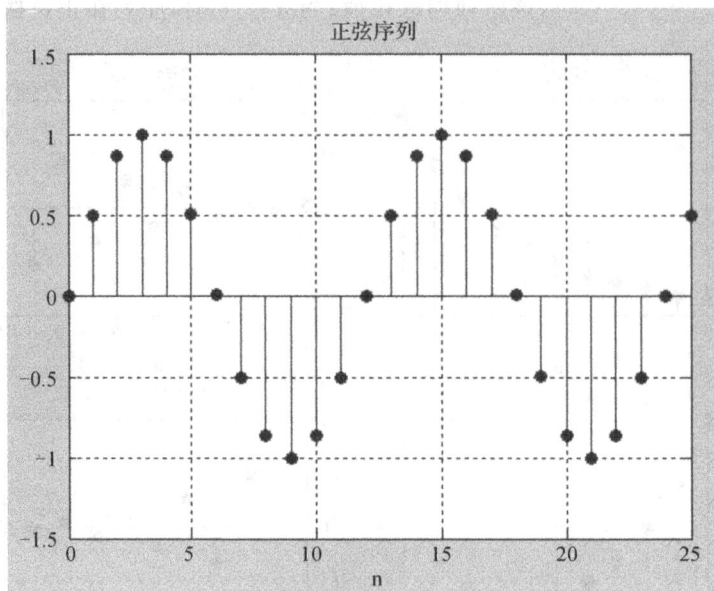

图 4.1.20　正弦序列

### 6. 复指数序列

复指数序列定义为：

$$x(n) = e^{(a+j\beta)n}$$

当 $a=0$ 时，得到虚指数序列 $x(n) = e^{j\beta n}$，式中 $\beta$ 是正弦序列的数字频率。由欧拉（Euler）公式可知，复指数序列可进一步表示为

$$x(n) = e^{(a+j\beta)n} = e^{an}e^{j\beta n} = e^{an}[\cos(n\beta) + j\sin(n\beta)]$$

与连续复指数信号一样，我们将复指数序列实部和虚部的波形分开讨论，得出如下结论：

（1）当 $a > 0$ 时，复指数序列 $x(n)$ 的实部和虚部分别是按指数规律增长的正弦振荡序列；

（2）当 $a < 0$ 时，复指数序列 $x(n)$ 的实部和虚部分别是按指数规律衰减的正弦振荡序列；

（3）当 $a = 0$ 时，复指数序列 $x(n)$ 即为虚指数序列，其实部和虚部分别是等幅的正弦振荡序列。

【例 4.1.12】用 Matlab 命令画出复指数序列 $x(n) = 1.5e^{(-\frac{1}{5}+j\frac{\pi}{6})n}$ 的实部、虚部、模及相角随时间变化的曲线，并观察其时域特性。

解：Matlab 源程序为

```
n = 0:20;
A = 1.5;a = - 1/5;b = pi/6;
x = A * exp((a + i * b) * n);
subplot(2,2,1)
stem(n,real(x),'fill'),grid on
title('实部'),axis([0,20, - 1.5,1.5]),xlabel('n')
subplot(2,2,2)
stem(n,imag(x),'fill'),grid on
```

```
title('虚部'),axis([0,20,-1.5,1.5]),xlabel('n')
subplot(2,2,3)
stem(n,abs(x),'fill'),grid on
title('模'),axis([0,20,0,2]),xlabel('n')
subplot(2,2,4)
stem(n,angle(x),'fill'),grid on
title('相角'),axis([0,20,-4,4]),xlabel('n')
```

程序运行结果如图 4.1.21 所示。

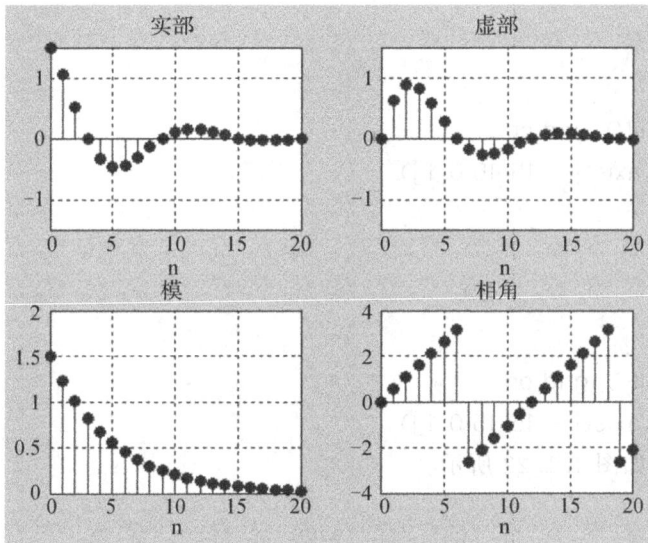

**图 4.1.21    复指数序列**

### 4.1.3.2    离散信号的基本运算

对离散时间序列实行基本运算可得到新的序列。这些基本运算主要包括加、减、乘、除、移位、反折及卷积等。两个序列的加减乘除是对应离散样点值的加减乘除。因此,离散时间序列的基本运算可通过 Matlab 的加、减、点乘、点除、序列移位、反折及卷积运算命令来实现,与连续时间信号处理方法基本一样。

两序列卷积运算命令:y = conv(x1,x2)。

【例 4.1.13】用 Matlab 命令计算下列离散时间信号,并画出其波形图。

(1) $x_1(n) = a^n[\varepsilon(n) - \varepsilon(n-N)]$;　　　　(2) $x_2(n) = x_1(n+3)$;

(3) $x_3(n) = x_1(n-2)$;　　　　(4) $x_4(n) = x_1(-n)$。

解:设 $a = 0.9$,$N = 8$,Matlab 程序如下

```
%(1)
a=0.9;N=8;n=-12:12;
x1=a.^n.*(n>=0&n<=N);
n1=n;
subplot(411)
stem(n1,x1,'fill'),grid on
```

```
title('x1(n)'),axis([- 15 15 0 1])
%（2）左移
n2 = n1 - 3;
x2 = x;
subplot(412)
stem(n2,x2,'fill'),grid on
title('x2(n)'),axis([- 15 15 0 1])
%（3）右移
n3 = n1 + 2;
x3 = x;
subplot(413)
stem(n3,x3,'fill'),grid on
title('x3(n)'),axis([- 15 15 0 1])
%（4）反折
n4 = - n1;
x4 = fliplr(x)
subplot(414)
stem(n4,x4,'fill'),grid on
title('x4(n)'),axis([- 15 15 0 1])
```

程序运行结果如图 4.1.22 所示。

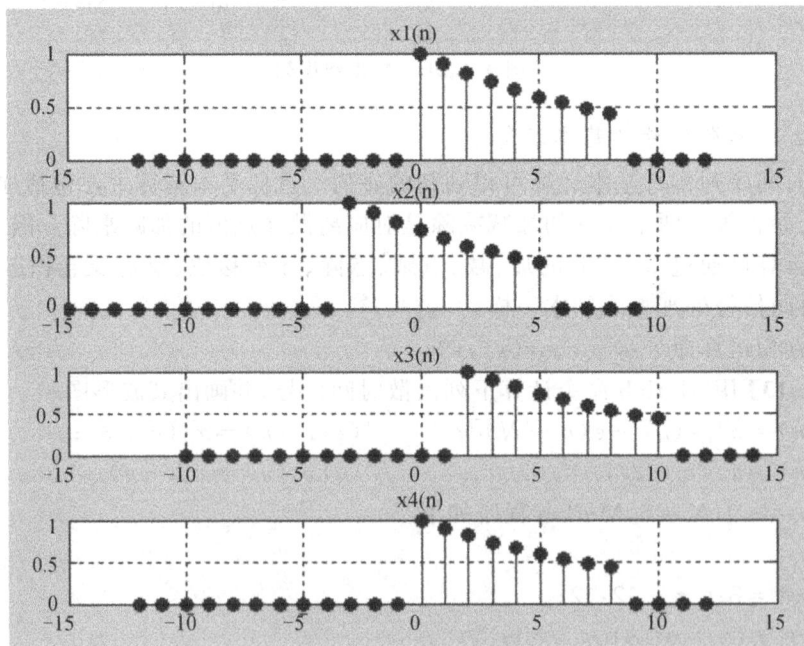

图 4.1.22　序列运算

【例 4.1.14】用 Matlab 命令求 x1(n) ＝[1 2 3 4 5]，x2(n) ＝[3 2 1] 的卷积。

解:程序如下

```
x1 = [1 2 3 4 5];
x2 = [3 2 1];
y = conv(x1,x2);
程序运行结果:y =
3   8   14   20   26   14   5
```

# 4.2 离散信号 $Z$ 变换

## 4.2.1 单边 $Z$ 变换

离散序列 $f(n)$ 的单边 $Z$ 变换定义为

$$F(z) = \sum_{n=0}^{\infty} f(n)z^{-n}$$

连续系统一般使用微分方程、拉普拉斯变换的系统函数和频率特性等概念进行研究。一个连续信号 $f(t)$ 的拉普拉斯变换 $F(s)$ 是复变量 $s$ 的有理分式函数,而微分方程通过拉普拉斯变换后也可以转换为 $s$ 的代数方程,从而可以大大简化微分方程的求解;同时也很容易求得系统函数,从系统函数可以很容易地得到系统的频率特征。因此,拉普拉斯变换作为基本工具将连续系统研究中的各种方法联系在一起。计算机控制系统中的采样信号也可以进行拉普拉斯变换,从中找到了简化运算的方法,引入了 $Z$ 变换。

连续信号 $f(t)$ 通过采样周期为 $T$ 的理想采样开关采样后,采样信号 $f_s(t)$ 的表达式为

$$f_s(t) = \sum_{n=0}^{\infty} f(nT)\delta(t-nT) = f(0)\delta(t) + f(T)\delta(t-T) + f(2T)\delta(t-2T) + \cdots$$

对上式进行拉普拉斯变换

$$F_s(s) = L[f_s(t)] = f(0) + f(T)e^{-sT} + f(2T)e^{-2sT} + \cdots$$

$$= \sum_{n=0}^{\infty} f_s(nT)e^{-nsT}$$

可以看出,$F_s(s)$ 是 $s$ 的超越函数(超越函数是变量之间的关系不能用有限次加、减、乘、除、乘方、开方运算表示的函数),含有较为复杂的非线性关系,因此仅用拉普拉斯变换这一数学工具无法使问题简化。为此,引入了另一个复变量"$z$",令

$$z = e^{sT}$$

代入 $F_s(s)$,并令 $F_s(s)\big|_{s=\frac{1}{T}\ln z} = F(z)$,得:

$$F(z) = f(0) + f(T)z^{-1} + f(2T)z^{-2} + \cdots = \sum_{n=0}^{\infty} f(nT)z^{-k}$$

上式定义为采样信号 $f_s(t)$ 的 $Z$ 变换,它是变量 $z$ 的幂级数形式,从而有利于问题的简化求解。通常以 $F(z) = L[f_s(t)]$ 表示。

由以上推导可知,$Z$ 变换实际上是拉普拉斯变换的特殊形式,它是对采样信号做 $z = e^{sT}$ 的变量替换。

$f_s(t)$ 的 $Z$ 变换的符号写法有多种，如 $Z[f_s(t)], Z[f(t)], Z[f(k)], Z[f(kT)]$，$Z[F_s(s)], F(z)$ 等，不管括号内写的是连续信号、离散信号还是拉普拉斯变换式，其概念都应该理解为对采样脉冲序列进行 $Z$ 变换。

$f_s(t), F_s(s), F(z)$ 分别是采样信号在 $t$ 域、$s$ 域和 $z$ 域的表达式，形式上都是多项式之和，加权系数都是 $f(nT)$，并且时域中的 $\delta(t-nT)$、$s$ 域中的 $e^{-nsT}$ 及 $z$ 域中的 $z^{-n}$ 均表示信号延迟了 $n$ 拍，体现了信号的时间关系。

在实际应用中，取样信号的 $Z$ 变换在收敛域内都对应有数学闭合式，其表达式是 $z$ 的有理分式：

$$F(z) = \frac{K(z^m + d_{m-1}z^{m-1} + \cdots + d_1 z + d_0)}{z^n + C_{n-1}z^{n-1} + \cdots + C_1 z + C_0} \text{(式中 } m \leqslant n)$$

或 $z^{-1}$ 的有理分式：

$$F(z) = \frac{Kz^{-l}(1 + d_{m-1}z^{-1} + \cdots + d_1 z^{-m+1} + d_0 z^{-m})}{1 + C_{n-1}z^{-1} + \cdots + C_1 z^{-n+1} + C_0 z^{-n}} \text{(式中 } l = n-m)$$

其分母多项式为差分方程特征多项式。在讨论系统动态特征时，$F(z)$ 写成零、极点形式更为有用，即

$$F(z) = \frac{KN(z)}{D(z)} = \frac{K(z-z_1)\cdots(z-z_m)}{(z-p_1)\cdots(z-p_n)} \text{(式中 } m \leqslant n)$$

### 4.2.2 双边 $Z$ 变换

离散序列 $f(n)$ 的双边 $Z$ 变换定义为：

$$F(z) = \sum_{n=-\infty}^{\infty} f(n)z^{-n}$$

【例 4.2.1】求因果序列 $f(n) = a^n \varepsilon(n)$ 的 $Z$ 变换。

解：
$$F(z) = \sum_{n=0}^{\infty} a^n z^{-n} = \lim_{N\to\infty} \sum_{n=0}^{N} (az^{-1})^n = \lim_{N\to\infty} \frac{1-(az^{-1})^{N+1}}{1-az^{-1}}$$

可见，只有仅当 $|az^{-1}| < 1$，即 $|z| > |a|$ 时，其 $Z$ 变换存在。$Z$ 变换为 $F(z) = \dfrac{z}{z-a}$，收敛域为 $|z| > |a|$，如图 4.2.1 所示。

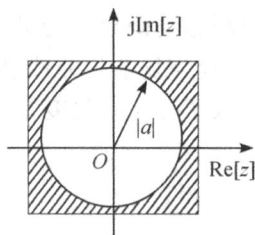

图 4.2.1 $f(n) = a^n \varepsilon(n)$ 的收敛域

【例 4.2.2】求反因果序列 $f_f(n) = \begin{cases} b^n, & n < 0 \\ 0, & n \geqslant 0 \end{cases} = b^n \varepsilon(-n-1)$ 的 $Z$ 变换。

解： 
$$F_f(z) = \sum_{n=-\infty}^{-1} (bz^{-1})^n = \sum_{m=1}^{\infty} (b^{-1}z)^m = \lim_{N \to \infty} \frac{b^{-1}z - (b^{-1}z)^{N+1}}{1 - b^{-1}z}$$

可见，只有当 $|b^{-1}z| < 1$，即 $|z| < |b|$ 时，其 $Z$ 变换存在，$Z$ 变换为 $F_f(z) = \dfrac{-z}{z-b}$，收敛域为 $|z| < |b|$，如图 4.2.2 所示。

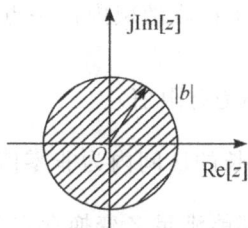

**图 4.2.2　反因果序列的收敛域**

【例 4.2.3】求双边序列 $f(n) = f_y(n) + f_f(n) = \begin{cases} b^n, & n < 0 \\ a^n, & n \geqslant 0 \end{cases}$ 的 $Z$ 变换。

解： 
$$F(z) = F_y(z) + F_f(z) = \frac{z}{z-a} + \frac{-z}{z-b}$$

可见，其收敛域为 $|a| < |z| < |b|$，如图 4.2.3 所示。显然要求 $|a| < |b|$，否则无共同收敛域，$Z$ 变换不存在。

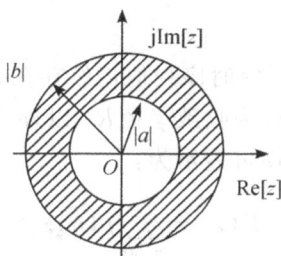

**图 4.2.3　双边序列收敛域**

【例 4.2.4】求序列 $f(n) = \{10, 22, 31, 40, 50\}$ 的 $Z$ 变换。

解： 
$$F(z) = 10z + 22 + 31z^{-1} + 40z^{-2} + 50z^{-3}$$
式中 $z \neq 0$ 及 $z \neq \infty$，所以收敛域为 $0 < |z| < \infty$。

### 4.2.3　收敛域

离散序列 $f(n)$ 的 $Z$ 变换存在的充要条件是

$$\sum_{n=-\infty}^{\infty} |f(n)z^{-n}| < \infty$$

$Z$ 变换的存在充分必要条件是：级数绝对可和。使级数绝对可和（即 $Z$ 变换存在）的所有 $Z$ 值称为 $Z$ 变换的**收敛域**。由 $Z$ 变换的表达式及其对应的收敛域才能确定原始的离散序列。收敛域可用公式表示为：

$$\text{ROC} = \{ z : \sum_{n=-\infty}^{\infty} \mid f(n)z^{-n} \mid < \infty \}$$

$Z$ 变换收敛域的特点：

(1) 收敛域是一个圆环，有时可向内收缩到原点，有时可向外扩展到 $\infty$，只有 $f(n) = \delta(n)$ 的收敛域是整个 $Z$ 平面；

(2) 在收敛域内没有极点，$F(z)$ 在收敛域内每一点上都是解析函数。

四类序列的 $Z$ 变换收敛域：

(1) 有限长序列（左右序列号都是有限值）

有限长序列是指序列只在有限长的区间内为非零值，即 $\begin{cases} f(n) \neq 0, & n_1 < n < n_2 \\ f(n) = 0, & 其他 \end{cases}$。

显然 $\mid Z \mid$ 在整个开域 $(0, \infty)$ 都能满足 $Z$ 变换存在条件，因此有限长序列的收敛域是除 0 和 $\infty$ 两个点（因为序列号为 $n$ 的 $Z$ 变换是 $z^{-n}$，所以当 $n > 0$ 时对应的 $Z$ 变换为 $z^{-n}$，即 $z$ 不能等于 0；当 $n < 0$ 时对应的 $Z$ 变换为 $z^n$，即 $z$ 不能等于 $\infty$）以外的整个 $Z$ 平面，即 $0 < \mid z \mid < \infty$。如果对 $n_1, n_2$ 加以一定的限制，如 $n_1 \geqslant 0$ 或 $n_2 \leqslant 0$，则根据条件，收敛域可进一步扩大为包括 0 点或 $\infty$ 点的半开域。

如 $f(n) = \{1, 2, 3, 4, 5\}$，则 $F(z) = z^2 + 2z + 3 + 4z^{-1} + 5z^{-2}$，收敛域为 $0 < \mid z \mid < \infty$。

如 $f(n) = \{1, 2, 3, 4, 5\}$，则 $F(z) = 1 + 2z^{-1} + 3z^{-2} + 4z^{-3} + 5z^{-4}$，收敛域为 $\mid z \mid \neq 0$ 的整个 $Z$ 空间。

(2) 右边序列

右边序列是指右序列号趋于无穷时序列值仍然存在，即序列 $f(n)$ 只在 $n \geqslant n_1$ 有值，而 $n < n_1$ 时，$f(n) = 0$，这时，其收敛域为收敛半径 $R_-$ 以外的 $Z$ 平面，即 $\mid Z \mid > R_-$，如图 4.2.4 所示的阴影部分。右边序列 $Z$ 变换可表示为：

$$F(z) = \sum_{n=n_1}^{\infty} f(n)z^{-n}$$

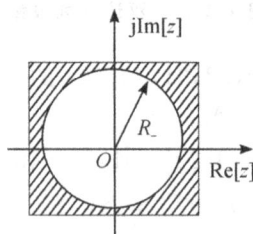

**图 4.2.4　右边序列收敛域**

如 $f(n) = \begin{cases} (0.5)^n, & n \geqslant 0 \\ 0, & n < 0 \end{cases}$，则

$$F(z) = 1 + \frac{1}{2}z^{-1} + \frac{1}{4}z^{-2} + \frac{1}{8}z^{-3} + \cdots = \frac{z}{z - \frac{1}{2}}$$

收敛域 $R_- = \frac{1}{2}$，$\mid z \mid > \frac{1}{2}$。

（3）左边序列

左边序列是指左序列号趋于无穷时序列值仍然存在，即序列 $f(n)$ 只在 $n \leqslant n_2$ 时有值，而 $n > n_2$ 时，$f(n)=0$，这时，其收敛域为收敛半径 $R_+$ 以内的 $Z$ 平面，即 $|Z| < R_+$，如图 4.2.5 所示的阴影部分。左边序列 $Z$ 变换可表示为：$F(z) = \sum\limits_{n=-\infty}^{n_2} f(n)z^{-n}$。

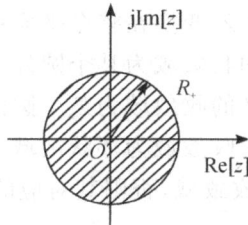

图 4.2.5 左边序列收敛域

如 $f(n) = \begin{cases} (2)^n, & n < 0 \\ 0, & n \geqslant 0 \end{cases}$，则

$$F(z) = \cdots + \frac{1}{8}z^3 + \frac{1}{4}z^2 + \frac{1}{2}z = -\frac{z}{z-2}$$

收敛域 $R_+ = 2$，$|z| < 2$。

（4）双边序列

双边序列是指左、右序列号都趋于无穷时序列值仍然存在，也可看作一个左边序列和一个右边序列之和，因此双边序列 $Z$ 变换的收敛域是这两个序列 $Z$ 变换收敛域的公共部分。双边序列 $Z$ 变换可表示为：

$$F(z) = \sum_{n=-\infty}^{\infty} f(n)z^{-n} = \sum_{n=-\infty}^{n_1} f(n)z^{-n} + \sum_{n=n_1+1}^{\infty} f(n)z^{-n}$$

如果 $R_+ > R_-$，则存在公共的收敛区间，$F(z)$ 有收敛域为 $R_- < |z| < R_+$，如图 4.2.6 所示的阴影部分。

如果 $R_+ < R_-$，则无公共收敛区间，$F(z)$ 无收敛域，不收敛，则 $Z$ 变换不存在。

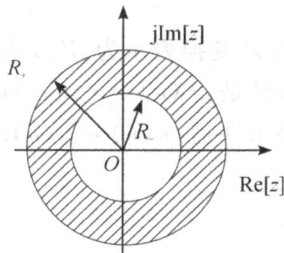

图 4.2.6 双边序列收敛域

如 $f(n) = \left(\frac{1}{2}\right)^{|n|} = \begin{cases} 2^n, & n < 0 \\ \left(\frac{1}{2}\right)^n, & n \geqslant 0 \end{cases}$，则

$$F(z) = \sum_{n=-\infty}^{\infty} \left(\frac{1}{2}\right)^{|n|} z^{-n} = \sum_{n=-\infty}^{-1} (2)^n z^{-n} + \sum_{n=0}^{\infty} \left(\frac{1}{2}\right)^n z^{-n} = \frac{-z}{z-2} + \frac{z}{z-\frac{1}{2}}$$

收敛域为 $R_+ = 2, R_- = \frac{1}{2}, R_- < |z| < R_+$。

由以上四类情况可知,序列的收敛域大致有以下几种情况:

(1) 对于有限长的序列,其双边 $Z$ 变换在整个平面;

(2) 对于因果序列,其 $Z$ 变换的收敛域为某个圆外区域;

(3) 对于反因果序列,其 $Z$ 变换的收敛域为某个圆内区域;

(4) 对于双边序列,其 $Z$ 变换的收敛域为环状区域。

注意:对双边 $Z$ 变换必须表明收敛域,否则其对应的原序列将不唯一。

### 4.2.4  常用序列 $Z$ 变换

#### 4.2.4.1  单位冲激序列

单位冲激序列为 $\delta(n)$,则

$$Z[\delta(n)] = 1$$

ROC:$0 \leqslant |z| \leqslant \infty$,即全部 $Z$ 空间。

证明:
$$Z[\delta(n)] = \sum_{n=-\infty}^{\infty} \delta(n) z^{-n} = \delta(0) = 1$$

注意:单位脉冲序列不是单位冲激函数的简单离散抽样。

#### 4.2.4.2  单位阶跃序列

单位阶跃序列为 $\varepsilon(n)$,则

$$Z[\varepsilon(n)] = \frac{z}{z-1}$$

ROC:$|z| > 1$。

证明:
$$Z[\varepsilon(n)] = \sum_{n=-\infty}^{\infty} \varepsilon(n) z^{-n} = \sum_{n=0}^{\infty} z^{-n} = \frac{1}{1-z^{-1}} = \frac{z}{z-1} \quad (|z| > 1)$$

注意:

(1) 序列的单边 $Z$ 变换用双边 $Z$ 变换表示为:$Z[x(n)] = Z_B[x(n)\varepsilon(n)]$;

(2) 序列是因果序列的充要条件是:$x(n) = x(n)\varepsilon(n)$;

(3) 序列是反因果序列的充要条件是:$x(n) = x(n)\varepsilon(-n-1)$。

#### 4.2.4.3  单边指数序列

单边指数序列为 $a^n \varepsilon(n)$,则

$$Z[a^n \varepsilon(n)] = \frac{z}{z-a}$$

ROC:$|z| > |a|$。

证明:
$$Z[a^n \varepsilon(n)] = \sum_{n=0}^{\infty} a^n z^{-n} \xrightarrow{\text{当} |az^{-1}| < 1} \frac{z}{z-a} \quad (|z| > |a|)$$

$$Z[na^n \varepsilon(n)] = \frac{az}{(z-a)^2} \quad (|z| > |a|)$$

$$Z[n^2 a^n \varepsilon(n)] = \frac{az(z+a)}{(z-a)^3} (|z| > |a|)$$

### 4.2.4.4 矩形脉冲序列

矩形脉冲序列为 $R_N(n) = \begin{cases} 1, 0 \leqslant n < N \\ 0, n < 0, n \geqslant N \end{cases}$，则

$$Z[R_N(n)] = \frac{1 - z^{-N}}{1 - z^{-1}}$$

ROC:$0 < |z| \leqslant \infty$。

证明:根据矩形脉冲序列定义 $R_N(n) = \begin{cases} 1, 0 \leqslant n < N \\ 0, n < 0, n \geqslant N \end{cases}$，所以，

$$Z[R_N(n)] = \sum_{n=0}^{N-1} z^{-n} = \frac{1 - z^{-N}}{1 - z^{-1}} (0 < |z| \leqslant \infty)$$

注意:矩形脉冲序列不是单位门信号的简单离散抽样,它们之间还存在一个时移关系。

### 4.2.4.5 单边正、余弦序列

根据单边指数序列的 $Z$ 变换,可以直接得到:

$(1) Z[e^{j\beta_0 n} \varepsilon(n)] = \frac{z}{z - e^{j\beta_0}}$，ROC:$|z| > |e^{j\beta_0}| = 1$。

$(2) Z[e^{-j\beta_0 n} \varepsilon(n)] = \frac{z}{z - e^{-j\beta_0}}$ $(|z| > |e^{-j\beta_0}| = 1)$。

$(3) Z[\cos n\beta_0 \varepsilon(n)] = \frac{z(z - \cos\beta_0)}{z^2 - 2z\cos\beta_0 + 1}$ $(|z| > 1)$。

证明:$Z[\cos n\beta_0 \varepsilon(n)] = Z\left[\frac{1}{2}(e^{jn\beta_0} + e^{-jn\beta_0})\varepsilon(n)\right]$

$$= \frac{1}{2}\{Z[e^{jn\beta_0} u(n)] + Z[e^{-jn\beta_0}\varepsilon(n)]\}$$

$$= \frac{1}{2}\left[\frac{z}{z - e^{j\beta_0}} + \frac{z}{z - e^{-j\beta_0}}\right] = \frac{z(z - \cos\beta_0)}{z^2 - 2z\cos\beta_0 + 1} \quad (|z| > 1)$$

$(4) Z[\sin n\beta_0 \varepsilon(n)] = \frac{z\sin\beta_0}{z^2 - 2z\cos\beta_0 + 1}$ $(|z| > 1)$。

证明:

$$Z[\sin n\beta_0 \varepsilon(n)] = \frac{1}{2j}\{Z[e^{jn\beta_0}\varepsilon(n)] - Z[e^{-jn\beta_0}\varepsilon(n)]\} = \frac{z\sin\beta_0}{z^2 - 2z\cos\beta_0 + 1} \quad (|z| > 1)$$

$(5) Z[\alpha^n e^{jn\beta_0}\varepsilon(n)] = \frac{1}{1 - \alpha e^{j\beta_0} z^{-1}}$ $(|z| > |\beta|)$。

$(6) Z[\alpha^n \cos n\beta_0 \varepsilon(n)] = \frac{z(z - \alpha\cos\beta_0)}{z^2 - 2\alpha z\cos\beta_0 + \alpha^2}$ $(|z| > |\alpha|)$。

$(7) Z[\alpha^n \sin n\beta_0 \varepsilon(n)] = \frac{\alpha z\sin\beta_0}{z^2 - 2\alpha z\cos\beta_0 + \alpha^2}$ $(|z| > |\alpha|)$。

### 4.2.5 $Z$ 变换的基本性质

$Z$ 变换的基本定理和拉普拉斯变换很相似,见表4.2.1。这些定理一般均可用 $Z$ 变换定

义来证明。任何因果信号的单边 $Z$ 变换与其双边 $Z$ 变换是相同的。单边 $Z$ 变换的性质与双边 $Z$ 变换的性质大部分是相似的,但是移位性质存在一些差别。

**表 4.2.1　拉普拉斯变换和 $Z$ 变换特性**

| | 拉普拉斯变换 | $Z$ 变换 |
|---|---|---|
| 线性 | $L[f_1(t) \pm f_2(t)] = F_1(s) \pm F_2(s)$<br>$L[af(t)] = aF(s)$ | $Z[f_1(n) \pm f_2(n)] = F_1(z) \pm F_2(z)$<br>$Z[af(n)] = aF(z)$ |
| 时域微分<br>(时域超前移位) | $L\left[\dfrac{\mathrm{d}^k}{\mathrm{d}t^k}f(t)\right]$<br>$= s^k F(s) - \sum\limits_{j=1}^{k} s^{k-j} f^{(j-1)}(0)$ | $Z[f(n+l)]$<br>$= z^l F(z) - \sum\limits_{j=0}^{l-1} z^{l-j} f(j)$（去除 $n$ 移到小于 0 的数据） |
| 时域积分 | $L\left[\displaystyle\int_0^t f(\tau)\mathrm{d}\tau\right] = \dfrac{1}{s}F(s)$ | $Z\left[\displaystyle\sum_{i=0}^{n} f(i)\right] = \dfrac{1}{1-z^{-1}}F(z)$ |
| 频域微分 | $L[-t \cdot f(t)] = \dfrac{\mathrm{d}F(s)}{\mathrm{d}s}$ | $Z[-nf(n)] = z\dfrac{\mathrm{d}F(z)}{\mathrm{d}z}$ |
| 频域积分 | $L\left[\dfrac{f(t)}{-t}\right] = \displaystyle\int_{-\infty}^{s} F(p)\mathrm{d}p$ | $Z\left[\dfrac{f(n)}{-n}\right] = \displaystyle\int_{-\infty}^{z} \dfrac{F(z)}{z}\mathrm{d}z$ |
| 时域延迟移位 | $L[f(t-T_0) \cdot \varepsilon(t-T_0)] = \mathrm{e}^{-sT_0}F(s)$ | $Z[f(n-l) \cdot \varepsilon(n-l)] = z^{-l}F(z)$ |
| 频域移位 | $L[\mathrm{e}^{\mp at}f(t)] = F(s \pm a)$ | $Z[\mathrm{e}^{\mp at}f(t)] = Z[F(s \pm a)]$<br>$= F(\mathrm{e}^{\pm a}z)$ |
| 初值 | $\lim\limits_{t \to 0}f(t) = \lim\limits_{s \to \infty}sF(s)$ | $\lim\limits_{n \to 0}f(n) = \lim\limits_{z \to \infty}F(z)$ |
| 终值 | $\lim\limits_{t \to \infty}f(t) = \lim\limits_{s \to 0}sF(s)$ | $\lim\limits_{n \to \infty}f(n) = \lim\limits_{z \to 1}(1-z^{-1})F(z)$ |
| 比例尺变换 | $L[f(at)] = \dfrac{1}{a}F\left(\dfrac{s}{a}\right)$ | $Z[f(an)] = F(z^{1/a})$ |
| 时域卷积 | $L[f_1(t) * f_2(t)] = F_1(s) \cdot F_2(s)$ | $Z[f_1(n) * f_2(n)] = F_1(z) \cdot F_2(z)$ |

### 4.2.5.1　线性性质

如果 $f_1(n) \leftrightarrow F_1(z), \alpha_1 < |z| \beta_1, f_2(n) \leftrightarrow F_2(z), \alpha_2 < |z| \beta_2$,则

$$a_1 f_1(n) + a_2 f_2(n) \leftrightarrow a_1 F_1(z) + a_2 F_2(z)$$

ROC: $\max(\alpha_1, \alpha_2) < |z| < \min(\beta_1, \beta_2)$

式中 $a_1$、$a_2$ 为任意常数,其收敛域是 $F_1(z)$ 与 $F_2(z)$ 收敛域的相交部分。

**【例 4.2.5】** 求 $f(n) = 10\delta(n) + 5\varepsilon(n)$ 的 $Z$ 变换。

解: $10\delta(n) + 5\varepsilon(n) \leftrightarrow 10 + 5\dfrac{z}{z-1}$, $|z| > 1$。

#### 4.2.5.2 时域反折

时域反折仅适用双边 $Z$ 变换,单边 $Z$ 变换不存在反折信号。

若 $f(n) \leftrightarrow F(z), \alpha < |z| \beta$,则

$$f(-n) \leftrightarrow F(z^{-1})$$

ROC: $\dfrac{1}{\beta} < |z| \dfrac{1}{\alpha}$

证明: $Z[f(-n)] = \displaystyle\sum_{n=-\infty}^{\infty} f(-n) z^{-n} \xlongequal{-n=k} \sum_{k=-\infty}^{\infty} f(k) z^{k} = F(z^{-1})$

【例 4.2.6】已知 $a^n \varepsilon(n) \overset{Z}{\longleftrightarrow} \dfrac{z}{z-a}, |z| > a$,求 $a^{-n}\varepsilon(-n-1)$ 的 $Z$ 变换。

解:
$$a^{n-1}\varepsilon(n-1) \leftrightarrow z^{-1}\dfrac{z}{z-a} = \dfrac{1}{z-a}, |z| > a$$

$$a^{-n-1}\varepsilon(-n-1) \leftrightarrow \dfrac{1}{z^{-1}-a}, |z| < \dfrac{1}{a}$$

两边同时乘以 $a$ 得

$$a^{-n}\varepsilon(-n-1) \leftrightarrow \dfrac{a}{z^{-1}-a}, |z| < \dfrac{1}{a}$$

#### 4.2.5.3 移位性质

**1. 双边 $Z$ 变换的时域移位**

如果 $f(n) \leftrightarrow F(z), \alpha < |z| < \beta$,则
$$f(n \pm m) \leftrightarrow z^{\pm m} F(z)$$
ROC: $\alpha < |z| \beta$,式中 $m$ 为正整数。

证明: $Z[f(n+m)] = \displaystyle\sum_{n=-\infty}^{\infty} f(n+m) z^{-n} \xlongequal{k=n+m} \sum_{n=-\infty}^{\infty} f(k) z^m z^{-k} = z^m F(z)$

**2. 单边 $Z$ 变换的时域移位**

(1) 向右移位

右移单边 $Z$ 变换需加上原 $n < 0$,而右移后变成 $n \geq 0$ 部分值的 $Z$ 变换值。

如果 $f(n) \leftrightarrow F(z), |z| > \alpha$,则

$f(n-1) \leftrightarrow z^{-1}[f(-1)z^1] + z^{-1}F(z), |z| > \alpha$

$f(n-2) \leftrightarrow z^{-2}[f(-2)z^2 + f(-1)z^1] + z^{-2}F(z), |z| > \alpha$

$$\vdots$$

$f(n-m) \leftrightarrow z^{-m}[f(-m)z^m + \cdots + f(-2)z^2 + f(-1)z^1] + z^{-m}F(z), |z| > \alpha$

即
$$f(n-m) \leftrightarrow z^{-m}F(z) + \sum_{n=0}^{m-1} f(n-m) z^{-n}, |z| > \alpha$$

式中 $m$ 为正整数。

说明:式中 $\displaystyle\sum_{n=0}^{m-1} f(n-m) z^{-n}$ 为原序列小于 $0$ 的 $m$ 点 $Z$ 变换值乘以移动因子 $z^{-m}$。

如果 $f(n)$ 是因果序列,则 $f(n-m) \leftrightarrow z^{-m}F(z)$。

证明: $Z[f(n-m)] = \displaystyle\sum_{n=0}^{\infty} f(n-m) z^{-n} = \sum_{n=0}^{m-1} f(n-m) z^{-n} + \sum_{n=m}^{\infty} f(n-m) z^{-n}$

上式第二项中，令 $n-m=k$，则

$$Z[f(n-m)] = \sum_{n=0}^{m-1} f(n-m)z^{-n} + \sum_{k=0}^{\infty} f(k)z^{-k}z^{-m} = \sum_{n=0}^{m-1} f(n-m)z^{-n} + z^{-m}F(z)$$

（2）向左移位（需减去原 $n \geqslant 0$，而左移后变成 $n < 0$ 部分的值）

左移单边 $Z$ 变换需减去原 $n \geqslant 0$（右边数据），而左移后变成 $n < 0$（左边数据）部分值的 $Z$ 变换值。

如果 $f(n) \leftrightarrow F(z)$，$|z| > \alpha$，则

$$f(n+1) \leftrightarrow z[F(z) - f(0)z^0]，|z| > \alpha$$

$$f(n+2) \leftrightarrow z^2 F(z) - z^2 f(0) - zf(1)，|z| > \alpha$$

$$\vdots$$

$$f(n+m) \leftrightarrow z^m F(z) - \sum_{n=0}^{m-1} f(n)z^{m-n} = z^m\left[F(z) - \sum_{n=0}^{m-1} f(n)z^{-n}\right]，|z| > \alpha$$

式中 $m$ 为正整数。

当 $f(0) = f(1) = f(2) = \cdots = f(m-1) = 0$ 时，即在零初始条件下，则超前定理成为：

$$Z[f(n+m)] = z^m F(z)$$

证明：

$$Z[f(n+m)] = \sum_{k=0}^{\infty} f(n+m)z^{-n}$$

令 $n+m=r$，则

$$Z[f(n+m)] = \sum_{r=m}^{\infty} f(r)z^{-(r-m)} = z^m \sum_{r=m}^{\infty} f(r)z^{-k} = z^m\left[\sum_{r=0}^{\infty} f(r)z^{-r} - \sum_{r=0}^{m-1} f(r)z^{-r}\right]$$

$$= z^m\left[F(z) - \sum_{n=0}^{m-1} f(n)z^{-n}\right]$$

【例 4.2.7】已知系统差分方程为 $y(n) + 0.5y(n-1) = f(n) + f(n-1)$，求输入信号为 $f(n) = 0.5^n \varepsilon(n)$ 的零状态响应。

解：对差分方程进行 $Z$ 变换：

$$Y(z) + 0.5z^{-1}Y(z) = F(z) + z^{-1}F(z)$$

$$Y(z) = \frac{1+z^{-1}}{1+0.5z^{-1}}F(z) = \frac{1+z^{-1}}{1+0.5z^{-1}}\frac{1}{1-0.5z^{-1}} = \frac{-0.5}{1+0.5z^{-1}} + \frac{-1.5}{1-0.5z^{-1}}$$

$$y(n) = -0.5(-0.5)^n \varepsilon(n) + 1.5(0.5)^n \varepsilon(n)$$

【例 4.2.8】已知系统差分方程为 $y(n) + 0.5y(n-1) = f(n) + f(n-1)$，求输入信号为 $f(n) = 0.5^n \varepsilon(n)$，且 $y(-1) = 2$，$f(-1) = 0$ 条件下的全响应。

解：对差分方程进行右移单边 $Z$ 变换：

$$Y(z) + 0.5z^{-1}[Y(z) + y(-1)z^1] = F(z) + z^{-1}[F(z) + f(-1)z^1]$$

$$Y(z) + 0.5z^{-1}[Y(z) + 2z^1] = F(z) + z^{-1}[F(z) + 0z^1]$$

$$Y(z) = \frac{1+z^{-1}}{1+0.5z^{-1}}F(z) + \frac{-1}{1+0.5z^{-1}} = \underbrace{\frac{1+z^{-1}}{1+0.5z^{-1}}\frac{1}{1-0.5z^{-1}}}_{\text{零状态响应}} + \underbrace{\frac{-1}{1+0.5z^{-1}}}_{\text{零输入响应}}$$

$$y(n) = \underbrace{-0.5(-0.5)^n \varepsilon(n) + 1.5(0.5)^n \varepsilon(n)}_{\text{零状态响应}} - \underbrace{(-0.5)^n \varepsilon(n)}_{\text{零输入响应}}$$

所以，通过 $Z$ 变换可直接求系统全响应，也就是说 $Z$ 变换已经包含初始状态。

**【例 4.2.9】** 求周期为 $N$ 的有始周期性单位序列 $\sum\limits_{m=0}^{\infty}\delta(n-mN)$ 的 $Z$ 变换。

解：
$$\sum_{m=0}^{\infty}\delta(n-mN)\xleftrightarrow{\ Z\ }\sum_{m=0}^{\infty}z^{-mN}=\frac{1}{1-z^{-N}},\ |z|>1$$

### 3. 复频域位移定理

如果 $f(n)\leftrightarrow F(z)$，$|z|>\alpha$，则 $Z[\mathrm{e}^{\mp an}f(n)]=F(z\mathrm{e}^{\pm a})$，式中 $a$ 是常数。

证明：根据 $Z$ 变换定义有

$$Z[\mathrm{e}^{\mp an}f(n)]=\sum_{n=0}^{\infty}f(n)\mathrm{e}^{\mp an}z^{-n}$$

令 $z_1=z\mathrm{e}^{\pm a}$，则上式可写成

$$Z[\mathrm{e}^{\mp an}f(n)]=\sum_{n=0}^{\infty}f(n)z_1^{-n}=F(z_1)$$

代入 $z_1=z\mathrm{e}^{\pm a}$，得

$$Z[\mathrm{e}^{\mp an}f(n)]=F(z\mathrm{e}^{\pm a})$$

#### 4.2.5.4　尺度变换

### 1. 时域尺度变换

对于离散序列，时域放缩意味着点数增加或减少，这里考虑序列点数减少情况，即 $a$ 为正整数。若 $f(n)\leftrightarrow F(z)$，$\alpha<|z|<\beta$，则

$$f(an)\leftrightarrow F(z^{\frac{1}{a}})$$

ROC：$\alpha|a|<|z|<\beta|a|$，式中 $a$ 为正整数。

证明：
$$Z[f(an)]=\sum_{n=-\infty}^{\infty}f(an)z^{-n}=\sum_{m=-\infty}^{\infty}f(m)z^{-\frac{m}{a}}=F(z^{\frac{1}{a}})$$

### 2. $Z$ 域尺度变换（序列乘以 $a^n$）

若 $f(n)\leftrightarrow F(z)$，$\alpha<|z|<\beta$，则

$$a^n f(n)\leftrightarrow F\left(\frac{z}{a}\right)$$

ROC：$\alpha|a|<|z|<\beta|a|$，式中 $a\neq 0$。

证明：
$$Z[a^n f(n)]=\sum_{n=-\infty}^{\infty}a^n f(n)z^{-n}=\sum_{n=-\infty}^{\infty}f(n)\left(\frac{z}{a}\right)^{-n}=F\left(\frac{z}{a}\right)$$

**【例 4.2.10】** 求信号 $f(n)=a^n\varepsilon(n)$ 的 $Z$ 变换。

解：因为 $\varepsilon(n)\xleftrightarrow{\ Z\ }\dfrac{z}{z-1}$，所以 $a^n\varepsilon(n)\xleftrightarrow{\ Z\ }\dfrac{z}{z-a}$。

**【例 4.2.11】** 求信号 $f(n)=\cos(\beta n)\varepsilon(n)$ 的 $Z$ 变换。

解：
$$\cos(\beta n)\varepsilon(n)=\frac{\mathrm{e}^{\mathrm{j}\beta n}+\mathrm{e}^{-\mathrm{j}\beta n}}{2}\varepsilon(n)=0.5\mathrm{e}^{\mathrm{j}\beta n}\varepsilon(n)+0.5\mathrm{e}^{-\mathrm{j}\beta n}\varepsilon(n)$$

$$Z[\cos(\beta n)\varepsilon(n)]=0.5\frac{z}{z-\mathrm{e}^{\mathrm{j}\beta}}+0.5\frac{z}{z-\mathrm{e}^{-\mathrm{j}\beta}}$$

#### 4.2.5.5　卷积定理

若 $f_1(n)\leftrightarrow F_1(z)$，$\alpha_1<|z|\beta_1$，$f_2(n)\leftrightarrow F_2(z)$，$\alpha_2<|z|\beta_2$，则

$$f_1(n) * f_2(n) \leftrightarrow F_1(z)F_2(z)$$

ROC：$\max(\alpha_1, \alpha_2) < |z| < \min(\beta_1, \beta_2)$，即其收敛域一般为 $F_1(z)$ 与 $F_2(z)$ 收敛域的相交部分。

证明：
$$Z[f_1(n) * f_2(n)] = \sum_{n=0}^{\infty} \left[ \sum_{m=-\infty}^{\infty} f_1(m) f_2(-m+n) \right] z^{-n}$$

$$= \sum_{m=-\infty}^{\infty} f_1(m) \sum_{n=-\infty}^{\infty} f_2(-m+n) z^{-n}$$

$$= \sum_{m=-\infty}^{\infty} f_1(m) z^{-m} F_2(z) = F_1(z)F_2(z)$$

【例 4.2.12】求 $f(n) = n\varepsilon(n)$ 的 $Z$ 变换 $F(z)$。

解：
$$f(n) = n\varepsilon(n) = \varepsilon(n) * \varepsilon(n-1) \leftrightarrow \frac{z}{z-1} \frac{z^{-1}z}{z-1} = \frac{z}{(z-1)^2}$$

### 4.2.5.6 部分和

离散信号部分和运算类似于连续信号的积分运算。

若 $f(n) \leftrightarrow F(z), \alpha < |z| < \beta$，则

$$\sum_{i=-\infty}^{n} f(i) \leftrightarrow \frac{z}{z-1} F(z)$$

ROC：$\max(\alpha, 1) < |z| < \beta$。

证明：设 $x(n) = \sum_{i=-\infty}^{n} f(i)$，则

$$x(n) - x(n-1) = \sum_{i=-\infty}^{n} f(i) - \sum_{i=-\infty}^{n-1} f(i) = f(n)$$

对方程两边同时进行 $Z$ 变换得

$$X(z) - z^{-1}X(z) = F(z), X(z) = \frac{1}{1-z^{-1}} F(z)$$

$$x(n) = \sum_{i=-\infty}^{n} f(i) \leftrightarrow \frac{z}{z-1} F(z)$$

说明：$f(n)$ 相当于数列通项式，$\sum\limits_{i=-\infty}^{n} f(i)$ 就是 $n$ 之前的所有项之和，相当于连续时间信号的时域积分运算。

【例 4.2.13】求序列（$a$ 为实数）$\sum\limits_{i=0}^{n} a^i (n \geqslant 0)$ 的 $Z$ 变换。

解：
$$\sum_{i=0}^{n} a^i = \sum_{i=0}^{n} a^i \varepsilon(i) \xleftrightarrow{Z} \frac{z}{z-a} \frac{z}{z-1}, |z| > \max(|a|, 1)$$

### 4.2.5.7 共轭性质

若 $f(n) \leftrightarrow F(z), \alpha < |z| \beta$，则

$$f^*(n) \leftrightarrow F^*(z^*)$$

ROC：$\alpha < |z| < \beta$。式中"$*$"表示共轭复数。

证明：$Z[f^*(n)] = \sum\limits_{n=-\infty}^{\infty} f^*(n) z^{-n} = \sum\limits_{n=-\infty}^{\infty} [f(n)(z^*)^{-n}]^*$

$$= [\sum\limits_{n=-\infty}^{\infty} f(n)(z^*)^{-n}]^* = f^*(z^*), \alpha < |z| \beta$$

### 4.2.5.8　Z 域微积分

**1. Z 域微分（序列乘以 n）**

若 $f(n) \leftrightarrow F(z), \alpha < |z| \beta$，则

$$nf(n) \leftrightarrow -z \frac{\mathrm{d}}{\mathrm{d}z} F(z)$$

ROC：$\alpha < |z| \beta$。

证明：$nf(n) \leftrightarrow \sum\limits_{n=-\infty}^{\infty} nf(n) z^{-n} = z \sum\limits_{n=-\infty}^{\infty} nf(n) z^{-n-1} = z \sum\limits_{n=-\infty}^{\infty} f(n)(nz^{-n-1})$

$$= z \sum\limits_{n=-\infty}^{\infty} f(n)(-\frac{\mathrm{d}}{\mathrm{d}z} z^{-n}) = -z \frac{\mathrm{d}}{\mathrm{d}z} \sum\limits_{n=-\infty}^{\infty} f(n)(z^{-n})$$

$$= -z \frac{\mathrm{d}}{\mathrm{d}z} F(z)$$

推广：$n^k f(n) \leftrightarrow \left(-z \frac{\mathrm{d}}{\mathrm{d}z}\right)^k F(z)$。

**【例 4.2.14】** 求 $f(n) = n\varepsilon(n)$ 的 Z 变换 $F(z)$。

解：

$$\varepsilon(n) \overset{z}{\longleftrightarrow} \frac{z}{z-1}$$

$$n\varepsilon(n) \overset{z}{\longleftrightarrow} = -z \frac{\mathrm{d}}{\mathrm{d}z} \frac{z}{z-1} = \frac{z}{(z-1)^2}$$

**【例 4.2.15】** 求信号 $f(n) = na^n \varepsilon(n)$ 的 Z 变换。

解：设 $f_1(n) = a^n \varepsilon(n)$，则 $f(n) = nf_1(n)$。

$$Z[f_1(n)] = \frac{1}{1-az^{-1}}, |z| < a$$

$$Z[f(n)] = -z \frac{\mathrm{d}}{\mathrm{d}z}(\frac{1}{1-az^{-1}}) = \frac{az^{-1}}{(1-az^{-1})^2}, |z| < a$$

**2. Z 域积分[序列除以 $(n+m)$]**

若 $f(n) \leftrightarrow F(z), \alpha < |z| \beta$，设有整数 $m$，且 $n+m > 0$，则

$$\frac{f(n)}{n+m} \leftrightarrow -z^m \int_{-\infty}^{z} \frac{F(x)}{x^{m+1}} \mathrm{d}x$$

ROC：$\alpha < |z| < \beta$。

证明：$\frac{f(n)}{n+m} \leftrightarrow \sum\limits_{n=-\infty}^{\infty} \frac{f(n)}{n+m} z^{-n} = \sum\limits_{n=-\infty}^{\infty} f(n) z^m (-\int_{-\infty}^{z} x^{-n-m-1} \mathrm{d}x)$

$$= -z^m \int_{-\infty}^{z} x^{-m-1} \sum\limits_{n=-\infty}^{\infty} f(n) x^{-n} \mathrm{d}x$$

$$= -z^m \int_{-\infty}^{z} x^{-m-1} F(x) \mathrm{d}x$$

若 $m=0$，且 $n>0$，则 $\dfrac{f(n)}{n} \leftrightarrow -\displaystyle\int_{-\infty}^{z} \dfrac{F(x)}{x} \mathrm{d}x$，$\alpha < |z| < \beta$。

【例 4.2.16】求 $f(n)=\dfrac{1}{n}$，$n \geqslant 1$ 的 $Z$ 变换。

解：因为：$1 \leftrightarrow V(z)=\displaystyle\sum_{n=1}^{\infty} 1 \cdot z^{-n}=\dfrac{z^{-1}}{1-z^{-1}}$，$|z|>1$，根据 $Z$ 域积分得：

$$\frac{1}{n} \leftrightarrow F(z)=-z^0 \int_0^z \frac{V(x)}{x} \mathrm{d}x=-\int_0^z \frac{x^{-2}}{1-x^{-1}} \mathrm{d}x=-\ln(1-z^{-1}), \quad |z|>1$$

【例 4.2.17】求序列 $f(n)=\dfrac{1}{n+1}\varepsilon(n)$ 的 $Z$ 变换。

解：因为 $\varepsilon(n) \leftrightarrow \dfrac{z}{z-1}$，所以

$$\frac{1}{n+1}\varepsilon(n) \leftrightarrow z\int_z^{\infty} \frac{\eta}{(\eta-1)\eta^2}\mathrm{d}\eta=z\int_z^{\infty}\left(\frac{1}{\eta-1}-\frac{1}{\eta}\right)\mathrm{d}\eta=z\ln\frac{\eta-1}{\eta}\bigg|_z^{\infty}=z\ln\frac{z}{z-1}$$

4.2.5.9　初值定理和终值定理

1. 初值定理

初值定理适用于右边序列，用于由象函数直接求得序列的初值，而不必先求得原序列。

如果函数 $f(n)$ 的 $Z$ 变换为 $F(z)$，且极限 $\lim\limits_{z\to\infty}F(z)$ 存在（即初值存在），则

$$f(0)=\lim_{z\to\infty}F(z)$$

证明：根据 $Z$ 变换定义，$F(z)$ 可写成

$$F(z)=\sum_{n=0}^{\infty}f(n)z^{-n}=f(0)+f(T)z^{-1}+f(2T)z^{-2}+\cdots$$

当 $z$ 趋于无穷时，上式的两端取极限，得

$$\lim_{z\to\infty}F(z)=f(0)=\lim_{n\to 0}f(n)$$

【例 4.2.18】求 $F(z)=\dfrac{z}{z-a}$，$|z|>|a|$ 的初值 $f(0)$。

解：
$$f(0)=\frac{z}{z-a}\bigg|_{z\to\infty}=1$$

2. 终值定理

终值定理适用于右边序列，用于由象函数直接求得序列的终值，而不必求得原序列。

如果 $f(n)$ 的 $Z$ 变换为 $F(z)$，并假定函数 $(1-z^{-1})F(z)$ 在 $z$ 平面的单位圆上或圆外没有极点，则

$$\lim_{n\to\infty}f(n)=\lim_{z\to 1}(z-1)F(z)$$

证明：考虑 2 个有限序列

$$\sum_{n=0}^{N}f(n)=f(0)+f(1)+\cdots+f(N)$$

和

$$\sum_{n=0}^{N}f(n-1)=f(-1)+f(0)+f(1)+\cdots+f(N-1)$$

假定对于 $n < 0$ 时所有的 $f(n) = 0$，因此 $f(-1) = 0$，则 $\sum\limits_{n=0}^{N} [f(n) - f(n-1)] = f(N)$。

又因为

$$Z[f(n) - f(n-1)] = \sum_{n=0}^{\infty} [f(n) - f(n-1)]z^{-n} = (1 - z^{-1})F(z)$$

$$\lim_{N \to \infty} \sum_{n=-\infty}^{N} [f(n) - f(n-1)]z^{-n} = (1 - z^{-1})F(z)$$

当两边取 $z \to 1$ 时极限：

$$\lim_{z \to 1}(1 - z^{-1})F(z) = \lim_{z \to 1}\lim_{N \to \infty} \sum_{n=-\infty}^{N} [f(n) - f(n-1)]z^{-n}$$

$$= \lim_{N \to \infty}\lim_{z \to 1} \sum_{n=-\infty}^{N} [f(n) - f(n-1)]z^{-n}$$

$$= \lim_{N \to \infty} \sum_{n=-\infty}^{N} [f(n) - f(n-1)]$$

$$= \lim_{N \to \infty} f(N) = f(\infty)$$

由此得

$$\lim_{n \to \infty} f(n) = \lim_{z \to 1}(1 - z^{-1})F(z)$$

终值定理的另一种常用形式是

$$\lim_{n \to \infty} f(n) = \lim_{z \to 1}(z - 1)F(z)$$

必须注意，终值定理成立的条件是，$(1 - z^{-1})F(z)$ 在单位圆上和圆外没有极点，即序列应当是收敛的，否则求出的终值是错误的。如函数 $F(z)\dfrac{z}{z-2}$，其对应的序列函数为 $f(n) = 2^n$，当 $n \to \infty$ 时是发散的，而直接应用终值定理得

$$f(n)\big|_{n \to \infty} = \lim_{z \to 1}(1 - z^{-1})\frac{z}{z-2} = 0 \neq 2^n$$

与实际情况相矛盾。这是因为函数 $F(z)$ 不满足终值定理的条件。

【例 4.2.19】已知 $F(z) = \dfrac{(1-a)z^{-1}}{(1-z^{-1})(1-az^{-1})}$，$|z| > 1$，求终值 $f(\infty)$。

解：
$$f(\infty) = \lim_{z \to 1}(1 - z^{-1})F(z) = \lim_{x \to 1}\frac{(1-a)z^{-1}}{(1-az^{-1})} = 1$$

### 4.2.6  求 Z 变换的基本方法

求 Z 变换基本方法是：

（1）应尽可能利用常用信号 Z 变换对和 Z 变换基本性质求解一般序列的 Z 变换；

（2）幂级数求和法；

（3）部分分式展开法。

#### 4.2.6.1  幂级数求和法

根据 Z 变换定义式计算级数和，写出闭合数学式。

【例 4. 2. 20】求指数函数 $f(t) = \mathrm{e}^{-t}$ 的 $Z$ 变换。

解:连续函数 $f(t)$ 的采样信号表达式为

$$f_s(t) = \sum_{n=0}^{\infty} \mathrm{e}^{-nT} \delta(t - nT) = \delta(t) + \mathrm{e}^{-T} \delta(t - T) + \mathrm{e}^{-2T} \delta(t - 2T) + \cdots$$

对应的 $Z$ 变换式为

$$F_s(z) = \sum_{n=0}^{\infty} f(nT) z^{-n} = 1 + \mathrm{e}^{-T} z^{-1} + \mathrm{e}^{-2T} z^{-2} + \cdots$$

上式为等比级数,当公比 $|\mathrm{e}^{-T} z^{-1}| < 1$ 时,级数收敛,可写出和式为

$$F_s(z) = \frac{1}{1 - \mathrm{e}^{-T} z^{-1}} = \frac{z}{z - \mathrm{e}^{-T}}$$

【例 4. 2. 21】求单位脉冲函数 $\delta(t)$ 的 $Z$ 变换。

解:因为采样信号的表达式为

$$f_s(t) = f(0) \delta(t) + f(T) \delta(t - T) + f(2T) \delta(t - 2T) + \cdots$$

对 $f(t) = \delta(t)$ 函数,它意味着 $f_s(t)$ 仅由一项组成,即 $f_s(t) = f(0) \delta(t)$,且 $f(0) = 1$。所以

$$F(z) = Z[\delta(t)] = \sum_{n=0}^{\infty} f(nT) z^{-n} = f(0) z^{-0} = 1$$

### 4.2.6.2　部分分式展开法

最实用的求 $Z$ 变换的方法是利用时域函数 $f(t)$ 或其对应的拉普拉斯变换式 $F(s)$ 查 $Z$ 变换表,对于表内查不到的较复杂的原函数,可将对应的拉普拉斯变换式 $F(s)$ 进行部分分式分解后再查表。

$F(s)$ 的一般式为

$$F(s) = \frac{B(s)}{A(s)} = \frac{b_0 s^m + b_1 s^{m-1} + \cdots + b_{m-1} s + b_m}{s^n + a_1 s^{n-1} + \cdots + a_{n-1} s + a_n}$$

(1)当 $A(s) = 0$ 无重根时,则 $F(s)$ 可写为 $n$ 个分式之和,即

$$F(s) = \frac{C_1}{s - s_1} + \frac{C_2}{s - s_2} + \cdots + \frac{C_i}{s - s_i} + \cdots + \frac{C_n}{s - s_n} \tag{1}$$

系数 $C_i$ 可按下式求得,即

$$C_i = (s - s_i) \cdot F(s)\big|_{s = s_i} \tag{2}$$

(2)当 $A(s) = 0$ 有重根时,设 $s_1$ 为 $r$ 阶重根,$s_{r+1}, s_{r+2}, \cdots, s_n$ 为单根,则 $F(s)$ 可展开成如下部分分式之和,即

$$F(s) = \frac{C_r}{(s - s_1)^r} + \frac{C_{r-1}}{(s - s_1)^{r-1}} + \cdots + \frac{C_1}{s - s_1} + \frac{C_{r+1}}{s - s_{r+1}} + \cdots + \frac{C_n}{s - s_n} \tag{3}$$

式(3)中 $C_{r+1}, \cdots, C_n$ 为单根部分分式的待定系数,可按式(2)计算。而重根项待定系数 $C_1, C_2, \cdots, C_r$ 的计算公式如下

$$\begin{cases} C_r = (s-s_1)^r F(s)\big|_{s=s_1} \\ C_{r-1} = \dfrac{\mathrm{d}}{\mathrm{d}s}\big[(s-s_1)^r F(s)\big]\Big|_{s=s_1} \\ C_{r-j} = \dfrac{1}{j!}\dfrac{\mathrm{d}^j}{\mathrm{d}s^j}\big[(s-s_1)^r F(s)\big]\Big|_{s=s_1} \\ C_1 = \dfrac{1}{(r-1)!}\dfrac{\mathrm{d}^{r-1}}{\mathrm{d}s^{r-1}}\big[(s-s_1)^r F(s)\big]\Big|_{s=s_1} \end{cases} \tag{4}$$

**【例 4.2.22】** 已知 $F(s)=\dfrac{s+2}{s\,(s+1)^2(s+3)}$，求其相应采样函数的 $Z$ 变换 $F(z)$。

解：用 $F(s)$ 直接查 $Z$ 变换表查不到，所以必须先进行部分分式分解。该式可分解为：

$$F(s)=\frac{C_2}{(s+1)^2}+\frac{C_1}{s+1}+\frac{C_3}{s}+\frac{C_4}{s+3}$$

式中：
$$C_2=(s+1)^2\cdot\frac{s+2}{s\,(s+1)^2(s+3)}\bigg|_{s=-1}=-\frac{1}{2}$$

$$C_1=\frac{\mathrm{d}}{\mathrm{d}s}\left[(s+1)^2\cdot\frac{s+2}{s\,(s+1)^2(s+3)}\right]\bigg|_{s=-1}=-\frac{3}{4}$$

$$C_3=s\cdot\frac{s+2}{s\,(s+1)^2(s+3)}\bigg|_{s=0}=\frac{2}{3}$$

$$C_4=(s+3)\cdot\frac{s+2}{s\,(s+1)^2(s+3)}\bigg|_{s=-3}=\frac{1}{12}$$

将各常数代入部分分式中，有

$$F(s)=-\frac{1}{2}\cdot\frac{1}{(s+1)^2}-\frac{3}{4}\cdot\frac{1}{(s+1)}+\frac{2}{3}\cdot\frac{1}{s}+\frac{1}{12}\cdot\frac{1}{s+3}$$

对照 $Z$ 变换表，查得

$$F(z)=-\frac{1}{2}\cdot\frac{Tz\mathrm{e}^{-T}}{(z-\mathrm{e}^{-T})^2}-\frac{3}{4}\cdot\frac{z}{z-\mathrm{e}^{-T}}+\frac{2}{3}\cdot\frac{z}{z-1}+\frac{1}{12}\cdot\frac{z}{z-\mathrm{e}^{-3T}}$$

$$=\frac{-2Tz\mathrm{e}^{-T}-3z^2+3z\mathrm{e}^{-T}}{4\,(z-\mathrm{e}^{-T})^2}+\frac{2z}{3(z-1)}+\frac{z}{12(z-\mathrm{e}^{-3T})}$$

### 4.2.7 逆 Z 变换

求逆 $Z$ 变换的常用方法有查表法、幂级数展开法、部分分式展开法等。

#### 4.2.7.1 幂级数展开法

根据 $Z$ 变换的定义，若 $F(z)$ 用幂级数表示，则 $z^{-n}$ 前的加权系数即为对 $f(t)$ 在 $t=nT$（$T$ 为采样间隔）时刻的采样值 $f(nT)$，简记为 $f(n)$，即

如果 $F(z)=f(0)+f(1)z^{-1}+f(2)z^{-2}+\cdots+f(m)z^{-m}+\cdots$，则其对应的时域采样函数为：

$$f_s(t)=f(0)\delta(t)+f(T)\delta(t-T)+f(2T)\delta(t-2T)+\cdots+f(mT)\delta(t-mT)+\cdots$$

对应逆变换的原函数为：

$$f(n)=f(0)\delta(n)+f(1)\delta(n-1)+f(2)\delta(n-2)+\cdots+f(m)\delta(n-m)+\cdots$$

对于双边序列，$f(n)$ 可分解为反因果序列 $f_1(n)$ 和因果序列 $f_2(n)$ 两部分，即 $f(n)=$

$f_1(n)\varepsilon(-n-1)+f_2(n)\varepsilon(n)$。反因果序列和因果序列的 $Z$ 变换分别对应 $z^n$ 和 $z^{-n}$ 的幂级数,其系数就是相应的序列值。

**【例 4.2.23】**已知 $F(z)=\dfrac{11z^2-15z+6}{z^3-4z^2+5z-2}$,求 $f(t)$。

解:利用长除法

$$
\begin{array}{r}
11z^{-1}+29z^{-2}+67z^{-3}+145z^{-4}+\cdots \\
z^3-4z^2+5z-2\overline{)\,11z^2-15z+6} \\
-)\,11z^2-44z+55-22z^{-1} \\
\overline{\qquad 29z-49+22z^{-1}} \\
-)\qquad 29z-116+145z^{-1}-58z^{-2} \\
\overline{\qquad 67-123z^{-1}+58z^{-2}} \\
-)\qquad\qquad 67-268z^{-1}+\cdots \\
\overline{\qquad\qquad 145z^{-1}}
\end{array}
$$

所以　$F(z)=\dfrac{11z^2-15z+6}{z^3-4z^2+5z-2}=11z^{-1}+29z^{-2}+67z^{-3}+145z^{-4}+\cdots$

逆变换为 $f(n)=11\delta(n-1)+29\delta(n-2)+67\delta(n-3)+14\delta(n-4)+\cdots$,由此得对应采样函数为:

$$f(t)=11\delta(t-T)+29\delta(t-2T)+67\delta(t-3T)+14\delta(t-4T)+\cdots$$

**【例 4.2.24】**已知象函数 $F(z)=\dfrac{z^2}{z^2-z-2}$,其收敛域如下,分别求其相对应的原序列 $f(n)$。

(1) $|z|>2$;　　　　(2) $|z|<1$。

解:(1) 由于 $F(z)$ 的收敛域在半径为 2 的圆外,故 $f(n)$ 为因果序列。用长除法将 $F(z)$ 展开为 $z^{-n}$ 的幂级数:

$$\frac{z^2}{z^2-z-2}=1+z^{-1}+3z^{-2}+5z^{-3}+11z^{-4}+\cdots$$

逆变换为:

$$f(n)=\delta(n)+\delta(n-1)+3\delta(n-2)+5\delta(n-3)+11\delta(n-4)+\cdots$$

(2) 由于 $F(z)$ 的收敛域为 $|z|<1$,故 $f(n)$ 为反因果序列。用长除法将 $F(z)$(按升幂排列即正次幂)展开为 $z$ 的幂级数:

$$
\begin{array}{r}
-\dfrac{1}{2}z^2+\dfrac{1}{4}z^3-\dfrac{3}{8}z^4+\dfrac{5}{16}z^5-\dfrac{11}{32}z^6+\cdots \\
-2-z+z^2\overline{)\,z^2\qquad\qquad\qquad\qquad\qquad} \\[4pt]
-)\quad z^2+\dfrac{1}{2}z^3-\dfrac{1}{2}z^4 \\
\overline{\qquad -\dfrac{1}{2}z^3+\dfrac{1}{2}z^4} \\[4pt]
-)\qquad -\dfrac{1}{2}z^3-\dfrac{1}{4}z^4+\dfrac{1}{4}z^5 \\
\overline{\qquad\qquad \dfrac{3}{4}z^4-\dfrac{1}{4}z^5}
\end{array}
$$

$$-)\ \frac{3}{4}z^4 + \frac{3}{8}z^5 - \frac{3}{8}z^6$$

$$\overline{\qquad -\frac{5}{8}z^5 + \frac{3}{8}z^6 \qquad}$$

$$-)\qquad -\frac{5}{8}z^5 - \frac{5}{16}z^6 + \frac{5}{16}z^7$$

$$\overline{\qquad\qquad \frac{11}{16}z^6 - \frac{5}{16}z^7}$$

所以 $\dfrac{z^2}{-2-z+z^2} = -\dfrac{1}{2}z^2 + \dfrac{1}{4}z^3 - \dfrac{3}{8}z^4 + \dfrac{5}{16}z^5 - \dfrac{11}{32}z^6 + \cdots$

逆变换为：

$$f(n) = -\frac{1}{2}\delta(n+2) + \frac{1}{4}\delta(n+3) - \frac{3}{8}\delta(n+4) + \frac{5}{16}\delta(n+5) - \frac{11}{32}\delta(n+6) + \cdots$$

$$= \left\{ \cdots, -\frac{11}{32}, \frac{5}{16}, -\frac{3}{8}, \frac{1}{4}, -\frac{1}{2}, 0, 0 \right\}$$

用长除法求 $Z$ 逆变换的缺点是计算较繁，难以得到 $f(n)$ 的闭合表达式；优点则是计算并无难度，用计算机编程容易实现，而且工程上也只需计算有限项数即可。

#### 4.2.7.2　部分分式展开法

工程上最常用的方法是查表法，若 $F(z)$ 较复杂，则首先必须进行部分分式展开，以使展开式的各项能从表中查到。经常碰到 $Z$ 变换式 $F(z)$ 是 $z$ 的有理分式，对此，可以将 $\dfrac{F(z)}{z}$ 展开成部分分式，分解后各项再乘以 $z$，最后查表求逆变换。这样做是因为绝大部分 $Z$ 变换式的分子中均含有一个 $z$ 因子。设

$$F(z) = \frac{b_0 + b_1 z^{-1} + b_2 z^{-2} + \cdots + b_m z^{-m}}{a_0 + a_1 z^{-1} + a_2 z^{-2} + \cdots + a_n z^{-n}} = \frac{B(z)}{A(z)}, \text{式中 } m \leqslant n$$

则先将 $\dfrac{F(z)}{z}$ 展开成部分分式，然后再乘以 $z$。$\dfrac{F(z)}{z}$ 展开成部分分式的方法与拉普拉斯逆变换中 $F(s)$ 展开成部分分式的方法相同。

**1. $F(z)$ 展开式中含有 $k$ 个单极点**

如果 $F(z)$ 有 $k$ 个单极点，且不为 $0$，则 $\dfrac{F(z)}{z}$ 可展开为

$$\frac{F(z)}{z} = \frac{A_0}{z} + \frac{A_1}{z-z_1} + \frac{A_2}{z-z_2} + \cdots + \frac{A_k}{z-z_k}$$

式中 $z_i (i=1,2,\cdots,k)$ 是 $F(z)$ 的极点，系数 $A_i$ 可由下式求出

$$A_0 = F(z)\,|_{z=0} = F(0)$$

$$A_i = (z-z_i)\frac{F(z)}{z}\Big|_{z=z_i}, i=1,2,\cdots,k$$

$$F(z) = A_0 + \frac{A_1 z}{z-z_1} + \frac{A_2 z}{z-z_2} + \cdots + \frac{A_k z}{z-z_k}$$

从 $Z$ 变换表中查得每一项的 $Z$ 逆变换，得

$$f(n) = A_0\delta(n) + A_1(z_1)^n + A_2(z_2)^n + \cdots + A_k(z_k)^n = A_0\delta(n) + \sum_{i=1}^{k} A_i(z_i)^n$$

所以,由 $f(n)$ 得对应的时域采样 $f_s(t)$ 为:

$$f_s(t) = A_0\delta(t) + \sum_{n=0}^{\infty}\left(\sum_{i=1}^{k} A_i z_i^n\right)\delta(t - nT)$$

根据给定的收敛域,将上式划分为因果部分 $F_1(z)(|z| > a)$ 和非因果部分 $F_2(z)(|z| < b)$,查已知变换对求得逆变换。

【例 4.2.25】已知象函数 $F(z) = \dfrac{z^2}{(z+1)(z-2)}$,其收敛域分别为:(1) $|z| > 2$,(2) $|z| < 1$,(3) $1 < |z| < 2$。分别求其 $Z$ 逆变换。

解:部分分式展开为

$$\frac{F(z)}{z} = \frac{z}{(z+1)(z-2)} = \frac{\dfrac{1}{3}}{z+1} + \frac{\dfrac{2}{3}}{z-2}$$

$$F(z) = \frac{1}{3}\frac{z}{z+1} + \frac{2}{3}\frac{z}{z-2}$$

(1)当 $|z| > 2$ 时,$f(n)$ 为因果序列,则

$$f(n) = \left[\frac{1}{3} \times (-1)^n + \frac{2}{3} \times 2^n\right]\varepsilon(n)$$

(2)当 $|z| < 1$ 时,$f(n)$ 为反因果序列,则

$$f(n) = \left[-\frac{1}{3} \times (-1)^n - \frac{2}{3} \times 2^n\right]\varepsilon(-n-1)$$

(3)当 $1 < |z| < 2$ 时,$f(n)$ 为双边序列,则

$$f(n) = \frac{1}{3} \times (-1)^n\varepsilon(n) - \frac{2}{3} \times 2^n\varepsilon(-n-1)$$

【例 4.2.26】已知象函数

$$F(z) = \frac{z^2 + z}{z^2 - \dfrac{5}{6}z + \dfrac{1}{6}} = \frac{z^2 + z}{\left(z - \dfrac{1}{2}\right)\left(z - \dfrac{1}{3}\right)}$$

其收敛域分别为:(1) $|z| > \dfrac{1}{2}$,(2) $|z| < \dfrac{1}{3}$,(3) $\dfrac{1}{3} < |z| < \dfrac{1}{2}$。分别求其 $Z$ 逆变换。

解:

$$F(z) = \frac{z^2 + z}{z^2 - \dfrac{5}{6}z + \dfrac{1}{6}} = \frac{z^2 + z}{\left(z - \dfrac{1}{2}\right)\left(z - \dfrac{1}{3}\right)}$$

$$\frac{F(z)}{z} = A_0 + \frac{A_1}{z - \dfrac{1}{2}} + \frac{A_2}{z - \dfrac{1}{3}}$$

式中 $A_0 = F(z)|_{z=0} = F(0) = 0$。

$$A_1 = \left(z - \frac{1}{2}\right)\frac{z+1}{\left(z - \dfrac{1}{2}\right)\left(z - \dfrac{1}{3}\right)}\Bigg|_{z=\frac{1}{2}} = 9$$

$$A_2 = \left(z - \frac{1}{3}\right) \frac{z+1}{\left(z - \frac{1}{2}\right)\left(z - \frac{1}{3}\right)} \bigg|_{z=\frac{1}{3}} = -8$$

所以，$F(z) = \dfrac{9z}{z - \dfrac{1}{2}} - \dfrac{8z}{z - \dfrac{1}{3}}$。

(1) 当 $|z| > \dfrac{1}{2}$ 时，$f(n)$ 为因果序列，则

$$f(n) = \left[ 9\left(\frac{1}{2}\right)^n - 8\left(\frac{1}{3}\right)^n \right] \varepsilon(n)$$

(2) 当 $|z| < \dfrac{1}{3}$ 时，$f(n)$ 为反因果序列，则

$$f(n) = \left[ -9\left(\frac{1}{2}\right)^n + 8\left(\frac{1}{3}\right)^n \right] \varepsilon(-n-1)$$

(3) 当 $\dfrac{1}{3} < |z| < \dfrac{1}{2}$ 时，$f(n)$ 为双边序列，则

$$f(n) = -9\left(\frac{1}{2}\right)^n \varepsilon(-n-1) - 8\left(\frac{1}{3}\right)^n \varepsilon(n)$$

**2. $F(z)$ 有共轭单极点**

当 $F(z)$ 有共轭单极点时，可设 $z_1 = c + jd$，$z_2 = c - jd$ 或 $z_1 = e^{\alpha + j\beta}$，$z_2 = e^{\alpha - j\beta}$，则

$$\frac{F(z)}{z} = \frac{K_1}{z - (c + jd)} + \frac{K_1^*}{z - (c - jd)}$$

令 $K_1 = |K_1| e^{j\theta}$，则

$$\frac{F(z)}{z} = \frac{|K_1| e^{j\theta}}{z - \alpha e^{j\beta}} + \frac{|K_1| e^{-j\theta}}{z - \alpha e^{-j\beta}}$$

若 $|z| > \alpha$，则 $f(n) = 2|K_1| \alpha^n \cos(\beta n + \theta) \varepsilon(n)$；

若 $|z| < \alpha$，则 $f(n) = -2|K_1| \alpha^n \cos(\beta n + \theta) \varepsilon(-n-1)$。

**3. $F(z)$ 有重极点**

如果 $F(z)$ 在 $z = a$ 处含有 $r$ 重极点，即 $F(z)$ 展开式中含 $\dfrac{z}{(z-a)^r}$ 项（$r > 1$），且收敛域为 $|z| > a$，则逆变换为

$$f(n) = \frac{n(n-1)\cdots(n-r+2)}{(r-1)!} a^{n-r+1} \varepsilon(n)$$

说明：如果设收敛域 $|z| > a$，那么

当 $r = 2$ 时，则 $\dfrac{z}{(z-a)^2}$ 逆变换为 $na^{n-1}\varepsilon(n)$；

当 $r = 3$ 时，则 $\dfrac{z}{(z-a)^3}$ 逆变换为 $\dfrac{1}{2}n(n-1)a^{n-2}\varepsilon(n)$；

$$\vdots$$

可这样推导记忆：
$$Z[a^n \varepsilon(n)] = \frac{z}{z-a}$$

两边对 $a$ 求导得 $\quad Z[na^{n-1}\varepsilon(n)]=\dfrac{\mathrm{d}}{\mathrm{d}a}\left(\dfrac{z}{z-a}\right)=\dfrac{z}{(z-a)^2}$

再对 $a$ 求导得 $\quad Z[n(n-1)a^{n-2}\varepsilon(n)]=\dfrac{\mathrm{d}}{\mathrm{d}a}\dfrac{2z}{(z-a)^2}=\dfrac{2z}{(z-a)^3}$

故 $\quad\quad\quad Z[\dfrac{1}{2}n(n-1)a^{n-2}\varepsilon(n)]=\dfrac{z}{(z-a)^3}$

【例 4.2.27】求 $F(z)=\dfrac{-3z^2+z}{z^2-2z+1}=\dfrac{z-3z^2}{(z-1)^2}$ 的 $Z$ 逆变换。

解： $$\dfrac{F(z)}{z}=-\dfrac{2}{(z-1)^2}-\dfrac{3}{z-1}$$

查表得：$f(n)=(-2n-3)\varepsilon(n)$，采样信号为：

$$f_s(t)=\sum_{n=0}^{\infty}[(-2n-3)\varepsilon(n)]\delta(t-nT)$$

【例 4.2.28】已知象函数 $F(z)=\dfrac{z^3+z^2}{(z-1)^3}$，$|z|>1$，求其原函数。

$$K_{11}=(z-1)^3\dfrac{F(z)}{z}\Big|_{z=1}=2$$

$$K_{12}=\dfrac{\mathrm{d}}{\mathrm{d}z}[(z-1)^3\dfrac{F(z)}{z}]\Big|_{z=1}=3$$

解： $$K_{12}=\dfrac{1}{2}\dfrac{\mathrm{d}^2}{\mathrm{d}z^2}[(z-1)^3\dfrac{F(z)}{z}]\Big|_{z=1}=1$$

$$\dfrac{F(z)}{z}=\dfrac{z^2+z}{(z-1)^3}=\dfrac{K_{11}}{(z-1)^3}+\dfrac{K_{12}}{(z-1)^2}+\dfrac{K_{13}}{z-1}$$

$$F(z)=\dfrac{2z}{(z-1)^3}+\dfrac{3z}{(z-1)^2}+\dfrac{z}{z-1}$$

$$f(n)=[n(n-1)+3n+1]\varepsilon(n)$$

### 4.2.8 $Z$ 变换的 Matlab 实现

#### 4.2.8.1 $Z$ 变换

序列 $x(n)$ 的 $Z$ 变换定义为：

$$X(z)=Z[x(n)]=\sum_{n=-\infty}^{\infty}x(n)z^{-n}$$

式中，符号 $Z$ 表示取 $Z$ 变换，$z$ 是复变量。相应地，单边 $Z$ 变换定义为：

$$X(z)=Z[x(n)]=\sum_{n=0}^{\infty}x(n)z^{-n}$$

Matlab 符号数学工具箱提供了计算离散时间信号单边 $Z$ 变换的函数 ztrans 和 $Z$ 反变换函数 iztrans，其调用格式分别为：

$$X=\mathrm{ztrans}(x)$$

$$x=\mathrm{iztrans}(X)$$

上式中的 $x$ 和 $X$ 分别为时域表达式和 $z$ 域表达式的符号表示，可通过 syms 函数来定义符号变量。

【例 4.2.29】试用 ztrans 函数求下列函数的 Z 变换。

(1)$x(n) = a^n \cos(\pi n)\varepsilon(n)$；　　　(2)$x(n) = [2^{n-1} - (-2)^{n-1}]\varepsilon(n)$。

解：(1)Z 变换 Matlab 程序为

syms n a;

x = a^n * cos(pi * n);

Z = ztrans(x);

simplify(Z)

运行结果：z/(z + a)

(2)Z 变换 Matlab 程序为

syms n;

x = 2^(n - 1) - (- 2)^(n - 1);

Z = ztrans(x);

simplify(Z)

运行结果：z^2/(z^2 - 4)

【例 4.2.30】试用 iztrans 函数求下列函数的 Z 反变换。

(1)$X(z) = \dfrac{8z - 19}{z^2 - 5z + 6}$；　　(2)$X(z) = \dfrac{z(2z^2 - 11z + 12)}{(z - 1)(z - 2)^3}$。

解：(1)Z 反变换 Matlab 程序为

syms z;

Z = (8 * z - 19)/(z^2 - 5 * z + 6);

x = iztrans(Z);

simplify(x)

运行结果：

-19/6 * charfcn[0](n) + 3 * 2^(n - 1) + 5 * 3^(n - 1)

其中，charfcn[0](n) 是 $\delta(n)$ 函数在 Matlab 符号工具箱中的表示，逆变换后的函数形式为：

$$x(n) = -\frac{19}{6}\delta(n) + (5 \times 3^{n-1} + 3 \times 2^{n-1})\varepsilon(n)$$

(2)Z 逆变换 Matlab 程序为

syms z;

Z = z * (2 * z^2 - 11 * z + 12)/(z - 1)/(z - 2)^3;

x = iztrans(Z);

simplify(x)

运行结果：

- 3 + 3 * 2^n - 1/4 * 2^n * n - 1/4 * 2^n * n^2

其函数形式为 $x(n) = (-3 + 3 \times 2^n - \dfrac{1}{4}n2^n - \dfrac{1}{4}n^2 2^n)\varepsilon(n)$。

### 4.2.8.2　部分分式法求 Z 反变换

如果信号的 Z 域表示式 $X(z)$ 是有理函数，进行 Z 逆变换的另一个方法是对 $X(z)$ 进行

部分分式展开,然后求各简单分式的 $Z$ 逆变换。设 $X(z)$ 的有理分式表示为:

$$X(z)=\frac{b_0+b_1z^{-1}+b_2z^{-2}+\cdots+b_mz^{-m}}{1+a_1z^{-1}+a_2z^{-2}+\cdots+a_nz^{-n}}=R_1\frac{z}{z-p_1}+R_2\frac{z}{z-p_2}+\cdots+K_0+K_1+\cdots$$

Matlab信号处理工具箱提供了一个对 $X(z)$ 进行部分分式展开的函数residuez,其语句格式为:

$$[R,P,K]=residuez(B,A)$$

式中,$B$,$A$ 分别表示 $X(z)$ 的分子与分母多项式的系数向量;$R$ 为部分分式的系数向量;$P$ 为极点向量;$K$ 为多项式的系数。若 $X(z)$ 为有理真分式,则 $K$ 为 0。

【例 4.2.31】试用 Matlab 命令对函数 $X(z)=\dfrac{18}{18+3z^{-1}-4z^{-2}-z^{-3}}$ 进行部分分式展开,并求出其 $Z$ 反变换。

解:Matlab 程序为

```
B=[18];
A=[18,3,-4,-1];
[R,P,K]=residuez(B,A)
```

运行结果:

```
R=
    0.3600
    0.2400
    0.4000
P=
    0.5000
   -0.3333
   -0.3333
K=
    []
```

从运行结果可知,$p_2=p_3$,表示系统有一个二重极点。所以,$X(z)$ 的部分分式展开为:

$$X(z)=\frac{0.36}{1-0.5z^{-1}}+\frac{0.24}{1+0.3333z^{-1}}+\frac{0.4}{(1+0.3333z^{-1})^2}$$

因此,其 $Z$ 反变换为:

$$x(n)=[0.36\times(0.5)^n+0.24\times(-0.3333)^n+0.4\times(n+1)(-0.3333)^n]\varepsilon(n)$$

4.2.8.3 长除法求 $Z$ 逆变换

Matlab 提供命令有:

多项式相乘命令(卷积):$y=conv(x1,x2)$

多项式相除命令(反卷积):$[q,r]=deconv(b,a)$

式中,$b$ 为分子(被除数)多项式;$a$ 为分母(除数)多项式;$q$ 为商多项式(阶数 = 分子最高阶 — 分母最高阶);$r$ 为与分子同阶的余数多项式。即

$$b=conv(a,q)+r$$

【例 4.2.32】用 Matlab 命令求例 4.2.23 的幂级数展开式。即已知 $F(z)=$

$\dfrac{11z^2 - 15z + 6}{z^3 - 4z^2 + 5z - 2}$，求 $f(n)$。

解：$F(z) = \dfrac{11z^2 - 15z + 6}{z^3 - 4z^2 + 5z - 2} = \dfrac{11z^{-1} - 15z^{-2} + 6z^{-3}}{1 - 4z^{-1} + 5z^{-2} - 2z^{-3}}$

说明：因为商多项式的阶数＝分子最高阶－分母最高阶，余数多项式 $r$ 与分子同阶，为了得到更多项的商多项式，则需把分子多项式增添更多的高阶 0 系数（即系数都为 0）。

程序如下：

```
b = [0 11 - 15 6 0 0 0 0];     % 增添更多的高阶 0 系数，即 7 阶多项式
a = [1 - 4 5 - 2];             %3 阶多项式
[q,r] = deconv(b,a)            % 商为 4 阶多项式
```

运行结果：

```
q = [0,11,29,67,145]
r = [0,0,0,0,0,303 - 591 290]
```

所以 $F(z) = \dfrac{11z^2 - 15z + 6}{z^3 - 4z^2 + 5z - 2} = 0z^0 + 11z^{-1} + 29z^{-2} + 67z^{-3} + 145z^{-4} + \cdots$

逆变换为 $f(n) = 0\delta(n) + 11\delta(n-1) + 29\delta(n-2) + 67\delta(n-3) + 14\delta(n-4) + \cdots$

【例 4.2.33】试用 Matlab 命令对函数 $X(z) = \dfrac{18}{18 + 3z^{-1} - 4z^{-2} - z^{-3}}$ 进行幂函数展开，并求出其 $Z$ 逆变换。

解：如果商为 5 阶，则 Matlab 源程序为

```
b = [18 0 0 0 0 0 0 0 0];     % 增添更多的高阶 0 系数，即 8 阶多项式
a = [18 3 - 4 - 1];           %3 阶多项式
[q,r] = deconv(b,a)           % 商为 5 阶多项式
```

运行结果：

```
q = [1.0000, - 0.1667,0.2500, - 0.0231,0.0502,0.0004]
r = [0,0,0,0,0,0,0,0.1763,0.0517,0.0004]
```

所以，$X(z) = 1 - 0.1667z^{-1} + 0.25z^{-2} - 0.0231z^{-3} + 0.0502z^{-4} + 0.0004z^{-5} + \cdots$

逆变换为：

$f(n) = 1\delta(n) - 0.1667\delta(n-1) + 0.25\delta(n-2) - 0.0231\delta(n-3) + 0.0502\delta(n-4) + 0.0004\delta(n-5) + \cdots$

【例 4.2.34】计算两多项式 $x^4 - 5x^3 + 3x^2 - 4x + 2$ 和 $x^3 + 2x^2 - 5x + 3$ 的乘法。

解：Matlab 程序为

```
a = [1 - 5 3 - 4 2];
b = [1 2 - 5 3];
c = conv(a,b)
```

运行结果为：

```
c = [1, - 3, - 12,30, - 36,33, - 22,6]
```

【例 4.2.35】计算例 4.2.34 中求得的乘积被 $x^3 + 2x^2 - 5x + 3$ 除所得结果。

```
c = [1 - 3 - 12 30 - 36 33 - 22 6];
```

```
b = [1 2 − 5 3];
[q,r] = deconv(c,b);
```
运行结果为：
```
q = [1 − 5 3 − 4 2]
r = [0  0 0  0 0 0 0 0]
```
注：q 为商，r 为余项（与分子同阶），c＝conv(b,q)＋r。

# 4.3  离散信号的傅立叶变换

## 4.3.1  离散时间傅立叶变换（DTFT）

DTFT 是"discrete time Fourier transformation" 的缩写，中文术语是"离散时间傅立叶变换"。传统的傅立叶变换（FT）一般只能用来分析连续时间信号的频谱，而计算机只会处理离散的数字编码信息，所以现代社会需要对大量的离散时间序列进行傅立叶分析。DTFT 就是信息技术领域中对离散时间信号进行频谱分析的数学工具之一。将傅立叶级数和傅立叶变换的分析方法应用于离散时间信号称为序列的傅立叶分析。

非周期连续时间信号 $f(t)$ 的傅立叶变换为：

$$F(j\omega) = \int_{-\infty}^{\infty} f(t) e^{-j\omega t} dt$$

设对信号 $f(t)$ 以采样间隔 $T_s$ 进行抽样，得到非周期离散时间序列 $f(n)$，则其傅立叶变换为：

$$\int_{-\infty}^{\infty} f(nT_s) e^{-j\omega T_s n} dt = \sum_{n=-\infty}^{\infty} f(n) e^{-j\omega T_s n} = \sum_{n=-\infty}^{\infty} f(n) e^{-j\beta n}$$

式中，$\beta = \omega T_s$ 称为数字角频率，$dt$ 为一个时间单位。

因此，得到非周期离散时间信号 $f(n)$ 的傅立叶变换（DTFT）定义。

### 4.3.1.1  DTFT 定义

对于一个非周期序列信号 $f(n)$，其离散时间傅立叶变换（DTFT）定义为：

$$F(e^{j\beta}) = \sum_{n=-\infty}^{\infty} f(n) e^{-j\beta n}$$

式中，$\beta$ 是数字角频率，它是以采样频率 $f_s$ 对频率 $f$ 进行归一化后的重要变量，单位为 rad。即

$$\beta = \frac{2\pi f}{f_s} = 2\pi f T_s = \omega T_s$$

序列 $f(n)$ 的 DTFT 是一个级数，它不一定都能收敛，比如 $f(n) = \varepsilon(n)$ 时，级数就不收敛，反过来，有限长序列总是收敛的，总存在 DTFT。因此，为了保证 DTFT 存在，必须对序列有个约束，即 DTFT 成立的充分必要条件是序列 $f(n)$ 应满足绝对可和，即

$$\sum_{n=-\infty}^{\infty} |f(n)| < \infty$$

DTFT 运算通常也可用简便符号表示：

$$F(e^{j\beta}) = \text{DTFT}\{f(n)\}, \text{或 } F(e^{j\beta}) \overset{\text{DTFT}}{\longleftrightarrow} f(n)$$

显然，$F(e^{j\beta})$ 是 $\beta$ 的连续函数，且是以 $2\pi$ 为周期的。为了求出 DTFT 逆变换，我们对 DTFT 定义式两边同时乘以 $e^{j\beta m}$ 并在 $F(e^{j\beta})$ 的主周期（$-\pi \sim \pi$）内对 $\beta$ 进行积分，得：

$$\int_{-\pi}^{\pi} F(e^{j\beta}) e^{j\beta m} d\beta = \int_{-\pi}^{\pi} \sum_{n=-\infty}^{\infty} \left[ f(n) e^{-j\beta n} \right] e^{j\beta m} d\beta$$

$$= \sum_{n=-\infty}^{\infty} f(n) \int_{-\pi}^{\pi} e^{j\beta(m-n)} d\beta$$

因为

$$\int_{-\pi}^{\pi} 1 \times e^{j\beta(m-n)} d\beta = 2\pi\delta(m-n) = 2\pi\delta(n-m)$$

所以

$$f(n) = \frac{1}{2\pi} \int_{-\pi}^{\pi} F(e^{j\beta}) e^{j\beta n} d\beta$$

上式是序列 $f(n)$ 的离散时间傅立叶逆变换（IDTFT），简记为：

$$f(n) = \text{IDTFT}\{F(e^{j\beta})\}, \text{或 } f(n) \overset{\text{IDTFT}}{\longleftrightarrow} F(e^{j\beta})$$

#### 4.3.1.2　离散时间序列的频谱

一般情况下，离散时间序列 $f(n)$ 的傅立叶变换 $F(e^{j\beta})$，是数字角频率 $\beta$ 的复函数，也叫频谱函数。$F(e^{j\beta})$ 可以用实部与虚部表示，即

$$F(e^{j\beta}) = \text{Re}\{F(e^{j\beta})\} + j\text{Im}\{F(e^{j\beta})\}$$

也可以用幅度和相位表示，即

$$F(e^{j\beta}) = |F(e^{j\beta})| e^{j\varphi(\beta)}$$

式中，$F(e^{j\beta})$ 的模 $|F(e^{j\beta})|$ 为幅度频谱，$F(e^{j\beta})$ 的幅角 $\varphi(\beta)$ 为相位频谱，均为数字角频率 $\beta$ 的连续函数。其中数字角频率 $\beta = \omega T_s$ 也是复变量 $e^{j\beta}$ 的幅角，周期为 $2\pi$。所以离散时间序列 $f(n)$ 的频谱 $F(e^{j\beta})$ 也是数字角频率 $\beta$ 的以 $2\pi$ 为周期的周期函数。

**【例 4.3.1】** 求单位样值序列 $\delta(n)$ 的 DTFT。

解：根据 DTFT 定义有 $F(e^{j\beta}) = \sum_{n=-\infty}^{\infty} \delta(n) e^{-j\beta n} = \delta(0) e^{-j\beta \cdot 0} = 1$。

说明单位样值序列 $\delta(n)$ 的频谱是数字角频率 $\beta$ 域上的常量 1。

**【例 4.3.2】** 长度 $N = 4$ 的矩形序列 $R_4(n) = \sum_{m=0}^{3} \delta(n-m)$ 如图 4.3.1 所示，求其 DTFT。

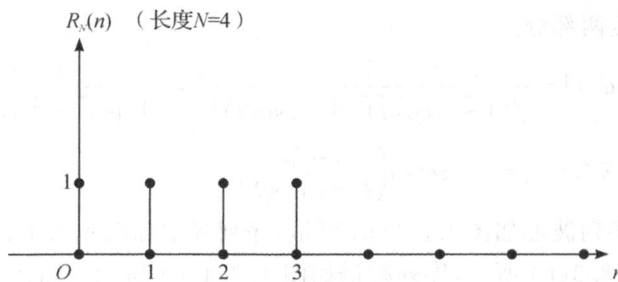

**图 4.3.1　矩形序列（长度 $N = 4$）**

解：根据 DTFT 定义有

$$F(\mathrm{e}^{\mathrm{j}\beta}) = \sum_{n=-\infty}^{\infty} R_4(n)\mathrm{e}^{-\mathrm{j}\beta n} = \sum_{m=0}^{3} \delta(n-m)\mathrm{e}^{-\mathrm{j}\beta n} = \sum_{n=0}^{3} 1\mathrm{e}^{-\mathrm{j}\beta n}$$

$$= \frac{1-\mathrm{e}^{-\mathrm{j}4\beta}}{1-\mathrm{e}^{-\mathrm{j}\beta}} = \frac{\mathrm{e}^{-\mathrm{j}2\beta}(\mathrm{e}^{\mathrm{j}2\beta}-\mathrm{e}^{-\mathrm{j}2\beta})}{\mathrm{e}^{-\mathrm{j}\frac{\beta}{2}}(\mathrm{e}^{\mathrm{j}\frac{\beta}{2}}-\mathrm{e}^{-\mathrm{j}\frac{\beta}{2}})} = \frac{\sin(2\beta)}{\sin\left(\dfrac{\beta}{2}\right)}\mathrm{e}^{-\mathrm{j}\frac{3\beta}{2}}$$

幅度频谱为：
$$|F(\mathrm{e}^{\mathrm{j}\beta})| = \left|\frac{\sin(2\beta)}{\sin\left(\dfrac{\beta}{2}\right)}\right|$$

相位频谱为：
$$\varphi(\beta) = -\frac{3\beta}{2} + \arg\left[\frac{\sin(2\beta)}{\sin\left(\dfrac{\beta}{2}\right)}\right]$$

注意：其中 arg[·] 表示方括号内复数表达式的幅角（即引入的相移）。

矩形序列 $R_4(n)$ 的幅度频谱如图 4.3.2 所示，由图可见，矩形序列的频谱是连续频谱，且是数字角频率 $\beta$ 的周期函数，周期为 $2\pi$。

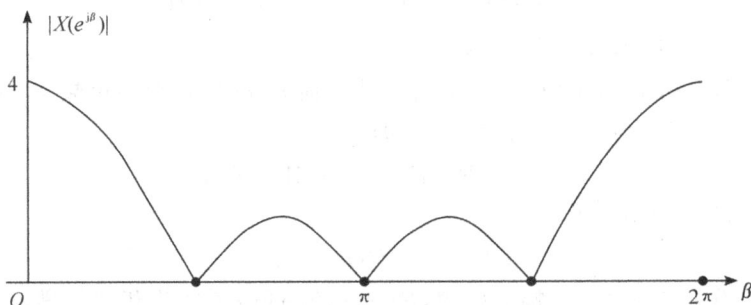

图 4.3.2　单位矩形序列(长度 $N=4$)的频谱

【例 4.3.3】求因果序列 $x(n)=a^n, n \geqslant 0$ 的 DTFT，$a$ 是实数。

解：按定义有 $X(\mathrm{e}^{\mathrm{j}\beta}) = \sum_{n=-\infty}^{\infty} x(n)\mathrm{e}^{-\mathrm{j}\beta n} = \sum_{n=0}^{\infty} a^n \mathrm{e}^{-\mathrm{j}\beta n} = \sum_{n=0}^{\infty}(a\mathrm{e}^{-\mathrm{j}\beta})^n$。

显然，级数在 $|a| \geqslant 1$ 情况下将不收敛，上式没有意义。而当 $|a| < 1$ 时是一个收敛的等比级数，其和为

$$X(\mathrm{e}^{\mathrm{j}\beta}) = \frac{1}{1-a\mathrm{e}^{-\mathrm{j}\beta}} = \frac{1}{1-a\cos\beta+\mathrm{j}a\sin\beta}$$

写成幅度与相位两部分

$$|X(\mathrm{e}^{\mathrm{j}\beta})| = \frac{1}{\sqrt{(1-a\cos\beta)^2+(a\sin\beta)^2}} = \frac{1}{\sqrt{1+a^2-2a\cos\beta}}$$

$$\arg[X(\mathrm{e}^{\mathrm{j}\beta})] = -\arctan\left(\frac{a\sin\beta}{1-a\cos\beta}\right)$$

当 $a=0.5$ 时，序列波形如图 4.3.3(a) 所示，序列频谱如图 4.3.4(a) 所示；当 $a=-0.5$ 时，序列波形如图 4.3.3(b) 所示，序列频谱如图 4.3.4(b) 所示。由图可见，如果将指数序列 $x(n)=0.5^n$ 作为滤波器的单位样值响应，则滤波器频响具有低通特性；如果取 $a=-0.5$ [即 $x(n)=(-0.5)^n$]，其结果是谱倒置功效，它将低通滤波器频响改造成了高通滤波器类型。

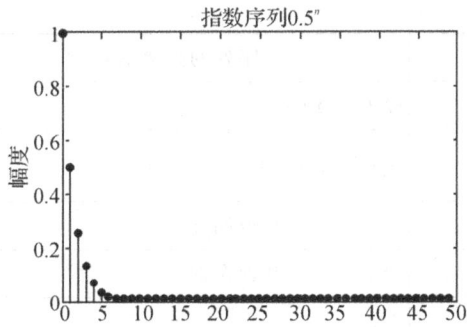 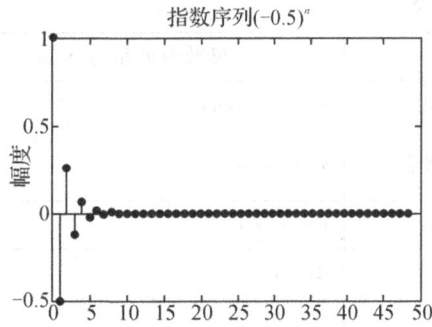

(a)           (b)

图 4.3.3    指数序列时域波形

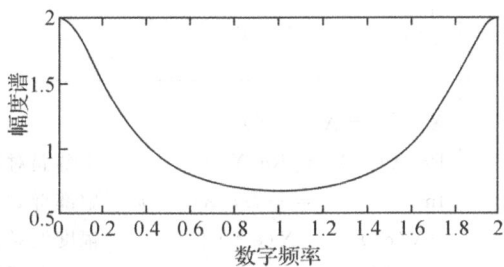 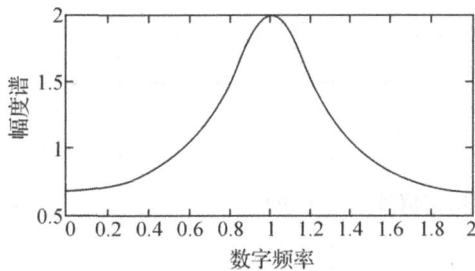

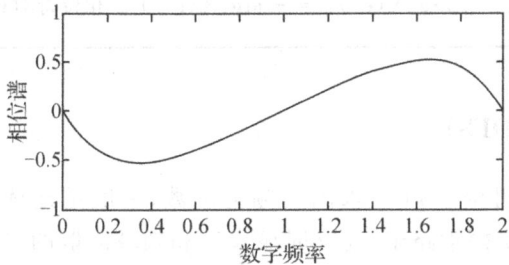 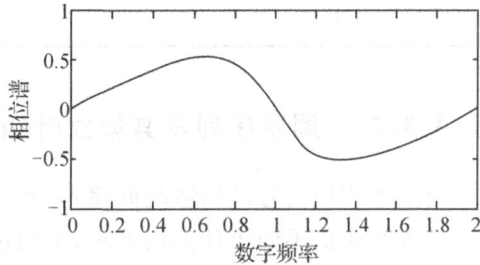

(a)           (b)

图 4.3.4    指数序列频谱波形

#### 4.3.1.3 DTFT 的性质

有关 DTFT 的性质列于表 4.3.1 中,供读者参考。

表 4.3.1    序列傅立叶变换的主要性质

| | 离散时间信号 $x(n)$ | 序列的频谱 $X(e^{j\beta})$ |
|---|---|---|
| 1. 线性 | $ax(n)+by(n)$,$a$,$b$ 任意常数 | $aX(e^{j\beta})+bY(e^{j\beta})$ |
| 2. 位移 | $x(n-m)$ | $e^{-j\beta m}X(e^{j\beta})$ |
| 3. 共轭 | $x^{*}(n)$ | $X^{*}(e^{-j\beta})$ |
| 4. 反折 | $x(-n)$ | $X(e^{-j\beta})$ |
| 5. 调制 | $e^{j\beta_0 n}x(n)$ | $X(e^{j(\beta-\beta_0)})$ |

续表

| | 离散时间信号 $x(n)$ | 序列的频谱 $X(e^{j\beta})$ |
|---|---|---|
| 6. 卷积 | $x(n) * y(n)$ | $X(e^{j\beta})Y(e^{j\beta})$ |
| 7. 频域卷积 | $x(n)y(n)$ | $\dfrac{1}{2\pi}\displaystyle\int_{-\pi}^{\pi} X(e^{jv})Y(e^{j(\beta-v)})\,dv$ |
| 8. 实部 | $\mathrm{Re}\{x(n)\}$ | $X_e(e^{j\beta})$     共轭偶部 |
| 9. 虚部 | $j\mathrm{Im}\{x(n)\}$ | $X_o(e^{j\beta})$     共轭奇部 |
| 10. 实偶部 | $x_e(n)$ | $\mathrm{Re}\{X(e^{j\beta})\}$ |
| 11. 实奇部 | $x_o(n)$ | $j\mathrm{Im}\{X(e^{j\beta})\}$ |
| 12. 能量 | $\displaystyle\sum_{n=-\infty}^{\infty}\mid x(n)\mid^2$ | $\dfrac{1}{2\pi}\displaystyle\int_{-\pi}^{\pi}\mid X(e^{j\beta})\mid^2 d\beta$ |
| 13. 实信号 | $x(n)$ | $X(e^{j\beta}) = X^*(e^{-j\beta})$ <br> $\mathrm{Re}\{X(e^{j\beta})\} = \mathrm{Re}\{X(e^{-j\beta})\}$    实部偶对称 <br> $\mathrm{Im}\{X(e^{j\beta})\} = -\mathrm{Im}\{X(e^{-j\beta})\}$    虚部奇对称 <br> $\mid X(e^{j\beta})\mid = \mid X(e^{-j\beta})\mid$    幅度偶对称 <br> $\arg\{X(e^{j\beta})\} = -\arg\{X(e^{-j\beta})\}$    相位奇对称 |

### 4.3.2　周期序列及其傅立叶级数(DFS)

对于非周期信号的离散时间序列,理论上可由 DTFT 求出其频谱函数,一般是连续频谱。但连续频谱不便于计算机处理,必须进一步探索路子,建立时域离散和频域离散的对应关系。

周期连续时间信号 $f(t)$ 的傅立叶级数系数为:

$$F_k = \frac{1}{T}\int_0^T f(t)e^{-jk\Omega t}\,dt$$

对 $f(t)$ 以采样间隔 $T_s$ 进行取样,得 $f(n)$,则其离散傅立叶级数为:

$$F_k = \frac{1}{N}\int_0^T f(nT_s)e^{-jk\Omega T_s n}\,dt = \frac{1}{N}\sum_{n=0}^{N-1} f(n)e^{-jk\Omega T_s n}$$

$$= \frac{1}{N}\sum_{n=0}^{N-1} f(n)e^{-j\beta_0 kn}$$

式中 $\beta_0 = \Omega T_s = \dfrac{2\pi}{N}$ 称为基波数字角频率,$dt$ 为一个时间单位。

因此,得到周期离散时间信号 $f(n)$ 的离散傅立叶级数(discrete Fourier series,DFS)定义。

#### 4.3.2.1　离散时间周期信号 $f_N(n)$ 的 DFS 定义

设 $f_N(n)$ 是一个以 $N$ 为重复周期的序列,即满足:$f_N(n) = f_N(n+kN), 0 \leqslant n \leqslant$

$N-1,k$ 是任意整数。

如果一个 $N=5$ 的周期序列,主周期值为 $\{1,2,-1,3,4\}$,则其序列波形如图 4.3.5 所示。

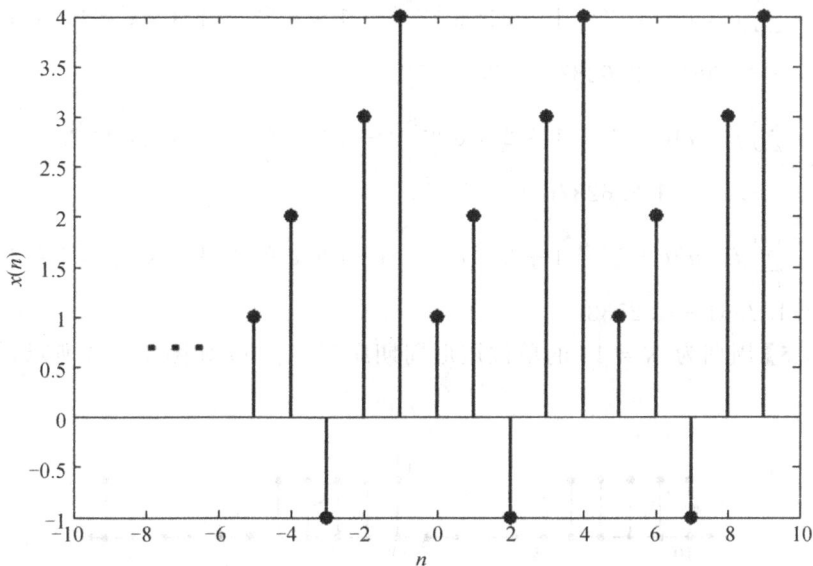

图 4.3.5 周期 $N=5$ 的周期序列

设周期序列记为 $f_N(n)$,$N$ 为周期,其基波数字角频率 $\beta_0=\dfrac{2\pi}{N}$,则离散时间周期信号的傅立叶展开系数的定义为:

$$F_N(k)=\sum_{n=0}^{N-1}f_N(n)\mathrm{e}^{-\mathrm{j}\beta_0 nk}$$

式中 $F_N(k)$ 称为离散傅立叶系数,也称离散傅立叶级数正变换。由 $F_N(k)$ 能获得周期离散信号的频谱分布结构。

离散时间周期信号的傅立叶级数展开为:

$$f_N(n)=\frac{1}{N}\sum_{k=0}^{N-1}F_N(k)\mathrm{e}^{\mathrm{j}n\beta_0 k}$$

也称为离散傅立叶级数逆变换。

上述两式构成一个离散周期信号的离散傅立叶级数对。因为整数 $k$ 和 $n$ 都是以 $N$ 为周期的,所以离散时间周期序列的频谱也是频域离散的周期序列,即它们都是以 $N$ 为周期的离散周期序列。

注意:DFS 由于是有限项求和,所以总是收敛的。

【例 4.3.4】$f_N(n)$ 一个 $N=5$ 的周期序列的主周期值为 $\{1,2,-1,3,4\}$,求其傅立叶系数。

解:因为,$F_N(k)=\sum\limits_{n=0}^{N-1}f_N(n)\mathrm{e}^{-\mathrm{j}n\beta_0 k}$,所以

$$F_5(0)=\sum_{n=0}^{4}f_5(n)\mathrm{e}^{-\mathrm{j}n\beta_0\cdot 0}=\sum_{n=0}^{4}f_5(n)=1+2+(-1)+3+4=9$$

$$F_5(1) = \sum_{n=0}^{4} f_5(n) e^{-jn\beta_0 \cdot 1} = \sum_{n=0}^{4} f_5(n) e^{-jn\frac{2\pi}{5} \cdot 1} = 1 + 2 \times e^{-j1 \cdot \frac{2\pi}{5} \cdot 1} - 1 \times e^{-j2 \cdot \frac{2\pi}{5} \cdot 1} + 3 \times e^{-j3 \cdot \frac{2\pi}{5} \cdot 1} + 4 \times e^{-j4 \cdot \frac{2\pi}{5} \cdot 1}$$
$$= 1.2361 + 4.2533i$$

$$F_5(2) = \sum_{n=0}^{4} f_5(n) e^{-jn\frac{2\pi}{5} \cdot 2} = 1 + 2 \times e^{-j1 \cdot \frac{2\pi}{5} \cdot 2} - 1 \times e^{-j2 \cdot \frac{2\pi}{5} \cdot 2} + 3 \times e^{-j3 \cdot \frac{2\pi}{5} \cdot 2} + 4 \times e^{-j4 \cdot \frac{2\pi}{5} \cdot 2}$$
$$= -3.2361 - 2.6287i$$

$$F_5(3) = \sum_{n=0}^{4} f_5(n) e^{-jn\frac{2\pi}{5} \cdot 3} = 1 + 2 \times e^{-j1 \cdot \frac{2\pi}{5} \cdot 3} - 1 \times e^{-j2 \cdot \frac{2\pi}{5} \cdot 3} + 3 \times e^{-j3 \cdot \frac{2\pi}{5} \cdot 3} + 4 \times e^{-j4 \cdot \frac{2\pi}{5} \cdot 3}$$
$$= -3.2361 + 2.6287i$$

$$F_5(4) = \sum_{n=0}^{4} f_5(n) e^{-jn\frac{2\pi}{5} \cdot 4} = 1 + 2 \times e^{-j1 \cdot \frac{2\pi}{5} \cdot 4} - 1 \times e^{-j2 \cdot \frac{2\pi}{5} \cdot 4} + 3 \times e^{-j3 \cdot \frac{2\pi}{5} \cdot 4} + 4 \times e^{-j4 \cdot \frac{2\pi}{5} \cdot 4}$$
$$= 1.2361 - 4.2533i$$

【例 4.3.5】周期为 $N=10$ 的单位矩形周期序列 $f_N(n)$ 如图 4.3.6 所示,求其 DFS。

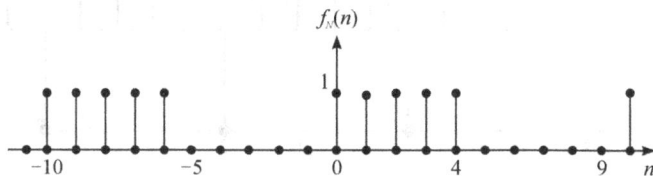

图 4.3.6  单位矩形周期序列($N=10$)

解:$f_N(n)$ 的离散傅立叶级数为:

$$F_N(k) = \sum_{n=0}^{N-1} f_N(n) e^{-j\frac{2\pi}{N}kn} = \sum_{n=0}^{9} f_N(n) e^{-j\frac{2\pi}{10}kn} = \sum_{n=0}^{4} e^{-j\frac{2\pi}{10}kn}$$

$$= \frac{1 - (e^{-j\frac{2\pi}{10}k})^5}{1 - e^{-j\frac{2\pi}{10}k}} = e^{-j\frac{4\pi}{10}k} \cdot \frac{\sin\left(\dfrac{\pi k}{2}\right)}{\sin\left(\dfrac{\pi k}{10}\right)} \quad (-\infty < k < \infty)$$

其幅度频谱为:

$$|F_N(k)| = \left| \frac{\sin\left(\dfrac{\pi k}{2}\right)}{\sin\left(\dfrac{\pi k}{10}\right)} \right| \quad (-\infty < k < \infty)$$

其频谱图如图 4.3.7 所示。

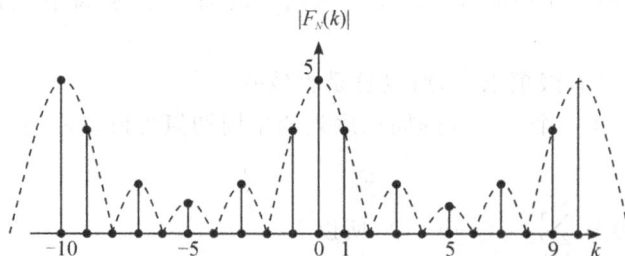

图 4.3.7  单位矩形周期序列($N=10$)的频谱

可见，离散时间周期序列的频谱也是频域的离散周期序列。DFS 对周期序列实现了时域离散和频域离散的对应关系。

接下来考察复指数序列 $f_N(n) = e^{j\beta_0 n}$ 特征。

根据欧拉公式 $e^{j\beta_0 n} = \cos(\beta_0 n) + j\sin(\beta_0 n)$，是数字频率为 $\beta_0$（常数）的正弦序列和余弦序列构造的，称它为基频分量。显然，$k$ 次谐波分量就是 $e^{jk\beta_0 n} = \cos(k\beta_0 n) + j\sin(k\beta_0 n)$，选基波 $\beta_0 = \dfrac{2\pi}{N}$，且第 $k$ 次谐波复指数序列用 $e_k(n)$ 表示，即

$$e_k(n) = e^{j\frac{2\pi}{N}kn} = \cos(\frac{2\pi}{N}kn) + j\sin(\frac{2\pi}{N}kn)$$

而第 $k + N$ 次的谐波为：

$$e_{k+N}(n) = e^{j\frac{2\pi}{N}(k+N)n} = e^{j\frac{2\pi}{N}kn}e^{j2\pi n} = e^{j\frac{2\pi}{N}kn} = e_k(n)$$

说明 $e_k(n)$ 是关于谐波序号 $k$ 的周期函数，且周期为 $N$。这是与连续复指数信号显著不同的特征，它表明了以 $\dfrac{2\pi}{N}$ 为数字基频的所有谐波分量中，只有 $N$ 个是独立的，其他谐波都是它们的重复。

所以，$f_N(n)$ 是以 $N$ 为周期的时域序列，$F_N(k)$ 也是以 $N$ 为周期的频率域序列。信号在时域的周期性和离散性，反映到频率域就对称地表现为频谱的离散性（谐波）和周期性。这是傅立叶变换对称性质的体现。

显然，$k = 0$ 时对应的分量是信号的直流成分，$F_N(0) = \sum\limits_{n=0}^{N-1} f_N(n)$，而 $k = 1$ 时，$F_N(1) = \sum\limits_{n=0}^{N-1} f_N(n)e^{-j\frac{2\pi}{N} \cdot 1 \cdot n}$，它是信号的基频分量，其频率究竟是多少呢？我们假设 $N$ 点周期序列是以间隔 $T_s$(s) 从周期模拟信号无混叠地采样得来的，即采样频率为 $f_s = \dfrac{1}{T_s}$(Hz)，那么频谱是以 $f_s$ 为周期的，折算成数字频率 $\beta_s = \Omega_s T_s = 2\pi f_s T_s = 2\pi$；另一方面，周期序列的频谱又是离散的，有 $N$ 个谐波。换句话说，在一个周期 $2\pi$ 范围内出现 $N$ 等分数字频点，第一个等分点 $\beta_1 = \dfrac{2\pi}{N}$ 就是基频，对应的模拟频率是 $f_1 = \dfrac{f_s}{N}$(Hz)；第二个等分频点 $\beta_2 = \dfrac{2\pi}{N}2$，是基频的 2 倍，即 2 次谐波分量，$F_N(2) = \sum\limits_{n=0}^{N-1} f_N(n)e^{-j\frac{2\pi}{N} \cdot 2 \cdot n}$，对应于 $k = 2$ 的情况；其他依此类推，直到 $k = N - 1$。需要指出的是，保证频谱无混叠的时域采样意味着被采样的信号最高频率分量至多只到 $0.5f_s$，不超过折叠频率，它对应于数字频率 $\pi$，折算到频率点 $k = 0.5N$（取整）。大于这个整数的 $k$ 次谐波分量都是采样镜像谐波，并不是原连续信号本身含有的。

若记 $W_N = e^{-j\frac{2\pi}{N}} = e^{-j\beta_0}$，则傅立叶级数可表示为：

$$\mathrm{DFS}[f_N(n)] = F_N(k) = \sum\limits_{n=0}^{N-1} f_N(n)W_N^{nk}, 0 \leqslant k \leqslant N-1$$

$$\mathrm{IDFS}[F_N(k)] = f_N(n) = \frac{1}{N}\sum\limits_{k=0}^{N-1} F_N(k)W_N^{-nk}, 0 \leqslant n \leqslant N-1$$

由于 DFS 都是以 $N$ 为周期的序列，所有的信息都包含在一个周期中，因此，只要了解一个周期的情况，便可知道全部信息，把 $n$ 和 $k$ 限制在 $0 \sim (N-1)$ 中也就完全合理。

### 4.3.3　四种傅立叶变换的特点和关系

（1）周期为 $T$ 的连续周期信号 $f_T(t)$ 的傅立叶级数（CFS）$F_k$ 与连续非周期信号 $f(t)$ 的傅立叶变换（CTFT）$F(j\omega)$ 的关系如下：

$$F_k = \frac{1}{T}F(j\omega)\Big|_{\omega=k\Omega}$$

$$F(j\omega) = TF_k\big|_{k\Omega=\omega}, \Omega = \frac{2\pi}{T}$$

即 $f(t)$ 为取出 $f_T(t)$ 主周期得到的非周期信号。

（2）离散周期信号 $f_N(n)$ 的离散傅立叶级数（DFS）$F_N(k)$ 与离散非周期信号 $f(n)$ 的离散时间傅立叶变换（DTFT）$F(e^{j\beta})$ 的关系如下：

$$F_N(k) = F(e^{j\beta})\big|_{\beta=\frac{2\pi}{N}k}, F(e^{j\beta}) = F_N(k)\big|_{\beta=\frac{2\pi}{N}k}$$

即 $f(n)$ 为取出 $f_N(n)$ 主周期得到的非周期信号。

### 4.3.4　离散傅立叶变换（DFT）

在 DFS 中，周期时间序列在时域是离散的 $n$，其频谱也是离散频率周期序列，在频域也是离散的 $k$，理论上解决了时域离散和频域离散的对应关系问题。但由于其在时域和频域都是周期序列，所以都是无限长序列。无限长序列在计算机运算上仍然是无法实现的。为此我们必须取有限长序列来建立其时域离散和频域离散的对应关系。为了解决此问题，引入离散傅立叶变换（discrete Fourier transform，DFT）。

#### 4.3.4.1　从 DFS 到 DFT

借助周期序列 DFS 的概念导出有限长序列的 DFT。将长度为 $N$ 的有限长序列 $f(n)$ 延拓成周期为 $N$ 的周期序列 $f_N(n)$，即

$$f_N(n) - \sum_{m=-\infty}^{\infty} f(n+mN) = f((n))_N, f(n) = f_N(n)R_N(n)$$

若把 $f(n)$ 作为周期系列 $f_N(n)$ 的主周期，则离散傅立叶变换（DFT）定义为：

$$F(k) = \mathrm{DFT}[f(n)] = \sum_{n=0}^{N-1} f(n)W_N^{kn} (0 \leqslant k \leqslant N-1)$$

式中，$W_N = e^{-j\frac{2\pi}{N}} = e^{-j\beta_0}$。

离散傅立叶逆变换（IDFT）定义为：

$$f(n) = \mathrm{IDFT}[F(k)] = \frac{1}{N}\sum_{k=0}^{N-1} F(k)W_N^{-kn} (0 \leqslant n \leqslant N-1)$$

式中，$W_N = e^{-j\frac{2\pi}{N}} = e^{-j\beta_0}$。

说明：

（1）若将 $f(n)$，$F(k)$ 分别理解为 $f_N(n)$，$F_N(k)$ 的主值序列，那么，DFT 变换与 DFS 变换的表达式完全相同。可见 DFT 只不过是特殊的 DFS，即其时域和频域都仅取主值序列。

（2）由 DFT 的导入过程可以发现，DFT 不仅可以解决无限长周期序列的计算机运算问题，而且可以解决有限长序列的计算机运算问题。事实上，对于有限长离散序列，总可以把

时域和频域的变换区间(序列长度)均取为 $N$(包括适当数量的补零点),通常把 $N$ 称为等间隔采样点数,可以把这个 $N$ 点的变换区间视为某个周期序列的一个主值序列,直接利用 DFT 的定义计算其 $N$ 点变换。

**【例 4.3.6】** 求矩形脉冲序列 $f(n) = R_N(n)$ 的 DFT。

解:由定义得

$$F(k) = \sum_{n=0}^{N-1} f(n) W_N^{kn} = \sum_{n=0}^{N-1} W_N^{kn} = \sum_{n=0}^{N-1} (\mathrm{e}^{-\mathrm{j}\frac{2\pi}{N}k})^n$$

$$= \begin{cases} \dfrac{1 - (\mathrm{e}^{-\mathrm{j}\frac{2\pi k}{N}})^N}{1 - (\mathrm{e}^{-\mathrm{j}\frac{2\pi k}{N}})}, & \text{当 } \mathrm{e}^{-\mathrm{j}\frac{2\pi k}{N}} \neq 1 \\ N, & \text{当 } \mathrm{e}^{-\mathrm{j}\frac{2\pi k}{N}} = 1 \end{cases}$$

即 $F(0) = N$,$F(1) = F(2) = \cdots = F(N-1) = 0$,也可写成 $F(k) = N\delta(k)$。

**【例 4.3.7】** 有效长度 $N_1 = 4$ 的单位矩形序列为:$R_4(n) = \sum_{i=0}^{3} \delta(n-i)$。如果补零延伸为 $N = 16$(注意:可以补零延伸为序列有效长度 $N_1$ 的整数倍),如图 4.3.8 所示,求补零延伸后 16 点信号的 DFT。

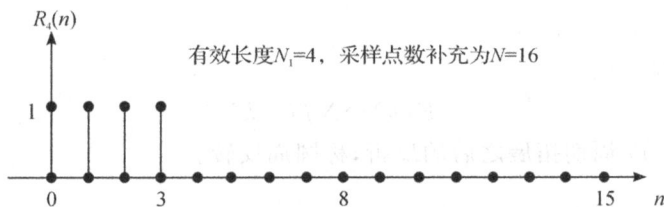

图 4.3.8 单位矩形序列(有效长度 $N_1 = 4$)

解:如果变换区间等间隔采样点数 $N = 16$,则其 16 点的 DFT 频谱为:

$$X(k) = \sum_{n=0}^{N-1} x(n) W_N^{nk} = \sum_{n=0}^{15} R_4(n) W_{16}^{nk} = \sum_{n=0}^{3} W_{16}^{nk} = \sum_{n=0}^{3} \mathrm{e}^{-\mathrm{j}\frac{2\pi}{16}kn}$$

$$= \frac{1 - (\mathrm{e}^{-\mathrm{j}\frac{2\pi}{16}k})^4}{1 - \mathrm{e}^{-\mathrm{j}\frac{2\pi}{16}k}} = \mathrm{e}^{-\mathrm{j}\frac{3\pi}{16}k} \frac{\sin\left(\dfrac{\pi k}{4}\right)}{\sin\left(\dfrac{\pi k}{16}\right)} \quad (k = 0, 1, \cdots, 15)$$

其 16 点 DFT 的幅度频谱图如图 4.3.9 所示。

如果取变换区间 $N = 32$,即在有限长离散时间序列尾部补更多位的 0,则 32 点的 DFT 谱线更密。这是因为延长观察时间,可提高频率分辨率。但 DFT 频谱的包络线始终与非周期序列 $R_4(n)$ 的离散时间傅立叶变换 DTFT 的连续频谱曲线一致[注意周期序列 $R_4(n)$ 的 DFT 对应图 4.3.9 中,$k = 0, 4, 8, 12$ 的 4 个点]。这又表明 DFT 是 DTFT 连续频谱的离散化,即 DFT 是 DTFT 的频谱采样。

综上所述,DFT 是数字化时代信号分析与合成的最重要工具,理论上讲,几乎所有的物理信号(连续的或离散的、周期的或非周期的)的傅立叶分析都可以采用 DFT 实现计算机运算。

图 4.3.9 单位矩形周期序列的 16 点 DFT

### 4.3.4.2 DFT 的性质

**1. 线性**

若 $f_1(n) \leftrightarrow F_1(k)$, $f_2(n) \leftrightarrow F_2(k)$，则

$$af_1(n) + bf_2(n) \leftrightarrow aF_1(k) + bF_2(k)$$

**2. 对偶性**

若 $f(n) \leftrightarrow F(k)$，则

$$F(n) \leftrightarrow Nf(-k)$$

$f(-n)$ 是 $f(n)$ 周期拓展之后的反折，称圆周反转。

**3. 移位特性**

(1) 循环移位(也称圆周移位)

将 $N$ 点有限长序列 $f(n)$ 做 $m$ 点循环移位后的序列 $y(n)$ 定义为：

$$y(n) = f((n+m))_N R_N(n)$$

式中 $f((n+m))_N$ 表示这样的操作：先以 $f(n)$ 当主值周期，做周期延拓成为周期信号 $f_N(n)$，然后再进行移位，最后由 $R_N(n)$ 截取 $0 \sim N-1$ 区间数据，成为 $N$ 点序列 $y(n)$。说明 $N$ 点序列循环移位后仍然是 $N$ 点序列。

如：6 点序列 $f(n)$ 如图 4.3.10(a) 所示；周期延拓后如图 4.3.10(b) 所示；右移 3 个单位后如图 4.3.10(c) 所示；最后由 $R_6(n)$ 截取 $0 \sim 5$ 区间成为 6 点的 $y(n)$，如图 4.3.10(d) 所示。

图 4.3.11 说明了同一个序列进行线性移位和循环移位操作的结果差异，图 4.3.11(a) 是线性移位，数值 0 从右边移入主值区而序列值被移出；图 4.3.11(b) 是循环移位，数值从右边移出但同时又从左边进入，移位过程中 6 个值都保持在主值区内。

(2) 循环移位特性

若 $f(n) \leftrightarrow F(k)$，则

$$f((n+m))_N R_N(n) \leftrightarrow W_N^{-mk} F(k)$$

上式说明，经过循环移位后的序列的 DFT 与移位前的 DFT 差别仅是相位上的改变。这一改变与离散频率 $k$ 成正比，对幅频特性没有影响。同样，根据 DFT 变换的对偶性，有

$$\text{IDFT}\left[F((k+r))_N R_N(k)\right] = W_N^{nr} f(n) = e^{-\mathrm{j}\frac{2\pi}{N}nr} f(n)$$

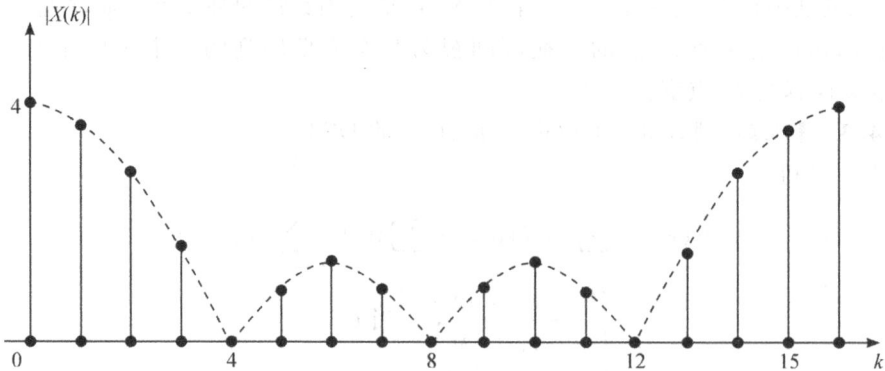

280

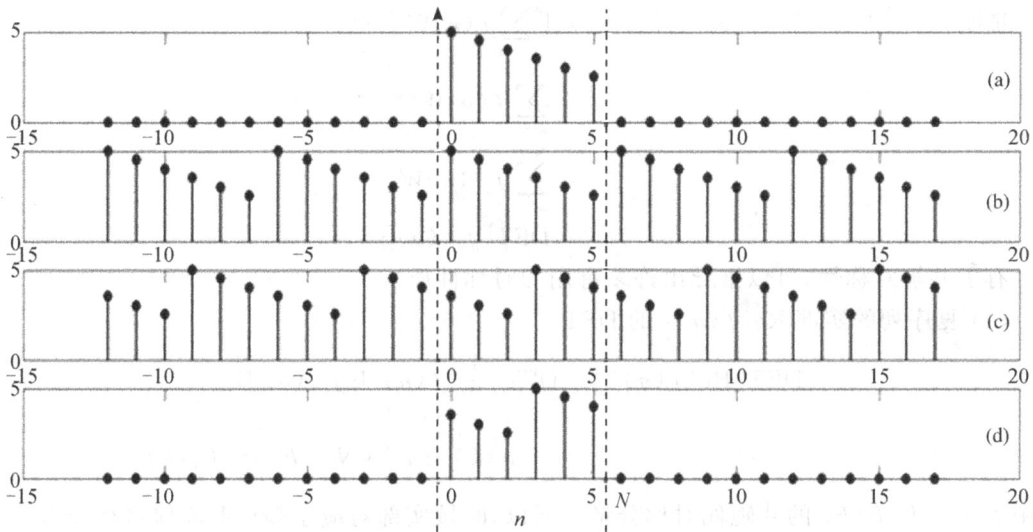

图 4.3.10 有限长 N 点序列循环移位

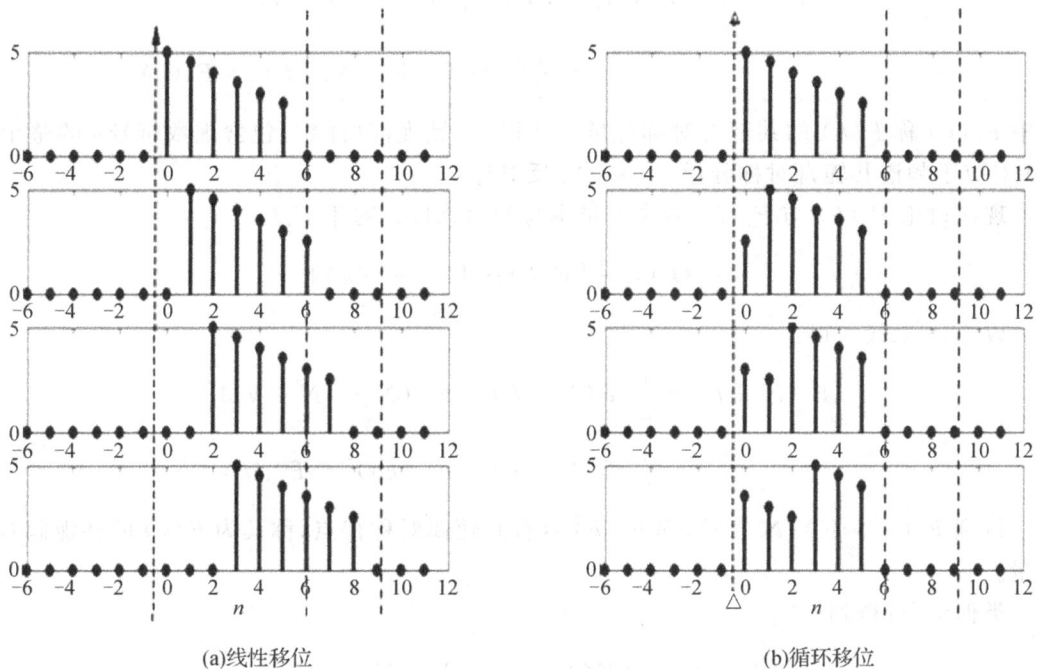

(a)线性移位  (b)循环移位

图 4.3.11 有限长 6 点序列线性移位和循环移位的区别

## 4. 共轭对称性

设 $f^*(n)$ 是 $f(n)$ 的复共轭序列,长度为 $N$,若 $f(n) \leftrightarrow F(k)$,则

$$f^*(n) \leftrightarrow F^*(N-k), 0 \leqslant k \leqslant N-1$$

注意:当 $k=0$ 时,$F^*(N-k)=F^*(N)$,已经超出主值区间,我们再次从周期延拓的概念去理解,就有 $F^*(N)=F^*(0)$。

证明：
$$F^*(N-k) = \Big[\sum_{n=0}^{N-1} f(n) W_N^{(N-k)n}\Big]^*$$
$$= \sum_{n=0}^{N-1} f(n) W_N^{(N-k)n}$$
$$= \sum_{n=0}^{N-1} f^*(n) W_N^{kn}$$
$$= \text{DFT}[f^*(n)]$$

有了共轭对称性，可以推导出许多有用的对称性质。

（1）复序列的实部 $\text{Re}\{f(n)\}$ 的 DFT

$$\text{DFT}[\text{Re}\{f(n)\}] = \text{DFT}\{\tfrac{1}{2}[f(n) + f^*(n)]\}$$
$$= \tfrac{1}{2}[F(k) + F^*(N-k)] = F_e(k)$$

式中 $F_e(k)$ 称 $F(k)$ 的共轭偶对称分量。所以，时域实部对应于频谱共轭偶对称分量。

（2）复序列的虚部 $\text{Im}\{f(n)\}$ 的 DFT

$$\text{DFT}[j\text{Im}\{f(n)\}] = \text{DFT}\{\tfrac{1}{2}[f(n) - f^*(n)]\}$$
$$= \tfrac{1}{2}[F(k) - F^*(N-k)] = F_o(k)$$

式中 $F_o(k)$ 称 $F(k)$ 的共轭奇对称分量。所以，时域虚部（注意，包含虚数符号 j 的整个虚部）对应于频谱共轭奇对称分量（也称共轭反对称）。

现在讨论 $F_e(k)$ 与 $F_o(k)$ 两个分量本身的对称性。对于 $F_e(k)$

$$F_e(k) = \tfrac{1}{2}[F(k) + F^*(N-k)]$$

以 $N-k$ 代入得：

$$F_e(N-k) = \tfrac{1}{2}[F(N-k) + F^*(N-(N-k))]$$
$$= \tfrac{1}{2}[F(N-k) + F^*(k)] = F_e^*(k)$$

得到 $F_e(k) = F_e^*(N-k)$，即 $F_e(k)$ 具有共轭偶对称特点，称其为 $F(k)$ 的共轭偶对称分量。

类似地，可得到

$$F_o(N-k) = \tfrac{1}{2}[F(N-k) - F^*(N-(N-k))]$$
$$= \tfrac{1}{2}[F(N-k) - F^*(k)]$$
$$= \tfrac{1}{2}[F^*(N-k) - F(k)]^* = -F_o^*(k)$$

得到 $F_o(k) = -F_o^*(N-k)$，即 $F_o(k)$ 具有共轭奇对称特点，称其为 $F(k)$ 的共轭奇对称分量。

根据 DFT 的对称特性，我们也可以找到频谱 $F(k)$ 的实部 $\text{Re}\{F(k)\}$、虚部 $\text{Im}\{F(k)\}$

与 $f(n)$ 的共轭偶部 $f_e(n)$ 与共轭奇部 $f_o(n)$ 的关系。

（3）复序列的共轭偶对称部分 $f_e(n)$ 的 DFT

$$\mathrm{DFT}[f_e(n)] = \frac{1}{2}\mathrm{DFT}[f(n) + f^*(N-n)]$$

$$= \frac{1}{2}[F(k) + F^*(k)] = \mathrm{Re}\{F(k)\}$$

式中 $f_e(n)$ 为序列 $f(n)$ 的圆周共轭偶对称部分，$\mathrm{Re}\{F(k)\}$ 为 $F(k)$ 的实部分量。所以，时域的共轭偶对称部分对应于其频谱的实部分量。

（4）复序列的共轭奇对称部分 $f_o(n)$ 的 DFT

$$\mathrm{DFT}[f_o(n)] = \frac{1}{2}\mathrm{DFT}[f(n) - f^*(N-n)]$$

$$= \frac{1}{2}[F(k) - F^*(k)] = \mathrm{jIm}\{X(k)\}$$

式中 $f_o(n)$ 为序列 $f(n)$ 的圆周共轭奇对称部分，$\mathrm{Im}\{F(k)\}$ 为 $F(k)$ 的虚部分量。所以，时域的共轭奇对称部分对应于其频谱的虚部分量（注意，包含虚数符号 j 的整个虚部）。

所谓圆周共轭偶部与圆周共轭奇部，即应把 $N$ 点序列看成周期延拓后的序列，显然，$f(N) = f(0) = f(N-0)$，也就是从所谓的圆周意义上来理解。

（5）实序列的 DFT

现实中采集的时域序列都是纯实数序列 $f(n)$，即 $f(n) = f^*(n)$ 或 $f(n) = \mathrm{Re}\{f(n)\}$，那么，实序列 $f(n)$ 的 DFT $F(k)$ 只包含共轭偶对称部分，而共轭奇对称部分为 0，即

$$F(k) = F_e(k) = F_e^*(N-k), F_o(k) = 0$$

所以，$F(k) = F^*(N-k)$。

这表明实数序列的 DFT 具有共轭偶对称性，利用这一特性，只要知道一半数目的 $F(k), k = 0, 1, 2, \cdots, \frac{N}{2} - 1$ 就可得到另一半的 $F(k), k = \frac{N}{2}, \cdots, N-1$。这一特点在求 DFT 时可以加以利用，省去一半运算量，以提高运算效率。

**5. 循环卷积**

循环卷积的概念是为了配合有限长序列的 DFT 性质和应用而引入的，即频率域相乘操作对应于时间域的循环卷积运算。我们知道，两个周期相同的序列可以在一个周期内进行线性卷积运算，称为周期卷积（即周期信号的线性卷积），其卷积结果依然保有周期性。现在对于两个一样长度的有限长序列先周期延拓后再进行卷积运算，就称为循环卷积。它本质上就是周期卷积，只不过它的周期性是延拓想象出来的而已。循环卷积的结果仍然是一个有限长序列。

若 $x(n) \overset{\mathrm{DFT}}{\longleftrightarrow} X(k)$，$y(n) \overset{\mathrm{DFT}}{\longleftrightarrow} Y(k)$，$F(k) = X(k)Y(k)$，则循环卷积定义为：

$$\mathrm{IDFT}\{F(k)\} = f(n) = \left\{\sum_{m=0}^{N-1} x(m)y((n-m))_N\right\}R_N(n)$$

首先把这个卷积式看作周期序列 $x_N(n)$ 和 $y_N(n)$ 的周期卷积后再取其主值序列。将 $F(k)$ 周期延拓，用简便记号：$F((k))_N = X((k))_N Y((k))_N$。

对应的周期卷积式为：$\mathrm{IDFT}\{F_N(k)\} = f_N(n) = \sum_{m=0}^{N-1} x((m))_N y((n-m))_N$。

因 $0 \leqslant m \leqslant N-1$ 时, $x((m))_N = x(m)$,可以看到循环卷积的运算过程与周期卷积是一样的,只是最后仅取结果的主值序列,并且由于卷积过程只在主值区间 $0 \leqslant m \leqslant N-1$ 内进行,因此对于 $y((n-m))_N$ 实际上就是 $y(m)$ 的循环移位,特称为循环卷积,以区别于线性卷积及周期卷积。习惯上常用一个数字外加一个圆圈,数字表示参与卷积的序列长度。如符号"⑥"表示 2 个 6 点有限长序列进行的循环卷积。

两个序列的循环卷积计算步骤:

(1)由两个有限长序列 $x(n), y(n)$ 延拓构造出周期序列 $x((n))_N$ 和 $y((n))_N$。

(2)计算 $x((n))_N$ 和 $y((n))_N$ 的周期卷积 $f((n))_N$。

(3)取周期卷积结果 $f((n))_N$ 的主值为循环卷积的卷积结果,即

$$f(n) = x(n) Ⓝ y(n) = f((n))_N R_N(n), \text{式中 Ⓝ 表示 } N \text{ 点循环卷积。}$$

【例 4.3.8】已知: $x(n) = \{-2, 5, -1, 3, 4, 7\}$, $y(n) = \{1, 2, 7, 3, 4, 6\}$。计算 $x(n)$ 和 $y(n)$ 的循环卷积。

解:(1)周期延拓。把 $y(n)$ 周期延拓,有:

$$y((n))_6 = \{\cdots, 4, 6, 1, 2, 7, 3, 4, 6, 1, 2, 7, 3, 4, \cdots\}$$

(2)循环折叠。对周期信号 $y((n))_6$ 在 $y(0) = 1$ 处左右翻转后成为:

$$y((-n))_6 = \{\cdots, 6, 4, 3, 7, 2, 1, 6, 4, 3, 7, 2, 1, \cdots\}$$

(3)计算周期卷积。根据 $f_N(n) = \sum_{m=0}^{6-1} x(m) y((n-m))_6$ 计算,得:

$$f((n))_6 = \{\cdots, 75, 68, 50, 82, 52, 41, 75, 68, 50, 82, 52, 41, 75, \cdots\}$$

(4)取主值。取周期卷积结果的主值为循环卷积结果,即

$$f(n) = f((n))_6 R_6(n) = \{75, 68, 50, 82, 52, 41\}$$

例 4.3.6 说明了 DFT 的卷积性质是属于循环卷积的。现在用表格总结一下我们所掌握的三种卷积的异同点。

表 4.3.2　三种定义的列卷积比较

| 项目 | | 线性卷积 | 周期卷积 | 循环卷积 |
|---|---|---|---|---|
| 运算对象限制 | | 任意两个非周期序列 | 相同周期的两个周期序列 | 相同长度的两个序列 |
| 结果特征 | 长度 | 两序列长度之和－1 | 同周期的无限长序列 | 同长度的有限长序列 |
| | 幅度 | 没有周期规律 | 具有周期特征 | 有限个数据 |
| 适用场合 | | 离散线性系统响应 | DFS 理论 | DFT 理论 |

因此,我们可以认为循环卷积或周期卷积只是一种计算方法的定义,周期卷积用于真实的周期序列研究,循环卷积则用于有限长序列(延拓周期序列)的研究。要注意的是,序列的线性卷积定义是由求解离散线性系统响应而引出来的,具有明确的物理意义,因此我们的目的是线性卷积。我们能够通过改造原始的两个序列,使得用循环卷积计算的结果和线性卷积的结果一致,从而把 DFT 应用到现实的离散线性系统分析中。下面以例子来说明循环卷积在这方面的应用。

【例 4.3.9】验证 DFT 循环卷积性质。已知 $x(n) = \{-2, 5, -1, 3, 4, 7\}$, $h(n) = \{1, 2, 7, 3, 4, 6\}$。用 DFT 方法计算线性卷积 $y(n) = x(n) * h(n)$。

解:$h(n)$看成是某离散系统的单位脉冲响应,$x(n)$是其输入信号,那么系统的零状态响应就是二者的线性卷积,即 $y(n)=x(n)*h(n)$。计算线性卷积得:$y(n)=\{-2,1,-5,30,10,41,77,67,55,52,42\}$,卷积结果长度为 $6+6-1=11$ 个点数据的输出响应。

下面采用 DFT 方法计算线性卷积:

(1) 在 $x(n)$ 后面添加 5 个 0,使得序列成为 11 个点,即 $x(n)=\{-2,5,-1,3,4,7,0,0,0,0,0\}$;$n=0\sim 10$,然后用 DFT 计算求出 $X(k)$,$k=0\sim 10$。

(2) 用同样办法改造 $y(n)$,使得序列成为 11 个点,即 $h(n)=\{1,2,7,3,4,6,0,0,0,0,0\}$,再经过 DFT 计算得到 $Y(k)$。

(3) 最后求 IDFT$\{X(k)Y(k)\}$ 得到循环卷积。循环卷积结果与直接线性卷积结果一样,从而实现了用 DFT 求取系统响应的目的。如图 4.3.12 所示。

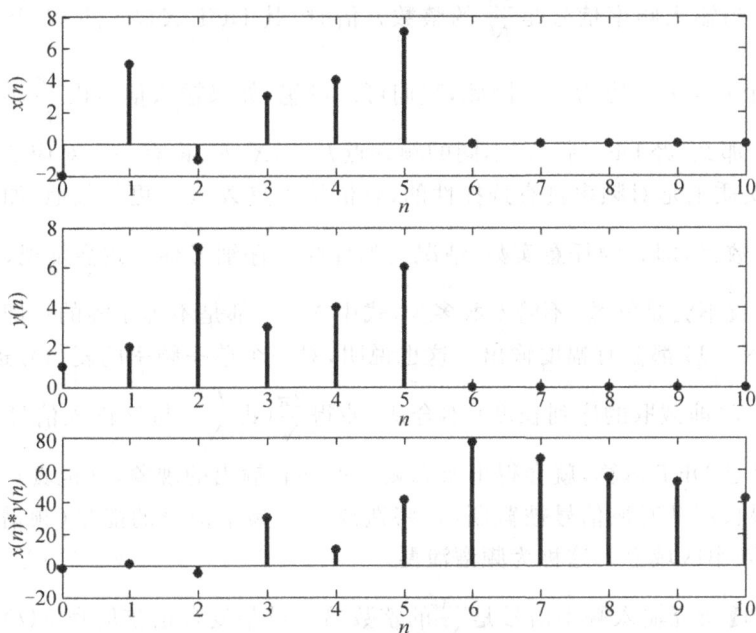

图 4.3.12　用 DFT 计算线性卷积

为什么序列经过添 0 处理后再进行循环卷积就会有线性卷积的结果呢? 对照图 4.3.12,如果把添 0 后的 $y(n)$ 周期化成 $y((n))_{11}$ 再反折,然后开始移位乘加运算。可以发现,所添的 0 在这个过程中恰好把原有的 $y(n)$ 的前后周期都隔离开,加大了循环移位的周期,配合上 $x(n)$ 所添的 0,效果就好比做线性卷积时有值序列以外都用 0 替代一样,从而避免了 $y(n)$ 延拓后的主值周期以外的数据被循环进入乘加运算,达到用循环卷积计算线性卷积的目的。

一般地,一个 $N$ 点的序列 $x(n)$ 和一个 $M$ 点的序列 $h(n)$ 线性卷积的结果是长度为 $L=N+M-1$ 的序列,那么,进行 $x(n)$ 后添 $M-1$ 个 0 而 $y(n)$ 后添 $N-1$ 个 0 的预处理,再进行 $L$ 点循环卷积就可以得到线性卷积的结果。

**6. DFT 的选频特性**

DFT 选频特性的实质是对 DTFT 的频率在 $0\sim 2\pi$ 周期内取样 $N$ 个点而得到 DFT,即频率域采样。

对复指数函数 $x(t) = e^{jr\omega_0 t}$（式中 $r$ 为整数）进行采样得复指数序列：

$$x(n) = e^{jr\beta_0 n}$$

当频率取 $\beta_0 = \dfrac{2\pi}{N}$（数字基频即最小数字频率）时，则 $x(n) = e^{jr\frac{2\pi}{N}n}$。

$x(n)$ 的 DFT 为：

$$X(k) = \sum_{n=0}^{N-1} e^{jr\frac{2\pi}{N}n} e^{-j\frac{2\pi}{N}nk} = \sum_{n=0}^{N-1} e^{j(r-k)\frac{2\pi}{N}n}$$

$$= \frac{1 - e^{j\frac{2\pi}{N}(r-k)N}}{1 - e^{j\frac{2\pi}{N}(r-k)}} = \begin{cases} N & r=k \\ 0 & r \neq k \end{cases}, 0 \leqslant k \leqslant N-1$$

由此可见，当输入频率信号是 $\dfrac{2\pi}{N}$ 的整数 $r$ 倍时，其 DFT $X(k)$ 的 $N$ 个频率值中只有 $X(r) = N$，其余 $k \neq r$ 的皆为零。因此，我们可以设想，如果输入信号由 $\dfrac{2\pi}{N}$ 不同倍数的多个频率信号组成，那么，经 DFT 后，在不同的频率点 $k$ 上，$X(k)$ 将有一一对应的输出。也就是说，DFT 算法实质上是对频率具有选择性的，它依赖于点数 $N$。更一般地，如果输入的信号频率不为 $\dfrac{2\pi}{N}$ 整数倍，即 $r$ 为任意实数，情况会怎样呢？仔细考察上式会发现，如果 $r$ 不是整数，那么，$r-k$ 就不会是整数，不管 $k$ 取多少，式中 $X(k)$ 都是不等于零的！即所有的频率分析点 $k = 0 \sim (N-1)$ 都会有幅度输出。这也说明，对一个单一频率的复信号进行采样，由于选取采样点数 $N$（即截取的序列长度）不合适，使得 $\dfrac{2\pi}{N}$（即 $\dfrac{f_s}{N}$）与该输入信号频率不成整数倍关系，那么经过 DFT 运算，就会得出所有频率点都有输出的现象，这也真正揭示了这样的事实：一个无限长周期时域信号被截断后，将造成单一频率信号的能量（频谱幅度平方）泄漏到附近所有频率区域上。这称为**频谱泄漏**。

【**例 4.3.10**】研究输入频率信号是 $\dfrac{2\pi}{N}$ 的整数倍。设某复合正弦信号 $x(t)$ 由幅度为 1 个单位、频率 2 kHz 和幅度 0.5 个单位、频率 6 kHz 且滞后 135° 相角的两个正弦分量构成，即

$$x(t) = \sin(2\pi \cdot 2000 \cdot t) + 0.5\sin(2\pi \cdot 6000 \cdot t - \frac{3\pi}{4})$$

若对其用 $f_s = 16$ kHz 采样率进行离散化（即 16000 个样点数据/s），获得一串 $x(nT)$，$x(nT) = x(t)|_{t=nT}$，$T = 1/16000$。现在我们仅取其 16 个数据（相当于观察了 1 ms 的复合正弦信号）进行分析，可以获得这些数据所提供的频谱信息。试计算这 16 个数据的 DFT 变换 $X(k)$ 值，并绘制 $X(k)$ 的幅度序列和相位序列图加以仔细考察。

解：用 Matlab 计算出 16 个采样数据。

```
T = 1/16000;
n = 0:15;
t = n * T;    %t = 0 开始,时间增量 1/16 ms,观察 16 点,即 1 ms
xt = sin(2 * pi * 2000 * t) + 0.5 * sin(2 * pi * 6000 * t - 3 * pi/4);
figure(1); stem(t, xt); xlabel('n'); ylabel('x(n)');
```

程序运行得 16 点序列值:x(n) = [ − 0.35,0.71,1.35,0.21,0.35, − 0.71, − 1.35,
− 0.21, − 0.35,0.71,1.35,0.21,0.35, − 0.71, − 1.35, − 0.21]。

绘出的序列杆状图,如图 4.3.13 示。

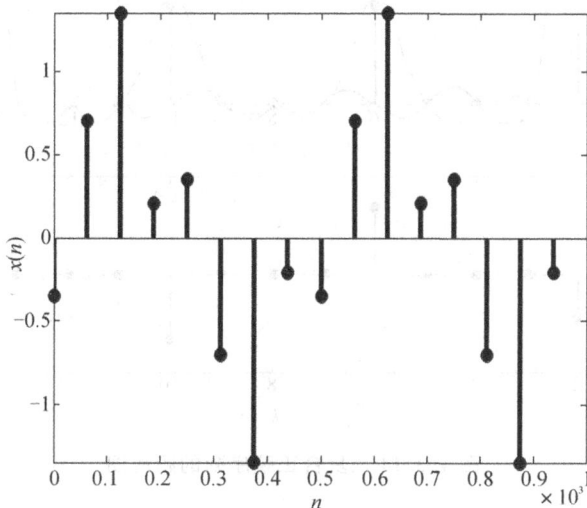

**图 4.3.13　复合正弦的采样序列**

构造 $16 \times 16$ 的变换矩阵 WN,并计算出频谱 $X(k)$。

```
n = 0:15;k = 0:15;    % 两个行向量
WN = exp((− j * 2 * pi/16)).^(n' * k);             % 构造变换矩阵,注意是群运算
X = xt * WN;Xa = abs(X);Xb = (angle(X)) * 180/pi;    % 弧度换成角度
figure(2);
subplot(2,1,1);stem(k,Xa);xlabel('k');ylabel('X(k)');    % 幅度谱
subplot(2,1,2);stem(k,Xb);xlabel('k');ylabel('φ(k)');    % 相位谱
```

程序运行得到频谱序列值:

X(k) = {0,0, − 8i,0,0,0, − 2.8 + 2.8i,0,0,0, − 2.8 − 2.8i,0,0,0, + 8i,0};

分别绘出其幅频和相频图,如图 4.3.14 所示,幅频特性图中杆状点为 DFT 数据点,连接曲线一条为 2 kHz 截取数据的 DTFT 频谱线,另一条为 6 kHz 截取数据的 DTFT 频谱线。

我们知道,根据周期性,图 4.3.14 中 $k = 0$ 和 $k = 16$ 是一样的,对应的是 DC 或 fs,本例是 16 kHz,因此,仔细观察 DFT 计算结果,发现 $k = 2$ 和 $k = 6$ 信号幅度出现,正是对应的 2 kHz 和 6 kHz 的分量,并且幅度也成 2 倍关系。不过这里有些问题。首先,它们的值为何是 8 与 4? 其次,对应相位为何变成了 − 90° 和 135° 呢? 这就是著名的 DFT 辅助效应,前者称为 DFT 的计算增益,增益值 0.5N(负频率部分还有 0.5N),显然与数据点数有关,数据越长,效应越大。这也是 IDFT 公式中除以 N 的原因。后者叫 DFT 的附加相位,是一固定值( − 90°)。例如 6 kHz 分量的相位本来是 − 135°,计算出来却是 135°,这是因为 − 135° − 90° = − 225°,但在习惯的 ±180° 相位主值表示方式中,− 225° 等价于 135°。至于出现的 $k = 10$ 和 $k = 14$ 的高频分量,那是因为采样带来的镜像谐波频谱。实际上,它反映着负频率部分情况,也就是 − 2 kHz 和 − 6 kHz 的频谱值的体现,在实信号的情况下,是原信号的频谱关于

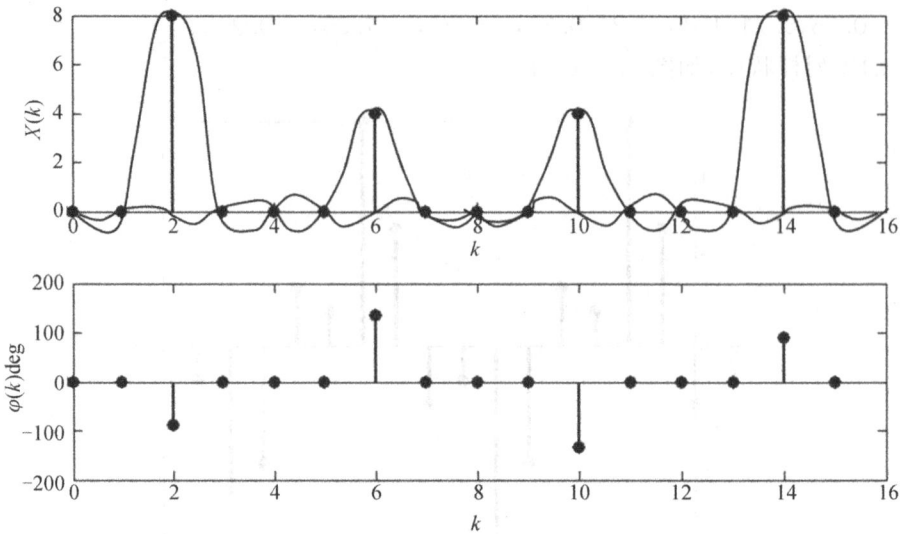

图 4.3.14　复合正弦序列的频谱图

0.5 fs＝8 kHz 的镜像。幅度图中的细实线是从 2 kHz 和 6 kHz 复合正弦中截取一段 2 个周期长信号的连续频谱，DFT 只看到了 2 个主瓣的最高点，扩散的连续频谱的其他内容恰恰都躲过了 DFT 的观察点，即分析频率单元都落在频谱的过零点上。

【例 4.3.11】研究输入信号的频率不是 $\dfrac{2\pi}{N}$ 的整数倍。

设输入信号 $x(t)=\sin(2\pi \cdot 2300 \cdot t)$，经过 $T=\dfrac{1}{16000}$(s) 采样（即采样频率 16 kHz），取 $N=16$ 个数据点，计算其 DFT，并分析频谱规律。

解：时域取样 16 个点，利用 Matlab，用 $N=16$ 个数据计算出 DFT 的频谱幅度结果，如图 4.3.15 所示，图中杆状点为 DFT 数据点，虚线是 2.3 kHz 信号在时域被截取一段后的 DTFT 连续频谱图。

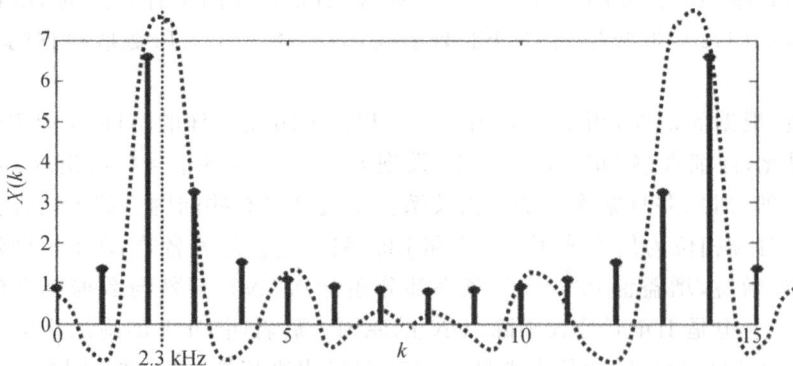

图 4.3.15　频谱泄漏现象的揭示

预想本应该于 2.3 kHz 的地方出现幅度为 $1 \times \dfrac{N}{2} = 8$ 的频谱,可是没有。现在由于 DFT 的选频特点,因为 $\dfrac{f_s}{N} = 1\ \text{kHz}$,它只会表达 $0 \sim 15\ \text{kHz}$ 整数频率点信号,对 2.3 kHz 是没有频率单元与之对应的,最接近的是 2 kHz 单元,它获得最大的幅度输出约 6.5,并且所有各频率分析点都不位于连续频谱的过零点而观察到了泄漏的情况,特别是第一、第二旁瓣的幅度。要注意的是,这条虚线不是 $\text{Sa}(x)$ 函数,它已经包含了周期化后的旁瓣的互相串扰,也可以说是"混叠的 $\text{Sa}(x)$"。

再看该 $X(k)$ 所对应的采样数据 $x(n)$,如图 4.3.16 所示,可以发现数据并没有出现完整的周期性规律,换句话说,周期信号采样应该采集到一个完整周期里的 $N$ 个数据,然后用这个序列片段通过周期延拓后,才能恰好与真实的周期信号序列相同。正因为 DFT 本身隐含着周期化处理,图中这个 16 点的 $x(n)$ 周期化后已不是原信号的采样值 $x(nT) = \sin(2\pi \cdot 2300 \cdot nT)$,$-\infty < n < \infty$。也可以理解成另外某个信号,频谱就肯定不同。请读者比较图 4.3.17 的(a)和(b)两种情况。同一个信号,截取的点数(长度)不同,(a)图截取 2 个完整周期,经过周期化后跟原周期序列是一样的,而(b)图只截取 1.75 个周期,周期化时在"接头"的地方将出现跳变,已非原来的正弦序列。

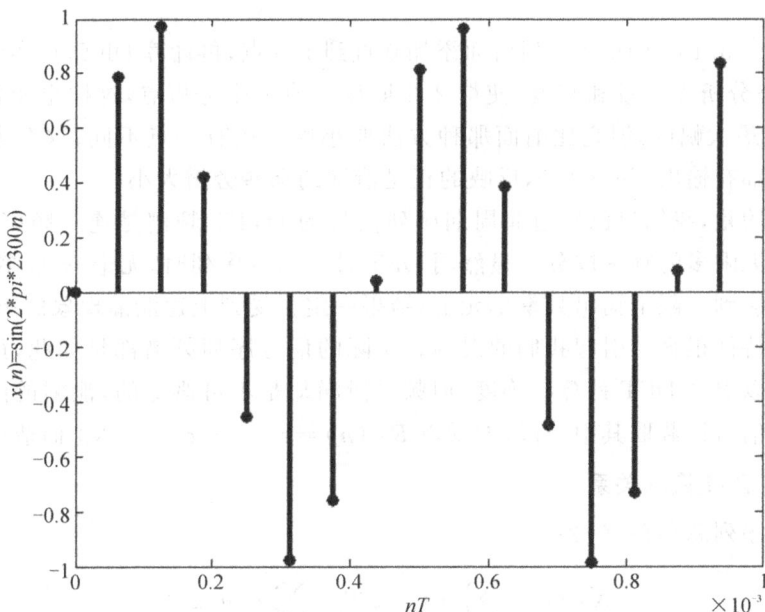

图 4.3.16  正弦信号(2.3 kHz)以 16 kHz 采样率取样的数据

如何才能更真实地获得结果呢? 假如我们继续增加对 2.3 kHz 信号的观察时间,以 $T = \dfrac{1}{16000}\ (\text{s})$ 的间隔获得更多的采样数据,直到序列有一个完整周期,比如 $N = 160$ 个的,那么做 DFT 时,其频率分析点间隔是 $\dfrac{f_s}{N} = \dfrac{16\ \text{kHz}}{160} = 0.1\ \text{kHz}$,第 23 点就恰好准确地观察到 2.3 kHz 信号最高幅度,其他都为 0,避开了泄漏现象引起的幅度误判。(尽管泄漏减小些,但始终存在着,只是没有观察到,考虑一下有什么办法,能看到第一旁瓣的大致幅度?) 我

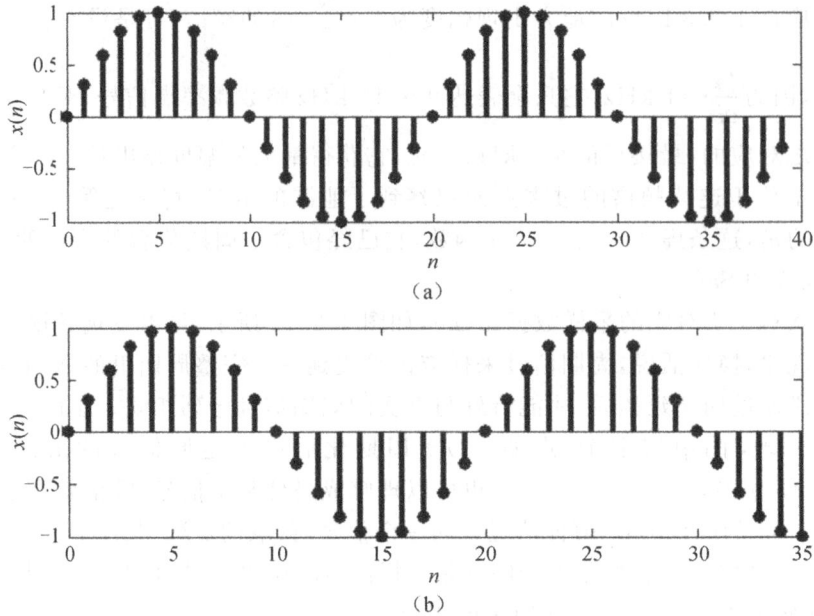

图 4.3.17　正弦序列的两种截断情况

们还可以在图 4.3.16 的 16 点序列后面添加 0 直到 160 点,再计算 DFT,这实际上是增加并调整 DFT 频率分析点位置和密度,使得 2.3 kHz 上有一个分析点,这样也能看到频谱在第 23 点处有一个最大幅度,但它比前面那种方法要小些。还有一点不同,这个方法在其他的分析频率点也都有输出,并不为 0,反映的正是泄漏的那些旁瓣大小。

值得指出的是,我们早已知道非周期序列信号的 DTFT 频谱是连续频率的,在其频带范围里分布着无限多的频率成分。显然用 DFT 计算这种序列时,无论 $N$ 取多大,总有些频率不能刚好对应到有限个输出频率单元上,结果一定会受到上述泄漏现象的影响,其扩散到其他频率点的特征很容易引起我们的误判。实际的信号序列频谱都是如此,虽然有许多办法能减少泄漏以提高 DFT 计算精确度,但频谱泄漏却是不可避免的,泄漏的问题归根结底是无始无终的信号被截取其中一段,即乘以 $R_N(n) = \varepsilon(n) - \varepsilon(n-N)$ 而造成的。

### 7. DFT 与 Z 变换的关系

有限长的序列总存在 Z 变换

$$X(z) = \sum_{n=-\infty}^{\infty} x(n) z^{-n} = \sum_{n=0}^{N-1} x(n) z^{-n}$$

与 DFT 定义对比,就可以看出有如下关系成立

$$X(k) = \sum_{n=0}^{N-1} x(n) e^{-j\frac{2\pi}{N}nk} = X(z) \Big|_{z=e^{j\frac{2\pi}{N}k}}$$

式中 $z = e^{j\frac{2\pi}{N}k}$ 说明是 Z 平面单位圆上相角为 $\frac{2\pi}{N}k(k=0,1,\cdots,N-1)$ 的 $N$ 个点,$X(k)$ 就是 $x(n)$ 在这些点上的 Z 变换。如果结合序列的 DTFT 频谱来理解,就是连续谱在频率域被离散化,频率间隔是 $\frac{2\pi}{N}$,如图 4.3.18 所示是频率点分布。幅频则如图 4.3.19 所示,杆状线为

DFT 频谱,虚线表示的包络线就是有限长序列的周期频谱的主周期图形(即 DTFT 频谱)。
DFT 与 DTFT 的关系为:

$$X(k) = X(e^{j\beta}) \mid_{\beta = \frac{2\pi}{N}k} = \sum_{n=-\infty}^{\infty} x(n)e^{-j\beta n} \mid_{\beta = \frac{2\pi}{N}k} = X(e^{j\frac{2\pi}{N}k})$$

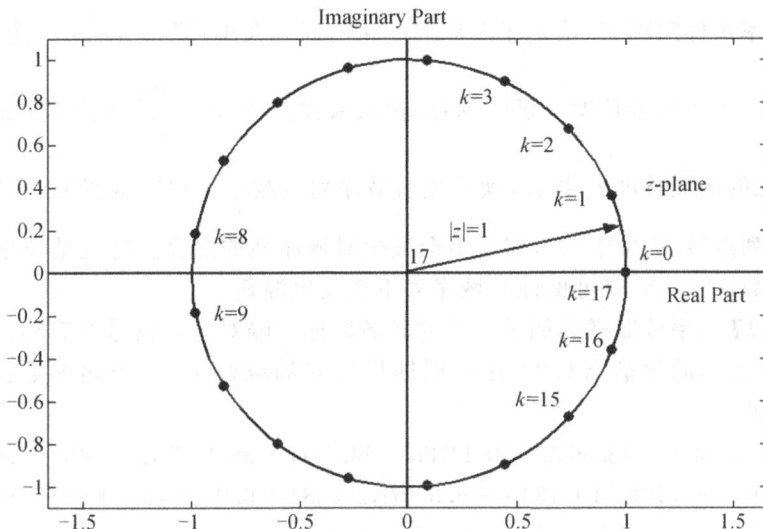

图 4.3.18    单位圆上等分点处的 $Z$ 变换即 DFT

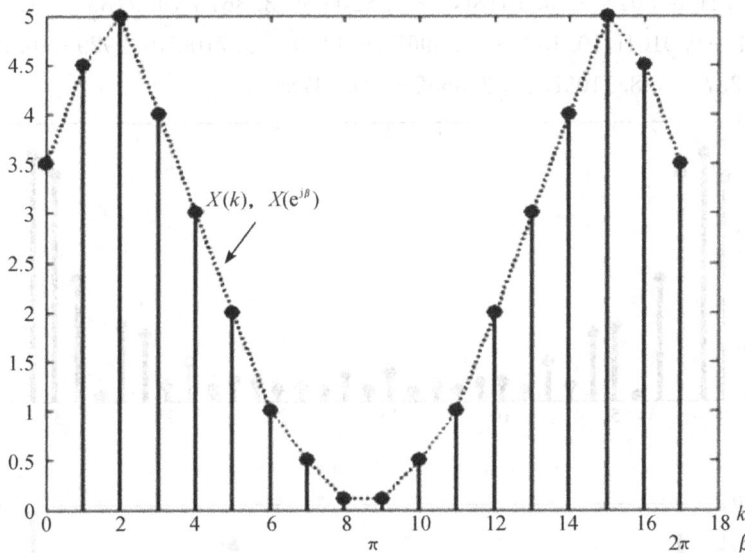

图 4.3.19    序列的 DTFT 连续频谱与 DFT 离散频谱关系

### 8. 频率采样特性(频率采样定理)

$N$ 点时域序列 $x(n)$,其 DTFT 是 $\beta$ 的连续函数,即频谱 $X(e^{j\beta})$。而我们用 DFT 计算 $x(n)$ 时是 $N$ 点的 $X(k)$,它是连续频谱 $X(e^{j\beta})$ 的频率域等间隔采样,如图 4.3.19 所表达的。现在要讨论的问题是:设数字频率域 $0 \sim 2\pi$ 间的均匀采样样点数为 $M$,它可不可以比 $N$ 小? 或者比 $N$ 大? 我们再一次从 DFT 对偶特性来分析。

时域里连续信号被采样成离散信号时,使得频谱发生周期化。时域采样间隔 $T_s$ 决定了频谱周期化的周期大小,即 $f_s = \dfrac{1}{T_s}$,为防止频谱混叠发生,$f_s$ 应足够大,大于信号带宽。同样,频域里连续频谱被采样成等间隔离散频率点,即彼此呈谐波关系,而使得时域对应表现为周期化。频率采样间隔 $F_s$ 决定了时域周期化的周期大小,即 $t_s = \dfrac{1}{F_s}$,为防止时域混叠发生,$t_s$ 应足够大,大于信号长度。显然,如果频域采样点数 $M = \dfrac{2\pi}{F_s}$ 越大,则频率间隔 $F_s$ 越小,时域周期化的周期长度 $t_s$ 越长,换算成时域序列点数 $\dfrac{t_s}{T_s} = N_s$ 就越大,只要原连续频谱对应的时域序列点数 $N$ 少于 $N_s$,那就不会发生时域序列的混叠。这就是频率域采样定理,即频域抽样点数 $M \geqslant N$ 就可保证时域序列不会发生混叠。

【例 4.3.12】频率域取样的例子。研究频域取样间隔对时域信号的影响。

解:设一个连续的频谱 $X(e^{j\omega})$ 在一周期里等间隔取样了 32 个频率数据 $X(k)$,如图 4.3.20 所示,即

$X(k) = \{40.0000, -32.5652 - 30.1478i, -14.3377 + 38.1109i, 20.6321 + 7.0137i, 0.2929 - 0.7071i, 9.1400 + 9.7100i, 10.1345 - 6.3967i, 2.5584 + 0.0101i, 5.0000 - 5.0000i, 0.9783 - 1.6931i, -0.8208 - 3.3673i, 0.5078 + 3.1018i, 1.7071 - 0.7071i, 2.0044 + 1.3760i, 1.0240 + 1.1404i, 4.7443 + 1.1196i, 2.0000, 4.7443 - 1.1196i, 1.0240 - 1.1404i, 2.0044 - 1.3760i, 1.7071 + 0.7071i, 0.5078 - 3.1018i, -0.8208 + 3.3673i, 0.9783 + 1.6931i, 5.0000 + 5.0000i, 2.5584 - 0.0101i, 10.1345 + 6.3967i, 9.1400 - 9.7100i, 0.2929 + 0.7071i, 20.6321 - 7.0137i, -14.3377 - 38.1109i, -32.5652 + 30.1478i\}$

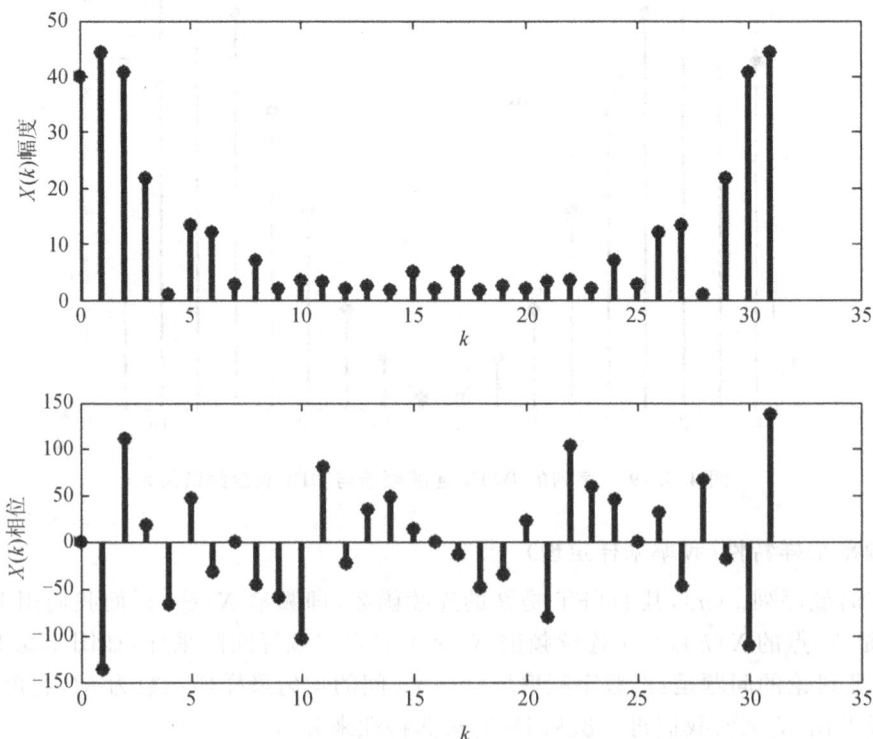

图 4.3.20　$X(e^{j\omega})$ 的 32 个频谱样点的幅度和相位图

对 $X(k)$ 进行 IDFT 后得到对应的时域序列 $x(n)$，如图 4.3.21 所示。即 $x(n)=\{2,-1,$ $-3,-5,-2,0,1,2,4,5,7,9,8,6,3,1,1,2,0,0,0,0,0,0,0,0,0,0,0,0,0,0\}$。注意 $x(0)=2,$ $x(1)=-1,\cdots,x(16)=1,x(17)=2$，从 $x(18)$ 起都为 0，说明 $x(n)$ 是有限长 $N=18$ 点的时间序列。

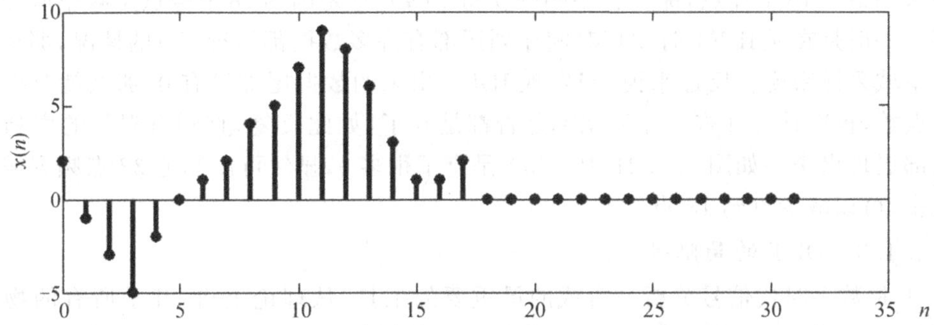

图 4.3.21 $X(k)$ 的 IDFT 后的序列 $x(n)$ 幅度图

若对 $X(e^{j\omega})$ 在一周期里等间隔取 16 个频率数据点 $X_1(k)$，就等效于从 32 点的 $X(k)$ 中抽取偶数序号的频谱点构成，如图 4.3.22 所示，即

$$X_1(k)=\{40,-14.3377+38.1109i,0.2929-0.7071i,\cdots,-14.3377+38.1109i\}$$

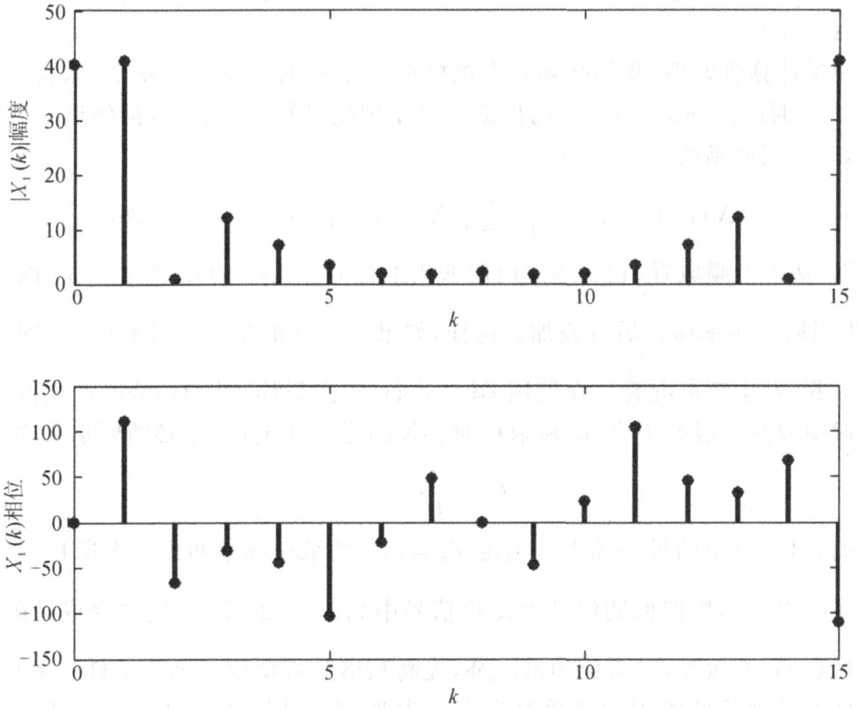

图 4.3.22 $X(e^{j\omega})$ 的 16 个频谱样点的幅度和相位图

对 $X_1(k)$ 进行 IDFT 后得到对应的时域序列 $x_1(n)$ 为 16 点，即

$$x_1(n)=\{3,1,-3,-5,-2,0,1,2,4,5,7,9,8,6,3,1\}$$

分析：这里的 $x_1(0)=3,x_1(1)=1$，其他都跟 $x(n)$ 相同。这是因为有限长序列 $x(n)$ 是

$N=18$,其频谱我们现在只进行了 $M=16$ 点的频域采样,将会发生时域周期化后的混叠现象。在这里表现为 $x(n)$ 的后一个周期的头两点叠接到前一个周期的尾部两点。可以对照一下数据,$x_1(0)=3=x(0)+x(-2)=x(0)+x(16)=2+1,x_1(1)=1=x(1)+x(-1)=x(1)+x(17)=-1+2$。虽然其他仍有 14 个数据不受影响,但 $x_1(n)$ 已经不同于 $x(n)$ 了。如果频谱取 18 个样点,那么将会刚好获得 $x(n)$,这是因为 18 个样点是频率取样密度的临界值。一般是在做 IDFT 时发现时间序列尾部有许多数据都接近于 0 的情况,那么就可以降低频率域采样密度。反过来说,当发现 IDFT 出来的数据尾部没有 0,那么就要提高频率域采样点数,再次计算并查看序列尾部是否都是 0 了,如此反复,直到有限长的序列点无重叠地全部展现出来。如图 4.3.21 中 $x(n)$ 是有了很多 0,显然可以知道 32 点频率域采样的点数太多,可以减少直到 18 点。

#### 4.3.4.3 DFT 的局限性

DFT 是数字时代信号分析与合成的最重要的工具,从理论上讲,几乎所有的物理信号(连续的或离散的、周期的或非周期的)的傅立叶分析都可以采用 DFT 实现计算机运算。但 DFT 也有其问题和局限性。

**1. 混叠失真与采样定理**

频域混叠失真是由时域采样不满足采样定理引起的。

一般的模拟信号为连续时间非周期信号 $x_a(t)$,根据傅立叶变换可知,其频谱为频域的连续函数 $X_a(j\omega)$。

为了便于计算机处理,我们必须首先把模拟信号 $x_a(t)$ 经等间隔 $T_s$ 采样后,变成离散信号——离散时间序列 $x(n)$。然而根据 DTFT 理论可知,离散信号的频谱是数字角频率 $\beta$ 域周期为 $2\pi$ 的周期函数,即

$$X(e^{j\beta})\big|_{\beta=\omega T_s}=\frac{1}{T_s}\sum_{m=-\infty}^{\infty}X_a(j\omega-jm\omega_s)\quad(m\text{ 为整数})$$

从上式可知,从模拟频域看,它是连续时间非周期信号 $x_a(t)$ 的频谱 $X_a(j\omega)$ 以采样角频率 $\omega_s=\dfrac{2\pi}{T_s}$ 为周期做频率移位后的叠加。这样,如果 $x_a(t)$ 的带宽不是有限的,则部分频谱就会重叠在一起,发生频谱混叠。在使用 DFT 进行 $N$ 点采样计算时,势必产生混叠失真。

为了避免或减少混叠失真,时域取样时必须满足采样定理,即必须要求采样频率为:

$$f_s=\frac{1}{T_s}\geqslant 2f_c$$

式中 $f_c$ 为信号成分中的最高频率。满足 $f_s=2f_c$ 的采样频率叫作奈奎斯特频率。

工程实践中常用模拟低通滤波器滤掉信号中高于 $\dfrac{f_s}{2}$ 的成分,使之变成带限信号,再进行离散采样和 DFT 运算,以避免频谱混叠,提高频谱分析精度。因为采样频率总是有限的,所以经过低通滤波后的带限信号总有失真。为此,在运用 DFT 时应该尽可能提高采样频率,因而势必增加 DFT 变换区间的采样点数 $N$。

**2. 频谱泄漏与时域最佳加窗截断**

频域泄漏是由时域截断引起的。

DFT 是对有限长序列进行变换,如果离散时间序列 $x(n)$ 的长度无限,就要进行截断处

理,即乘以单位矩形序列进行加窗处理。

但加窗处理的副作用有二:

(1) 频谱泄漏:谱线向附近展宽(主瓣宽度为 $\frac{4\pi}{N}$),引起频谱混叠失真。

(2) 谱间干扰:频谱主瓣两侧产生许多旁瓣,淹没弱小频率成分,或被误认为是其他谱线。

上述截断效应不可避免,实际中应尽量选用能量集中的窗函数,如汉宁窗等。理论上可以尽量增补加窗序列的点数 $N$,加长变换的区间,尽量减少截断效应。

**3. 栅栏效应与增加密度**

DFT 实质上是将 DTFT 连续频谱取样成 $N$ 点的离散频谱,理论上总会有频谱失真,即栅栏效应。为提高精度,可增加谱线密度,即可在有限长离散时间信号尾部补零多位(增加采样点数 $N$),延长观察时间,提高频率分辨率。

**4. DFT 的计算量与处理速度**

综上所述,DFT 存在的问题及其解决办法大都与采样点数 $N$ 有关。从理论上讲,增加采样点数 $N$ 便可以提高计算精度,避免或减少频率失真,但仅仅简单地增加采样点数 $N$ 会不会带来新的问题呢?

让我们先看看点数 $N$ 与 DFT 的计算量的关系。因为有限长序列 $f(n)$ 的 $N$ 点 DFT 为复数项级数,即

$$F(k) = \text{DFT}[f(n)] = \sum_{n=0}^{N-1} f(n) W_N^{kn} \ (0 \leqslant k \leqslant N-1)$$

所以可以看出,对于长度为 $N$ 的序列,完成其 $N$ 点 DFT 计算需要进行 $N^2$ 次复数乘法和 $N(N-1) \approx N^2$ 次复数加法。逆变换运算量亦然。

假设一个点数 $N = 1024$ 的信号,则 DFT 计算量仅复数乘法运算就高达 104 万次以上,加上复数加法并考虑逆变换的计算量,则共计 400 万次以上。如果折合成计算机底层的二进制加法,计算量可能是天文数字!

对于现在的计算机速度来说,完成这样的计算量依然不成问题。但对于需要实时处理海量信号的实时测控系统,一般计算机的处理速度就难以胜任工作了。可见设法减少 DFT 的运算量至关重要,因而催生出了 DFT 的各种快速算法。

### 4.3.5 快速傅立叶变换(FFT)

为了节省电脑的计算时间,实现数字信号的实时处理,科学家们千方百计地减少 DFT 的计算量。

1965 年,库利(T.W. Cooley)和图基(J.W. Tukey)发表论文《一个复数傅立叶级数之机械计算算法》,首次提出了一种 DFT 运算的快速算法。此后科学界创造出了各种各样的 DFT 快速算法,逐渐发展完善并形成了一整套行之有效的算法设计思想和方法。这就是快速傅立叶变换(fast Fourier transform),简称 FFT。

可见所谓的快速傅立叶变换(FFT)并不是一种新的傅立叶分析理论,而是减少 DFT 计算量的算法设计思想和各种 DFT 快速算法的统称。

DFT 的计算量与点数 $N$ 的平方成正比。DFT 的变换因子(也叫旋转因子):

$$W_N^{nk} = e^{-j\frac{2\pi}{N}nk}$$

旋转因子具有周期性和对称性。

(1) 以 $N$ 为周期,即

$$W_N^n = W_N^{n+mN} \quad (n, m \text{ 为整数})$$

(2) 复共轭对称性(关于实轴对称),即

$$W_N^{N-n} = W_N^{-n} = (W_N^n)^* \quad (n \text{ 为整数})$$

证明:因为 $W_N^{N-n} = e^{-j\frac{2\pi}{N}(N-n)} = e^{j\frac{2\pi}{N}n}$,$W_N^{-n} = e^{-j\frac{2\pi}{N}(-n)} = e^{j\frac{2\pi}{N}n}$,所以 $W_N^{N-n} = W_N^{-n}$($n$ 为整数)。

(3) 中心对称性(关于原点对称),即

$$W_N^{n+\frac{N}{2}} = -W_N^n \quad (n \text{ 为整数})$$

证明:因为

$$W_N^{n+\frac{N}{2}} = e^{-j\frac{2\pi}{N}(n+\frac{N}{2})} = e^{-j\pi}e^{-j\frac{2\pi}{N}n} = -e^{-j\frac{2\pi}{N}n}$$

$$-W_N^n = -e^{-j\frac{2\pi}{N}(n)} = -e^{-j\frac{2\pi}{N}n}$$

所以

$$W_N^{n+\frac{N}{2}} = -W_N^n \quad (n \text{ 为整数})$$

(4) 特殊常量:$W_2^{\frac{N}{2}} = -1$,$W_N^N = 1$,$W_N^0 = 1$。

FFT 算法设计的基本思想就是充分利用 DFT 的周期性和对称性,减少重复的计算量,并把 $N$ 点长序列分成几个短序列,减少每个序列长度,从而大大减少计算量。

实践中最常用的 FFT 是"基 2"算法。所谓"基 2",就是令 DFT 的点数 $N$ 满足 $N = 2^M$,$M$ 为自然数(如果不满足可在尾部添加 0)。

FFT 基 2 算法分为时域抽取法(decimation in time)和频域抽取法(decimation in frequency)两大类。本书重点介绍时域抽取法快速傅立叶变换(DIT-FFT),算法设计思想要点如下:

步骤 1:序列分组,并各自进行 DFT 计算.

把长度为 $N$ 的时域序列 $x(n)$ 按序号 $n$ 的奇偶分组成两个序列[偶数组 $x_1(r)$ 及奇数组 $x_2(r)$],长度均为 $\frac{N}{2}$,然后奇、偶两组分别计算 DFT,即

$$x(n) = x(2r) + x(2r+1) = x_1(r) + x_2(r) \quad (r = 0, 1, 2, \cdots, \frac{N}{2} - 1)$$

其中一个 $\frac{N}{2}$ 点的 DFT 为

$$X_1(k) = \text{DFT}[x_1(r)] = \sum_{r=0}^{\frac{N}{2}-1} x_1(r) W_{\frac{N}{2}}^{rk} \quad (k = 0, 1, 2, \cdots, \frac{N}{2} - 1)$$

另一个 $\frac{N}{2}$ 点的 DFT 为

$$X_2(k) = \text{DFT}[x_2(r)] = \sum_{r=0}^{\frac{N}{2}-1} x_2(r) W_{\frac{N}{2}}^{rk} \quad (k = 0, 1, 2, \cdots, \frac{N}{2} - 1)$$

步骤 2:计算原序列 $x(n)$ 的 DFT 的前 $\frac{N}{2}$ 点。

计算出偶组序列 $x_1(r)$ 的 DFT 为 $X_1(k)$ 及奇组序列 $x_2(r)$ 的 DFT 为 $X_2(k)$ 后,通过蝶形运算组合得到原序列 $x(n)$ 的 DFT 的前 $\frac{N}{2}$ 点:

$$X(k) = X_1(k) + W_N^k X_2(k) \quad (k = 0, 1, 2, \cdots, \frac{N}{2} - 1) \tag{1}$$

证明:

$$X(k) = \sum_{n=0}^{N-1} x(n) W_N^{nk} = \sum_{n=0}^{N-1} [x(2r) + x(2r+1)] W_N^{nk}$$

$$= \sum_{n=0}^{N-1} x(2r) W_N^{nk} + \sum_{n=0}^{N-1} x(2r+1) W_N^{nk}$$

$$= \sum_{r=0}^{\frac{N}{2}-1} x(2r) W_N^{2rk} + \sum_{r=0}^{\frac{N}{2}-1} x(2r+1) W_N^{(2r+1)k}$$

$$= \sum_{r=0}^{\frac{N}{2}-1} x(2r) W_{\frac{N}{2}}^{rk} + W_N^k \sum_{r=0}^{\frac{N}{2}-1} x(2r+1) W_{\frac{N}{2}}^{rk} \quad (因为 W_N^k = \mathrm{e}^{-\mathrm{j}\frac{2\pi}{N}k} = \mathrm{e}^{-\mathrm{j}\frac{2\pi}{\frac{N}{2}}\frac{k}{2}} = W_{\frac{N}{2}}^{\frac{k}{2}})$$

$$= X_1(k) + W_N^k X_2(k) \quad (k = 0, 1, 2, \cdots, \frac{N}{2} - 1)$$

注意:上式仅是 $X(k)$ 的前一半即 $\frac{N}{2}$ 点运算,整个 $N$ 点 DFT 结果还要加上后一半计算。如果老老实实计算后一半 $\frac{N}{2}$ 点 DFT,则并没有减少任何计算量。

步骤 3:计算原序列 $x(n)$ 的 DFT 的后 $\frac{N}{2}$ 点。

利用 DFT 及其变换因子的周期性和对称性,并利用前一半计算结果,则后一半计算可表示为:

$$X(k + \frac{N}{2}) = X_1(k) - W_N^k X_2(k) \quad (k = 0, 1, 2, \cdots, \frac{N}{2} - 1) \tag{2}$$

证明:因为 $\qquad X_1(k + \frac{N}{2}) = X_1(k), X_2(k + \frac{N}{2}) = X_2(k)$

所以 $\qquad X(k + \frac{N}{2}) = X_1(k + \frac{N}{2}) + W_N^{k + \frac{N}{2}} X_2(k + \frac{N}{2})$

$$= X_1(k) - W_N^k X_2(k) \quad (k = 0, 1, 2, \cdots, \frac{N}{2} - 1)$$

由此得出结论:一个 $N$ 点的 DFT 运算任务 $X(k)$ 被分解为两个 $\frac{N}{2}$ 点的 DFT 运算,这两个较少点的 $X_1(k)$ 和 $X_2(k)$ 可以再进一步通过蝶形运算组合,获得一个 $N$ 点的 $X(k)$。

当然随后的这个组合运算也是要花时间的,不过这个开销很小,因此,基本上可以认为,这个按奇偶分组的方法,其计算效率提高了将近一倍。

DFT 的前 $\frac{N}{2}$ 点及后 $\frac{N}{2}$ 点的组合运算过程可以用蝶形信号流图表达,蝶形图如图 4.3.23 所示,其中图 4.3.23(b)省了 1 次旋转因子运算。这种"一分为二"的 DFT 算法叫作蝶形运算。

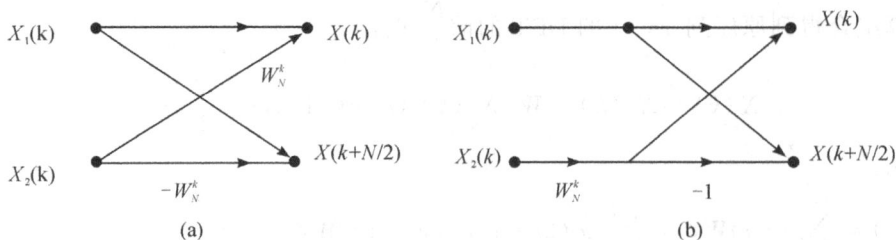

图 4.3.23　蝶形信号流图

从蝶形信号流图可以看出其计算量为：

复数乘法次数：
$$C = 2\left(\frac{N}{2}\right)^2 + \frac{N}{2} = \frac{N(N+1)}{2} \approx \frac{N^2}{2} \tag{3}$$

复数加法次数：
$$J = 2 \times \frac{N}{2} \times \left(\frac{N}{2} - 1\right) + \frac{N}{2} \times 2 = \frac{N^2}{2} \tag{4}$$

与普通的 DFT 相比，计算量减少了一半！

步骤 4：$x_1(r), x_2(r)$ 继续按序号 $r$ 的奇偶分组。

同理，如果把 $x_1(r)$ 按奇偶分组为 $x_3(n), x_4(n)$，把 $x_2(r)$ 按奇偶分组为 $x_5(n)$，$x_6(n)$，即"二分为四"，长度均为 $\frac{N}{4}$，同时把式(1)、式(2)中的 $\frac{N}{2}$ 点 DFT 分解为 $\frac{N}{4}$ 点的 DFT，反复使用蝶形运算的方法，即

$$X_1(k) = X_3(k) + W_{\frac{N}{2}}^{k} X_4(k) \quad (k = 0, 1, 2, \cdots, \frac{N}{4} - 1)$$

后一半的 DFT 为

$$X_1\left(k + \frac{N}{4}\right) = X_3(k) - W_{\frac{N}{2}}^{k} X_4(k) \quad (k = 0, 1, 2, \cdots, \frac{N}{4} - 1)$$

而
$$X_2(k) = X_5(k) + W_{\frac{N}{2}}^{k} X_6(k) \quad (k = 0, 1, 2, \cdots, \frac{N}{4} - 1)$$

后一半 DFT 为

$$X_2\left(k + \frac{N}{4}\right) = X_5(k) - W_{\frac{N}{2}}^{k} X_6(k) \quad (k = 0, 1, 2, \cdots, \frac{N}{4} - 1)$$

计算量可在式(3)和式(4)的基础上再减少一半！

步骤 5：继续分组，直到把长度为 $N$ 的序列细分成 $\frac{N}{2}$ 个 2 点序列为止。

依步骤 4 类推，直到把长度为 $N$ 的序列细分成 $\frac{N}{2}$ 个 2 点序列为止，循环使用蝶形运算的方法，即把 $N$ 点 DFT 分解成 $\frac{N}{2}$ 个 2 点 DFT 运算。这样，计算量可大大减少。

因为要求信号数据点数为 $N = 2^M$，即 $M = \log_2 N$，所以复数乘法总次数从原来的 $N^2$ 减少为：

$$C = \frac{N}{2} \times M = \frac{N}{2} \log_2 N$$

复数加法总次数从原来的约 $N^2$ 减少为：

$$J = N \times M = N\log_2 N$$

假设 $N = 1024$，复数乘法从原来直接 DFT 计算的 104 万次，减少为 5120 次，计算速度提高约 200 倍！

综上所述，FFT 大大降低了数字信号处理中的运算量，它的价值在于节省了 CPU 的处理时间，使得更多更复杂的数字信号得以快速处理，为实现信息的实时处理开辟了广阔的发展前景。因此，FFT 是数字信号处理技术发展史上的一个重要里程碑。

【例 4.3.13】以 $N = 8$ 为例子，说明基 $-2$ 的 DIT 算法过程。

解：如图 4.3.24 所示，将 $x(n)$ 按奇偶序号分成 2 个 4 点的子序列，分别用 4 点 DFT 算出中间的值 $A(k)$ 和 $B(k)$；然后经过蝶形组合运算得到全部 8 个点的 DFT 值 $X(k)$。注意：$A(0)$ 与 $B(0)$ 是一双对偶节点，下节点 $B(0)$ 要乘以 $W_N^k$，$k$ 的值与上节点 $A(0)$ 序号一致。其他类推。

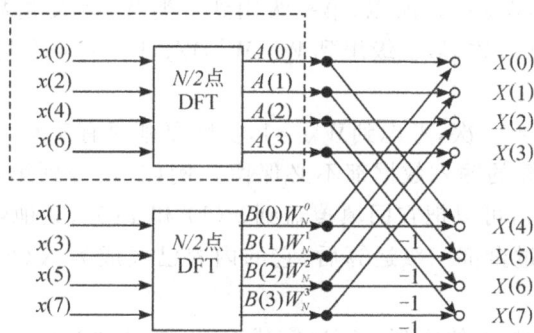

图 4.3.24　两个 4 点 DFT 组合成一个 8 点 DFT

现在对虚线框里的 4 点 DFT 进行再次分组，它的输入序列 $\{x(0), x(2), x(4), x(6)\}$ 按其位置奇偶分成偶序号组 $\{x(0), x(4)\}$ 和奇序号组 $\{x(2), x(6)\}$。对另 4 个点序列 $\{x(1), x(3), x(5), x(7)\}$ 也用相同方法进行。如图 4.3.25 所示。

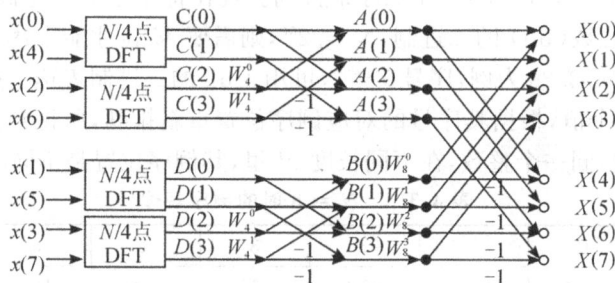

图 4.3.25　4 个 2 点 DFT 组合成 2 个 4 点 DFT

以上 8 点序列运算过程的完整流图如图 4.3.26 所示。仔细观察，可以发现：

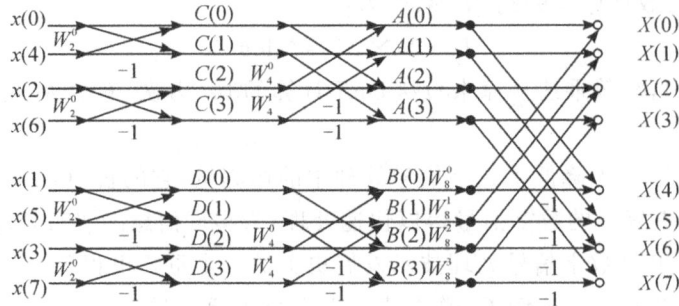

**图 4.3.26 基 2-DIT 的 8 点 DFT 运算流图**

（1）8 个输入序列值 $x(n)$ 的顺序已经被重新排列了，经过第一级的 4 个蝶形运算，获得了 $C$ 和 $D$ 的 8 个中间数据作为第二级的输入；再经过 4 个蝶形运算，得到 $A$ 和 $B$ 的 8 个数据；最后，再经过第三级的 4 个蝶形运算得到 8 个频谱点结果 $X(k)$。

（2）因为 $W_4^1 = W_8^2$，$W_N^0 = 1$，所以，第一级用到一类 $W_8^0$ 的复指数，第二级用到 $W_8^0 = W_4^0$ 和 $W_8^2 = W_4^1$ 两个类型复指数，第三级用到 $W_8^0, W_8^1, W_8^2, W_8^3$ 共 4 个类型的复指数。$W_N^k$ 其他值都不需要。

（3）复数乘法 $4 \times 3 = 12$ 次，考虑到 $W_N^0 = 1$，实际复乘只有 5 次。其余的都是复数加法。

（4）每一级蝶形运算的输入数据都不必保留。例如，当得到第一级的第 3 个蝶形输出 $D(0)$ 和 $D(1)$ 的数据后，可以把它回填覆盖到 $x(1)$ 和 $x(5)$，其他蝶形也是如此。因此，程序入口数组 $x(n)$ 在经过全部三级运算后，它的内容已经成为 $X(k)$，数组的地址还是同一个，这也称为同址运算。

一般地，一个 $N = 2^M$ 点的序列 $x(n)$，完成 DFT 要经过 $1, 2, \cdots, M$ 级的运算，每一级都有 $N/2$ 个蝶形。蝶形的下节点所乘的 $W_N^q$ 类型个数为 $2^{M-1}$，每一级的蝶形上下节点间距也是 $2^{M-1}$，$q$ 就是上节点的序号。乘法运算量为 $(N/2)\log_2 N$，显然比 DFT 的 $N^2$ 要少很多。

相对于序号的自然规律称为正序排列，我们把这种看似混乱的输入序列秩序称为倒序。英文为 bit reversal，其本意应该是"按位倒转"，指的是这样一种过程：一个自然序列 $x(n)$，它的值依照序号 $n = 0, 1, 2, 3, \cdots, N-1$ 顺序地排列。现在将序号用二进制表达，根据长度 $N$ 的大小，显然需要不同位数（bit）的二进制，$N = 2^M$，则需要 $M$ 位才能表达。比如 $N = 32$，则就要 5 位二进制。以图 4.3.26 为例，序号 $0 \sim 7$，可用 3 bit 的二进制表达。如表 4.3.3，把原来的自然序 $x(n)$ 的每一个值，根据其序号的对应倒序位置重新排列，所得到的新序列就是倒序规律的。值得注意的是，同一个整数，在不同长度 $N$ 里，其倒序位置是不同的。

**表 4.3.3　$N = 8$ 时的倒序规律**

| 自然序号 | 0 | 1 | 2 | 3 | 4 | 5 | 6 | 7 |
|---|---|---|---|---|---|---|---|---|
| 3-bits | 000 | 001 | 010 | 011 | 100 | 101 | 110 | 111 |
| bit-reversal | 000 | 100 | 010 | 110 | 001 | 101 | 011 | 111 |
| $N = 8$ 倒序 | 0 | 4 | 2 | 6 | 1 | 5 | 3 | 7 |
| 5-bits | 00000 | 00001 | 00010 | 00011 | 00101 | 00110 | 00111 | |
| bit-reversal | 00000 | 10000 | 01000 | 11000 | 00100 | 10100 | 01100 | 11100 |
| $N = 32$ 倒序 | 0 | 16 | 8 | 24 | 4 | 20 | 12 | 28 |

排列过程并不复杂,比如,$x(0)$ 的序号 0,其倒序号也是 0,则 $x(0)$ 还是放在 $n=0$ 的位置,而 $x(1)$ 其序号 1 对应的倒序号是 4,那么 $x(1)$ 应该和 $x(4)$ 号互相调换位置,如此类推。

注意:这样调换的工作按自然序逐个进行,只需完成到 $N/2$ 序号就应结束,否则会发生重复调换又回到自然序的情况。Matlab 的信号处理工具箱里的 bitrevorder(x) 函数就是完成这个工作的,它把自然序的数据排列调整成倒序排列。读者可以试一下。

因此,按照图 4.3.26 的流图进行运算之前,要先对数据的自然序号进行一次倒序排列运算。

### 4.3.6 离散信号傅立叶变换的 Matlab 实现

#### 4.3.6.1 离散时间傅立叶变换(DTFT)

**1. 根据定义计算 DTFT**

DTFT 定义为:

$$X(e^{j\beta}) = \sum_{n=-\infty}^{\infty} x(n)e^{-j\beta n}$$

$$x(n) = \frac{1}{2\pi} \int_{-\pi}^{\pi} X(e^{j\beta})e^{j\beta n} \, d\beta$$

DTFT $X(e^{j\beta})$ 是 $\beta$ 的周期复值函数,周期总是 $2\pi$,并且主周期通常选在区间 $[-\pi, \pi)$ 上。

应用 Matlab 计算 DTFT 时需注意:

(1)DTFT 的定义对时域无限长信号有效。如果能从变换定义推导出其解析式,并只是计算数值时,则可以使用 Matlab 计算无限长信号频谱。

(2)通常在 $[-\pi, \pi)$ 上选择一组均匀间隔的 $N$ 点频率向量,或者在 $[0, 2\pi)$ 上选择一组均匀间隔的 $N$ 点频率向量,这样 $L$ 点离散序列 $x(n)$ 的 DTFT 变换式变为:

$$X(e^{j\beta k}) = X(e^{j2\pi k/N}) = \sum_{n=0}^{L-1} x(n)e^{-j\frac{2\pi}{N}kn}, k=0,1,\cdots,N-1$$

DTFT 的周期性意味着在 $-\pi \leqslant \omega < 0$ 区间上的数值是对应那些 $k > N/2$ 的数值。因为上式是在有限数量的频率点 $\beta_k = 2\pi k/N$ 处计算,并在时域有限区间内求和,因此它是可计算的。由于信号长度必须是有限的($0 \leqslant n < L$),这个求和式不适用于无限长序列[如 $x(n) = a^n \varepsilon(n)$,但若是衰减序列,则可去除尾部较小的值使其成为有限长序列]。若不考虑 DFT 的物理性质,而只着重于计算 DTFT 的样本,则上式就是 $N$ 点 DFT。在正确应用 FFT 计算 $N$ 点 DFT 之前,需要对 $x(n)$ 进行时间截断,确保 $N \geqslant L$。

【例 4.3.14】求 $x(n) = a^n \varepsilon(n)$ 的 DTFT。

解:取 $a = 0.5$,程序如下

```
n = 0:10;
x = 0.5.^n;
w = linspace(0,pi,500);   % 频率在 0 ~ pi 之间均匀取 500 个点
% X = exp(j * w)./(exp(j * w) - 0.5 * ones(1,500));   % 根据解析式算出结果
```

```
X = x * exp( - j * n' * w);    % 根据定义,用矩阵算法求出结果,与上语句结果一样
subplot(2,1,1);
plot(w/pi,abs(X));
xlabel(' frequency 单位:pi');
title('幅频特性');
ylabel('幅度');
grid on;
subplot(2,1,2);
plot(w/pi,angle(X));
grid on;
xlabel(' frequency 单位:pi');
title('相频特性');
ylabel('相位 - 弧度');
```

运行结果如图 4.3.27 所示。

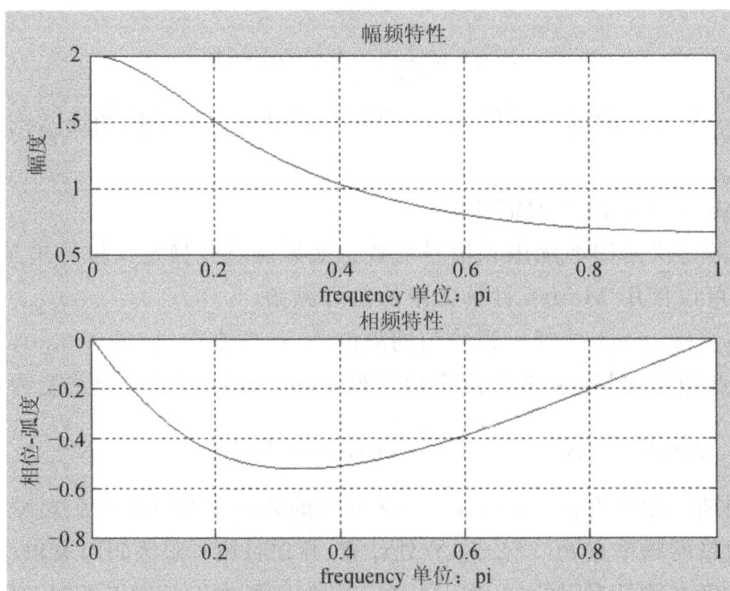

**图 4.3.27  DTFT 频谱图**

【例 4.3.15】求 $x(n) = \varepsilon(n) - \varepsilon(n-3)$ 的 DTFT。

解:程序如下

```
w = linspace(0,2 * pi,500);
X = 1 + exp( - j * w) + exp( - j * 2 * w);    % 根据解析式算出结果
subplot(2,1,1);
plot(w/pi,abs(X));
xlabel(' w/pi');
ylabel(' magnitude');
```

```
grid on；
subplot(2,1,2)；
plot(w/pi,angle(X))；
xlabel('w/pi')；
ylabel('angle')；
grid on；
```
程序运行结果如图 4.3.28 所示。

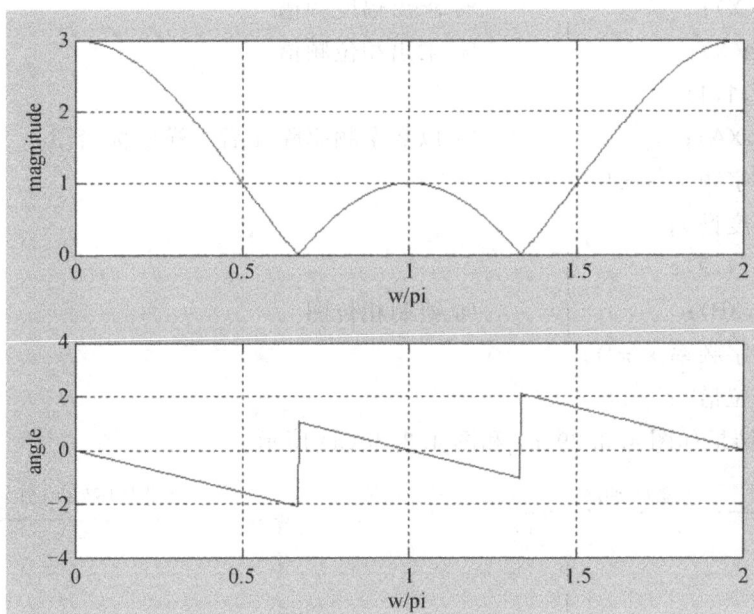

图 4.3.28

### 2. 利用 Matlab 专用函数计算 DTFT

Matlab 提供求离散信号 DTFT,DFT(即 FFT) 的函数有:

(1)[h,w]＝freqz(x,1,N,'whole'):数值法求 DTFT$\{x(n)\}$。$w$ 是数字频率点向量,$h$ 为 $w$ 对应的 DTFT 值;$N$ 是频率取样点数(省略时为 512 个点);参数'whole'为 $0 \sim 2\pi$ 频率范围取 $N$ 点,省略时为 $0 \sim \pi$ 频率范围内取 $N$ 个频率点。

(2)[h]＝freqz(x,1,w):$w$ 是取值 $0 \sim 1$ 的频率向量(即以 $\pi$ 归一化的,在 $0 \sim \pi$ 频率范围内选择频率点)。

(3)h＝fft(x):求 DFT$\{x(n)\}$,$h$ 的点数＝$x$ 的点数,频率范围为 $0 \sim 2\pi$。

h＝fft(x,N):$h$ 的点数为 $N$,频率范围为 $0 \sim 2\pi$。如果 $x$ 的点数少于 $N$,则 $x$ 尾部补 0;如果 $x$ 的点数多于 $N$,则 $x$ 尾部截去多于 $N$ 的点数。

(4)ifft(X):求 IDFT$\{X(k)\}$。用法与 fft 相同。

**【例 4.3.16】** 求因果序列 $x(n)＝a^n$,$n \geqslant 0$ 的 DTFT,$a$ 是实数(程序中 $a$ 取 0.5 及 $-0.5$)。

解:Matlab 程序

```
a＝0.5；       % 取一个指数信号的衰减速度
```

```
n = 0:49;           % 观察 50 个采样周期的信号序列长度
x = a.^n;           % 生成指数序列 x(n) 的值
figure(1);
stem(n,x);          % 绘制序列杆状图
title('指数序列 0.5^n');xlabel('n');ylabel('幅度');    % 标注坐标
figure(2);
[X,w] = freqz(x,1,'whole');    % 调用 DFT 计算频谱函数
XA = abs(X);                   % 求出幅度频谱
XB = angle(X);                 % 求出相位频谱
subplot(2,1,1);
plot(w/pi,XA);                 % 以数字频率除 π 后为横坐标绘图
xlabel('数字频率 × π');
ylabel('幅度谱');
subplot(2,1,2);
plot(w/pi,XB);                 % 绘制相位图
xlabel('数字频率 × π');
ylabel('相位谱');
```

程序运行结果如图 4.3.29(a) 和图 4.3.30(a) 所示。

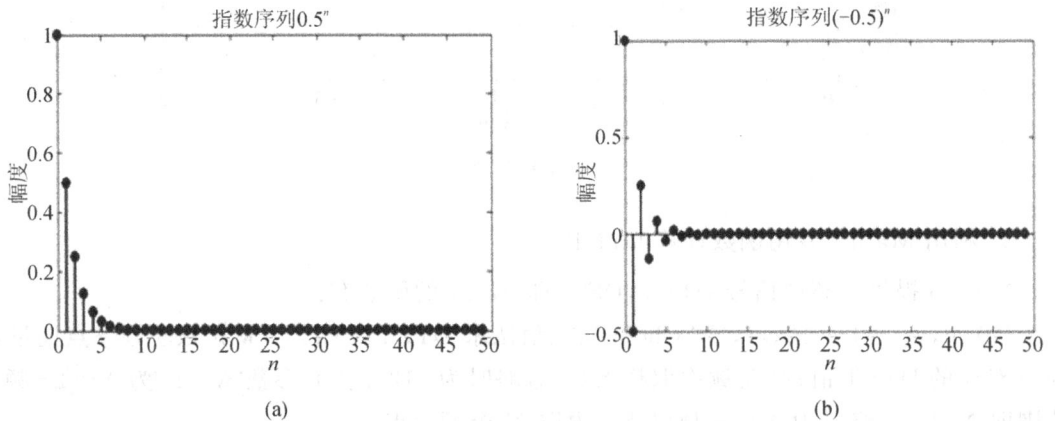

(a)                                    (b)

图 4.3.29  $x(n) = 0.5^n$ 及 $x(n) = (-0.5)^n$ 序列

　　如果将序列作为滤波器的单位样值响应,则滤波器频响具有低通特性。如果取 $a = -0.5$,其运行结果如图 4.3.29(b) 和图 4.3.30(b) 所示。由此可见,$(-1)^n$ 的频谱倒置功效将低通滤波器改造成了高通滤波器类型。

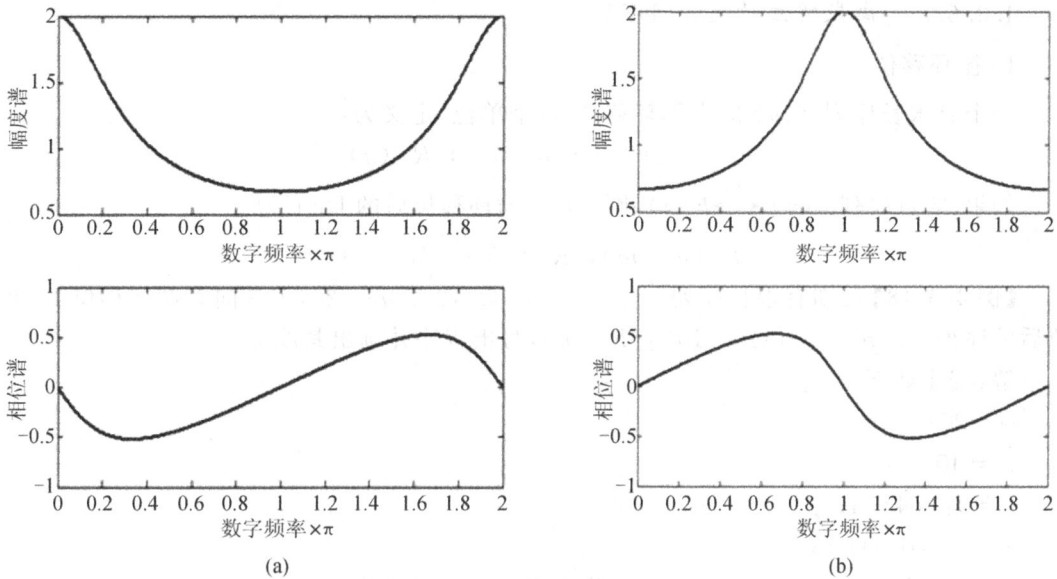

图 4.3.30 $x(n) = 0.5^n$ 及 $x(n) = (-0.5)^n$ 序列频谱

【例 4.3.17】求 $x(n) = [1\ 1\ 1\ 1]$ 的 DTFT。

解：Matlab 程序如下

```
x = [1 1 1 1];
[h,w] = freqz(x,1,'whole');
subplot(2,1,1);
plot(w,abs(h));grid on;
subplot(2,1,2);
plot(w,angle(h));grid on;
```

程序运行结果如图 4.3.31 所示。

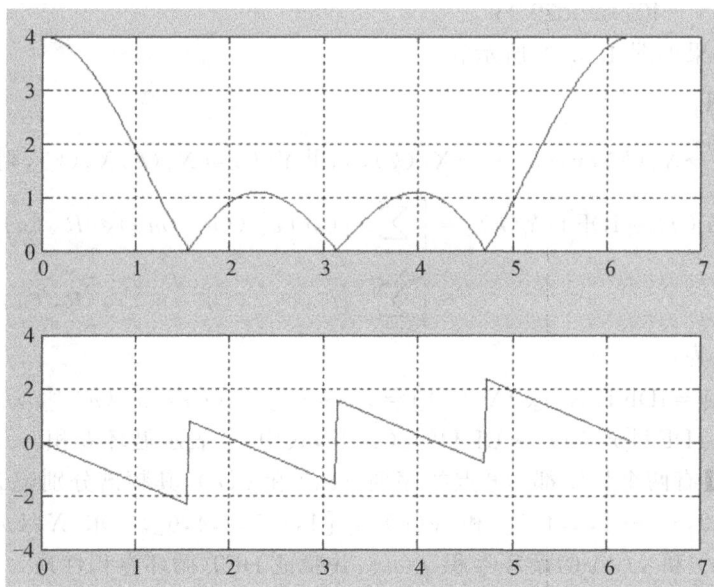

图 4.3.31　DTFT

第 4 章 离散信号及系统分析

4.3.6.2　离散傅立叶变换(DFT)

**1. 循环移位**

一个有限长序列 $f(n)$ 向右循环移位 $m$ 个单位,定义为:

$$y(n) = f((n+m))_N R_N(n)$$

如果 $N$ 点序列 $f(n) \overset{DFT}{\longleftrightarrow} F(k)$,则 $f(n)$ 循环移位后的 DFT 为:

$$f((n+m))_N R_N(n) \overset{DFT}{\longleftrightarrow} W_N^{-kn} F(k)$$

【例 4.3.18】已知有限长序列 $x(n) = 8(0.4)^n, 0 \leqslant n < 20$,求其向右循环移位 10 个单位后的序列 $x_m(n) = x[(n+10)]_{20} R_{20}(n)$,写出程序并画出其波形。

解:程序如下

```
N = 20;
m = 10;
n = 0:1:N - 1;
x = 8 * (0.4).^n;
n1 = mod((n + m),N);        % 循环移位后的序列号
xm = x(n1 + 1);             % 循环移位后的序列号的数据
subplot(2,1,1)
stem(n,x);                  % 循环移位前的数据波形
title('原序列');
xlabel('n');
ylabel('x(n)');
subplot(2,1,2)
stem(n,xm);                 % 循环移位后的数据波形
title('循环移位后序列');
xlabel('n');
ylabel('x((n + 10))mod20');
```

程序运行结果如图 4.3.32 所示。

**2. 循环卷积**

设 $x_1(n) \overset{DFT}{\longleftrightarrow} X_1(k), x_2(n) \overset{DFT}{\longleftrightarrow} X_2(k)$,如果 $Y(k) = X_1(k)X_2(k)$,则有:

$$Y(n) = \text{IDFT}[Y(k)] = \left[\sum_{m=0}^{N-1} x_1(m) x_2((n-m))_N\right] R_N(n)$$

$$= \left[\sum_{m=0}^{N-1} x_2(m) x_1((n-m))_N\right] R_N(n)$$

上式可简化表示为:

$$y(n) = \text{IDFT}[X_1(k)X_2(k)] = x_1(n) \otimes x_2(n) = x_2(n) \otimes x_1(n)$$

即 $y(n) = \text{IDFT}\{\text{DFT}[x_1(n)] \cdot \text{DFT}[x_2(n)]\}$,式中 $\otimes$ 表示循环卷积。

【例 4.3.19】有两个长度都为 6 点的序列 $x(n)$ 和 $y(n)$,其频谱分别记 $X(k)$ 和 $Y(k)$。设 $x(n) = [-2, 5, -1, 3, 4, 7]$ 和 $y(n) = [1, 2, 7, 3, 4, 6]$。求 $X(k), Y(k), F(k) = X(k)Y(k), x(n)$ 和 $y(n)$ 的循环卷积 $f(n)$,并验证 DFT 循环卷积性质。

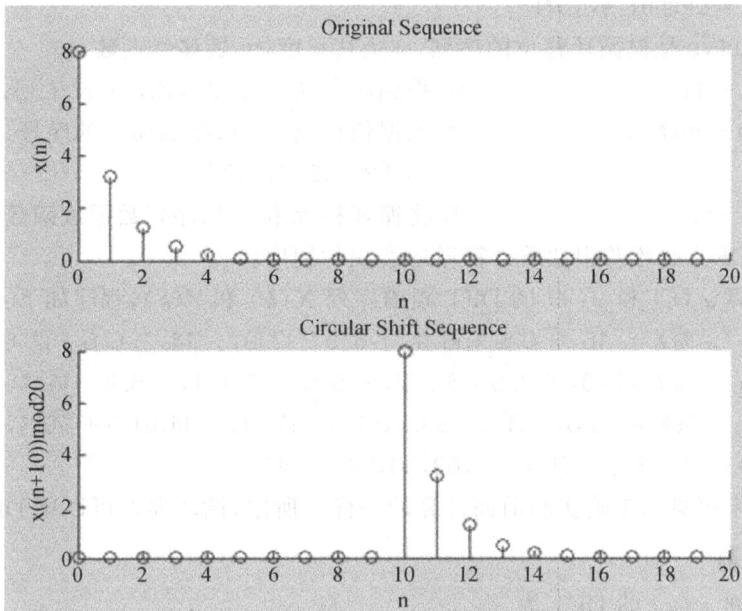

**图 4.3.32 有限长序列的圆周移位结果图**

解:(1) 根据定义计算循环卷积:

① 把 $y(n)$ 周期延拓,有:

$$y((n))_6 = [\cdots, 4, 6, 1, 2, 7, 3, 4, 6, 1, 2, 7, 3, 4, \cdots]$$

② 对 $y(0) = 1$ 处左右翻转后成为:

$$y((-n))_6 = [\cdots, 6, 4, 3, 7, 2, 1, 6, 4, 3, 7, 2, 1, \cdots]$$

③ 根据循环卷积定义式子 $f_N(n) = \sum_{m=0}^{6-1} x(m) y((n-m))_6$,计算得:

$$f((n))_6 = [\cdots, 75, 68, 50, 82, 52, 41, 75, 68, 50, 82, 52, 41, 75, \cdots]$$

④ 取主值:

$$f(n) = f((n))_6 G_6(n) = [75, 68, 50, 82, 52, 41]$$

(2)Matlab 实现循环卷积程序(根据循环卷积定义):

```
x = [-2,5,-1,3,4,7];y = [1,2,7,3,4,6];
N = 6;                    % 序列循环卷积长度 N
m = 0:1:N-1;
y = y(mod(-m,N)+1);        % 对每个序号 m 求模 6 的值,即左右翻转 y 序列
A = zeros(N,N);           % 构造一个 6×6 的全 0 方阵
for n = 1:1:N
A(n,:) = cirshftt(y,n-1,N);  % 对某个 n,y 序列循环移 n-1 位后,对应放在 A 的第 n 行
end
f = x*A';                  % 进行乘加运算
```

运行结果为:f = [75,68,50,82,52,41]。

% 调用的 N 点循环移位子程序函数 cirshftt 如下:

```
function w = cirshftt(s,m,N)
```
% 参数入口,s 是被循环移位的序列,N 是其长度,m 是移位点数
```
n = 0:1:N − 1;              % 得到序号[0,1,2,3,4,5,…,N − 1],本例 N = 6
q = mod(n − m,N);          % 根据位移量 m 值,得到模 6 的序号,如 m = 3,
                           % q = [3,4,5,0,1,2]
w = s(q + 1);              % 将循环移 m 位后的序列数据放函数出口 w 中
```
(3) 根据 DFT 循环卷积性质计算循环卷积的程序:

现在来计算 $x(n)$ 和 $y(n)$ 的 DFT 频谱序列 $X(k)$ 和 $Y(k)$,程序如下:
```
X = fft(x);   % X = [16, − 0.5 + j6.1, − 6.5 − j2.6, − 14, − 6.5 + j2.6, − 0.5 − j6.1]
Y = fft(y);   % Y = [23, − 3.5 + j0.87, − 5.5 + j6.1,1, − 5.5 − j6.1, − 3.5 − j0.87]
F = X.* Y;    % F = [368, − 3.5 − j21.7,51.5 − j25.1, − 14,51.5 + j25.1, − 3.5 + j21.7]
f1 = ifft(F); % 查看有 f1 = [75,68,50,82,52,41]
```
从运行结果可见,$f1$ 确实和前面计算的一样! 所以,循环卷积可以用 DFT 实现。

### 3. DFT 函数

有限长序列 $x(n)$ 的 DFT 为

$$X(k) = \text{DFT}[x(n)] = \sum_{n=0}^{N-1} x(n) W_N^{-kn}, 0 \leqslant n \leqslant N-1$$

逆变换为

$$x(n) = \text{IDFT}[X(k)] = \frac{1}{N} \sum_{n=0}^{N-1} X(k) W_N^{-kn}, 0 \leqslant n \leqslant N-1$$

(1) DFT 变换的矩阵形式计算

若将 DFT 变换的定义写成矩阵形式,则得到 $\boldsymbol{X} = \boldsymbol{x} * \boldsymbol{A}$,其中 DFT 变换矩阵 $\boldsymbol{A}$ 为

$$\boldsymbol{A} = \begin{bmatrix} 1 & 1 & \cdots & 1 \\ \vdots & \vdots & & \vdots \\ 1 & W_N^1 & \cdots & W_N^{N-1} \\ \vdots & \vdots & & \vdots \\ 1 & W_N^{N-1} & \cdots & W_N^{(N-1)^2} \end{bmatrix}$$

Matlab 中的 dftmtx 函数是用来计算 DFT 变换矩阵 $\boldsymbol{A}$ 的函数。

其调用方式如下:

①A = dftmtx(N):返回 $N \times N$ 的 DFT 变换矩阵 $\boldsymbol{A}$。若 $x$ 为给定长度 $N$ 的行向量,则 $\boldsymbol{y} = \boldsymbol{x} * \boldsymbol{A}$,即返回 $\boldsymbol{x}$ 的 DFT 变换 $\boldsymbol{y}$。

②Ai = conj(dftmtx(n))/n:返回 $n \times n$ 的 IDFT 变换矩阵 $\boldsymbol{Ai}$。

说明:A = dftmtx(N) 相当于 $n = 0:N-1;k = 0:N-1;A = \exp(-2 * \text{pi} * \text{j}/N * n' * k)$。

【例 4.3.20】举例说明 dftmtx 函数的使用。

解:程序如下
```
A = dftmtx(4)
Ai = conj(dftmtx(4))/4
```
运行结果为:

A =

| 1.0000 | 1.0000 | 1.0000 | 1.0000 |
|--------|--------|--------|--------|
| 1.0000 | 0 − 1.0000i | − 1.0000 | 0 + 1.0000i |
| 1.0000 | − 1.0000 | 1.0000 | − 1.0000 |
| 1.0000 | 0 + 1.0000i | − 1.0000 | 0 − 1.0000i |

Ai =

| 0.2500 | 0.2500 | 0.2500 | 0.2500 |
|--------|--------|--------|--------|
| 0.2500 | 0 + 0.2500i | − 0.2500 | 0 − 0.2500i |
| 0.2500 | − 0.2500 | 0.2500 | − 0.2500 |
| 0.2500 | 0 − 0.2500i | − 0.2500 | 0 + 0.2500i |

**【例 4.3.21】** 如果 $x(n) = \sin(n\pi/8) + \sin(n\pi/4)$ 是一个 $N = 16$ 的有限序列,用 Matlab 求其 DFT 的结果,并画出其结果图。

解:程序如下

```
N = 16;
n = 0:N − 1;                % 时域采样
k = 0:N − 1;                % 频域采样
WNnk = dftmtx(N);          % 前 2 句可用此句代替
xn = sin(n * pi/8) + sin(n * pi/4);
Xk = xn * WNnk;            % 也写成 Xk = xn * exp(− 2 * pi * j/N * n' * k);
subplot(2,1,1)
stem(n,xn);
subplot(2,1,2)
stem(k,abs(Xk));
```

运算结果如图 4.3.33 所示。

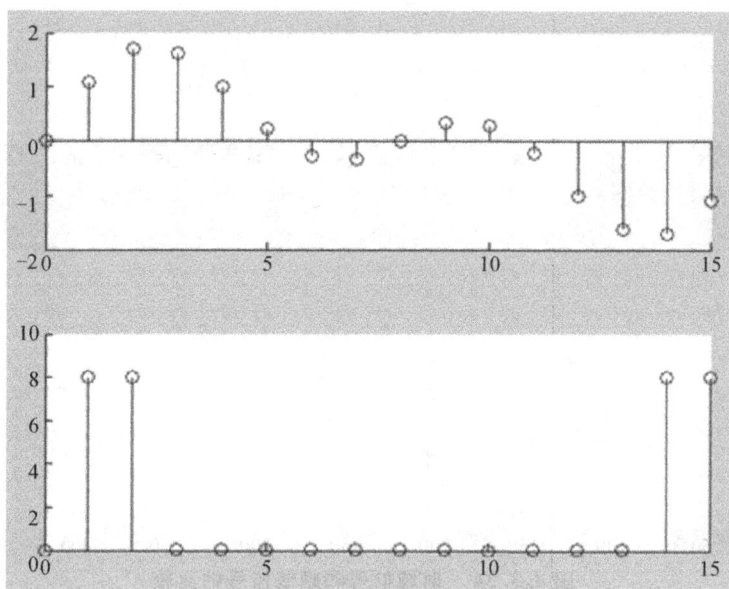

图 4.3.33　有限长序列的 DFT 结果

（2）DFT 变换的 Matlab 专用函数

Matlab 计算 DFT 的函数有 fft( ) 及 ifft( )，其使用方法前面已介绍。

【例 4.3.22】举例说明 fft 的应用。

解：程序如下

```
X = [2 1 2 8];
Y = fft(X)
```

运行结果：Y = 13.0000    0 + 7.0000i    − 5.0000    0 − 7.0000

【例 4.3.23】举例说明 fft 在信号分析中的应用。使用频率分析方法从受噪声污染的信号 $x(t) = \sin(2\pi \cdot 100t) + \sin(2\pi \cdot 200t)$ 中鉴别出有用的信号。

解：程序为

```
t = 0:0.001:1;            % 采样周期为 0.001 s，即采样频率为 1000 Hz
                         % 产生受噪声污染的正弦波信号
x = sin(2 * pi * 100 * t) + sin(2 * pi * 200 * t) + rand(size(t))
subplot(2,1,1)
plot(x(1:50));           % 画出时域内的信号
Y = fft(x,512);          % 对 x 进行 512 点的傅立叶变换
f = 1000 * (0:256)/512;  % 设置频率轴（横轴）坐标，1000 为采样频率
subplot(2,1,2)
plot(f,Y(1:257));        % 画出频域内的信号
```

运行结果如图 4.3.34 所示。

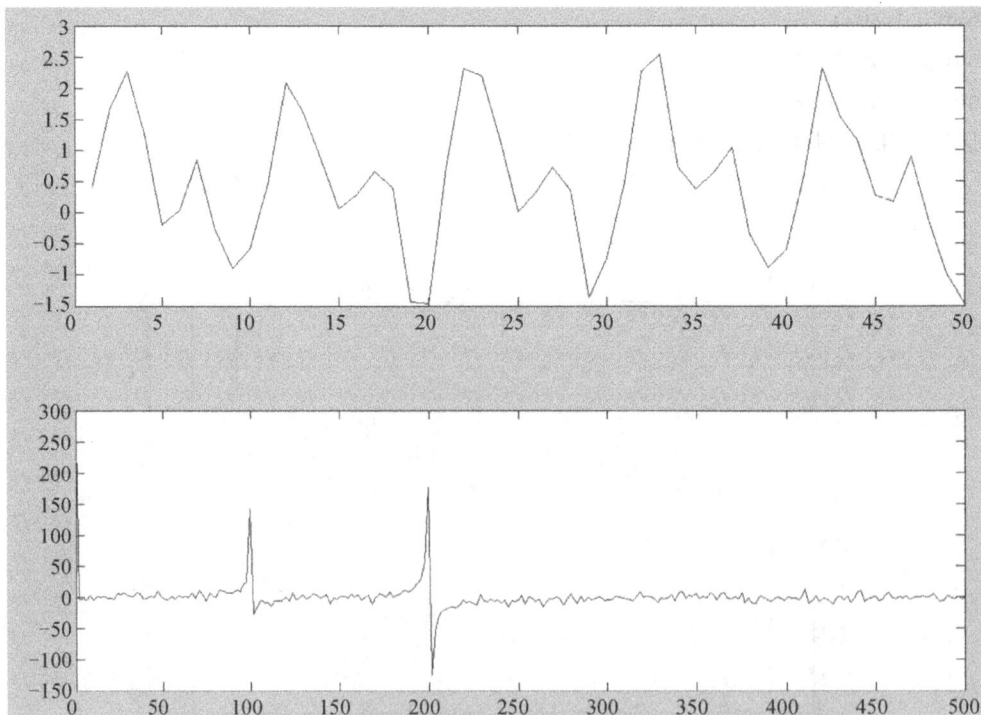

图 4.3.34    时域信号和频域信号的比较

由图 4.3.34 可以看出,从受噪声污染信号的时域波形中,很难看出正弦波的成分。但是通过对 $x(t)$ 做傅立叶变换,把时域信号变换到频域进行分析,可以明显看出信号中 100 Hz 和 200 Hz 的两个频率分量。

（3）fftshift 和 ifftshift 函数

fftshift 函数用于将傅立叶变换结果 Y（频域数据）中的直流成分（即频率为 0 处的值）移到频谱的中间位置。

调用方法：Z＝fftshift(Y)

参数说明：

（1）如果 **Y** 是向量,则变换 **Y** 的左右两边；

（2）如果 **Y** 是矩阵,则交换 **Y** 的第一、三象限和第二、四象限。

函数 ifftshift 的参数应用与函数 fftshift 完全相同。

【例 4.3.24】举例说明 fftshift 及 ifftshift 的应用。

解：程序如下

```
x = rand(1,20);
X = fft(x);
subplot(3,1,1);
stem(abs(X))
X1 = fftshift(X);        % 将傅立叶变换结果 X 中的直流成分移到频谱的中间位置
subplot(3,1,2);
stem(abs(X1));
X2 = ifftshift(X1);      % 将直流成分移到中间位置的频谱 X1 恢复为原频谱
subplot(3,1,3);
stem(abs(X2));
```

程序运行结果如图 4.3.35 所示。

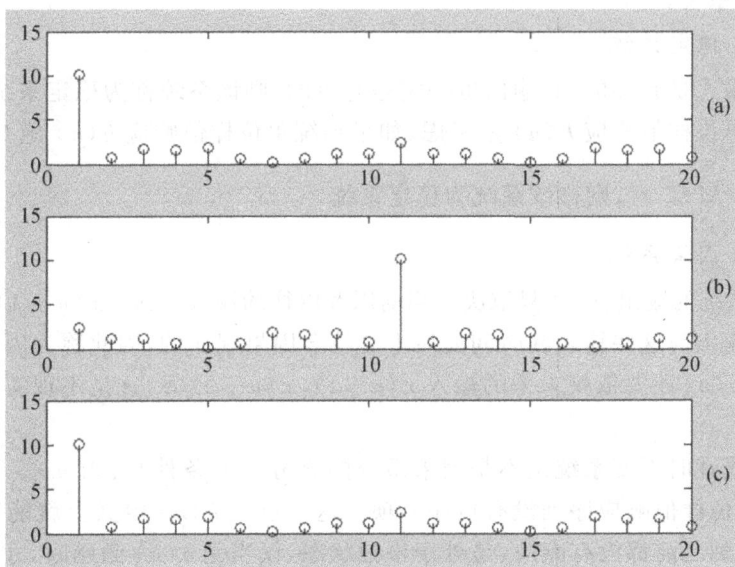

图 4.3.35  fftshift 的频谱图

# 4.4 离散系统时域分析

将一个序列 $x(n)$ 变换成另一个序列 $y(n)$ 系统称为离散时间系统，记为

$$y(n) = T[x(n)]$$

式中符号 $T[\cdot]$ 表示某种运算或变换。

## 4.4.1 系统分类

以下是关于系统特性的一般描述，目的是将各式各样的系统进行分门别类，以便研究。

### 4.4.1.1 线性系统

线性系统满足叠加原理，它包含两个方面的性质：均匀性和可加性。

均匀性也称比例性，是指当系统的输入变化 $a$ 倍，其输出也相应变化 $a$ 倍。其中比例 $a$ 还可以是复数。

可加性是指系统分别输入两个序列 $x_1(n)$ 和 $x_2(n)$，其各自对应的输出是 $y_1(n)$ 和 $y_2(n)$，那么，当混合输入 $x_1(n) + x_2(n)$ 时，系统将会输出 $y_1(n) + y_2(n)$。

只有当系统同时满足均匀性和可加性时，我们称该系统是线性系统，否则为非线性系统。

### 4.4.1.2 时不变系统

时不变是指系统的性能不会随时间发生改变。也就是无论何时输入信号，只要 $x(n)$ 相同，系统输出也总是相同的 $y(n)$，只不过是随着 $x(n)$ 加到系统的先后，$y(n)$ 出现的时间不同而已。

用符号表示为：若 $y(n) = T[x(n)]$，有 $y(n - n_0) = T[x(n - n_0)]$ 成立，则称系统 $T[\cdot]$ 是时不变系统。

### 4.4.1.3 稳定系统

如果系统输入是有界的，其输出也一定是有界的，则该系统称为稳定系统。

从系统的单位样值响应 $h(n)$ 来考虑，如果系统单位样值响应 $h(n)$ 绝对可和，即满足：$\sum\limits_{n=-\infty}^{\infty} |h(n)| = M < \infty$，则称该系统为稳定系统。

### 4.4.1.4 因果系统

一个因果系统的输出 $y(n)$ 只取决于当前以及以往的输入 $x(n), x(n-1), x(n-2), \cdots, x(n-N)$ 等，输出与这些输入在时间先后上是符合因果规律的，因此称为因果系统。相反，如果当前输出 $y(n)$ 还要依赖未来的输入 $x(n+1), x(n+2)$ 等，这是不现实的，就是所谓的非因果系统。

判断一个线性时不变系统是不是因果系统的充分必要条件是：当 $n < 0$ 时，则 $h(n) = 0$。即系统的单位样值响应序列没有负序号项。这一点从 $h(n)$ 定义上就能知道，在零状态下，系统于 0 时刻之前都没有响应，是处于松弛状态，仅当受 $\delta(n)$ 激励时，才有响应 $h(n)$ 产生，这样 $h(n)$ 必然出现在 $n \geqslant 0$ 之后，时间上符合因果关系。因此也常常把 $n < 0$ 时 $x(n) =$

0 的序列统称为因果序列,意味着它可作为因果系统的单位脉冲响应。

尽管连续时间非因果系统是不可实现的,例如理想模拟低通滤波器,但数字信号处理中由于系统有存储记忆能力,非因果却是可以实现的。很多数据处理场合可以是非实时的,并且实际工程中即使要求实时处理,一般也允许有一定的延迟。对于输出 $y(n)$ 来说,可以将大量的输入数据 $x(n+1),x(n+2),x(n+3),x(n+4)$ 放入存储器,经过一定延迟后取出来供计算使用,从而实现非因果系统。换句话说,可以用一个带有延迟的因果系统来近似等效非因果系统,这是一种获得更接近于理想频率特性的方法。

### 4.4.2　离散系统的差分方程描述

对于线性时不变(LTI)的离散系统,可用常系数差分方程描述。如果输入信号序列为 $x(n)$,输出序列为 $y(n)$,则该系统的差分方程为:

$$\sum_{i=0}^{N} a_i y(n-i) = \sum_{j=0}^{M} b_j x(n-j)$$

式中 $N$ 称为离散系统的阶次。改写成

$$y(n) = \sum_{j=0}^{M} b_j x(n-j) - \sum_{i=1}^{N} a_i y(n-i)$$

它说明输出序列第 $n$ 个值 $y(n)$ 不仅取决于同一瞬间的输入样值 $x(n)$,而且还与以前的各输出值 $y(n-i)$ 有关,因此,为了得到 $y(n)$,必须依次存留 $N$ 个以前的输出值 $y(n-1),y(n-2),\cdots,y(n-N)$。

需要注意的是,如果不加约束条件(收敛域),满足差分方程式的序列 $x(n)$ 与 $y(n)$ 将不是唯一的,这个问题可以由下面例子说明。

【例 4.4.1】求差分方程 $y(n)=0.2y(n-1)+x(n)$ 的解,并研究解的唯一性问题。

解:设 $x(n)=\delta(n)$,且 $n<0$ 时,$y(n)=0$,那么,可以令 $n=0$,代入差分方程得

$$y(0)=0.2y(-1)+x(0)=0.2\times 0+1=1$$

同理

$$y(1)=0.2y(0)+x(1)=0.2\times 1+0=0.2$$

$$y(2)=0.2\times 0.2$$

$$y(3)=0.2\times 0.2\times 0.2$$

$$\vdots$$

$$y(n)=(0.2)n,n\geqslant 0$$

写成闭合式为 $y(n)=0.2^n\varepsilon(n)$。

但若假设 $n\geqslant 0$ 时,$y(n)=0$,那么在同样的 $\delta(n)$ 激励下,可得另一组 $y(n)$ 满足差分方程。

差分方程改写方程为

$$y(n-1)=5[y(n)-x(n)],\text{或 } y(n)=5[y(n+1)-x(n+1)]$$

令 $n=-1$ 代入,得

$$y(-1)=5[y(0)-x(0)]=5\times(-1)=-5$$

$$y(-2)=5[y(-1)-x(-1)]=5\times y(-1)=-25$$

$$y(-3)=-5\times 5\times 5$$

$$\vdots$$

$$y(n)=-5^n,n<0$$

写成闭合式为 $y(n)=-0.2^n\varepsilon(-n-1)$。

显然,后者是非因果系统。

### 4.4.3 离散方程的经典解法

描述 LTI 离散系统的方程是常系数线性差分方程,一般表达式是:

$$a_0y(n)+a_1y(n-1)+\cdots+a_Ny(n-N)=\sum_{r=0}^{M}b_rx(n-r)$$

式中 $a_0,a_1,\cdots,a_k$ 为常数。

当输入信号为零时,方程 $a_0y(n)+a_1y(n-1)+\cdots+a_Ny(n-N)=0$ 为齐次方程。

#### 4.4.3.1 差分方程的齐次解

如果齐次方程有形如 $y(n)=\lambda^n$ 的解,代入齐次方程中可得:

$$a_0\lambda^N+a_1\lambda^{N-1}+\cdots+a_{N-1}\lambda+a_N=0$$

此方程称为差分方程 $a_0y(n)+a_1y(n-1)+\cdots+a_Ny(n-N)=\sum_{r=0}^{M}b_rx(n-r)$ 的特征方程。

特征方程的 $N$ 个根称为特征根,即 $\lambda_1,\lambda_2,\cdots,\lambda_N$。由特征根可求得差分方程的齐次解。

齐次通解的形式有:

(1)若有 $k$ 个不同的实根,则齐次通解:

$$y_h(n)=c_1\lambda_1^n+c_2\lambda_2^n+\cdots+c_k\lambda_k^n$$

(2)若有 $m$ 个重根 $\lambda$,则齐次通解中有构成项为:

$$(c_1+c_2n+c_3n^2+\cdots+c_mn^{m-1})\lambda^n$$

(3)若有一对单复根 $\lambda=\alpha\pm j\beta$,令 $\lambda=\rho e^{\pm j\varphi}$,式中 $\rho=\sqrt{\alpha^2+\beta^2}$,$\varphi=\arctan\dfrac{\beta}{\alpha}$,则齐次通解中有构成项为:

$$c_1\rho^n\cos(\varphi n)+c_2\rho^n\sin(\varphi n)$$

(4)若有 $m$ 重复根:$\lambda=\alpha\pm j\beta,\lambda=\rho e^{\pm j\varphi}$,则齐次通解中有构成项为:

$$(c_1+c_2n+c_3n^2+\cdots+c_mn^{m-1})\rho^n\cos(\varphi n)+(c_1+c_2n+c_3n^2+\cdots+c_mn^{m-1})\rho^n\sin(\varphi n)$$

综上所述,由于特征方程恰有 $N$ 个根,从而构成差分方程的齐次通解中必有 $N$ 个独立的任意常数。齐次解可记为:$y_k(n)=\sum_{i=1}^{N}c_i\lambda_i^n$。

#### 4.4.3.2 差分方程的特解

特解可通过输入函数形式来确定,可参考表 4.4.1。

**表 4.4.1　差分方程的特解形式**

| 输入 $x(n)$ | 特解 $y_p(n)$ |
|---|---|
| 常数：$x(n)=A$ | $y(n)=P$ |
| 指数函数：$x(n)=\mathrm{e}^{an}$ | $y(n)=P\mathrm{e}^{an}$ |
| 指数函数：$x(n)=\mathrm{e}^{j\omega n}$ | $y(n)=P\mathrm{e}^{j\omega n}$ |
| 指数函数：$x(n)=(r)^n$ | $y(n)=P(r)^n$，$r$ 不是特征根 |
| | $(P_1 n+P_0)r^n$，$r$ 是特征单根 |
| | $(P_k n^k+P_{k-1}n^{k-1}+\cdots+P_0)r^n$，$r$ 是 $k$ 重特征根 |
| 余弦函数：$x(n)=\cos(\omega n)$ | $y(n)=P\cos(\omega n+\theta)$ 或 $P_1\cos(\omega n)+P_2\sin(\omega n)$ |
| 正弦函数：$x(n)=\sin(\omega n)$ | $y(n)=P\sin(\omega n+\theta)$ 或 $P_1\cos(\omega n)+P_2\sin(\omega n)$ |
| 幂函数：$x(n)=n^k$ | $P_k n^k+P_{k-1}n^{k-1}+\cdots+P_1 n+P_0$（特征根均不为 1） |
| | $n^r(P_k n^k+P_{k-1}n^{k-1}+\cdots+P_1 n+P_0)$（有 $r$ 重为 1 的特征根） |

#### 4.4.3.3　差分方程的完全解

完全解＝齐次通解＋特解，即 $y(n)=y_k(n)+y_p(n)$，最后由初始条件确定常量值求得完全解。

**【例 4.4.2】**求差分方程 $y(n)+2y(n-1)=x(n)-x(n-1)$ 的完全解，其中 $x(n)=n^2$，$y(-1)=-1$。

解：特征方程 $\lambda+2=0$，$\lambda=-2$

齐次通解 $y_k(n)=c(-2)^n$

把 $x(n)$ 代入方程右边得 $x(n)-x(n-1)=n^2-(n-1)^2=2n-1$。

设特解为 $y_p(n)=P_1 n+P_2$，代入方程得

$$P_1 n+P_2+2[P_1(n-1)+P_2]=2n-1$$

比较两边系数得 $\begin{cases}3P_1=2\\3P_2-2P=-1\end{cases}$

解得 $P_1=\dfrac{2}{3}$，$P_2=\dfrac{1}{9}$，特解 $y_p(n)=\dfrac{2}{3}n+\dfrac{1}{9}$，

完全通解为 $y(n)=c(-2)^n+\dfrac{2}{3}n+\dfrac{1}{9}$。

代入初始条件 $y(-1)=-1$，求 $c$：

$-1=c(-2)^{-1}+\dfrac{2}{3}\times(-1)+\dfrac{1}{9}$，得 $c=\dfrac{8}{9}$，所以完全解为：

$$y(n)=\dfrac{8}{9}(-2)^n+\dfrac{2}{3}n+\dfrac{1}{9}$$

**【例 4.4.3】**求解差分方程 $y(n)-\dfrac{2}{3}y(n-1)=\dfrac{1}{5}$。

解：特征方程 $\lambda-\dfrac{2}{3}=0$，$\lambda=\dfrac{2}{3}$，齐次解 $y_k(n)=C\left(\dfrac{2}{3}\right)^n$。

设特解为 $y_p(n) = P$，则 $P - \dfrac{2}{3}P = \dfrac{1}{5}$，$P = \dfrac{3}{5}$，

完全通解 $y(n) = y_k(n) + y_p(n) = C\left(\dfrac{2}{3}\right)^n + \dfrac{3}{5}$（$C$ 为任意常数）。

【例 4.4.4】求差分方程 $y(n) + y(n-1) = 2^n$ 的通解。

解：特征方程 $\lambda + 1 = 0$，$\lambda = -1$，齐次解 $y_k(n) = C(-1)^n$。

设特解为 $y_p(n) = P \cdot 2^n$，则 $P \cdot 2^n + P \cdot 2^{n-1} = 2^n$，$P = \dfrac{2}{3}$，

完全通解 $y(n) = y_k(n) + y_p(n) = C(-1)^n + \dfrac{2}{3}2^n$（$C$ 为任意常数）。

【例 4.4.5】求差分方程 $y(n+1) - y(n) = 3 + 2n$ 的通解。

解：特征方程为 $\lambda - 1 = 0$，特征根 $\lambda = 1$。

齐次差分方程的通解为 $y_k(n) = C$。

由于 $f(n) = 3 + 2n = n^r P(n)$，$r = 1$ 是特征根，因此非齐次差分方程的特解为 $y_p(n) = n(B_0 + B_1 n)$。

将其代入已知差分方程得 $B_0 + B_1 + 2B_1 n = 3 + 2n$，比较该方程的两端关于 $n$ 的同次幂的系数，可解得 $B_0 = 2$，$B_1 = 1$。

故 $y_p(n) = 2n + n^2$，于是，通解为 $y(n) = y_k(n) + y_p(n) = C + 2n + n^2$（$C$ 为任意常数）。

### 4.4.4　单位样值响应

在离散 LTI 系统分析中，单位样值响应的概念非常重要，类似连续系统分析的单位冲激响应。

系统在零初始状态下，受 $\delta(n)$ 的激励，产生的响应称为单位样值响应，记为 $h(n)$。如图 4.4.1 所示。

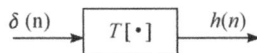

$$\delta(n) \longrightarrow \boxed{T[\cdot]} \longrightarrow h(n)$$

图 4.4.1　单位样值响应

单位样值响应 $h(n)$ 揭示了系统内在的本质特性，与输入无关。可以根据它判断系统的稳定性、因果性等系统特性。

### 4.4.5　线性卷积

我们知道，一个 LTI 系统的零状态响应可以通过系统的单位样值响应与输入信号卷积来求得。这是因为任意激励序列 $x(n)$ 都能分解成单位样值 $\delta(n)$ 的加权和的形式，即

$$x(n) = \cdots + x(-1)\delta(n-1) + x(0)\delta(n) + x(1)\delta(n-1) + x(2)\delta(n-2) + \cdots$$
$$= \sum_{i=-\infty}^{\infty} x(i)\delta(n-i)$$

系统对于 $\delta(n)$ 的响应是 $h(n)$，由线性和时不变特性可知，系统对于 $x(i)\delta(n-i)$ 项的响应就是 $x(i)h(n-i)$，因此，全部累加起来得到系统对于任意序列 $x(n)$ 的响应 $y(n)$，即

$$y(n) = \sum_{i=-\infty}^{\infty} x(i)h(n-i) = x(n) * h(n) = h(n) * x(n)$$

上式称为序列 $x(n)$ 与 $h(n)$ 的卷积和,亦称线性卷积。它表明了激励和响应以及系统的 $h(n)$ 之间的关系。显然,这种运算遵守交换律、分配律、结合律。卷积和运算性质可参阅第一章的卷积运算。

【例 4.4.6】计算两个矩形序列 $R_4(n)$ 和 $R_5(n)$ 的线性卷积。

解:
$$y(n) = \sum_{i=-\infty}^{\infty} R_4(i)R_5(n-i)$$

求解 $y(n)$ 首先碰到的是无限项累加的问题,除了特别式子可以用理论求出结果外,一般都根据实际情况确定出累加区间范围。本题要根据两个矩形序列的非零值区间,确定上式求和的上、下限,$R_4(i)$ 的非零值区间为 $0 \leqslant i \leqslant 3$,而 $R_5(n-i)$ 的非零值区间为 $0 \leqslant n-i \leqslant 4$,那么,其乘积值的非零区间显然要求 $i$ 同时满足如下两个不等式:
$$0 \leqslant i \leqslant 3 \text{ 和 } n-4 \leqslant i \leqslant n$$

可以解出非零的 $y(n)$ 的范围:$[0,3]$ 和 $[4,7]$。

当 $0 \leqslant n \leqslant 3$ 时,$y(n) = \sum_{i=0}^{n} R_4(i)R_5(n-i) = n+1$;

当 $4 \leqslant n \leqslant 7$ 时,$y(n) = \sum_{i=n-4}^{3} R_4(i)R_5(n-i) = \sum_{i=n-4}^{3} 1 = 8-n$。

即 $y(n) = \{1,2,3,4,4,3,2,1\}$,其余都为 0。

图解法计算卷积过程包括其中一个序列的左右翻转、对位相乘并累加,右移 1 位后再做乘加运算等步骤。

步骤 1:绘出原序列 $R_4(n)$ 和 $R_5(n)$,如图 4.4.2 所示。

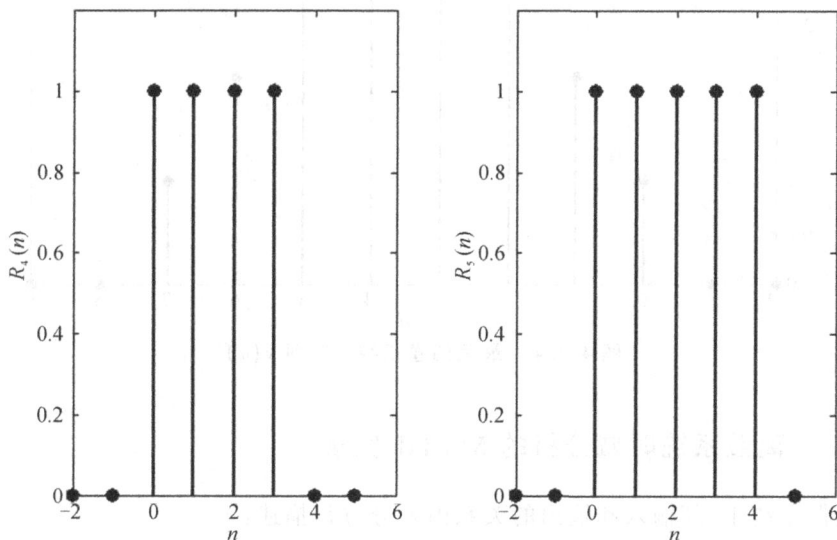

**图 4.4.2 $R_4(n)$ 和 $R_5(n)$ 序列**

步骤 2:选 $R_4(n)$ 和 $R_5(n)$ 任意一个序列反折并移位。如图 4.4.3 所示,把 $R_5(n)$ 反折并右移 2 个单位。

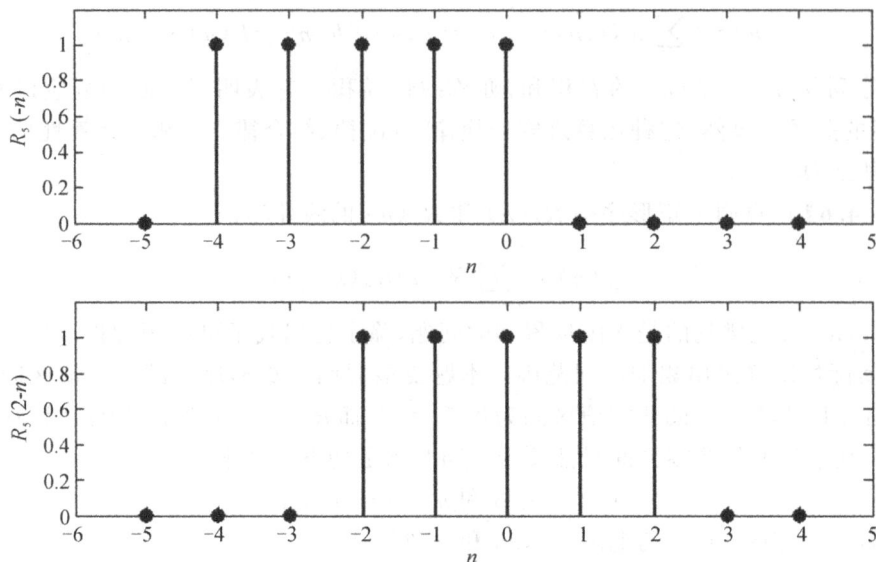

图 4.4.3 $R_5(n)$ 翻转 $R_5(-n)$ 和右移 2 个单位 $R_5(2-n)$

步骤 3：每移位 1 位，两个序列对应位相乘并累加，得到相应位的卷积值，如图 4.4.4 所示。

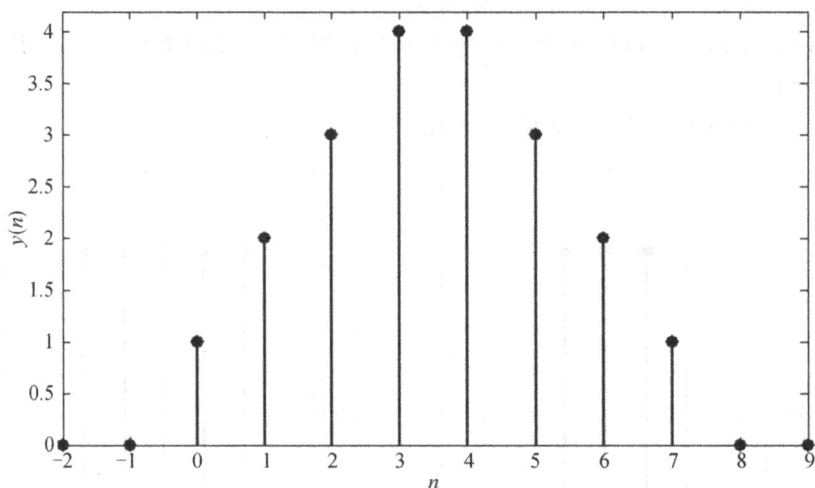

图 4.4.4 最后的卷积结果序列 $y(n)$

### 4.4.6 离散系统时域分析的 Matlab 实现

LTI 离散系统中，其输入和输出的关系由差分方程描述：

$$\sum_{i=0}^{N} a_i y(n+i) = \sum_{j=0}^{M} b_j f(n+j) \qquad （前向差分方程）$$

$$\sum_{i=0}^{N} a_i y(n-i) = \sum_{j=0}^{M} b_j f(n-j) \qquad （后向差分方程）$$

当系统的输入为单位脉冲序列 $\delta(n)$ 时产生的零状态响应称为系统的单位脉冲响应，用

$h(n)$ 表示,如图 4.4.5 所示。当输入为 $\varepsilon(n)$ 时产生的零状态响应称为系统的单位阶跃响应,记为 $g(n)$,如图 4.4.6 所示。

$$\delta(n) \rightarrow \boxed{\text{LTI 离散系统}} \rightarrow h(n)$$

**图 4.4.5 单位脉冲响应**

$$\varepsilon(n) \rightarrow \boxed{\text{LTI离散系统}} \rightarrow g(n)$$

**图 4.4.6 单位阶跃响应**

如果系统输入信号为 $f(n)$,冲激响应为 $h(n)$,系统的零状态响应为 $y(n)$,则系统的零状态响应可由卷积和求出:$y(n) = f(n) * h(n) = \sum\limits_{m=-\infty}^{\infty} f(m)h(n-m)$。

与连续系统的单位冲激响应 $h(t)$ 相类似,离散系统的单位样值响应 $h(n)$ 也包含了系统的固有特性,与输入序列无关。我们只要知道了系统的单位样值响应,即可求得系统在不同激励信号作用下产生的响应。因此,求解系统的单位样值响应 $h(n)$ 对离散系统的分析也同样具有非常重要的意义。

#### 4.4.6.1 离散系统的时域响应

离散 LTI 系统可用线性常系数差分方程来描述,即

$$\sum_{i=0}^{N} a_i y(n-i) = \sum_{j=0}^{M} b_j x(n-j)$$

其中,$a_i (i=0,1,\cdots,N)$ 和 $b_j (j=0,1,\cdots,M)$ 为实常数。

Matlab 中函数 filter 可对上式的差分方程在指定时间范围内的输入序列所产生的响应进行求解。函数 filter 的语句格式为:

$$y = \text{filter}(b, a, x)$$

其中,$x$ 为输入的离散序列;$y$ 为输出的离散序列,$y$ 的长度与 $x$ 的长度一样;$b$ 与 $a$ 分别为差分方程右端与左端的系数向量。

【例 4.4.7】已知描述离散系统的差分方程为:

$$y(n) + 0.7y(n-1) - 0.45y(n-2) - 0.6y(n-3) =$$
$$0.8x(n) - 0.44x(n-1) + 0.36x(n-2) + 0.02x(n-3)$$

用 Matlab 计算当输入序列为 $x(n) = \delta(n)$ 时的系统输出 $y(n)$,$0 \leqslant n \leqslant 40$。

解:Matlab 程序如下

```
N = 41;
a = [0.8 - 0.44 0.36 0.22];
b = [1 0.7 - 0.45 - 0.6];
x = [1 zeros(1,N - 1)];
y = filter(a,b,x);
stem(y)
xlabel('n');ylabel('幅度')
```

程序运行结果如图 4.4.7 所示,给出了该差分方程的前 41 个样点的输出,即该系统的单位脉冲响应。

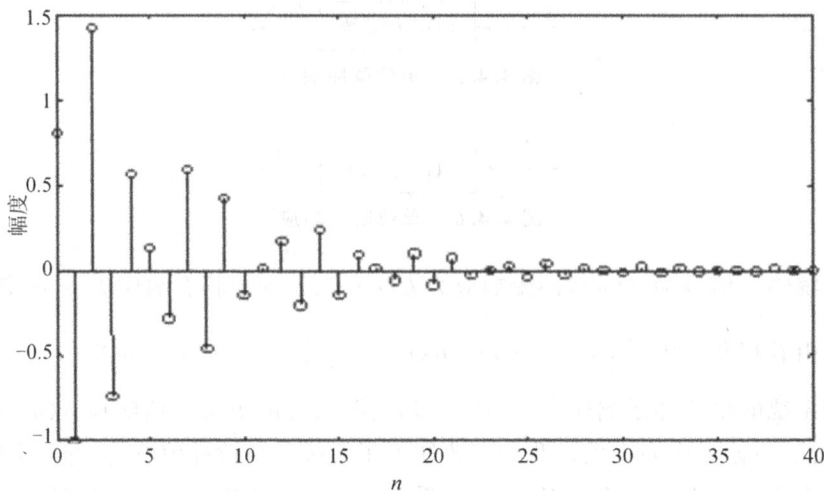

图 4.4.7　系统的单位脉冲响应

【例 4.4.8】已知描述离散系统的差分方程为:$y(n) - 0.25y(n-1) + 0.5y(n-2) = f(n) + f(n-1)$,且已知系统输入序列为 $f(n) = (\frac{1}{2})^n \varepsilon(n)$。

(1)求出系统的单位样值响应 $h(n)$ 在 $-3 \sim 10$ 离散时间范围内响应波形。

(2)求出系统零状态响应在 $0 \sim 15$ 区间上的样值,并画出输入序列的时域波形以及系统零状态响应的波形

解:(1)求系统的单位样值响应的 Matlab 程序如下

```
a = [1, - 0.25,0.5];
b = [1,1,0];
impz(b,a, - 3:10);
title('单位响应');   % 绘出单位样值响应在 - 3 ～ 10 区间上的波形
```

运行结果如图 4.4.8(a) 所示。

(2)求零状态响应的 Matlab 程序:

```
a = [1, - 0.25,0.5];b = [1,1,0]
n = 0:15;                % 定义输入序列取值范围
x = (1/2).^n;            % 定义输入序列表达式
y = filter(b,a,x)        % 求解零状态响应样值
subplot(2,1,1)
stem(n,x)                % 绘制输入序列的波形
title('输入序列')
subplot(2,1,2)
stem(n,y)                % 绘制零状态响应的波形
```

title('输出序列')

运行结果如图 4.4.8(b) 所示。

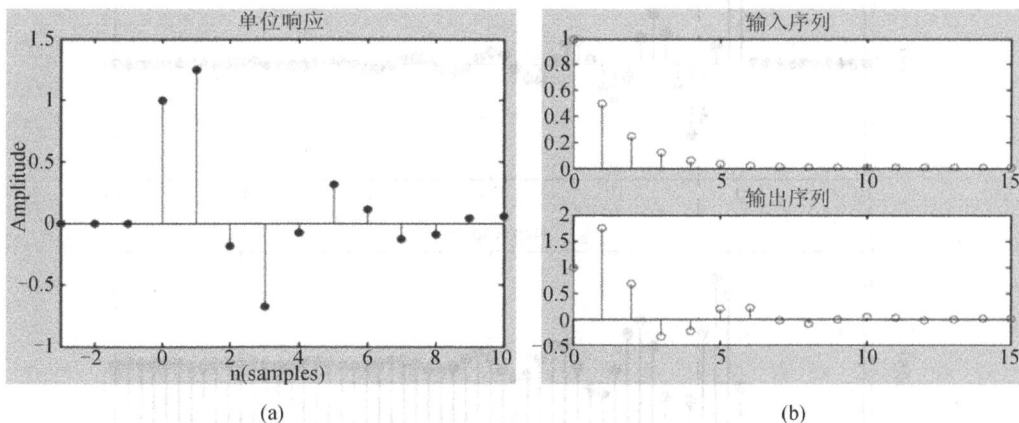

(a)                                                  (b)

**图 4.4.8    运行结果图**

【例 4.4.9】设离散系统的差分方程为：

$$y(n) - y(n-1) + 0.8y(n-2) = 1.6x(n)$$

试分别绘制系统的单位样值响应 $h(n)$ 和单位阶跃响应 $g(n)$，以及矩形序列 $R_3(n)$ 的响应 $y(n)$ 图。观察范围是 $n = -10 \sim 50$。

解：采用 Matlab 提供的 filter 函数来实现。程序如下

```
b = 1.6;                              % 分子多项式系数
a = [1, - 1,0.8];                     % 分母多项式系数
n = - 10:50;                          % 限定观察范围
x1 = n == 0;                          % 构造单位样值序列
x2 = n >= 0;                          % 构造单位阶跃序列
x3 = [zeros(1,10),1,1,1,zeros(1,48)]; % 构造 R₃(n) 序列
h = filter(b,a,x1);                   % 获得 3 个响应序列
g = filter(b,a,x2);
y = filter(b,a,x3);
subplot(3,1,1);stem(n,h);   % 绘 3 张子图
title(' impulse response ');xlabel('n');ylabel('h(n) ');
subplot(3,1,2);stem(n,g);
title(' step response ');xlabel('n');ylabel('g(n) ');
subplot(3,1,3);stem(n,y);
title(' rectangular pulse response ');xlabel('n');ylabel('y(n) ');
```

程序运行结果如图 4.4.9 所示。

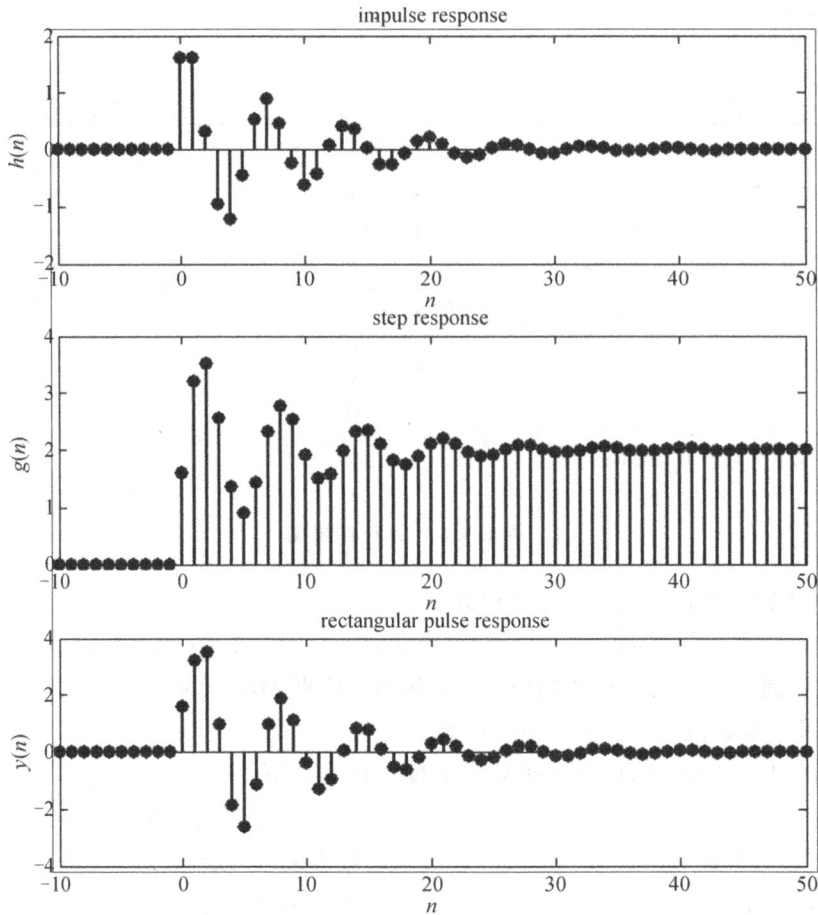

图 4.4.9　离散系统对三个典型激励的响应

### 4.4.6.2　离散系统的单位样值响应

系统的单位取样响应定义为系统在 $\delta(n)$ 激励下系统的零状态响应,用 $h(n)$ 表示。

Matlab 求解单位取样响应可利用函数 filter。可参阅上一节。

Matlab 另一种求单位取样响应的函数为 impz。impz 函数的常用语句格式为:

impz(b,a):以默认方式绘出由向量 **a** 和 **b** 所定义的离散系统单位样值响应的时域波形。

impz(b,a,N):绘出由向量 **a** 和 **b** 所定义的离散系统在 $0 \sim N$($N$ 必须为整数)的离散时间范围内单位样值响应的时域波形。

impz(b,a,n1:n2):绘出由向量 **a** 和 **b** 所定义的离散系统在 $n1 \sim n2$($n1$、$n2$ 必须为整数)的离散时间范围内单位样值响应的时域波形。

y=impz(b,a,n1:n2):求出由向量 **a** 和 **b** 所定义的离散系统在 $n1 \sim n2$($n1$、$n2$ 必须为整数)的离散时间范围内单位样值响应的数值解,但不绘出波形。

[y,t]=impz(b,a,n1:n2,fs):求出由向量 **a** 和 **b** 所定义的离散系统,在 $n1 \sim n2$($n1$、$n2$ 必须为整数)的离散时间范围内,样值时间间隔为 $1/f_s$(默认为 1)的单位样值响应的数值解,但不绘出波形。

【例 4. 4. 10】已知某 LTI 系统的差分方程为
$$3y(n) - 4y(n-1) + 2y(n-2) = x(n) + 2x(n-1)$$
求当激励信号为 $x(n) = \delta(n)$ 时,该系统的单位样值响应。

解:Matlab 程序为

```
a = [3 - 4 2];
b = [1 2];
n = 0:30;
x = n == 0;
h = filter(b,a,x);
stem(n,h,'fill'),grid on
```

程序运行结果如图 4. 4. 10 所示。

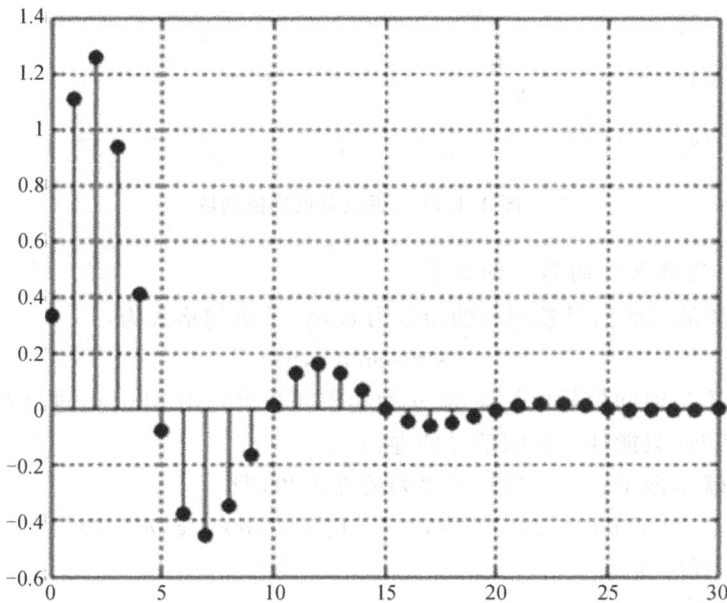

**图 4. 4. 10　单位样值响应**

【例 4. 4. 11】已知某 LTI 系统的差分方程为
$$3y(n) - 4y(n-1) + 2y(n-2) = x(n) + 2x(n-1)$$
利用 Matlab 的 impz 函数绘出该系统的单位样值响应。

解:Matlab 程序为

```
a = [3 - 4 2];
b = [1 2];
n = 0:30;
impz(b,a,30),grid on
```

程序运行结果如图 4. 4. 11 所示。比较图 4. 4. 10 和图 4. 4. 11,不难发现两种方法结果相同。

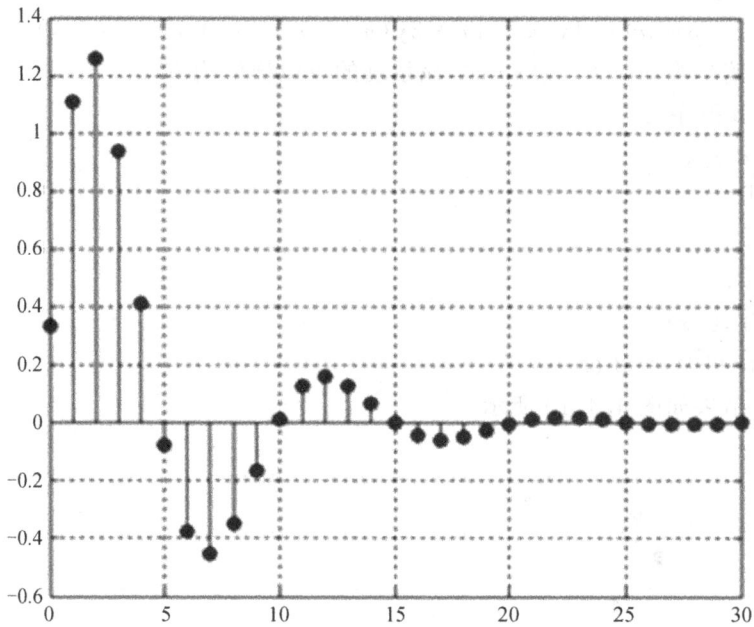

图 4.4.11　系统单位样值响应

#### 4.4.6.3　离散系统的卷积和运算

Matlab 求离散时间信号卷积和的命令为 conv,其语句格式为:

$$y = conv(x,h)$$

其中,$x$、$h$ 表示离散时间信号值的向量;$y$ 为卷积和结果。用 Matlab 进行卷积和运算时,无法实现无限的累加,只能计算时限信号的卷积。

【例 4.4.12】求两个长为 4 的矩形序列的卷积和,即

$$y(n) = [\varepsilon(n) - \varepsilon(n-4)] * [\varepsilon(n) - \varepsilon(n-4)]$$

解:Matlab 程序为

```
x1 = [1 1 1 1];
x2 = [1 1 1 1];
y = conv(x1,x2)
```

运行结果:y =

1　2　3　4　3　2　1

如果要绘出图形来,则利用 stem 命令,即

```
n = 1:7;
stem(n,y,'fill'),grid on,xlabel('n')
```

程序运行结果如图 4.4.12 所示。

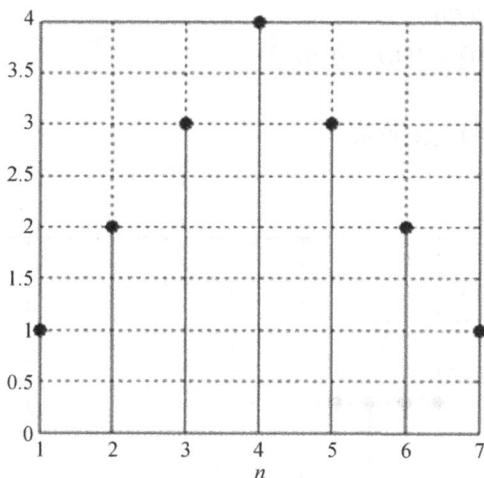

**图 4.4.12　两矩形序列的卷积和**

对于给定函数的卷积和,我们应计算卷积结果的起始点及长度。两个时限序列的卷积和长度等于两个序列长度的和减 1。

**【例 4.4.13】**已知某系统的单位样值响应为 $h(n)=0.8^{n}[\varepsilon(n)-\varepsilon(n-8)]$,试用 Matlab 求当激励信号为 $f(n)=\varepsilon(n)-\varepsilon(n-4)$ 时,系统的零状态响应 $y(n)$。

解:Matlab 中可通过卷积求解零状态响应,即 $y(n)=f(n)*h(n)$。由题意可知,描述 $h(n)$ 向量的长度至少为 8,描述 $f(n)$ 向量的长度至少为 4,因此为了图形完整美观,我们将 $h(n)$ 向量和 $f(n)$ 向量加上一些附加的零值。Matlab 程序为:

```
nf = - 1:5;                %x(n)向量显示范围(添加了附加的零值)
nh = - 2:10;               %h(n)向量显示范围(添加了附加的零值)
f = nf >= 0 & nf < 4;      % 输入信号
h = 0.8.^nh. * (nh >= 0 & nh < 8);
y = conv(f,h);
ny1 = nf(1) + nh(1);       % 卷积结果起始点
% 卷积结果长度为两序列长度之和减 1,即 0 到(length(nx) + length(nh) - 2)
% 因此卷积结果的时间范围是将上述长度加上起始点的偏移值
ny = ny1 + (0:(length(nf) + length(nh) - 2));
subplot(311)
stem(nf,f,' fill '),grid on
xlabel(' n '),title(' f(n) ')
axis([- 4 16 0 3])
subplot(312)
stem(nh,h',' fill '),grid on
xlabel(' n '),title(' h(n) ')
axis([- 4 16 0 3])
```

```
subplot(313)
stem(ny,y,'fill'),grid on
xlabel('n'),title('y(n) = f(n) * h(n)')
axis([- 4 16 0 3])
```

程序运行结果如图4.4.13所示。

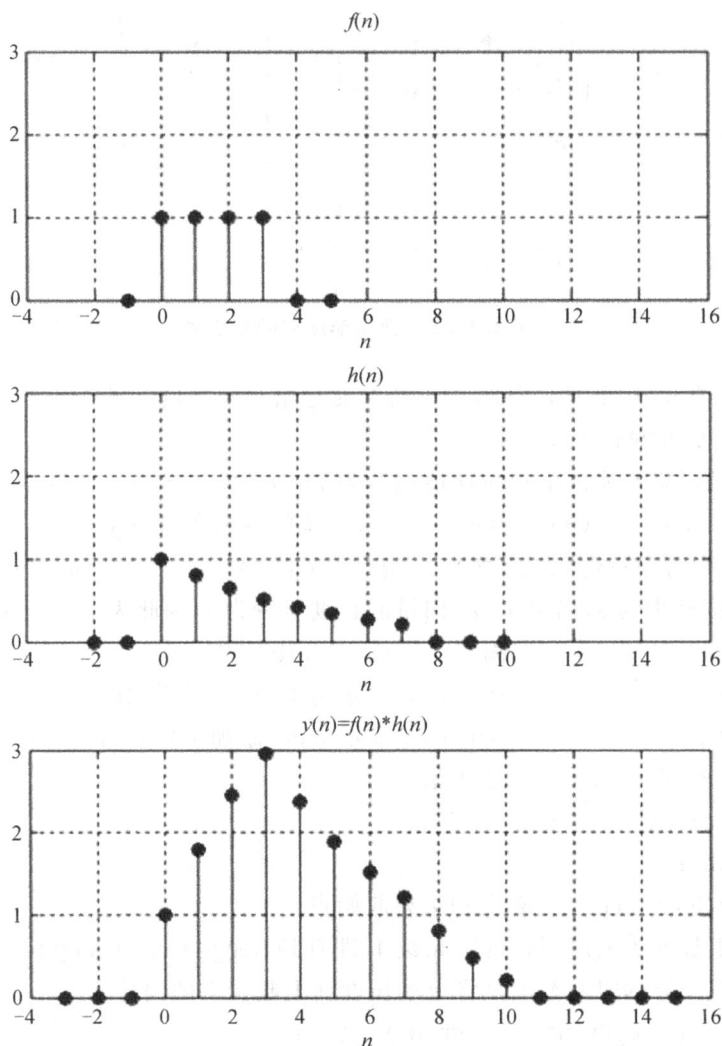

图 4.4.13　卷积和

# 4.5　离散系统 $Z$ 域分析

单边 $Z$ 变换将系统的初始条件自然地包含于其代数方程中,可求得零输入、零状态响应和全响应。

### 4.5.1 差分方程的变换解

描述离散系统的差分方程为 $\sum_{i=0}^{N} a_i y(n-i) = \sum_{j=0}^{M} b_j f(n-j)$，设输入信号 $f(n)$ 在 $n=0$ 时接入，系统初始状态为 $y(-1), y(-2), \cdots, y(-N)$。

对系统差分方程取单边 $Z$ 变换得

$$\sum_{i=0}^{N} a_i \left[ z^{-i} Y(z) + \sum_{n=0}^{i-1} y(n-i) z^{-n} \right] = \sum_{j=0}^{M} b_j \left[ z^{-j} F(z) \right]$$

$$\left[ \sum_{i=0}^{N} a_i z^{-i} \right] Y(z) + \sum_{i=0}^{N} a_i \left[ \sum_{n=0}^{i-1} y(n-i) z^{-n} \right] = \left( \sum_{j=0}^{M} b_j z^{-j} \right) F(z)$$

$$Y(z) = \frac{M(z)}{A(z)} + \frac{B(z)}{A(z)} F(z) = Y_{zi}(z) + Y_{zs}(z)$$

式中，$A(z) = \sum_{i=0}^{N} a_i z^{-i}$，$B(z) = \sum_{j=0}^{M} b_j z^{-j}$，$M(z) = -\sum_{i=0}^{N} a_i \left[ \sum_{n=0}^{i-1} y(n-i) z^{-n} \right]$，$Y_{zi}(z) = \frac{M(z)}{A(z)}$ 称为零输入响应，$Y_{zs}(z) = \frac{B(z)}{A(z)} F(z)$ 称为零状态响应，$H(z) = \frac{Y_{zs}(z)}{F(z)} = \frac{B(z)}{A(z)}$ 称为系统函数。系统函数等于单位样值响应 $h(n)$ 的 $Z$ 变换。

**【例 4.5.1】** 已知差分方程 $y(n+2) + 3y(n+1) + 2y(n) = 0$，$y(0) = 0$，$y(1) = 1$，求 $y(n)$。

解：(1) 经典解法

特征方程为 $\lambda^2 + 3\lambda + 2 = 0$，则特征根：$\lambda_1 = -1$，$\lambda_2 = -2$，故 $y(n) = c_1 (-1)^n + c_2 (-2)^n$ 为方程的解。

由条件 $y(0) = 0$，$y(1) = 1$ 得 $c_1 = 1$，$c_2 = -1$，所以，$y(n) = (-1)^n - (-2)^n$。

(2) 变换解法

设 $Y(z) = Z[y(n)]$，方程两边取 $Z$ 变换可得：

$$z^2 \left[ Y(z) - y(0) - y(1) \frac{1}{z} \right] + 3z \left[ Y(z) - y(0) \right] + 2Y(z) = 0$$

由条件 $y(0) = 0$，$y(1) = 1$ 得 $Y(z) = \dfrac{z}{z^2 + 3z + 2} = \dfrac{z}{z+1} - \dfrac{z}{z+2}$，若 $Y(z)$ 在 $|z| > 2$ 中解析，则有

$$y(n) = \left[ (-1)^n - (-2)^n \right] \varepsilon(n)$$

**【例 4.5.2】** 若某系统的差分方程为

$$y(n) - y(n-1) - 2y(n-2) = f(n) + 2f(n-2)$$

已知 $y(-1) = 2$，$y(-2) = -1/2$，$f(n) = \varepsilon(n)$，求系统的 $y_{zi}(n)$、$y_{zs}(n)$、$y(n)$。

解：对差分方程取单边 $Z$ 变换得

$$Y(z) - \left[ z^{-1} Y(z) + y(-1) \right] - 2 \left[ z^{-2} Y(z) + y(-2) + z^{-1} y(-1) \right] = F(z) + 2z^{-2} F(z)$$

$$Y(z) = \frac{(1 + 2z^{-1}) y(-1) + 2y(-2)}{1 - z^{-1} - 2z^{-2}} + \frac{1 + 2z^{-1}}{1 - z^{-1} - 2z^{-2}} F(z)$$

$$= \frac{z^2 + 4z}{z^2 - z - 2} + \frac{z^2 + 2}{z^2 - z - 2} \frac{z}{z - 1}$$

$$Y_{zi}(z) = \frac{z^2 + 4z}{z^2 - z - 2} = \frac{2z}{z - 2} + \frac{-z}{z + 1}$$

$Z$ 逆变换：
$$y_{zi}(n) = [2 \times 2^n - (-1)^n]\varepsilon(n)$$

$$Y_{zs}(z) = \frac{z^2 + 2}{z^2 - z - 2} \frac{z}{z - 1} = \frac{2z}{z - 2} + \frac{1}{2}\frac{z}{z + 1} - \frac{3}{2}\frac{z}{z - 1}$$

$Z$ 逆变换：
$$y_{zs}(n) = [2^{n+1} + \frac{1}{2}(-1)^n - \frac{3}{2}]\varepsilon(n)$$

【例 4.5.3】已知一离散因果 LTI 系统为

$$y(n) - \frac{7}{12}y(n-1) + \frac{1}{12}y(n-2) = 3f(n) - \frac{5}{6}f(n-1)$$

(1) 求 $H(z)$、$h(n)$；(2) $y(-1) = 1, y(-2) = 0, f(n) = \delta(n)$ 时，求 $y(n), y_{zi}(n),$ $y_{zs}(n)$。

解：(1) 对差分方程求 $Z$ 变换得

$$Y(z) - \frac{7}{12}[z^{-1}Y(z) + y(-1)] + \frac{1}{12}[z^{-2}Y(z) + z^{-1}y(-1) + y(-2)] = \left(3 - \frac{5}{6}z^{-1}\right)F(z)$$

整理后可得

$$Y(z) = \frac{\frac{7}{12}y(-1) - \frac{1}{12}z^{-1}y(-1) - \frac{1}{12}y(-2)}{1 - \frac{7}{12}z^{-1} + \frac{1}{12}z^{-2}} + \frac{3 - \frac{5}{6}z^{-1}}{1 - \frac{7}{12}z^{-1} + \frac{1}{12}z^{-2}}F(z) \qquad (1)$$

由式(1)可得

$$H(z) = \frac{Y_{zs}(z)}{F(z)} = \frac{3 - \frac{5}{6}z^{-1}}{1 - \frac{7}{12}z^{-1} + \frac{1}{12}z^{-2}} = \frac{3z^2 - \frac{5}{6}z}{z^2 - \frac{7}{12}z + \frac{1}{12}}$$

对 $H(z)$ 做部分分式展开，

$$H(z) = \frac{3z^2 - \frac{5}{6}z}{z^2 - \frac{7}{12}z + \frac{1}{12}} = \frac{2z}{z - \frac{1}{3}} + \frac{z}{z - \frac{1}{4}}$$

求逆 $Z$ 变换得

$$h(n) = \left[2\left(\frac{1}{3}\right)^n + \left(\frac{1}{4}\right)^n\right]\varepsilon(n)$$

(2) 由式(1)可得

$$Y_{zi}(z) = \frac{\frac{7}{12}y(-1) - \frac{1}{12}z^{-1}y(-1) - \frac{1}{12}y(-2)}{1 - \frac{7}{12}z^{-1} + \frac{1}{12}z^{-2}} = \frac{\frac{7}{12}z^2 - \frac{1}{12}z}{z^2 - \frac{7}{12}z + \frac{1}{12}}$$

$$= \frac{4}{3}\frac{z}{z - \frac{1}{3}} - \frac{3}{4}\frac{z}{z - \frac{1}{4}}$$

求逆 $Z$ 变换得

$$y_{zi}(n) = \left[ \frac{4}{3} \left( \frac{1}{3} \right)^n - \frac{3}{4} \left( \frac{1}{4} \right)^n \right] \varepsilon(n)$$

因 $f(n) = \delta(n)$，所以

$$y_{zs}(n) = h(n) = \left[ 2 \left( \frac{1}{3} \right)^n + \left( \frac{1}{4} \right)^n \right] \varepsilon(n)$$

$$y(n) = y_{zi}(n) + y_{zs}(n) = y_{zi}(n) + h(n) = \left[ \frac{10}{3} \left( \frac{1}{3} \right)^n + \frac{1}{4} \left( \frac{1}{4} \right)^n \right] \varepsilon(n)$$

【例 4.5.4】某系统，已知当输入 $f(n) = (-\frac{1}{2})^n \varepsilon(n)$ 时，其零状态响应为：

$$y_{zs}(n) = \left[ \frac{3}{2} \left( \frac{1}{2} \right)^n + 4 \left( -\frac{1}{3} \right)^n - \frac{9}{2} \left( -\frac{1}{2} \right)^n \right] \varepsilon(n)$$

求系统的单位样值响应 $h(n)$ 和描述系统的差分方程。

解：
$$H(z) = \frac{Y_{zs}(z)}{F(z)} = \frac{z^2 + 2z}{z^2 - \frac{1}{6}z - \frac{1}{6}} = \frac{3z}{z - \frac{1}{2}} + \frac{-2z}{z + \frac{1}{3}}$$

$$h(n) = \left[ 3 \left( \frac{1}{2} \right)^n - 2 \left( -\frac{1}{3} \right)^n \right] \varepsilon(n)$$

$$y(n) - \frac{1}{6}y(n-1) - \frac{1}{6}y(n-2) = f(n) + 2f(n-1)$$

【例 4.5.5】已知一个离散时间 LTI 因果系统用 $f(n)$ 表示输入，$y(n)$ 表示输出。该系统由一对包含中间信号 $x(n)$ 的差分方程式确定：

$$y(n) + \frac{1}{4}y(n-1) + x(n) + \frac{1}{2}x(n-1) = \frac{2}{3}f(n)$$

$$y(n) - \frac{5}{4}y(n-1) + 2x(n) - 2x(n-1) = -\frac{5}{3}f(n)$$

求联系该系统的 $f(n)$ 和 $y(n)$ 的单一的差分方程和该系统的单位样值响应。

解：（1）对题中给定的差分方程求 $Z$ 变换得：

$$\left( 1 + \frac{1}{4}z^{-1} \right) Y(z) + \left( 1 + \frac{1}{2}z^{-1} \right) X(z) = \frac{2}{3}F(z)$$

$$\left( 1 - \frac{5}{4}z^{-1} \right) Y(z) + 2(1 - z^{-1}) X(z) = -\frac{5}{3}F(z)$$

消去 $X(z)$ 得：

$$\left( z^2 - \frac{3}{4}z + \frac{1}{8} \right) Y(z) = \left( 3z^2 - \frac{1}{2}z \right) F(z)$$

则系统的差分方程为：

$$y(n) - \frac{3}{4}y(n-1) + \frac{1}{8}y(n-2) = 3f(n) - \frac{1}{2}f(n-1)$$

由差分方程求出系统函数：

$$H(z) = \frac{Y(z)}{F(z)} = \frac{3z^2 - \frac{1}{2}z}{z^2 - \frac{3}{4}z + \frac{1}{8}} = \frac{4z}{z - \frac{1}{2}} - \frac{z}{z - \frac{1}{4}}$$

求逆 $Z$ 变换得单位样值响应：

$$h(n) = \left[ 4\left(\frac{1}{2}\right)^n - \left(\frac{1}{4}\right)^n \right] \varepsilon(n)$$

### 4.5.2　系统的 $Z$ 域框图

延时器时域框图如图 4.5.1 所示。

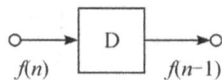

图 4.5.1　延时器时域框图

延时器 $Z$ 域框图如图 4.5.2 所示。

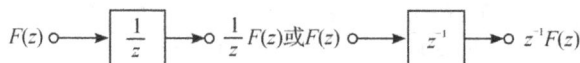

图 4.5.2　延时器 $Z$ 域框图

另外两个基本单元——数乘器和加法器与模拟框图相同。

【例 4.5.6】某离散因果系统框图如图 4.5.3 所示，

（1）求系统函数；

（2）写出系统的差分方程；

（3）求系统的单位样值响应。

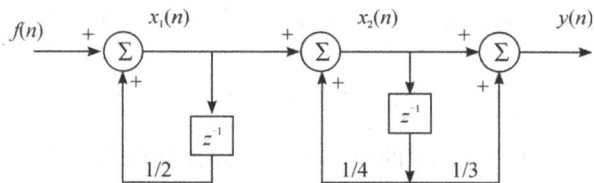

图 4.5.3　系统框图

解：设中间变量 $x_1(n)$、$x_2(n)$，如图 4.5.3 所示。

（1）根据系统的 $Z$ 域框图，可得：

$$\left(1 - \frac{1}{2}z^{-1}\right)X_1(z) = F(z) \Rightarrow X_1(z) = \frac{1}{1 - \frac{1}{2}z^{-1}}F(z) = \frac{z}{z - \frac{1}{2}}F(z)$$

$$\left(1 - \frac{1}{4}z^{-1}\right)X_2(z) = X_1(z) \Rightarrow X_2(z) = \frac{z}{z - \frac{1}{4}}X_1(z) = \frac{z^2}{\left(z - \frac{1}{2}\right)\left(z - \frac{1}{4}\right)}F(z)$$

$$Y(z) = \left(1 + \frac{1}{3}z^{-1}\right)X_2(z) = \frac{z^2 + \frac{1}{3}z}{\left(z - \frac{1}{2}\right)\left(z - \frac{1}{4}\right)}F(z)$$

则系统函数为：

$$H(z)=\frac{Y(z)}{F(z)}=\frac{z^2+\frac{1}{3}z}{\left(z-\frac{1}{2}\right)\left(z-\frac{1}{4}\right)}$$

（2）将系统函数的表达式改为：

$$H(z)=\frac{Y(z)}{F(z)}=\frac{1+\frac{1}{3}z^{-1}}{\left(1-\frac{1}{2}z^{-1}\right)\left(1-\frac{1}{4}z^{-1}\right)}=\frac{1+\frac{1}{3}z^{-1}}{1-\frac{3}{4}z^{-1}+\frac{1}{8}z^{-2}}$$

由上式可知，系统的微分方程为：

$$y(n)-\frac{3}{4}y(n-1)+\frac{1}{8}y(n-2)=f(n)+\frac{1}{3}f(n-1)$$

（3）对 $H(z)$ 做部分分式展开

$$H(z)=\frac{Y(z)}{F(z)}=\frac{z^2+\frac{1}{3}z}{\left(z-\frac{1}{2}\right)\left(z-\frac{1}{4}\right)}=\frac{10}{3}\cdot\frac{z}{z-\frac{1}{2}}-\frac{7}{3}\cdot\frac{z}{z-\frac{1}{4}}$$

求逆变换得：

$$h(n)=\left[\frac{10}{3}\left(\frac{1}{2}\right)^n-\frac{7}{3}\left(\frac{1}{4}\right)^n\right]\varepsilon(n)=\frac{1}{3}\left[10(2)^{-n}-7(4)^{-n}\right]\varepsilon(n)$$

【例 4.5.7】某系统的 $Z$ 域框图如图 4.5.4 所示，已知输入 $f(n)=\varepsilon(n)$。

（1）求系统的单位样值响应 $h(n)$ 和零状态响应 $y_{zs}(n)$。

（2）若 $y(-1)=0,y(-2)=0.5$，求零输入响应 $y_{zi}(n)$。

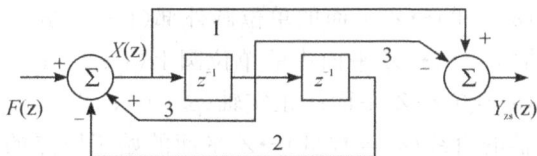

图 4.5.4 系统的 $Z$ 域框图

解：（1）由 $Z$ 域框图，设左边加法器输出变量为 $X(z)$，得：

$$X(z)=3z^{-1}X(z)-2z^{-2}X(z)+F(z)$$

$$X(z)=\frac{1}{1-3z^{-1}+2z^{-2}}F(z)$$

$$Y_{zs}(z)=X(z)-3z^{-1}X(z)=(1-3z^{-1})X(z)$$

$$Y_{zs}(z)=\frac{1-3z^{-1}}{1-3z^{-1}+2z^{-2}}F(z)$$

$$H(z)=\frac{Y_{zs}(z)}{F(z)}=\frac{1-3z^{-1}}{1-3z^{-1}+2z^{-2}}=\frac{z^2-3z}{z^2-3z+2}=\frac{2z}{z-1}-\frac{z}{z-2}$$

$$h(n)=(2-2^n)\varepsilon(n)$$

当 $f(n)=\varepsilon(n)$ 时，则

$$F(z) = \frac{z}{z-1}$$

$$Y_{zs}(z) = H(z)F(z) = \frac{z^2 - 3z}{z^2 - 3z + 2} \frac{z}{z-1} = \frac{2z}{(z-1)^2} + \frac{3z}{z-1} - \frac{2z}{z-2}$$

$$y_{zs}(n) = (2n + 3 - 2 \cdot 2^n)\varepsilon(n)$$

(2) 由 $H(z)$ 可知,差分方程的特征根为 $\lambda_1 = 1, \lambda_2 = 2$,齐次通解为:

$$y_{zi}(n) = C_1 + C_2 2^n$$

由 $y(-1) = 0, y(-2) = 0.5$,有

$$C_1 + C_2 2^{-1} = 0$$
$$C_1 + C_2 2^{-2} = 0.5$$

解得 $C_1 = 1, C_2 = -2$,所以零输入响应为: $y_{zi}(n) = (1 - 2 \times 2^n)\varepsilon(n)$。

### 4.5.3　离散系统的频率响应

#### 4.5.3.1　$S$ 域与 $Z$ 域的关系

$S$ 域与 $Z$ 域的关系为 $z = e^{sT}, s = \frac{1}{T}\ln z$,式中 $T$ 为取样周期。

如果将 $s$ 表示为直角坐标形式 $s = \sigma + j\omega$,将 $z$ 表示为极坐标形式,则

$$z = \rho e^{j\beta} = e^{sT} = e^{(\sigma + j\omega)T} = e^{\sigma T} e^{j\omega T}$$

式中 $\rho = e^{\sigma T}, \beta = \omega T$。

由上式可看出 $S$ 平面与 $Z$ 平面的映射对应关系:

$S$ 平面的左半平面$(\sigma < 0) \leftrightarrow Z$ 平面的单位圆内部$(|z| = \rho < 1)$;

$S$ 平面的右半平面$(\sigma > 0) \leftrightarrow Z$ 平面的单位圆外部$(|z| = \rho > 1)$;

$S$ 平面的虚轴 $j\omega$ 轴$(\sigma = 0) \leftrightarrow Z$ 平面中的单位圆上$(|z| = \rho = 1)$;

$S$ 平面的实轴 $\sigma$ 轴$(\omega = 0) \leftrightarrow Z$ 平面的正实轴$(\beta = 0)$;

$S$ 平面的平行于实轴的直线$(\omega = 常量) \leftrightarrow Z$ 平面的始于原点的辐射线$(\beta$ 为常量);

$S$ 平面上的原点$(\sigma = 0, \omega = 0) \leftrightarrow Z$ 平面上 $z = 1$ 的点$(\rho = 1, \beta = 0)$。

由于 $e^{j\beta}$ 是以 $\omega_s$($\omega_s = \frac{2\pi}{T}$,取样角频率)为周期的周期函数,因此在 $S$ 平面上沿虚轴移动,对应于 $Z$ 平面上沿单位圆周期性旋转,每平移 $\omega_s$,则沿单位圆旋转一圈。所以 $Z$-$S$ 映射不是单值的。

#### 4.5.3.2　频率响应

若连续系统的 $H(s)$ 收敛域包含虚轴,则连续系统频率响应为:

$$H(j\omega) = H(s) \Big|_{s=j\omega}$$

对于离散系统,由于 $z = e^{sT}, s = \sigma + j\omega$,若离散系统 $H(z)$ 收敛域包含单位圆,则 $H(z)|_{z=e^{j\omega T}}$ 存在。令 $\omega T = \beta$,称 $\beta$ 为数字角频率。所以离散系统频率响应定义如下:

若离散系统的 $H(z)$ 收敛域包含单位圆,则离散系统频率响应为:

$$H(e^{j\beta}) = H(z)|_{z=e^{j\beta}}, H(e^{j\beta}) = |H(e^{j\beta})| e^{j\varphi(\beta)}$$

式中 $|H(e^{j\beta})|$ 称为幅频响应,为偶函数;$\varphi(\beta)$ 称为相频响应,为奇函数。

注意:只有 $H(z)$ 收敛域包含单位圆才存在频率响应。

设 LTI 离散系统的单位样值响应为 $h(n)$,系统函数为 $H(z)$,其收敛域包含单位圆,则系统的零状态响应为:

$$y_{zs}(n) = h(n) * f(n) = \sum_{i=-\infty}^{\infty} h(i)f(n-i)$$

当输入信号 $f(n) = e^{j\beta n}$ 时,则

$$y_{zs}(n) = \sum_{i=-\infty}^{\infty} h(i)e^{j\beta(n-i)} = e^{j\beta n} \sum_{i=-\infty}^{\infty} h(i) \, (e^{j\beta})^{-i} = e^{j\beta n} H(e^{j\beta})$$

若输入信号 $f(n) = \cos(\beta n + \varphi) = 0.5e^{j\beta n}e^{j\varphi} + 0.5e^{-j\beta n}e^{-j\varphi}$,则其正弦稳态响应为:

$$y_{zs}(n) = 0.5e^{j\varphi}e^{j\beta n}H(e^{j\beta}) + 0.5e^{-j\varphi}e^{-j\beta n}H(e^{-j\beta})$$
$$= 0.5e^{j\varphi}e^{j\beta n} \mid H(e^{j\beta}) \mid e^{j\varphi(\beta)} + 0.5e^{-j\varphi}e^{-j\beta n} \mid H(e^{-j\beta}) \mid e^{-j\varphi(\beta)}$$
$$= \mid H(e^{j\beta}) \mid \cos[\beta n + \varphi + \varphi(\beta)]$$

由此可见,零状态响应输出信号与激励信号相比,频率不变,只有幅度及初相发生变化。

【例 4.5.8】图 4.5.5 为一数字滤波器。

(1) 求滤波器的频率响应;

(2) 若输入信号为连续信号 $f(t) = 1 + 2\cos(\omega_0 t) + 3\cos(2\omega_0 t)$,经取样得到的离散序列 $f(n)$,已知信号频率 $f_0 = 100$ Hz,取样频率 $f_s = 600$ Hz,求滤波器的稳态输出 $y(n)$。

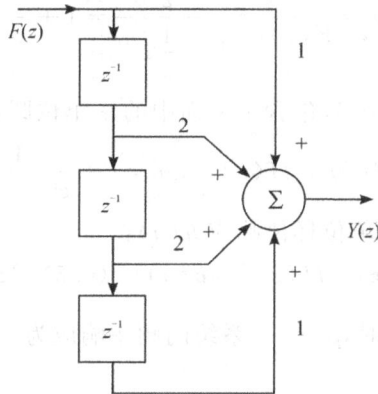

图 4.5.5 数字滤波器

解:(1) 求系统函数
$$Y(z) = F(z) + 2z^{-1}F(z) + 2z^{-2}F(z) + z^{-3}F(z)$$
$$H(z) = 1 + 2z^{-1} + 2z^{-2} + z^{-3}, \mid z \mid > 0$$

令 $\beta = \omega T_s, z = e^{j\beta}$,则
$$H(e^{j\beta}) = 1 + 2e^{-j\beta} + 2e^{-j2\beta} + e^{-j3\beta} = e^{-j1.5\beta}(e^{j1.5\beta} + e^{-j1.5\beta}) + 2e^{-j\beta}(1 + e^{-j\beta})$$
$$= e^{-j1.5\beta}[2\cos(1.5\beta) + 4\cos(0.5\beta)]$$

(2) 连续信号 $f(t) = 1 + 2\cos(\omega_0 t) + 3\cos(2\omega_0 t)$

经取样后的离散信号为:
$$f(n) = f(nT_s) = 1 + 2\cos(\omega_0 nT_s) + 3\cos(2\omega_0 nT_s)$$

信号中 3 个模拟频率对应的数字频率为:$\beta_0 = 0, \beta_1 = \omega_0 T_s = \dfrac{\pi}{3}, \beta_2 = 2\omega_0 T_s = \dfrac{2\pi}{3}$,所以

$$H(e^{j\beta_0}) = 6, H(e^{j\beta_1}) = 3.46e^{-j\frac{\pi}{2}}, H(e^{j\beta_2}) = 0$$

稳态响应为：

$$y(n) = H(e^{j\beta_0}) + 2|H(e^{j\beta_1})|\cos[n\omega_0 T_s + \varphi(\beta_1)] + 3|H(e^{j\beta_2})|\cos[2n\omega_0 T_s + \varphi(\beta_2)]$$

$$= 6 + 6.92\cos\left(\frac{n\pi}{3} - \frac{\pi}{2}\right)$$

可见消除了输入序列的二次谐波。

【例 4.5.9】某 LTI 离散时间系统的差分方程为：

$$y(n) - \frac{1}{2}y(n-1) = f(n) + \frac{1}{2}f(n-1)$$

（1）求系统的频率响应；

（2）求系统的单位样值响应 $h(n)$；

（3）当输入信号 $f(n) = \cos\left(\frac{\pi}{2}n\right)$ 时，求系统的响应 $y(n)$。

解：（1）对差分方程求 $Z$ 变换得

$$\left(1 - \frac{1}{2}z^{-1}\right)Y(z) = \left(1 + \frac{1}{2}z^{-1}\right)F(z)$$

所以

$$H(z) = \frac{X(z)}{F(z)} = \frac{1 + \frac{1}{2}z^{-1}}{1 - \frac{1}{2}z^{-1}} = 1 + \frac{1}{z - 0.5}$$

$H(z)$ 的收敛域为 $|z| > 0.5$，包含了平面中的 $z$ 单位圆，则系统的频率响应为：

$$H(e^{j\beta}) = H(z)|_{z = e^{j\beta}} = 1 + \frac{1}{e^{j\beta} - 0.5}$$

（2）由 $H(z)$ 可得系统的单位样值响应 $h(n)$：

$$h(n) = z^{-1}[H(z)] = \delta(n) + (0.5)^{n-1}\varepsilon(n-1)$$

（3）当 $f(n) = \cos\left(\frac{\pi}{2}n\right)$ 时，$\beta = \frac{\pi}{2}$，系统的频率响应为

$$H(e^{j\frac{\pi}{2}}) = 1 + \frac{1}{e^{j\frac{\pi}{2}} - 0.5} = 1 + \frac{1}{j - 0.5} = 0.6 - j0.8 = e^{-j53.1°}$$

则系统在 $f(n) = \cos\left(\frac{\pi}{2}n\right)$ 作用下的响应为

$$y(n) = \cos\left(\frac{\pi}{2}n - 53.1°\right)$$

【例 4.5.10】如图 4.5.6 所示 LTI 因果系统，已知当输入 $f(n) = \varepsilon(n)$ 时系统的全响应 $y(n)$ 在 $n = 2$ 时的值等于 46。

（1）求该系统的系统函数 $H(z)$；

（2）求该系统的零输入响应 $y_{zi}(n)$；

（3）问该系统是否存在频率响应？若不存在，请说明理由；若存在，请粗略绘出幅频特性。

解：（1）设第一个加法器输出变量为 $x(n)$，画出系统的 $Z$ 域框图，分析可得：

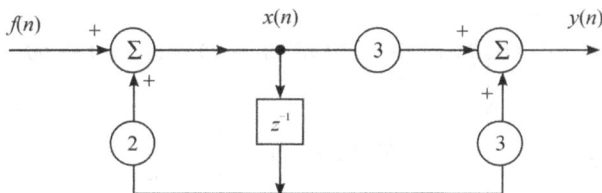

**图 4.5.6  LTI 因果系统框图**

$$X(z) = \frac{1}{1 - 2z^{-1}} F(z)$$

$$Y(z) = 3(1 + z^{-1})X(z) = \frac{3(z+1)}{z-2} F(z)$$

则系统函数为：

$$H(z) = \frac{3(z+1)}{z-2}, \quad |z| > 2$$

（2）由 $H(z)$ 可得系统的差分方程：

$$y(n) - 2y(n-1) = 3f(n) + 3f(n-1)$$

求 $Z$ 变换得：

$$Y(z) = \frac{2y(-1)z}{z-2} + \frac{3(z+1)}{z-2} F(z) = Y_{zi}(z) + Y_{zs}(z)$$

所以 

$$Y_{zi}(z) = \frac{2y(-1)z}{z-2}$$

$$y_{zi}(n) = 2y(-1) \cdot (2)^n \varepsilon(n)$$

所以 

$$Y_{zs}(z) = \frac{3z+3}{z-2} F(z) = \frac{3z+3}{z-2} \cdot \frac{z}{z-1} = \frac{9z}{z-2} - \frac{6z}{z-1}$$

$$y_{zs}(n) = \left[9(2)^n - 6\right]\varepsilon(n)$$

$$y(n) = y_{zi}(n) + y_{zs}(n) = 2y(-1) \cdot (2)^n\varepsilon(n) + \left[9(2)^n - 6\right]\varepsilon(n)$$

令上式中 $n=2$，并结合已知条件 $y(2)=46$，得：

$$y(2) = 8y(-1) + 30 = 46 \Rightarrow y(-1) = 2$$

所以 

$$y_{zi}(n) = 2y(-1) \cdot (2)^n\varepsilon(n) = 4 \cdot (2)^n\varepsilon(n)$$

（3）因为 $H(z)$ 的收敛域为 $|z| > 2$，它不包含单位圆，系统不稳定，因此该系统不存在频率响应。

**【例 4.5.11】** 设某一离散因果 LTI 系统，其单位脉冲响应为 $h(n)$，频率响应为 $H(e^{j\beta})$，并具有以下特性：

① 输入 $f(n) = \left(\frac{1}{4}\right)^n \varepsilon(n)$ 引起的零状态响应为 $y_{zs}(n)$，其中 $y_{zs}(n) = 0$，当 $k \geqslant 2$ 和 $k < 0$；

② $H(e^{j\frac{\pi}{2}}) = 1$；

③ $H(e^{j\beta}) = H(e^{j(\beta-\pi)})$。

求：(1) $h(n)$；(2) 该系统的差分方程；(3) 系统对 $\varepsilon(n)$ 的响应。

解：(1) 根据系统的特性①，系统在 $f(n) = \left(\frac{1}{4}\right)^n \varepsilon(n)$ 作用下，$y_{zs}(n)$ 只在 $n=0, n=1$

处的值不为零,故有

$$y_{zs}(n) = y_{zs}(0)\delta(n) + y_{zs}(1)\delta(n-1) = a\delta(n) + b\delta(n-1)$$

求 $Z$ 变换得

$$Y_{zs}(z) = a + \frac{b}{z}$$

输入信号 $Z$ 变换: $\quad f(n) = \left(\frac{1}{4}\right)^n \varepsilon(n) \leftrightarrow F(z) = \dfrac{z}{z - \dfrac{1}{4}}$

系统零状态响应: $\quad Y_{zs}(z) = F(z)H(z) \Rightarrow a + \dfrac{b}{z} = \dfrac{z}{z - \dfrac{1}{4}} H(z)$

系统函数: $\quad H(z) = a + \left(b - \dfrac{a}{4}\right)z^{-1} - \dfrac{b}{4}z^{-2}$

由特性 ②,可得:

$$H(e^{j\frac{\pi}{2}}) = a + \left(b - \frac{a}{4}\right)e^{-j\frac{\pi}{2}} - \frac{b}{4}e^{-j\pi} = \left(a + \frac{b}{4}\right) - j\left(b - \frac{a}{4}\right) = 1$$

由上式得:

$$\begin{cases} a + \dfrac{b}{4} = 1 \\ b - \dfrac{a}{4} = 0 \end{cases} \Rightarrow \begin{cases} a = \dfrac{16}{17} \\ b = \dfrac{4}{17} \end{cases}$$

所以,系统函数

$$H(z) = \frac{16}{17} - \frac{1}{17}z^{-2}$$

因为 $H(z)$ 只有 $z$ 平方项,所以满足特性 ③。

对 $H(z)$ 求逆 $Z$ 变换,得

$$h(n) = \frac{16}{17}\delta(n) - \frac{1}{17}\delta(n-2)$$

(2) 由系统函数 $H(z)$ 表达式,可知该系统的差分方程为

$$y(n) = \frac{16}{17}f(n) - \frac{1}{17}f(n-2)$$

(3) 当激励为 $\varepsilon(n)$ 时,将 $f(n) = \varepsilon(n)$ 直接代入上式可得系统的响应

$$y(n) = \frac{16}{17}\varepsilon(n) - \frac{1}{17}\varepsilon(n-2)$$

也可以利用时域卷积的方法求得系统的响应

$$y(n) = f(n) * h(n) = \varepsilon(n) * \left[\frac{16}{17}\delta(n) - \frac{1}{17}\delta(n-2)\right] = \frac{16}{17}\varepsilon(n) - \frac{1}{17}\varepsilon(n-2)$$

### 4.5.4　离散系统 $Z$ 域分析的 Matlab 实现

#### 4.5.4.1　$Z$ 变换

**1. 符号数字法求 Z 变换**

Matlab 符号数学工具箱提供了单边 $Z$ 变换的函数 ztrans 和 $Z$ 反变换函数 iztrans，其语句格式分别为

Z ＝ ztrans(x)

x ＝ iztrans(Z)

上式中的 $x$ 和 $Z$ 分别为时域表达式和 $Z$ 域表达式的符号表示，可通过 sym 函数来定义。

【例 4.5.12】试用 ztrans 函数求下列函数的 $Z$ 变换。

$(1) x(n) = a^n \cos(\pi n) \varepsilon(n)$　　　$(2) x(n) = \left[ 2^{n-1} - (-2)^{n-1} \right] \varepsilon(n)$

解：(1)$Z$ 变换程序为

syms n a;

x ＝ a^n ∗ cos(pi ∗ n);

Z ＝ ztrans(x);

simplify(Z);　　　　% 化简 Z

运行结果：

z/(z ＋ a)

(2)$Z$ 变换程序为：

syms n;

x ＝ 2^(n － 1) － ( － 2)^(n － 1);

Z ＝ ztrans(x);

simplify(Z)

运行结果：

z^2/(z^2 － 4)

【例 4.5.13】试用 iztrans 函数求下列函数的 $Z$ 反变换。

$(1) X(z) = \dfrac{8z - 19}{z^2 - 5z + 6}$　　　　$(2) X(z) = \dfrac{z(2z^2 - 11z + 12)}{(z-1)(z-2)^3}$

解：(1)$Z$ 反变换程序为

syms z;

Z ＝ (8 ∗ z － 19)/(z^2 － 5 ∗ z ＋ 6);

x ＝ iztrans(Z);

simplify(x)

运行结果：

－ 19/6 ∗ charfcn[0](n) ＋ 5 ∗ 3^(n － 1) ＋ 3 ∗ 2^(n － 1)

其中，charfcn[0](n) 是 $\delta(n)$ 函数在 Matlab 符号工具箱中的表示，反变换后的函数形式为

$$x(n) = -\frac{19}{6} \delta(n) + (5 \times 3^{n-1} + 3 \times 2^{n-1}) \varepsilon(n)$$

（2）$Z$ 反变换程序为：

```
syms z;
Z = z * (2 * z^2 - 11 * z + 12)/(z - 1)/(z - 2)^3;
x = iztrans(Z);
simplify(x)
```

运行结果：

$-3 + 3 * 2\text{^}n - 1/4 * 2\text{^}n * n - 1/4 * 2\text{^}n * n\text{^}2$

其函数形式为 $x(n) = (-3 + 3 \times 2^n - \frac{1}{4}n2^n - \frac{1}{4}n^2 2^n)\varepsilon(n)$。

## 2. 部分分式法求 $Z$ 逆变换

如果信号的 $Z$ 域表示式 $X(z)$ 是有理函数，进行 $Z$ 反变换的另一个方法是对 $X(z)$ 进行部分分式展开，然后求各简单分式的 $Z$ 反变换。设 $X(z)$ 的有理分式表示为：

$$X(z) = \frac{B(z)}{A(z)} = \frac{b_0 + b_1 z^{-1} + b_2 z^{-2} + \cdots + b_M z^{-M}}{1 + a_1 z^{-1} + a_2 z^{-2} + \cdots + a_N z^{-N}}$$

$$= R_1 \frac{z}{z - P_1} + R_2 \frac{z}{z - P_2} + \cdots + R_N \frac{z}{z - P_N} + K$$

Matlab信号处理工具箱提供了一个对 $X(z)$ 进行部分分式展开的函数 residuez，其使用格式为：

$$[R, P, K] = \text{residuez}(B, A)$$

其中，$\boldsymbol{B}$，$\boldsymbol{A}$ 分别表示 $X(z)$ 的分子与分母多项式的系数向量；$\boldsymbol{R}$ 为部分分式的系数向量；$\boldsymbol{P}$ 为极点向量；$K$ 为多项式的系数。若 $X(z)$ 为有理真分式，则 $K$ 为零。

【例 4.5.14】试用 Matlab 命令对函数 $H(z) = \dfrac{18}{18 + 3z^{-1} - 4z^{-2} - z^{-3}}$ 进行部分分式展开，并求出其 $Z$ 反变换。

解：Matlab 程序为

```
B = [18];
A = [18, 3, -4, -1];
[R, P, K] = residuez(B, A)
```

运行结果：

```
R =
    0.3600
    0.2400
    0.4000
P =
    0.5000
   -0.3333
   -0.3333
K =
    []
```

从运行结果可知，$p_2 = p_3$，表示系统有一个二重极点。所以，$H(z)$ 的部分分式展开为

$$H(z) = \frac{0.36}{1 - 0.5z^{-1}} + \frac{0.24}{1 + 0.3333z^{-1}} + \frac{0.4}{(1 + 0.3333z^{-1})^2}$$

因此，其 $Z$ 反变换为

$$h(n) = [0.36 \times (0.5)^n + 0.24 \times (-0.3333)^n + 0.4(n+1)(-0.3333)^n] \varepsilon(n)$$

#### 4.5.4.2 系统函数的零极点

离散时间系统的系统函数定义为系统零状态响应的 $Z$ 变换与激励信号的 $Z$ 变换之比，即

$$H(z) = \frac{Y(z)}{X(z)}$$

如果系统函数 $H(z)$ 的有理函数表示式为

$$H(z) = \frac{b_1 z^m + b_2 z^{m-1} + \cdots + b_m z + b_{m+1}}{a_1 z^n + a_2 z^{n-1} + \cdots + a_n z + a_{n+1}}$$

那么，在 Matlab 中系统函数的零极点就可通过函数 roots 求解多项式根得到，也可借助函数 Matlab 命令 tf2zp 得到，tf2zp 的语句格式为：

$$[z, p, k] = tf2zp(B, A)$$

其中，**B** 与 **A** 分别表示 $H(z)$ 的分子与分母多项式的系数向量。它的作用是将 $H(z)$ 的有理分式表示式转换为零极点增益形式，即

$$H(z) = k \frac{(z - z_1)(z - z_2) \cdots (z - z_m)}{(z - p_1)(z - p_2) \cdots (z - p_n)}$$

【例 4.5.15】已知一离散因果 LTI 系统的系统函数为

$$H(z) = \frac{z + 0.32}{z^2 + z + 0.16}$$

试用 Matlab 命令求该系统的零极点。

解：用 tf2zp 函数求系统的零极点，程序为

B = [1, 0.32];
A = [1, 1, 0.16];
[Z, P, K] = tf2zp(B, A)
Z =
    -0.3200
P =
    -0.8000
    -0.2000
K =
    1

因此，零点为 $z = -0.32$，极点为 $p_1 = -0.8$ 与 $p_2 = -0.2$。

若要获得系统函数 $H(z)$ 的零极点分布图，可直接应用 zplane 函数，其语句使用格式为：

zplane(B, A)

其中，**B** 与 **A** 分别表示 $H(z)$ 的分子和分母多项式的系数向量。它的作用是在 $Z$ 平面上画

出单位圆、零点与极点。

【例 4.5.16】已知一离散因果 LTI 系统的系统函数为：

$$H(z) = \frac{z^2 - 0.36}{z^2 - 1.52z + 0.68}$$

试用 Matlab 命令绘出该系统的零极点分布图。

解：用 zplane 函数求系统的零极点，程序为

B = [1,0, - 0.36];
A = [1, - 1.52,0.68];
zplane(B,A),grid on
legend('零点','极点');
title('零极点分布图');

程序运行结果如图 4.5.7 所示。可见，该因果系统的极点全部在单位圆内，故系统是稳定的。

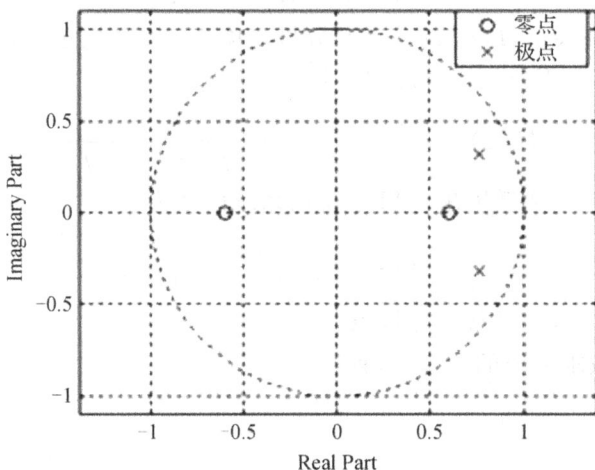

图 4.5.7　零极点分布图

### 4.5.4.3　零极点分布与其时域特性

在离散系统中，$Z$ 变换建立了时域函数 $h(n)$ 与 $Z$ 域函数 $H(z)$ 之间的对应关系。因此，$Z$ 变换的函数 $H(z)$ 从形式上可以反映 $h(n)$ 的部分内在性质。为了简单明了，我们通过讨论 $H(z)$ 的一阶、二阶系统的单极点情况，来说明系统函数的零极点分布与系统时域特性的关系。

【例 4.5.17】试用 Matlab 命令画出下列系统函数的零极点分布图及对应的时域单位样值响应 $h(n)$ 的波形，并分析系统函数的极点对时域波形的影响。

$(1)H_1(z) = \dfrac{z}{z - 0.8}$；　　$(2)H_2(z) = \dfrac{z}{z + 0.8}$；　　　　$(3)H_3(z) = \dfrac{z}{z^2 - 1.2z + 0.72}$；

$(4)H_4(z) = \dfrac{z}{z - 1}$；　　$(5)H_5(z) = \dfrac{z}{z^2 - 1.6z + 1}$；$(6)H_6(s) = \dfrac{z}{z - 1.2}$；

$(7) H_7(z) = \dfrac{z}{z^2 - 2z + 1.36}$。

解：Matlab 程序为

```
% 题(1)：
b1 = [1,0];
a1 = [1, -0.8];
subplot(121)
zplane(b1,a1)
title('极点在单位圆内的正实数')
subplot(122)
impz(b1,a1,30);grid on;
% 题(2)：
figure
b2 = [1,0];
a2 = [1,0.8];
subplot(121)
zplane(b2,a2)
title('极点在单位圆内的负实数')
subplot(122)
impz(b2,a2,30);grid on;
% 题(3)：
figure
b3 = [1,0];
a3 = [1, -1.2,0.72];
subplot(121)
zplane(b3,a3)
title('极点在单位圆内的共轭复数')
subplot(122)
impz(b3,a3,30);grid on;
% 题(4)：
figure
b4 = [1,0];
a4 = [1, -1];
subplot(121)
zplane(b4,a4)
title('极点在单位圆上为实数1')
subplot(122)
impz(b4,a4);grid on;
% 题(5)：
```

```
figure
b5 = [1,0];
a5 = [1, - 1.6,1];
subplot(121)
zplane(b5,a5)
title('极点在单位圆上的共轭复数')
subplot(122)
impz(b5,a5,30);grid on;
% 题(6):
figure
b6 = [1,0];
a6 = [1, - 1.2];
subplot(121)
zplane(b6,a6)
title('极点在单位圆外的正实数')
subplot(122)
impz(b6,a6,30);grid on;
% 题(7):
figure
b7 = [1,0];
a7 = [1, - 2,1.36];
subplot(121)
zplane(b7,a7)
title('极点在单位圆外的共轭复数')
subplot(122)
impz(b7,a7,30);grid on;
```

程序运行结果分别如图 4.5.8 的(a)(b)(c)(d)(e)(f)(g) 所示。

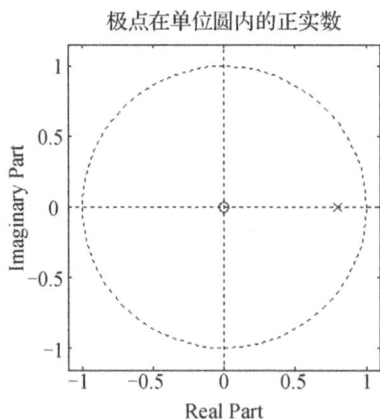

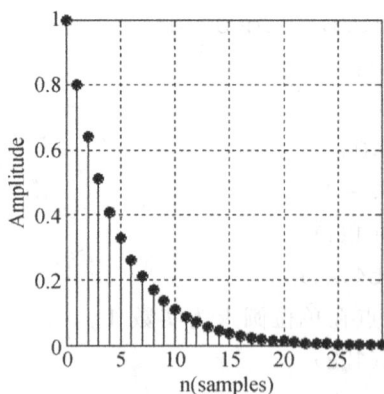

(a)

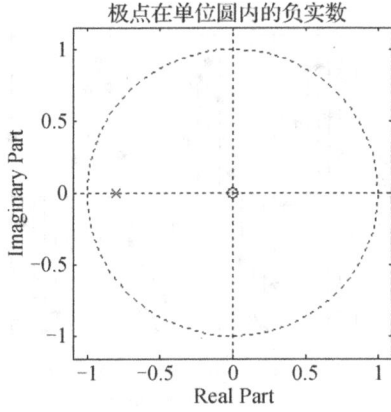

极点在单位圆内的负实数

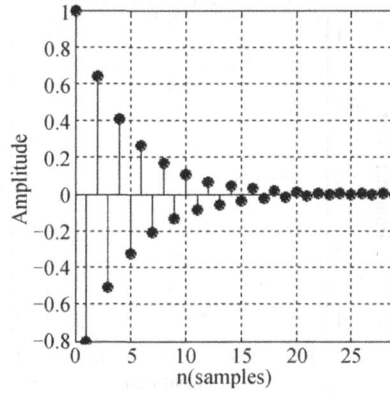

(b)

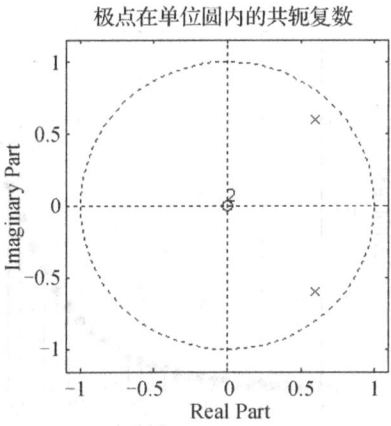

极点在单位圆内的共轭复数

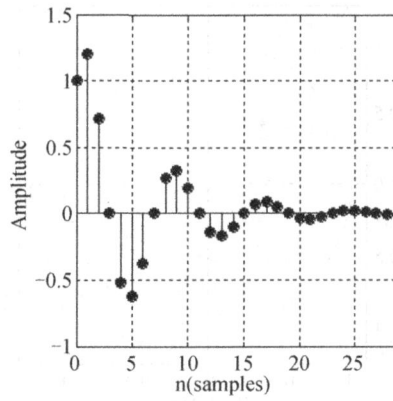

(c)

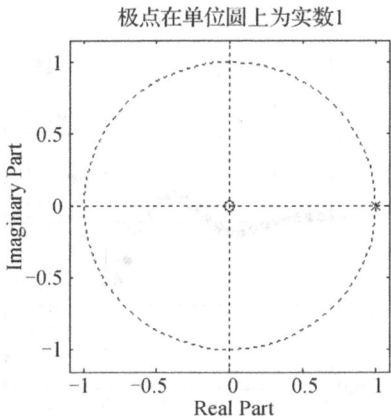

极点在单位圆上为实数1

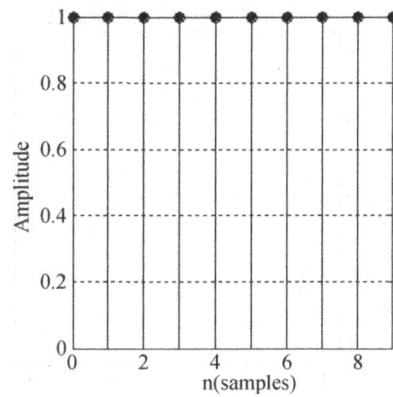

(d)

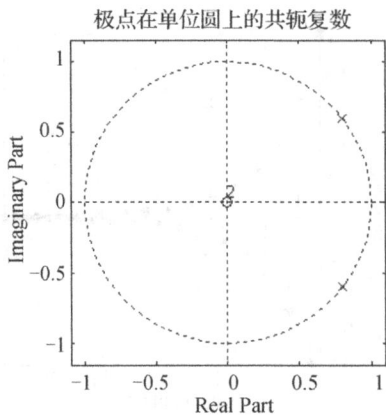
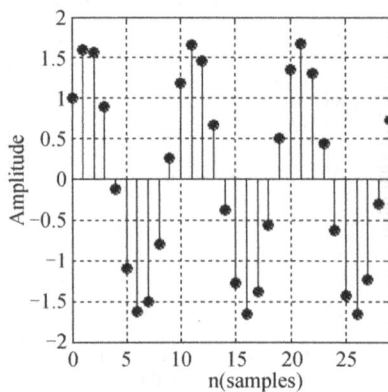

(e)

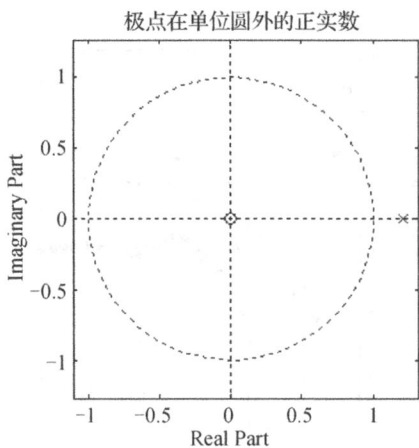
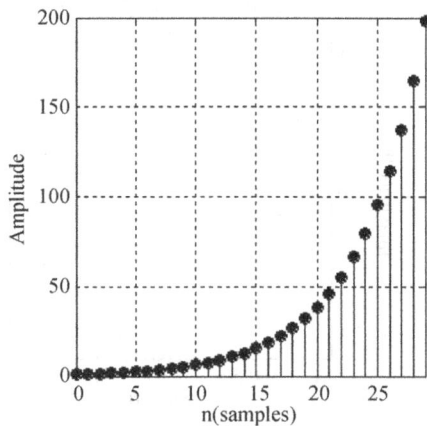

(f)

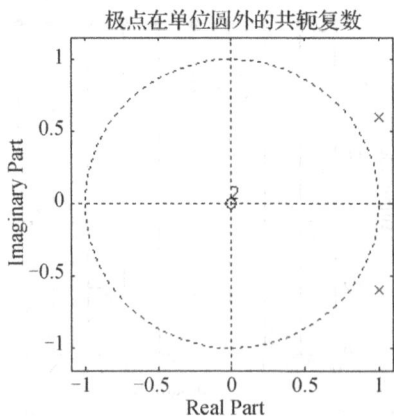
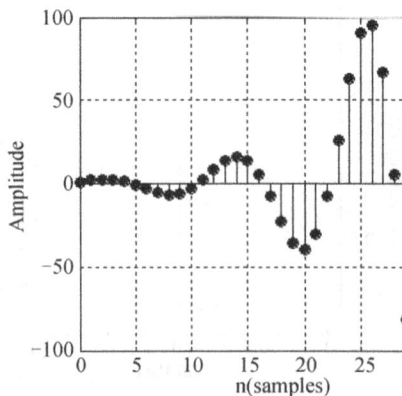

(g)

**图 4.5.8　系统函数的零极点分布与其时域特性的关系**

从图中可知,当 $H(z)$ 极点位于单位圆内时,$h(n)$ 为衰减序列;当 $H(z)$ 极点位于单位圆上时,$h(n)$ 为等幅序列;当 $H(z)$ 极点位于单位圆外时,$h(n)$ 为增幅序列。若 $H(z)$ 有一阶实数极点,则 $h(n)$ 为指数序列;若 $H(z)$ 有一阶共轭极点,则 $h(n)$ 为指数振荡序列;若 $H(z)$ 的极点位于虚轴左边,则 $h(n)$ 序列按一正一负的规律交替变化。

#### 4.5.4.4　频率响应

对于因果稳定的离散时间系统,如果激励序列为正弦序列 $x(n)=A\sin(n\beta)\varepsilon(n)$,则系统的稳态响应为:

$$y_{ss}(n)=A\mid H(e^{j\beta})\mid\sin[n\beta+\varphi(\beta)]\varepsilon(n)$$

其中,$H(e^{j\beta})$ 通常是复数。离散时间系统的频率响应定义为:

$$H(e^{j\beta})=\mid H(e^{j\beta})\mid e^{j\varphi(\beta)}$$

其中,$\mid H(e^{j\beta})\mid$ 称为离散时间系统的幅频特性;$\varphi(\beta)$ 称为离散时间系统的相频特性;$H(e^{j\beta})$ 是以取样角频率 $\omega_s(\omega_s=\dfrac{2\pi}{T_s}$,若取 $T_s=1,\omega_s=2\pi)$ 为周期的周期函数。因此,只要分析 $H(e^{j\beta})$ 在 $\mid\beta\mid\leqslant\pi$ 范围内的情况,便可分析出系统的整个频率特性。

Matlab 提供了求离散时间系统频响特性的函数 freqz,使用格式主要有两种。一种形式为:

$$[H,w]=freqz(B,A,N)$$

其中,**B** 与 **A** 分别表示 $H(z)$ 的分子和分母多项式的系数向量;$N$ 为正整数,默认值为 512;返回频率向量 $w$ 包含 $[0,\pi)$ 范围内的 $N$ 个频率等分点;返回值 $H$ 则是离散时间系统频率响应 $H(e^{j\beta})$ 在 $0\sim\pi$ 范围内,对应频率向量 $w$ 的 $N$ 个频率点的值。另一种形式为:

$$[H,w]=freqz(B,A,N,'whole')$$

与第一种方式不同之处在于角频率的范围由 $[0,\pi)$ 扩展到 $[0,2\pi)$。

【**例 4.5.18**】用 Matlab 命令绘制系统 $H(z)=\dfrac{z^2-0.96z+0.9028}{z^2-1.56z+0.8109}$ 的频率响应曲线。

解:利用函数 freqz 计算出 $H(e^{j\beta})$,然后利用函数 abs 和 angle 分别求出幅频特性与相频特性,最后利用 plot 命令绘出曲线。Matlab 程序为

```
b = [1 - 0.96 0.9028];
a = [1 - 1.56 0.8109];
[H,w] = freqz(b,a,400,'whole');
Hm = abs(H);
Hp = angle(H);
subplot(211);
plot(w,Hm),grid on;
xlabel('\omega(rad/s)'),ylabel('Magnitude');
title('离散系统幅频特性曲线');
subplot(212);
plot(w,Hp),grid on;
xlabel('\omega(rad/s)'),ylabel('Phase');
title('离散系统相频特性曲线');
```

程序运行结果如图 4.5.9 所示。

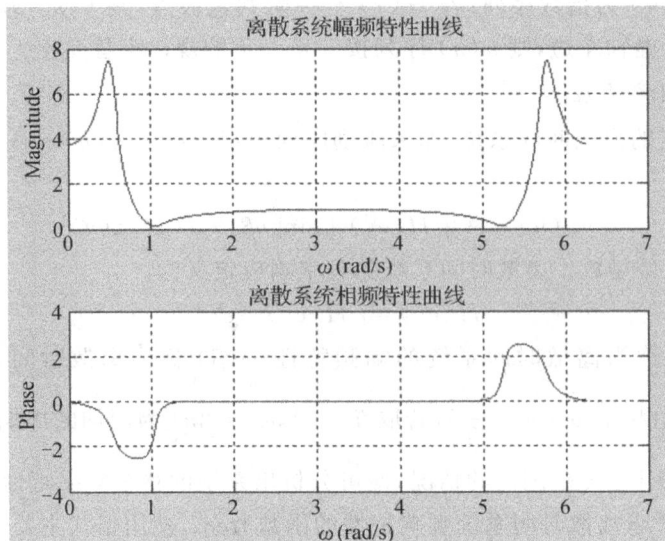

图 4.5.9　频率响应图

# 4.6　习题

**一、单项选择题**

1. 离散周期信号的傅立叶级数是(　　　)。

A.离散的　　　　　B.非周期性的　　　　　C.连续的　　　　　D.与单周期的相同

2. $y(n)=f(-n+1)$ 所描述的系统不是(　　　)。

A.稳定系统　　　　B.非因果系统　　　　　C.非线性系统　　　　D.时不变系统

3. 离散时间单位延迟器的单位脉冲响应为(　　　)。

A.$\delta(n)$　　　　　　B.$\delta(n+1)$　　　　　C.$\delta(n-1)$　　　　　D.1

4. 已知一双边序列 $f(n)=\begin{cases}2^n, & n\geqslant 0 \\ 3^n, & n<0\end{cases}$，其 $Z$ 变换为(　　　)。

A.$\dfrac{-z}{(z-2)(z-3)}, 2<|z|<3$　　　　B.$\dfrac{-z}{(z-2)(z-3)}, |z|\leqslant 2, |z|\geqslant 3$

C.$\dfrac{z}{(z-2)(z-3)}, 2<|z|<3$　　　　D.$\dfrac{-1}{(z-2)(z-3)}, 2<|z|<3$

5. 对于离散时间因果系统 $H(z)=\dfrac{z-2}{z-0.5}$，下列说法不对的是(　　　)。

A.这是一个一阶系统　　　　　　　　B.这是一个稳定系统

C.这是一个全通系统　　　　　　　　D.这是一个最小相移系统

6. $f(n)=-2\varepsilon(-n)$ 的 $Z$ 变换为(　　　)。

A.$F(z)=\dfrac{2z}{z-1}$　　B.$F(z)=\dfrac{-2z}{z-1}$　　C.$F(z)=\dfrac{2}{z-1}$　　D.$F(z)=\dfrac{-2}{z-1}$

7. 离散序列 $f(n) = \sum\limits_{m=0}^{\infty} [(-1)^m \delta(n-m)]$ 的 $Z$ 变换及收敛域为（    ）。

A.$\dfrac{z}{z-1}$, $|z| < 1$  B.$\dfrac{z}{z-1}$, $|z| > 1$   C.$\dfrac{z}{z+1}$, $|z| < 1$  D.$\dfrac{z}{z+1}$, $|z| > 1$

8. 已知 $f(n)$ 的 $Z$ 变换 $F(z) = \dfrac{1}{\left(z+\dfrac{1}{2}\right)(z+2)}$，$F(z)$ 的收敛域为（    ）时，$f(n)$ 为因果序列。

A.$|z| > 0.5$     B.$|z| < 0.5$     C.$|z| > 2$     D.$0.5 < |z| < 2$

9. 离散信号 $\dfrac{1}{2\pi} e^{j\beta_0 n}$ 的傅立叶变换为（    ）。

A.$\delta(\beta - \beta_0)$                    B.$\delta(\beta - \beta_0 - 2\pi)$

C.$\delta(\beta + \beta_0)$                    D.$\sum\limits_{n=-\infty}^{\infty} \delta(\beta - \beta_0 - 2n\pi)$

10. 已知某序列 $f(n)$ 的离散傅立叶变换 $F(k) = \{1,2,3,4,5,6,7,8\}$，$k = 0,1,2,3,4,5,6,7$，则将 $f(n)$ 循环位移 4 位后的序列的离散傅立叶变换为（    ）。

A.$\{5,6,7,8,1,2,3,4,\}$

B.$\{-1,2,-3,4,-5,6,-7,8,\}$

C.$\{1,-2,3,-4,5,-6,7,-8\}$

D.$\{-1,-2,-3,-4,-5,-6,-7,-8\}$

**二、判断题**（判断下列说法是否正确，正确的打"√"，错误的打"×"）

1. $|z| = \infty$ 处 $Z$ 变换收敛是因果序列的特征。（    ）

2. $Z$ 变换 $H(z)$ 的收敛域如果不包含单位圆（$|z|=1$），系统不稳定。（    ）

3. 序列在单位圆上的 $Z$ 变换就是序列的傅立叶变换。（    ）

4. 序列在单位圆上的 $Z$ 变换就是序列的频谱。（    ）

5. 离散时间系统的频率响应 $H(e^{j\beta})$ 为 $h(n)$ 在单位圆上的 $Z$ 变换。（    ）

6. 离散时间系统的频率响应 $H(e^{j\beta})$ 是 $h(n)$ 的离散时间傅立叶变换。（    ）

7. 两个有限长序列，第一个序列的长度为 5 点，第二个为 6 点，为使两个序列的线性卷积与循环卷积相等，则第一个序列最少应补 6 个零点。（    ）

8. 两个有限长序列，第一个序列的长度为 5 点，第二个为 6 点，为使两个序列的线性卷积与循环卷积相等，则第二个序列最少应补 4 个零点。（    ）

9. 长度为 $N$ 的有限长序列 $f(n)$ 的 DFT，等于其 $Z$ 变换 $F(z)$ 在单位圆上 $N$ 个等间隔点的取样值。（    ）

10. 长度为 $N$ 的有限长序列 $f(n)$ 的 DFT，等于其傅立叶变换 $F(e^{j\beta})$ 在一个周期内等间距点的取样值。（    ）

11. 长度为 $N$ 的有限长序列 $f(n)$ 在单位圆上的 $Z$ 变换即为序列的傅立叶变换。（    ）

12. 离散信号（序列）的傅立叶变换，就是序列的离散傅立叶变换（DFT）。（    ）

13. 快速计算 DFT 的算法简称 FFT。（    ）

14. 若 $f(n)$ 是周期序列，则 $f(2n)$ 也是周期序列。（    ）

15. 信号 $f(n)$ 和 $y(n)$ 为周期信号,其和 $f(n)+y(n)$ 也是周期信号。(　　　)

16. $f(n)=\sin\left(\dfrac{\pi}{4}n\right)+\cos\left(\dfrac{\pi}{3}n\right)$,该信号为周期信号,周期为 48。(　　　)

17. $f(n)=\sin\left(\dfrac{\pi}{4}n\right)+\cos\left(\dfrac{1}{3}n\right)$,该信号为周期信号。(　　　)

18. 一离散时间系统系统的输入、输出关系为 $y(n)=T[f(n)]=nf(n)$,该系统为无记忆系。(　　　)

19. 一离散时间系统系统的输入、输出关系为 $y(n)=T[f(n)]=nf(n)$,该系统为线性系统。(　　　)

20. 一离散时间系统系统的输入、输出关系为 $y(n)=T[f(n)]=nf(n)$,该系统为因果系统。(　　　)

21. 一离散时间系统系统的输入、输出关系为 $y(n)=T[f(n)]=nf(n)$,该系统为时不变系统。(　　　)

22. 一离散时间系统系统的输入、输出关系为 $y(n)=T[f(n)]=nf(n)$,该系统为稳定系统。(　　　)

23. 一离散时间系统的单位脉冲响应 $h(n)$ 可直接从差分方程求解而得。(　　　)

24. 一离散时间系统的单位脉冲响应 $h(n)$ 可从 $H(z)$ 直接求得。(　　　)

25. 一离散时间系统的单位脉冲响应 $h(n)$ 可从 $H(e^{j\beta})$ 求得。(　　　)

三、计算填空题

1. 双边 $Z$ 变换的象函数 $F(z)=\dfrac{3z^2}{(z+0.5)(z-1)}$,$0.5<|z|<1$,则原序列 $f(n)=$
(　　　)。

2. 序列 $f(n)$ 的 $Z$ 变换为 $F(z)=8z^3-2+z^{-1}-z^{-2}$,序列 $f(n)$ 用单位样值信号表示,则 $f(n)=$(　　　)。

3. $f(n)=na^n\varepsilon(n)$ 的 $Z$ 变换 $F(z)=$(　　　)。

4. $f(n)=\varepsilon(n)-\varepsilon(n-4)$ 的 $Z$ 变换 $F(z)=$(　　　)。

5. 离散信号 $f(n)=\delta(n+3)+\delta(n)+2^n\varepsilon(-n)$ 的单边 $Z$ 变换为(　　　)。

6. 已知 $f(t)\leftrightarrow F(z)$,其收敛域为 $|z|>2$,则 $\displaystyle\sum_{i=-\infty}^{n}\left(\dfrac{1}{2}\right)^i f(i)$ 的 $Z$ 变换及其收敛域分别为(　　　)。

7. 设因果信号 $f(t)$ 的拉普拉斯变换为 $F(s)=\dfrac{1}{s^2+5s+6}$,将 $f(t)$ 以间隔 $T$ 取样后得到离散序列 $f(kT)$,则序列 $f(kT)$ 的 $Z$ 变换为(　　　)。

8. 函数 $F(z)=\dfrac{2z^2-3z+1}{z^2-4z+5}$ 的原序列 $f(n)$ 的初值和终值为:$f(0)=$(　　　),$f(\infty)=$(　　　)。

9. 已知,$f(n)=\{3,4,5,6\}$,则 $g(n)=f(2n-1)=$(　　　)。

10. 连续信号 $f(t)=\sin t$ 的周期 $T=$(　　　),若对 $f(t)$ 以 $f_s=1\,Hz$ 进行取样,所得离散序列 $f(n)=$(　　　),该离散序列是否为周期序列(　　　)。

四、综合应用分析题

1. 已知 $f(n)$ 如图 4.6.1 所示,画出 $\sum\limits_{i=-\infty}^{n} f(i)$ 的序列图。

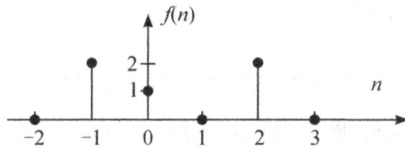

图 4.6.1

2. 已知 $f(n)=\{0.5,1,1,0.5\}$。

(1) 求 $f(n)$ 与 $f(n)$ 的线卷积;

(2) 求 $f(n)$ 与 $f(n)$ 的 4 点循环卷积;

(3) 在什么条件下,能使 $f(n)$ 与 $f(n)$ 的线性卷积等于循环卷积?

3. 已知一离散因果 LTI 系统为

$$y(n)-\frac{7}{12}y(n-1)+\frac{1}{12}y(n-2)=3f(n)-\frac{5}{6}f(n-1)$$

(1) 求 $H(z),h(n)$;

(2) 已知 $y(-1)=1,y(-2)=0,f(n)=\delta(n)$,求 $y(n)$、$y_{zi}(n)$、$y_{zs}(k)$。

4. 某离散因果系统如图 4.6.2 所示,

(1) 求系统函数;

(2) 写出系统的差分方程;

(3) 求系统的单位样值响应。

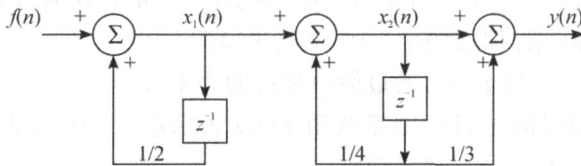

图 4.6.2

5. 描述某 LTI 离散系统的差分方程为

$$y(n)-2y(n-1)+y(n-2)=f(n)$$

已知 $y(0)=y(1)=2,f(n)=2^n\varepsilon(n)$,试用 $Z$ 变换分析法求响应 $y(n)$,并指出零输入响应和零状态响应。

6. 一个离散因果 LTI 系统可由差分方程 $y(n)-y(n-1)-6y(n-2)=f(n-1)$ 描述。

(1) 求该系统的系统函数及其收敛域;

(2) 求该系统的单位脉冲响应 $h(n)$;

(3) 当 $f(n)=(-3)^n$,$-\infty<n<\infty$ 时,求输出 $y(n)$。

7. $f(n)$ 是一个 6 点有限长序列,其中 $f(4)$ 的值未知,用 $b$ 表示,$f(n)=\{1,0,2,2,b,1\}$。

若 $F(e^{j\beta})$ 代表 $f(n)$ 的 DTFT,$F_1(k)$ 是 $F(e^{j\beta})$ 在每隔 $\frac{\pi}{2}$ 处的样本,即

$$F_1(k) = F(e^{j\beta})\big|_{\beta = \frac{\pi}{2}k}, 0 \leqslant k \leqslant 3$$

由 $F_1(k)$ 做 4 点 IDFT，得到 4 点序列 $f_1(n) = \{4,1,2,2\}$。试问能否根据 $f_1(n)$ 确定 $f(n)$ 中的 $b$ 值，若能，请求出 $b$ 值。

8. 已知长度为 4 的两个序列

$$f(n) = \cos\left(\frac{\pi}{2}n\right), h(n) = \left(\frac{1}{2}\right)^n, n = 0,1,2,3$$

试用 DFT 计算圆卷积（也称循环卷积）$y(n) = f(n) \otimes h(n)$。

9. 已知 $f(n)$ 是一个 $N$ 点有限长序列，且 $N$ 为偶数，$f(n)$ 的 $N$ 点 DFT 为 $F(k)$，试用 $F(k)$ 表示下列序列的 DFT。

(1) $f_1(n) = f(N-1-n)$；

(2) $f_2(n) = (-1)^n f(n)$；

(3) $f_3(n) = \begin{cases} f(n), & 0 \leqslant n \leqslant N-1 \\ f(n-N), & N \leqslant n \leqslant 2N-1 \text{（DFT 的点数为 } 2N\text{）；} \\ 0, & n \text{ 为其他} \end{cases}$

(4) $f_4(n) = \begin{cases} f(n) + f\left(n + \dfrac{N}{2}\right), & 0 \leqslant n \leqslant \dfrac{N}{2} - 1 \\ 0, & n \text{ 为其他} \end{cases}$（DFT 的点数为 $N$，且 $n$ 只取偶数）。

10. 已知 $f(n)$ 是长度为 $N$ 的有限长序列，由 $f(n)$ 构成 2 个长度分别为 $2N$ 的序列 $f_1(n), f_2(n)$，且

$$f_1(n) = \begin{cases} f(n), & 0 \leqslant n \leqslant N-1 \\ 0, & n \text{ 为其他} \end{cases}, f_2(n) = \begin{cases} f(n), & 0 \leqslant n \leqslant N-1 \\ f(n-N), & N \leqslant n \leqslant 2N-1 \\ 0, & n \text{ 为其他} \end{cases}$$

$f(n)$ 的 $N$ 点 DFT 为 $F(k)$，$f_1(n)$ 和 $f_2(n)$ 的 $2N$ 点 DFT 分别为 $F_1(k)$ 和 $F_2(k)$。

(1) 若 $F(k)$ 已知，能否得到 $F_2(k)$？请给出说明。

(2) 确定由 $F_1(k)$ 得到 $F(k)$ 的最简单可行的关系式。

11. 已知一个离散时间 LTI 因果系统用 $f(n)$ 表示输入，$y(n)$ 表示输出。该系统由一对包含中间信号 $x(n)$ 的差分方程式确定：

$$y(n) + \frac{1}{4}y(n-1) + x(n) + \frac{1}{2}x(n-1) = \frac{2}{3}f(n)$$

$$y(n) - \frac{5}{4}y(n-1) + 2x(n) - 2x(n-1) = -\frac{5}{3}f(n)$$

求该系统的 $f(n)$ 和 $y(n)$ 的单一差分方程及该系统的单位脉冲响应。

12. 已知系统的差分方程

$$2y(n) + y(n-1) = f(n)$$

当 $f(n) = \left(\frac{1}{4}\right)^n \varepsilon(n)$ 和 $y(-1) = 2$ 时，求 $n \geqslant 0$ 时系统的输出。

13. 某 LTI 离散时间系统的差分方程为

$$y(n) - \frac{1}{2}y(n-1) = f(n) + \frac{1}{2}f(n-1)$$

(1) 求系统的频率响应；

（2）求系统的单位样值响应 $h(n)$；

（3）当 $f(n) = \cos\left(\dfrac{\pi}{2}n\right)$ 时，求系统的响应 $y(n)$。

14. 如图 4.6.3 所示理想带通滤波器，求：

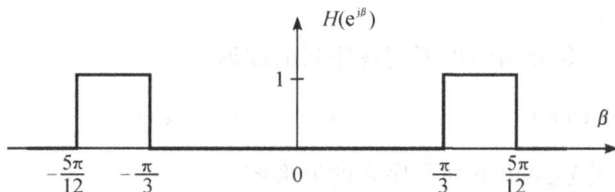

图 4.6.3

（1）滤波器的单位样值响应 $h(n)$；

（2）对输入信号 $f(n) = \left[(-1)^n + \displaystyle\sum_{k=-4}^{4} a_k e^{-jn\left(\frac{2\pi}{9}\right)k}\right]\varepsilon(n)$ 的稳态响应。（稳态响应：$n \to \infty$ 时，系统的响应）

15. 对于系统函数 $H(z) = \dfrac{z}{z - 0.5}$ 的系统，画出其零极点图，大致画出所对应的幅频特性图，并指出该系统是低通、高通还是全通网络。

16. 已知因果离散时间系统方框图如图 4.6.4 所示。当 $f(n) = \left(\dfrac{3}{4}\right)^n$，$-\infty < n < \infty$ 时，响应 $y(n) = 3\left(\dfrac{3}{4}\right)^n$。

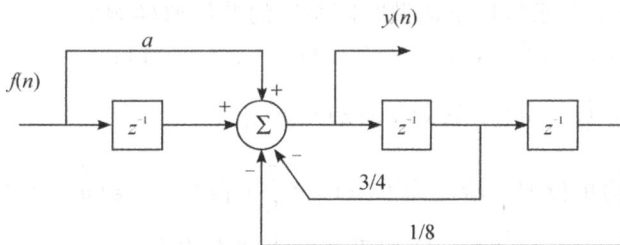

图 4.6.4

（1）求系统函数 $H(z)$，确定 $a$ 值，并写出系统的差分方程；

（2）当 $f(n) = \delta(n) + 0.5\delta(n-1)$ 时，求零状态响应。

17. 如图 4.6.5 所示 LTI 因果系统，已知当输入 $f(n) = \varepsilon(n)$ 时系统的全响应 $y(n)$ 在 $n = 2$ 时的值等于 42。

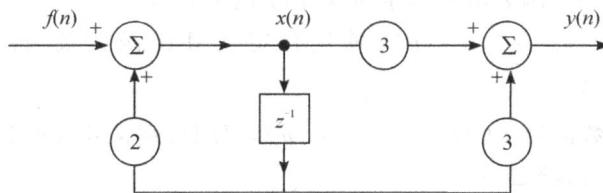

图 4.6.5

(1) 求该系统的系统函数 $H(z)$;

(2) 求该系统的零输入响应 $y_{zi}(n)$;

(3) 问该系统是否存在频率响应? 若不存在,请说明理由;若存在,请粗略绘出幅频特性。

## 五、Matlab 程序题

1. 试用 Matlab 命令分别绘出下列各序列的波形图。

(1) $x(n) = \left(\dfrac{1}{2}\right)^n \varepsilon(n)$;　　　　(2) $x(n) = 2^n \varepsilon(n)$。

2. 试用 Matlab 分别绘出下列各序列的波形图。

(2) $x(n) = \cos\left(\dfrac{n\pi}{10} - \dfrac{\pi}{5}\right)$;　　　　(2) $x(n) = \left(\dfrac{5}{6}\right)^n \sin\dfrac{n\pi}{5}$。

3. 试用 Matlab 的 residuez 函数求出 $X(z) = \dfrac{2z^4 + 16z^3 + 44z^2 + 56z + 32}{3z^4 + 3z^3 - 15z^2 + 18z - 12}$ 的部分分式展开和。

4. 试用 Matlab 画出下列因果系统的系统函数零极点分布图,并判断系统的稳定性。

(1) $H(z) = \dfrac{2z^2 - 1.6z - 0.9}{z^3 - 2.5z^2 + 1.96z - 0.48}$;

(2) $H(z) = \dfrac{z - 1}{z^4 - 0.9z^3 - 0.65z^2 + 0.873z}$。

5. 试用 Matlab 绘制系统 $H(z) = \dfrac{z^2}{z^2 - \dfrac{3}{4}z + \dfrac{1}{8}}$ 的频率响应曲线。

6. 试用 Matlab 命令求解以下离散时间系统的单位取样响应。

(1) $3y(n) + 4y(n-1) + y(n-2) = x(n) + x(n-1)$;

(2) $\dfrac{5}{2}y(n) + 6y(n-1) + 10y(n-2) = x(n)$。

7. 已知某系统的单位取样响应为 $h(n) = \left(\dfrac{7}{8}\right)^n [\varepsilon(n) - \varepsilon(n-10)]$,试用 Matlab 求当激励信号为 $x(n) = \varepsilon(n) - \varepsilon(n-5)$ 时系统的零状态响应。

8. 已知某 LTI 系统的差分方程为

$$3y(n) - 4y(n-1) + 2y(n-2) = x(n) + 2x(n-1)$$

试用 Matlab 命令绘出当激励信号为 $x(n) = \left(\dfrac{1}{2}\right)^n \varepsilon(n)$ 时该系统的零状态响应。

9. 请编写求离散时间傅立叶变换(DTFT) 的自定义函数。

10. 通过自定义 dtft 函数求矩形序列 $R_5(n)$ 的 DTFT。

11. 对于信号 $x(n) = 0.9^n \varepsilon(n)$,使用自定义 dtft 函数及 freqz 函数分别计算其 DTFT $X(e^{j\beta})$,并比较之。

12. 对于复数指数信号 $x(n) = e^{(0.2 + j\frac{2\pi}{10})n} \varepsilon(n)$,使用自定义 dtft 函数及 freqz 函数分别计算其 DTFT $X(e^{j\beta})$,并比较之。

# 第 5 章　　系统函数与结构

## 5.1　系统函数与系统特性

### 5.1.1　系统函数的零极点分布图

LTI 系统的系统函数是复变量 $s$ 或 $z$ 的有理分式,即

$$H(\cdot) = \frac{B(\cdot)}{A(\cdot)}$$

式中的点符号($\cdot$)表示连续系统或离散系统的系统变量(即 $s$ 或 $z$),分母 $A(\cdot) = 0$ 的根 $p_1$,
$p_2,\cdots,p_n$ 称为系统函数 $H(\cdot)$ 的极点,极点是系统的微分方程或差分方程的特征根;分子
$B(\cdot) = 0$ 的根 $z_1,z_2,\cdots,z_n$ 称为系统函数 $H(\cdot)$ 的零点。

将零极点画在复平面上得系统函数的零极点分布图。

【例 5.1.1】已知系统函数 $H(s) = \dfrac{(s+1)(s+3)}{s(s+2)(s+5)}$,画出其零极点分布图。

解:由系统函数可求出零点为 $-1,-3$,极点为 $0,-2,-5$。其零极点分布图如图 5.1.1
所示。

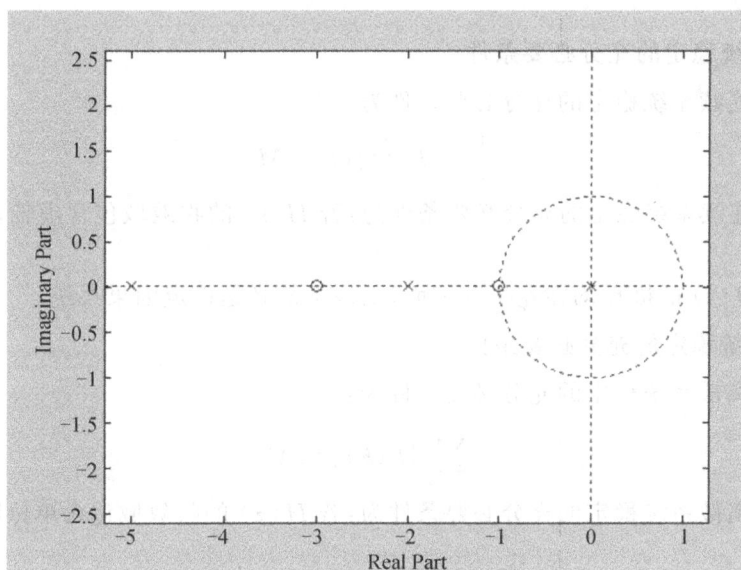

**图 5.1.1　例 5.1.1 的零极点分布图**

**【例 5.1.2】** 已知 $H(s)$ 的零点为 0，极点为 $-1+2\mathrm{j}$，$-1-2\mathrm{j}$，并且 $h(0_+)=3$。求 $H(s)$ 的表达式。

解：由零极点分布可得

$$H(s)=\frac{K(s-0)}{[s-(-1+2\mathrm{j})][s-(-1-2\mathrm{j})]}=\frac{Ks}{(s+1)^2+4}=\frac{Ks}{s^2+2s+5}$$

$$h(0_+)=\lim_{s\to\infty}sH(s)=\lim_{s\to\infty}\frac{Ks^2}{s^2+2s+5}=K=3$$

$$H(s)=\frac{3s}{s^2+2s+5}$$

### 5.1.2 系统函数与因果性和稳定性

#### 5.1.2.1 收敛域与因果系统

因果系统是指系统的零状态响应 $y_{zs}(\cdot)$ 不会出现于输入信号 $f(\cdot)$ 之前的系统。

**1. 连续因果系统**

连续因果系统的充分必要条件是：当 $t<0$ 时，则冲激响应 $h(t)=0$，或者说，系统函数 $H(s)$ 的收敛域为 $\mathrm{Re}[s]>\sigma_0$（注：这是因果信号拉普拉斯变换存在的条件）。

**2. 离散因果系统**

离散因果系统的充分必要条件是：当 $n<0$ 时，则单位脉冲响应 $h(n)=0$，或者说，系统函数 $H(z)$ 的收敛域为 $|z|>\rho_0$。

#### 5.1.2.2 极点与稳定系统

一个系统，若对任意的有界输入，其零状态响应也是有界的，则称该系统是有界输入有界输出（bound input bound output，BIBO）稳定的系统，简称为稳定系统。即若系统对所有的激励信号 $f(\cdot)$，满足 $|f(\cdot)|\leqslant M_f$，其零状态响应 $|y_{zs}(\cdot)|\leqslant M_y$（$M$ 为有限常数），则称该系统稳定。

**1. 连续系统稳定的充分必要条件**

时域判定连续系统稳定的充分必要条件为：

$$\int_{-\infty}^{\infty}|h(t)|\,\mathrm{d}t\leqslant M$$

$S$ 域判定连续系统稳定的充分必要条件为：若 $H(s)$ 的收敛域包含虚轴，则该系统必是稳定系统。

结论：若 $H(s)$ 的极点均在左半开平面，则该系统必是稳定因果系统。

**2. 离散系统稳定的充分必要条件**

时域判定离散系统稳定的充分必要条件为：

$$\sum_{k=-\infty}^{\infty}|h(k)|\leqslant M$$

$Z$ 域判定离散系统稳定的充分必要条件为：若 $H(z)$ 的收敛域包含单位圆，则该系统必是稳定系统。

结论：若 $H(z)$ 的极点均在单位圆内，则该系统必是稳定因果系统。

【例 5.1.3】已知系统差分方程为：$y(n) + 1.5y(n-1) - y(n-2) = f(n-1)$。

(1) 若该系统为因果系统，求 $h(n)$，并判断是否稳定。

(2) 若该系统为稳定系统，求 $h(n)$。

解：$H(z) = \dfrac{z^{-1}}{1 + 1.5z^{-1} - z^2} = \dfrac{z}{z^2 + 1.5z - 1} = \dfrac{z}{(z-0.5)(z+2)} = \dfrac{0.4z}{z-0.5} + \dfrac{-0.4z}{z+2}$

(1) 因为该系统是因果系统，故收敛域为 $|z| > 2$，所以 $h(n) = 0.4[0.5^n - (-2)^n]\varepsilon(n)$，可见该系统为不稳定系统。

(2) 若为稳定系统，则收敛域为 $0.5 < |z| < 2$，所以 $h(n) = 0.4(0.5)^n\varepsilon(n) + 0.4(-2)^n\varepsilon(-n-1)$。

【例 5.1.4】如图 5.1.2 是某离散因果系统框图，为使系统稳定，求常量 $a$ 的取值范围。

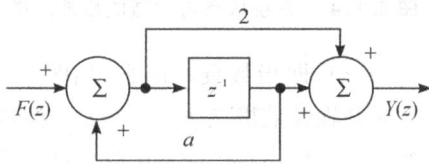

图 5.1.2　例 5.1.4 框图

解：设框图前面加法器输出信号为 $X(z)$，如图 5.1.3 所示，则

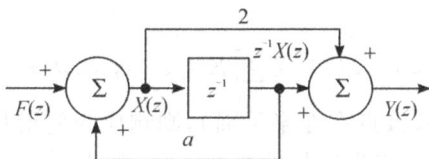

图 5.1.3　系统框图

$$X(z) = F(z) + z^{-1}aX(z)$$

$$Y(z) = (2 + z^{-1})X(z) = \frac{2 + z^{-1}}{1 - az^{-1}}F(z)$$

$$H(z) = \frac{2 + z^{-1}}{1 - az^{-1}} = \frac{2z + 1}{z - a}$$

为使系统稳定，$H(z)$ 的极点必须在单位圆内，故 $|a| < 1$。

### 5.1.3　系统函数与时域响应

冲激响应或单位样值响应的函数形式由 $H(\cdot)$ 的极点确定。下面讨论系统函数 $H(\cdot)$ 极点的位置与其时域响应的函数形式。所讨论系统均为因果系统。

#### 5.1.3.1　连续因果系统

$H(s)$ 按其极点在 $s$ 平面上的位置可分为在左半开平面、虚轴和右半开平面三类。连续系统极点位置与时域响应（单位冲激响应）波形如图 5.1.4 所示。

**1. $H(s)$ 的极点在左半平面**

如果 $H(s)$ 的极点在左半平面，则极点的实部小于 0，$\mathrm{Re}(p) = -\alpha$（$\alpha > 0$）。

(1) 若系统函数 $H(s)$ 有负实单极点，即 $p = -\alpha$（$\alpha > 0$），则 $H(s)$ 中有因子 $s + \alpha$，其

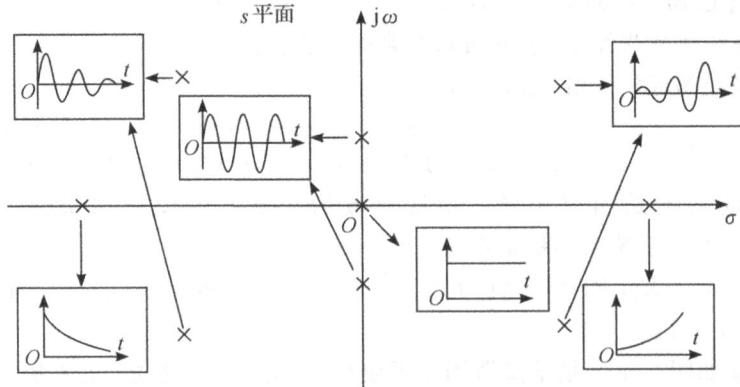

**图 5.1.4　系统极点与时域响应波形图**

所对应的冲激响应函数为 $K\mathrm{e}^{-at}\varepsilon(t)$，即指数衰减函数，如图 5.1.4 所示。

（2）若系统函数 $H(s)$ 有一对共轭复数极点 $p_{12} = -\alpha \pm \mathrm{j}\omega$，则 $H(s)$ 中有因子 $[(s+\alpha)^2 + \omega^2]$，其所对应的冲激响应函数为 $K\mathrm{e}^{-at}\cos(\omega t + \varphi)\varepsilon(t)$，即指数衰减三角函数，如图 5.1.5 所示。

（3）若系统函数 $H(s)$ 有 $r$ 重极点，则 $H(s)$ 中有因子 $(s+\alpha)^r$ 或 $[(s+\alpha)^2 + \omega^2]^r$，其所对应的冲激响应函数为：

$$\sum_{i=0}^{r-1} K_i t^i \mathrm{e}^{-at}\varepsilon(t) \quad \text{或} \quad \sum_{i=0}^{r-1} K_i t^i \mathrm{e}^{-at}\cos(\omega t + \varphi)\varepsilon(t)$$

由上式可见，如果 $\alpha > 0$（极点在左半平面），则响应为先增长而后衰减的指数函数；如果 $\alpha < 0$（极点在右半平面），则响应为增长的指数函数；如果 $\alpha = 0$（极点在虚轴上），则响应为递增的幂函数。

**2. $H(s)$ 的极点在虚轴上**

（1）若系统函数 $H(s)$ 有单极点 $p = 0$ 或 $p_{12} = \pm\mathrm{j}\omega$，则其所对应的冲激响应函数为：

$$K\varepsilon(t) \quad \text{或} \quad K\cos(\omega t + \varphi)\varepsilon(t)$$

由上式可见，响应为稳态分量（直流或正弦）。

（2）若系统函数 $H(s)$ 有 $r$ 重极点，相应 $A(s)$ 中有因子 $s^r$ 或 $(s^2 + \omega^2)^r$，其所对应的冲激响应函数为：

$$\sum_{i=0}^{r-1} K_i t^i \varepsilon(t) \quad \text{或} \quad \sum_{i=0}^{r-1} K_i t^i \cos(\omega t + \varphi)\varepsilon(t)$$

由上式可见，响应为递增函数。

**3. $H(s)$ 的极点在右半开平面**

$H(s)$ 的极点在右半开平面，则其所对应的冲激响应函数均为递增函数。

系统函数的零点分布只影响时域函数的幅度及相位，不影响振荡频率。留给读者自己深入讨论。

结论：LTI 连续因果系统的冲激响应 $h(t)$ 的函数形式由 $H(s)$ 的极点确定。

（1）$H(s)$ 在左半平面上的极点所对应的冲激响应为衰减的，即当 $t \to \infty$ 时，冲激响应均趋于 0。

（2）$H(s)$ 在虚轴上的一阶极点所对应的冲激响应为稳态响应。

（3）$H(s)$ 在虚轴上的高阶极点或在右半平面上的极点，其所对应的冲激响应都是递增的，即当 $t \to \infty$ 时，响应均趋于 $\infty$。

### 5.1.3.2 离散因果系统

LTI 离散因果系统的系统函数 $H(z)$ 按其极点在 $z$ 平面上的位置可分为在单位圆内、在单位圆上和在单位圆外三类。离散系统极点位置与时域响应（单位样值响应）波形如图5.1.5 所示。

根据 $z$ 平面与 $s$ 平面的影射关系，得出结论：

（1）$H(z)$ 在单位圆内的极点所对应的样值响应为衰减的，如图 5.1.5 单位圆内极点所示。即当 $n \to \infty$ 时，样值响应均趋于 0。

（2）$H(z)$ 在单位圆上的一阶极点所对应的样值响应为稳态响应，如图 5.1.5 单位圆上极点所示。

（3）$H(z)$ 在单位圆上的高阶极点或单位圆外的极点，其所对应的样值响应都是递增的，如图 5.1.5 单位圆外的极点所示。即当 $n \to \infty$ 时，样值响应均趋于 $\infty$。

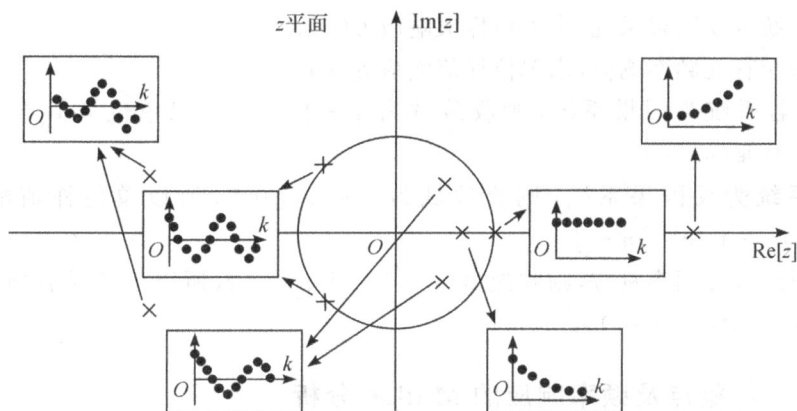

**图 5.1.5  离散系统极点与时域响应波形图**

## 5.1.4  系统函数与频率响应

### 5.1.4.1  连续系统

系统频率响应是指系统在正弦信号激励之下系统稳态响应随信号频率的变化情况。即如果输入信号为 $f(t) = A_m \sin(\omega_0 t)$，则系数稳态响应输出为同频率的正弦信号 $y(t) = A_m H_0 \sin(\omega_0 t + \varphi_0)$，但幅度乘以系数 $H_0$，相位移动 $\varphi_0$。其中 $H_0$ 及 $\varphi_0$ 由系统函数 $H(s) \mid_{s=j\omega_0} = H(j\omega_0) = H_0 e^{j\varphi_0}$ 在 $j\varphi_0$ 处的取值。

若系统函数 $H(s)$ 的收敛域包含虚轴[对于因果系统，$H(s)$ 的极点均在左半平面]，则系统存在频率响应函数。频率响应函数与系统函数之间的关系为 $H(j\omega) = H(s) \mid_{s=j\omega}$。下面介绍两种常见的系统。

**1. 全通函数**

若系统的幅频响应 $\mid H(j\omega) \mid$ 对所有的 $\omega$ 为常数，则称为全通系统，其相应的 $H(s)$ 称为全通函数。

凡极点位于左半开平面,零点位于右半开平面,并且所有零点与极点对于虚轴为一一镜像对称的系统函数即为全通函数。

**2. 最小相移函数**

对于具有相同幅频特性的系统函数而言,右半开平面没有零点(或者说零点仅位于左半平面或虚轴上)的系统函数称为最小相移函数。

### 5.1.4.2 离散系统

若系统函数 $H(z)$ 的收敛域包含单位圆[对于因果系统,$H(z)$ 的极点均在单位圆内],则系统存在频率响应,频率响应与系统函数之间的关系为 $H(e^{j\beta}) = H(z)|_{z=e^{j\beta}}$,式中 $\beta = \omega T_s$,$\beta$ 为数字角频率,$\omega$ 为模拟角频率,$T_s$ 为取样周期。

**【例 5.1.5】**某离散系统的系统函数为:

$$H(z) = \frac{z}{z+0.5} + \frac{z}{z-4}$$

(1)若系统为因果系统,求单位样值响应 $h(n)$;

(2)若系统为反因果系统,求单位样值响应 $h(n)$;

(3)若系统存在频率响应,求单位样值响应 $h(n)$。

解:(1)若系统为因果系统,则收敛域为 $|z| > 4$,所以单位样值响应为 $h(n) = [(-0.5)^n + 4^n]\varepsilon(n)$。

(2)若系统为反因果系统,则收敛域为 $|z| < 0.5$,所以单位样值响应为 $h(n) = [-(-0.5)^n - 4^n]\varepsilon(-n-1)$。

(3)若系统存在频率响应,则收敛域为 $0.5 < |z| < 4$,所以单位样值响应为 $h(n) = (-0.5)^n\varepsilon(n) - 4^n\varepsilon(-n-1)$。

### 5.1.5 零极点及频率响应的 Matlab 分析

描述连续系统的系统函数 $H(s)$ 的一般表示形式为:

$$H(s) = \frac{b_m s^m + b_{m-1} s^{m-1} + \cdots + b_1 s + b_0}{s^n + a_{n-1} s^{n-1} + \cdots + a_1 s + a_0}$$

其对应的零极点形式的系统函数为:

$$H(s) = \frac{b_m(s-z_1)(s-z_2)\cdots(s-z_m)}{(s-p_1)(s-p_2)\cdots(s-p_n)}$$

共有 $n$ 个极点:$p_1, p_2, \cdots, p_n$ 和 $m$ 个零点:$z_1, z_2, \cdots, z_m$。

把零极点画在 $S$ 平面中得到的图称为零极点图,人们可以通过零极点分布判断系统的特性。当系统的极点处在 $S$ 的左半平面时,系统稳定;当处在虚轴上的单阶极点时,系统稳定;当处在 $S$ 的右半平面的极点及处在虚轴上的高阶极点时,系统是不稳定的。

Matlab 求零极点的命令使用格式为:

[z,p,k] = tf2zp(b,a)

$z$ 为零点,$p$ 为极点,$k$ 为余项。

Matlab 绘零点、极点图的命令使用格式为:

$$zplane(b,a)$$

系统在频域中的特性可以用频域中的系统函数表示

$$H(j\omega) = H(s)|_{s=j\omega}$$

$H(j\omega)$ 是复函数,可表示为

$$H(j\omega) = |H(j\omega)| e^{j\varphi(\omega)}$$

$|H(j\omega)|$ 称为幅频特性,$\varphi(\omega)$ 称为相频特性。

Matlab 求连续系统的频谱特性的命令使用格式为:

(1)[h,w] = freqs(b,a):$h$ 为 $H(j\omega)$,$w$ 为模拟角频率 $\omega$。

(2)freqs(b,a):直接绘出幅度频率特性图和相位频率特性图。

Matlab 求离散系统的频谱特性的命令使用格式为:

(1)[h,w] = freqz(b,a):$h$ 为 $H(e^{j\beta})$,$w$ 为数字角频率 $\beta$。

(2)freqz(b,a):直接绘出幅度频率特性图和相位频率特性图。

Matlab 求连续系统 $H(s)$ 的单位冲激响应的命令使用格式为:

(1)h = impulse(b,a,t):$t$ 为时间向量(默认自动取值)。

(2)impulse(b,a,t):直接绘出响应图。

Matlab 求离散系统 $H(z)$ 的单位样值响应的命令使用格式为:

(1)[h,T] = impz(b,a,N,Fs):$h$ 为单位样值响应;$T$ 为采样间隔(默认 1);$N$ 为响应样值点数(默认自动取值);$F_0$ 为采样频率(默认 1)。

(2)impz(b,a,N,Fs):直接绘出响应图。

【例 5.1.6】已知一因果的 LTI 系统的系统函数为:

$$H(z) = \frac{8 - 4z^{-1} + 11z^{-2} - 2z^{-3}}{1 - 1.25z^{-1} + 0.75z^{-2} - 0.125z^{-3}}。$$

求单位样值响应、系统频率响应、零极点,绘出系统零极点分布图并判断系统的稳定性。

解:程序如下

```
b = [8 -4 11 -2];           % 系统函数分子系数
a = [1 -1.25 0.75 -0.125];  % 系统函数分母系数
h = impz(b,a);              % 单位样值响应
H = freqz(b,a);             % 系统频率响应
[z,p,k] = tf2zp(b,a);       % 求零点、极点
zplane(b,a);                % 绘制零极点分布图
```

运行结果的零极点分布如图 5.1.6 所示。

由系统零极点分布图可见,三个极点都在单位圆内部,所以系统是稳定系统。

【例 5.1.7】已知系统的传递函数为 $H(s) = \dfrac{0.2s^2 + 0.3s + 1}{s^2 + 0.4s + 1}$,求单位冲激响应、系统频率响应、零极点,绘出系统零极点分布图并判断系统的稳定性。

解:Matlab 程序如下

```
b = [0.2 0.3 1];
a = [1 0.4 1];
h = impulse(b,a);
```

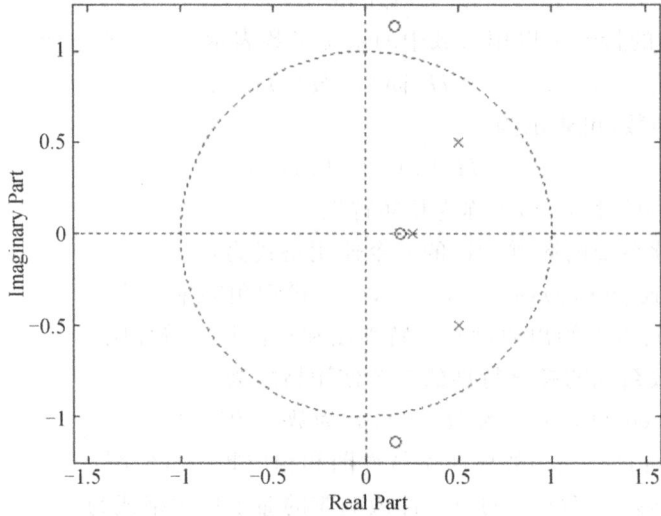

图 5.1.6　系统零极点分布图

```
w = logspace( - 1,1);          % 取频率范围
freqs(b,a,w);                  % 画出频率响应曲线
[z,p,k] = tf2zp(b,a);
figure;
zplane(b,a);
```

运行结果系统频率响应图如图 5.1.7 所示,零极点分布如图 5.1.8 所示。由零极点分布图可见,极点出现在左半平面,是稳定系统。

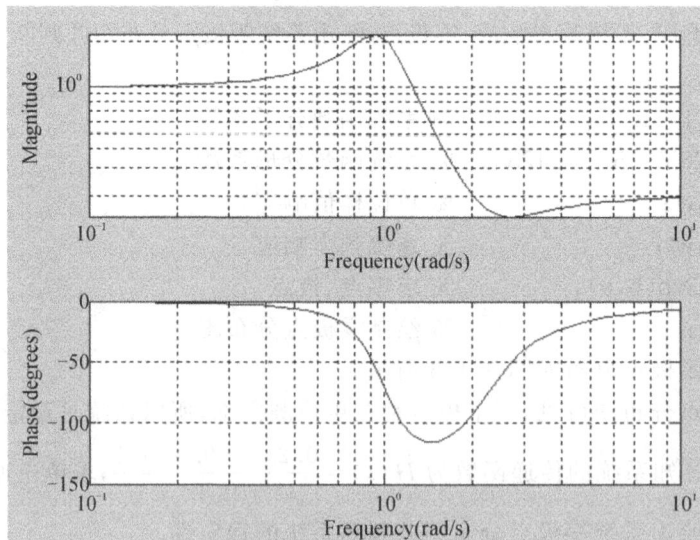

图 5.1.7　系统频率响应图

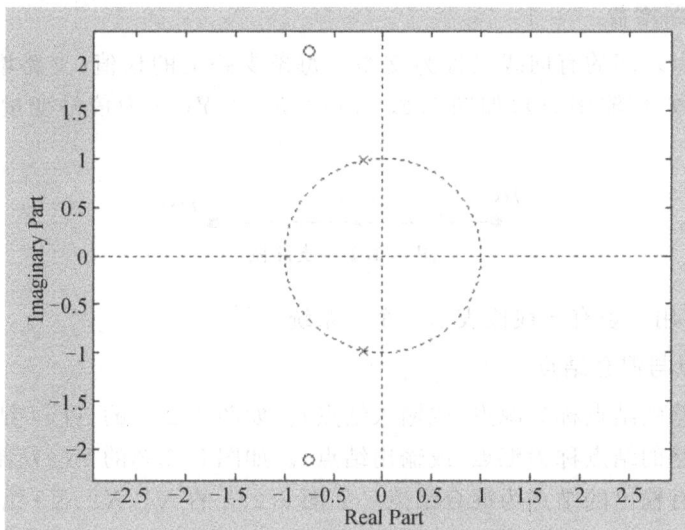

图 5.1.8 系统零极点分布图

# 5.2 系统信号流图

用方框图描述系统的功能比较直观。信号流图是用有向的线段描述方程变量之间因果关系的一种图,用它描述系统比方框图更加简便。信号流图首先由 Mason 于 1953 年提出,应用非常广泛。

信号流图就是用一些点和有向线段来描述系统,与框图本质是一样的,但简便清晰。

## 5.2.1 信号流图

### 5.2.1.1 定义

信号流图是由结点和有向线段组成的几何图形。它可以简化系统的表示,并便于计算系统函数。

### 5.2.1.2 信号流图中常用术语

#### 1. 结点

信号流图中的每个结点表示一个变量或信号,如图 5.2.1 所示,$x_1$,$x_2$,$\cdots$,$x_6$ 为信号变量。

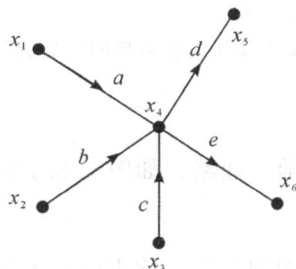

图 5.2.1 结点图

## 2. 支路和支路增益

连接两个结点之间的有向线段称为支路。每条支路上的权值(支路增益)就是这两个结点间的系统函数(传输函数),如图 5.2.2 所示,$F(s)$、$Y(s)$ 为信号变量,$H(s)$ 为支路增益。

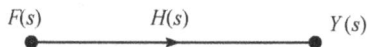

图 5.2.2　支路图

由此可见,可用一条有向线段表示一个子系统。

## 3. 源点、汇点与混合结点

仅有输出支路的结点称为源点(或输入结点)。如图 5.2.3 的 $F(z)$ 结点。

仅有输入支路的结点称为汇点(或输出结点)。如图 5.2.3 的 $Y(z)$ 结点。

既有输入又有输出的结点为混合结点。如图 5.2.3 的 $X1$、$X2$、$X3$ 结点。

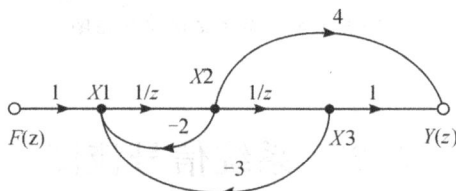

图 5.2.3　系统流图

## 4. 通路、开通路、闭通路(回路、环)、不接触回路、自回路

沿箭头指向从一个结点到其他结点的路径称为通路。如图 5.2.3 的 $F(z) \rightarrow X1 \rightarrow X2 \rightarrow X3$。

如果通路与任一结点相遇不多于一次,则称为开通路。如图 5.2.3 的 $F(z) \rightarrow X1 \rightarrow X2 \rightarrow X3 \rightarrow Y(z)$。

闭合的路径称为闭通路(回路、环)。如图 5.2.3 的 $X1 \rightarrow X2 \rightarrow X3 \rightarrow X1$。

相互没有公共结点的回路,称为不接触回路。

只有一个结点和一条支路的回路称为自回路。如图 5.2.4 的 $X3 \rightarrow H3 \rightarrow X3$。

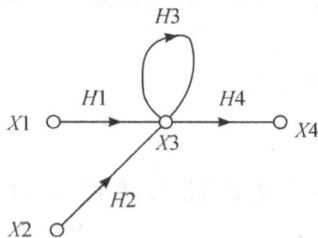

图 5.2.4　含有自回路的流图

## 5. 前向通路

从源点到汇点的开通路称为前向通路。如图 5.2.4 的 $X1 \rightarrow X3 \rightarrow X4$。

## 6. 前向通路增益、回路增益

通路中各支路增益的乘积。如图 5.2.3 的 $F(z) \rightarrow X1 \rightarrow X2 \rightarrow X3 \rightarrow Y(z)$ 的前向通

路增益为 $1 \cdot \dfrac{1}{z} \cdot \dfrac{1}{z} \cdot 1$。

### 5.2.1.3 信号流图的基本性质

(1) 信号只能沿支路箭头方向传输。支路的输出等于该支路的输入与该支路增益的乘积。

(2) 当结点有多个输入时,该结点将所有输入支路的信号相加,并将和信号传输给所有与该结点相连的输出支路。

(3) 混合结点可通过增加一个增益为 1 的输出支路而变为汇点。

**【例 5.2.1】** 系统结点图如图 5.2.5 所示,求结点 $x_4,x_5,x_6$ 信号。

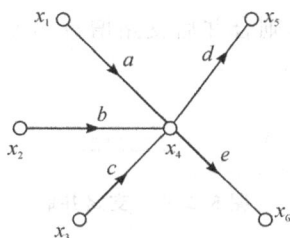

**图 5.2.5　系统结点流图**

解: $x_4 = ax_1 + bx_2 + cx_3$

$x_5 = \mathrm{d}x_4$

$x_6 = \mathrm{e}x_4$

### 5.2.1.4 方框图与流图关系

方框图与信号流图是一一对应的。方框图的加法器、结点对应信号流图的结点;方框图的延迟器、系数对应信号流图的支路增益。

**【例 5.2.2】** 把图 5.2.6 所示的系统框图转化为信号流图。

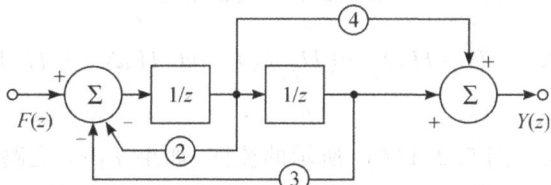

**图 5.2.6　系统方框图**

解:根据方框图与流图对应关系,得到系统流图如图 5.2.7 所示。

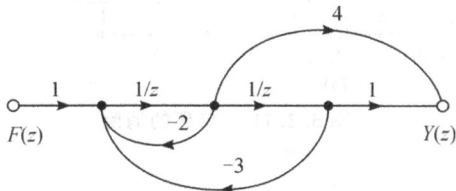

**图 5.2.7　系统流图**

注意:加法器前引入增益为 1 的支路。

### 5.2.1.5 流图简化的基本规则

#### 1. 支路串联

串联支路合并为一条支路后，则合并后支路增益相乘。如图 5.2.8 所示。

图 5.2.8 支路串联

串联合并后，$X_2 = H_2 X_3 = H_1 H_2 X_1$。

#### 2. 支路并联

并联支路合并为一条支路后，则合并后支路增益相加。如图 5.2.9 所示。

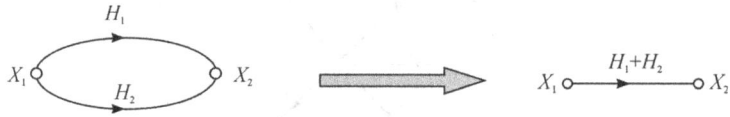

图 5.2.9 支路并联

并联合并后，$X_2 = H_1 X_1 + H_2 X_1 = (H_1 + H_2) X_1$。

#### 3. 混联

既有串联又有并联的子系统称为混联。串联部分按串联合并，并联部分按并联合并。如图 5.2.10 所示。

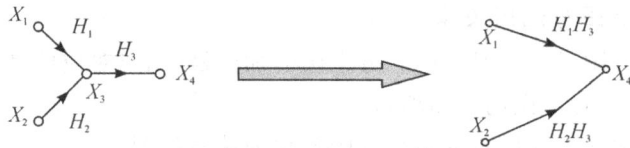

图 5.2.10 混联系统

合并后，$X_4 = H_3 X_3 = H_3 (H_1 X_1 + H_2 X_2) = H_1 H_3 X_1 + H_2 H_3 X_2$。

#### 4. 自环的消除

自环是可以消除的。图 5.2.11(a) 所示的流图，如果 $x_1 x_2$ 支路的增益为 $a$，$x_2 x_3$ 支路的增益为 $c$，在 $x_2$ 处有增益为 $b$ 的自环，则 $x_1 x_2 x_3$ 的通路可化简为一条支路，同时消去 $x_2$，如图 5.2.11(b) 所示。

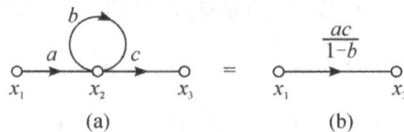

图 5.2.11 自环的消除

化简方法：

列结点 $x_2$ 方程：$x_2 = a x_1 + b x_2$，化简得：$x_2 = \dfrac{a}{1-b} x_1$；

列结点 $x_3$ 方程：$x_3 = cx_2$，化简得：$x_3 = \dfrac{ac}{1-b}x_1$。

【例 5.2.3】消除如图 5.2.12(a) 所示的自环。

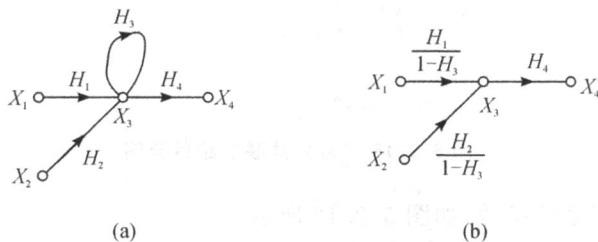

(a)                    (b)

图 5.2.12　含有自环流图

解：列 $X_3$ 结点方程

$$X_3 = H_1 X_1 + H_2 X_2 + H_3 X_3, \quad X_3 = \frac{H_1}{1-H_3}X_1 + \frac{H_2}{1-H_3}X_2$$

所以消去自环后的流图如图 5.2.12(b) 所示。

【例 5.2.4】求图 5.2.13 所示信号流图的系统函数，并写出系统微分方程。

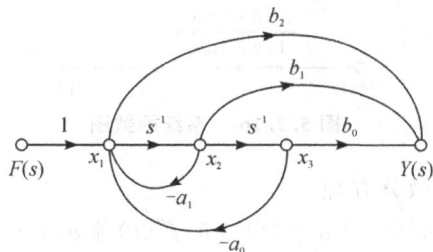

图 5.2.13　系统信号流图

解：(1) 把回路改为环路，如图 5.2.14 所示。

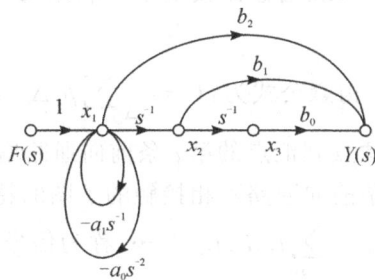

图 5.2.14　把回路改为环路

（2）合并并联支路，如图 5.2.15 所示。

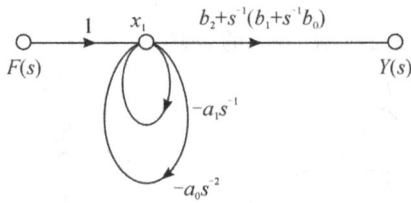

图 5.2.15　合并并联支路后流图

（3）消去环路，得系统函数，如图 5.2.16 所示。

$$x_1 = F(s) - a_1 s^{-1} x_1 - a_0 s^{-2} x_1$$

$$x_1 = \frac{F(s)}{1 + a_1 s^{-1} + a_0 s^{-2}}$$

$$Y(s) = x_1 [b_2 + s^{-1}(b_1 + s^{-1} b_0)] = \frac{F(s)}{1 + a_1 s^{-1} + a_0 s^{-2}} [b_2 + s^{-1}(b_1 + s^{-1} b_0)]$$

$$H(s) = \frac{Y(s)}{F(s)} = \frac{b_2 + b_1 s^{-1} + b_0 s^{-2}}{1 + a_1 s^{-1} + a_0 s^{-2}} = \frac{b_2 s^2 + b_1 s + b_0}{s^2 + a_1 s + a_0}$$

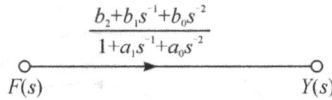

图 5.2.16　系统函数图

（4）由系统函数得系统微分方程

$$y''(t) + a_1 y'(t) + a_0 y(t) = b_2 f''(t) + b_1 f'(t) + b_0 f(t)$$

### 5.2.2　梅森公式

用化简信号流图的方法求系统函数比较复杂。利用梅森（Mason）公式可以根据信号流图方便地求出系统函数。

系统函数 $H(\cdot)$ 记为 $H$。梅森公式为：$H = \frac{1}{\Delta} \sum_i p_i \Delta_i$，式中，$i$ 表示由源点到汇点的第 $i$ 条前向通路的标号；$p_i$ 是由源点到汇点的第 $i$ 条前向通路增益；$\Delta_i$ 称为第 $i$ 条前向通路特征行列式的余因子，是与第 $i$ 条前向通路不相接触的子图的特征行列式。

$\Delta = 1 - \sum_j L_j + \sum_{m,n} L_m L_n - \sum_{p,q,r} L_p L_q L_r + \cdots$，称为信号流图的特征行列式，其中

$\sum_j L_j$ 为所有不同回路的增益之和；

$\sum_{m,n} L_m L_n$ 为所有两两不接触回路的增益乘积之和；

$\sum_{p,q,r} L_p L_q L_r$ 为所有三三不接触回路的增益乘积之和；

$$\vdots$$

【例 5.2.5】用梅森公式求图 5.2.17 所示的信号流图的系统函数。

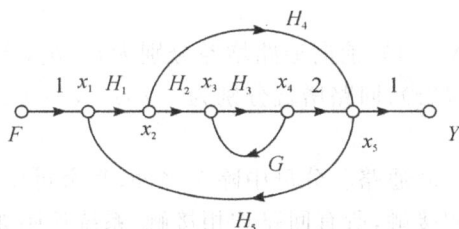

图 5.2.17    系统流图

解:(1)首先找出所有回路,并求出回路增益

回路 $1$:$x_3 \rightarrow x_4 \rightarrow x_3$;增益为:$L_1 = H_3 G$。

回路 $2$:$x_1 \rightarrow x_2 \rightarrow x_3 \rightarrow x_4 \rightarrow x_5 \rightarrow x_1$;增益为:$L_2 = 2H_1 H_2 H_3 H_5$。

回路 $3$:$x_1 \rightarrow x_2 \rightarrow x_5 \rightarrow x_1$;增益为:$L_3 = H_1 H_4 H_5$。

(2)求特征行列式

回路 $1$ 与回路 $3$ 不接触,特征行列式为:
$$\Delta = 1 - (H_3 G + 2H_1 H_2 H_3 H_5 + H_1 H_4 H_5) + H_3 G H_1 H_4 H_5$$

(3)找出所有的前向通路

前向通路 $1$:$x_1 \rightarrow x_2 \rightarrow x_3 \rightarrow x_4 \rightarrow x_5$;增益为:$p_1 = 2H_1 H_2 H_3$;

前向通路 $2$:$x_1 \rightarrow x_2 \rightarrow x_5$;增益为:$p_2 = H_1 H_4$。

(4)求各前向通路的余因子

前向通路 $1$ 的余因子:$\Delta_1 = 1$;

前向通路 $2$ 的余因子:$\Delta_2 = 1 - H_3 G$。

(5)系统函数
$$H = \frac{1}{\Delta}(p_1 \Delta_1 + p_2 \Delta_2) = \frac{2H_1 H_2 H_3 + H_1 H_4 (1 - H_3 G)}{1 - (H_3 G + 2H_1 H_2 H_3 H_5 + H_1 H_4 H_5) + H_3 G H_1 H_4 H_5}$$

说明:框图也可用梅森公式求系统函数。

# 5.3    系统结构

为了对信号(连续或离散)进行某种处理(如滤波),就要构造出合适的实际电路结构。

同样的系统函数 $H(s)$ 或 $H(z)$,往往有多种不同的实现方法。常用的有直接形式、级联形式和并联形式。

### 5.3.1    直接形式

为了简单明了,以二阶系统为例,其系统函数可以写为:
$$H(s) = \frac{b_2 s^2 + b_1 s + b_0}{s^2 + a_1 s + a_0}$$

可以改写为负次幂形式:
$$H(s) = \frac{b_2 + b_1 s^{-1} + b_0 s^{-2}}{1 + a_1 s^{-1} + a_0 s^{-2}} = \frac{b_2 + b_1 s^{-1} + b_0 s^{-2}}{1 - (-a_1 s^{-1} - a_0 s^{-2})}$$

由梅森公式得：

分子：三个前向通路（$\Delta_i = 1$），前向通路增益分别为 $b_2, b_1 s^{-1}, b_0 s^{-2}$；

分母：两个回路（相互接触），回路增益分别为 $-a_1 s^{-1}, -a_0 s^{-2}$。

绘制系统流图：

分子中每项看成一条前向通路。分母中除 1 之外，其余每项看成一个回路。画流图时，所有前向通路与全部回路相接触，所有回路均相接触，系统流图如图 5.3.1(a) 所示，系统框图如图 5.3.1(b) 所示。

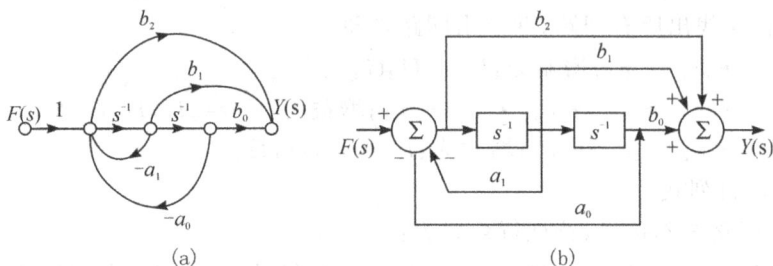

图 5.3.1　二阶直接形式流图及框图

推广到 $n$ 阶系统的情形：

$$H(s) = \frac{b_m s^m + b_{m-1} s^{m-1} + \cdots + b_1 s + b_0}{s^n + a_{n-1} s^{n-1} + \cdots + a_1 s + a_0} \quad (m < n)$$

改写为负次幂形式：

$$H(s) = \frac{b_m s^{-(n-m)} + b_{m-1} s^{-(n-m-1)} + \cdots + b_1 s^{-(n-1)} + b_0 s^{-n}}{1 + a_{n-1} s^{-1} + \cdots + a_1 s^{-(n-1)} + a_0 s^{-n}}$$

分母：$n$ 个回路组成的特征行列式，而且各回路都互相接触。

分子：$m+1$ 条前向通路的增益，而且各前向通路都接触回路。

系统流图如图 5.3.2 所示。

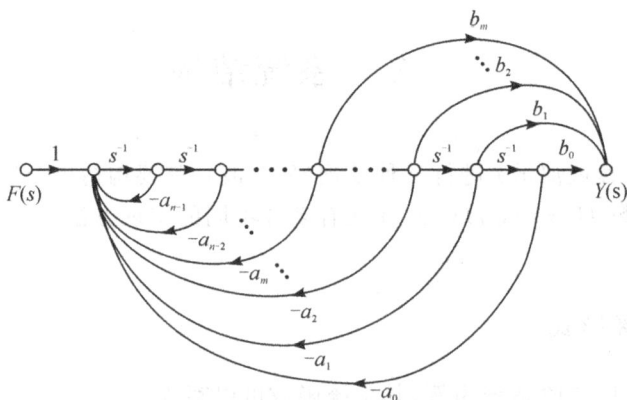

图 5.3.2　$n$ 阶系统流图

对于离散系统 $H(z)$，处理方法与连续系统 $H(s)$ 相同，即把 $s^{-1}$ 改成 $z^{-1}$。

【例 5.3.1】已知某系统的系统函数为

$$H(s) = \frac{s+1}{s^2 + 7s + 8}$$

求其系统流图及系统框图。

解：
$$H(s) = \frac{s+1}{s^2 + 7s + 8} = \frac{s^{-1} + s^{-2}}{1 + 7s^{-1} + 8s^{-2}} = \frac{s^{-1} + s^{-2}}{1 - (-7s^{-1} - 8s^{-2})}$$

对比二阶系统得：
$$b_1 = 1, b_0 = 1; a_1 = 7, a_0 = 8$$

所以系统流图及框图如图 5.3.3 所示。

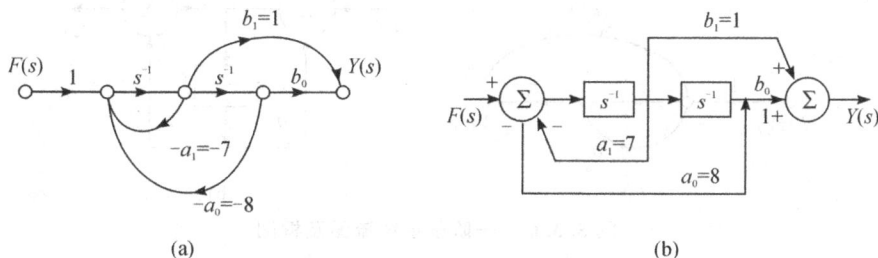

图 5.3.3　系统流图及框图

【例 5.3.2】描述某离散系统的差分方程为
$$y(n) - 0.5y(n-2) + 0.25y(n-3) = 1.5f(n) - f(n-1)$$

求其直接形式的模拟框图。

解：其系统函数
$$H(z) = \frac{Y_{zs}(z)}{F(z)} = \frac{1.5 - z^{-1}}{1 - 0.5z^{-2} + 0.25z^{-3}}$$
$$= \frac{1.5 - z^{-1}}{1 - (0.5z^{-2} - 0.25z^{-3})}$$

其系统流图及系统框图如图 5.3.4 所示。

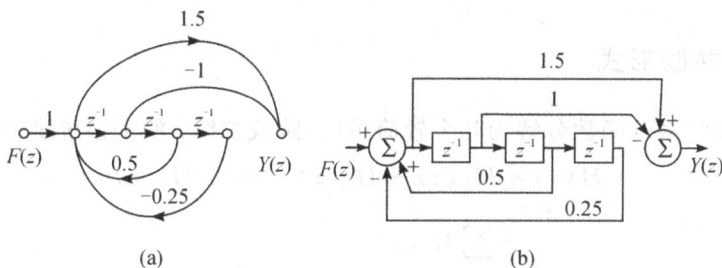

图 5.3.4　系统流图及框图

## 5.3.2　级联形式

系统的级联形式是将系统函数 $H(\cdot)$ 分解为几个较简单的（一阶或二阶子系统）的子系统函数的乘积，即 $H(z) = H_1(z)H_2(z)\cdots H_l(z) = \prod_{i=1}^{l} H_i(z)$，系统框图如图 5.3.5 所示。

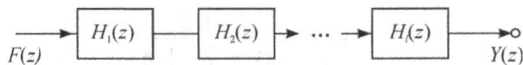

图 5.3.5  级联形式的系统框图

子系统一般选用一阶函数或二阶函数,分别称为一阶子系统、二阶子系统。其系统函数形式分别为:

一阶子系统: $H_i(z) = \dfrac{b_{1i} + b_{0i}z^{-1}}{1 + a_{0i}z^{-1}}$,其系统流图及系统框图如图 5.3.6 所示。

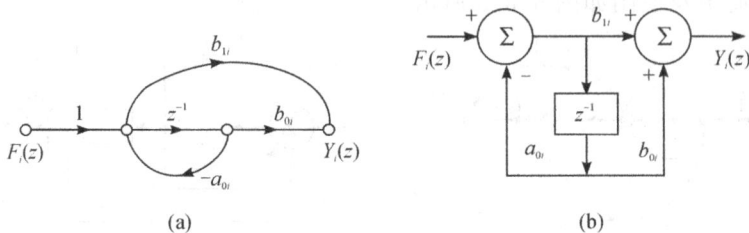

(a)                                    (b)

图 5.3.6  一阶子系统流图及框图

二阶子系统: $H_i(z) = \dfrac{b_{2i} + b_{1i}z^{-1} + b_{0i}z^{-2}}{1 + a_{1i}z^{-1} + a_{0i}z^{-2}}$,其系统流图及系统框图如图 5.3.7 所示。

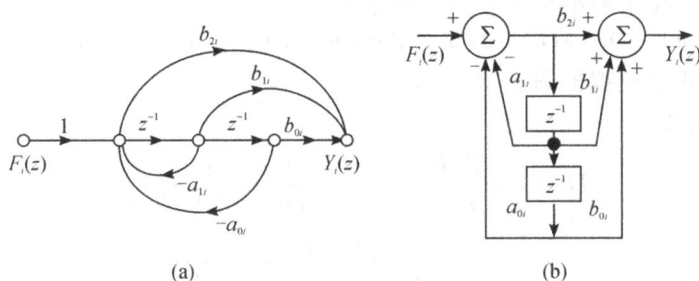

(a)                                    (b)

图 5.3.7  二阶子系统流图及框图

### 5.3.3  并联形式

并联形式是将系统函数分解为几个较简单(一阶或二阶)的子系统函数之和,即

$$H(z) = H_1(z) + H_2(z) + \cdots + H_l(z)$$

$$= \sum_{i=1}^{l} H_i(z)$$

并联形式系统框图如图 5.3.8 所示。

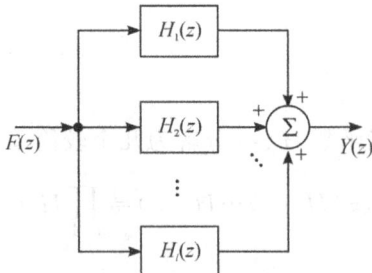

图 5.3.8  并联形式系统框图

**【例 5.3.3】**描述某离散系统的差分方程如下

$$8y(n) - 4y(n-1) + 2y(n-2) - y(n-3) = 16f(n) - 16f(n-2)$$

用级联和并联形式模拟该系统。

解:求得系统函数为

$$H(z) = \frac{2z^3 - 2z}{z^3 - \frac{1}{2}z^2 + \frac{1}{4}z - \frac{1}{8}}$$

(1) 级联形式实现

$$H(z) = \frac{2z(z^2 - 1)}{\left(z - \frac{1}{2}\right)\left(z^2 + \frac{1}{4}\right)}$$

系统函数分解为两个子系统。经零点、极点配对,分别是:

一阶子系统:$H_1(z) = \dfrac{2z}{z - \dfrac{1}{2}} = \dfrac{2}{1 - 0.5z^{-1}}$,流图如图 5.3.9(a) 所示。

二阶子系统:$H_2(z) = \dfrac{z^2 - 1}{z^2 + \dfrac{1}{4}} = \dfrac{1 - z^{-2}}{1 + 0.25z^{-2}}$,流图如图 5.3.9(b) 所示。

把两个子系统级联成整个系统框图,如图 5.3.10 所示。

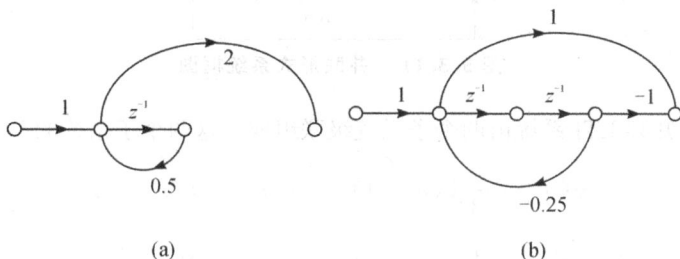

图 5.3.9　一阶、二阶子系统

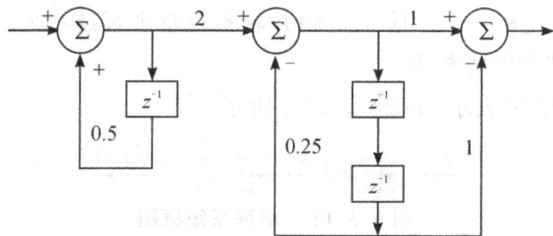

图 5.3.10　级联形式系统框图

(2) 并联形式实现

$$\frac{H(z)}{z} = \frac{2(z^2 - 1)}{\left(z - \dfrac{1}{2}\right)\left(z^2 + \dfrac{1}{4}\right)} = \frac{K_1}{z - 0.5} + \frac{K_2}{z - j0.5} + \frac{K_3}{z + j0.5}$$

$$K_1 = (z - 0.5)\frac{H(z)}{z}\bigg|_{z=0.5} = -3$$

$$K_2 = (z - j0.5) \frac{H(z)}{z} \bigg|_{z=j0.5} = 2.5(1-j)$$

$$K_3 = K_2^* = 2.5(1+j)$$

所以，$H(z) = \dfrac{-3z}{z-0.5} + \dfrac{2.5(1-j)z}{z-0.5j} + \dfrac{2.5(1+j)z}{z+0.5j} = \dfrac{-3z}{z-0.5} + \dfrac{5z^2 + 2.5z}{z^2 + 0.25}$

系统函数可分解为两个子系统，分别是：

一阶子系统 $H_1(z) = \dfrac{-3z}{z-0.5} = \dfrac{-3}{1-0.5z^{-1}}$；

二阶子系统 $H_2(z) = \dfrac{5z^2 + 2.5z}{z^2 + 0.25} = \dfrac{5 + 2.5z^{-1}}{1 + 0.25z^{-2}}$。

把两个子系统并联成为整个系统，如图 5.3.11 所示。

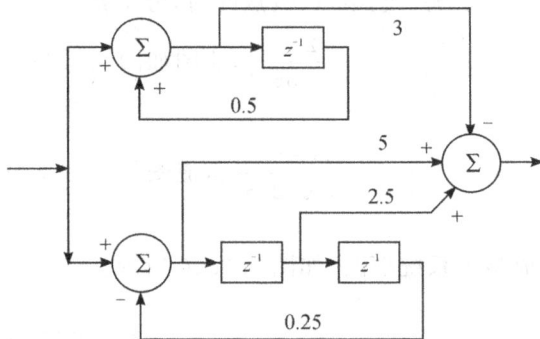

图 5.3.11　并联形式系统框图

【例 5.3.4】已知某 LTI 系统由两个子系统级联组成。这两个子系统的差分方程分别是：

$$y(n) + \frac{1}{2}y(n-1) = 2f(n) - f(n-1)$$

$$y(n) - \frac{1}{2}y(n-1) + \frac{1}{4}y(n-2) = f(n)$$

（1）求描述该系统的差分方程；

（2）用一个一阶系统和一个二阶系统的并联实现整个系统（画出用单位延时器、加法器和数乘器构成的并联结构的方框图）。

解：将级联系统用框图表示，如图 5.3.12 所示。

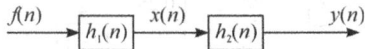

图 5.3.12　级联系统框图

第一个子系统的差分方程可表示为

$$x(n) + \frac{1}{2}x(n-1) = 2f(n) - f(n-1)$$

求 $Z$ 变换得：

$$\left(1 + \frac{1}{2}z^{-1}\right)X(z) = (2 - z^{-1})F(z)$$

$$H_1(z) = \frac{X(z)}{F(z)} = \frac{2 - z^{-1}}{1 + \dfrac{1}{2} z^{-1}}$$

第二个子系统的差分方程可表示为

$$y(n) - \frac{1}{2} y(n-1) + \frac{1}{4} y(n-2) = x(n)$$

求 $Z$ 变换得：

$$\left( 1 - \frac{1}{2} z^{-1} + \frac{1}{4} z^{-2} \right) Y(z) = X(z)$$

$$H_2(z) = \frac{Y(z)}{X(z)} = \frac{1}{1 - \dfrac{1}{2} z^{-1} + \dfrac{1}{4} z^{-2}}$$

则整个级联系统的系统函数为

$$H(z) = \frac{Y(z)}{F(z)} = H_1(z) H_2(z) = \frac{2 - z^{-1}}{1 + \dfrac{1}{2} z^{-1}} \cdot \frac{1}{1 - \dfrac{1}{2} z^{-1} + \dfrac{1}{4} z^{-2}} = \frac{2 - z^{-1}}{1 + \dfrac{1}{8} z^{-3}}$$

由系统函数可知整个级联系统的差分方程为

$$y(n) + \frac{1}{8} y(n-3) = 2f(n) - f(n-1)$$

（2）将系统函数分解成两个分式之和

$$H(z) = \frac{\dfrac{4}{3}}{1 + \dfrac{1}{2} z^{-1}} + \frac{\dfrac{2}{3} - \dfrac{2}{3} z^{-1}}{1 - \dfrac{1}{2} z^{-1} + \dfrac{1}{4} z^{-2}}$$

据此可得 $Z$ 域框图,如图 5.3.13 所示。

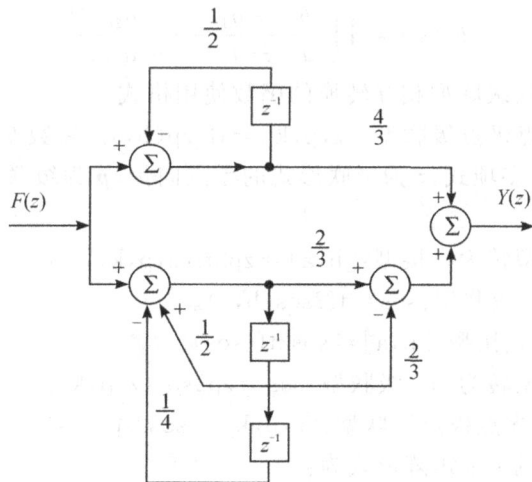

图 5.3.13　系统 $Z$ 域框图

### 5.3.4　系统结构的 Matlab 实现

Matlab 提供的系统函数 $H(s)$ 或 $H(z)$ 的结构形式相互转换函数常用有：tf2zp，zp2tf，zp2sos，sos2zp，tf2sos，sos2tf，residuez。

#### 5.3.4.1　有反馈回路系统的系统函数描述

**1. 直接形式(tf)**

$n$ 阶系统：

$$H(s) = \frac{b_m s^m + b_{m-1} s^{m-1} + \cdots + b_1 s + b_0}{s^n + a_{n-1} s^{n-1} + \cdots + a_1 s + a_0} \quad (m < n)$$

改写为负次幂形式，得：

$$H(s) = \frac{b_m s^{-(n-m)} + b_{m-1} s^{-(n-m-1)} + \cdots + b_1 s^{-(n-1)} + b_0 s^{-n}}{1 + a_{n-1} s^{-1} + \cdots + a_1 s^{-(n-1)} + a_0 s^{-n}}$$

二阶系统：

$$H(s) = \frac{b_2 s^2 + b_1 s + b_0}{s^2 + a_1 s + a_0} = \frac{b_2 + b_1 s^{-1} + b_0 s^{-2}}{1 + a_1 s^{-1} + a_0 s^{-2}} = \frac{b_2 + b_1 s^{-1} + b_0 s^{-2}}{1 - (-a_1 s^{-1} - a_0 s^{-2})}$$

说明：正次幂与负次幂的 Matlab 多项式向量相同。

**2. 级联形式(zp,sos)**

(1) 零点极点型的系统函数：

$$H(z) = k \frac{\displaystyle\prod_{i=1}^{M} (z - z_i)}{\displaystyle\prod_{i=1}^{N} (z - p_i)}$$

(2) sos 型的系统函数

$$H(z) = \prod_{i=1}^{L} \frac{b_{0i} + b_{1i} z^{-1} + b_{2i} z^{-2}}{a_{0i} + a_{1i} z^{-1} + a_{2i} z^{-2}}$$

Matlab 实现直接型、级联型相互转换的函数使用格式：

(1) 直接型转为零点极点级联型：$[z,p,k] = tf2zp(b,a)$，参数 $b$ 为直接形式的分子多项式，$a$ 为直接形式的分母多项式，$z$ 为级联形式的零点向量，$p$ 为级联形式的极点向量，$k$ 为级联形式的系数。

(2) 零点极点级联型转为直接型：$[b,a] = zp2tf(z,p,k)$。

(3) 直接型转为 sos 级联型：$sos = tf2sos(b,a)$。

(4) sos 级联型转为直接型：$[b,a] = sos2tf(sos)$。

(5) 零点极点级联型转为 sos 级联型：$sos = zp2sos(z,p,k)$。

(6) sos 级联型转为零点极点级联型：$[z,p,k] = sos2zp(sos)$。

说明：Matlab 求出的 sos 矩阵形式为：

$$sos = \begin{bmatrix} b_{01} & b_{11} & b_{21} & a_{01} & a_{11} & a_{21} \\ b_{02} & b_{12} & b_{22} & a_{02} & a_{12} & a_{22} \\ \vdots & \vdots & \vdots & \vdots & \vdots & \vdots \\ b_{0L} & b_{1L} & b_{2L} & a_{0L} & a_{1L} & a_{2L} \end{bmatrix}$$

sos 矩阵中每行分别表示一个二阶子系统。

### 3. 并联形式

并联形式的系统函数形式为：

$$H(z) = k + \sum_{i=1}^{L} \frac{r_i}{1 - p_i z^{-1}} (M \leqslant N)$$

Matlab 实现直接型、级联型、并联型相互转换的函数使用格式：

(1) 直接型转为并联型：$[r,p,k] = \text{residuez}(b,a)$，参数 $r$ 为并联形式的分子系数，$p$ 为并联形式的极点，$k$ 为系统函数的并联表示形式的 $k$。

(2) 并联型转为直接型：$[b,a] = \text{residuez}(r,p,k)$。

说明：并联型还有另一种形式，即

$$H(s) = k + \sum_{i=1}^{L} \frac{r_i}{s - p_i} (M \leqslant N)$$

其 Matlab 实现函数是 $[r,p,k] = \text{residue}(b,a)$。不管是连续系统还是离散系统，系统结构常用积分器或延时器，所以常采用函数 $[r,p,k] = \text{residuez}(b,a)$ 进行结构转换。

【例 5.3.5】使用 Matlab 求解例 5.3.3 问题。即

描述某离散系统的差分方程如下：

$$8y(n) - 4y(n-1) + 2y(n-2) - y(n-3) = 16f(k) - 16f(k-2)$$

用级联和并联形式模拟该系统。

解：求得系统函数为

$$H(z) = \frac{2z^3 - 2z}{z^3 - \frac{1}{2}z^2 + \frac{1}{4}z - \frac{1}{8}}$$

(1) 级联形式实现，程序如下

```
B = [2,0, - 2,0];
A = [1, - 0.5,0.25, - 0.125];
[z,p,k] = tf2zp(B,A)
```

运行结果：

```
z =
    0
  - 1
    1
p =
    0.5000
  - 0.0000 + 0.5000i
  - 0.0000 - 0.5000i
k =
    2
```

根据程序运行结果得系统函数为：

$$H(z) = \frac{2z(z-1)(z+1)}{(z-0.5)(z-0.5\mathrm{j})(z+0.5\mathrm{j})} = \frac{2z(z^2-1)}{\left(z-\dfrac{1}{2}\right)\left(z^2+\dfrac{1}{4}\right)}$$

系统函数分解为两个子系统,经零点、极点配对,分别是:

一阶子系统:$H_1(z) = \dfrac{2z}{z-\dfrac{1}{2}} = \dfrac{2}{1-0.5z^{-1}}$,流图如图 5.3.14(a) 所示。

二阶子系统:$H_2(z) = \dfrac{z^2-1}{z^2+\dfrac{1}{4}} = \dfrac{1-z^{-2}}{1+0.25z^{-2}}$,流图如图 5.3.14(b) 所示。

把两个子系统级联成整个系统框图,如图 5.3.15 所示。

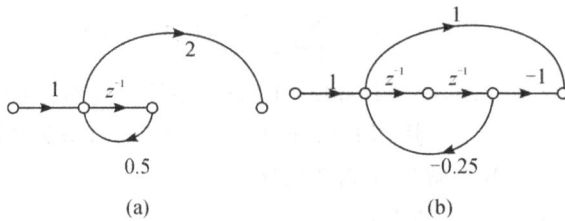

图 5.3.14    一阶、二阶子系统

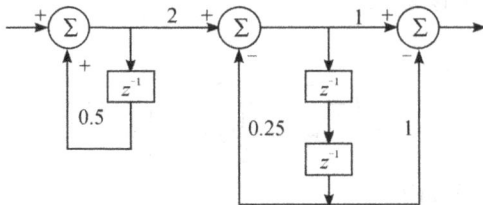

图 5.3.15    级联形式系统框图

也可用 sos 级联形式实现,命令程序如下:

sos1 = tf2sos(B,A)

运行结果:sos1 =

|  |  |  |  |  |  |
|---|---|---|---|---|---|
| 2.0000 | −2.0000 | 0 | 1.0000 | −0.5000 | 0 |
| 1.0000 | 1.0000 | 0 | 1.0000 | 0.0000 | 0.2500 |

由程序运行结果得系统函数为:

$$H(z) = \frac{2z^2-2z}{z^2-0.5z} \cdot \frac{z^2+z}{z^2+0.25} = \frac{2z^3-2z}{z^3-0.5z^2+0.25z-0.125}$$

(2)并联形式实现,程序如下:

B = [2,0,−2,0];

A = [1,−0.5,0.25,−0.125];

[r,p,k] = residuez(B,A)

程序运行结果:

r =

　　2.5000 − 2.5000i

$$2.5000 + 2.5000i$$
$$-3.0000$$

p =
$$-0.0000 + 0.5000i$$
$$-0.0000 - 0.5000i$$
$$0.5000$$

k = 0

$$\frac{H(z)}{z} = \frac{2.5 - 2.5j}{z - j0.5} + \frac{2.5 + 2.5j}{z + j0.5} + \frac{-3}{z - 0.5} + 0$$

所以 $H(z) = \dfrac{-3z}{z-0.5} + \dfrac{2.5(1-j)z}{z-0.5j} + \dfrac{2.5(1+j)z}{z+0.5j} = \dfrac{-3z}{z-0.5} + \dfrac{5z^2 + 2.5z}{z^2 + 0.25}$

系统函数可分解为两个子系统,分别是:

一阶子系统 $H_1(z) = \dfrac{-3z}{z-0.5} = \dfrac{-3}{1-0.5z^{-1}}$;

二阶子系统 $H_2(z) = \dfrac{5z^2 + 2.5z}{z^2 + 0.25} = \dfrac{5 + 2.5z^{-1}}{1 + 0.25z^{-2}}$。

把两个子系统并联一起成为整个系统,如图 5.3.16 所示。

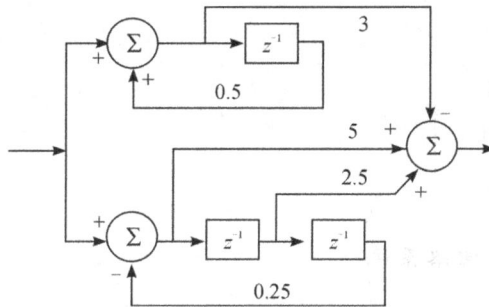

**图 5.3.16　并联形式系统框图**

【例 5.3.6】系统函数为

$$H(z) = \frac{3 + \dfrac{3}{5}z^{-1} + \dfrac{2}{3}z^{-2}}{1 + \dfrac{1}{6}z^{-1} + \dfrac{1}{3}z^{-2} + \dfrac{1}{6}z^{-3}}$$

请用级联型、并联型、sos 型结构实现,并用数学方法验证其正确性。

解:程序如下

b = [3 0.6 2/3 0];
a = [1 1/6 1/3 1/6];
[z,p,k] = tf2zp(b,a)　% 零点极点形式

运行结果:

z =
$$-1$$
$$1$$

p =

  0.5000

  0.0000 + 0.5000i

  0.0000 − 0.5000i

k =

  2

  sos = zp2sos(z,p,k)　% 级联形式

运行结果：sos =

         0    2.0000         0    1.0000   − 0.5000        0

   1.0000        0   − 1.0000    1.0000   − 0.0000    0.2500

[R,P,K] = residuez(b,a)；　% 并联形式

运行结果：

R =

  − 6.0000

  − 5.0000 − 5.0000i

  − 5.0000 + 5.0000i

P =

  0.5000

  0.0000 + 0.5000i

  0.0000 − 0.5000i

K =

  16.0000

### 5.3.4.2　没有反馈回路系统

**1. 直接型结构**

没有反馈回路系统(如 FIR 数字滤波器)的系统函数描述为：

$$H(z) = b_0 + b_1 z^{-1} + \cdots + b_{M-1} z^{M-1} = \sum_{i=0}^{M} b_i z^{-i}$$

其直接型结构如图 5.3.17 所示。

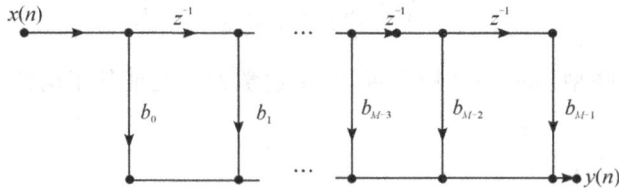

**图 5.3.17　直接型结构图**

**2. 级联型结构**

可将系统函数分解为二阶实系数因子的形式：

$$H(z) = b_0 + b_1 z^{-1} + \cdots + b_{M-1} z^{M-1} = k \prod_{i=1}^{M} (z - z_i) = \prod_{i=1}^{L} (b_{0i} + b_{1i} z^{-1} + b_{2i} z^{-2})$$

其级联型结构如图 5.3.18 所示。

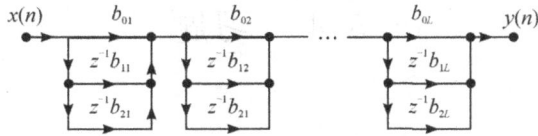

**图 5.3.18    级联型结构**

Matlab 实现方法与含有反馈回路系统相同,只要把分母系数 $a$ 取 1 即可,即:sos = tf2sos(b,1)。

**【例 5.3.7】**已知 FIR 滤波器的系统函数为

$$H(z) = 1 + z^{-4} + z^{-8}$$

确定并画出其直接型和级联型结构图。

解:直接型结构图如图 5.3.19 所示。

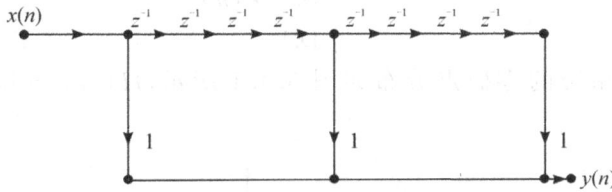

**图 5.3.19    直接型结构图**

转化为 sos 级联型的程序为:

b = [1 0 0 0 1 0 0 0 1];

a = [1];

sos = tf2sos(b,a)    % 级联形式

运行结果为:sos =

| 1.0000 | − 1.0000 | 1.0000 | 1.0000 | 0 | 0 |
| 1.0000 | 1.7321 | 1.0000 | 1.0000 | 0 | 0 |
| 1.0000 | − 1.7321 | 1.0000 | 1.0000 | 0 | 0 |
| 1.0000 | 1.0000 | 1.0000 | 1.0000 | 0 | 0 |

由运行结果得级联结构图,如图 5.3.20 所示。

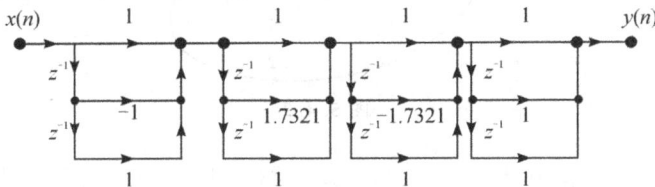

**图 5.3.20    sos 级联型结构图**

# 5.4 习题

**一、单项选择题**

1. 一个因果、稳定的离散时间系统函数 $H(z)$ 的极点必定在 $Z$ 平面的（    ）。

A.单位圆以外　　　B.实轴上　　　　C.左半平面　　　　D.单位圆以内

2. $H(s)$ 只有一对在虚轴上的共轭极点,则它的 $h(t)$ 应是（    ）。

A.指数增长信号　　　　　　　　　B.指数衰减振荡信号

C.常数　　　　　　　　　　　　　D.等幅振荡信号

3. 如果一离散时间系统的系统函数 $H(z)$ 只有一个在单位圆上实数 1 的极点,则它的 $h(n)$ 应是（    ）。

A.$\varepsilon(n)$ 　　　　　　　　　　　　　B.$-\varepsilon(n)$

C.$(-1)^n\varepsilon(n)$ 　　　　　　　　　　D.1

4. 已知一连续系统的零极点分布如图 5.4.1 所示,$H(\infty)=1$,则系统函数 $H(s)$ 为（    ）。

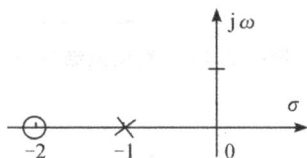

**图 5.4.1**

A.$\dfrac{s+2}{s+1}$ 　　　　　　　　　　　　B.$\dfrac{s+1}{s+2}$

C.$(s+1)(s+2)$ 　　　　　　　　　　　D.$\dfrac{s-1}{s-2}$

5. 图 5.4.2 所示信号流图的系统函数 $H(s)$ 为（    ）。

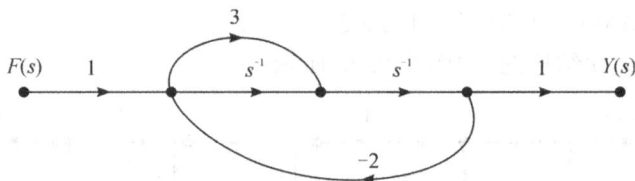

**图 5.4.2**

A.$\dfrac{3s+1}{s^2+6s+2}$ 　　　B.$\dfrac{3s+1}{s^2+2}$ 　　　C.$\dfrac{3s+1}{s^2-6s-2}$ 　　　D.$\dfrac{1}{s^2+2s-1}$

6. 下列几个因果系统函数中,稳定（包括临界稳定）的系统函数有（    ）个。

(1) $\dfrac{s-1}{s^2-3s+4}$ 　　　(2) $\dfrac{s+1}{s^2+3s}$ 　　　(3) $\dfrac{s+2}{s^4+4s^3+3}$

(4) $\dfrac{s+2}{s^3+3s^2+s+3}$    (5) $\dfrac{s}{s^4+2s^2+1}$    (6) $\dfrac{1}{s^4+2s^2}$

A.3                    B.2                    C.1                    D.4

7. 下面的几种描述中,正确的为(    )。

A.系统函数能提供求解零输入响应所需的全部信息

B.系统函数的零点位置影响时域波形的衰减或增长

C.若零极点离虚轴很远,则它们对频率响应的影响非常小

D.原点的二阶极点对应 $t^2\varepsilon(t)$ 形式的波形

8. 已知连续时间系统的系统函数 $H(s)=\dfrac{s}{s^2+3s+2}$,则其幅频特性响应所属类型

为(    )。

A.低通            B.高通            C.带通            D.带阻

9. 已知某一离散系统的系统函数 $H(z)=\dfrac{2z^2-z}{z^3+z^2-10z+8}$,对应的信号流图(图 5.4.3)是(    )。

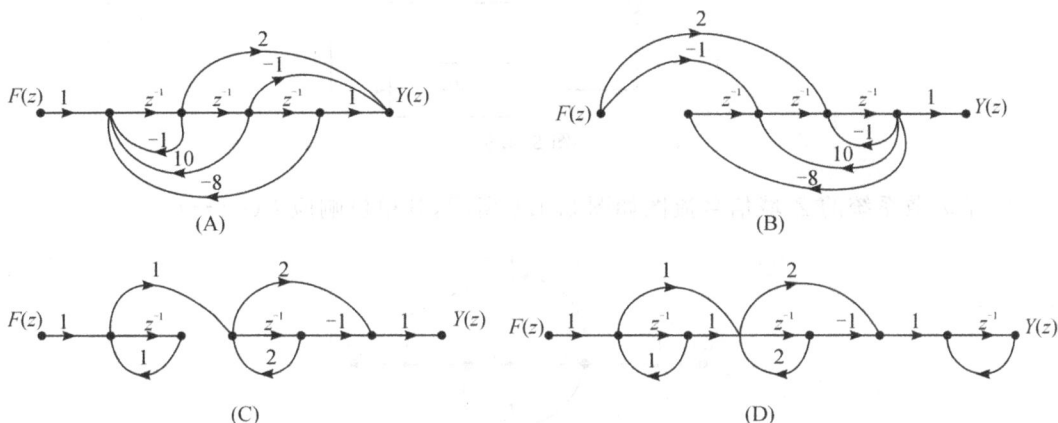

图 5.4.3

**二、判断题**(判断下列说法是否正确,正确的打"√",错误的打"×")

1. 若 $h(t)$ 是一个线性时不变系统的单位冲激响应,并且 $h(t)$ 是周期的且非零,则系统是不稳定的。(    )

2. 若 $h(n)<M$(对每一个 $n$),$M$ 为某已知数,则以 $h(n)$ 为单位样值响应的线性时不变系统是稳定的。(    )

3. 当且仅当一个连续时间线性时不变系统的阶跃响应是绝对可积时,则该系统是稳定的。(    )

4. 一个 LTI 系统当且仅当其系统函数 $H(z)$ 的收敛域包含单位圆 $|z|=1$ 时,该系统是稳定的。(    )

5. 一个具有有理系统函数的因果 LTI 系统,当且仅当 $H(z)$ 全部极点都位于单位圆内时,系统是稳定的。(    )

6. 一个具有有理系统函数的因果 LTI 系统,当且仅当全部极点之模大于或等于 1 时,系

统是稳定的。（　　）

7. 若系统的单位取样响应绝对可和，即 $\sum\limits_{n=-\infty}^{\infty}|h(n)|<\infty$，则系统是稳定的。（　　）

8. 连续系统稳定的条件是，系统函数 $H(s)$ 的极点应位于 $S$ 平面的右半开平面。（　　）

9. 离散系统稳定的充要条件也可以表示为 $\lim\limits_{n\to\infty}h(n)=0$。（　　）

10. 两个 LTI 系统级联，其总的输入输出关系与它们在级联中的次序没有关系。（　　）

### 三、填空题

1. 已知 $H(s)$ 的零极点分布如图 5.4.4 所示，单位冲激响应 $h(t)$ 的初值 $h(0_+)=2$，则该系统的系统函数 $H(s)=$（　　）。

2. 如图 5.4.5 所示因果系统，为使系统是稳定的，$K$ 的取值范围是（　　）。

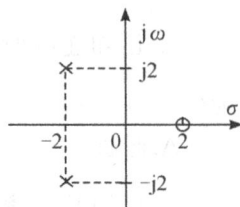

图 5.4.4

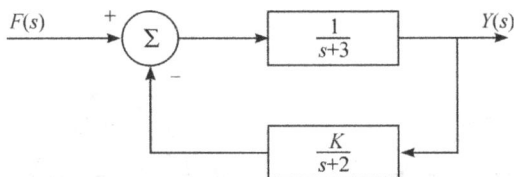

图 5.4.5

3. 某离散系统的 $Z$ 域信号流图如图 5.4.6 所示，其单位响应 $h(k)=$（　　）。

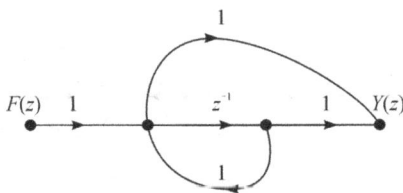

图 5.4.6

### 四、综合应用分析题

1. 已知一连续因果 LTI 系统的微分方程为：

$$y''(t)+4y'(t)+3y(t)=f'(t)+2f(t)$$

求系统的 $H(s)$，画出零极点图，并画出该系统的直接型框图。

2. 如图 5.4.7 为一数字滤波器结构图，

(1) 求这个系统的 $H(z)$ 及收敛域，绘出零极点图；

(2) 要使这个系统稳定，$K$ 应取什么值？

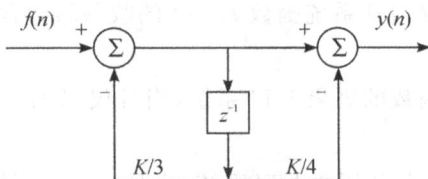

图 5.4.7

3. 如图 5.4.8 反馈因果系统，

（1）试求该系统的系统函数 $H(s)$；

（2）实数 $K$ 满足什么条件时系统稳定；

（3）在临界稳定条件下，求系统的 $h(t)$。

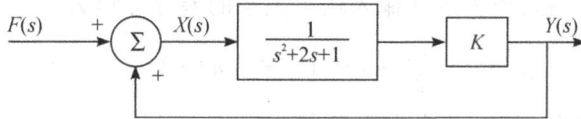

图 5.4.8

4. 如图 5.4.9 所示系统中，已知 $H(s) = \dfrac{Y(s)}{F(s)} = 2$，且 $H_1(s) = \dfrac{1}{s+3}$。

（1）求子系统 $H_2(s)$；（2）欲使子系统 $H_2(s)$ 为稳定系统，试确定 $K$ 的取值范围。

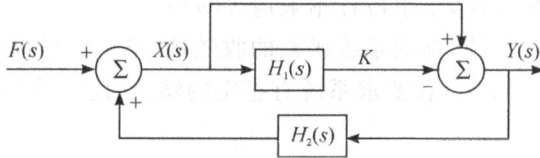

图 5.4.9

5. 已知某一离散时间 LTI 系统的系统函数

$$H(z) = \frac{1 - z^{-1}}{\left(1 - \dfrac{1}{2}z^{-1}\right)(1 - 2z^{-1})}$$

其单位脉冲响应 $h(n)$ 满足：$\displaystyle\sum_{n=-\infty}^{\infty} |h(-n)| < \infty$。

（1）求系统的单位脉冲响应 $h(n)$，并判断系统是否稳定；

（2）已知输入信号 $f(n) = 3\varepsilon(-n-1) + 2\varepsilon(n)$，求系统的输出 $y(n)$。

6. 已知某 LTI 系统的系统函数 $H(s)$ 的零极点图如图 5.4.10 所示，且 $H(0) = -1.2$，

（1）求系统函数 $H(s)$ 及冲激响应 $h(t)$；

（2）写出关联系统的输入输出微分方程；

（3）已知系统稳定，求 $H(j\omega)$，当激励为 $\cos(3t)\varepsilon(t)$ 时，求系统的稳态响应。

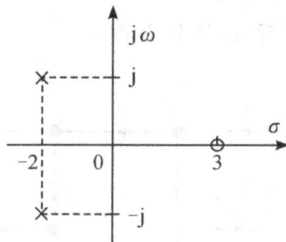

图 5.4.10

7. 已知某 LTI 系统的下列信息：

（1）系统是因果的；

(2) 系统函数是有理的,且仅有两个极点在 $s=-2$ 和 $s=4$；

(3) 当激励为 $f(t)=1$,则响应为 $y(t)=0$；

(4) 单位冲激响应 $h(t)$ 在 $t=0_+$ 时的值是 4。

求该系统的系统函数 $H(s)$。

8. 某 LTI 离散时间系统描述其输入输出关系的差分方程为

$$y(n)-\frac{5}{2}y(n-1)+y(n-2)=f(n)$$

(1) 求该系统的系统函数,并指出零极点；

(2) 对于系统的单位采样响应 $h(n)$ 的三种可能的选择,讨论系统的稳定性。

9. 某 LTI 离散时间系统描述其输入输出关系的差分方程为

$$y(n)+\frac{7}{3}y(n-1)+\frac{2}{3}y(n-2)=2f(n)$$

(1) 若该系统是因果系统,求单位样本响应 $h(n)$；

(2) 若该系统是稳定系统,标明系统函数的收敛域,求单位样本响应 $h(n)$；

(3) 当输入为 $f(n)=1$ 时,若要求系统有稳定的输出,此时系统函数收敛域如何？计算输出信号 $y(n)$。

(4) 画出实现该系统的信号流图。

10. 已知某因果稳定系统由如下差分方程描述

$$y(n)=ay(n-1)+f(n)-bf(n-1)$$

其中,$a$、$b$ 为可确定的非零常系数。

(1) 求该系统的单位取样响应 $h(n)$；

(2) 求系统函数的零极点；

(3) 画出系统直接模拟框图；

(4) 为使系统具有全通频率响应特性,确定 $a$ 和 $b$ 的关系。

11. 已知系统函数 $H(z)=\dfrac{3z^2-2}{z^2+z+0.25}$,

(1) 确定其收敛域,分析其因果稳定性；

(2) 对因果稳定系统写出其频率响应函数表达式；

(3) 若激励为 $f(n)=[1+3\cos(\pi n)]\varepsilon(n)$,求系统的稳态响应。

12. 系统信号流图如图 5.4.11 所示,

(1) 写出表示系统输入输出关系的差分方程；

(2) 求系统函数 $H(z)$。

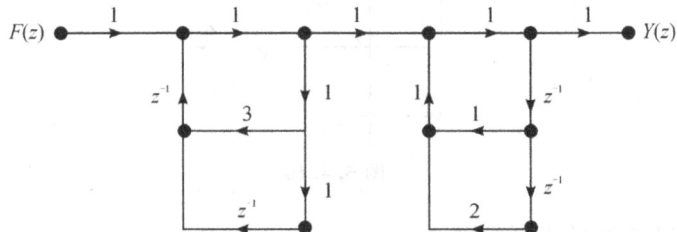

图 5.4.11

13. 某因果 LTI 系统的系统函数 $H(s)$ 的零极点如图 5.4.12 所示(包括原点处的二阶零点和一对共轭极点),且冲激响应初始值 $h(0_+) = \sqrt{2}$,求系统函数 $H(s)$ 和冲激响应 $h(t)$。

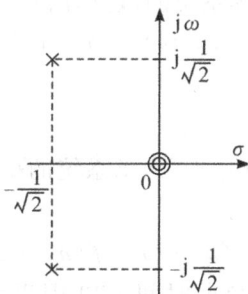

图 5.4.12

14. 某稳定的 LTI 系统 $H(s)$ 的零极点图如图 5.4.13 所示。已知在输入 $f(t) = e^{3t}(-\infty < t < \infty)$ 作用下,系统的输出 $y(t) = \frac{3}{20}e^{3t}(-\infty < t < \infty)$。

(1) 试求该系统的 $H(s)$ 以及单位冲激响应 $h(t)$,并判断系统的因果性;

(2) 若输入 $f(t) = \varepsilon(t)$,求输出 $y(t)$;

(3) 写出表征该系统的常系数微分方程;

(4) 画出该系统的信号流图。

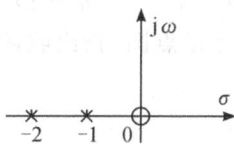

图 5.4.13

15. 描述某离散时间系统的差分方程为
$$y(n+2) + 3y(n+1) + 2y(n) = f(n+1) + 3f(n)$$
输入信号 $f(n) = \varepsilon(n)$,若初始条件 $y(1) = 1, y(2) = 3$。

(1) 画出该系统的信号流图;

(2) 求出该系统的零输入响应 $y_{zi}(n)$、零状态响应 $y_{zs}(n)$ 和全响应 $y(n)$;

(3) 判断系统是否稳定,说明理由。

16. 已知一个 LTI 系统由两个子系统级联组成。这两个子系统的差分方程分别为
$$y(n) + \frac{1}{2}y(n-1) = 2f(n) - f(n-1)$$
$$y(n) - \frac{1}{2}y(n-1) + \frac{1}{4}y(n-2) = f(n)$$

(1) 求描述该系统的差分方程;

(2) 用一个一阶系统和一个二阶系统的并联实现整个系统(画出用单位延时器、加法器和数乘器构成的并联结构的方框图)。

17. 已知因果离散系统的差分方程为
$$y(n+2) + 0.1y(n+1) - 0.2y(n) = f(n+2) + 1.2f(n+1) + 0.2f(n)$$

初值 $y(0) = -1, y(1) = 2$，激励 $f(n) = \varepsilon(n)$。

(1) 求系统函数 $H(z)$；(2) 判断系统是否稳定；(3) 求响应 $y(n)$。

18. 描述某线性时不变因果连续系统的微分方程为

$$y''(t) + 4y'(y) + 3y(t) = 4f'(t) + 2f(t)$$

(1) 求系统的冲激响应 $h(t)$；

(2) 判定系统是否稳定；

(3) 若输入 $f(t) = 6 + 10\cos(t + 45°)$，求系统的稳态响应。

19. 已知由差分方程

$$y(n) + ay(n-1) + by(n-2) = f(n) + cf(n-1) + df(n-2)$$

其中，$a$、$b$、$c$、$d$ 均为实常数，描述的离散时间 LTI 因果系统的系统函数 $H(z)$ 具有如下特征：$H(z)$ 在原点 $z = 0$ 处有二阶零点；$H(z)$ 有一个极点在 $z = 0.5$；$H(1) = \dfrac{8}{3}$。

(1) 试求该系统的系统函数 $H(z)$，并确定常数 $a$、$b$、$c$、$d$；

(2) 绘出系统的零极点图，并说明系统是否稳定；

(3) 当输入 $f(n) = \delta(n) + \delta(n-2)$ 时，求系统的输出 $y(n)$；

(4) 如果系统的输入 $f(n) = (-1)^n$，求系统的输出 $y(n)$；

(5) 绘出系统的直接形式的流图。

20. 某因果线性时不变系统，其输入 $f(n)$ 和输出 $y(n)$ 满足差分方程为

$$y(n) = y(n-1) + y(n-2) + f(n-1)$$

(1) 求该系统的系统函数，画出零极点图，指出收敛域；

(2) 求该系统的单位样值响应；

(3) 判断该系统是否稳定；

(4) 求一个满足该系统稳定的单位样值响应。

21. 某离散系统的系统函数的零极点分布如图 5.4.14 所示。

(1) 试求该系统的单位样值响应 $h(n)$（允许差一系数）；

(2) 粗略画出幅频特性，并说明系统是属于低通、高通还是带通滤波器。

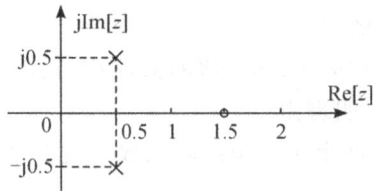

图 5.4.14

### 五、Matlab 程序题

1. 已知系统函数 $H(s) = \dfrac{s^2 - 0.5s + 2}{s^2 + 0.4s + 1}$，绘出其零极点图。

2. 已知系统的传递函数为 $H(s) = \dfrac{0.2s^2 + 0.3s + 1}{s^2 + 0.4s + 1}$，求其频率特性。

3. 实现系统函数 $H(z) = \dfrac{3 + \dfrac{3}{5}z^{-1} + \dfrac{2}{3}z^{-2}}{1 + \dfrac{1}{6}z^{-1} + \dfrac{1}{3}z^{-2} + \dfrac{1}{6}z^{-3}}$ 的级联型、并联型、sos 型结构，并

用数学方法验证其正确性，同时画出其结构图。

4. 已知 FIR 滤波器的系统函数为 $H(z) = 1 + 16\dfrac{1}{16}z^{-4} + z^{-8}$，确定并画出其直接、线性相位和级联形式的结构图。

5. 已知一因果的 LTI 系统的系统函数为

$$H(z) = \frac{(8 - 4z - 1 + 11z - 2 - 2z - 3)}{(1 - 1.25z - 1 + 0.75z - 2 - 0.125z - 3)}$$

分析系统的零极点分布，并判断系统的稳定性。

# 第6章　Matlab 软件使用

## 6.1　Matlab 在信号与系统中的应用

　　Matlab 的名称源自 Matrix Laboratory,1984 年由美国 MathWorks 公司推向市场。它是一种科学计算软件,专门以矩阵的形式处理数据。Matlab 将高性能的数值计算和可视化集成在一起,并提供了大量的内置函数,从而被广泛地应用于科学计算、控制系统、信息处理等领域的分析、仿真和设计工作。1993 年,MathWorks 公司从加拿大滑铁卢大学购得 MAPLE 软件的使用权,从而以 MAPLE 为"引擎"开发了符号数学工具箱。

　　Matlab 软件具有五大通用功能:数值计算功能(numeric)、符号运算功能(symbolic)、数据可视化功能(graphic)、数据图形文字统一处理功能(notebook)和建模仿真可视化功能(simulink)。其中,符号运算功能的实现是通过请求 MAPLE 内核计算并将结果返回 Matlab 命令窗口。该软件有三大特点:一是功能强大;二是界面友善,语言自然;三是开放性强。目前,MathWorks 公司已推出几十个应用工具箱。Matlab 在线性代数、矩阵分析、数值及优化、数理统计和随机信号分析、电路与系统、系统动力学、信号和图像处理、控制理论分析和系统设计、过程控制、建模和仿真、通信系统以及财政金融等众多领域的理论研究和工程设计中得到了广泛应用。

　　Matlab 在信号与系统中的应用主要包括符号运算、数值计算仿真分析。由于信号与系统课程的许多内容都是基于公式演算,而 Matlab 借助符号数学工具箱提供的符号运算功能能基本满足信号与系统课程的需求。例如,解微分方程、傅立叶正反变换、拉普拉斯正反变换、Z 正反变换等。Matlab 在信号与系统中的另一主要应用是数值计算与仿真分析,主要包括函数波形绘制、函数运算、冲激响应与阶跃响应仿真分析、信号的时域分析、信号的频谱分析、系统的 S 域分析、零极点图绘制等内容。数值计算仿真分析可以帮助读者更深入理解信号与系统的理论知识,并为将来使用 Matlab 进行信号处理领域的各种分析和实际应用打下基础。

## 6.2　Matlab 软件的环境介绍

　　Matlab 6.5 的工作桌面由标题栏、菜单栏、工具栏、命令窗口(Command Window)、工作空间窗口(Workspace)、当前目录窗口(Current Directory)、历史命令窗口(Command History)及状态栏组成,从而为用户使用 Matlab 提供了集成的交互式图形界面,如图 6.2.1

所示。

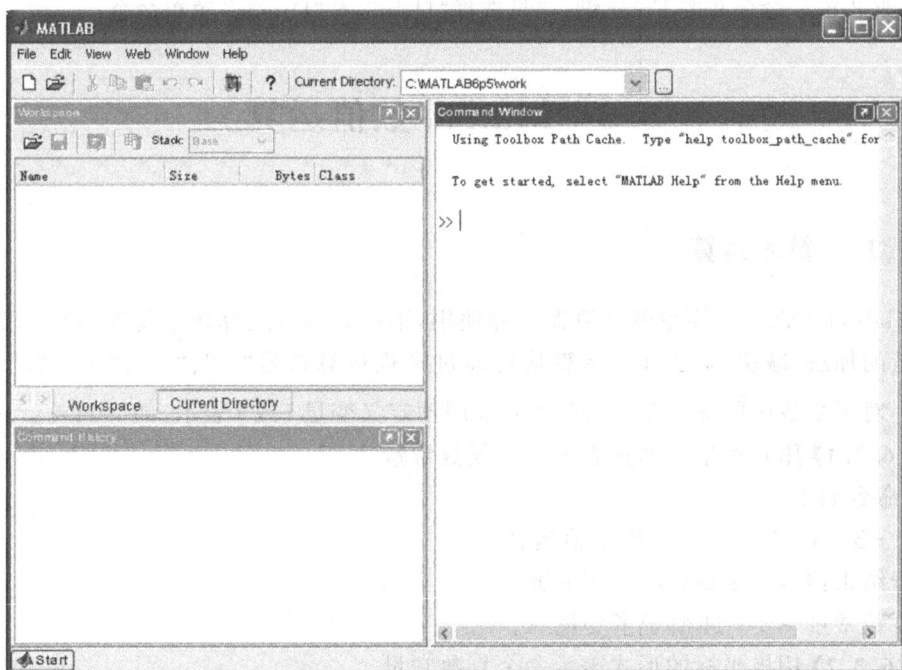

图 6.2.1　Matlab 的工作桌面

　　Matlab 的命令窗口是输入命令及输出数据显示的窗口,几乎所有的 Matlab 功能都是在命令窗口进行的。当启动 Matlab 软件时,命令窗口就做好了接收指令的准备,并出现命令提示符">>"。在命令提示符后输入指令通常会创建一个或多个变量。变量可以是多种类型的,包括函数和字符串,但通常的变量只是数据。这些变量被放置在 Matlab 的工作空间中,工作空间窗口提供了变量的一些重要信息,包括变量的名称、维数大小、占用内存大小以及数据类型等信息。查看工作空间的另一种方法是使用 whos 命令。在命令提示符后输入 whos 命令,工作空间中的内容概要将作为输出显示在命令窗口中。

　　有的命令可以用来清除不必要的数据,同时释放部分系统资源。clear 命令可以用来清除工作空间的所有变量,如果要清除某一特定变量,则需要在 clear 命令后加上该变量的名称。另外,clc 命令用来清除命令窗口的显示内容。

　　如果希望将 Matlab 所创建的变量及重要数据保留下来,则使用 save 命令,并在其后加上文件名,即可将整个工作空间保存为一个扩展名为.mat 的文件。使用 load 命令,并在其后加上文件名,则可将 Matlab 数据文件(.mat 文件)中的数据加载到工作空间中。Matlab 历史命令窗口记录了每次输入的命令。在该窗口中可以对以前的命令进行查看、复制或者直接运行。

　　对于初学者而言,需要掌握的最重要且最有用的命令应为 help 命令。Matlab 命令和函数有数千个,而且许多命令的功能非常强大,调用形式多样。要想了解一个命令或函数,只需在命令提示符后输入 help,并加上该命令或函数的名称,则 Matlab 会给出其详细帮助信息。另外,Matlab 还精心设计了演示程序系统(Demo),内容包括 Matlab 的内部主要函数和各个工具箱(Toolbox)的使用。初学者可以方便地通过这些演示程序及其给出的程序源代码进行直观的感受和学习。用户可以通过两种途径打开演示程序系统：一是在命令窗口中输入 demo 或 demos 命令并按 Enter 键；二是选择"Help" → "Demos"菜单命令。

# 6.3　Matlab 数值运算

## 6.3.1　算术运算

Matlab 可以像一个简单的计算器一样使用，不论是实数运算还是复数运算都能轻松完成。标量的加法、减法、除法和幂运算均可通过常规运算符号"+"、"—"、" * "、"/"以及"^"来完成。对于复数中的虚数单位，Matlab 采用预定义变量 i 或 j 表示，即 $i = j = \sqrt{-1}$。

**【例 6.3.1】**用直角坐标形式表示一个复数常量。

解：命令如下

A = -3 - i * 4　　　　　% 赋值运算

运行结果：A = -3.0000 - 4.0000i

将复数常量 -3 - i4 赋予了变量 A。

**【例 6.3.2】**用极坐标的形式表示一个复数常量。

解：命令如下

B = 3 * exp(i * pi/6)　　　　%3 为极坐标的极径（复数的模），pi/6 为极角（辐角）

运行结果：B = 2.5981 + 1.5000i

其中，pi 是 Matlab 预定义变量，pi = π。

复数的极坐标形式与直角坐标可相互转换。复数的实部和虚部可以通过 real 和 imag 运算函数来实现，而复数的模和辐角可以通过 abs 和 angle 运算函数来实现，但应注意辐角的单位是弧度。共轭复数可通过 conj 函数来实现。

**【例 6.3.3】**求复数 A = 3 + 4 * j 的模、辐角、实部、虚部及共轭复数。

解：程序如下

A = 3 + 4 * j;

A_mag = abs(A)

运行结果：A_mag = 5

　　　　　A_rad = angle(A)

运行结果：A_rad = 0.9273

　　　　　A_real = real(A)

运行结果：A_real = 3

　　　　　A_imag = imag(A)

运行结果：A_imag = 4

　　　　　A_conj = conj(A)

运行结果：A_conj = 3.0000 - 4.0000i

如果将弧度值用"度"来表示，则可进行转换，即

A_deg = angle(A) * 180/pi

运行结果:A_deg = 53.1301

复数 $A$ 的模可表示为 $|A| = \sqrt{AA^*}$,因此,其共轭复数可通过 conj 函数来实现,即

A_mag = sqrt(A * conj(A))

运行结果:A_mag = 5

算术运算符参阅表 6.3.1,关系运算符参阅表 6.3.2,逻辑运算参阅表 6.3.3,常用常量参阅表 6.3.4,基本初等函数见表 6.3.5。其他几个常用函数见表 6.3.6。

表 6.3.1 算术运算符

| 运算符 | 功能说明 |
|---|---|
| + | 加 |
| − | 减 |
| * | 数之间乘 |
| .* | 点乘(数组乘)。如 $A.*B$ 为 $A,B$ 两个矩阵对应元素相乘 |
| ^ | 数的幂运算。如 2^3 得 8 |
| .^ | 点幂(数组幂)。如 $A.^2$ 为矩阵 $A$ 每个元素平方,$A.^B$ 为 $A,B$ 两个矩阵对应元素乘幂 |
| \ | 数的左除。如 2\1 得 0.5000 |
| .\ | 点左除(数组的左除)。如 $A.\2$ 为矩阵 $A$ 的每个元素去除 2;$A.\B$ 的意义类似 |
| / | 数的右除。如 2/1 得 2 |
| ./ | 点右除(数组的右除)。如 $A./2$ 为矩阵 $A$ 的每个元素除以 2;$A./B$ 的意义类似 |

表 6.3.2 关系运算符

| 关系运算符 | 功能说明 |
|---|---|
| == | 等于。如:2==2 得 1(逻辑真) |
| ~= | 不等。如:2~=2 得 0(逻辑假) |
| < | 小于。如:2<2 得 0(逻辑假) |
| > | 大于。如:2>2 得 0(逻辑假) |
| <= | 小于或等于。如:2<=2 得 1(逻辑真) |
| >= | 大于或等于。如:2>=2 得 1(逻辑真) |

表 6.3.3 逻辑操作

| 逻辑操作符 | 功能说明(0 为假,非 0 为真) |
|---|---|
| &(and) | 逻辑与。如:1&0 得 0;and(7,0) 得 0 |
| \|(or) | 逻辑或。如:1\|0 得 1;or(7,0) 得 1 |
| ~(not) | 逻辑非。如:~1 得 0;not(7) 得 0 |
| xor | 异或。如:xor(1,1) 得 0;xor(1,0) 得 1 |
| any | 存在非零元素则为真。如:any([1,1,0]) 得 1;any([0,0,0]) 得 0 |
| all | 所有元素均非零则为真。如:all([1,1,0]) 得 0;all([1,1,1]) 得 1 |

表 6.3.4　常用常量

| 常量 | 含义 |
|---|---|
| pi | 圆周率 |
| inf or Inf | 无穷大 |
| eps | 微小值（机器零阈值） |
| NaN or nan | 非数字 |
| ans | 计算结果的默认变量名 |

表 6.3.5　基本初等函数

| 函数类别 | 函数名称 |
|---|---|
| 三角函数 | $\sin(x),\cos(x),\tan(x),\cot(x),\sec(x),\csc(x)$ |
| 反三角函数 | $\mathrm{asin}(x),\mathrm{acos}(x),\mathrm{atan}(x),\mathrm{acot}(x),\mathrm{asec}(x),\mathrm{acsc}(x)$ |
| 双曲函数 | $\sinh(x),\cosh(x),\tanh(x),\coth(x),\mathrm{sech}(x),\mathrm{csch}(x)$ |
| 反双曲函数 | $\mathrm{asinh}(x),\mathrm{acosh}(x),\mathrm{atanh}(x),\mathrm{asech}(x),\mathrm{acsch}(x)$ |
| $x$ 的平方根 | $\mathrm{sqrt}(x)$ |
| 以 e 为底的 $x$ 指数函数 | $\exp(x)$ |
| 以 e 为底的 $x$ 对数函数 | $\log(x)$ |
| 以 10 为底 $x$ 的对数函数 | $\log10(x)$ |

表 6.3.6　其他几个常用函数

| 函数名 | 含义 |
|---|---|
| round(x) | 四舍五入函数，取最接近 $x$ 的整数 |
| floor(x) | 取整函数，取不超过 $x$ 的最大整数（往下取整） |
| ceil(x) | 取整函数，取不小于 $x$ 的最小整数（往上取整） |
| fix(x) | 取 $x$ 的整数部分 |
| abs(x) | 计算 $x$ 的绝对值或复数 $x$ 的模 |
| real(z) | 取复数 $z$ 的实部 |
| imag(z) | 取复数 $z$ 的虚部 |
| angle(z) | 计算复数 $z$ 的辐角 |
| conj(z) | 计算复数 $z$ 的共轭 |
| mod(m,n) | 计算 $m$ 除以 $n$ 的余数。如 $\mathrm{mod}(7,4)$ 得 3 |

### 6.3.2 向量运算

#### 6.3.2.1 建立向量

向量是一行或一列的矩阵。Matlab 具有向量运算的强大功能。一般地,向量被分为行向量和列向量。生成向量的方法有很多,主要介绍两种。

**1. 直接输入向量**

直接输入向量就是把向量中的每个元素列举出来。向量元素要用"[]"括起来,元素之间可用空格、逗号分隔生成行向量,用分号分隔生成列向量。

【**例 6.3.4**】建立向量例子。

解:命令如下

A = [1,3,5,21]　　　% 建立行向量

运行结果:A = 1　3　5　21

B = [1;3;5;21]　　　% 建立列向量

运行结果:

B =

　　1

　　3

　　5

　　21

**2. 利用冒号表达式生成向量**

这种方法用于生成等步长或均匀等分的行向量,其表达式为 x = x0:step:xn。其中,x0 为初始值,step 表示步长或增量,xn 为结束值。如果 step 值缺省,则步长默认为 1。

【**例 6.3.5**】利用冒号运算符建立向量例子。

解:命令如下

C = 0:2:10

运行结果:C = 0　2　4　6　8　10

D = 0:10

运行结果:D = 0　1　2　3　4　5　6　7　8　9　10

在连续时间信号和离散时间信号的表示过程中,经常要用到冒号表达式。例如,对于 $0 \leqslant t \leqslant 1$ 范围内的连续信号,可用冒号表达式"t = 0:0.001:1;"来近似表达该区间,此时,向量 $t$ 表示该区间以 0.001 为间隔的 1001 个点。

#### 6.3.2.2 向量的基本运算

**1. 算术运算**

如果一个向量或标量与一个数进行运算,即"+"、"-"、"＊"、"/"以及"^"运算,则运算结果是将该向量的每一个元素与这个数逐一进行相应的运算,得到的新的向量。

【**例 6.3.6**】算术运算例子。

解:命令如下

C = 0:2:10;

E = C/4

运行结果:E = 0　　0.5000　　1.0000　　1.5000　　2.0000　　2.5000

其中,第一行语句结束的分号是为了不显示 C 的结果,第二句没有分号则显示出 E 的结果。

一个向量中元素的个数可以通过命令 length 计算获得。

**【例 6.3.7】** 计算向量长度(元素个数)。

解:t = 0:0.001:1;

　　L = length(t)

运行结果:L = 1001

### 2. 向量的内积(点积)

向量的内积是指两个向量在其中某一个向量方向上的投影的乘积,即两向量对应元素相乘之和,结果是常量。命令格式:

dot(x,y) 或 x' * y(注:$x$,$y$ 是列向量) 或 x * y'($x$,$y$ 是行向量)

若 dot(x,y) = 0,则称向量 $x$ 和向量 $y$ 正交。

**【例 6.3.8】** 计算 $a = \begin{bmatrix} 1 & 2 & 3 \end{bmatrix}$ 与 $b = \begin{bmatrix} 3 & 4 & 5 \end{bmatrix}$ 的内积。

解:命令如下

clear

a = [1 2 3];b = [3 4 5];

dot(a,b)　　　　%a,b 的内积

运行结果:ans = 26

a * b'　　　　　%a,b 的内积

运行结果:ans = 26

sum(a. * b)　　　% 另一种方法计算向量的点积

运行结果:ans = 26

### 3. 向量的模(向量的几何长度)

向量的模就是向量的几何长度,也是向量内积的根函数。 计算向量模的函数有 norm(x) 和 sqrt(x' * x)($x$ 为列向量)。

**【例 6.3.9】** 计算向量 $A = \begin{bmatrix} 1 & 1 & 1 \end{bmatrix}$ 的模。

解:命令如下

A = [1 1 1]';

b = norm(A)　　　　　% 向量 A 的模

运行结果:b = 1.7321

c = sqrt(A' * A)　　　% 向量 A 的模

运行结果:c = 1.7321

**【例 6.3.10】** 判断向量 $a = \begin{bmatrix} 2 & -1 & 4 \end{bmatrix}$ 和 $b = \begin{bmatrix} -4 & -4 & 1 \end{bmatrix}$ 是否正交。

解:程序如下

clear

a = [2 - 1 4];

b = [- 4 - 4 1];

c = dot(a,b)      % 求向量 a,b 的内积

运算结果:c = 0

因为 dot(a,b) = 0,则 $a$ 和 $b$ 正交。

### 4. 向量的叉积

向量的叉积表示为过两相交向量的交点且垂直于两向量所在平面的向量。在 Matlab 中,向量的叉积由函数 cross 来实现。使用格式:

c = cross(a,b)    返回向量 $a$ 和 $b$ 的叉积向量,即 $c = a \times b$。$a$ 和 $b$ 必须为三维向量。

c = cross(a,b)    返回矩阵 $a$ 和 $b$ 以行作为向量的叉积。

c = cross(a,b,dim)   当 $a$ 和 $b$ 为 $n$ 维数组时,则返回 $a$ 和 $b$ 的第 dim 维向量的叉积。$a$ 和 $b$ 必须有相同的维数,且 size(a,dim) 和 size(a,dim) 必须为 3。

【例 6.3.11】计算垂直于向量 $a = [1,2,3]$ 和向量 $b = [3,4,5]$ 的向量。

解:命令如下

a = [1 2 3];

b = [3,4,5];

c = cross(a,b)

运行结果:c = -2   4   -2

得到同时垂直于 $a,b$ 的向量为 $\pm[-2,4,-2]$。

### 5. 向量组的正交规范化

向量组的正交规范化命令 orth(A),其中 $A$ 是由列向量组成的矩阵。使用格式:B = orth(A)。

求向量组 $A$ 的正交规范化向量组 $B$,就是 $A$ 和 $B$ 的列向量等价。但 $B$ 的列向量为两两正交的单位向量,即满足 $B' * B = E$ 或 $B' * B = eye[rank(A)]$。

【例 6.3.12】正交规范化向量组 $A = [1\ 1;0\ 0;1\ -1]$。

解:命令如下

A = [1 1;0 0;1 -1]

运行结果:A =

1     1

0     0

1     -1

B = sym(orth(A))       % 将 A 的列向量组正交规范化,并以符号的形式输出

运行结果:B =

[- sqrt(1/2),- sqrt(1/2)]

[0,              0]

[- sqrt(1/2),sqrt(1/2)]

dot(B(:,1),B(:,2))        % 选出 B 的第 1 列与第 2 列做内积

运行结果:ans = 0

运行结果说明列向量组 $B$ 的第 1 列向量与第 2 列向量正交。

B' * B

运行结果:ans =

[1,0]

[0,1]

运行结果说明 $B$ 的列向量为两两正交的单位向量。

【例 6.3.13】正交规范化向量组 $A=[4\ 0\ 0;0\ 3\ 1;0\ 1\ 3]$。

解:程序如下

A=[4 0 0;0 3 1;0 1 3];

B=orth(A)

运行结果:B=

| 0 | 1.0000 | 0 |
|---|---|---|
| −0.7071 | 0 | −0.7071 |
| −0.7071 | 0 | 0.7071 |

Q=B' * B

运行结果:Q=

| 1.0000 | 0 | 0.0000 |
|---|---|---|
| 0 | 1.0000 | 0 |
| 0.0000 | 0 | 1.0000 |

运行结果说明 $B$ 的列向量为两两正交的单位向量。

### 6.3.3　矩阵运算

#### 6.3.3.1　创建矩阵

Matlab 又称矩阵实验室,因此,Matlab 中矩阵的表示十分方便。 例如,输入矩阵 $\begin{bmatrix} 11 & 12 & 13 \\ 21 & 22 & 23 \\ 31 & 32 & 33 \end{bmatrix}$,在 Matlab 命令窗口中可输入下列命令得到,即

a=[11 12 13;21 22 23;31 32 33]

a=

```
11   12   13
21   22   23
31   32   33
```

其中,命令中用符号"[]"表示矩阵;矩阵每一行的各个元素必须用逗号","或空格分开;矩阵的不同行之间必须用分号";",或者按 Enter 键分开。

#### 6.3.3.2　特殊矩阵及其创建

**1. 空阵**

空阵是不包括任何元素的矩阵,在命令窗口中输入[],就创建了一个空阵。空阵具有如下性质:

(1) 在工作空间中存在被赋值的空阵变量;

(2) 空阵中不包括任何元素,是 $0 \times 0$ 阶的矩阵。

396

## 2. 全 0 阵

全 0 阵是矩阵所有元素都是 0 的矩阵。可以是 $n \times n$ 阶的方阵,或者是 $m \times n$ 的非方阵。由函数 zeros(m,n) 创建,如 zeros(3,4)。

## 3. 单位阵

单位矩阵是其主对角线上的元素为 1,其余元素为 0 的矩阵。可以是 $n \times n$ 阶的方阵,或者是 $m \times n$ 的非方阵。由函数 eye(m,n) 创建,如 a = eye(4,4)。

## 4. 全 1 阵

全 1 阵是全部由 1 组成的矩阵。可以是 $n \times n$ 阶的方阵,或者是 $m \times n$ 的非方阵。由函数 ones(m,n) 创建,如 a = ones(4,4)。

## 5. 随机阵

随机阵是全部由 0~1 区间内的值组成的矩阵,可以是 $n \times n$ 阶的方阵,或者是 $m \times n$ 阶的非方阵。由函数 rand(m,n) 创建,如 a = rand(4,4)。

## 6. 正态分布随机阵

正态分布随机阵可以是 $n \times n$ 阶的方阵,或者是 $m \times n$ 阶的非方阵。由函数 randn(m,n) 创建,如 a = randn(4,4)。

### 6.3.3.3 矩阵点运算

Matlab 中矩阵的点运算指维数相同的矩阵位置对应元素进行的算术运算,标量常数可以和矩阵进行任何点运算。常用的点运算包括".*"".∕""`.\`""`.^`"等。矩阵的加法和减法是在对应元素之间进行的,本身就是点运算,所以不存在点加法或点减法。

点乘运算是指两维数相同的矩阵或向量对应元素相乘,表示为 $C = A.*B$。点除运算是指两维数相同的矩阵或向量中各元素独立的除运算,包括点右除和点左除。其中,点右除表示为 $C = A./B$,意思是 $A$ 对应元素除以 $B$ 对应元素;点左除表示为 $C = A.\backslash B$,意思是 $B$ 对应元素除以 $A$ 对应元素。点幂运算指两维数相同的矩阵或向量各元素独立的幂运算,表达式为 $C = A.^B$。

【例 6.3.14】已知 $t$ 为一向量,用 Matlab 命令计算 $y = \dfrac{\sin(t)\mathrm{e}^{-2t} + 5}{\cos(t) + t^2 + 1}$ 在 $0 \leqslant t \leqslant 1$ 区间上对应的值。

解:表达式中的运算都是点运算,Matlab 源程序为

```
t = 0:0.01:1;
y = (sin(t).* exp(- 2 * t) + 5)./(cos(t) + t.^2 + 1);
plot(t,y),xlabel('t'),ylabel('y')
```

程序运行结果如图 6.3.1 所示。这里,我们未将 $y$ 向量的结果显示出来,而是利用 plot 命令将结果绘出图形来。

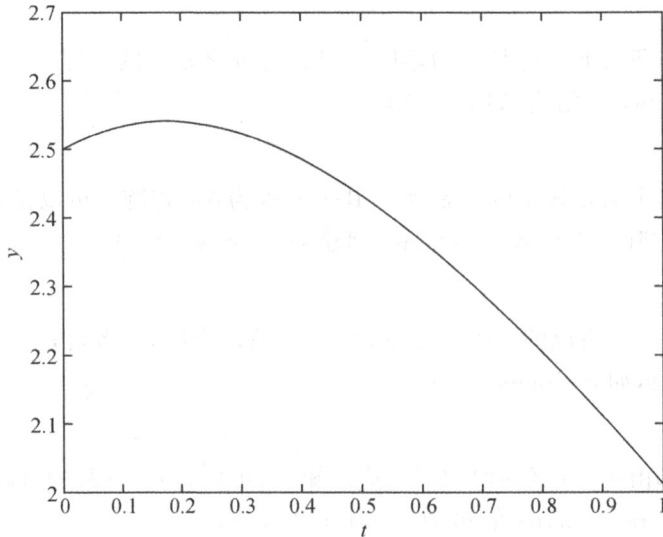

图 6.3.1  运行的结果图

#### 6.3.3.4  矩阵乘法运算

在矩阵的乘法运算中,要求两矩阵必须维数相容,即第一个矩阵的列数必须等于第二个矩阵的行数,或者说若 $A$ 为 $i \times j$ 阶,则 $B$ 必须为 $j \times k$ 阶时,$A$ 和 $B$ 才可以相乘。

【例 6.3.15】已知 $a = [1\ 2\ 3; 4\ 5\ 6]$,$b = [1\ 2; 3\ 4; 5\ 6]$,求 $a \times b$。

解:命令如下

a = [1 2 3;4 5 6]

运行结果:a =

    1 2 3

    4 5 6

   b = [1 2;3 4;5 6]

运行结果:b =

    1 2

    3 4

    5 6

   c = a * b

运行结果:c =

    22 28

    49 64

#### 6.3.3.5  矩阵除法运算

矩阵除法是矩阵乘法的逆运算,即若 $a * x = b$,则 $x = a \backslash b$(左除);若 $x * a = b$,则 $x = b/a$(右除)。

左除"\"和右除"/",如果 $a$ 是非奇异方阵,则 $a/b$ 和 $b/a$ 的运算都可以实现。

$a \backslash b$ 等效于矩阵 $a$ 的逆左乘矩阵 $b$,即 $\mathrm{inv}(a) * b$;而 $b/a$ 等效于矩阵 $a$ 的逆右乘矩阵 $b$,

即 b * inv(a)。

在通常情况下，$x = a/b$ 是 $a * x = b$ 的解，$x = b/a$ 是 $x * a = b$ 的解。一般情况下，$a/b \neq b/a$。

说明：求 $\dfrac{1}{a}$ 就是求 $a$ 的逆矩阵，可调用 Matlab 函数 inv(a) 实现。

【例 6.3.16】两个矩阵相除，矩阵 $a$ 和 $b$ 均为 $3 \times 3$ 阶矩阵。

解：命令如下

```
a = rand(3);
b = rand(3);
c = a/b;
d = b\a;
```

通常用矩阵的除法来求解方程组的解。对于方程组 $Ax = b$，其中 $A$ 是一个 $n \times m$ 阶的矩阵，则：

当 $n = m$ 且非奇异时，此方程称为恰定方程，可以尝试计算精确解。

当 $n > m$ 时，此方程称为超定方程，可以尝试计算最小二乘解。

当 $n < m$ 时，此方程称为欠定方程，可以尝试计算含有最少 $m$ 的基解。

这三种方程都可以用矩阵的除法求解。

### 1. 方阵系统

最常见的线性方程 $a * x = b$ 是系数矩阵为方阵 $a$ 和由常数项组成列矢量 $b$ 的情况，则解 $x$ 可写成 $x = a \backslash b$ 或 $x = \text{inv}(a) * b$（其中 $x$ 和 $b$ 的尺寸相同）。

【例 6.3.17】$a$ 和 $b$ 均为随机方阵，求方阵系统的根。

解：程序如下

```
a = fix(15 * rand(3,3));
b = fix(15 * rand(3,3));    % 每列为一组数据
x = a\b                     % 有三组解
```

运行结果：x =

| | | |
|---|---|---|
| − 2.7084 | − 1.4723 | − 0.0627 |
| 3.2819 | 2.1880 | − 0.0771 |
| 0.9590 | 0.8060 | 0.9386 |

假如方阵 $a$ 的各个行矢量线性相关，则称方阵 $a$ 为奇异矩阵，这也使线性方程 $ax = b$ 转换为欠定系统，有无穷多组解。

### 2. 超定系统

线性方程的超定系统是指方程的个数多于自变量的个数的系统，此时不存在唯一解。如果方程为 $a * x = b$，则 $x = a \backslash b$，求解超定系统 Matlab 用最小二乘法找一个准确的基本解。

【例 6.3.18】求方程组 $\begin{cases} x + 2y = 1 \\ 2x + 3y = 2 \\ 3x + 4y = 3 \end{cases}$ 的解。

解:程序如下

```
a = [1 2;2 3;3 4];
b = [1;2;3];
x = a\b
```

运行结果:x =

$$1.0000$$
$$-0.0000$$

### 3. 欠定系统

如果一个系统中未知数的个数比方程式的个数多,则称为欠定系统,或称线性相关系统。欠定系统存在无穷组解。在线性领域里,这种系统还会伴随约束条件的情况。欠定系统的解都不唯一,Matlab 则计算一组构成通解的基解。如果方程为 $a*x=b$,则使用格式为:$x=a\backslash b$(得到最少元素解即最多零元素解)。

【例 6.3.19】求解欠定系统 $a*x=b$。已知 $a=[1\ 1\ 1;1\ 1\ -1]$,$b=[10\ 6]'$,求 $x$。

解:程序如下

```
a = [1 1 1;1 1 - 1];
b = [10 6]';
p = a\b
```

运行结果:p =

$$8.0000$$
$$0$$
$$2.0000$$

#### 6.3.3.6 矩阵的转置

矩阵的转置用符号"'"来表示和实现。

【例 6.3.20】矩阵 $a$ 为$[1\ 2\ 3;4\ 5\ 6;7\ 8\ 9]$,计算 $a$ 的转置。

解:程序如下

```
a = [1 2 3;4 5 6;7 8 9];
c = a'
```

运行结果:

```
c =
    1  4  7
    2  5  8
    3  6  9
```

【例 6.3.21】复数矩阵 $a$ 为$[1+2i\ 3+4i]$,计算 $a$ 的转置。

解:程序如下

```
a = [1 + 2i; 3 + 4i];
b = a'     % 复数共轭转置
```

运行结果:b = 1.0000 - 2.0000i   3.0000 - 4.0000i

```
c = a.'    % 复数转置
```

运行结果:c = 1.0000 + 2.0000i    3.0000 + 4.0000i

### 6.3.3.7　矩阵的行列式运算

矩阵的行列式的值可由 det 函数计算得出。

**【例 6.3.22】**已知 $a =[1\ 0\ 3;4\ 5\ 3;7\ 8\ 9]$,求矩阵 $a$ 及其逆的行列式之积。

解:程序如下

```
a1 = det(a);
a2 = det(inv(a));
a1 * a2
```

运行结果:ans = 1

### 6.3.3.8　矩阵的秩

矩阵的秩表示线性方程组的独立方程数。矩阵的秩的求解可由函数 rank 实现。

**【例 6.3.23】**求 $a =[1\ 1\ 1\ 5;2\ 2\ 2\ 5;3\ 3\ 3\ 5]$ 的秩。

解:程序如下

```
a =[1 1 1 5;2 2 2 5;3 3 3 5];
rank(a)
```

运行结果:ans = 2

### 6.3.3.9　矩阵的迹

矩阵主对角线上所有元素的和称为矩阵的迹,在 Matlab 中可由 trace 函数计算得出。

**【例 6.3.24】**求 $a =[1\ 1\ 1\ 5;2\ 2\ 2\ 5;3\ 3\ 3\ 5]$ 的迹。

解:程序如下

```
a =[1 1 1 5;2 2 2 5;3 3 3 5];
trace(a)
```

运行结果:ans = 6

### 6.3.3.10　正交矩阵

函数 orth 用来求列向量组成矩阵 $a$ 的一组正交基。

**【例 6.3.25】**$a =[456,468,873,2,579,55;21,687,54,488,8,13;65,4656,88,98,21,5;475,68,4596,654,5,987;5488,10,9,6,33,77]$,求 $a$ 的正交基。

解:程序如下

```
a =[456,468,873,2,579,55;21,687,54,488,8,13;65,4656,88,98,21,5;475,68,4596,
654,5,987;5488,10,9,6,33,77];
b = orth(a);
b' * b
```

运行结果:ans =

| | | | | |
|---|---|---|---|---|
| 1.0000 | − 0.0000 | 0.0000 | − 0.0000 | − 0.0000 |
| − 0.0000 | 1.0000 | 0.0000 | − 0.0000 | − 0.0000 |
| 0.0000 | 0.0000 | 1.0000 | − 0.0000 | 0.0000 |
| − 0.0000 | − 0.0000 | − 0.0000 | 1.0000 | 0.0000 |
| − 0.0000 | − 0.0000 | 0.0000 | 0.0000 | 1.0000 |

由运行结果可得,矩阵 **b** 的列向量为相互正交。

### 6.3.3.11 伪逆矩阵

伪逆矩阵在求解系数矩阵为严重"病态"的问题时可避免"伪解"的产生。矩阵的伪逆矩阵由函数 pinv 实现。

**【例 6.3.26】**求 4 阶的魔方阵的伪逆矩阵。

解:命令如下

a = magic(4);    % 生成 4 阶的魔方阵(每行、每列之和均相等)

b = pinv(a);      % 求伪逆

### 6.3.3.12 矩阵的特殊操作

#### 1. 重新排列

Matlab 可以实现矩阵元素的重新排列,以实现矩阵尺寸或维数的变化,如将一个一维向量重新列为二维或多维矩阵。根据 Matlab 数组元素的排列顺序规则,重新排列元素按照先排列再排行,然后排列第三维、第四维……的顺序排列。命令格式:

c = reshape(a, m, n, p, …),其中 $m$, $n$, $p$ 等分别为新数组各维的阶数。

需要注意的是,新矩阵的各维阶数的乘积必须与原矩阵的各维阶数的乘积相同。

**【例 6.3.27】**矩阵 $a$ 为[1 2 3 4;5 6 7 8;9 10 11 12;13 14 15 16],将其重新排列为 $1 \times 16$ 阶的向量和 $2 \times 4 \times 2$ 阶的三维矩阵。

解:命令如下

a = [1 2 3 4;5 6 7 8;9 10 11 12;13 14 15 16];

c = reshape(a, 1, 16);

c = reshape(a, 2, 4, 2);

#### 2. 矩阵的翻转和旋转

矩阵可以实现左右翻转、上下翻转等操作,使用格式:

fliplr(a):矩阵 **a** 左右翻转;

flipud(a):矩阵 **a** 上下翻转;

flipdim(a, n):矩阵 **a** 的第 $n$ 维翻转;

rot90(a):矩阵 **a** 逆时针旋转 90°。

**【例 6.3.28】**矩阵 $a$ 为[1 2 3 4;5 6 7 8;9 10 11 12;13 14 15 16],分别将其左右翻转、上下翻转和旋转。

解:程序如下

a = [1 2 3 4;5 6 7 8;9 10 11 12;13 14 15 16]

c = fliplr(a)

c = flipud(a)

c = rot90(a)

c = flipdim(a, 1)    % 按行翻转

c = flipdim(a, 2)    % 按列翻转

#### 3. 矩阵元素的抽取

矩阵元素的抽取函数有 diag、tril 和 triu。

（1）函数 diag 实现矩阵对角元素的抽取，其调用格式为：

c＝diag(a,n)

对矩阵 *a* 的第 *n* 条对角线（默认 *n*＝0，为主对角线）进行抽取，得到向量 *c*。*n* 大于 0 时为抽取矩阵上方的第 *n* 条对角线，*n* 小于 0 时为抽取矩阵下方的第 *n* 对角线，*n* 等于 0 或不指定 *n* 时抽取主对角线。

（2）函数 diag 还可以逆向操作，用矢量创建对角矩阵，其调用格式为：

a＝diag(c,n)

创建对角矩阵 *a*，使矢量 *c* 成为 *a* 的第 *n* 条对角线元素，当 *n*＝0 或不指定 *n* 时，*c* 为 *a* 的主对角线。

（3）函数 tril 实现下三角矩阵抽取，其调用格式为：

c＝tril(a,n)

抽取矩阵 *a* 的第 *n* 条对角线下面的部分（包括第 *n* 条对角线），得到与 *a* 同尺寸的矩阵 *c*。*n* 的定义同 diag 函数。

（4）函数 triu 实现上三角矩阵抽取，其调用格式为：

c＝triu(a,n)

抽取矩阵 *a* 的第 *n* 条对角线上面的部分（包括第 *n* 条对角线），得到与 *a* 同尺寸的矩阵 *c*。*n* 的定义同 drag 函数。

**【例 6.3.29】**矩阵 *a* 为[1 2 3 4;5 6 7 8;9 10 11 12;13 14 15 16]，分别抽取其对角线元素，创建对角矩阵，抽取上三角矩阵和下三角矩阵。

解：程序如下

a＝[1 2 3 4;5 6 7 8;9 10 11 12;13 14 15 16]
b＝diag(a)
c＝diag(c,1)
d＝tril(a)
e＝triu(a,－1)

### 6.3.4 多项式数值计算

#### 6.3.4.1 多项式的表示方法

对于多项式 $f(x)＝a_n x^n + a_{n-1} x^{n-1} + \cdots + a_2 x^2 + a_1 x + a_0$。用以下的行向量表示：

$$f＝[a_n, a_{n-1}, \cdots, a_2, a_1, a_0]$$

这样就把多项式的问题转化为向量问题。

**1. 多项式系数创建多项式**

由于在 Matlab 中的多项式是以向量形式储存的，因此，最简单的多项式输入即为直接的向量输入，Matlab 自动将向量元素按降幂顺序分配给各系数值。向量可以为行向量，也可以是列向量。

**【例 6.3.30】**建立多项式 $x^3 - 6x^2 + 5x - 20$ 向量。

解：命令如下

p＝[1 － 6 5 － 20];

poly2sym(p)　% 符号数学形式显示（表示）多项式

运行结果：ans = x^3 − 6 * x^2 + 5 * x − 20

说明：其中的 poly2sym 是符号工具箱中的函数，可将多项式向量显示或转换为符号形式。

### 2. 特征多项式创建多项式

由矩阵求其特征多项式（特征多项式的根等于矩阵特征根），可用函数 poly 实现。

**【例 6.3.31】**矩阵 $a = [1\ 2\ 3; 2\ 3\ 4; 3\ 4\ 5]$，求其特征多项式。

解：命令如下

a = [1 2 3;2 3 4;3 4 5];

p = poly(a)

运行结果：p = 1.0000　　− 9.0000　　− 6.0000　0.0000

说明：

（1）由特征多项式生成的多项式的首项系数一定是 1。

（2）$n$ 阶矩阵一般产生 $n$ 次多项式。

### 3. 由多项式的根创建多项式

由给定多项式的根也可创建其对应的多项式，此功能还是由函数 poly 实现。

**【例 6.3.32】**多项式的根为 $[-5\ -3+4i\ -3-4i]$，求其对应多项式。

解：命令如下

root = [− 5 − 3 + 4i − 3 − 4i];

p = poly(root)

运行结果：p = 1　　11　　55　　125

说明：

（1）若要生成实系数多项式，则根中的复数必定是共轭。

（2）有时生成的多项式向量包含很小的虚部，可用 real 命令将其滤掉。

#### 6.3.4.2　多项式运算

### 1. 求多项式的值

求多项式的值可以有两种形式，对应着两种算法。一种是将变量值代入多项式变量计算，变量的幂运算是以点乘进行的，计算函数为 polyval；另一种是变量的幂运算是以矩阵乘进行的，进行矩阵式运算，以求得多项式的值，此时的计算函数为 polyvalm。这两种计算在数值上有很大的差别，这主要源于矩阵计算和数组运算的差别。

**【例 6.3.33】**对同一多项式及变量值分别计算矩阵计算值和数组计算值。

解：命令如下

p = [1 11 55 125];　% 多项式

b = [1 1;1 1];　　% 变量

polyval(p,b)

运行结果：ans =

　　　　　192　　192

　　　　　192　　192

polyvalm(p,b)

运行结果:ans =

$$206 \quad 81$$
$$81 \quad 206$$

注意:当进行矩阵运算时,变量矩阵需为方阵。

### 2.求多项式的根

求多项式的根可以有两种方法:一种是直接调用 Matlab 的函数 roots,求解多项式的所有根;另一种是通过建立多项式的伴随矩阵再求其特征值得到多项式的所有根。

**【例 6.3.34】**用两种方法求解方程 $2x^4 - 5x^3 + 6x^2 - x + 9 = 0$ 的所有根。

解:程序如下

p = [2 -5 6 -1 9];

roots(p)

运行结果:ans =

$$1.6024 + 1.2709i$$
$$1.6024 - 1.2709i$$
$$-0.3524 + 0.9755i$$
$$-0.3524 - 0.9755i$$

c = compan(p);     % 求多项式的伴随矩阵

eig(c)              % 求矩阵的特征值

运行结果:ans =

$$1.6024 + 1.2709i$$
$$1.6024 - 1.2709i$$
$$-0.3524 + 0.9755i$$
$$-0.3524 - 0.9755i$$

可见两种方法求得的值是相等的。

### 3.多项式的乘除法运算

多项式的乘法由函数 conv 来实现,此函数同于向量的卷积;多项式的除法由函数 deconv 来实现,向量的解卷函数相同。使用格式:

c = conv(b,a):多项式 $a$ 与多项式 $b$ 相乘。

$$[q,r] = \mathrm{deconv}(b,a);$$

式中 $b$ 为分子(被除数)多项式,$a$ 为分母(除数)多项式,$q$ 为商多项式(阶数=分子最高阶—分母最高阶),$r$ 为与分子同阶的余数多项式,即 b = conv(a,q) + r。

**【例 6.3.35】**计算两多项式 $x^4 - 5x^3 + 3x^2 - 4x + 2$ 和 $x^3 + 2x^2 - 5x + 3$ 的乘法。

解:程序如下

a = [1 -5 3 -4 2];

b = [1 2 -5 3];

c = conv(a,b)

运行结果:c = 1   -3   -12   30   -36   33   -22   6

$$[q,r] = \text{deconv}(c,b)$$

运行结果：q = 1  −5   3  −4   2

r = 0   0   0   0   0   0   0   0

【例 6.3.36】用 Matlab 命令求多项式除法，尽量求得多位的商。即求

$$f(x) = \frac{11x^2 - 15x + 6}{x^3 - 4x^2 + 5x - 2}$$

解：$f(x) = \dfrac{11x^2 - 15x + 6}{x^3 - 4x^2 + 5x - 2} = \dfrac{11x^{-1} - 15x^{-2} + 6x^{-3}}{1 - 4x^{-1} + 5x^{-2} - 2x^{-3}}$

说明：因为商多项式的阶数 = 分子最高阶 − 分母最高阶，余数多项式 $r$ 与分子同阶，为了得到更多项的商多项式，则需把分子多项式增添更多的高阶 0 系数（即系数都为 0）。

程序如下：

```
b = [0 11 − 15 6 0 0 0 0];    % 增添更多的高阶 0 系数，即 7 阶多项式
a = [1 − 4 5 − 2];             %3 阶多项式
[q,r] = deconv(b,a)           % 商为 4 阶多项式
```

运行结果：q = [0,11,29,67,145]

r = [0,0,0,0,0,303 − 591 290]

所以 $f(x) = \dfrac{11x^2 - 15x + 6}{x^3 - 4x^2 + 5x - 2} = 0x^0 + 11x^{-1} + 29x^{-2} + 67x^{-3} + 145x^{-4} + \cdots$

### 4. 多项式的导数与积分

多项式的导数由函数 polyder 实现，多项式的积分由函数 polyint 实现。

【例 6.3.37】计算多项式 $3x^4 - 5x^3 + 2x^2 - 6x + 10$ 的微分。

解：命令如下

```
p = [3 − 5 2 − 6 10];
b = polyder(p)
```

运行结果：b = 12  − 15  4  − 6

【例 6.3.38】计算多项式 $12x^3 - 15x^2 + 4x - 6$ 的不定积分。

解：命令如下

```
p = [12 − 15 4 − 6];
polyint(p)
```

运行结果：ans = 3  − 5  2  − 6  0

### 5. 多项式拟合

多项式拟合是多项式运算的一个重要组成部分，在工程及科研工作中都得到了广泛的应用。其实现一方面可以由矩阵的除法求解超定方程来进行，另一方面在 Matlab 中还提供了专用的拟合函数 polyfit。其调用格式如下：

$$[p,s] = \text{polyfit}(X,Y,n)$$

其中 $X$、$Y$ 为拟合数据，$n$ 为拟合多项式的阶数，$p$ 为拟合多项式系数向量，$s$ 为拟合多项式系数向量的结构信息。

【例 6.3.39】用 5 阶多项式对 $[0, \pi/2]$ 上的正弦函数进行最小二乘拟合。

解：程序如下

```
x = 0:pi/20:pi/2;
y = sin(x);
a = polyfit(x,y,5);
x1 = 0:pi/30:pi*2;
y1 = sin(x1);
y2 = a(1)*x1.^5 + a(2)*x1.^4 + a(3)*x1.^3 + a(4)*x1.^2 + a(5)*x1 + a(6);
plot(x1,y1,'b-',x1,y2,'r*')
legend('原曲线','拟合曲线');
axis([0,7,-1.2,4]);
```

运行结果如图 6.3.2 所示。

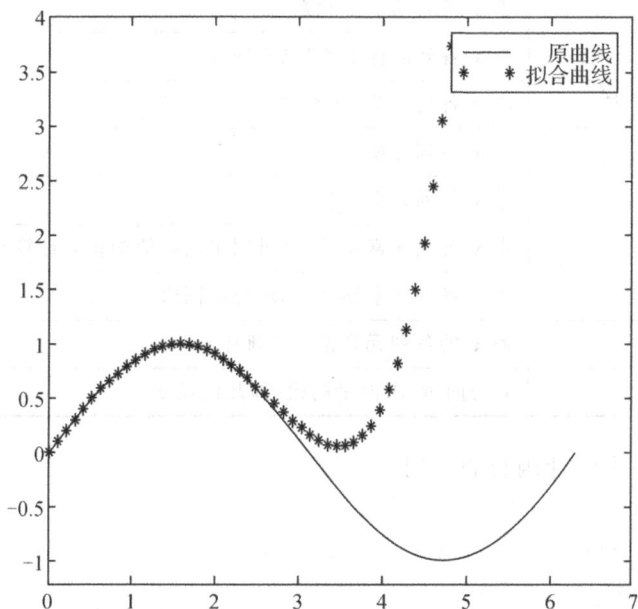

**图 6.3.2    正弦函数的最小二乘拟合图**

由于拟合是在[0,π/2]区间上进行的，故所得曲线在此区间内与原曲线拟合得很好；而在区间外，两曲线差别较大。

### 6.3.5    数据统计分析

Matlab 对数据分析命令有两条约定：

(1) 若输入量 **X** 为向量，则不论是行向量还是列向量，运算是对整个向量进行的。

(2) 若输入 **X** 为矩阵，则函数运算按列进行，即默认每列为一个向量，是由一个变量的不同"观察"所得的数据组成的。

这两条约定不仅应用于 Matlab 的数据分析函数，而且也应用于所有 Matlab 现有的函数或命令。

### 6.3.5.1 基本统计命令

Matlab 提供了一系列数据统计函数,通过运用这些函数,可以完成基本的数据统计分析。如果进行深入的数理统计和概率分析,可以借助于 Matlab 的统计工具箱(Statistic Toolbox),该工具箱提供了 200 多个函数,可以解决各种复杂的数理统计和概率分析问题。本节只介绍 Matlab 基本的统计功能,基本的统计函数见表 6.3.7。

**表 6.3.7　基本统计函数**

| 函数 | 功能 |
|------|------|
| max(x) | 求 $x$ 各列向量的最大值 |
| mean(x) | 求 $x$ 各列的平均值 |
| median(x) | 求 $x$ 各列的中位元素 |
| min(x) | 求 $x$ 各列的最小元素 |
| std(x) | 求 $x$ 各列的标准差(也称均方差) |
| var(x) = std(x) 的平方 | 求 $x$ 各列方差(样本方差) |
| prod(x) | 求 $x$ 各列之积 |
| sum(x) | 求 $x$ 各列元素之和 |
| S = cumsum(x) | 求 $x$ 各列元素累计和(可用于离散值的积分计算),$S$ 与 $x$ 同阶 |
| P = cumprod(x) | 求 $x$ 各列元素累计积,$P$ 与 $x$ 同阶 |
| sort(x) | 使 $x$ 的各列元素按递增排序 |
| norm(x) | $x$ 为向量,求向量的模(即几何长度) |

【例 6.3.40】基本统计函数的应用。

解:命令如下

A = randn(100,4);

Amax = max(A)

Amed = median(A)

Amean = mean(A)

Astd = std(A)

### 6.3.5.2 协方差阵和相关阵

在 Matlab 中函数 cov 用于求矩阵的协方差矩阵,如果一个矩阵为 $m$ 行 $n$ 列,则其协方差矩阵为 $n$ 阶方阵。

函数 corrcoef 用于求矩阵的相关系数矩阵(简称相关阵),相关系数矩阵的元素排列与协方差矩阵的元素排列相同。相关系数是衡量两个向量线性关系密切程度的量。如果两个向量相等,则其相关系数为 1;如果两个向量相互独立,则其相关系数为 0。表 6.3.8 中列出了协方差函数 cov 和相关系数函数 corrcoef 的算法。

设向量 $X$ 有 $n$ 个元素 $x_i$,向量 $Y$ 有 $n$ 个元素 $y_i$,则计算公式为:

向量平均值：$\mathrm{mean}(\boldsymbol{X}) = \overline{\boldsymbol{X}} = \dfrac{\sum\limits_{i=1}^{n} x_i}{n}$；

向量方差：$\mathrm{var}(\boldsymbol{X}) = \sigma_x^2 = \dfrac{\sum\limits_{i=1}^{n} (x_i - \overline{\boldsymbol{X}})(x_i - \overline{\boldsymbol{X}})}{n-1}$；

向量标准差：$\mathrm{std}(\boldsymbol{X}) = \sigma_x = \mathrm{sqrt}(\mathrm{cov}(\boldsymbol{X})) = \mathrm{sqrt}(\mathrm{var}(\boldsymbol{X}))$；

表 6.3.8　函数 cov 和 corrcoef 的算法

| 函数 | 功能 |
|---|---|
| C = cov(x)<br>x 为矩阵 | 求多向量组成的矩阵 x 的协方差阵<br>$\mathrm{cov}(x) = E\big[(x - \mu_x)^{\mathrm{T}}(x - \mu_x)\big]$ |
| C = cov(x,y)<br>x、y 为向量 | 求两随机变量 $x$,$y$ 的协方差矩阵<br>$\begin{bmatrix} \sigma_x^2 & \mathrm{cov}(y,x) \\ \mathrm{cov}(y,x) & \sigma_y^2 \end{bmatrix}$ |
| P = corrcoef(x)<br>x 为矩阵 | 求相关阵，$P(i,j) = \dfrac{C(i,j)}{\sqrt{C(i,i)}\ \sqrt{C(j,j)}}$ |
| P = corrcoef(x,y)<br>x、y 为向量 | 求两随机变量的$(2 \times 2)$相关系数，等于 0 为互不相关,等于 1 为相等 |

说明：当 $\boldsymbol{x}$ 为向量时，则 $\mathrm{cov}(\boldsymbol{x}) = \mathrm{var}(\boldsymbol{x})$，为自方差。

两向量 $\boldsymbol{X}$、$\boldsymbol{Y}$ 协方差计算公式：$\sigma_{xy} = \dfrac{\sum\limits_{i=1}^{n} (x_i - \overline{\boldsymbol{X}})(y_i - \overline{\boldsymbol{Y}})}{n-1}$；

两向量 $\boldsymbol{X}$、$\boldsymbol{Y}$ 协方差矩阵：$\mathrm{cov}(\boldsymbol{X},\boldsymbol{Y}) = \begin{bmatrix} \sigma_x^2 & \mathrm{cov}(x,y) \\ \mathrm{cov}(y,x) & \sigma_y^2 \end{bmatrix}$；

两向量 $\boldsymbol{X}$、$\boldsymbol{Y}$ 相关系数计算公式：$\rho_{xy} = \dfrac{\sigma_{xy}}{\sqrt{\sigma_x^2}\ \sqrt{\sigma_y^2}}$，等于 0 为互不相关；

两向量 $\boldsymbol{X}$、$\boldsymbol{Y}$ 相关系数矩阵：$\mathrm{corrcoef}(\boldsymbol{X},\boldsymbol{Y}) = \begin{bmatrix} \rho_{xx} & \rho_{yx} \\ \rho_{xy} & \rho_{yy} \end{bmatrix}$；

两向量 $\boldsymbol{X}$、$\boldsymbol{Y}$ 的相关函数：$\mathrm{xcorr}(\boldsymbol{X},\boldsymbol{Y})$；

两向量 $\boldsymbol{X}$、$\boldsymbol{Y}$ 的卷积函数：$\mathrm{conv}(\boldsymbol{X},\boldsymbol{Y})$。

【例 6.3.41】计算协方差和相关系数矩阵。

解：x = rand(10,3);　　　%3 个随机序列的矩阵

　　y = rand(10,3);

　　cx = cov(x)　　　　% 计算 x 协方差矩阵,3 个向量产生 3 * 3 协方差阵

　　运行结果：cx =

|  |  |  |
|---|---|---|
| 0.0932 | 0.0264 | − 0.0125 |
| 0.0264 | 0.0795 | − 0.0067 |
| − 0.0125 | − 0.0067 | 0.0461 |

```
cy = cov(y);          % 计算 y 协方差矩阵
cxy = cov(x,y)        % 把 x,y 分别转换为向量后,对两向量求协方差矩阵
```
运行结果:cxy =

$$\begin{matrix} 0.0699 & -0.0066 \\ -0.0066 & 0.0894 \end{matrix}$$

```
px = corrcoef(x)     % 求矩阵 x 的相关阵,3 个向量产生 3*3 相关阵
```
运行结果:px =

$$\begin{matrix} 1.0000 & 0.3063 & -0.1905 \\ 0.3063 & 1.0000 & -0.1109 \\ -0.1905 & -0.1109 & 1.0000 \end{matrix}$$

```
pxy = corrcoef(x,y)    % 把 x,y 分别转换为向量后,对两向量求相关阵
```
运行结果:pxy =

$$\begin{matrix} 1.0000 & -0.0837 \\ -0.0837 & 1.0000 \end{matrix}$$

### 6.3.5.3　数值的差分(微分)与梯度(导数)

微分、差分和梯度运算是重要的数学运算方法,使用 Matlab 提供的函数,可以解决大多数微分、差分及梯度计算的问题。

**1. 微分及差分**

微分及差分就是计算相邻元素的差。求微分、差分的函数为 diff,其调用格式为:

(1) $Y = \text{diff}(X)$;计算相邻元素的差分。

对于向量,该运算返回一个较原向量长度少一个元素的向量,其值为 $[X(2)-X(1), X(3)-X(2),\cdots,X(n)-X(n-1)]$;对于矩阵,该运算返回一个较原矩阵少一行的矩阵,即矩阵是由列向量组成的。

(2) $Y = \text{diff}(X,n)$:求 $n$ 阶差分,即 $\text{diff}(X,2)$ 表示 $\text{diff}(\text{diff}(X))$。

(3) $Y = \text{diff}(X,n,\text{dim})$:对矩阵 $X$ 按指定的维数 dim 求 $n$ 阶差分,如果差分阶次 $n$ 大于或等于指定维数 dim,运算将返回空数组。

**【例 6.3.42】** 计算 $X = [1,2,3,4,5,6,7]$ 的差分。

解:命令如下
```
X = [1,2,3,4,5,6,7];
Y = diff(X)
```
运行结果:Y = 1　1　1　1　1　1

**2. 梯度(即导数)**

求数值梯度(近似梯度)的函数为 gradient,其使用格式为:

(1) $FX = \text{gradient}(F,hx)$:返回向量 $\boldsymbol{F}$ 的数值梯度(导数),即 $FX = \dfrac{\partial F}{\partial x}$。$hx$ 默认为 1。

(2) $[FX,FY] = \text{gradient}(F,hx,hy)$:返回二维矩阵 $\boldsymbol{F}$ 的数值梯度,即 $FX = \dfrac{\partial F}{\partial x}$,$FY =$

$\dfrac{\partial F}{\partial y}$。$hx$,$hy$ 默认为 1。

(3)[FX,FY,FZ⋯]＝gradient(F)：返回 $n$ 维矩阵 **F** 的 $n$ 个 $n$ 维数值梯度。

(4)[⋯]＝gradient(F,h1,h2,⋯)：指定各方向的点间隔，如果不指定，缺省值为 1。

**【例 6.3.43】** 计算 $y = x^2$ 的导数（梯度）。

解：程序如下

```
x = 0:0.1:5;
y = x.^2;
Fx = gradient(y,0.1);
plot(x,Fx);
```

程序运行结果如图 6.3.3 所示。

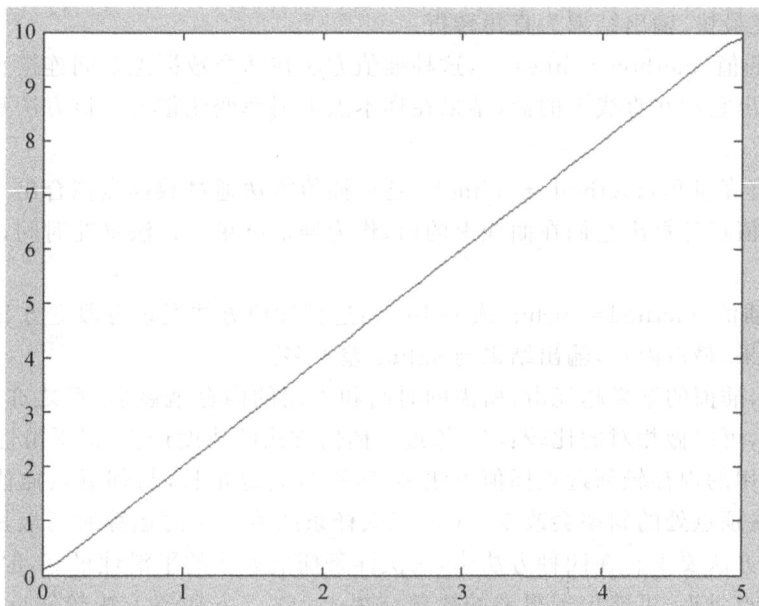

图 6.3.3　梯度图

**【例 6.3.44】** 计算表达式 $z = x\,\mathrm{e}^{-x^2-y^2}$ 的梯度。

解：程序如下

```
v = -2:0.2:2;              % 生成 -2 到 2 间隔为 0.2 的自变量
[x,y] = meshgrid(v);       % 产生数据网格
z = x.*exp(-x.^2 - y.^2);  % 计算 z
[px,py] = gradient(z,.2,.2); % 求二维梯度
```

**6.3.5.4　插值**

插值定义为对数据点之间的函数估值方法。当不能很快地求出所需中间点的函数值时，插值是一个有价值的工具。例如，当数据点是某些实验测量的结果或是过长的计算过程时，就有这种情况。

最简单插值的例子是 Matlab 的图。按缺省，Matlab 绘曲线图就是用直线连接数据点，

称为线性插值。线性插值就是猜测数据点的中间值都落在数据点之间的线段上。当然,当数据点个数增加及它们之间距离减小时,线性插值就更精确。

插值在信号处理和图形分析中有广泛的应用,Matlab 提供了多种插值函数,以满足不同的需求。

### 1. 一维插值

一维插值是最常用的插值运算,也是信号处理和曲线拟合等领域的基本运算。一维插值由函数 interp1 实现,其调用格式为:

yi = interp1(x,y,xi,method)

其中,$y$ 为函数值向量,$x$ 为自变量向量,$x$ 与 $y$ 的长度相同。$x_i$ 为插值点的自变量矢量,method 为插值方法选项,有四种选项,介绍如下:

(1) 邻近点插值(method='nearest'):这种插值方法将插值结果的值设置为最近数据点的值,执行速度最快,输出结果为直角转折。

(2) 线性插值(method='linear'):这种插值方法在两个数据点之间连接直线,根据给定的插值点计算出它们在直线上的值,结果在样本点上斜率变化很大。该方法是 interp1 的缺省方法。

(3) 三次样条插值(method='spline'):这种插值方法通过数据点拟合出三次样条曲线,根据给定的插值点计算出它们在曲线上的值,作为插值结果。该法最花时间,但输出结果也最平滑。

(4) 立方插值(method='pchip'或'cubic'):这种插值方法通过分段立方 hermite 插值方法计算插值结果,最占内存,输出结果与 spline 差不多。

一般地说,插值的结果越光滑,所需的时间和占用的内存就越多,反之亦然。对于上述四种插值方法,可以做相对的比较:(1) 邻近点插值方法的速度最快,但平滑性最差。(2) 线性插值方法占用的内存较邻近点插值方法多,运算时间也稍长,与邻近点插值不同,其结果是连续的,但在顶点处的斜率会改变。(3) 三次样条插值方法的运算时间最长,但内存的占用较立方插值方法要少。在四种方法中,三次样条插值方法的平滑性最好,但如果输入数据不一致或数据点过近,可能出现很差的插值结果。(4) 立方插值方法较邻近点插值和线性插值需要更多的内存和运算时间,其插值数据和导数都是连续的。

【例 6.3.45】对余弦函数离散值进行四种插值法插值对比。

解:程序如下

```
x = 0:10;
y = cos(x);
xi = 0:.25:10;
strmod = {'nearest','linear','spline','cubic'};      % 将插值方法定义为单元数组
strlb = {'(a)method = nearest','(b)method = linear',…
'(c)method = spline','(d)method = cubic'};         % 将 X 轴标识定义为单元数组
for i = 1:4
    yi = interp1(x,y,xi,strmod{i});
    subplot(2,2,i),plot(x,y,'ro',xi,yi,'b')          % 在一个图形窗口绘制多幅图形
    xlabel(strlb(i))
```

end

运行结果如图 6.3.4 所示。

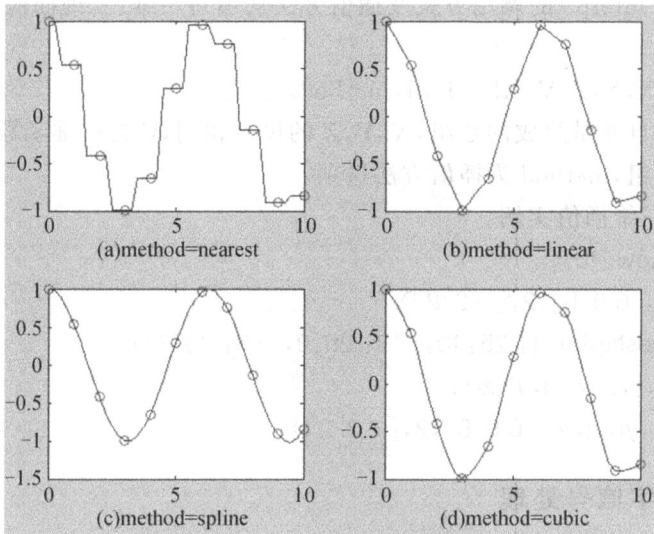

图 6.3.4　四种插值结果图

### 2. 二维插值

二维插值主要应用于图形图像处理和三维曲线拟合等领域。二维插值由函数 interp2 实现,其调用格式:

$$ZI = interp2(X, Y, Z, XI, YI, method)$$

其中,$X$ 和 $Y$ 为自变量组成的数组,$X$ 与 $Y$ 的尺寸相同,$Z$ 为二维函数数组。$XI$ 和 $YI$ 为插值点的自变量数组,method 为插值方法选项。对于二维插值,Matlab 也提供了四种方法:

(1) 邻近点插值(method =' nearest ')。

(2) 双线性插值(method =' linear ')。该方法是 interp2 函数的缺省方法。

(3) 三次样条插值(method =' spline ')。

(4) 二重立方插值(method =' cubic ')。

【例 6. 3. 46】二维插值四种方法的对比。

解:程序如下

```
[x,y,z] = peaks(7);                        % 生成双峰函数值
mesh(x,y,z)                                % 绘制网格图
[xi,yi] = meshgrid( - 3:0.2:3, - 3:0.2:3); % 生成供插值的数据网格
z1 = interp2(x,y,z,xi,yi,'nearest');       % 邻近值插值
z2 = interp2(x,y,z,xi,yi,'linear ');
z3 = interp2(x,y,z,xi,yi,'spline ');
z4 = interp2(x,y,z,xi,yi,'cubic ');
figure,mesh(xi,yi,z1)                      % 绘制邻近点方法插值结果的网格图
figure,mesh(xi,yi,z2)                      % 绘制双线性方法插值结果的网格图
figure,mesh(xi,yi,z3)                      % 绘制三次样条方法插值结果网格图
```

```
figure,mesh(xi,yi,z4)                    % 绘制二重立方方法插值结果网格图
```

### 3. 三维插值

三维插值函数 interp3 的调用方式及插值方法选项与一维、二维插值基本相同。其一般的调用格式为：

VI＝interp3(X,Y,Z,V,XI,YI,ZI,method)

其中，$X,Y,Z$ 为由自变量组成的数组，$X,Y,Z$ 的尺寸相同，$V$ 为三维函数数组。$XI,YI,ZI$ 为插值的自变量数组，method 为插值方法选项。

**【例 6.3.47】**三维插值实例。

```
[x,y,z,v] = flow(10);
slice(x,y,z,v,[6 9.5],2,[-2.2])
[xi,yi,zi] = meshgrid(.1:.25:10, -3:.25:3, -3:.25:3);
vi = interp3(x,y,z,v,xi,yi,zi);
figure,slice(xi,yi,zi,vi,[6 9.5],2,[-2.2]);
```

## 6.3.6　数字信号处理

### 6.3.6.1　离散时间傅立叶变换 DTFT

### 1. 根据 DTFT 定义计算

**【例 6.3.48】**若 $x(t)=\cos(2\pi t)$，取样间隔 0.1 s，得到一个 $N=32$ 的有限序列，利用 Matlab 计算它的 DFT 并画出图形。

解：程序如下

```
Ts = 0.1;fs = 1/Ts;
N = 32;
n = 0:N-1;
xn = cos(2 * pi * n * Ts);        % 离散信号数据
stem(n,xn);
title('时域取样图');
k = 0:N-1;
WN = exp(-j * 2 * pi/N);
nk = n' * k;
WNnk = WN.^nk;
Xk = xn * WNnk;
figure;
subplot(2,1,1);
stem(k * fs/N,abs(Xk));           % 频率轴 k * fs/N 的单位为 Hz
xlabel('Hz');
title('幅频特性');
subplot(2,1,2);
stem(k * fs/N,angle(Xk));         % 频率轴 k * fs/N 的单位为 Hz
```

414

title('相频特性');

程序运行结果:时域取样图如图 6.3.5 所示,频谱图如图 6.3.6 所示。由图可见,频率接近于 1 Hz 处幅度最大,在其附近也有频谱能量,这是因为时域不是完整的周期取样,因而造成频谱泄漏。

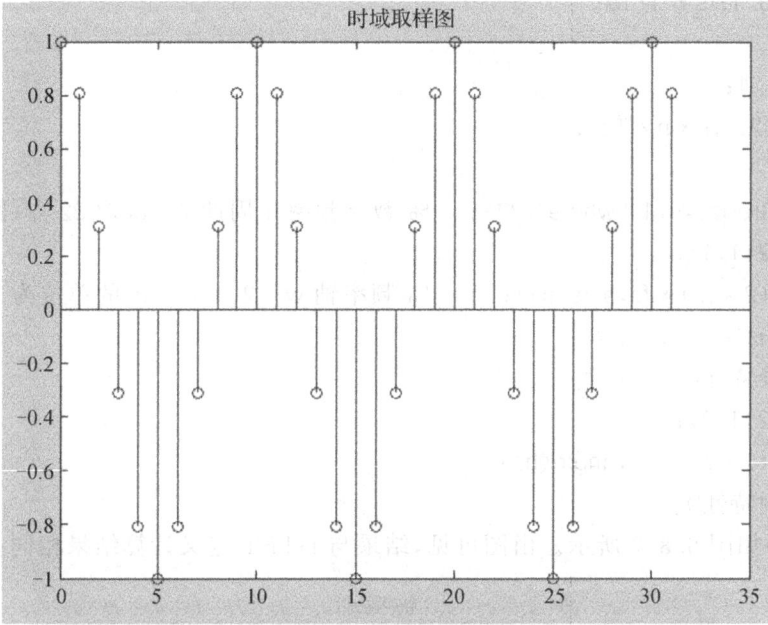

**图 6.3.5   时域取样图**

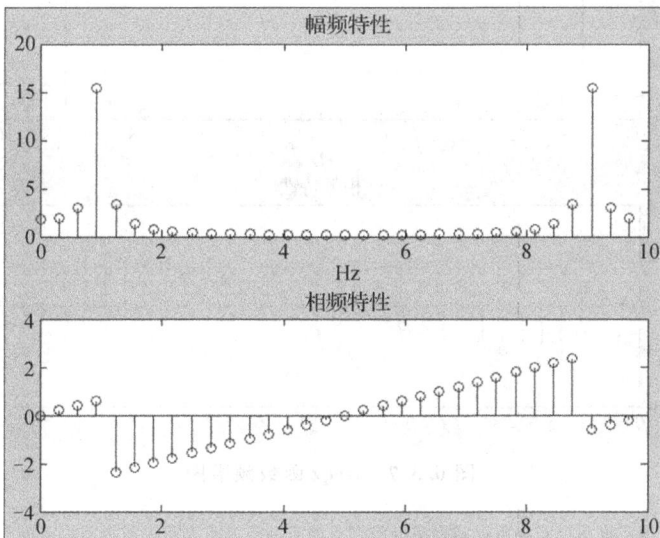

**图 6.3.6   DTFT 频谱图**

## 2. 用 Matlab 函数 freqz 实现 DTFT

Matlab 的 freqz 函数可数值计算 DTFT。当频率点 $N$ 取得足够多时即是连续的 DTFT 频谱,而当频率点数 $N$ 与时域数据点数相等时即是 DFT。使用格式:

[h,w]＝freqz(x,1,'whole',N);数字频率域一个周期(2 * pi)取 N 点的DTFT计算,N 默认为512点。

【例 6.3.49】若 $x(t)=\cos(2\pi t)$,取样间隔0.1 s,得到一个 $N=32$ 的有限序列,利用 Matlab 函数 freqz 计算它的DFT并画出图形。

解:Ts = 0.1;fs = 1/Ts;

N = 32;

n = 0:N − 1;

xn = cos(2 * pi * n * Ts);

figure

[h,w] = freqz(xn,1,'whole',32);     % 数字频率 1 周期 2 * pi 取 32 点(默认 512 点)

subplot(2,1,1);

stem(w/(2 * pi) * fs,abs(h));     % 频率轴 w/(2 * pi) * fs 的单位为 Hz

xlabel('Hz')

title('幅频特性');

subplot(2,1,2);

stem(w/(2 * pi) * fs,angle(h))

title('相频特性');

运行结果如图 6.3.7 所示。由图可见,结果与 DTFT 定义计算结果相同。

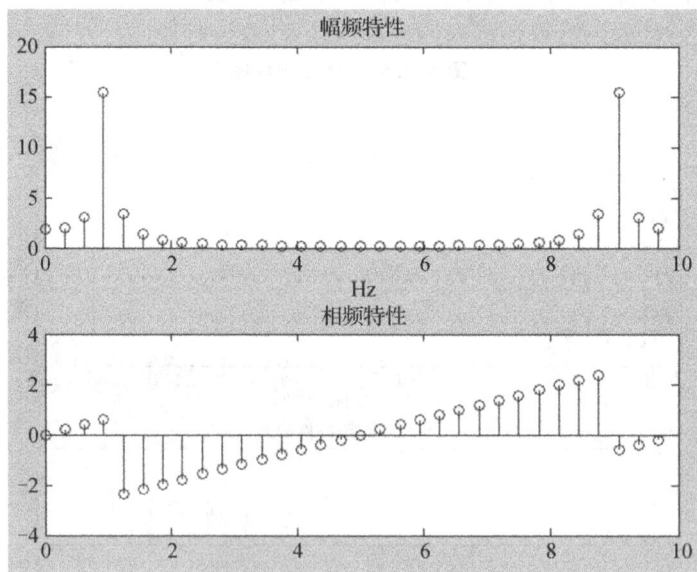

图 6.3.7　freqz 函数频谱图

### 6.3.6.2　离散傅立叶变换 DFT

在 Matlab 中,可以直接利用函数 fft 来实现 DFT,该函数是机器语言,执行速度快。使用格式为:

X = fft(xn):默认频率点数与时域点数相同;

X = fft(xn,N):指定频率点数为 N;

xn = ifft(X):离散傅立叶逆变换;

xn = ifft(X,N):指定点数为 $N$ 的离散傅立叶逆变换。

也可以采用函数 freqz 来实现 DFT。使用格式为:

$$freqz(xn,1,'whole',N)$$

参数' whole '表示计算整个频谱周期 $0 \sim 2 * pi$,若省略,则只计算 $0 \sim pi$ 频率范围。若参数 $N$ 取与时域数据相同点数时,则为 DFT;若参数 $N$ 取得足够大,则为 DTFT。

说明:FFT 是 DFT 的快速算法,因此做 FFT 分析就是做 DFT 分析。

【例 6.3.50】若 $x(t) = \cos(2\pi t)$,取样间隔 0.1 s,得到一个 $N = 32$ 的有限序列,利用 Matlab 函数 fft 计算它的 DFT 并画出图形。

解:Ts = 0.1;fs = 1/Ts;

   N = 32;

   n = 0:N - 1;

   xn = cos(2 * pi * n * Ts);

   h = fft(xn);

   figure

   subplot(2,1,1);

   stem(n/N * fs,abs(h));　　% 频率轴 n/N * fs 的单位为 Hz

   xlabel('Hz')

   title('幅频特性');

   subplot(2,1,2);

   stem(n/N * fs,angle(h))

   title('相频特性');

程序运行结果如图 6.3.8 所示。由图可见,结果与上例使用 freqz 函数计算结果相同。

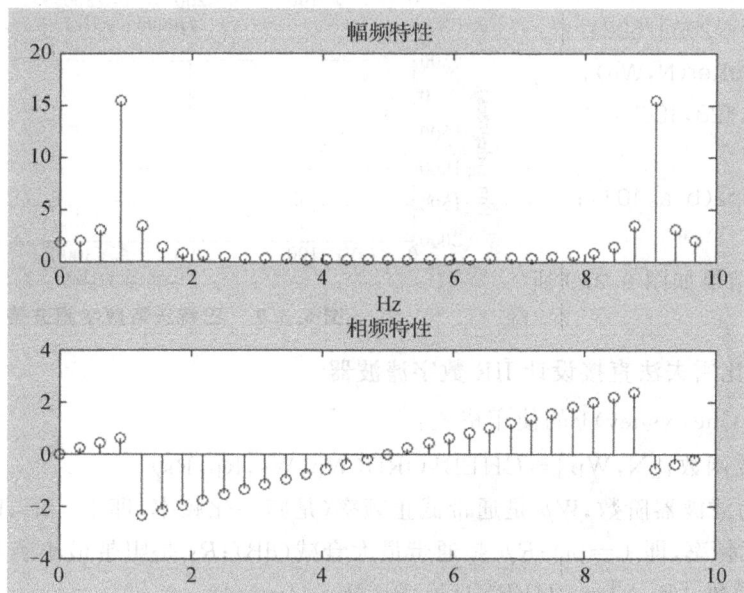

图 6.3.8　FFT 频谱图

做 FFT 频谱分析时,幅值大小与 FFT 选择的点数有关,但不影响分析结果。在 IFFT 时已经做了处理。要得到真实的振幅值大小,只要将得到的变换后结果乘以 2 除以 $N$ 即可。如上例余弦信号的振幅为 1,做 32 点 FFT 后幅度约 16(因为存在泄漏),16 * 2/32 = 1 就是原余弦信号的幅度。乘以 2 的原因是频谱能量对称分布到正、负频率中。

### 6.3.6.3 IIR 数字滤波器设计

#### 1. 基于巴特沃斯法直接设计 IIR 数字滤波器

巴特沃斯(Butterworth)法直接设计 IIR(infinite impulse response) 数字滤波器使用格式:

(1) 求阶数函数:[N, Wn] = buttord(Wp, Ws, Rp, Rs)

参数:$N$ 为滤波器阶数;$Wn$ 是归一化通带 3 dB 处截止频率;$Wp$ 是通带截止频率(是归一化频率,即 1 = pi);$Ws$ 是阻带截止频率(是归一化频率,即 1 = pi);$Rp$ 是通带最大衰减(dB);$Rs$ 是阻带最小衰减(dB)。

(2) 设计函数:[B, A] = butter(N, Wn, 'ftype')

参数:$N$ 为滤波器阶数;$Wn$ 是归一化(以 pi 为 1) 截止频率(如果输入是形如 [W1 W2] 的向量时,则将设计带通滤波器,其通带为 $W1 < \omega < W2$);ftype 是滤波器的类型(低通:省略该参数;高通:ftype = high;带阻:ftype = stop)。

【例 6.3.51】设计一个 10 阶的带通巴特沃斯数字滤波器,带通频率为 100 Hz 到 200 Hz,采样频率为 1000 Hz,绘出该滤波器的幅频与相频特性,以及其冲击响应。

解:程序如下

```
clear all;
N = 10;
Wn = [100  200]/500;
[b,a] = butter(N,Wn);
freqz(b,a,128,1000)
figure(2)
[y,t] = impz(b,a,101);
stem(t,y)
```

程序运行结果如图 6.3.9 所示。

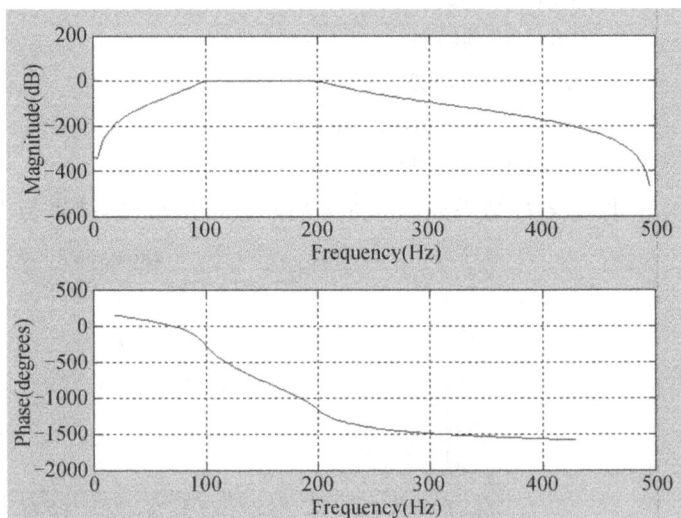

图 6.3.9 巴特沃斯数字滤波器

#### 2. 基于切比雪夫法直接设计 IIR 数字滤波器

切比雪夫(Chebyshev)1 的使用格式:

(1) 求阶数函数:[N, Wp] = CHEB1ORD(Wp, Ws, Rp, Rs)

参数:$N$ 为滤波器阶数;$Wp$ 是通带截止频率(是归一化频率,即 1 = pi);$Ws$ 是阻带截止频率(是归一化频率,即 1 = pi);$Rp$ 是通带最大衰减(dB);$Rs$ 是阻带最小衰减(dB)。

(2) 设计函数:[B, A] = CHEBY1(N, Rp, Wp, 'ftype')

参数:$N$ 为滤波器阶数;$Rp$ 是通带最大衰减(dB);$Wp$ 是截止归一化频率(如果输入是

形如[$W1$ $W2$]的向量时,则将设计带通滤波器,其通带为$W1<\omega<W2$);ftype是滤波器的类型(低通:省略该参数;高通:ftype=high;带阻:ftype=stop)。

切比雪夫2的使用格式:

(1)求阶数函数:[N,Ws]=CHEB2ORD(Wp,Ws,Rp,Rs);

(2)设计函数:[B,A]=CHEBY2(N,Rs,Ws,'ftype')。

参数含义与切比雪夫1相同。

【例6.3.52】设计一个切比雪夫Ⅰ型数字低通滤波器。要求:通带截止频率$Wp=100$ Hz,阻带截止频率$Ws=200$ Hz,通带最大衰减$Rp=3$ dB,阻带最小衰减$Rs=30$ dB,取样频率$Fs=1000$ Hz。

解:程序如下

```
clear all;
Wp = 100;
Rp = 3;
Ws = 200;
Rs = 30;
Fs = 1000;
[N,Wn] = cheb1ord(Wp/(Fs/2),Ws/(Fs/2),Rp,Rs);
[b,a] = cheby1(N,Rp,Wn);
freqz(b,a,512,1000);
```

程序运行结果如图6.3.10所示。

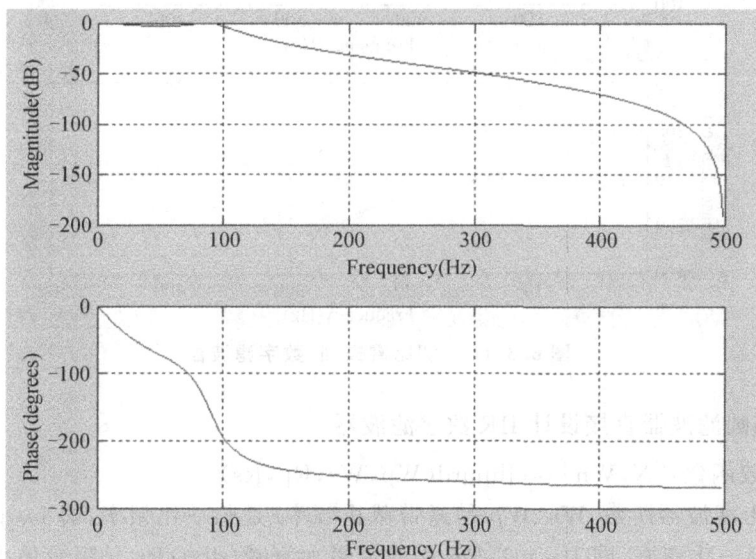

图6.3.10 切比雪夫Ⅰ数字滤波器

【例6.3.53】设计一个切比雪夫Ⅱ型数字带通滤波器,要求带通范围$100\sim250$ Hz,带阻上限为300 Hz,下限为50 Hz,通带内纹波小于3 dB,阻带纹波为30 dB,抽样频率为1000 Hz,并利用最小的阶次实现。

解：程序如下

```
clear all；
Wpl = 100；
Wph = 250；
Wp = [Wpl,Wph]；
Rp = 3；
Wsl = 50；
Wsh = 300；
Ws = [Wsl,Wsh]；
Rs = 30；
Fs = 1000；
[N,Wn] = cheb2ord(Wp/(Fs/2),Ws/(Fs/2),Rp,Rs)；
[b,a] = cheby2(N,Rs,Wn)；
freqz(b,a,512,1000)；
```

程序运行结果如图 6.3.11 所示。

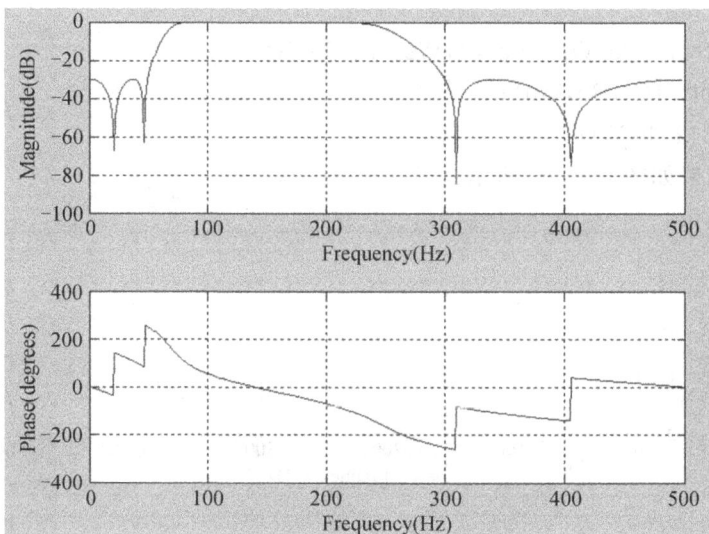

图 6.3.11　切比雪夫 Ⅱ 数字滤波器

### 3. 基于椭圆滤波器直接设计 IIR 数字滤波器

（1）求阶数函数：$[N,Wn] = ellipord(Wp,Ws,Rp,Rs)$

参数：$N$ 为滤波器阶数；$Wn$、$Wp$ 是通带截止频率（是归一化频率，即 $1 = pi$）；$Ws$ 是阻带截止频率（是归一化频率，即 $1 = pi$）；$Rp$ 是通带最大衰减（dB）；$Rs$ 是阻带最小衰减（dB）。

（2）设计函数：$[B,A] = ellip(N,Rp,Rs,Wn)$

参数：$N$ 为滤波器阶数；$Rp$ 是通带最大衰减（dB）；$Wp$ 是截止归一化频率（如果输入是形如 $[W1\ W2]$ 的向量时，则将设计带通滤波器，其通带为 $W1 < \omega < W2$）；ftype 是滤波器的类型（低通：省略该参数；高通：ftype = high；带阻：ftype = stop）。

【例 6.3.54】设计一个椭圆滤波数字带通滤波器，要求带通范围 100～250 Hz，带阻上限为 300 Hz，下限为 50 Hz，通带内纹波小于 3 dB，阻带纹波为 50 dB，抽样频率为 1000 Hz，并利用最小的阶次实现。

解：程序如下

```
clear all；
Wpl = 100；
Wph = 250；
Wp = [Wpl,Wph]；
Rp = 3；
Wsl = 50；
Wsh = 300；
Ws = [Wsl,Wsh]；
Rs = 50；
Fs = 1000；
[N,Wn] = ellipord(Wp/(Fs/2),Ws/(Fs/2),Rp,Rs)；
[b,a] = ellip(N,Rp,Rs,Wn)；
freqz(b,a,512,1000)；
```

程序运行结果如图 6.3.12 所示。

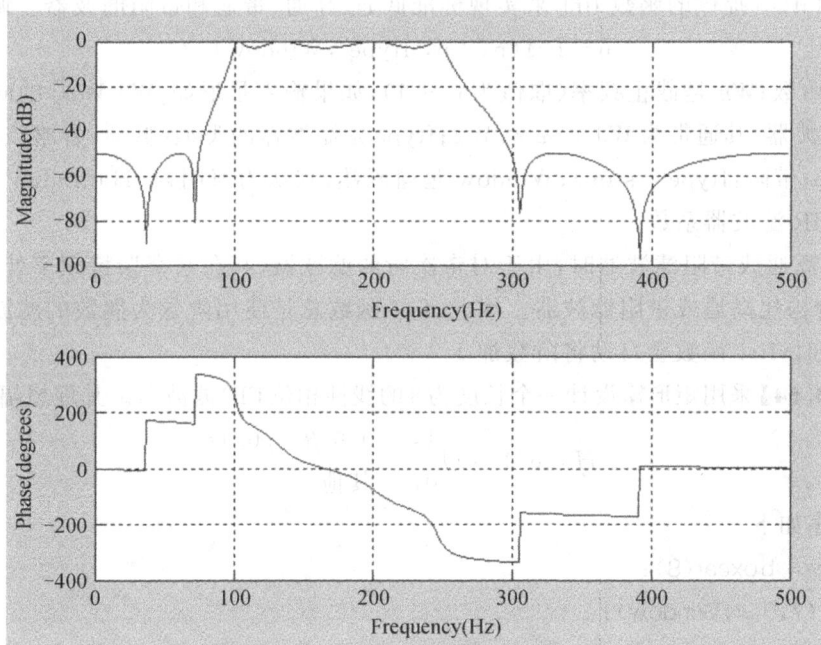

**图 6.3.12 椭圆滤波器**

### 6.3.6.4 FIR 数字滤波器设计

**1. 在 Matlab 中产生窗函数**

（1）矩形窗（Rectangle Window）

调用格式：w = boxcar(N)，根据长度 N 产生一个矩形窗 w。

（2）三角窗（Triangular Window）

调用格式：w = triang(N)，根据长度 $N$ 产生一个三角窗 $w$。

（3）汉宁窗（Hanning Window）

调用格式：w = hanning(N)，根据长度 $N$ 产生一个汉宁窗 $w$。

（4）海明窗（Hamming Window）

调用格式：w = hamming(N)，根据长度 $N$ 产生一个海明窗 $w$。

（5）布拉克曼窗（Blackman Window）

调用格式：w = blackman(N)，根据长度 $N$ 产生一个布拉克曼窗 $w$。

（6）恺撒窗（Kaiser Window）

调用格式：w = kaiser(N, beta)，根据长度 $N$ 和影响窗函数旁瓣的 $\beta$ 参数产生一个恺撒窗 $w$。

（7）切比雪夫窗（Chebyshev Window）

调用格式：w = chebwin(N, Rs)，根据长度 $N$ 和阻带边缘衰减 $R$（dB）参数产生一个切比雪夫窗 $w$。

### 2. 基于窗函数的 FIR 滤波器设计

（1）标准频率响应 FIR 滤波器设计

利用 Matlab 提供的函数 fir1 来实现标准低通、高通、带通和带阻滤波器。调用格式：

$$b = fir1(n, Wn, 'ftype', Window)$$

$n$ 为滤波器阶数；$Wn$ 是截止频率（取值为 $0 \sim 1$），如果输入是形如 $[W1 \; W2]$ 的向量时，则将设计带通滤波器，其通带为 $W1 < \omega < W2$；ftype 是滤波器的类型（低通：省略该参数；高通：ftype = high；带阻：ftype = stop）；Window 是窗函数，默认为海明窗（Hamming Window）。返回 $b$ 为 FIR 滤波器系数。

在设计高通或带阻滤波器时，由于对奇次阶的滤波器，其在奈奎斯特频率处的频率响应为 0，不适合构建高通或带阻滤波器。因此，fir1 函数总是使用阶数为偶数的滤波器，当输入阶数为奇数时，fir1 函数会自动将阶数加 1。

【例 6.3.54】采用矩形窗设计一个长度为 8 的线性相位 FIR 滤波器。其理想幅频特性满足

$$|H_d(e^{j\beta})| = \begin{cases} 1, & 0 \leqslant \beta \leqslant 0.4\pi \\ 0, & \text{其他} \end{cases}$$

解：程序如下

```
Window = boxcar(8);
b = fir1(7, 0.4, Window);
freqz(b, 1)
```

程序运行结果如图 6.3.13 所示。

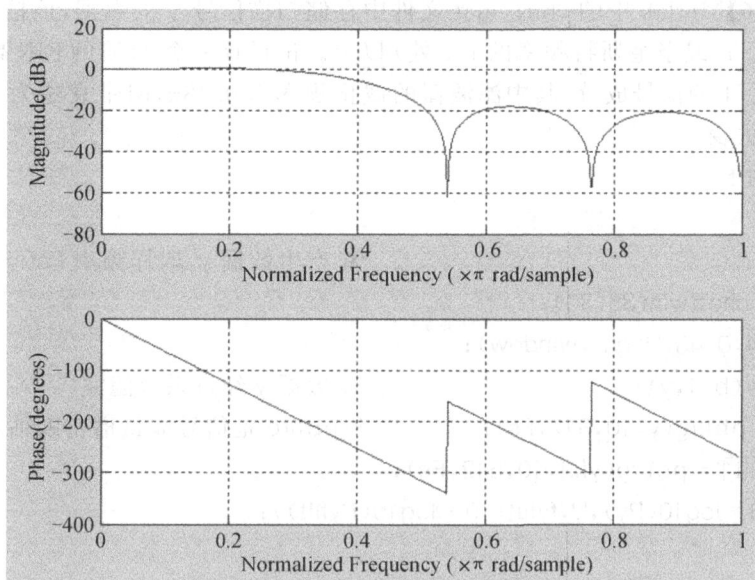

图 6.3.13　矩形窗 FIR 滤波器

【例 6.3.55】采用布拉克曼窗设计线性相位带通滤波器,其长度 $N=16$,上、下边带截止频率分别为 $W1=0.3\pi,W2=0.5\pi$。

解:程序如下

```
Window = blackman(16);
b = fir1(15,[0.3 0.5],Window);
freqz(b,1)
```

程序运行结果如图 6.3.14 所示。

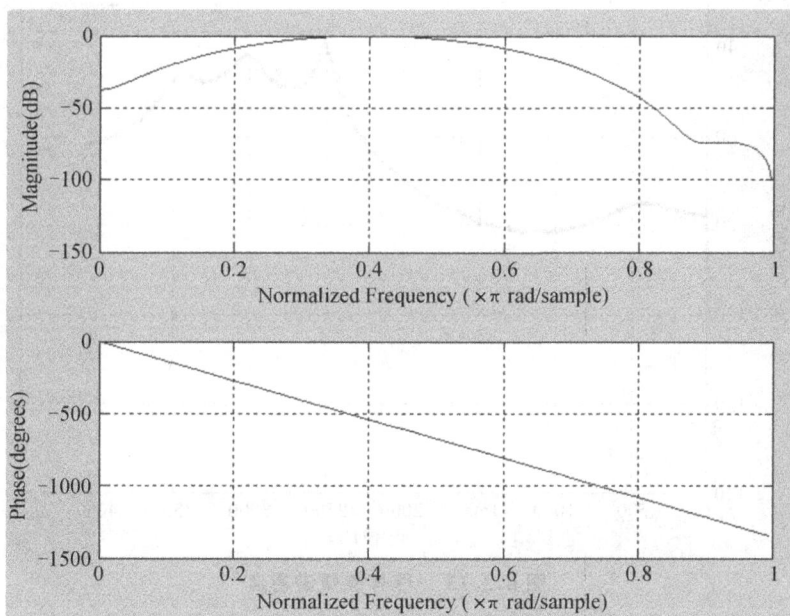

图 6.3.14　布拉克曼窗 FIR 滤波器

【例 6.3.56】Matlab 中的 chirp.mat 文件中存储扫描信号 $y$ 的数据,该信号的大部分号能量集中在 $F_s/4$(或奈奎斯特频率的 $1/2$ 处)以上。试设计一个 34 阶的 FIR 高通滤波器,滤除频率低于 $F_s/4$ 的信号成分,其中滤波器的截止频率为 $0.48\pi$,阻带衰减为 30 dB,滤波器窗采用切比雪夫窗。

解:程序如下

```
clear all;
load chirp;                         % 产生数据 y,取样频率 Fs(=8192 Hz)
window = chebwin(35,30);
b = fir1(34,0.48,'high',window);
yfilt = filter(b,1,y);              % 数据 y 经过系统滤波
[Py,fy] = pburg(y,10,512,Fs);       % pburg 是信号能量谱密度估算函数
[Pyfilt,fyfilt] = pburg(yfilt,10,512,Fs);
plot(fy,10 * log10(Py),'.',fyfilt,10 * log10(Pyfilt));
grid on
ylabel('幅度(dB)')
xlabel('频率(Hz)')
legend('滤波前的线性调频信号','滤波后的线性调频信号')
```

运行结果如图 6.3.15 所示。

说明:信号能量谱密度估算函数使用格式:$[Py,fy]=pburg$(信号向量 y,阶数 10,FFT 处理点数 512,取样频率 Fs)。返回 $P_y$ 为单位频率的能量(能量密度),$f_y$ 为频率向量(单位:Hz)。

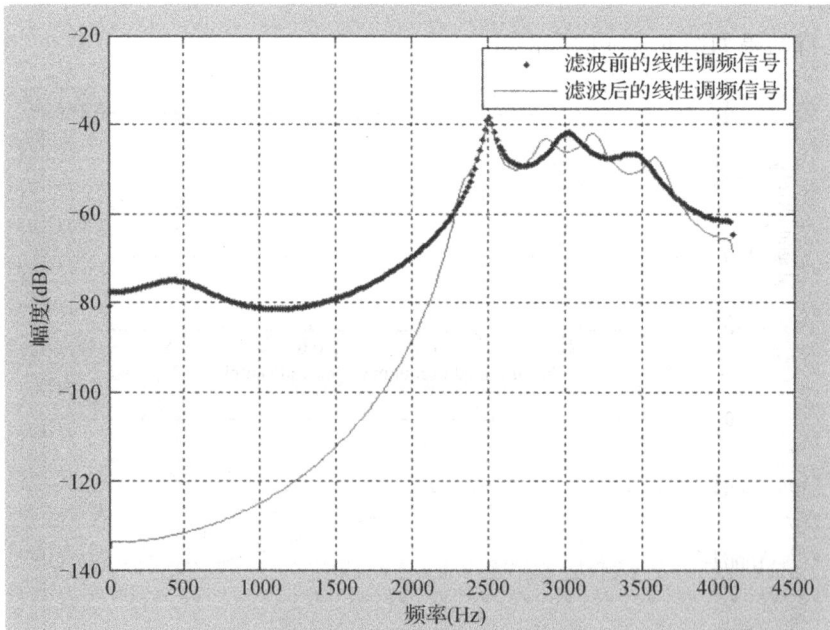

图 6.3.15　信号能量谱密度

（2）频率样本法设计 FIR 滤波器

利用 Matlab 提供的函数 fir2 来实现任意频率响应 FIR 滤波器。调用格式：

$$b = fir2(n, f, m, Window)$$

参数：$n$ 为滤波器阶数。$f$ 为频率点向量，$f$ 取值范围 $0 \sim 1$，$f = 1$ 对应 $0.5 f_s$；$f$ 向量按升值排列，且第一个元素必须是 $0$，最后一个必须为 $1$。$m$ 向量包含了与 $f$ 相对应的期望得到的滤波器幅度。Window 为指定使用的窗函数类型，默认为海明窗（Hamming Window）。

**【例 6.3.57】** 利用频率样本法设计 FIR 低通滤波器，要求 $\beta_c = \dfrac{\pi}{3}$，阶数 $N = 12$。

解：用理想低通作为逼近滤波器，程序如下

f = [0, 1/3, 2/3, 1];
m = [1, 1, 0, 0];
b = fir2(12, f, m);

运行结果：b =

  0.0000      0.0018   − 0.0000   − 0.0366    0.0000   0.2853   0.5000   0.2853

− 0.0000   − 0.0366    0.0000    0.0018   0.0000

### 6.3.6.5　可视化设计数字滤波器

Matlab 还提供了可视化设计滤波器，即滤波器设计和分析工具箱。在 Matlab 命令窗口中，键入"fdatool"，得到设计操作界面，如图 6.3.16 所示。这个工具的界面包含了全部滤波器设计的功能。大体介绍如下：

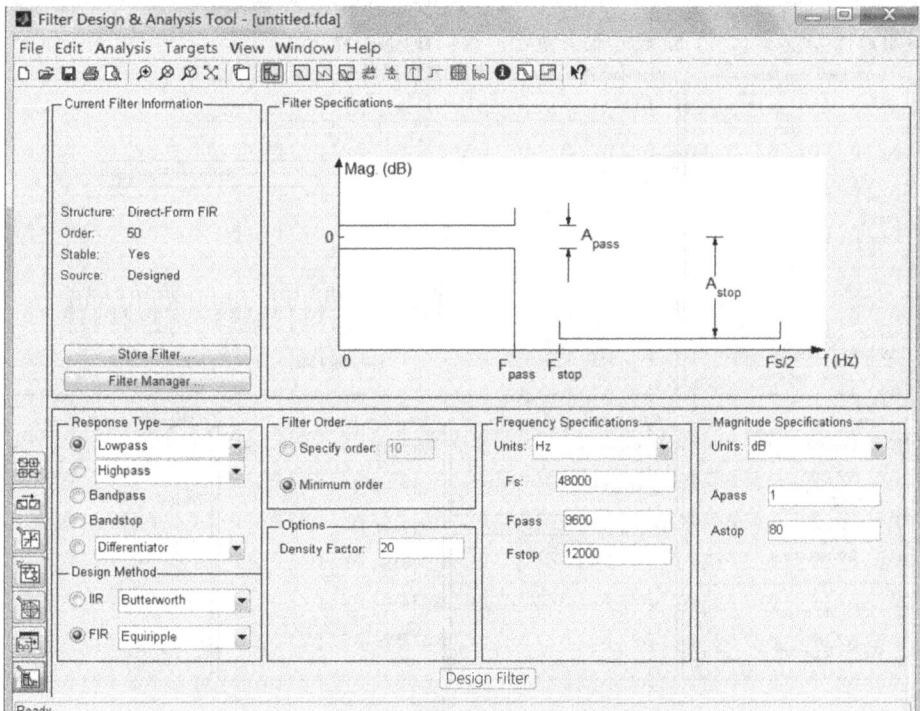

**图 6.3.16　fdatool 滤波器设计和分析界面**

操作界面左下侧的一列图标组为设计工具按钮,分别是:滤波器转换(TransForm Filter)、设置量化参数(Set Quantization Parameters)、实现模型(Realize Model)、导入滤波器(Import Filter)、多速率滤波器(Multirate Filter)、零极点编辑器(Pole-zero Editor)、设计滤波器(Design Filter)。选择其中按钮,进入相应的操作设计界面。默认进入设计滤波器(Design Filter)界面。

操作界面最上面的一行是主菜单;第二行是图标按钮菜单;下面是主画面菜单区,它大体也分为上、下两半,为了方便,分别称为上、下画面菜单区;最下面正中有一个【Design】按钮,是在菜单中设定全部参数后,运行计算机进行设计的确认钮。

上半画面是用来显示设计结果的。其中,右半部是图形画面,用来显示设计指标或设计结果(由主菜单 Analysis 的子菜单各不同选项确定其显示内容);左半部显示当前设计的滤波器的结构。

【例6.3.58】设滤波器要让(10±2)Hz 的有用调制信号通过,通带的起伏不超过1 dB。要抑制频带小于6 Hz 和大于15 Hz 干扰,抑制比要求达到40 dB 以上。采样频率为100 Hz,请用 FDATool 工具设计此滤波器,分别使用 FIR 滤波器和 IIR 滤波器进行设计。

解:(1)滤波器设计

选定 FIR 带通滤波器,在其频率指标项中填入 Fs= 100 Hz,Fs1= 6 Hz,Fp1= 8 Hz,Fp2= 12 Hz,Fs2=15 Hz,幅度栏中填入 As1=As2=40,Ap=1。在下半界面左边两栏中,选 FIR 等波动滤波器,和自动取最小阶数,点击【Design】钮,得到的滤波器阶数是71阶,同时画出了它的幅特性。设计结果如图6.3.17所示。

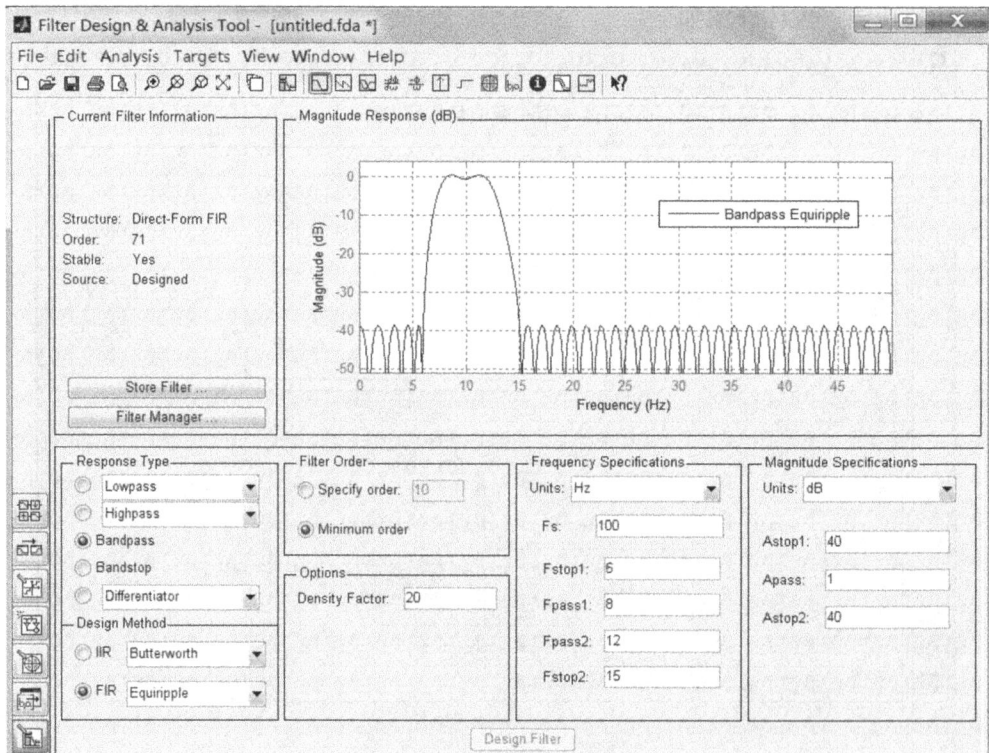

图 6.3.17　FIR 设计结果图

426

观察设计结果中的滤波器系数:执行主菜单"Analysis"下的"Filter Coefficients"。出现如图 6.3.18 所示的滤波器系数。

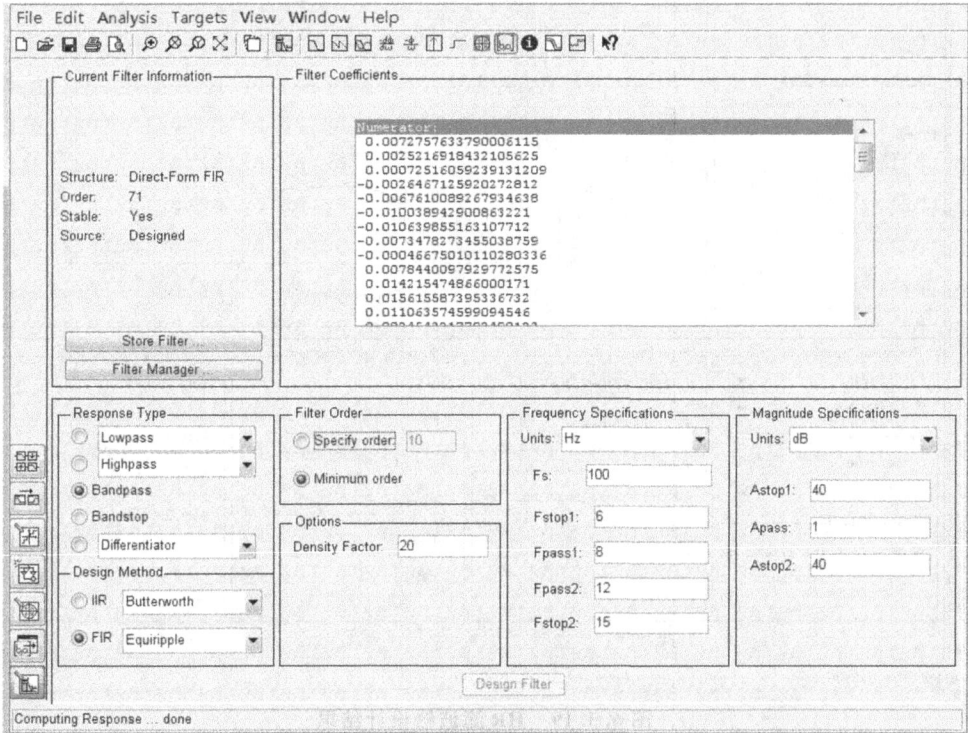

图 6.3.18 FIR 滤波器设计结果

仍在下半界面左边两栏中,选 IIR 切比雪夫 II 滤波器,指定自动取最小阶数,点击【Design】按钮,得到的滤波器阶数是 10 阶,同时给出了它的幅特性,如图 6.3.19 所示。可以用放大图形的方法检验它是否满足给定的指标要求。做法是先点击【Zoom In】按钮,再在画面上关心的位置附近点击一下,系统就会把该点附近的画面放大。如果选 IIR 巴特沃斯滤波器,得到的滤波器阶数是 14 阶。

(2) 量化

FDATool 计算出来的值是一个有符号的小数,如果建立的 FIR 滤波器模型需要一个整数作为滤波器系数,就必须进行量化,并对得到的系数进行归一化。操作方法:单击FDATool 左下侧的【量化】按钮进行量化参数设置。量化参数有三种方式:双精度、单精度和定点。在使用定点量化前,必须确保 Matlab 环境中已经安装定点工具箱并有相应的授权。

(3) 导出滤波器系数

选择 FDATool 主菜单"File"下的"Export"命令,打开 Export 对话框,如图 6.3.20 所示。 在该窗口中,【Export To】下拉列表框有 "Workspace""Coefficient File(ASCII)""MAT-File""SPTool"选项,选择导出到工作区(Workspace)。这时滤波器系数就存入变量 Num 中。不过这时 Num 中的元素是以小数形式出现的。

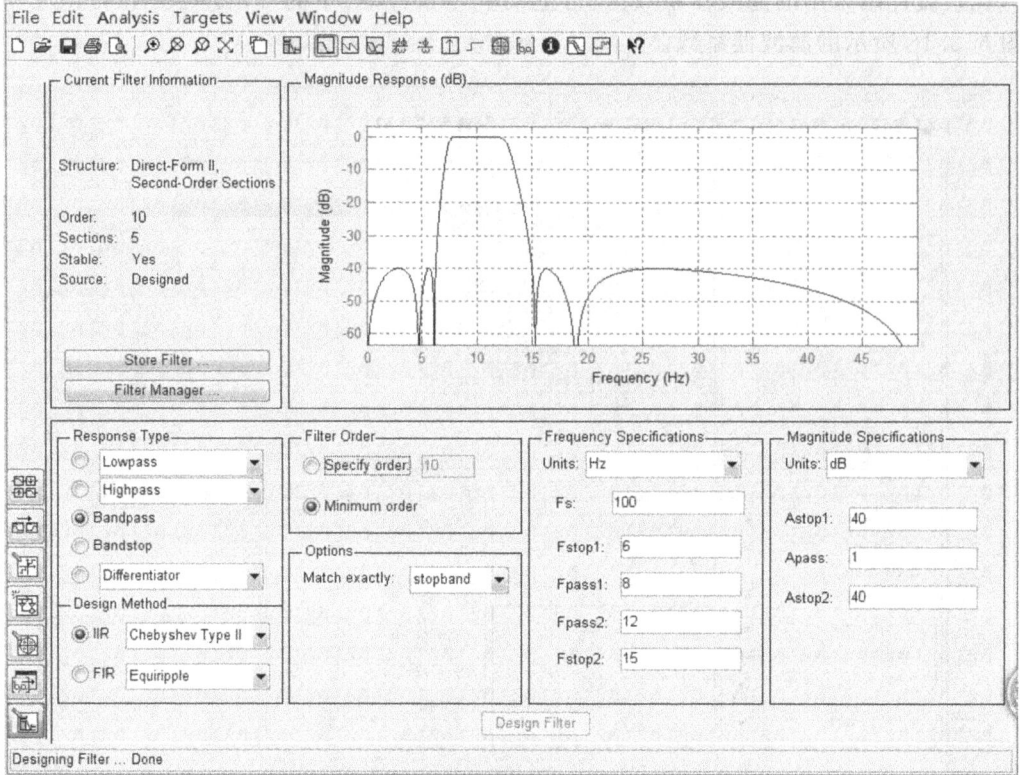

图 6.3.19　IIR 滤波器设计结果

图 6.3.20　Export 对话窗口

（4）导出滤波器到 Simulink 仿真

执行主菜单【File】下的【Export To Simulink Model】菜单或左下侧的【Realize Model】

按钮,可导出【Realize Model】模块供 Simulink 作为一个基本模块进行仿真处理。

(5) 生成 HDL 源代码

执行 FDATool 主菜单的"Targets"→"Generate HDL…"命令,打开设置生成 HDL 源代码的操作窗口,如图 6.3.21 所示。

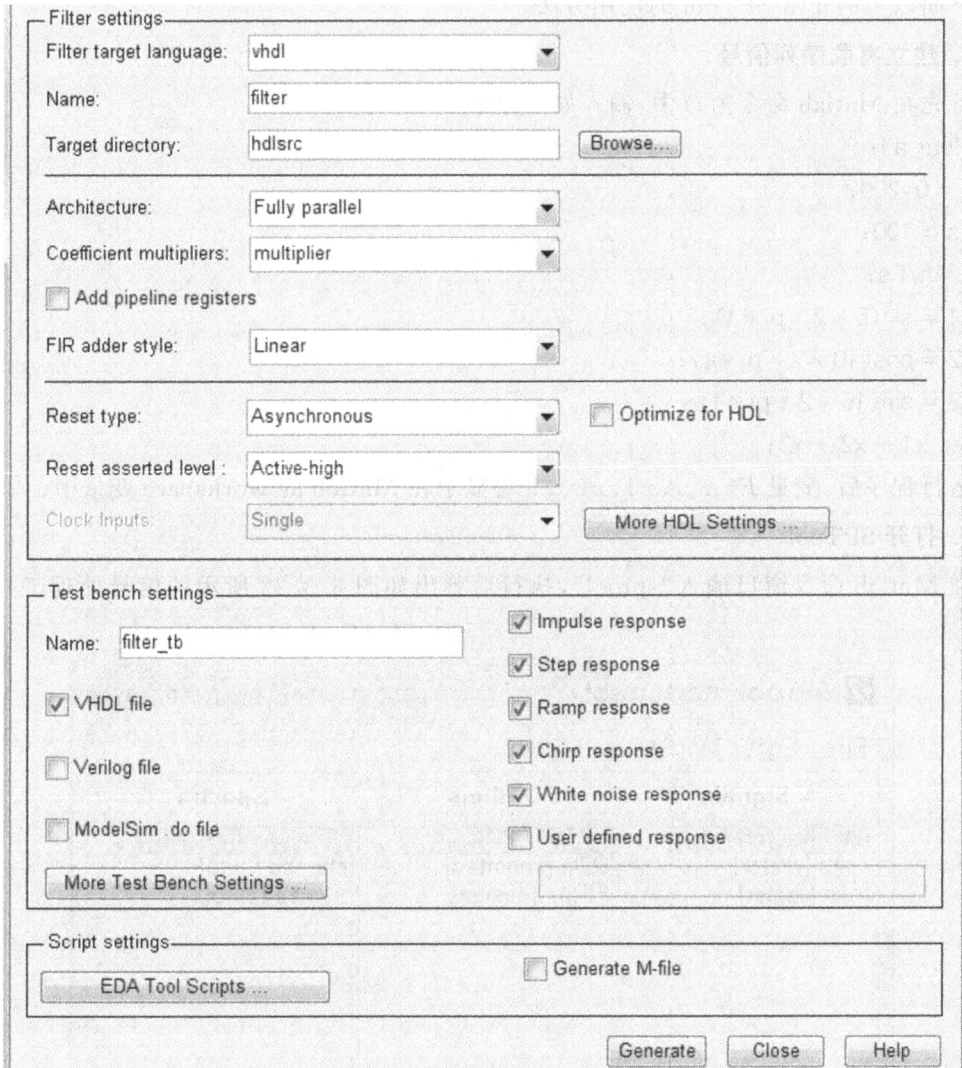

**图 6.3.21　生成 HDL 源代码窗口**

在生成 HDL 源代码操作窗口中,可以选择生成 VHDL 或者 Verilog HDL。可以对时钟信号、复位信号、进程、构造体和实体的定义等进行设置。选择文件输出的文件夹和文件名。设置完成后按【Generate】按钮,生成输出文件。

6.3.6.6　可视化信号处理

Matlab 信号处理工具 SPTool 是信号处理工具箱中的一个集成环境。学习和使用这个工具可以帮助读者把已学的信号处理知识系统化和集成化,对于在工程中进行信号处理会有很大的帮助。

信号处理的任务:一是对信号进行分析,二是滤波器设计。在这两个任务进行过程中,经常要执行第三个任务,那就是要把信号加到所设计的滤波器中,看它的输出是否满足要求。

SPTool 把这三个任务集成在一起,加上了适当的管理功能,配以良好的操作界面,利用它可以大大提高研究工作的效率。

下面以实例介绍 SPTool 的使用方法。

### 1. 建立离散序列信号

首先在 Matlab 命令窗口中,输入如下命令:

```
clear all;
n = 0:200;
Fs = 100;
t = n/Fs;
x1 = sin(5 * 2 * pi * t);
x2 = cos(10 * 2 * pi * t);
x3 = sin(15 * 2 * pi * t);
s = x1 + x2 + x3;
```

运行程序后,变量 $Fs$、$t$、$s$、$x1$、$x2$、$x3$ 将显示在 Matlab 的 workspace 变量中。

### 2. 打开 SPTool

在 Matlab 命令窗口输入"sptool",执行后弹出如图 6.3.22 所示的信号处理工具操作界面。

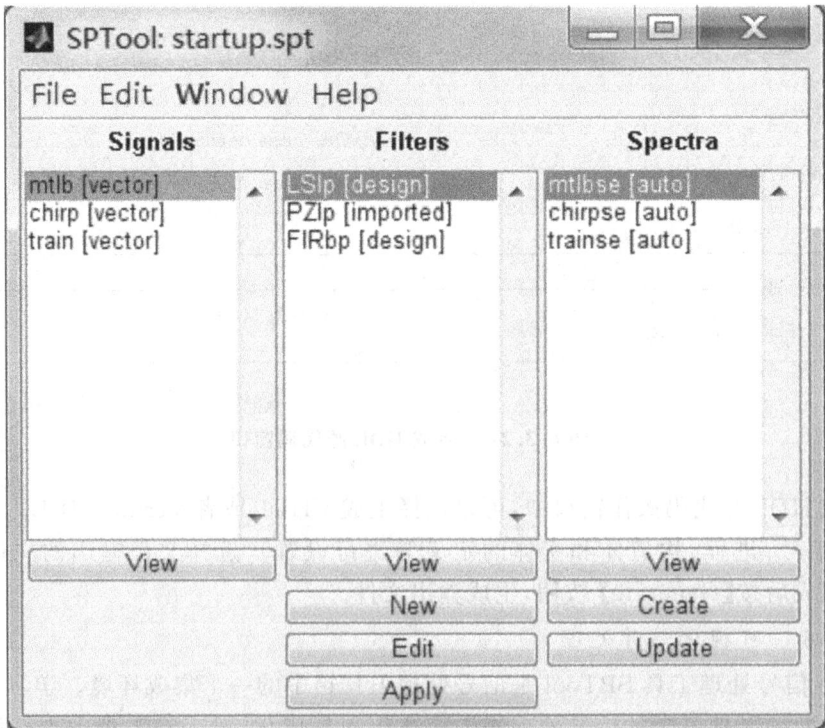

图 6.3.22　信号处理工具操作界面

### 3. 导入数据

点击 SPTool 操作界面主菜单的【File】及下拉菜单的【Import】，出现如图 6.3.23 所示的导入数据窗口。

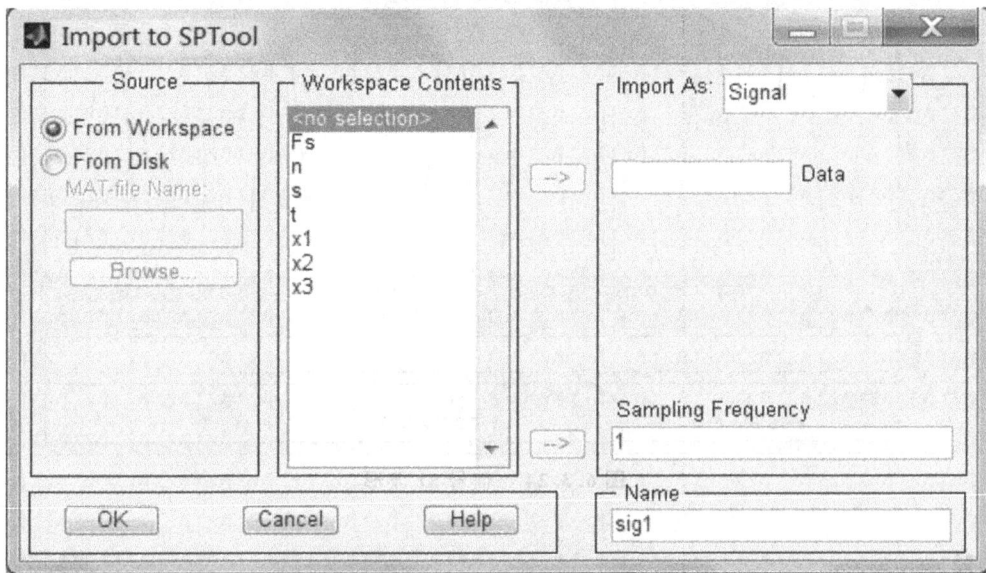

图 6.3.23　导入数据窗口

导入数据窗口分成三栏：

左边一栏【Source】，指定数据来源。如果来源是"From Workspace"（工作空间），则中间栏的【Workspace Contents】将显示工作空间中的全部变量；如果来源是"From Disk"（磁盘），则中间栏的【File Contents】将显示文件夹中的全部.mat 格式的数据文件。右边一栏中的【Import As】下拉框用来选择导入数据类型，即要说明导入的数据是作为 Signal（信号）、Filter（滤波器）还是 Spectrum（频谱）。右栏的下部有【Sampling Frequency】（抽样频率）和【Name】（数据变量名）两个文本框需要用户填写。

（1）导入信号

选择图 6.3.23 中的中间栏变量"s"，按中间栏与右栏中间的"→"按钮，把 s 导入右栏，并在右栏的【Sampling Frequency】文本框填写 100，【Name】文本框填写"s"，最后点击"OK"按钮。这样就把信号 s 导入到信号处理工具中。

同理，把信号 x1，x2，x3 分别导入信号处理工具中。

（2）信号的时域观测

在图 6.3.22 信号处理工具操作界面，选定左栏信号 x1，点击左栏下方的按钮【View】（观测），出现如图 6.3.24 所示的（信号浏览器）视窗。

同理，可观察其他信号波形。如信号 s 的波形如图 6.3.25 所示。

（3）信号的频域观测

如果要想求得该信号的频谱，也先在图 6.3.22 左栏选定 s，然后在右侧的频谱栏下点击【Create】，此时出现频谱观测器的界面，如图 6.3.26 所示。先要在图 6.3.26 左栏上部【Parameters】框中选定求频谱的方法【Method】，选"FFT"，在文本框【Nm】中填入点数，例

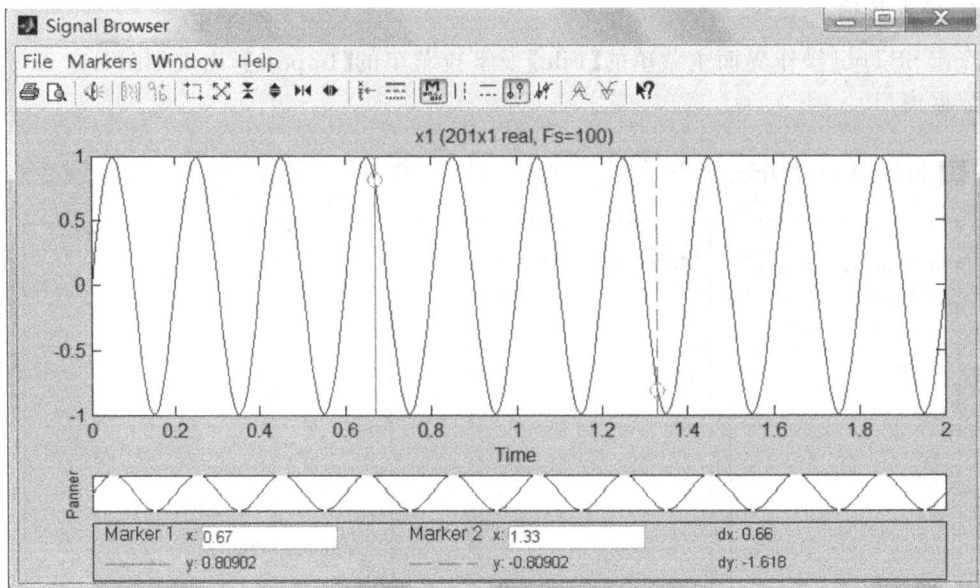

图 6.3.24　信号 x1 波形

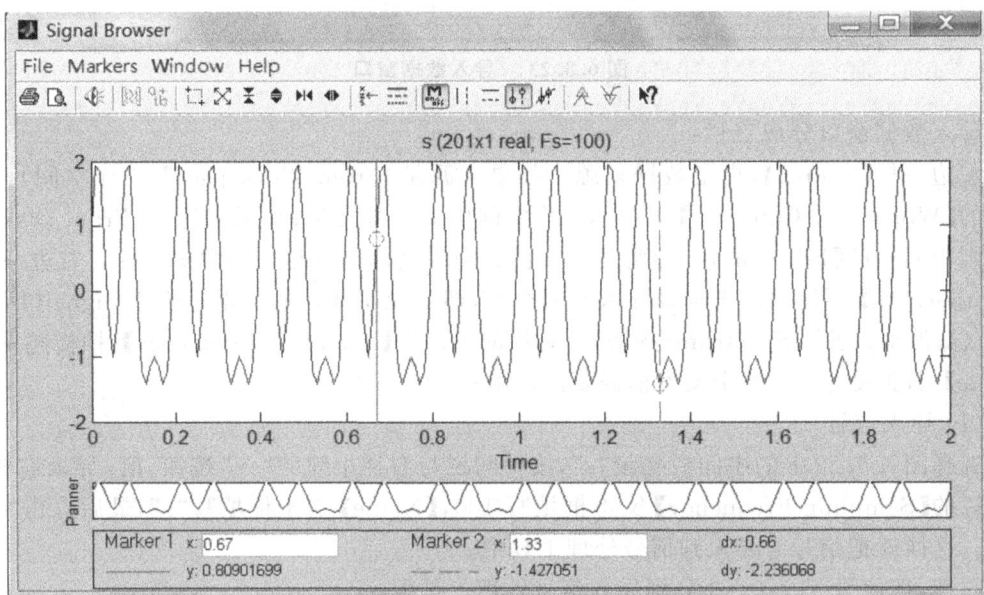

图 6.3.25　信号 s 波形

如"1024",然后点击下方的【Apply】按钮,就出现了频谱曲线,如图 6.3.27,可见有 3 个频率(5 Hz,10 Hz,15 Hz)成分。

### 4.创建或导入滤波器

（1）导入滤波器

导入滤波器的方法与导入信号一样,可参考上面的信号导入。

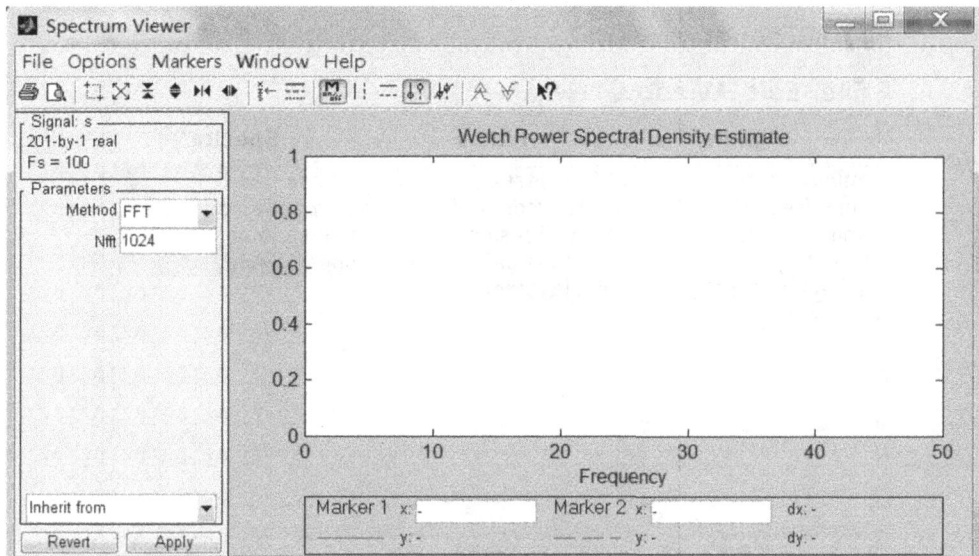

图 6.3.26 频域观测窗口

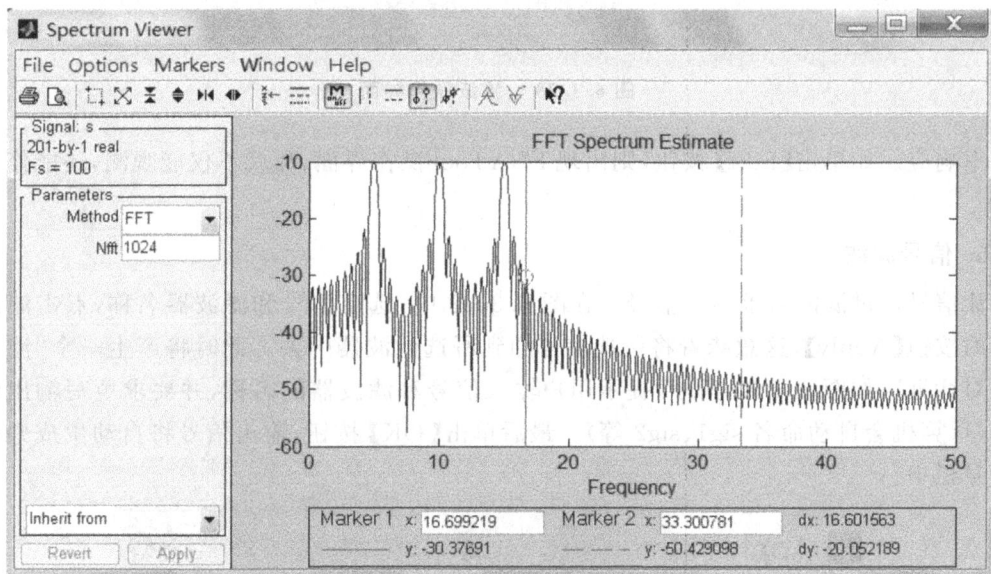

图 6.3.27 频谱图

（2）创建滤波器

创建滤波器方法：单击图 6.3.22 信号处理工具操作界面中间栏的【New】按钮，出现"FDATool"操作界面，在此可视化界面设计所需的滤波器，方法参阅上一节。

根据例 6.3.58 的指标进行设计，指标输入后按【Design Filter】完成设计，则在 SPTool 操作界面中间的"Filters"栏出现新设计的滤波器名称（计算机自动命名，如 filt1、filt2 等。本次设计命名为 filt2），如图 6.3.28 所示。

（3）滤波器的观测和修改

在图 6.3.28 中，选定滤波器的名称，如 filt2，单击其下方的【View】按钮，就可以观测它

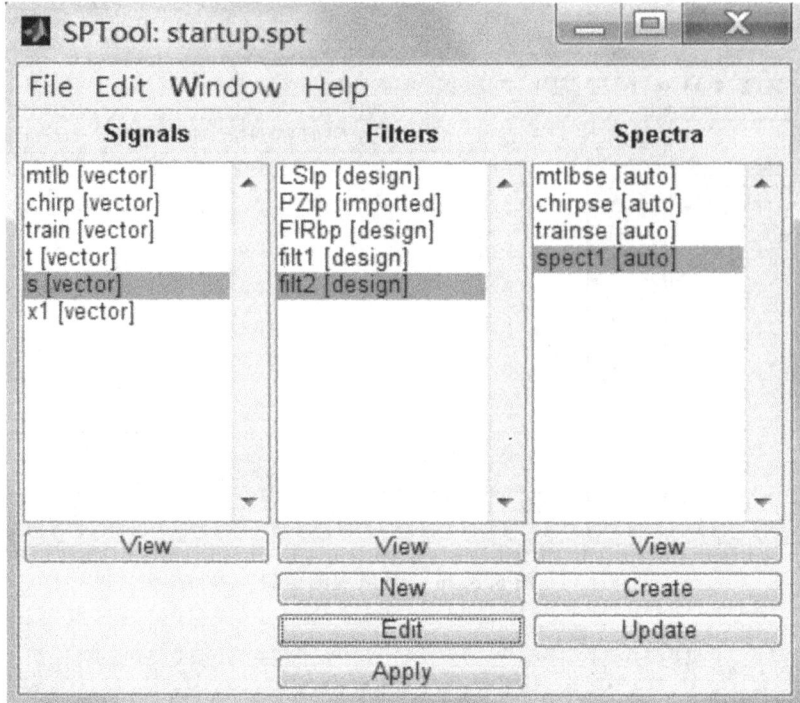

图 6.3.28　滤波操作界面

的频率响应。如单击【Edit】按钮，则出现 FDATool 操作界面，那就不仅能观测，还能修改设计。

**5. 信号滤波**

让信号通过滤波器求输出信号。在图 6.3.28 中，选定信号和滤波器名称，点击滤波器栏下的按钮【Apply】，这意味着将所选信号加到所选滤波器中去。此时将产生一个"滤波器响应对话框"，如图 6.3.29 所示，提示用户输入信号和滤波器的名称，并要求填写输出信号命名（计算机会自动命名 sig1、sig2 等）。最后单击【OK】按钮，输出信号将自动生成并出现在信号栏中。

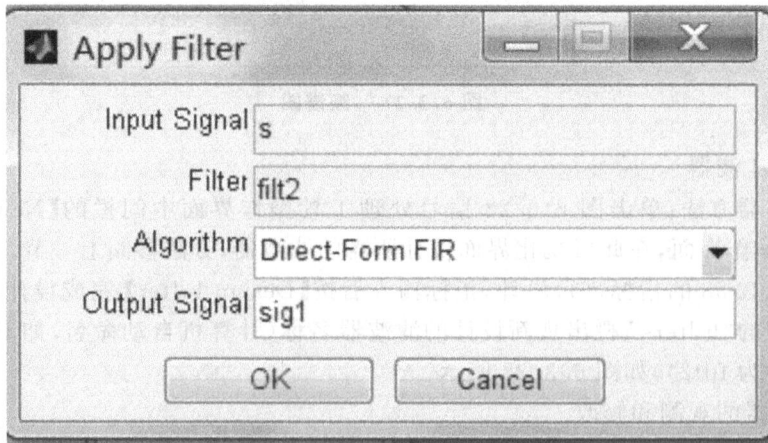

图 6.3.29　滤波器响应对话框

在本例中滤波器输出信号 sig1,通过信号观测(上面介绍的时域、频域观测方法),基本上是一个较纯的 10 Hz 余弦波,满足要求。经过仔细观测和分析,如不满意,可以修改滤波器后重新实验。

使用 SPTool 工具,不难在很短的时间内完成多个滤波器的设计,并分别观测它们的输出。所有的结果都存储在案,可用于试验报告。所以这是一个提高效率的有效工具。

# 6.4　Matlab 符号运算

数学计算有数值计算与符号计算之分。这两者的根本区别是:数值计算的表达式、矩阵变量中不允许有未定义的变量;而符号计算可以含有未定义的符号变量。在数值计算(包括输入、输出及中间变量在内)过程中,所涉及的变量都是被赋了值的数值变量;而在符号计算的整个过程中,所涉及的变量是符号变量,是符号之间的运算,其运算结果仍以标准的符号形式表达。注意:在符号计算中所出现的数字也都是当作符号处理的。

对于一般的程序设计软件如 C、C++ 等语言实现数值计算还可以,但是实现符号计算并不是一件容易的事。而 Matlab 自带符号数学工具箱,而且可以借助数学软件 Maple,所以 Matlab 也具有强大的符号运算功能。

Matlab 符号数学工具箱提供的函数命令是专门研究符号运算功能的。符号运算是 Matlab 的一个极其重要的组成部分,符号表示的解析式比数值解具有更好的通用性。在信号与系统中,使用更多的是符号数学。在使用符号运算之前必须定义符号变量,并创建符号表达式。

### 6.4.1　变量定义

Matlab 符号运算涉及字符串常量、字符串变量、符号变量及符号表达式。

6.4.1.1　定义字符串

Matlab 用单引号为定界符来定义字符串常量。例如:

在指令窗口输入:a = ' hello,this is a string '

则输出:a = hello,this is a string

说明:

(1) 本例输出的 a 为字符串变量,' hello,this is a string '为字符串常量。

(2) 字符是一种变量类型(char),与 double,cell 等地位等同。

(3) 字符是指单个字符,字符串由多个字符组成;一个字符串被视为一个行向量,字符串中每一个字符以 ASCII 码的形式存放于此向量的每一个元素中。

(4) 符号变量用到表达式计算当中去。

6.4.1.2　定义符号变量

在 Matlab 中,输入的数值变量必须提前赋值,否则会提示出错。只有符号变量可以在没有提前赋值的情况下合法地出现在表达式中,但是符号变量必须预先定义。

### 1. 定义符号变量的语句格式

syms 变量名

其中,各符号变量之间必须用空格隔开。

【例 6.4.1】定义 $x$、$y$、$z$ 三个符号变量。

解:定义 $x$、$y$、$z$ 三个符号变量的语句为:syms x y z。

可以用 whos 命令来查看所定义的符号变量,如:

clear;

syms x y z;

whos

程序结果为:

| Name | Size | Bytes | Class |
|------|------|-------|-------|
| x | 1x1 | 126 | sym object |
| y | 1x1 | 126 | sym object |
| z | 1x1 | 126 | sym object |

Grand total is 6 elements using 378 bytes

可见,变量 $x$、$y$、$z$ 必须通过符号对象定义,即 sym object,才能参与符号运算。

### 2. 另一种定义符号变量的语句格式

sym('变量名')

syms 命令的使用要比 sym 简便,它一次可以定义多个符号变量,而且格式简练。因此一般用 syms 来创建符号变量。

【例 6.4.2】用 sym 命令定义 $x$、$y$、$z$ 三个符号变量。

解:$x$、$y$、$z$ 三个符号变量定义的语句为

x = sym('x');

y = sym('y');

z = sym('z');

#### 6.4.1.3　定义符号表达式

### 1. sym 语句可以用来定义符号表达式

语句格式为:

sym('表达式')

说明:表达式由数值、字符、函数及运算符组成。

【例 6.4.3】(1)定义表达式 $x+2$ 为符号表达式对象。(2)定义表达式 $2+sqrt(5)$ 为符号表达式对象。

解:(1)语句为:y = sym('x + 2')

则得到输出:y = x + 2,此时 y 是一个符号表达式。

(2)语句为:P = sym('2 + sqrt(5)')

则得到输出:P = 2 + sqrt(5),此时 P 是一个符号表达式。

**2. 另一种创建符号表达式的方法 —— 先定义符号变量,然后直接写出符号表达式**

【例 6.4.4】在 Matlab 中创建符号表达式 $y = \dfrac{\sin(t)\mathrm{e}^{-2t} + 5}{\cos(2t) + t^2 + 1}$。

解:Matlab 源程序为

```
syms t
y = (sin(t). * exp( - 2 * t) + 5)./(cos(2 * t) + t.^2 + 1)
```

运行结果:

```
y = (sin(t) * exp( - 2 * t) + 5)/(cos(2 * t) + t^2 + 1)
```

此时,y 是一个符号表达式。

### 6.4.2　符号四则运算

【例 6.4.5】已知 $f_1 = \dfrac{1}{a+2}$,$f_2 = \dfrac{2a}{a+b}$,$f_3 = (a+2)(b-1)(a-b)$,请计算 $f_1 + f_2$,

$f_1 * f_3$,$\dfrac{f_1}{f_3}$。

解:Matlab 源程序为

```
clear
syms a b
f1 = 1/(a + 2);
f2 = 2 * a/(a + b);
f3 = (a + 2) * (b - 1) * (a - b);
f1 + f2
ans =
    1/(a + 2) + 2 * a/(a + b)
f1 * f3
ans =
    (b - 1) * (a - b)
f1/f3
ans =
    1/(a + 2)^2/(b - 1)/(a - b)
```

在符号运算中,可以用 simple 或者 simplify 函数来化简运算结果。

【例 6.4.6】已知:$f1 = \sin(x)^2$,$f2 = \cos(x)^2$,求 $f1 + f2$,并化简。

解:Matlab 程序为

```
syms x
f1 = sin(x)^2;
f2 = cos(x)^2;
y = f1 + f2
y =
    sin(x)^2 + cos(x)^2
```

```
y = simplify(y)
y =
    1
```

### 6.4.3　函数运算

符号数学提供了符号表达式的因式分解、展开、合并、化简、通分等操作。

6.4.3.1　因式分解

因式分解是把表达式转换为基本元素项相乘的形式。使用格式：

factor(Y)：因式分解符号表达式 $Y$ 的各个元素，如果 $Y$ 的元素为整数，则计算其最佳因数分解。

【例6.4.7】对表达式 $f = x^3 - 1$ 进行因式分解。

解：程序如下

```
syms x
f = factor(x^3 − 1)
```

运行结果：

```
f = (x − 1) * (x^2 + x + 1)
```

【例6.4.8】对大整数 22345678901234567890 进行因式分解。

解：程序如下

```
y = factor(sym('22345678901234567890'))
```

运行结果：

```
y = (2) * (5) * (11) * (163) * (1246273223716373)
```

6.4.3.2　函数表达式的展开

函数表达式的展开是把表达式转换为基本元素项相加的形式。使用格式：

expand(Y)：展开符号表达式 $Y$。

【例6.4.9】展开表达式 $f = (e^x + x)(x + 2)$。

解：程序如下

```
syms x
f = (exp(x) + x) * (x + 2)
expand(f)
```

运行结果：ans = exp(x) * x + 2 * exp(x) + x^2 + 2 * x

【例6.4.10】展开表达式 $f = (x + 1)^5$ 和 $f = \sin(x + y)$。

解：程序如下

```
syms x y
f = (x + 1)^5;
expand(f)
```

运行结果：ans = x^5 + 5 * x^4 + 10 * x^3 + 10 * x^2 + 5 * x + 1

```
f = sin(x + y);
expand(f)
```

运行结果:ans = sin(x) * cos(y) + cos(x) * sin(y)

#### 6.4.3.3　同类项合并

函数表达式的同类项合并是把表达式转换为自变量的同次幂项的系数合并,以相加形式表述。使用格式:

collect(Y,x):将符号表达式 Y 中自变量 $x$ 的同次幂项的系数合并。

【例 6.4.11】$f = (e^x + x)(x + 2)$,计算同类项合并。

解:程序如下

syms x

f1 = (exp(x) + x) * (x + 2);

collect(f1)

运行结果:ans = x^2 + (exp(x) + 2) * x + 2 * exp(x)

【例 6.4.12】对于表达式 $f = x * (x * (x - 6) + 12) * y$,分别将自变量 $x$ 和 $y$ 的同类项合并。

解:程序如下

syms x y

f = x * (x * (x - 6) + 12) * y;

collect(f)

运行结果:ans = t * x^3 - 6 * t * x^2 + 12 * t * x

collect(f,y)

运行结果:ans = x * (x * (x - 6) + 2) * y

#### 6.4.3.4　符号表达式的化简

Matlab 的符号数学工具箱提供了 simplify 及 simple 进行化简计算。函数 simplify 的调用格式为:

simplify(Y):使用 Maple 的化简规则,可用于各种表达式。

simple(Y):自动调用多种化简方法进行运算,并输出各种化简方法的计算结果。

【例 6.4.13】对表达式 $f = \sin^2(x) + \cos^2(x)$ 进行化简。

解:程序如下

syms x

f = [sin(x) + cos(x)]^2;

simplify(f)

运行结果:ans = 2 * cos(x) * sin(x) + 1

#### 6.4.3.5　符号表达式的分式表示

将表达式转变成分子与分母形式。其调用格式为:

[num,den] = numden(Y):将符号表达式 Y 转换为分子 num 和分母 den 都是整系数的最佳多项式。

【例 6.4.14】对表达式 $f = \dfrac{1}{x^4} + \dfrac{2}{x^3} + \dfrac{3}{x^2} + \dfrac{4}{x} + 5$ 进行通分。

解:程序如下

syms x

f = 1/x^4 + 2/x^3 + 3/x^2 + 4/x + 5；

[n,d] = numden(f)

运行结果：

n = 1 + 2 * x + 3 * x^2 + 4 * x^3 + 5 * x^4

d = x^4

### 6.4.3.6 符号表达式的替换

符号表达式的替换是指表达式中重复出现的字符串用变量或数字代替。使用格式：

subs(s)：用已赋值语句中给定值替换表达式 $s$ 中所有同名变量。

subs(s,old,new)：用新的符号或数值变量 new 替换 $s$ 中的旧的符号变量 old。

【例 6.4.15】subs(s) 格式使用例子。把 $y = C * \exp(-a * t)$ 中的 $a$ 用 980 代替，$C$ 用 3 代替。

解：程序如下

syms t；

a = 980

输出：a = 980

C = 3

输出：C1 = 3

y = C * exp(- a * t)；

y = subs(y)

输出：y = 3 * exp(- 980 * t)

【例 6.4.16】分别用新符号 3,4 替换表达式 $\cos(a) + \sin(b)$ 中的 $a,b$ 变量。

解：程序如下

% 单个参数替换：

syms a b；

f = cos(a) + sin(b)；

x = subs(f,a,3)；

y = subs(x,b,4)

运行结果：y = - 1. 7468

% 多个参数替换：

y = subs(cos(a) + sin(b),{a,b},{3,4})

运行结果：y = - 1. 7468

【例 6.4.17】当 $x = 2$ 时，求表达式 $x^2 + 3 * x + 2$ 的值。

解：程序如下

syms x；

f = x^2 + 3 * x + 2；

subs(f,'x',2)    % 求解 f 当 x = 2 时的值

运行结果：ans = 12

### 6.4.3.7 反函数

对指定自变量为 $x$ 的函数 $f(x)$ 求反函数的命令格式：finverse(f,v)。

**【例 6.4.18】**求 $y=1/\tan(x)$ 的反函数。

解：程序如下

```
clear
syms x y;
y = 1/tan(x);
y = finverse(y,x)            % 求反函数,自变量为 x
```

运行结果：y = atan(1/x)

**【例 6.4.19】**求 $y=z\verb|^|2+x$ 的反函数。

解：程序如下

```
clear;
syms x y z;
y = z^2 + x;
y = finverse(y,x)            % 求反函数,自变量为 x
```

运行结果：y = - z^2 + x

### 6.4.3.8 复合函数

求复合函数的命令格式：

compose(f,g)：求 $f=f(x)$ 和 $g=g(y)$ 的复合函数 $f[g(y)]$；

compose(f,g,z)：求 $f=f(x)$ 和 $g=g(y)$ 的复合函数 $f[g(z)]$。

**【例 6.4.20】**求复合函数例子。

解：程序如下

```
clear;
syms x y z t u;
f = 1/(1 + x^2);
g = sin(y);
h = x^t;
p = exp( - y/u);
compose(f,g)        % 求 f = f(x) 和 g = g(y) 的复合函数 f(g(y))
```

运行结果：ans = 1/(1 + sin(y)^2)

```
compose(f,g,t)
```

运行结果：ans = 1/(1 + sin(t)^2)

```
compose(h,g,x,z)
```

运行结果：ans = sin(z)^t

```
compose(h,g,t,z)
```

运行结果：ans = x^sin(z)

```
compose(h,p,x,y,z)
```

运行结果：ans = exp( - z/u)^t

```
compose(h,p,t,u,z)
```

运行结果:ans = x^exp(- y/z)

### 6.4.3.9　符号函数计算器

在 Matlab 的命令窗口中输入"funtool",出现符号函数工具箱操作界面,如图 6.4.1 所示。由图可见,该命令将生成三个图形窗口,Figure.1 用于显示函数 $f$ 的图形,Figure.2 用于显示函数 $g$ 的图形,Figure.3 为一可视化的、可操作与显示一元函数的计算器操作界面。

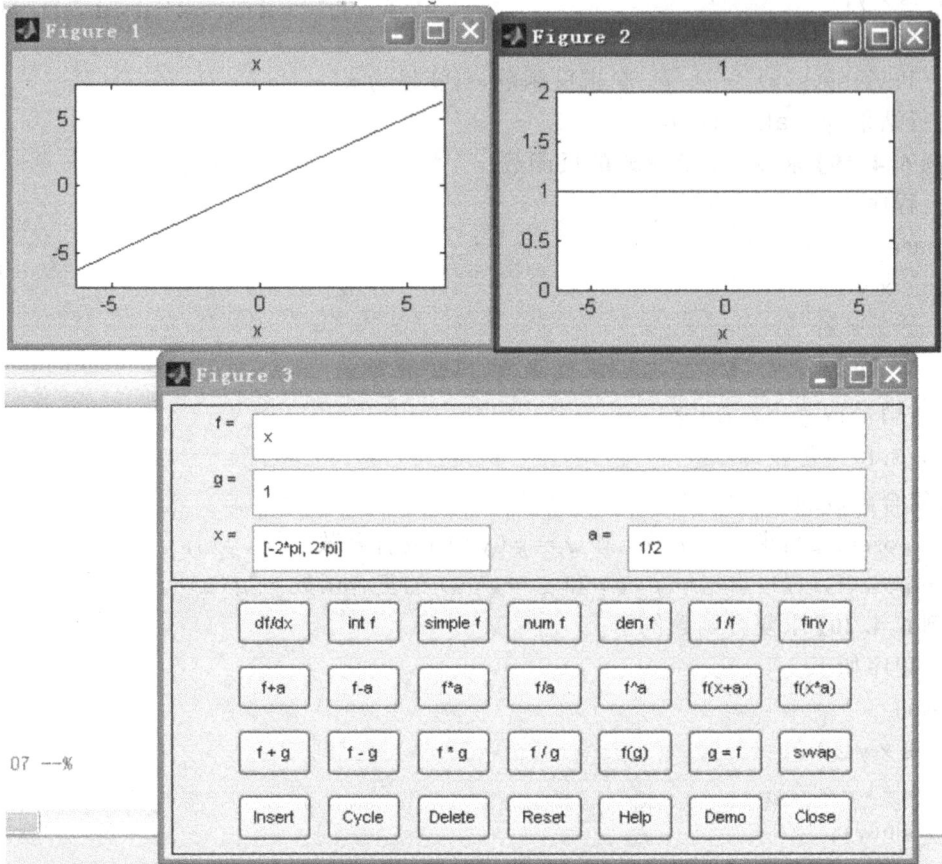

图 6.4.1　函数工具箱

在操作窗口的上方有 4 个输入框,用户可以在输入框中输入函数和自变量等参数,4 个输入框分别为:

f =:为图形窗口 1 的控制函数,其缺省值为 $x$;

g =:为图形窗口 2 的控制函数,其缺省值为 1;

x =:为两窗口函数的自变量取值范围,缺省为 $[-2\pi,2\pi]$;

a =:为常数值,缺省为 $1/2$。

**1. 函数的自运算**

函数功能控制窗口的第一排按钮为函数的自运算,这些运算包括:

df/dx:计算函数 $f$ 对 $x$ 的导数,并赋给 $f$;

int f:计算函数 $f$ 的积分函数,并赋给 $f$;

simple f：计算函数 $f$ 的最简表达式，并赋给 $f$；

num f：取表达式 $f$ 的分子，并赋给 $f$；

den f：取表达式 $f$ 的分母，并赋给 $f$；

1/f：求 $f$ 的倒数函数，并赋给 $f$；

finv：求 $f$ 的反函数，并赋给 $f$。

### 2. 函数与常数的运算

函数功能控制窗口的第二排按钮为函数与常数之间的运算，这些运算包括：

f＋a：计算 $f(x)+a$，并赋给 $f$；

f－a：计算 $f(x)-a$，并赋给 $f$；

f * a：计算，$f(x)*a$，并赋给 $f$；

f/a：计算 $f(x)/a$，并赋给 $f$；

f^a：计算 $[f(x)]^a$，并赋给 $f$；

f(x＋a)：计算 $f(x+a)$，并赋给 $f$；

f(x * a)：计算 $f(ax)$，并赋给 $f$。

### 3. 两函数之间的运算

函数功能控制窗口的第三排按钮为两函数 $f$ 与 $g$ 之间的运算，这些运算包括：

f＋g：计算两函数之和，并赋给 $f$；

f－g：计算两函数之差，并赋给 $f$；

f * g：计算两函数之积，并赋给 $f$；

f/g：计算两函数之比，并赋给 $f$；

f(g)：求复合函数 $f[g(x)]$；

g＝f：将 $f$ 的函数值赋给 $g$；

swap：交换 $f$ 与 $g$ 函数表达式。

### 4. 函数计算器的系统操作

函数功能控制窗口的第四排按钮为函数计算器的系统操作，这些操作包括：

Insert：将当前窗口 1 中的函数加到计算器的典型函数表中；

Cycle：在窗口 1 依次演示计算器典型表中的函数；

Delete：从计算器的典型函数表中删除当前窗口 1 中的函数；

Reset：符号函数计算器的功能重置；

Help：符号函数计算器的在线帮助；

Demo：符号函数计算器功能演示（演示中相应功能按钮变白）；

Close：关闭符号函数计算器。

符号函数计算器 funtool 还有一个函数存储器，允许用户将函数存入，以便后面调用。

## 6.4.4    微积分运算

### 6.4.4.1    计算极限

极限是微积分的基础。在 Matlab 中，极限的求解由 limit 函数实现，其调用格式为：

limit(f,x,a):计算 $f(x)$ 当 $x$ 趋向于 $a$ 时的极限；

limit(f,a):当默认变量趋向于 $a$ 时的极限；

limit(f):计算默认变量趋向于 0 时的极限；

limit(f,x,a,'right'):计算右极限；

limit(f,x,a,'left'):计算左极限。

【例 6.4.21】计算 $y = \lim\limits_{h \to 0} \dfrac{\ln(x+h) - \ln(x)}{h}$，$f = \lim\limits_{n \to \infty} \left(1 - \dfrac{x}{n}\right)^n$。

解:程序如下

```
syms x h n;
y = limit[(log(x + h) - log(x))/h,h,0]
```

运行结果:y = 1/x

```
f = limit[(1 - x/n)^n,n,inf]
```

运行结果:f = exp(- x)

【例 6.4.22】求极限 $f = \lim\limits_{(x,y) \to (0,1)} \dfrac{1 - xy}{x^2 + y^2}$。

解:程序如下

```
syms x y;
f = (1 - x * y)/(x^2 + y^2);
f1 = limit(f,x,0);
f2 = limit(f1,y,1)
```

运行结果:f2 = 1

【例 6.4.23】求极限 $f = \lim\limits_{x \to a} \dfrac{x(e^{\sin x} + 1) - 2(e^{\tan x} - 1)}{x + a}$。

解:程序如下

```
syms a m x;
f = (x * (exp(sin(x)) + 1) - 2 * (exp(tan(x)) - 1))/(x + a);
limit(f,x,a)
```

运行结果:ans = (1/2 * a * exp(sin(a)) + 1/2 * a - exp(tan(a)) + 1)/a

【例 6.4.24】求极限 $f = \lim\limits_{x \to \infty} \left(1 + 2\dfrac{t}{x}\right)^{3x}$。

解:程序如下

```
syms x t;
f = (1 + 2 * t/x)^(3 * x)
limit(f,x,inf)    % 求 f 函数在 x → ∞(包括 ∞ 和 - ∞)处的极限
```

运行结果:ans = exp(6 * t)

【例 6.4.25】求左极限 $f = \lim\limits_{x \to \infty} x(\sqrt{x^2 + 1} - x)$。

解:程序如下

```
syms x;
f = x * (sqrt(x^2 + 1) - x);
```

limit(f,x,inf,'left')    % 左极限

运行结果:ans = 1/2

【例 6.4.26】求右极限 $f = \lim\limits_{x \to 2} \dfrac{\sqrt{x} - \sqrt{2} - \sqrt{x-2}}{\sqrt{x^2 - 4}}$。

解:程序如下

syms x;

f = (sqrt(x) - sqrt(2) - sqrt(x - 2))/sqrt(x * x - 4);

limit(f,x,2,'right')    % 右极限

运行结果:ans = - 1/2

6.4.4.2　导数

在符号数学工具箱中,表达式的导数由函数 diff 实现,其调用格式为:

diff(S):求符号表达式 $S$ 对默认自变量的导数;

diff(S,x):求符号表达式 $S$ 对自变量 $x$ 的导数;

diff(S,x,n):求符号表达式 $S$ 对自变量 $x$ 的 $n$ 阶导数。

注意:diff 函数在数值中求差分。

【例 6.4.27】

(1) 求 $\dfrac{\mathrm{d}}{\mathrm{d}t} \sqrt{1 + \mathrm{e}^t}$;

(2) 已知 $f(t) = t * \cos(t)$,求 $\dfrac{\mathrm{d}}{\mathrm{d}t} f(t)$,$\dfrac{\mathrm{d}^2}{\mathrm{d}t^2} f(t)$,$\dfrac{\mathrm{d}^3}{\mathrm{d}t^3} f(t)$;

(3) 已知参数方程 $x = a * \cos(t)$,$y = b * \sin(t)$,求 $\dfrac{\mathrm{d}y}{\mathrm{d}x}$;

(4) 已知多元函数 $f(x,y) = \dfrac{x * \mathrm{e}^y}{y^2}$,求偏导数 $\dfrac{\mathrm{d}f}{\mathrm{d}x}$,$\dfrac{\mathrm{d}f}{\mathrm{d}y}$;

(5) 已知隐函数 $f = x^2 + y^2 + z^2 - a^2$,求隐函数导数 $\dfrac{\partial z}{\partial x}$、$\dfrac{\partial z}{\partial y}$。

解:程序如下

syms a b t x y z;

%(1)

f = sqrt(1 + exp(t));

diff(f)    % 求(1)。未指定求导变量和阶数,按缺省规则处理

运行结果:ans = 1/2/[1 + exp(t)]^(1/2) * exp(t)

%(2)

f = t * cos(t);

diff(f)    % 求(2)。求 f 对 x 的导数

运行结果:ans = cos(t) - t * sin(t)

diff(f,t,2)    % 求(2)。求 f 对 x 的二阶导数

运行结果:ans = - 2 * sin(t) - t * cos(t)

diff(f,t,3)    % 求(2)。求 f 对 x 的三阶导数

运行结果:ans = - 3 * cos(t) + t * sin(t)

%(3)

x = a * cos(t);y = b * sin(t);

diff(y)/diff(x)　　% 求(3)。按参数方程求导公式求 y 对 x 的导数

运行结果:ans = - b * cos(t)/a/sin(t)

%(4)

f = x * exp(y)/y^2;

diff(f,x)　　% 求(4)。求 f 对 x 的偏导数

运行结果:ans = exp(y)/y^2

diff(f,y)　　% 求(4)。求 f 对 y 的偏导数

运行结果:ans = x * exp(y)/y^2 - 2 * x * exp(y)/y^3

%(5)

f = x^2 + y^2 + z^2 - a^2;

zx = - diff(f,x)/diff(f,z)　　% 求(5)。按隐函数求导公式求 z 对 x 的偏导数("-"号是因
　　　　　　　　　　　　　　　% 为函数变量在等号同边)

运行结果:zx = - x/z

zy = - diff(f,y)/diff(f,z)　　% 求(5)。按隐函数求导公式求 z 对 y 的偏导数

运行结果:zy = - y/z

### 6.4.4.3　积分

在符号数学工具箱中,表达式的积分由函数 int 实现,其调用格式为:

int(f):计算关于默认变量的不定积分;

int(f,v):计算不定积分 $f(v)$;

int(f,a,b):计算关于默认变量的定积分;

int(f,v,a,b):计算定积分 $f(v)$,关于变量 $v$ 从 $a$ 到 $b$。

【例 6.4.28】求

(1) $\int_1^2 |1 - x|\, dx$;　　(2) $\int_{-\infty}^{\infty} \frac{1}{1 + x^2} dx$;　　(3) $\int_2^{\sin t} 4 * t * x\, dx$;

(4) $\int_2^3 \frac{x^3}{(x - 1)^{100}} dx$;　　(5) $\int \frac{x^2 + 1}{x^2 - 2x + 2} dx$;　　(6) $\int_0^{\infty} e^{-x^2}\, dx$。

解:程序如下

(1) syms x t;

　　int(abs(1 - x),1,2)　　% 求定积分(1)

运行结果:ans = 1/2

(2) f = 1/(1 + x^2);

　　int(f, - inf,inf)　　% 求定积分(2)

运行结果:ans = pi

(3) f = 4 * t * x

　　int(4 * t * x,x,2,sin(t))　% 求定积分(3)

运行结果:ans = 2 * t * (sin(t)^2 - 4)

(4) f = x^3/(x − 1)^100；

    I = int(f,2,3)；          % 用符号积分的方法求定积分(4)

    double(I)             % 将上述符号结果转换为数值

运行结果：ans = 0.0821

(5) f = (x^2 + 1)/(x^2 − 2 * x + 2)^2；

    I = int(f,x)

运行结果：I = 3/2 * atan(x − 1) + 1/4 * (2 * x − 6)/(x^2 − 2 * x + 2)

(6) K = int(exp(− x^2),x,0,inf)

运行结果：K = 1/2 * pi^(1/2)

#### 6.4.4.4　级数求和(数列求和)

在符号数学工具箱中，表达式的求和由函数 symsum 实现，其调用格式为：

symsum(f)：计算通项表达式 $f$ 对于默认自变量的不定和，即前 $n$ 项和公式($n = 0$，$1,\cdots,n - 1$)。

symsum(f,v)：计算通项表达式 $f$ 对于自变量 $v$ 的不定和，即前 $n$ 项和公式($n = 0$，$1,\cdots,n - 1$)。

symsum(f,a,b)：计算通项表达式 $f$ 对于默认自变量从 $a$ 到 $b$ 的有限和。

symsum(f,v,a,b)：计算通项表达式 $f$ 对于自变量 $v$ 从 $a$ 到 $b$ 的有限和。

**【例 6.4.29】** 求级数之和：

$$(1)\ \sum n\ ;(2)\ \sum_{n=1}^{100} n\ ;(3)\ \sum_{n=0}^{\infty} \frac{x^n}{n!}\ ;(4)\ \sum_{n=1}^{\infty} \frac{1}{n^2}\ ;(5)\ \sum_{n=1}^{\infty} \frac{(-1)^{n+1}}{n}\ ;(6)\ \sum_{n=1}^{\infty} n x^n。$$

解：程序如下

(1) syms x n

    symsum(n)

运行结果：ans = 1/2 * n^2 − 1/2 * n

(2) symsum(n,1,100)

运行结果：ans = 5050

(3) symsum(x^n/sym('n! '),n,0,inf)

运行结果：ans = exp(x)

(4) symsum(1/n^2,n,1,inf)

运行结果：ans = 1/6 * pi^2

(5) symsum((− 1)^(n + 1)/n,1,inf)   % 未指定求和变量,缺省为 n

运行结果：ans = log(2)

(6) symsum(n * x^n,n,1,inf)   % 此处的求和变量 n 不能省略,因默认变量为 x。

运行结果：ans = x/(x − 1)^2

#### 6.4.4.5　泰勒级数展开

在符号数学工具箱中，表达式的泰勒(Taylor)级数展开由函数 taylor 实现，其调用格式为：

taylor(f,n,x,a)：计算符号表达式 $f$ 在自变量 $x = a$ 处的 $n - 1$ 阶 Taylor 级数展开式。

taylor(f,n,x)：计算符号表达式在自变量 $x = 0$ 处的 $n - 1$ 阶 Taylor 级数展开式。

taylor(f):计算符号表达式 $f$ 在默认自变量等于 $0$ 处 $n$ 默认为 5 的 Taylor 级数展开式。

**【例 6.4.30】** 求函数在指定点的泰勒级数展开式。

(1) $f(x) = \dfrac{1+x+x^2}{1-x+x^2}$ 在 $x=5$ 处的泰勒展开式;

(2) $f(x) = \sqrt{1-2x+x^3} - \sqrt[3]{1-3x+x^2}$ 在 $x=6$ 处的泰勒展开式。

解:命令如下

(1) syms x;

    f1 = (1 + x + x^2)/(1 - x + x^2);

    taylor(f1,x,5)　　% 求(1)。展开到 x 的 4 次幂时应选择 n = 5

运行结果:ans = 1 + 2 * x + 2 * x^2 - 2 * x^4

(2) f2 = sqrt(1 - 2 * x + x^3) - (1 - 3 * x + x^2)^(1/3);

    taylor(f2,6)　　% 求(2)

运行结果:ans = 1/6 * x^2 + x^3 + 119/72 * x^4 + 239/72 * x^5

#### 6.4.4.6　泰勒级数计算器

Matlab 的符号数学系工具箱中提供图形化符号函数可视化工具,用于显示泰勒级数展开的精度。

在 Matlab 的命令窗口输入"taylortool",即可启动图形化的泰勒级数计算器,其操作界面如图 6.4.2 所示。该命令生成一图形用户界面,显示缺省函数 $f = x * \cos(x)$ 在区间 $[-2*pi, 2*pi]$ 内的图形,同时显示函数 $f$ 的前 $N=7$ 项泰勒多项式级数和(在 $a=0$ 附近的)图形。

通过更改 $f(x)$ 函数项可得不同的函数泰勒展开图形界面。

使用泰勒级数计算器可以非常直观地观察泰勒级数展开与原函数的接近程度,以选择合适的泰勒级数。

### 6.4.5　信号处理

#### 6.4.5.1　傅立叶变换

傅立叶变换使用格式:

F = fourier(f):对 $f(t)$ 进行傅立叶变换,得 $F(w)$。

F = fourier(f,x,v):对 $f(x)$ 进行傅立叶变换,得 $F(v)$。

F = ifourier(F):对 $F(w)$ 进行傅立叶逆变换,得 $f(t)$。

信号处理中常用的奇异函数:

单位阶跃函数:heaviside(t);

单位冲激函数:dirac(t)。

**【例 6.4.31】** 傅立叶变换例子。

解:程序如下

syms w t;

F = fourier(1/t,t,w)

运行结果:F = i * pi * (1 - 2 * heaviside(w))

448

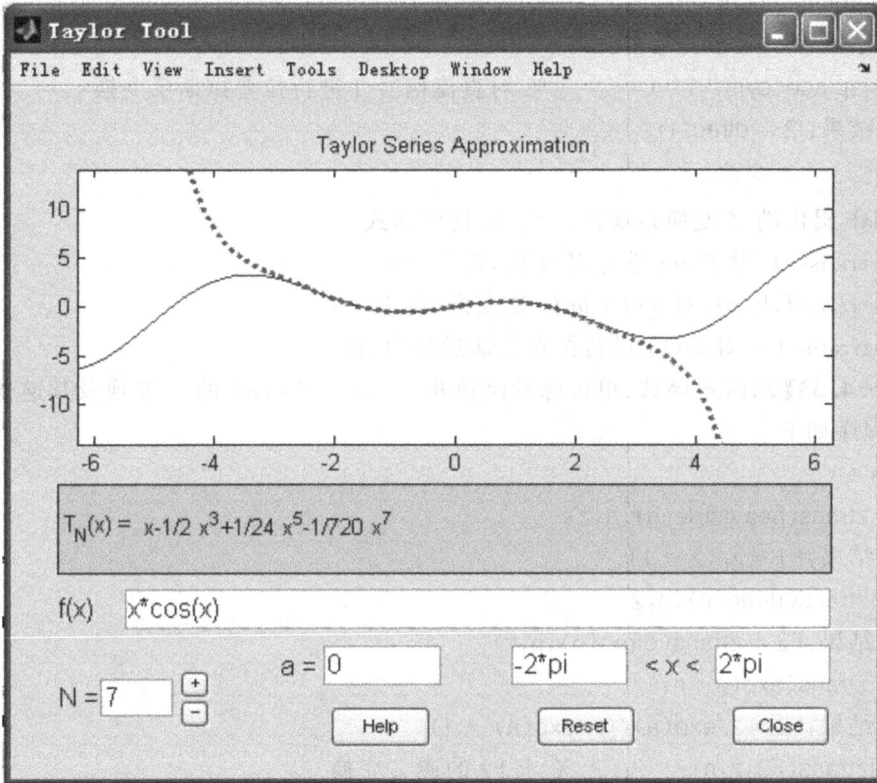

图 6.4.2 泰勒级数计算器

f = ifourier(F,w,t)

运行结果:f = 1/t

F = fourier(dirac(t),t,w)　　% 单位冲激函数

运行结果:F = 1

F = fourier(heaviside(t))　　% 单位阶跃函数

运行结果:F = pi * dirac(w) - i/w

### 6.4.5.2 拉普拉斯变换

Matlab 提供的拉普拉斯变换是单边拉普拉斯变换,使用格式:

F = laplace(f):对 $f(t)$ 进行拉普拉斯变换,得 $F(s)$。

F = laplace(f,x,v):对 $f(x)$ 进行拉普拉斯变换,得 $F(v)$。

F = ilaplace(F):对 $F(s)$ 进行拉普拉斯逆变换,得 $f(t)$。

【例 6.4.32】拉普拉斯变换例子。

解:程序如下

syms t s a

F1 = laplace(t^2,t,s)　　　　% 对函数 t^2 进行拉普拉斯变换

运行结果:F1 = 2/s^3

F2 = laplace(heaviside(t))　　% 对阶跃函数进行拉普拉斯变换

运行结果:F2 = 1/s

f1 = ilaplace(1/(s + a),s,t)　　　% 对函数 1/(s + a) 进行拉普拉斯反变换

运行结果:f1 = exp( − a * t)

f2 = ilaplace(sym(' 1'))　　　　% 对直流信号 1 进行拉普拉斯反变换

运行结果:f2 = dirac(t)

### 6.4.5.3　$Z$ 变换

Matlab 提供的 $Z$ 变换是单边 $Z$ 变换,使用格式:

F = ztrans(f):对 $f(n)$ 进行 $Z$ 变换,得 $F(z)$。

F = ztrans(f,k,v):对 $f(k)$ 进行 $Z$ 变换,得 $F(v)$。

F = iztrans(F):对 $F(s)$ 进行拉普拉斯逆变换,得 $f(t)$。

【例 6.4.33】求阶跃函数、单位脉冲函数和 $f(n) = e^{an}\varepsilon(n)$ 的 $Z$ 变换及其逆变换。

解:程序如下

syms a n z

F1 = ztrans(heaviside(n),n,z)

运行结果:F1 = z/(z − 1)

F2 = ztrans(dirac(n),n,z)

运行结果:F2 = ztrans(dirac(n),n,z)

F3 = ztrans(exp(a * n))

运行结果:F3 = z/exp(a)/(z/exp(a) − 1)

f3 = iztrans(F3,z,n)　　　　% 求 Fz 的逆 Z 变换

运行结果:f3 = exp(a)^n

f2 = iztrans(F2,z,n)

运行结果:f2 = dirac(n)

f1 = iztrans(F1,z,n)

运行结果:f1 = 1

## 6.4.6　方程求解

### 6.4.6.1　代数方程求解

在符号数学工具箱中,求解表达式的方程由函数 solve 实现,其调用格式为:

g = solve(eq):求解符号表达式 eq = 0 的代数方程,自变量为默认自变量。

g = solve(eq,var):求解符号表达式 eq = 0 的代数方程,自变量为 var。

g = solve(eq1,eq2,…,eqn,var1,…,varn):求解符号表达式 eq1 = 0,eq2 = 0,…,eqn = 0 组成的代数方程组,自变量分别为 var1,var2,…,var$n$。

【例 6.4.34】求解代数方程(1)$ax^2 + bx + c = 0$;(2)$\cos x + \sin x = 1$。

解:程序如下

(1)

syms a b c x

s = a * x^2 + b * x + c;

solve(s)　　　　　　　% 用符号表达式作为方程

运行结果:ans =

$-1/2*(b-(b^2-4*a*c)^(1/2))/a$

$-1/2*(b+(b^2-4*a*c)^(1/2))/a$

(2)

solve('cos(x) + sin(x) = 1')          % 直接用字符串方程

运行结果:ans =

1/2 * pi

0

【例 6.4.35】求解代数方程组 $\begin{cases} x - y^2 + z = 10 \\ x + y - 5z = 0 \\ x - 4y + z = 0 \end{cases}$ 。

解:程序如下

syms x y z

f = x − y^2 + z − 10;

g = x + y − 5 * z;

h = x − 4 * y + z;

[x,y,z] = solve(f,g,h)

运行结果:

x =

19/3 − 19/6 * i * 6^(1/2)

19/3 + 19/6 * i * 6^(1/2)

y =

2 − i * 6^(1/2)

2 + i * 6^(1/2)

z =

5/3 − 5/6 * i * 6^(1/2)

5/3 + 5/6 * i * 6^(1/2)

或者:

S = solve(f,g,h);

[S.x,S.y,S.z]

运行结果:

ans =

[19/3 − 19/6 * i * 6^(1/2),2 − i * 6^(1/2),5/3 − 5/6 * i * 6^(1/2)]

[19/3 + 19/6 * i * 6^(1/2),2 + i * 6^(1/2),5/3 + 5/6 * i * 6^(1/2)]

### 6.4.6.2　微分方程求解

在符号数学工具箱中,求微分方程组的解由函数 dsolve 实现。调用格式为:

$$r = dsolve('eq1','eq2',\cdots'cond1,cond2,\cdots','x')$$

求由 eq1,eq2,… 指定的微分方程的符号解。参数 cond1,cond2,… 为指定微分方程的边界条件或初始条件,不指定条件的解则为通解。自变量 $x$ 如果不指定,将为默认自变量 $t$。

在方程中,用大写字母 D 表示一阶导数,D2 和 D3 分别表示二阶及三阶导数,D 后面的字符为因变量。

【例 6.4.36】求微分方程 $\dfrac{d^2 y}{dt^2} = 1 + \dfrac{dy}{dt}$,初始值为 $\dfrac{dy}{dt}(0) = 0, y(0) = 1$ 的特解。

解:程序如下

dsolve('D2y = 1 + Dy',' y(0) = 1','Dy(0) = 0')

运行结果为:ans = exp(t) − t

【例 6.4.37】求微分方程组 $\begin{cases} \dfrac{dx}{dt} = y + x \\ \dfrac{dy}{dt} = 2x \end{cases}$ 的通解。

解:程序如下

[x,y] = dsolve('Dx = y + x,Dy = 2 * x')　　　% 微分方程组

运行结果:

x = C1 * exp(2 * t) − 1/2 * C2 * exp( − t)

y = C1 * exp(2 * t) + C2 * exp( − t)

【例 6.4.38】求微分方程 $y' + y\tan x - \cos x = 0$ 的通解。

解:程序如下

dsolve('Dy + y * tan(x) − cos(x) = 0',' x')　　% 微分方程自变量为 x

运行结果:ans = cos(x) * (x + C1)

【例 6.4.39】求微分方程 $xy'' + 3y' = 0$ 的通解。

解:程序如下

dsolve(' x * D2y + 3 * Dy = 0 ',' x')

运行结果:ans = C1 + C2/x^2

【例 6.4.40】求微分方程的解。

(1) $\dfrac{dy}{dx} - \dfrac{x^2 + y^2}{2x^2} = 0$;

(2) $x^2 \dfrac{dy}{dx} + 2xy - e^x = 0$;

(3) $\dfrac{dy}{dx} - \dfrac{x^2}{1 + y^2} = 0, y(2) = 1$。

解:程序如下

(1) y = dsolve('Dy − (x^2 + y^2)/x^2/2',' x')　　　　% 方程的右端为 0 时可以不写

运行结果:y = x * ( − 2 + log(x) + C1)/(log(x) + C1)

(2) y = dsolve('Dy * x^2 + 2 * x * y − exp(x)',' x')　　% 方程的自变量为 x

运行结果:y = (exp(x) + C1)/x^2

(3) y = dsolve('Dy − x^2/(1 + y^2) ',' y(2) = 1',' x')

运行结果:y =

1/2 * ( − 16 + 4 * x^3 + 4 * (20 − 8 * x^3 + x^6)^(1/2))^(1/3) − 2/( − 16 + 4 * x^3 + 4 * (20 − 8 * x^3 + x^6)^(1/2))^(1/3)

### 6.4.7　变量数据类型转换

**6.4.7.1　将数值表达式转换为符号表达式**

命令 sym 可将数值表达式转成符号表达式,其语法为:

$$y = sym('数值表达式')$$

【例 6.4.41】把数值表达式 2 + sqrt(5) 转为符号表达式。

解:在命令窗口输入

P = sym('2 + sqrt(5) ')

则得到输出:

P = 2 + sqrt(5)

此时 P 是一个符号表达式,而不是一个数值表达式。

**6.4.7.2　计算符号表达式的值**

如果要计算符号表达式的值,则需要用 eval 函数来计算符号表达式的近似值。使用格式为:

$$eval(符号表达式)$$

【例 6.4.42】计算符号表达式 2 + sqrt(5) 的值。

解:在命令窗口输入

P = sym('2 + sqrt(5) ');

eval(P)

运行结果:ans = 4.2361

**6.4.7.3　数值变量、符号变量、字符变量的相互转化**

在 Matlab 工作空间中,数值、符号和字符是三种主要的数据类型。

Matlab 可以利用命令来实现不同类型数据间的转换。下面对这些命令进行介绍。

**1. 命令形式:x = double(s)**

功能:转换 $s$ 为双精度型数值变量 $x$。

说明:$s$ 可以是符号变量,也可以是字符变量,当 $s$ 是符号变量时,$s$ 必须是全为数字的符号,返回数值变量 $x$;当 $s$ 是字符变量时,返回数值矩阵 $x$,矩阵中的元素是相应的 ASCII 值。

【例 6.4.43】变量类型转换例子。

解:程序如下

s1 = sym('12.9');　　%s1 为符号表达式

x1 = double(s1)　　% 把符号变量 s1 转化为数值变量 x1

运行结果:x1 = 12.9000

s2 = '12.9';　　%s2 为字符变量(字符串表达式)

x2 = double(s2)　　% 把字符变量 s2 转化为 ASCII 数值矩阵 x2

运行结果:x2 = 49　50　46　57

s3 = '122345';　　%s3 为字符串

x4 = double(s3)　　% 把字符串'122345'转化为它对应的 ASCII 码值

运行结果:x4 = 49    50    50    51    52    53

x5 = double('A')          % 把字符 A 转化为它对应的 ASCII 码值

运行结果:x5 = 65

**2. 命令形式:x = str2num(s)**

功能:把字符串变量 $s$ 转化为数值变量 $x$。

说明:当 $s$ 是一个包含非数字的字符变量时,str2num(s) 将返回一个空矩阵[]。

【例 6.4.44】str2num 命令例子。

解:程序如下

s1 = ' 123 ';x1 = str2num(s1)

运行结果:x1 = 123

s2 = ' 12a ';    % 字符串变量 s2 包含非数字的字符变量 a

x2 = str2num(s2)

运行结果:x2 = []

**3. 命令形式:s = num2str(x)**

功能:将普通数值变量 $x$ 转换为字符变量 $s$。

【例 6.4.45】num2str 命令例子。

解:程序如下

x1 = 19;s1 = num2str(x1)

运行结果:s1 = 19              %s1 为字符变量

x2 = 2.4;s2 = num2str(x2)

运行结果:s2 = 2.4              %s2 为字符变量

x3 = 2.9 + 5 * i;s3 = num2str(x3)

运行结果:s3 = 2.9 + 5i          %s3 为字符变量

**4. 命令形式:x = sym(s)**

功能:转换字符串 $s$ 为符号变量 $x$。

说明:$s$ 不可以是字符矩阵和非法的表达式。

【例 6.4.46】字符串转换为符号变量例子。

解:程序如下

s1 = '23 * a';

x1 = sym(s1)

运行结果:x1 = 23 * a          %x1 为符号变量

s2 = '24 + 6';

x2 = sym(s2)

运行结果:x2 = 24 + 6          %x2 为符号变量

**5. 命令形式:s = int2str(x)**

功能:将数 $x$ 转换为字符变量 $s$。

说明:当 $x$ 是普通有理数时,将对其四舍五入后进行转换。当 $x$ 是虚数时,将只对其实部进行转换。

**【例 6.4.47】**数转换为字符变量例子。

解:程序如下

x1 = 19;s1 = int2str(x1)

运行结果:s1 = 19 　　　　　　 %s1 为字符串变量

x2 = 2.4;

s2 = int2str(x2) 　　　　　　 % 先把变量 x2 四舍五入,然后再转换为字符型变量 s2

运行结果:s2 = 2 　　　　　 %s2 为字符串变量

x3 = 2.9 + 5 * i 　　　　　 % 变量 x3 是复数

s3 = int2str(x3)

运行结果:s3 = 3 　　　　　 %s3 为字符串变量

# 6.5　Matlab 基本绘图

## 6.5.1　数值函数绘图

### 6.5.1.1　曲线图绘制

#### 1. plot 命令

Matlab 的 plot 命令是绘制二维曲线的基本函数,它为数据的可视化提供了方便的途径。例如,函数 $y = f(x)$ 关于变量 $x$ 的曲线绘制的语句格式为:

plot(x,y)

其中,输出图形以向量 **x** 为横坐标,向量 **y** 为纵坐标,且按照向量 **x**,**y** 中元素的排列顺序有序绘制图形。但向量 **x** 与 **y** 必须具有相同的长度。

如果需要设定连接线型、数据标记点、连线颜色,则使用格式为:

plot(x,y,str)

式中,参数 str 为'线型-标记点-颜色'的组合字符串。线型参阅表 6.5.1,标记点参阅表 6.5.2,线条颜色参阅表 6.5.3。

表 6.5.1　线型的选择

| 线型 | 符号 | 示例 |
|------|------|------|
| 实线 | —— | ———————— |
| 虚线 | — — | — — — — — — |
| 冒号线 | ------ | ---------------- |
| 点画线 | — - | — — - — - — |

表 6.5.2　标记点类型的选择

| 点类型 | 符号 | 示例 |
|---|---|---|
| 点 | · | ·········· |
| 加号 | + | +++++++++ |
| 星号 | * | * * * * * * * * |
| 圆圈 | o | ○○○○○○ |
| 叉号 | × | ×××××× |
| 正方形 | s(或 square) | □□□□□□ |
| 菱形 | d(或 diamond) | ◇◇◇◇◇ |
| 上三角 | ^ | △△△△△△ |
| 下三角 | v | |
| 左三角 | < | |
| 右三角 | > | |
| 五角星 | p(或 pentagram) | |
| 六角星 | h(或 hexagram) | |

表 6.5.3　可以选择的连线颜色

| 颜色 | 符号 | 颜色 | 符号 |
|---|---|---|---|
| 红 | r | 粉红 | m |
| 绿 | g | 青 | c |
| 蓝 | b | 白 | w |
| 黄 | y | 黑 | k |

在同一坐标上绘制多幅图形的语句格式为：

plot(x1,y1,' str1 ',x2,y2,' str2 ',…)

其中，用 str1 自定义'线型-标记点-颜色'，输出以 $x1$ 为横坐标、$y1$ 为纵坐标的图形。用 str2 自定义'线型-标记点-颜色'的方式，输出以 $x2$ 为横坐标、$y2$ 为纵坐标的图形。若省略 str，则 Matlab 自动为每条曲线选择颜色与线型。

图形完成后，可以通过几个命令来调整显示结果。如 grid on 用来显示网格线；axis([xmin,xmax,ymin,ymax]) 函数调整坐标轴的显示范围，其中，括号内的"，"可用空格代替；xlabel 和 ylabel 命令可为横坐标和纵坐标加标注，标注的字符串必须用单引号引起来；title 命令可在图形顶部加注标题。

【例 6.5.1】使用不同的线型绘图。

解：Matlab 源程序为

```
t = 0:pi/100:2 * pi;
y = sin(t);
y2 = sin(t - 0.25);
y3 = sin(t - 0.5);
plot(t,y,' - ',t,y2,' - - ',t,y3,':')
```

运行结果如图 6.5.1 所示。

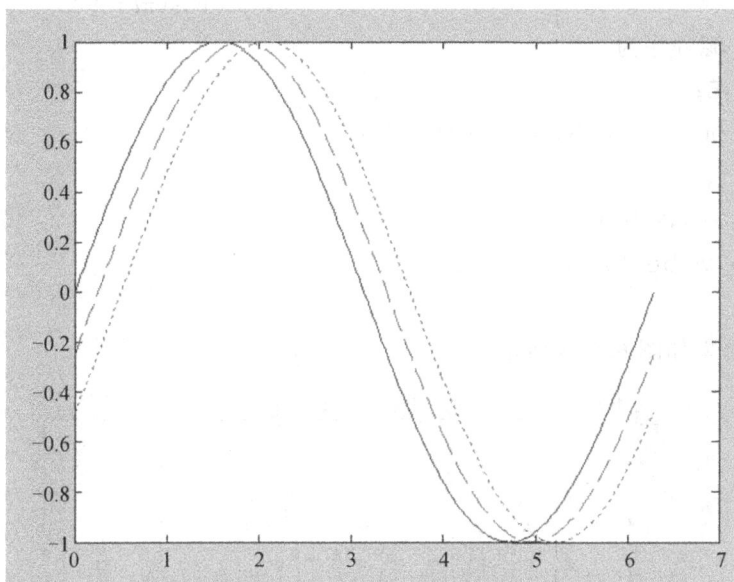

图 6.5.1    不同的线型绘图

【例 6.5.2】数据点使用不同的标记绘图。

解：Matlab 源程序为

t = 0:pi/20:2 * pi;

y = sin(t);

y2 = sin(t − 0.25);

y3 = sin(t − 0.5);

plot(t,y,'r − o',t,y2,'g * ',t,y3,'b + ')

运行结果如图 6.5.2 所示。

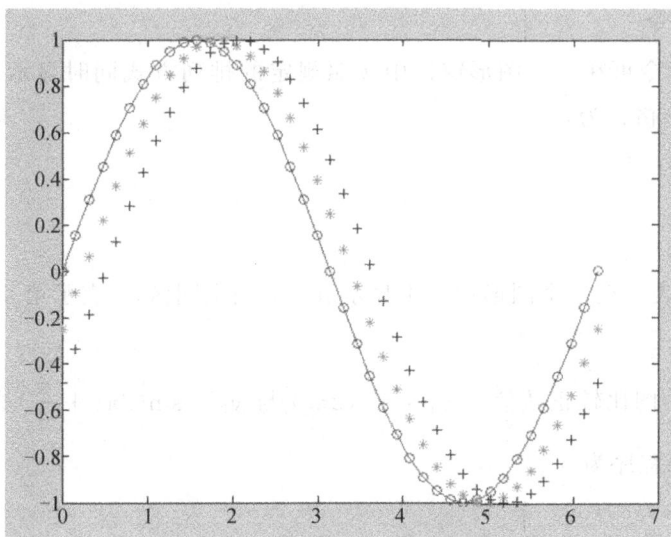

图 6.5.2    数据点的不同标记绘图

【例 6.5.3】用 Matlab 命令绘制函数 $y = \sin(10\pi t) + \dfrac{1}{\cos(\pi t) + 2}$ 的波形图。

解:Matlab 源程序为

```
t = 0:0.01:5;
y = sin(5 * pi * t) + 1. /(cos(pi * t) + 2);
plot(t,y)
axis([0,5, - 1,2.5])
xlabel('t'),ylabel('y'),
grid on
```

程序运行结果如图 6.5.3 所示。

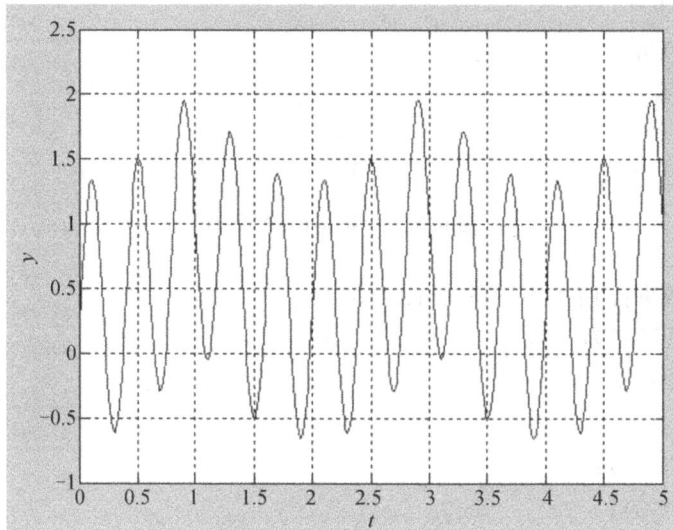

图 6.5.3　函数波形图

### 2. subplot 命令

用 subplot 命令可在一个图形窗口中按照规定的排列方式同时显示多个图形,方便图形的比较。其语句格式为:

subplot(m,n,p)

或者

subplot(mnp)

其中,$m$ 和 $n$ 表示在一个图形窗口中显示 $m$ 行 $n$ 列个图像,$p$ 表示第 $p$ 个图像区域,即在第 $p$ 个区域作图。

【例 6.5.4】绘图比较正弦信号 $y_1 = \sin(2\pi t)$ 与 $y_2 = \sin(2\pi t + \dfrac{\pi}{6})$ 的相位差。

解:Matlab 源程序为

```
t = 0:0.01:3;
y1 = sin(2 * pi * t);
```

```
y2 = sin(2 * pi * t + pi/6);
subplot(211),plot(t,y1)
xlabel('t'),ylabel('y1'),title('y1 = sin(2 * pi * t)')
subplot(212),plot(t,y2)
xlabel('t'),ylabel('y2'),title('y2 = sin(2 * pi * t + pi/6)')
```
程序运行结果如图 6.5.4 所示。

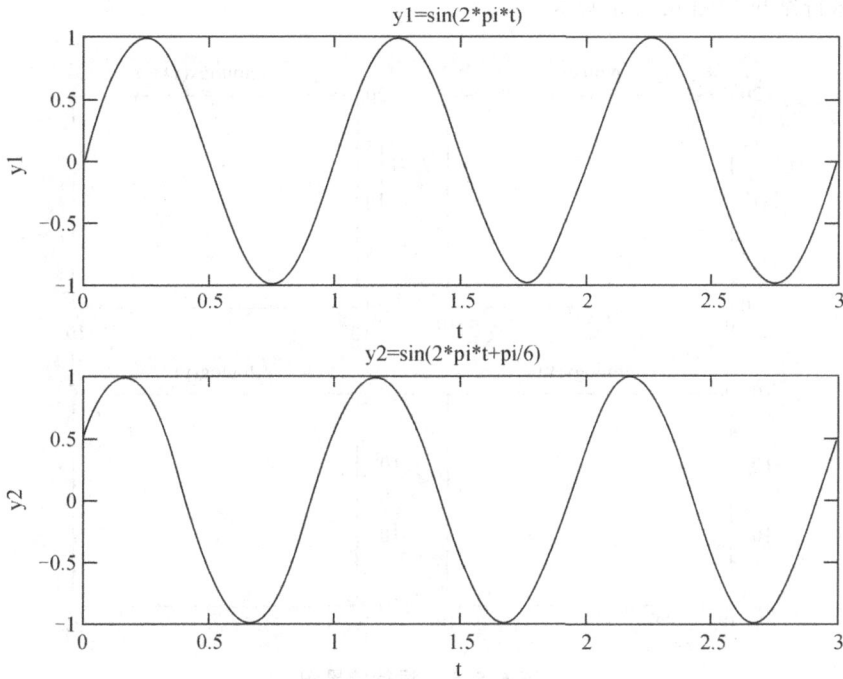

图 6.5.4 正弦信号相位差比较

### 3. 对数坐标绘图(以 10 为底的对数)

对数坐标绘图分为对 $x$ 轴取对数(semilogx)、对 $y$ 轴取对数(semilogy)及对 $x$ 轴、$y$ 轴都取对数(loglog)3 个函数,其调用格式与二维曲线绘图 plot 相似,即自定义线型、标记点和颜色绘制极坐标图与 plot 相同。

【例 6.5.5】对 $y = [0.1, 0.5, 2.0, 5, 8.3, 11.7, 15, 17.7, 19.4, 20]$ 的数据绘制线性坐标图和三种对数坐标图。

解:程序如下
```
y = [0.1,0.5,2.0,5,8.3,11.7,15,17.7,19.4,20];
subplot(2,2,1)        % 创建第一个子图
plot(y)
title('plot(y)')
subplot(2,2,2)        % 创建第二个子图
semilogx(y)
title('semilogx(y)')
```

```
subplot(2,2,3)        % 创建第三个子图
semilogy(y)
title(' semilogy(y) ')
subplot(2,2,4)        % 创建第四个子图
loglog(y)
title(' loglog(y) ')
```

程序运行结果如图 6.5.5 所示。

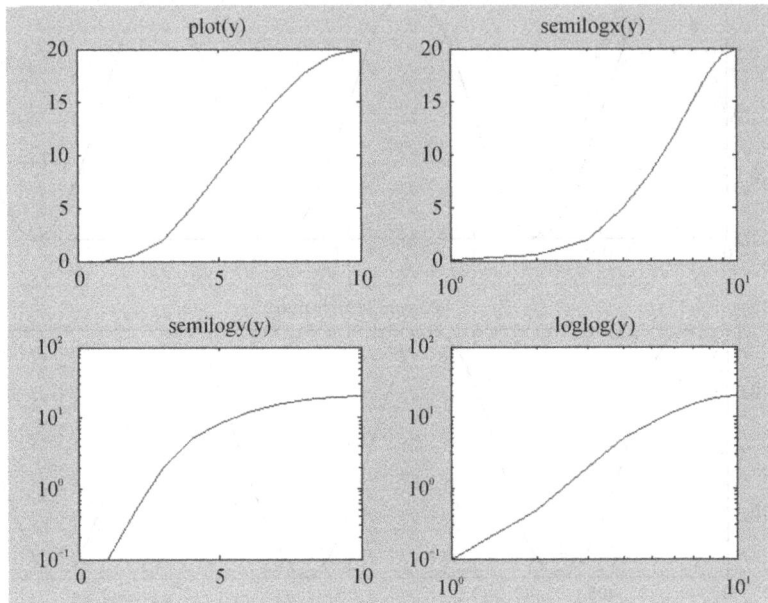

图 6.5.5　运行结果图

### 4. 极坐标绘图(polar)

极坐标绘图的函数为 polar,其调用格式为:

polar(theta,r)

式中参数 theta 和 r 分别为角度和半径,绘制由 theta,r 所确定的曲线。调用格式与 plot 相似,即自定义的线型、标记点和线条颜色绘制与 plot 相同。

【例 6.5.6】绘制 $y = \sin(t)\cos(t)$ 函数的极坐标图形。

解:程序如下

```
t = 0:.01:2 * pi;
polar(t,sin(t). * cos(t))
```

程序运行结果如图 6.5.6 所示。

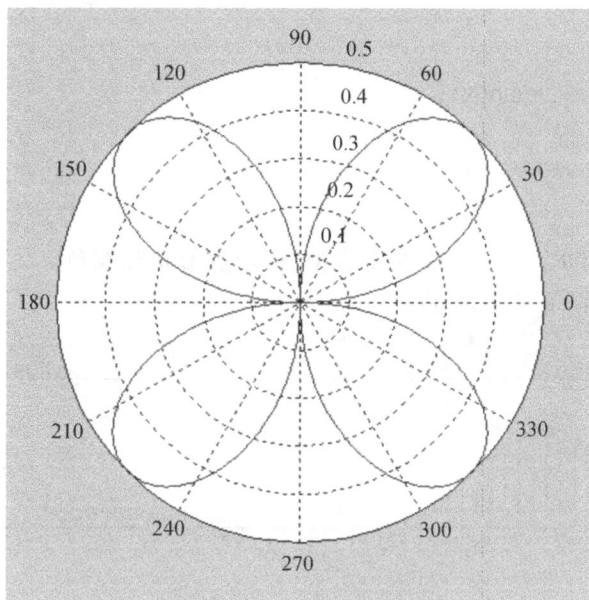

**图 6.5.6　极坐标图形**

#### 5. 三维曲线图

函数 plot3 用于绘制向量 $\boldsymbol{X},\boldsymbol{Y},\boldsymbol{Z}$ [即参数方程 $X(t),Y(t),Z(t)$]确定的三维曲线图,其调用格式为:

polt3(X,Y,Z)

调用格式与 plot 相似,即自定义线型、标记点和线条颜色绘制与 plot 相同。

**【例 6.5.7】** 绘制参数方程 $x=\mathrm{e}^{-\frac{t}{15}}\sin(2t)$,$y=\mathrm{e}^{-\frac{t}{15}}\cos(2t)$,$z=t$ 所确定的三维曲线图。

解:程序如下

```
t = 0:pi/50:10 * pi;
x = exp( - t/15). * sin(2 * t);
y = exp( - t/15). * cos(2 * t);
z = t;
plot3(x,y,z);
axis square;    % 调整坐标轴
grid on;        % 显示网格
```

程序运行结果如图 6.5.7 所示。

##### 6.5.1.2　杆状图绘制

离散信号常用杆状图表示。杆状图绘制命令为 stem,其调用格式为:

stem(x,y)

stem 使用方法与 plot 相似,自定义线型、标记点和线条颜色绘制与 plot 相同。

**【例 6.5.8】** 绘制 $y=\mathrm{e}^{-0.3x}\sin x$ 函数的二维杆状图。

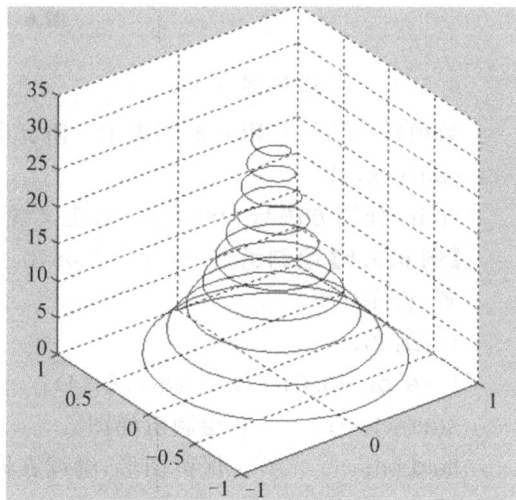

**图 6.5.7　三维曲线图**

解:程序如下

```
x = 0:0.2:10;
y = exp(-0.3*x).*sin(x);
subplot(2,1,1);
stem(x,y)
subplot(2,1,2);
stem(x,y,':sr','fill')          % 改变线型、标记点形状和颜色
```

程序运行结果如图 6.5.8 所示。

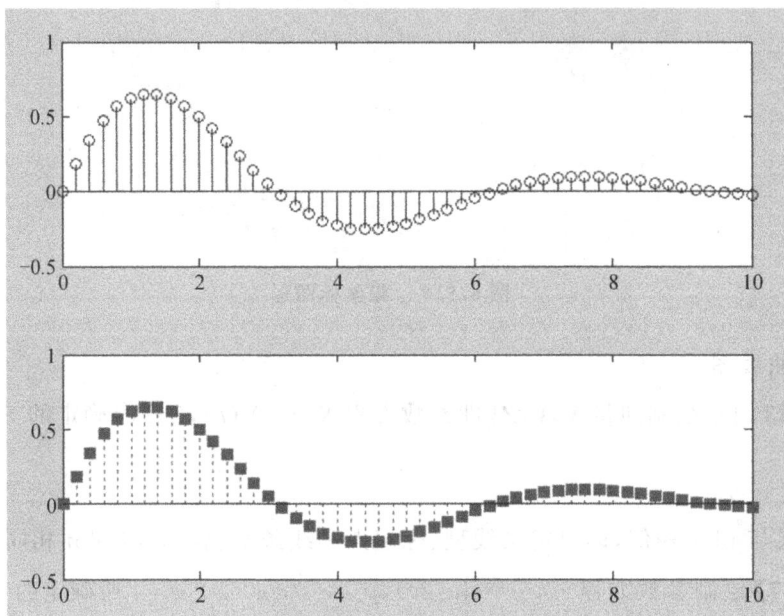

图 6.5.8　杆状图

### 6.5.1.3　阶梯图绘制

数模转换信号常用阶梯图表示。阶梯图绘制命令为 stairs,其调用格式为:

stairs(x,y)

stairs 使用方法与 plot 相似,自定义线型、标记点和线条颜色绘制与 plot 相同。

【例 6.5.9】绘制函数 $y = \mathrm{e}^{-0.01t}\sin(0.6t)$ 的阶梯图。

解:程序如下

```
t = 0:10;
f = exp(-0.01*t).*sin(0.6*t);
stairs(t,f);        % 绘制阶梯图
hold on;            % 保留图形,继续在同一坐标绘图
plot(t,f,':*');
hold off;           % 解除保持
label = '函数 e^{-(a*t)} sin(b*t) 的阶梯图';
text(0.5,-0.2,label,'FontSize',14);    % 插入文字到图中
```

```
xlabel('t＝0：10','FontSize',14);            %x 轴标注
axis([0 10 － 1.2 1.2]);                    % 设置轴范围[x1 x2 y1 y2]
```
程序运行结果如图 6.5.9 所示。

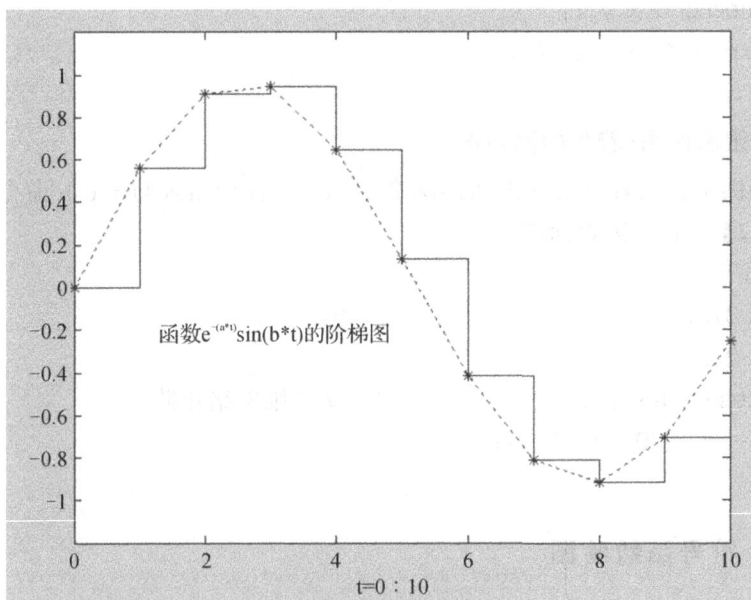

图 6.5.9　阶梯图

#### 6.5.1.4　三维曲面图绘制

**1. 生成网络矩阵**

Matlab 产生网络矩阵的命令是 meshgrid。其调用格式为：

$[X,Y,Z]＝\text{meshgrid}(x,y,z)$

分别创建 $X,Y,Z$ 三个 $m \times n \times k$ 阶的矩阵，矩阵的阶数由 $x,y,z$ 三个向量的长度 $m,n,$ $k$ 确定。$X,Y,Z$ 三个矩阵表示三维空间的网格，如果省略了参数 $Z$，则创建二维网格。

**【例 6.5.10】** 设 $x,y$ 的定义域为 $-2 < x < 2，-2 < y < 2$，求二维网格矩阵。

解：程序如下

```
x ＝ － 2：.2：2;
y ＝ － 2：.2：2;
[X,Y] ＝ meshgrid(x,y);
```

**2. 绘制三维网格图**

$\text{mesh}(x,y,z)$：绘制分别以矩阵 $x,y,z$ 的元素值为坐标的三维网格图，$x,y,z$ 必须为同阶矩阵。

$\text{mesh}(z)$：$x,y$ 被省略，默认 $x$ 和 $y$ 坐标为 $([1:m]，[1:n])$，绘制分别以 $m \times n$ 阶矩阵 $z$ 的行数和列数，以 $z$ 的对应元素为 $z$ 坐标的三维网格图。

所谓网格曲面图，是指它所产生的网格图形表面由生成 $x$-$y$ 平面的网格对应的 $z$ 坐标定义，图形由邻近点用直线连接而成。

**【例 6.5.11】** 绘制 $z＝x\mathrm{e}^{-x^2-y^2}$ 的三维网格图。

解:程序如下

```
x = - 2:.2:2;
y = - 2:.2:2;
[X,Y] = meshgrid(x,y);
Z = X. * exp(- X.^2 - Y.^2);
mesh(X,Y,Z);
```

### 3. 绘制三维曲面图(着色的网格图)

Matlab 提供了绘制着色的三维曲面图命令 surf。使用格式与 mesh 命令相似。

**【例 6.5.12】**绘制椭圆表面图。

解:程序如下

```
x = - 2:0.3:2;
y = - 2:0.2:2;
[x,y] = meshgrid(x,y);              % 生成 x,y 二维网络矩阵
z = sqrt(4 - x.^2/9 - y.^2/4);
surf(x,y,z)
```

## 6.5.2 符号函数绘图

### 6.5.2.1 绘制曲线图

**1. 直角坐标绘制二维曲线**

Matlab 提供了 ezplot 命令在直角坐标绘制符号表达式 $y(x)$ 的二维曲线,其语句格式为:

ezplot(y,[x_min,x_max])

其中,[$x$_min,$x$_max] 参数表示符号表达式的自变量取值范围,默认值为[0,2π]。

或者

ezplot(x(t),y(t),[t_min,t_max])

绘制参数方程 $x(t),y(t)$ 的二维图形,[$t$_min,$t$_max] 为参数 $t$ 的取值范围。

**【例 6.5.13】**利用 Matlab 的 ezplot 命令绘出函数 $y = -16x^2 + 64x + 96$ 的波形图。

解:Matlab 源程序为

```
syms x
y = '- 16 * x^2 + 64 * x + 96';
ezplot(y,[0,5])
xlabel('t'),ylabel('y'),
grid on
```

程序运行结果如图 6.5.10 所示。

在绘图过程中,我们可利用 hold on 命令来保持当前图形,继续在当前图形状态下绘制其他图形,即可在同一窗口下绘制多幅图形。hold off 命令用来释放当前图形窗口,绘制下一幅图形作为当前图形。

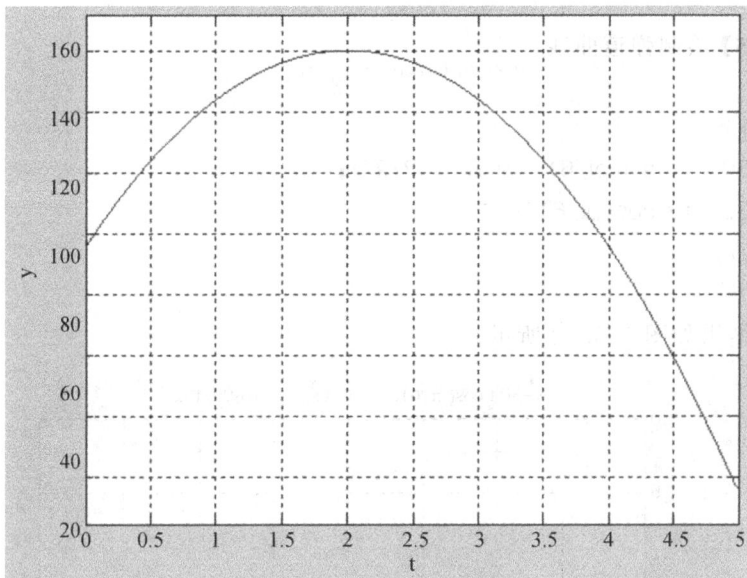

图 6.5.10　函数波形图

【例 6.5.14】绘制误差函数 $f(x) = \dfrac{2}{\sqrt{\pi}} \displaystyle\int_0^x e^{-t^2}\, dt$ 的二维曲线图形。

解：程序如下

```
syms x t
y = 2/sqrt(pi) * int(exp( - t^2),0,x);    % 误差函数 erf(x)
ezplot(y);
grid on;                                   % 显示网格线
```

程序运行结果如图 6.5.11 所示。

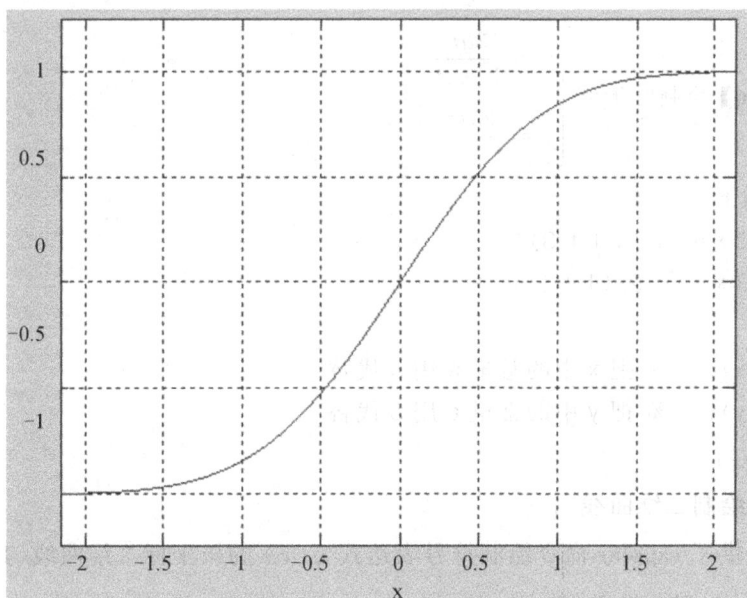

图 6.5.11　误差函数曲线

【例 6.5.15】绘制弹道曲线 $\begin{cases} x = v_0 t \cos\alpha \\ y = v_0 t \sin\alpha - \dfrac{1}{2}gt^2 \end{cases}$。

解：程序如下

```
y = sym('30 * t * sin(pi/6) − 9.8 * t^2/2');
x = sym('30 * t * cos(pi/6)');
ezplot(x,y);
grid on;
```

程序运行结果如图 6.5.12 所示。

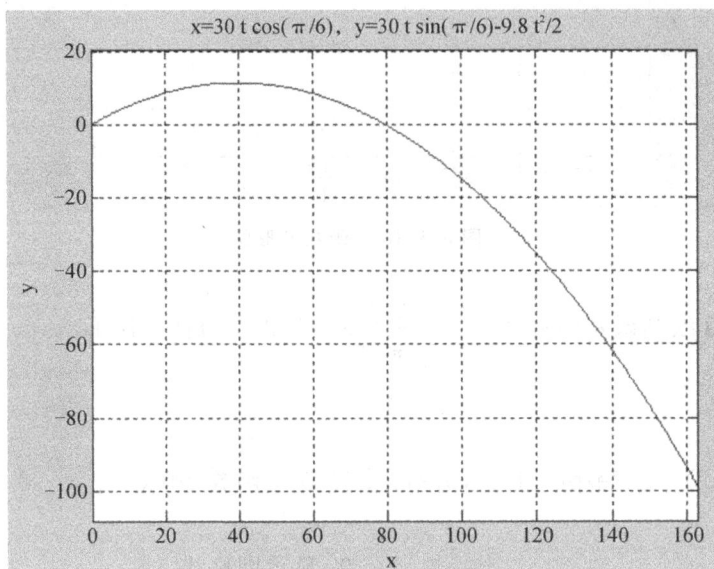

图 6.5.12　弹道曲线

【例 6.5.16】绘制叶形线 $\begin{cases} x = \dfrac{3at}{1+t^3} \\ y = \dfrac{3at^2}{1+t^3} \end{cases}$。

解：程序如下

```
x = sym('3 * a * t/(1 + t^3)')
y = sym('3 * a * t^2/(1 + t^3)')
a = 3;
x = subs(x);    % 把 x 中的常量 a 用 3 代替
y = subs(y);    % 把 y 中的常量 a 用 3 代替
ezplot(x,y);
```

## 2. 极坐标绘制二维曲线

Matlab 提供了 ezpolar 命令绘制符号表达式 $y(x)$ 的极坐标二维曲线，其语句格式为：

```
ezpolar(y,[x_min,x_max])
```

其中,[x_min,x_max]参数表示符号表达式的自变量取值范围,默认值为[0,2π]。

**【例 6.5.17】**在极坐标下绘制函数表达式 $1+\cos t$ 的二维图形。

解:程序如下

```
syms t
ezpolar(1 + cos(t));
```

程序运行结果如图 6.5.13 所示。

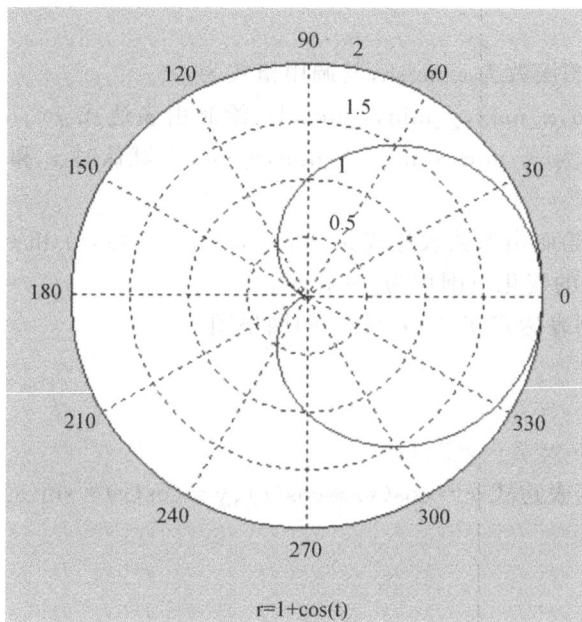

**图 6.5.13　心脏线曲线**

**【例 6.5.18】**在极坐标绘制 4 叶玫瑰线 $\rho=6\cos2\theta$。

解:程序如下

```
b = sym('6 * cos(2 * c)')
ezpolar(b);
```

**【例 6.5.19】**在极坐标绘制 3 叶玫瑰线 $\rho=\cos3\theta$。

解:程序如下

```
b = sym('cos(3 * c)')
ezpolar(b);
```

程序运行结果如图 6.5.14 所示。

**3. 绘制三维曲线 ezplot3**

三维曲线图的简易函数为 ezplot3,其调用格式为:

ezplot3(x,y,z,[t_min,t_max])

绘制由表达式 $x=x(t)$、$y=y(t)$

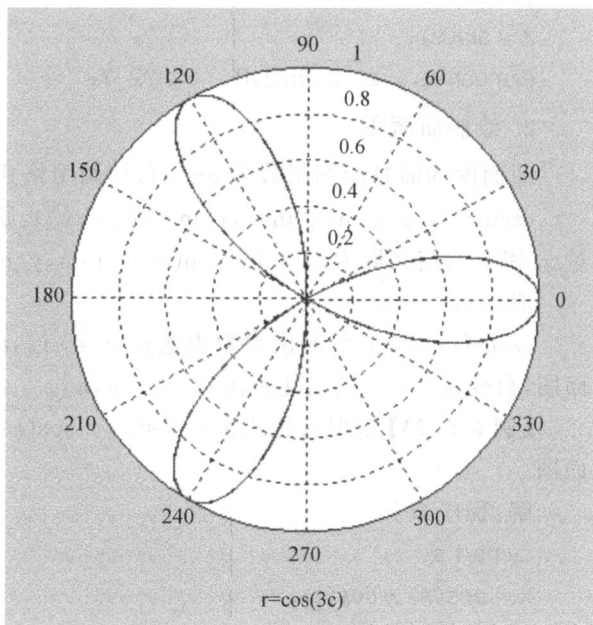

**图 6.5.14　3 叶玫瑰线**

和 $z = z(t)$ 定义的三维曲线,自变量 $t$ 的变化范围为[t_min,t_max],默认为[$0,2\pi$]。

【例 6.5.20】根据表达式 $x = \sin t$、$y = \cos t$ 和 $z = t$,绘制三维曲线。

解:程序如下

```
syms t;
ezplot3(sin(t),cos(t),t,[0,6 * pi]);
```

6.5.2.2　绘制曲面图

**1. 绘制网格图**

网格图的简易绘图函数为 ezmesh,其调用格式为:

ezmesh(f,[x_min,x_max,y_min,y_max]):绘制由表达式 $f(x,y)$ 定义的网格图,自变量 $x$ 和 $y$ 的定义域为[x_min,x_max,y_min,y_max],默认时 $x$ 和 $y$ 均为[$-\pi,\pi$]。

或

ezmesh(x,y,z):绘制由参数表达式 $x = x(s,t)$、$y = y(s,t)$ 和 $z = z(s,t)$ 定义的参数网格图,自变量 $s$ 和 $t$ 的变化范围均为[$-\pi,\pi$]。

【例 6.5.21】绘制表达式 $f = x \mathrm{e}^{-x^2-y^2}$ 的网格图。

解:程序如下

```
syms x y
ezmesh(x * exp( - x^2 - y^2));
```

【例 6.5.22】根据表达式 $x = \cos(s) * \cos(t)$、$y = \cos(s) * \sin(t)$ 和 $z = \sin(s)$,绘制网格图。

解:程序如下

```
syms t s
x = cos(s) * cos(t);
y = cos(s) * sin(t);
z = sin(s);
ezmesh(x,y,z,[0,pi/2,0,3 * pi/2]);
```

**2. 绘制曲面图**

曲面图的简易绘图函数为 ezsurf,其调用格式为:

ezsurf(f,[x_min,x_max,y_min,y_max]):绘制由表达式 $f(x,y)$ 定义的网格图,自变量 $x$ 和 $y$ 的定义域为[x_min,x_max,y_min,y_max],默认时 $x$ 和 $y$ 均为[$-\pi,\pi$]。

或

ezsurf(x,y,z):绘制由参数表达式 $x = x(s,t)$、$y = y(s,t)$ 和 $z = z(s,t)$ 定义的参数表面图,自变量 $s$ 和 $t$ 的变化范围均为[$-\pi,\pi$]。

【例 6.5.23】根据表达式 $x = \cos(s) * \cos(t)$、$y = \cos(s) * \sin(t)$ 和 $z = \sin(s)$,绘制表面图。

解:程序如下

```
syms t s
x = cos(s) * cos(t);
y = cos(s) * sin(t);
```

```
z = sin(s);
ezsurf(x,y,z)
```

# 6.6  M 文件

### 6.6.1  M 脚本文件及 M 函数文件

Matlab 是解释型语言,也就是说,在 Matlab 命令窗口中输入的命令在当前 Matlab 进程中被解释运行,无需编译和链接等。Matlab 文件分为两类:M 脚本文件(M-Script)和 M 函数文件(M-Function),它们均为由 ASCII 码构成的文件,该文件可直接在文本编辑器中编写,称为 M 文件,保存的文件扩展名是.m。

M 脚本文件包含一系列由 Matlab 语言所支持的语句,并保存为 M 文件。它不需要在其中输入参数,也不需要给出输出变量来接受处理结果。脚本仅是若干命令或函数的集合,用于执行特定的功能。其执行方式很简单,用户只需在 Matlab 命令窗口提示符下键入该 M 文件的文件名,Matlab 就会自动执行该 M 文件中的各条语句,并将结果直接返回 Matlab 工作空间中。脚本 M 文件实际上是一系列 Matlab 命令的集合,它的作用与在 Matlab 命令窗口输入的一系列命令等效。

M 函数文件不同于 M 脚本文件,是一种自定义函数,通过外界提供输入量而得到函数文件的输出结果。函数是接受输入参数返回输出参数的 M 文件,程序在自己的工作空间中操作变量,与工作空间分开,在工作空间无法访问函数的内部变量。M 函数文件在编辑器中生成,以关键字 function 引导"函数声明行",并列出函数与外界联系的全部"标称"输入输出变量。它的一般形式为

function [output 1,output 2,…] = functionname(input1,input2,…)
%[output 1,output 2,…] = functionname(input1,input2,…)Functionname
%Some comments that explain what the function does go here.
Matlab command 1;
Matlab command 2;
Matlab command 3;
        ⋮

该函数的 M 文件名是 functionname.m,在 Matlab 命令窗口中可被其他 M 文件调用,例如,[output1,output2] = functionname(input1,input2)

注意,Matlab 忽略了"%"后面的所有文字,因此,可以利用该符号写注释。以";"结束的行可以停止输出显示,在一行的最后输入"…"可以续行,以便在下一行继续输入指令。M 函数格式是 Matlab 程序设计的主流,在一般情况下,不建议使用 M 脚本文件格式编程。

【例 6.6.1】生成向量,并调用 average 函数。

解:(1)建立函数

```
function y = average(x)
% 函数文件名:average.m
```

```
[m,n] = size(x);
if ~ ((m = = 1) | (n = = 1) | (m = = 1 & n = = 1))
error(' input must be a vector ')
end
y = sum(x)/length(x);
```

（2）函数调用主程序

```
>> z = 1:99;
>> average(z)
```

### 6.6.2　局部变量和全局变量

通常,每一个由 M 文件定义的 Matlab 函数都拥有自己的局部变量,这些变量独立于其他函数的局部变量和工作空间的变量,但是如果特别地定义一些变量为全局变量,则这些变量就可以共享。

用关键字 global 可以把一个变量定义为全局变量。在 M 文件中定义全局变量时,如果在当前工作空间已经存在了相同的变量,系统将会给出警告,说明由于将该变量定义为全局变量,可能会使变量的值发生改变。为避免发生这种情况,应该在使用变量前先将其定义为全局变量。

在 Matlab 中对变量名是区分大小写的,因此为了在程序中清楚表达,不发生误声明,习惯上将全局变量定义为大写字母。如:

global A B C;将 $A,B,C$ 三个变量定义为全局变量。

# 6.7　Matlab 程序流程控制

Matlab 与其他高级编程语言一样,是一种结构化的编程语言。Matlab 程序流程控制结构一般可分为顺序结构、循环结构以及条件分支结构。Matlab 中实现顺序结构的方法非常简单,只需将程序语句按顺序排列即可。在 Matlab 中,循环结构可以由 for 语句循环结构和 while 语句循环结构两种方式来实现。条件分支结构可以由 if 语句分支结构和 switch 语句分支结构两种方式来实现。下面主要介绍这几种程序流程控制。

### 6.7.1　for 循环结构

for 循环结构用于在一定条件下多次循环执行某段指令,其语法格式为:

for 循环变量 ＝初值:增量:终值
　　循环体
end

循环变量一般被定义为一个向量,这样循环变量从初值开始,循环体中的语句每被执行一次,变量值就增加一个增量,直到变量等于终值为止。增量可以根据需要设定,默认时为1。end 代表循环体的结束部分。

【例 6.7.1】用 for 循环结构求 $1+2+3+\cdots+100$ 的和。

解：Matlab 源程序为

```
sum = 0;
for i = 1:100
    sum = sum + i;
end
sum
sum =
      5050
```

## 6.7.2　while 循环结构

while 循环结构也用于循环执行某段指令，但是与 for 循环结构不同的是，在执行循环体之前先要判断循环执行的条件是否成立，即逻辑表达式为"真"还是"假"。如果条件成立，则执行；如果条件不成立，则终止循环。其语法格式为：

```
while  逻辑表达式
    循环体
end
```

【例 6.7.2】用 while 循环结构求 $1+2+3+\cdots+100$ 的和。

解：Matlab 源程序为

```
sum = 0;i = 0;
while i < 100
    i = i + 1;
    sum = sum + i;
end
sum
sum =
      5050
```

从上述 Matlab 源程序可以看出，while 循环结构是通过判断逻辑表达式 $i<100$ 是否为"真"，而决定是否执行循环体。

## 6.7.3　if 分支结构

if 条件分支结构是通过判断逻辑表达式是否成立来决定是否执行指定的程序模块。其语法格式有两种：一种是单分支结构，另一种为多分支结构。其中，单分支结构语法格式为

```
if  逻辑表达式
    程序模块
end
```

单分支结构语法格式的含义是：如果逻辑表达式为"真"，则执行程序模块；否则跳过该分支结构，按顺序结构执行下面的程序。

多分支结构的语法格式为

if　逻辑表达式 1

　　程序模块 1

else if　逻辑表达式 2(可选)

　　程序模块 2

　　　⋮

else

　　程序模块 $n$

end

多分支结构语法格式可理解为:首先判断 if 条件分支结构中的逻辑表达式 1 是否成立,如果成立则执行程序模块 1;否则继续判断 else if 条件分支结构中的逻辑表达式 2,如果成立则执行程序模块 2;依次下去,如果结构中所有条件都不成立,则执行程序模块 $n$。

【例 6.7.3】用 if 条件分支结构可实现百分制考试分数分级。

解:Matlab 源程序为

```
s = input('输入 score = ');    % 屏幕提示输入 x =,由键盘输入值赋给 x
if s >= 90
    rank = ' A '
elseif s >= 80
    rank = ' B '
elseif s >= 70
    rank = ' C '
elseif s >= 60
    rank = ' D '
else
    rank = ' E '
end
```

### 6.7.4　switch 分支结构

switch 分支结构是根据表达式的取值结果不同来选择执行的程序模块,其语法格式为:

switch 表达式

　　case　常量 1

　　　　程序模块 1

　　case　常量 2

　　　　程序模块 2

　　　　　⋮

　　otherwise

　　　　程序模块 $n$

end

其中,switch 后面的表达式可以是任何类型,如数字、字符串等。当表达式的值与 case

后面的常量相等时，就执行对应的程序模块；如果所有常量都与表达式的值不等时，则执行 otherwise 后面的程序模块。

【例 6.7.4】用 switch 分支结构也可实现百分制考试分数分级。

解：Matlab 源程序为

```
s = input('输入 score = ');
switch fix(s/10)    % 利用 fix 函数舍去小数部分取最近整数
    case{10,9}
        rank = 'A'
    case 8
        rank = 'B'
    case 7
        rank = 'C'
    case 6
        rank = 'D'
    otherwise
        rank = 'E'
end
```

除了上述介绍的几种程序流程控制结构外，Matlab 为实现交互控制程序流程还提供了 continue、break、pause、input、error、disp 等命令。

# 6.8  Matlab 命令函数表

Matlab 提供多种专业、内容丰富的命令函数，以方便解决各类科学问题。以下罗列大部分命令函数，以方便读者查阅。读者可在命令窗口中运行 doc 或者 help 命令查看它们的具体使用。

### 6.8.1  管理命令和函数

管理命令和函数如表 6.8.1 所示。

表 6.8.1  管理命令和函数

| help | 在线帮助文件 |
|---|---|
| doc | 装入超文本说明 |
| what | M、MAT、MEX 文件的目录列表 |
| type | 列出 M 文件 |
| lookfor | 通过 help 条目搜索关键字 |
| which | 定位函数和文件 |
| demo | 运行演示程序 |
| path | 显示或控制 Matlab 的搜索路径 |

## 6.8.2　管理变量和工作空间命令

管理变量和工作空间有关的命令如表 6.8.2 所示。

**表 6.8.2　管理变量和工作空间有关的命令**

| | |
|---|---|
| who | 列出当前变量 |
| whos | 列出当前变量(长表) |
| load | 从磁盘文件中恢复变量 |
| save | 保存工作空间变量 |
| clear | 从内存中清除变量和函数 |
| pack | 整理工作空间内存 |
| size | 矩阵的尺寸 |
| length | 向量的长度 |
| disp | 显示矩阵内容 |

## 6.8.3　与文件和操作系统有关的命令

与文件和操作系统有关的命令如表 6.8.3 所示。

**表 6.8.3　与文件和操作系统有关的命令**

| | |
|---|---|
| cd | 改变当前工作目录 |
| dir | 目录列表 |
| delete | 删除文件 |
| getenv | 获取环境变量值 |
| ! | 执行 DOS 操作系统命令 |
| unix | 执行 UNIX 操作系统命令并返回结果 |
| diary | 保存 Matlab 任务 |

## 6.8.4　窗口控制命令

窗口控制命令如表 6.8.4 所示。

**表 6.8.4　窗口控制命令**

| | |
|---|---|
| cedit | 设置命令行编辑 |
| clc | 清命令窗口 |
| home | 光标置左上角 |
| format | 设置输出格式 |
| echo | 底稿文件内使用的回显命令 |
| more | 在命令窗口中控制分页输出 |

### 6.8.5　启动和退出命令

启动和退出命令如表 6.8.5 所示。

**表 6.8.5　启动和退出命令**

| quit | 退出 Matlab |
|------|------|
| startup | 引用 Matlab 时所执行的 M 文件 |
| matlabrc | 主启动 M 文件 |

### 6.8.6　一般 Matlab 信息

一般 Matlab 信息显示如表 6.8.6 所示。

**表 6.8.6　一般 Matlab 信息显示**

| info | Matlab 系统信息及 MathWorks 公司信息 |
|------|------|
| subscribe | 成为 Matlab 的订购用户 |
| hostid | Matlab 主服务程序的识别代号 |
| whatsnew | 在说明书中未包含的新信息 |
| ver | 版本信息 |

### 6.8.7　运算符和特殊字符

运算符和特殊字符如表 6.8.7 所示。

**表 6.8.7　运算符和特殊字符**

| $+$ | 加 |
|------|------|
| $-$ | 减 |
| $*$ | 矩阵乘法 |
| .$*$ | 数组乘法 |
| $\wedge$ | 矩阵幂 |
| .$\wedge$ | 数组幂 |
| \ | 左除或反斜杠 |
| / | 右除或斜杠 |
| ./ | 数组除 |
| kron | Kronecker 张量积 |
| : | 冒号 |
| () | 圆括号 |
| [] | 方括号 |
| . | 小数点 |
| .. | 父目录 |
| ... | 续行符 |

续表

| | |
|---|---|
| , | 逗号 |
| ; | 分号 |
| % | 注释 |
| ! | 运行 DOS 命令 |
| ' | 矩阵转置或引用 |
| = | 赋值 |
| == | 相等关系操作符 |
| ~= | 不等关系操作符 |
| & | 逻辑与 |
| \| | 逻辑或 |
| ~ | 逻辑非 |
| xor | 逻辑异或函数 |

### 6.8.8　逻辑函数

逻辑函数如表 6.8.8 所示。

**表 6.8.8　逻辑函数**

| | |
|---|---|
| exist | 检查变量或函数是否存在 |
| any | 向量的任一元为真,则其值为真 |
| all | 向量的所有元为真,则其值为真 |
| find | 找出非零元素的索引号 |

### 6.8.9　三角函数

三角函数如表 6.8.9 所示。

**表 6.8.9　三角函数**

| | |
|---|---|
| sin | 正弦 |
| sinh | 双曲正弦 |
| asin | 反正弦 |
| asinh | 反双曲正弦 |
| cos | 余弦 |
| cosh | 双曲余弦 |
| acos | 反余弦 |
| acosh | 反双曲余弦 |
| tan | 正切 |
| tanh | 双曲正切 |
| atan | 反正切 |

续表

| atan2 | 四象限反正切 |
|---|---|
| atanh | 反双曲正切 |
| sec | 正割 |
| sech | 双曲正割 |
| asech | 反双曲正割 |
| csc | 余割 |
| csch | 双曲余割 |
| acsc | 反余割 |
| acsch | 反双曲余割 |
| cot | 余切 |
| coth | 双曲余切 |
| acot | 反余切 |
| acoth | 反双曲余切 |

## 6.8.10　指数函数

指数函数如表 6.8.10 所示。

表 6.8.10　指数函数

| exp | 指数 |
|---|---|
| log | 自然对数 |
| log10 | 常用对数 |
| sqrt | 平方根 |

## 6.8.11　复数函数

复数函数如表 6.8.11 所示。

表 6.8.11　复数函数

| abs | 绝对值（复数模） |
|---|---|
| angle | 相角 |
| conj | 共轭复数 |
| imag | 复数虚部 |
| real | 复数实部 |

## 6.8.12　数值函数

数值函数如表 6.8.12 所示。

**表 6.8.12　数值函数**

| fix | 朝零方向取整 |
|---|---|
| floor | 朝负无穷大方向取整 |
| ceil | 朝正无穷大方向取整 |
| round | 朝最近的整数取整 |
| rem | 除后取余 |
| sign | 符号函数 |

### 6.8.13　基本矩阵生成函数

基本矩阵生成函数如表 6.8.13 所示。

**表 6.8.13　基本矩阵生成函数**

| zeros | 零矩阵 |
|---|---|
| ones | 全"1"矩阵 |
| eye | 单位矩阵 |
| rand | 均匀分布的随机数矩阵 |
| randn | 正态分布的随机数矩阵 |
| logspace | 对数间隔的向量 |
| meshgrid | 三维图形的 X 和 Y 数组 |
| : | 等间隔的向量 |

### 6.8.14　特殊变量和常数

特殊变量和常数如表 6.8.14 所示。

**表 6.8.14　特殊变量和常数**

| ans | 当前的答案 |
|---|---|
| eps | 微小值,相对浮点精度 |
| realmax | 最大浮点数 |
| realmin | 最小浮点数 |
| pi | 圆周率 |
| i,j | 虚数单位 |
| inf | 无穷大 |
| NaN | 非数值 |
| flops | 浮点运算次数 |
| nargin | 函数输入变量数 |
| nargout | 函数输出变量数 |
| computer | 计算机类型 |
| isieee | 当计算机采用 IEEE 算术标准时,其值为真 |
| why | 简明的答案 |
| version | Matlab 版本号 |

### 6.8.15　时间和日期函数

时间和日期函数如表 6.8.15 所示。

表 6.8.15　时间和日期函数

| | |
|---|---|
| clock | 返回当前[year month day hour minute second] |
| date | 返回当前日历 |
| etime | 计时函数。计算 2 个 clock 时刻的时长 |
| tic | 秒表开始计时 |
| toc | 秒表停止计时,并返回计时时长 |
| cputime | CPU 时间(以 s 为单位) |

### 6.8.16　矩阵操作命令

矩阵操作命令如表 6.8.16 所示。

表 6.8.16　矩阵操作命令

| | |
|---|---|
| diag | 建立和提取对角阵 |
| fliplr | 矩阵做左右翻转 |
| flipud | 矩阵做上下翻转 |
| reshape | 改变矩阵大小 |
| rot90 | 矩阵旋转 90° |
| tril | 提取矩阵的下三角部分 |
| triu | 提取矩阵的上三角部分 |
| : | 矩阵的索引号,重新排列矩阵 |
| compan | 友矩阵 |
| hadamard | Hadamard 矩阵 |
| hankel | Hankel 矩阵 |
| hilb | Hilbert 矩阵 |
| invhilb | 逆 Hilbert 矩阵 |
| kron | Kronecker 张量积 |
| magic | 魔方矩阵 |
| toeplitz | Toeplitz 矩阵 |
| vander | Vandermonde 矩阵 |

### 6.8.17　矩阵分析命令

矩阵分析命令如表 6.8.17 所示。

表 6.8.17　矩阵分析命令

| cond | 计算矩阵条件数 |
|------|------|
| norm | 计算矩阵或向量范数 |
| rcond Linpack | 逆条件值估计 |
| rank | 计算矩阵秩 |
| det | 计算矩阵行列式值 |
| trace | 计算矩阵的迹 |
| null | 规范正交基 |
| orth | 正交化 |

## 6.8.18　线性方程函数

线性方程函数如表 6.8.18 所示。

表 6.8.18　线性方程函数

| \ 和 / | 线性方程求解 |
|------|------|
| chol | Cholesky 分解 |
| lu | 高斯消元法求系数阵 |
| inv | 矩阵求逆 |
| qr | 正交三角矩阵分解（QR 分解） |
| pinv | 矩阵伪逆 |

## 6.8.19　特征值和奇异值函数

特征值和奇异值函数如表 6.8.19 所示。

表 6.8.19　特征值和奇异值函数

| eig | 求特征值和特征向量 |
|------|------|
| poly | 求特征多项式 |
| hess | Hessberg 形式 |
| qz | 广义特征值 |
| cdf2rdf | 变复对角矩阵为实分块对角形式 |
| schur | Schur 分解 |
| balance | 矩阵均衡处理以提高特征值精度 |
| svd | 奇异值分解 |

## 6.8.20　矩阵函数

矩阵函数如表 6.8.20 所示。

表 6.8.20　矩阵函数

| | |
|---|---|
| expm | 矩阵指数 |
| expm1 | 实现 expm 的 M 文件 |
| expm2 | 通过泰勒级数求矩阵指数 |
| expm3 | 通过特征值和特征向量求矩阵指数 |
| logm | 矩阵对数 |
| sqrtm | 矩阵开平方根 |
| funm | 估算一般矩阵 |

### 6.8.21　泛函-非线性数值函数

泛函-非线性数值函数如表 6.8.21 所示。

表 6.8.21　泛函-非线性数值函数

| | |
|---|---|
| ode23 | 低阶法求解常微分方程 |
| ode23p | 低阶法求解常微分方程并绘出结果图形 |
| ode45 | 高阶法求解常微分方程 |
| quad | 低阶法计算数值积分 |
| quad8 | 高阶法计算数值积分 |
| fmin | 单变量函数的极小变化 |
| fmins | 多变量函数的极小化 |
| fzero | 找出单变量函数的零点 |
| fplot | 函数绘图 |

### 6.8.22　多项式函数

多项式函数如表 6.8.22 所示。

表 6.8.22　多项式函数

| | |
|---|---|
| roots | 求多项式根 |
| poly | 构造具有指定根的多项式 |
| polyvalm | 带矩阵变量的多项式计算 |
| residue | 部分分式展开（留数计算） |
| polyfit | 数据的多项式拟合 |
| polyder | 多项式微分运算 |
| polyint | 多项式积分运算 |
| conv | 多项式乘法，卷积 |
| deconv | 多项式除法 |

### 6.8.23 建立和控制图形窗口命令

建立和控制图形窗口命令如表 6.8.23 所示。

表 6.8.23 建立和控制图形窗口命令

| figure | 建立图形窗口 |
|---|---|
| gcf | 获取当前图形的句柄 |
| clf | 清除当前图形 |
| close | 关闭图形 |

### 6.8.24 建立和控制坐标系命令

建立和控制坐标系命令如表 6.8.24 所示。

表 6.8.24 建立和控制坐标系命令

| subplot | 在标定位置上建立坐标系 |
|---|---|
| axes | 在任意位置上建立坐标系 |
| gca | 获取当前坐标系的句柄 |
| cla | 清除当前坐标系 |
| axis | 控制坐标系的刻度和形式 |
| caxis | 控制伪彩色坐标刻度 |
| hold | 保持当前图形 |

### 6.8.25 句柄图形操作

句柄图形操作如表 6.8.25 所示。

表 6.8.25 句柄图形操作

| figure | 建立图形窗口 |
|---|---|
| axes | 建立坐标系 |
| line | 建立曲线 |
| text | 建立文本串 |
| patch | 建立图形填充块 |
| surface | 建立曲面 |
| image | 建立图像 |
| uicontrol | 建立用户界面控制 |
| uimen | 建立用户界面菜单 |
| set | 设置对象 |
| get | 获取对象特征 |
| reset | 重置对象特征 |
| delete | 删除对象 |

| newplot | 预测 nextplot 性质的 M 文件 |
|---------|------------------------|
| gco | 获取当前对象的句柄 |
| drawnow | 填充未完成绘图事件 |
| findobj | 寻找指定特征值的对象 |

## 6.8.26　打印和存储命令

打印和存储命令如表 6.8.26 所示。

**表 6.8.26　打印和存储命令**

| print | 打印图形或保存图形 |
|-------|-----------------|
| printopt | 配置本地打印机缺省值 |
| orient | 设置纸张取向 |
| capture | 屏幕抓取当前图形 |

## 6.8.27　绘制基本 *X-Y* 图形命令

绘制基本 *X-Y* 图形命令如表 6.8.27 所示。

**表 6.8.27　绘制基本 *X-Y* 图形命令**

| plot | 线性图形 |
|------|--------|
| loglog | 对数坐标图形 |
| semilogx | 半对数坐标图形（*X* 轴为对数坐标） |
| semilogy | 半对数坐标图形（*Y* 轴为对数坐标） |
| fill | 绘制二维多边形填充图 |

## 6.8.28　绘制特殊 *X-Y* 图形命令

绘制特殊 *X-Y* 图形命令如表 6.8.28 所示。

**表 6.8.28　绘制特殊 *X-Y* 图形命令**

| polar | 极坐标图 |
|-------|--------|
| bar | 条形图 |
| stem | 离散序列图或杆图 |
| stairs | 阶梯图 |
| errorbar | 误差条图 |
| hist | 直方图 |
| rose | 角度直方图 |
| compass | 区域图 |
| feather | 箭头图 |
| fplot | 绘图函数 |
| comet | 星点图 |

### 6.8.29　图形注释命令

图形注释命令如表 6.8.29 所示。

**表 6.8.29　图形注释命令**

| title | 图形标题 |
|---|---|
| xlabel | $X$ 轴标记 |
| ylabel | $Y$ 轴标记 |
| text | 文本注释 |
| gtext | 用鼠标放置文本 |
| grid | 网格线 |

### 6.8.30　Matlab 编程语言函数

Matlab 编程语言函数如表 6.8.30 所示。

**表 6.8.30　Matlab 编程语言函数**

| function | 自定义新的函数 |
|---|---|
| eval | 执行由 Matlab 表达式构成的字串 |
| feval | 执行由字串指定的函数 |
| global | 定义全局变量 |

### 6.8.31　程序流程控制

程序流程控制如表 6.8.31 所示。

**表 6.8.31　程序流程控制**

| if | 条件执行语句 |
|---|---|
| else | 与 if 命令配合使用 |
| elseif | 与 if 命令配合使用 |
| end | for、while 和 if 语句的结束 |
| for | 重复执行指定次数(循环) |
| while | 重复执行不定次数(循环) |
| break | 终止循环的执行 |
| return | 返回引用的函数 |
| error | 显示信息并终止函数的执行 |

### 6.8.32　交互输入

交互输入如表 6.8.32 所示。

表 6.8.32　交互输入

| input | 提示用户输入 |
|---|---|
| keyboard | 像底稿文件一样使用键盘输入 |
| menu | 产生由用户输入选择的菜单 |
| pause | 等待用户响应 |
| uimenu | 建立用户界面菜单 |
| uicontrol | 建立用户界面控制 |

### 6.8.33　一般字符串函数

一般字符串函数如表 6.8.33 所示。

表 6.8.33　一般字符串函数

| strings | Matlab 中有关字符串函数的说明 |
|---|---|
| abs | 变 ASCII 字符为数值(ASCII 码值) |
| setstr,char | 变数值为 ASCII 字符 |
| isstr | 当变量为字符串时其值为真 |
| blanks | 空串 |
| deblank | 删除尾部的空串 |
| str2mat | 从各个字符串中形成文本矩阵 |
| eval | 执行由 Matlab 符号表达式组成的串 |

### 6.8.34　字符串比较函数

字符串比较函数如表 6.8.34 所示。

表 6.8.34　字符串比较函数

| strcmp | 比较字符串 |
|---|---|
| findstr | 在一字符串中查找另一个子串 |
| upper | 变字符串为大写 |
| lower | 变字符串为小写 |
| isletter | 当变量为字母时,其值为真 |
| isspace | 当变量为空白字符时,其值为真 |

### 6.8.35　字符串与数值类型转换函数

字符串与数值类型转换函数如表 6.8.35 所示。

表 6.8.35　字符串与数值类型转换函数

| num2str | 变数值为字符串 |
|---|---|
| int2str | 变整数为字符串 |
| str2num | 变字符串为数值 |
| sprintf | 变数值为格式控制下的字符串 |
| sscanf | 变字符串为格式控制下的数值 |

### 6.8.36 十进制与十六进制数转换函数

十进制与十六进制数转换函数如表 6.8.36 所示。

**表 6.8.36 十进制与十六进制数转换函数**

| | |
|---|---|
| hex2num | 变十六进制为 IEEE 标准下的浮点数 |
| hex2dec | 变十六制数为十进制数 |
| dec2hex | 变十进制数为十六进制数 |

### 6.8.37 建模命令

建模命令如表 6.8.37 所示。

**表 6.8.37 建模命令**

| | |
|---|---|
| append | 追加系统动态特性 |
| augstate | 变量状态作为输出 |
| blkbuild | 从方框图中构造状态空间系统 |
| cloop | 系统的闭环 |
| connect | 方框图建模 |
| conv | 两个多项式的卷积 |
| destim | 从增益矩阵中形成离散状态估计器 |
| dreg | 从增益矩阵中形成离散控制器和估计器 |
| drmodel | 产生随机离散模型 |
| estim | 从增益矩阵中形成连续状态估计器 |
| feedback | 反馈系统连接 |
| ord2 | 产生二阶系统的 A,B,C,D |
| pade | 时延的 Pade 近似 |
| parallel | 并行系统连接 |
| reg | 从增益矩阵中形成连续控制器和估计器 |
| rmodel | 产生随机连续模型 |
| series | 串行系统连接 |
| ssdelete | 从模型中删除输入、输出或状态 |
| ssselect | 从大系统中选择子系统 |

### 6.8.38 系统模型转换函数

系统模型转换函数如 6.8.38 所示。

表 6.8.38　系统模型转换函数

| c2d | 变连续系统为离散系统 |
|---|---|
| c2dm | 利用指定方法变连续为离散系统 |
| c2dt | 带一延时变连续为离散系统 |
| d2c | 变离散为连续系统 |
| d2cm | 利用指定方法变离散为连续系统 |
| poly | 变根值表示为多项式表示 |
| residue | 部分分式展开 |
| ss2tf | 变状态空间表示为传递函数表示 |
| ss2zp | 变状态空间表示为零极点表示 |
| tf2ss | 变传递函数表示为状态空间表示 |
| tf2zp | 变传递函数表示为零极点表示 |
| zp2tf | 变零极点表示为传递函数表示 |
| zp2ss | 变零极点表示为状态空间表示 |

## 6.8.39　系统模型化简函数

系统模型化简函数如表 6.8.39 所示。

表 6.8.39　系统模型化简函数

| balreal | 平衡实现 |
|---|---|
| dbalreal | 离散平衡实现 |
| dmodred | 离散模型降阶 |
| minreal | 最小实现和零极点对消 |
| modred | 模型降阶 |

## 6.8.40　系统模型实现函数

系统模型实现函数如表 6.8.40 所示。

表 6.8.40　系统模型实现函数

| canon | 正则形式 |
|---|---|
| ctrbf | 可控阶梯形 |
| obsvf | 可观阶梯形 |
| ss2ss | 采用相似变换 |

## 6.8.41　系统模型特性

系统模型特性如表 6.8.41 所示。

表 6.8.41　系统模型特性

| | |
|---|---|
| covar | 相对于白噪声的连续协方差响应 |
| ctrb | 可控性矩阵 |
| damp | 阻尼系数和固有频率 |
| dcgain | 连续稳态（直流）增益 |
| dcovar | 相对于白噪声的离散协方差响应 |
| ddamp | 离散阻尼系数和固有频率 |
| ddcgain | 离散系统增益 |
| dgram | 离散可控性和可观性 |
| dsort | 按幅值排序离散特征值 |
| eig | 特征值和特征向量 |
| esort | 按实部排列连续特征值 |
| gram | 可控性和可观性 |
| obsv | 可观性矩阵 |
| printsys | 按格式显示系统 |
| roots | 多项式之根 |
| tzero | 传递零点 |
| tzero2 | 利用随机扰动法传递零点 |

## 6.8.42　时域响应

时域响应如表 6.8.42 所示。

表 6.8.42　时域响应

| | |
|---|---|
| dimpulse | 离散时间单位冲激响应 |
| dinitial | 离散时间零输入响应 |
| dlsim | 任意输入下的离散时间仿真 |
| dstep | 离散时间阶跃响应 |
| filter | 单输入单输出 $Z$ 变换仿真 |
| impulse | 冲激响应 |
| initial | 连续时间零输入响应 |
| lsim | 任意输入下的连续时间仿真 |
| ltitr | 低级时间响应函数 |
| step | 阶跃响应 |
| stepfun | 阶跃函数 |

## 6.8.43　频域响应

频域响应如表 6.8.43 所示。

表 6.8.43 频域响应

| bode | Bode 图（频域响应） |
|---|---|
| dbode | 离散 Bode 图 |
| dnichols | 离散 Nichols 图 |
| dnyquist | 离散 Nyquist 图 |
| dsigma | 离散奇异值频域图 |
| fbode | 连续系统的快速 Bode 图 |
| freqs | 拉普拉斯变换频率响应 |
| freqz | Z 变换频率响应 |
| ltifr | 低级频率响应函数 |
| margin | 增益和相位裕度 |
| nichols | Nichols 图 |
| ngrid | 画 Nichols 图的栅格线 |
| nyquist | Nyquist 图 |
| sigma | 奇异值频域图 |

## 6.8.44 根轨迹函数

根轨迹函数如表 6.8.44 所示。

表 6.8.44 根轨迹函数

| pzmap | 零极点图 |
|---|---|
| rlocfind | 交互式地确定根轨迹增益 |
| rlocus | 画根轨迹 |
| sgrid | 在网格上画连续根轨迹 |
| zgrid | 在网格上画离散根轨迹 |

## 6.8.45 增益控制函数

增益控制函数如表 6.8.45 所示。

表 6.8.45 增益控制函数

| acker | 单输入单输出极点配置 |
|---|---|
| dlqe | 离散时间 kalman 估计器设计 |
| dlqew | 含有过程噪声的离散时间 kalman 估计器设计 |
| dlqr | 离散线性二次调节器设计 |
| dlqry | 输出加权的离散调节器设计 |

续表

| | |
|---|---|
| lqe | 连续时间 kalman 估计器设计 |
| lqed | 基于连续代价函数的离散估计器设计 |
| lqe2 | 基于 Schur 法的线性二次估计器设计 |
| lqew | 含有过程噪声的连续时间 kalman 估计器设计 |
| lqr | 线性二次调节器设计 |
| lqrd | 基于连续代价函数的离散调节器设计 |
| lqry | 输出加权的调节器设计 |
| lqr2 | 基于 Schur 法的线性二次调节器设计 |
| place | 极点配置 |

### 6.8.46　方程求解

方程求解如表 6.8.46 所示。

**表 6.8.46　方程求解**

| | |
|---|---|
| are | 代数 Riccati 方程求解 |
| dlyap | 离散 Lyapunov 方程求解 |
| lyap | 连续 Lyapunov 方程求解 |
| lyap2 | 利用对角化求解 Lyapunov 方程 |

### 6.8.47　演示示例

演示示例如表 6.8.47 所示。

**表 6.8.47　演示示例**

| | |
|---|---|
| ctrldemo | 控制工具箱介绍 |
| boildemo | 锅炉系统的 LQG 设计 |
| jetdemo | 喷气式飞机偏航阻尼的典型设计 |
| diskdemo | 硬盘控制器的数字控制 |
| kalmdemo | Kalman 滤波器设计和仿真 |

### 6.8.48　实用工具

实用工具如表 6.8.48 所示。

表 6.8.48　实用工具

| | |
|---|---|
| abcdchk | 检测 (A,B,C,D) 组的一致性 |
| chop | 取 $n$ 个重要的位置 |
| dexresp | 离散取样响应函数 |
| dfrqint | 离散 Bode 图的自动定范围算法 |
| dfrqint2 | 离散 Nyquist 图的自动定范围算法 |
| dmulresp | 离散多变量响应函数 |
| distsl | 到直线间的距离 |
| dric | 离散 Riccati 方程留数计算 |
| dsigma2 | DSIGMA 实用工具函数 |
| dtimvec | 离散时间响应的自动定范围算法 |
| exresp | 取样响应函数 |
| freqint | Bode 图的自动定范围算法 |
| freqint2 | Nyquist 图的自动定范围算法 |
| freqresp | 低级频率响应函数 |
| givens | 旋转 |
| housh | 构造 Householder 变换 |
| imargin | 利用内插技术求增益和相位裕度 |
| lab2ser | 变标号为字符串 |
| mulresp | 多变量响应函数 |
| nargchk | 检测 M 文件的变量数 |
| perpxy | 寻找最近的正交点 |
| poly2str | 变多项式为字符串 |
| printmat | 带行列号打印矩阵 |
| ric | Riccati 方程留数计算 |
| schord | 有序 Schwr 分解 |
| sigma2 | SIGMA 使用函数 |
| tfchk | 检测传递函数的一致性 |
| timvec | 连续时间响应的自动定范围算法 |
| tzreduce | 在计算过零点时简化系统 |
| vsort | 匹配两根轨迹的向量 |

# 习题参考答案

## 第 1 章

### 一、单项选择题

1. C　　2. A　　3. (1)C;(2)D;(3)C　　4. B　　5. D　　6. B　　7. A

8. B　　9. D　　10. C　　11. B　　12. B

### 二、判断题

1. ×　　2. ×　　3. ×,×　4. √,×　5. ×　　6. ×　　7. ×

8. ×　　9. ×　　10. ×　　11. ×　　12. √　　13. √　　14. √

15. √　　16. √　　17. √　　18. ×　　19. √　　20. ×　　21. ×

22. √　　23. √　　24. √　　25. ×　　26. ×　　27. √　　28. √

29. √　　30. √　　31. √　　32. ×　　33. ×　　34. √　　35. √,√;×,×

### 三、计算填空题

1. 4

2. $0.5\mathrm{e}^{-t}$

3. 0

4. $\displaystyle\sum_{n=-\infty}^{\infty}\delta(t-n\pi)$

5. $-\delta(t)$

6. $-2$

7. $2\varepsilon(t)+4\delta'(t)$

8. 3

9. $6\varepsilon(t-2)$

10. $\mathrm{e}^{-4}$

11. 0

12. 1

13. $\mathrm{e}^{-2t}$

14. $\varepsilon(t)$

15. $h(t)=\delta(t)-3\mathrm{e}^{-3t}\varepsilon(t)$

16. $f(t)*h(t)=(t-3)\varepsilon(t-3)-(t-4)\varepsilon(t-4)-(t-5)\varepsilon(t-5)+(t-6)\varepsilon(t-6)$

17. $\varepsilon(t)$

18. $\delta(t-t_0),\varepsilon(t),\delta'(t)$

### 四、综合应用分析题

1. 解：由图可知，$f_2(t)=f_1(t)+f_1(t-1)+f_1(t-2)$

$$y_1(t)=T[x(0)=0,f_1(t)]$$

据 LTI 系统的线性、时不变性质，可得

$$
\begin{aligned}
y_2(t) &= T[x(0)=0,f_2(t)] \\
&= T[x(0)=0,f_1(t)+f_1(t-1)+f_1(t-2)] \\
&= T[x(0)=0,f_1(t)]+T[x(0)=0,f_1(t-1)]+T[x(0)=0,f_1(t-2)] \\
&= y_1(t)+y_1(t-1)+y_1(t-2)
\end{aligned}
$$

由此可得输出 $y_2(t)$ 如图 1-1 所示。

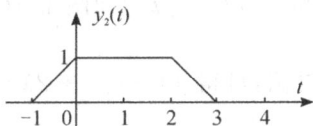

图 1-1

2. 解：

方法一：

将 $f(-2t+1)$ 反折，可得 $f(2t+1)$，如图 1-2(a) 所示；

对 $f(2t+1)$ 扩展一倍（横坐标乘以 2），可得 $f(t+1)$，如图 1-2(b) 所示；

对 $f(t+1)$ 右移 1 个时间单位，可得 $f(t)$，如图 1-2(c) 所示。

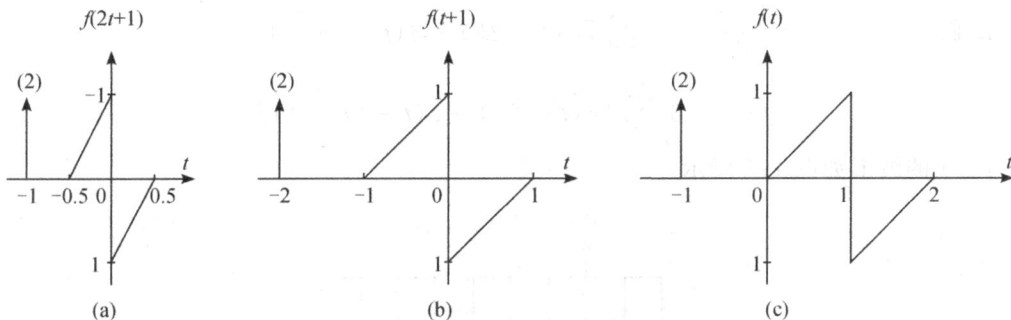

图 1-2

方法二：

$f(-2t+1)=f[-2(t-0.5)]$，

将 $f(-2t+1)$ 左移 0.5 个时间单位，可得 $f(-2t)$，如图 1-3(a) 所示；

将 $f(-2t)$ 反折，得 $f(2t)$，如图 1-3(b) 所示；

对 $f(2t)$ 扩展一倍（横坐标乘以 2），可得 $f(t)$，如图 1-3(c) 所示。

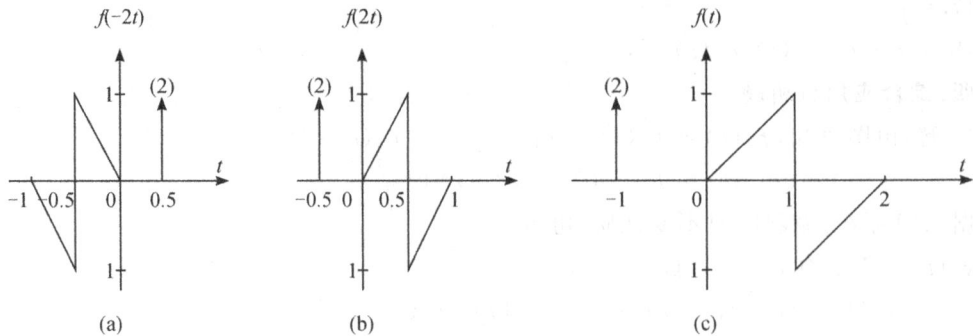

$f(-2t)$ $f(2t)$ $f(t)$

(a) (b) (c)

**图 1-3**

3. 解：将 $f(t)$ 反折，得 $f(-t)$，如图 1-4(a) 所示；

对 $f(-t)$ 的横坐标除以 3，可得 $f(-\frac{1}{3}t)$，如图 1-4(b) 所示；

对 $f(-\frac{1}{3}t)$ 右移 6 个时间单位，可得 $f(-\frac{1}{3}t+2)$，如图 1-4(c) 所示。

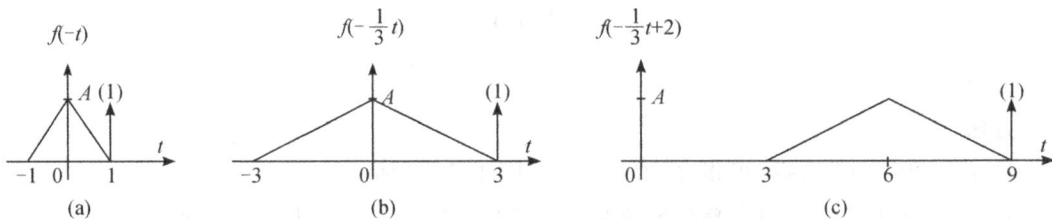

$f(-t)$ $f(-\frac{1}{3}t)$ $f(-\frac{1}{3}t+2)$

(a) (b) (c)

**图 1-4**

4. 解：

$$\frac{\mathrm{d}f(t)}{\mathrm{d}t} = 3\sum_{k=-\infty}^{\infty}\left[\delta(t-2k)-\delta(t-2k-1)\right]$$

$$f(t) = 3\sum_{k=-\infty}^{\infty}\left[\varepsilon(t-2k)-\varepsilon(t-2k-1)\right]$$

$f(t)$ 的波形如图 1-5 所示。

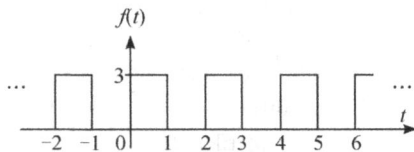

$f(t)$

**图 1-5**

5. 解：$y(t)$ 和 $y(2t)$ 的波形分别如图 1-6(a)(b) 所示

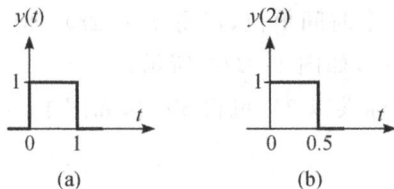

$y(t)$ $y(2t)$

(a) (b)

**图 1-6**

6. 解：$y_{zi1}(t) = T[f(t) = 0, x_1(0) = 1, x_2(0) = 0] = (e^{-t} + e^{-2t})\varepsilon(t)$

$\qquad y_{zi2}(t) = T[f(t) = 0, x_1(0) = 0, x_2(0) = 1] = -(e^{-t} - e^{-2t})\varepsilon(t)$

$\qquad y_{zs}(t) = T[f(t), x_1(0) = 0, x_2(0) = 0]$

$\qquad y_1(t) = T[f(t), x_1(0) = 1, x_2(0) = -1]$

$\qquad\qquad = y_{zs}(t) + y_{zi1}(t) - y_{zi2}(t)$

$\qquad\qquad = y_{zs}(t) + 2e^{-t}\varepsilon(t)$

$\qquad\qquad = (2 + e^{-t})\varepsilon(t)$

由此可得

$$y_{zs}(t) = (2 - e^{-t})\varepsilon(t)$$

据以上可得

$$y(t) = T[2f(t), x_1(0) = -1, x_2(0) = -2]$$

$$= 2y_{zs}(t) - y_{zi1}(t) - 2y_{zi2}(t)$$

$$= (4 - e^{-t} - 3e^{-2t})\varepsilon(t)$$

7. 解：$y_{zi}(t) = T[f(t) = 0, x(0)]$

$\qquad y_{zs}(t) = T[f(t) = \varepsilon(t), x(0) = 0]$

$\qquad y_1(t) = T[f(t) = \varepsilon(t), x(0)] = y_{zs}(t) + y_{zi}(t) = (3e^{-t} + 4e^{-2t})\varepsilon(t)$

$\qquad y_2(t) = T[f(t) = 2\varepsilon(t), x(0)] = 2y_{zs}(t) + y_{zi}(t) = (5e^{-t} - 3e^{-2t})\varepsilon(t)$

$\qquad \Rightarrow \begin{cases} y_{zs}(t) = (2e^{-t} - 7e^{-2t})\varepsilon(t) \\ y_{zi}(t) = (e^{-t} + 11e^{-2t})\varepsilon(t) \end{cases}$

$\qquad f_3(t) = \varepsilon(t) - 2\varepsilon(t-1) + \varepsilon(t-2)$

$y_3(t) = T[f(t) = \varepsilon(t) - 2\varepsilon(t-1) + \varepsilon(t-2), x(0)]$

$\qquad = y_{zs}(t) - 2y_{zs}(t-1) + y_{zs}(t-2) + y_{zi}(t)$

$\qquad = (3e^{-t} + 4e^{-2t})\varepsilon(t) - 2[2e^{-(t-1)} - 7e^{-2(t-1)}]\varepsilon(t-1) + [2e^{-(t-2)} - 7e^{-2(t-2)}]\varepsilon(t-2)$

8. 解：$\delta(x)$ 的定义 $\delta(x) = \begin{cases} \infty, & x = 0 \\ 0, & x \neq 0 \end{cases}, \int_{-\infty}^{\infty} \delta(x)\delta x = 1$

$$\lim_{y \to 0} \frac{y}{x^2 + y^2} \frac{1}{\pi} = \frac{1}{\pi} \lim_{y \to 0} \frac{y}{x^2 + y^2} = \begin{cases} \infty, & x = 0 \\ 0, & x \neq 0 \end{cases}$$

$$\int_{-\infty}^{\infty} \lim_{y \to 0} \frac{y}{x^2 + y^2} \frac{1}{\pi} dx = \frac{1}{\pi} \lim_{y \to 0} \int_{-\infty}^{\infty} \frac{1}{\left(\frac{x}{y}\right)^2 + 1} d\left(\frac{x}{y}\right) = \frac{1}{\pi} \lim_{y \to 0} \left[\arctan\left(\frac{x}{y}\right)\right]\Big|_{-\infty}^{\infty} = 1$$

可见 $\lim\limits_{y \to 0} \dfrac{y}{x^2 + y^2} \dfrac{1}{\pi}$ 满足 $\delta(x)$ 的定义，即 $\lim\limits_{y \to 0} \dfrac{y}{x^2 + y^2} \dfrac{1}{\pi} = \delta(x)$。

9. 解：(1) 先求系统的冲激响应 $h(t)$。$h(t)$ 应满足以下微分方程：

$$h''(t) + 6h'(t) + 5h(t) = 9\delta'(t) + 5\delta(t) \qquad (1)$$

设 $h_1(t)$ 满足微分方程：

$$h_1''(t) + 6h_1'(t) + 5h_1(t) = \delta(t) \qquad (2)$$

则

$$h(t) = 9h_1'(t) + 5h_1(t) \qquad (3)$$

由式 (2) 求 $h_1(t)$：

特征方程 $\lambda^2 + 6\lambda + 5 = 0$，特征根 $\lambda_1 = -1, \lambda_2 = -5$，则

$$h_1(t) = (A_1 e^{\lambda_1 t} + A_2 e^{\lambda_2 t})\varepsilon(t) = (A_1 e^{-t} + A_2 e^{-5t})\varepsilon(t)$$

下面求系数 $A_1, A_2$。由式(2)微分方程可知 $h_1''(t)$ 中应包含 $\delta(t)$ 项，则 $h_1'(t)$ 在 $t=0$ 处不连续，即 $h_1'(0_+) \neq h_1'(0_-) = 0$；$h_1'(t)$ 中不含 $\delta(t)$ 项，则 $h_1(t)$ 在 $t=0$ 处连续，即 $h_1(0_+) = h_1(0_-) = 0$，对式(2)微分方程在 $t = 0_- \sim 0_+$ 内积分，可得 $h_1'(0_+) = 1$，利用 $0_+$ 初始值 $h_1(0_+) = 0, h_1'(0_+) = 1$ 确定系数 $A_1, A_2$：

$$\begin{cases} h_1(0_+) = A_1 + A_2 = 0 \\ h_1'(t) = -A_1 - 5A_2 = 1 \end{cases} \Rightarrow \begin{cases} A_1 = 0.25 \\ A_2 = -0.25 \end{cases}$$

故 $h_1(t) = 0.25(e^{-t} - e^{-5t})\varepsilon(t)$，代入式(3)可得

$$h(t) = (10e^{-5t} - e^{-t})\varepsilon(t)$$

则零状态响应为

$$y_{zs}(t) = f(t) * h(t) = \int_{-\infty}^{+\infty} \varepsilon(t-\tau) \cdot (10e^{-5\tau} - e^{-\tau})\varepsilon(\tau)d\tau$$

$$= \int_0^t (10e^{-5\tau} - e^{-\tau})d\tau \cdot \varepsilon(t)$$

$$= (1 + e^{-t} - 2e^{-5t})\varepsilon(t)$$

由此可得：

$$y_{zs}(0) = (1 + e^{-t} - 2e^{-5t})\varepsilon(t)\big|_{t=0} = 0$$

$$y_{zs}(1) = (1 + e^{-t} - 2e^{-5t})\varepsilon(t)\big|_{t=1} = 1 + e^{-1} - 2e^{-5}$$

下面求系统的零输入响应 $y_{zi}(t)$。$y_{zi}(t)$ 应满足以下微分方程：

$$y''_{zi}(t) + 6y'_{zi}(t) + 5y_{zi}(t) = 0$$

则

$$y_{zi}(t) = (B_1 e^{-t} + B_2 e^{-5t})\varepsilon(t)$$

下面求系数 $B_1, B_2$：

$$\begin{cases} y_{zi}(0) = B_1 + B_2 \\ y_{zi}(1) = e^{-1}B_1 + e^{-5}B_2 \end{cases}$$

$$\begin{cases} y(0) = y_{zi}(0) + y_{zs}(0) = B_1 + B_2 = 0 \\ y(1) = y_{zi}(1) + y_{zs}(1) = e^{-1}B_1 + e^{-5}B_2 + 1 + e^{-1} - 2e^{-5} = 1 - e^{-5} \end{cases}$$

$$\Rightarrow \begin{cases} B_1 + B_2 = 0 \\ e^{-1}B_1 + e^{-5}B_2 = -e^{-1} + e^{-5} \end{cases} \Rightarrow \begin{cases} B_1 = -1 \\ B_2 = 1 \end{cases}$$

故 $y_{zi}(t) = (e^{-5t} - e^{-t})\varepsilon(t)$，则系统的全响应为

$$y(t) = y_{zi}(t) + y_{zs}(t) = (1 - e^{-5t})\varepsilon(t)$$

由上式可知自由响应 $y_h(t)$ 强迫响应 $y_p(t)$ 分别为：

$$y_h(t) = -e^{-5t}\varepsilon(t), \quad y_p(t) = 1$$

（2）系统框图如图 1-7 所示。

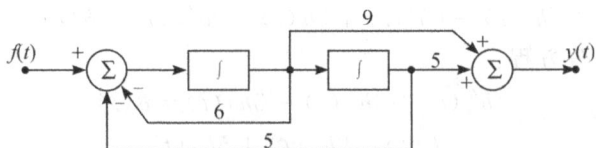

图 1-7

10. 解：(1)
$$h(t) = \frac{\mathrm{d}g(t)}{\mathrm{d}t} = 2\delta(t) - 6\mathrm{e}^{-2t}\varepsilon(t)$$

(2)
$$y_{zs1}(t) = f_1(t) * h(t) = f_1^{(1)} * h^{(-1)}(t) = \varepsilon(t) * [(3\mathrm{e}^{-2t} - 1)\varepsilon(t)]$$
$$= \int_{-\infty}^{t}(3\mathrm{e}^{-2\tau} - 1)\varepsilon(\tau)\mathrm{d}\tau = (1.5 - t - 1.5\mathrm{e}^{-2t})\varepsilon(t)$$

(3)
$$f_2(t) = t[\varepsilon(t) - \varepsilon(t-1)] = t\varepsilon(t) - (t-1)\varepsilon(t-1) - \varepsilon(t-1)$$
$$t\varepsilon(t) \rightarrow y_{zs1}(t) = (1.5 - t - 1.5\mathrm{e}^{-2t})\varepsilon(t)$$
$$(t-1)\varepsilon(t-1) \rightarrow y_{zs1}(t-1) = [1.5 - (t-1) - 1.5\mathrm{e}^{-2(t-1)}]\varepsilon(t-1)$$
$$= [2.5 - t - 1.5\mathrm{e}^{-2(t-1)}]\varepsilon(t-1)$$
$$\varepsilon(t-1) \rightarrow g(t-1) = [3\mathrm{e}^{-2(t-1)} - 1]\varepsilon(t-1)$$
$$y_{zs2}(t) = T[\{0\}, f_2(t)]$$
$$= T[\{0\}, t\varepsilon(t)] + T[\{0\}, -(t-1)\varepsilon(t-1)] + T[\{0\}, -\varepsilon(t-1)]$$
$$= y_{zs1}(t) - y_{zs1}(t-1) - g(t-1)$$
$$= (1.5 - t - 1.5\mathrm{e}^{-2t})\varepsilon(t) - [1.5 - t + 1.5\mathrm{e}^{-2(t-1)}]\varepsilon(t-1)$$

11. 解：利用卷积的微积分性质，可得
$$y_{zs}(t) = f(t) * h(t) = f^{(1)}(t) * h^{(-1)}(t)$$
$$h^{(-1)}(t) = \int_{-\infty}^{t}h(\tau)\mathrm{d}\tau = \int_{-\infty}^{t}\frac{\pi}{2}\sin\left(\frac{\pi}{2}\tau\right)\varepsilon(\tau)\mathrm{d}\tau = \left(1 - \cos\frac{\pi t}{2}\right)\varepsilon(t)$$

对输入信号 $f(t)$ 求一阶导数，如图 1-8。

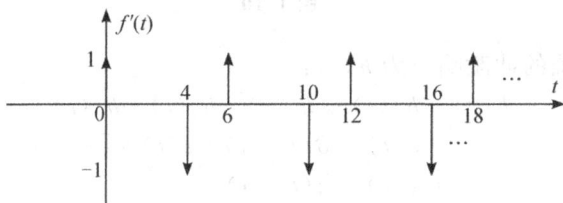

图 1-8

$$f^{(1)}(t) = \sum_{n=0}^{\infty}[\delta(t-6n) - \delta(t-6n-4)]$$

则 $y_{zs}(t) = f^{(1)}(t) * h^{(-1)}(t)$
$$= h^{(-1)}(t) * \sum_{n=0}^{\infty}[\delta(t-6n) - \delta(t-6n-4)]$$
$$= \sum_{n=0}^{\infty}[h^{(-1)}(t-6n) - h^{(-1)}(t-6n-4)]$$
$$= \sum_{n=0}^{\infty}\left\{\left[1 - \cos\frac{\pi}{2}(t-6n)\right]\varepsilon(t-6n) - \left[1 - \cos\frac{\pi}{2}(t-6n-4)\right]\varepsilon(t-6n-4)\right\}$$
$$= \sum_{n=0}^{\infty}\left[1 - (-1)^n\cos\frac{\pi t}{2}\right][\varepsilon(t-6n) - \varepsilon(t-6n-4)]$$

12. 解：为运算方便，分别对 $h(t), f(t)$ 微分和积分，如图 1-9。

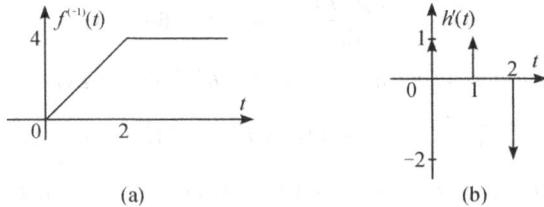

图 1-9

$$f^{(-1)}(t) = \int_{-\infty}^{t} f(\tau) d\tau = 2t\varepsilon(t) - 2(t-2)\varepsilon(t-2)$$

$$h'(t) = \delta(t) + \delta(t-1) - 2\delta(t-2)$$

$$y_{zs}(t) = f(t) * h(t) = f^{(-1)}(t) * h'(t)$$
$$= f^{(-1)}(t) + f^{(-1)}(t-1) - 2f^{(-1)}(t-2)$$
$$= 2t\varepsilon(t) + 2(t-1)\varepsilon(t-1) - 6(t-2)\varepsilon(t-2) - 2(t-3)\varepsilon(t-3) + 4(t-4)\varepsilon(t-4)$$

$y_{zs}(t)$ 的波形如图 1-10 所示。

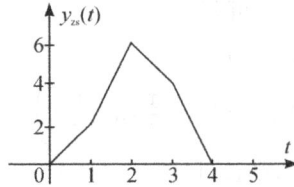

图 1-10

13. 解：(1) 求系统的冲激响应为 $h(t)$：

$$h(t) = h_1(t) + h_2(t) * h_1(t) * h_3(t)$$
$$= \varepsilon(t) + \delta(t-1) * \varepsilon(t) * [-\delta(t)]$$
$$= \varepsilon(t) - \varepsilon(t-1)$$

(2) 求零状态响应 $y_{zs}(t)$：

$$y_{zs}(t) = f(t) * h(t)$$
$$= e^{-t}\varepsilon(t) * [\varepsilon(t) - \varepsilon(t-1)]$$
$$= (1 - e^{-t})\varepsilon(t) - [1 - e^{-(t-1)}]\varepsilon(t-1)$$

14. 解：为运算方便，分别对 $f(t)$，$h(t)$ 求积分和微分，如图 1-11(a)(b)。

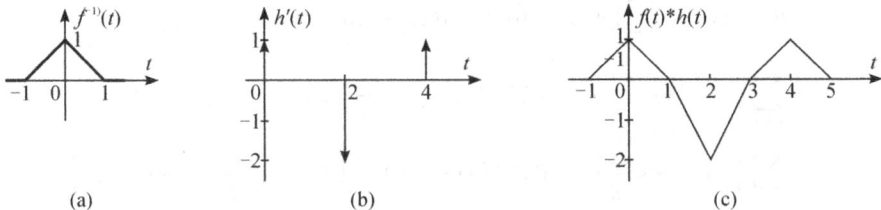

(a)　　　　　　　(b)　　　　　　　(c)

图 1-11

$$f^{(-1)}(t) = \int_{-\infty}^{t} f(\tau) d\tau = f_\Delta(t)$$

$$h'(t) = \delta(t) - 2\delta(t-2) + \delta(t-4)$$

$$f(t) * h(t) = f^{(-1)}(t) * h'(t) = f_\Delta(t) - 2f_\Delta(t-2) + f_\Delta(t-4)$$

$f(t) * h(t)$ 的波形如图 1-11(c) 所示。

15. 解:原方程可表示为
$$y'(t) + 5y(t) = f(t) * x(t) - f(t) \tag{1}$$
系统的冲激响应为 $h(t)$ 的微分方程为:
$$h'(t) + 5h(t) = \delta(t) * x(t) - \delta(t) \tag{2}$$
$$h'_1(t) + 5h_1(t) = \delta(t) \tag{3}$$
$$h(t) = h_1(t) * x(t) - h_1(t) \tag{4}$$
由式(3)可得
$$h_1(t) = e^{-5t}\varepsilon(t)$$
代入式(4)
$$h(t) = h_1(t) * x(t) - h_1(t)$$
$$= e^{-5t}\varepsilon(t) * [e^{-t}\varepsilon(t) + 3\delta(t)] - e^{-5t}\varepsilon(t)$$
$$= \frac{1}{4}e^{-t}\varepsilon(t) + \frac{7}{4}e^{-5t}\varepsilon(t)$$

16. 解:(1) $\quad h(t) = \int_{-\infty}^{t} e^{-(t-\tau)}\delta(\tau - 2)\mathrm{d}\tau = e^{-(t-2)}\int_{-\infty}^{t}\delta(\tau - 2)\mathrm{d}\tau = e^{-(t-2)}\varepsilon(t - 2)$

(2) 系统在 $f(t) = \varepsilon(t+1) - \varepsilon(t-2)$ 作用下的零状态响应为 $y_{zs2}(t)$,
$$y_{zs2}(t) = f(t) * h(t)$$
$$= [\varepsilon(t+1) - \varepsilon(t-2)] * e^{-(t-2)}\varepsilon(t-2)$$
$$= [1 - e^{-(t-1)}]\varepsilon(t-1) - [1 - e^{-(t-4)}]\varepsilon(t-4)$$

(3) 设系统的冲激响应为 $h_0(t)$,则
$$h_0(t) = h(t) - h_1(t) * h(t) = h(t) - \delta(t-1) * h(t) = h(t) - h(t-1)$$
所以,设系统的零状态响应为 $y_{zs3}(t)$,则
$$y_{zs3}(t) = f(t) * h_0(t)$$
$$= f(t) * [h(t) - h(t-1)]$$
$$= y_{zs2}(t) - y_{zs2}(t-1)$$
$$= [1 - e^{-(t-1)}]\varepsilon(t-1) - [1 - e^{-(t-2)}]\varepsilon(t-2) - [1 - e^{-(t-4)}]\varepsilon(t-4) + [1 - e^{-(t-5)}]\varepsilon(t-5)$$

17. 解:(1) $h(t) = \dfrac{\mathrm{d}g(t)}{\mathrm{d}t} = \delta(t) - \delta(t-2)$

(2) $f(t) = \int_{t-5}^{t-1}\delta(\tau)\mathrm{d}\tau = \int_{-\infty}^{t-1}\delta(\tau)\mathrm{d}\tau - \int_{-\infty}^{t-5}\delta(\tau)\mathrm{d}\tau = \varepsilon(t-1) - \varepsilon(t-5)$

$$y_{zs}(t) = f(t) * h(t)$$
$$= [\varepsilon(t-1) - \varepsilon(t-5)] * [\delta(t) - \delta(t-2)]$$
$$= \varepsilon(t-1) - \varepsilon(t-3) - \varepsilon(t-5) + \varepsilon(t-7)$$

$y_{zs}(t)$ 的波形如图 1-12 所示。

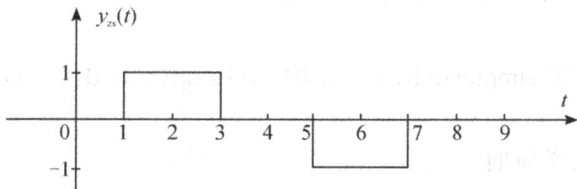

图 1-12

18. 解:由电路可得如下微分析方程:

$$u'_C(t) + \frac{1}{C}\left(\frac{1}{R_1} + \frac{1}{R_2}\right)u_C(t) = \frac{1}{R_1 C}f(t)$$

代入元件参数,得

$$u'_C(t) + u_C(t) = \frac{1}{3}f(t)$$

冲激响应的微分方程为

$$h'(t) + h(t) = \frac{1}{3}\delta(t)$$

由此可得系统的冲激响应 $h(t) = \frac{1}{3}e^{-t}\varepsilon(t)$,则系统的响应为

$$u_C(t) = f(t) * h(t)$$

$$= \left[3\varepsilon(t) + 3\varepsilon(t-1) - 8\varepsilon(t-2) + 2\varepsilon(t-3)\right] * \left[\frac{1}{3}e^{-t}\varepsilon(t)\right]$$

$$= (1-e^{-t})\varepsilon(t) + (1-e^{-t+1})\varepsilon(t-1) - \frac{8}{3}(1-e^{-t+2})\varepsilon(t-2) + \frac{2}{3}(1-e^{-t+3})\varepsilon(t-3)$$

## 五、Matlab 程序题

1. 解:程序如下

t1 = − 10:0.5:10;

f1 = sin(pi * t1)./(pi * t1);

plot(t1,f1);

2. 解:程序如下

syms t;

f = sin(pi * t)/(pi * t);

ezplot(f,[− 10,10]);

3. 解:程序如下

syms t;

f = dirac(t);

y = int(f);

4. 解:程序如下

syms t;

f = heaviside(t);

y = diff(f);

5. 解:y = dsolve('x * D2y + 5 * y = 0','x')

6. 解:程序如下

a = [1 5 3];b = [2];impulse(b,a,0:0.01:5);step(b,a,0:0.01:5);

7. 解:程序如下

T = 0.01;  % 采样周期

n1 = − 200:200;

f1 = ones(1,length(n1));

```
n2 = 0:100;
f2 = ones(1,length(n2));
y = T * conv(f1,f2);
n3 = [n1(1) + n2(1):n1(end) + n2(end)];
plot(n3 * T,y);
```

# 第 2 章

## 一、单项选择题

1. D　2. C　3. C　4. C　5. A　6. C　7. B　8. C　9. C　10. B　11. A
12. B　13. D　14. C　15. C　16. C　17. D　18. A　19. B　20. B　21. A　22. B
23. A　24. A　25. A　26. B　27. B　28. A　29. C　30. C　31. A

## 二、判断题

1. ×　　2. √　　3. ×　　4. √　　5. √　　6. ×　　7. ×
8. ×　　9. √　　10. √　　11. √　　12. √　　13. ×　　14. √

## 三、填空题

1. $\int_{-\infty}^{\infty} f_1(t) f_2^*(t) \mathrm{d}t = 0$

2. $\sum\limits_{n=-\infty}^{\infty} \dfrac{1}{T} \mathrm{e}^{\mathrm{j}n\frac{2\pi}{T}t}$

3. $y(t) = Kf(t - t_0)$

4. $a_n = 2/T, b_n = 0$

5. $a_n = \begin{cases} 1, n = 1 \\ 3, n = 1, b_n = 0 \\ 0, 其他 \end{cases}$

6. $T_{\max} = \dfrac{\pi}{32}$

7. $10\cos(2\pi t)$

8. $\omega_s \geqslant 10\pi \ \mathrm{rad/s}$

9. 31

10. $f(t) = \dfrac{1}{\pi} \mathrm{Sa}[2(t - \pi)] + \dfrac{1}{\pi} \mathrm{Sa}[2(t + \pi)]$ 或 $\dfrac{t\sin(2t)}{\pi(t^2 - \pi^2)}$

11. $F(0) = 1, \int_{-\infty}^{\infty} F(\mathrm{j}\omega) \mathrm{d}\omega = 0$

12. 0.25 s

13. $\delta(t) + \dfrac{1}{\mathrm{j}\pi t} \mathrm{e}^{\mathrm{j}t}$

14. $-\mathrm{e}^t \varepsilon(-t)$

15. $\omega_0, 3\omega_0$

16. $f(t) = 2 + 4\cos t + 2\cos(2t)$

17. $4\pi$

18. $\dfrac{\sin(2\pi t)}{16\pi t}$

19. $1, 2\arctan(\omega)$，不是

20. $h(t) = \dfrac{\omega_0}{\pi}\mathrm{Sa}[\omega_0(t - t_0)]$

### 四、综合应用分析题

1. 解：利用傅立叶变换的频域微分性质：

$$-jt \cdot f(t) \leftrightarrow \frac{dF(j\omega)}{d\omega} \tag{1}$$

对 $F(j\omega)$ 求微分 $F'(j\omega)$，如图 2-1 所示。

$$F'(j\omega) = \frac{dF(j\omega)}{d\omega} = -\delta(\omega + 3) - \delta(\omega - 3) + g_1(\omega + 1.5) + g_1(\omega - 1.5)$$

对 $F'(j\omega)$ 求傅立叶逆变换：

$$F^{-1}[F'(j\omega)] = -\frac{1}{\pi}\cos(3t) + \frac{1}{\pi}\mathrm{Sa}(0.5t)\cos(1.5t) \tag{2}$$

由式（1）和式（2）可得

$$-jtf(t) = -\frac{1}{\pi}\cos(3t) + \frac{1}{\pi}\mathrm{Sa}(0.5t)\cos(1.5t)$$

即

$$f(t) = \frac{1}{j\pi t}\big[\cos(3t) - \mathrm{Sa}(0.5t)\cos(1.5t)\big]$$

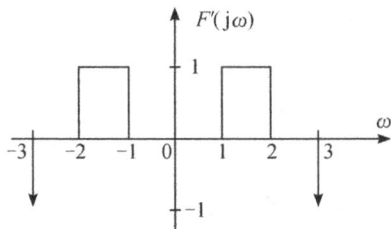

图 2-1

2. 解：
$$f(t) \leftrightarrow F(j\omega) = R(\omega) + jX(\omega) \tag{1}$$

因 $f(t)$ 为实值信号，则

$$R(-\omega) = R(\omega), X(-\omega) = -X(\omega)$$

$$f(-t) \leftrightarrow F(-j\omega) = R(\omega) - jX(\omega) \tag{2}$$

由式（1）和式（2）可得

$$f(t) + f(-t) \leftrightarrow 2R(\omega)$$

即

$$F^{-1}[R(\omega)] = \frac{1}{2}[f(t) + f(-t)] \tag{3}$$

由条件（2）可知

$$\frac{1}{2\pi}\int_{-\infty}^{\infty}\mathrm{Re}[F(\mathrm{j}\omega)]\mathrm{e}^{\mathrm{j}\omega t}\,\mathrm{d}\omega = F^{-1}[R(\omega)] = \mathrm{e}^{-|t|} \tag{4}$$

由式(3)和式(4)可得

$$f(-t)+f(t)=2\mathrm{e}^{-|t|}=2\mathrm{e}^{t}\varepsilon(-t)+2\mathrm{e}^{-t}\varepsilon(t) \tag{5}$$

因 $f(t)=0,t\leqslant 0,f(t)$ 和 $f(-t)$ 分别出现在正、负时域,即

$$f(t)=f(t)\varepsilon(t),\quad f(-t)=f(-t)\varepsilon(-t) \tag{6}$$

由式(5)和式(6)可得

$$f(-t)\varepsilon(-t)+f(t)\varepsilon(t)=2\mathrm{e}^{t}\varepsilon(-t)+2\mathrm{e}^{-t}\varepsilon(t)$$

由上式可得

$$f(t)=2\mathrm{e}^{-t}\varepsilon(t)$$

3. 解:将 $f(t)$ 的表示式变换为余弦函数形式,并与其三角形式的傅立叶级数相对比:

$$
\begin{aligned}
f(t) &= 3\cos(t)+\sin\left(5t+\frac{\pi}{6}\right)-2\cos\left(8t-\frac{2\pi}{3}\right)\\
&= 3\cos(t)+\cos\left(5t-\frac{\pi}{3}\right)+2\cos\left(8t+\frac{\pi}{3}\right)\\
&= \sum_{n=0}^{\infty}A_{n}\cos(n\Omega t+\varphi_{n})
\end{aligned}
$$

可得 $\Omega=1\ \mathrm{rad/s}$

$$A_{n}=\begin{cases}3,&n=1\\1,&n=5\\2,&n=8\\0,&\text{其余 }n\end{cases},\qquad \varphi_{n}=\begin{cases}0,&n=1\\-\dfrac{\pi}{3},&n=5\\\dfrac{\pi}{3},&n=8\\0,&\text{其余 }n\end{cases}$$

则 $f(t)$ 的单边幅度谱和相位谱如图 2-2(a)(b) 所示。

$f(t)$ 的功率谱为

$$P_{n}=\frac{1}{2}A_{n}^{2}=\begin{cases}4.5,&n=1\\0.5,&n=5\\2,&n=8\\0,&\text{其余 }n\end{cases}$$

$f(t)$ 的功率谱如图 2-2(c) 所示。

4. 解:据傅立叶变换对 $\mathrm{e}^{\mathrm{j}nt}\leftrightarrow 2\pi\delta(\omega-n)$,可得

$$F(\mathrm{j}\omega)=2\pi\sum_{n=-\infty}^{\infty}\delta(\omega-n)$$

则 $A$ 点信号 $f(t)$ 的频谱 $F(\mathrm{j}\omega)$ 如图 2-3(a) 所示。

$$x(t)=f(t)s(t)=f(t)\cos(t)$$

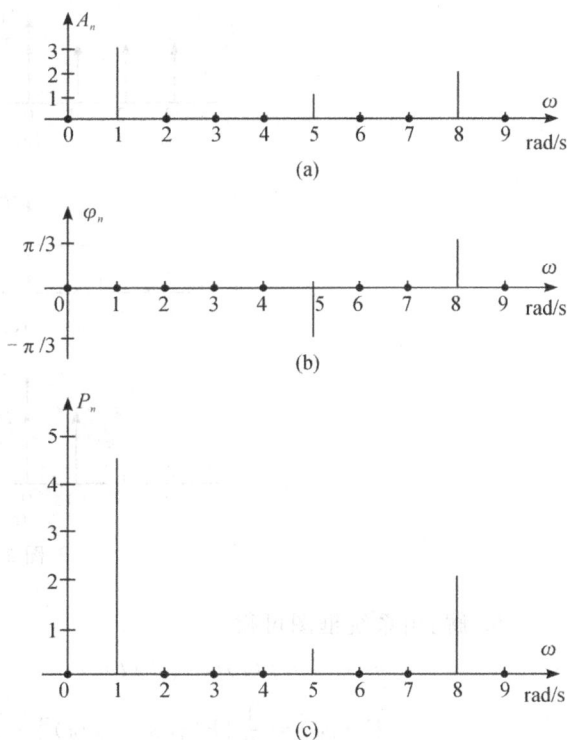

图 2-2

$$X(\mathrm{j}\omega) = \frac{1}{2}\{F[\mathrm{j}(\omega+1)] + F[\mathrm{j}(\omega-1)]\}$$

$$= \pi \sum_{n=-\infty}^{\infty} \delta(\omega-n+1) + \pi \sum_{n=-\infty}^{\infty} \delta(\omega-n-1)$$

$$= 2\pi \sum_{n=-\infty}^{\infty} \delta(\omega-n)$$

则 $B$ 点信号 $x(t)$ 的频谱 $X(\mathrm{j}\omega)$ 如图 2-3(b) 所示。

$$Y(\mathrm{j}\omega) = X(\mathrm{j}\omega)H(\mathrm{j}\omega)$$
$$= 2\pi[\delta(\omega+1) + \delta(\omega) + \delta(\omega-1)]$$

则 $C$ 点信号 $y(t)$ 的频谱 $Y(\mathrm{j}\omega)$ 如图 2-3(d) 所示。

对 $Y(\mathrm{j}\omega)$ 求傅立叶逆变换可得

$$y(t) = 1 + \cos t$$

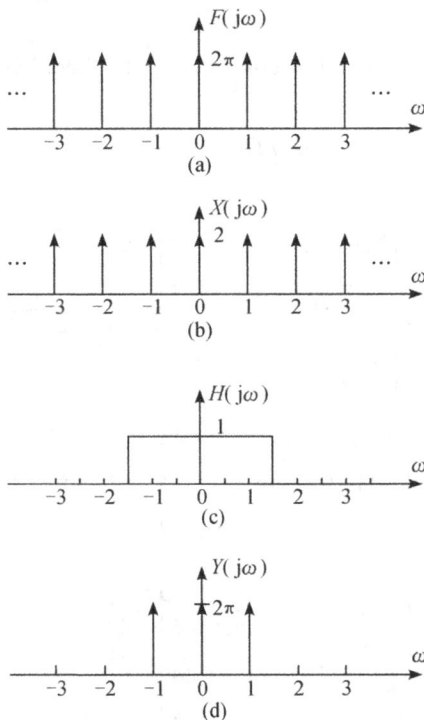

图 2-3

5. 解：由系统框图可得

$$f_1(t) = f(t)\cos(60\pi t)$$

$$F_1(\mathrm{j}\omega) = \frac{1}{2}\{F[\mathrm{j}(\omega+60\pi)] + F[\mathrm{j}(\omega-60\pi)]\}$$

$$F_2(\mathrm{j}\omega) = F_1(\mathrm{j}\omega) \cdot H_1(\mathrm{j}\omega)$$

$$f_3(t) = f_2(t)\cos(\omega_2 t)$$

$$F_3(\mathrm{j}\omega) = \frac{1}{2}\{F_2[\mathrm{j}(\omega+\omega_2)] + F_2[\mathrm{j}(\omega-\omega_2)]\}$$

$F_1(j\omega),F_2(j\omega),F_3(j\omega)$ 分别如图 2-4(a)(b)(c) 所示。

对照 $F(j\omega),F_3(j\omega)$，并考虑欲使 $y(t)=f(t)$，即 $Y(j\omega)=F(j\omega)$，应取 $\omega_2=60\pi$ rad/s。

$$Y(j\omega)=F_2(j\omega)H_2(j\omega)H_3(j\omega)$$

考虑 $H_2(j\omega)$ 的特性，欲使 $Y(j\omega)=F(j\omega)y(t)=f(t)$，即 $y(t)=f(t)$，应满足：

$$H_2(j\omega)\cdot H_3(j\omega)=K[\varepsilon(\omega+30\pi)+\varepsilon(\omega-30\pi)]$$

其中，$K$ 为常数，则

$$Y(j\omega)=F_2(j\omega)H_2(j\omega)H_3(j\omega)=0.25KF(j\omega)$$

由此可得 $0.25K=1$，即 $K=4$，则

$$H_3(j\omega)=\frac{K}{H_2(j\omega)}[\varepsilon(\omega+30\pi)+\varepsilon(\omega-30\pi)]$$

$$=\frac{4\omega}{\sin(15\omega)}[\varepsilon(\omega+30\pi)+\varepsilon(\omega-30\pi)]$$

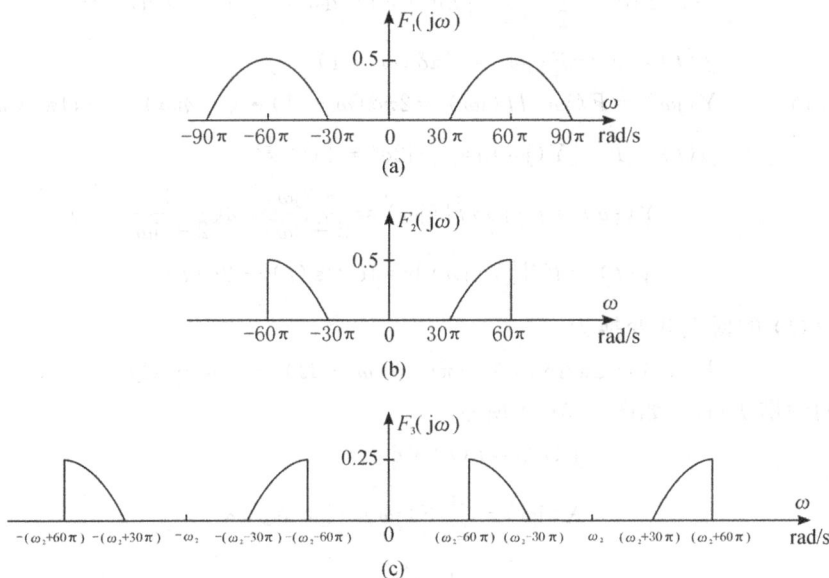

(a)

(b)

(c)

图 2-4

6. 解：由条件(2)可得：

$$(1+j\omega)F(j\omega)=\frac{A}{2+j\omega}$$

$$F(j\omega)=\frac{A}{(2+j\omega)(1+j\omega)}=\frac{A}{1+j\omega}-\frac{A}{2+j\omega}$$

求傅立叶逆变换

$$f(t)=A(e^{-t}-e^{-2t})\varepsilon(t) \tag{1}$$

据帕斯瓦尔方程以及条件(3)可得：

$$\int_{-\infty}^{\infty}f^2(t)dt=\frac{1}{2\pi}\int_{-\infty}^{\infty}|F(j\omega)|^2d\omega=1 \tag{2}$$

由式(1)可得：

$$\int_{-\infty}^{\infty} f^2(t)\,dt = \int_{-\infty}^{\infty} \left[A\left(e^{-t}-e^{-2t}\right)\varepsilon(t)\right]^2 dt$$

$$= \int_{-\infty}^{\infty} A^2\left(e^{-2t}-2e^{-3t}+e^{-4t}\right)\varepsilon(t)\,dt$$

$$= \frac{1}{12}A^2$$

对照式（2）可得

$$\frac{1}{12}A^2 = 1 \Rightarrow A = 2\sqrt{3}$$

$$f(t) = 2\sqrt{3}\left(e^{-t}-e^{-2t}\right)\varepsilon(t)$$

7. 证明：利用能量等式 $\displaystyle\int_{-\infty}^{\infty} f^2(t)\,dt = \frac{1}{2\pi}\int_{-\infty}^{\infty} |F(j\omega)|^2\,d\omega$ 可以证明。

因存在傅立叶变换对：$\mathrm{Sa}^2(t) \leftrightarrow \pi g_2(\omega)$，则

$$\int_{-\infty}^{\infty} \mathrm{Sa}^2(t)\,dt = \frac{1}{2\pi}\int_{-\infty}^{\infty} |\pi g_2(\omega)|^2\,d\omega = \frac{\pi}{2}\int_{-1}^{1} 1 \cdot d\omega = \pi$$

$$f(t) = e^{jt} \leftrightarrow F(j\omega) = 2\pi\delta(\omega-1)$$

8. 解：(1) $\quad Y(j\omega) = F(j\omega)H(j\omega) = 2\pi\delta(\omega-1)\cdot(-2j\omega) = -j4\pi\delta(\omega-1)$

$$y(t) = F^{-1}\left[Y(j\omega)\right] = -j2e^{jt} = 2e^{j\left(t-\frac{\pi}{2}\right)}$$

(2) $\quad Y(j\omega) = F(j\omega)H(j\omega) = \frac{-2j\omega}{2+j\omega} = 2\left(\frac{2}{2+j\omega}-1\right)$

$$y(t) = F^{-1}\left[Y(j\omega)\right] = 4e^{-j2t}\varepsilon(t) - 2\delta(t)$$

9. 解：$f(t)$ 的傅立叶变换为

$$F(j\omega) = 2\pi A\delta(\omega) + \pi B\left[\delta(\omega+\Omega) + \delta(\omega-\Omega)\right]$$

$f(t)$ 的频谱 $F(j\omega)$ 如图 2-5(a) 所示。

$$x(t) = f(t) \cdot \delta_T(t)$$

$$X(j\omega) = \frac{1}{2\pi}F(j\omega) * \left[\omega_s\delta_{\omega_s}(\omega)\right]$$

$$= \frac{1}{T_s}\sum_{n=-\infty}^{\infty} F\left[j(\omega-n\omega_s)\right]$$

$X(j\omega)$ 如图 2-5(b) 所示（其中 $\Omega = 1.025\omega_s$）。

由图 2.11.13 和图 2-5(b) 可以得到如下结果：

输出信号的频谱为

$$Y(j\omega) = X(j\omega) \cdot H(j\omega)$$

$$= 2\pi A\delta(\omega) + \pi B\left\{\delta\left[\omega+(\Omega-\omega_s)\right] + \delta\left[\omega-(\Omega-\omega_s)\right]\right\}$$

求 $Y(j\omega)$ 的傅立叶逆变换得

$$y(t) = A + B\cos(\Omega-\omega_s)t$$

$$= A + B\cos(0.025\Omega t)$$

$$= f(0.025t)$$

可见，系数 $K=1$，压缩比 $a=0.025$。

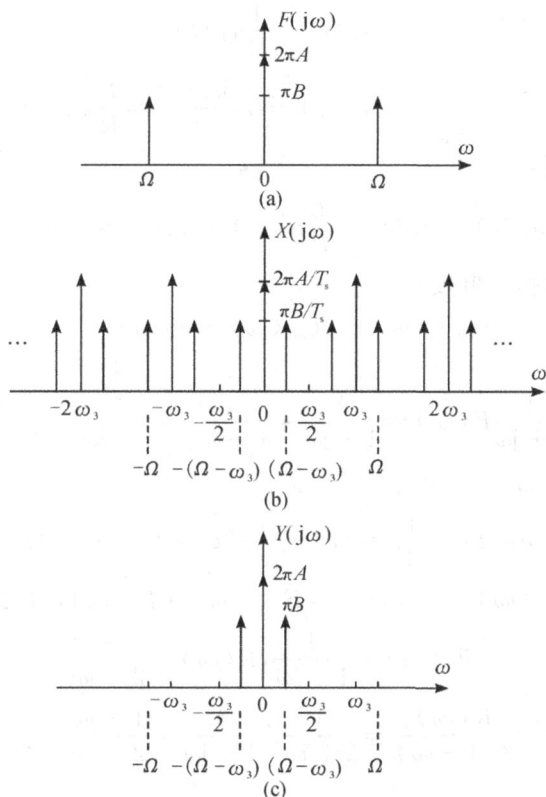

图 2-5

10. 证明:因存在傅立叶变换对 $g_\tau(t) \leftrightarrow \tau \cdot \text{Sa}\left(\dfrac{\tau}{2}\omega\right)(\tau > 0)$,即

$$\frac{1}{2\pi}\int_{-\infty}^{\infty}\tau \cdot \text{Sa}\left(\frac{\tau}{2}\omega\right)e^{j\omega t}d\omega = g_\tau(t) \tag{1}$$

令式(1)中 $t=0$,并据 $g_\tau(0)=1$ 可得

$$\int_{-\infty}^{\infty}\text{Sa}\left(\frac{\tau}{2}\omega\right)d\omega = \frac{2\pi}{\tau}$$

即 $$\int_{-\infty}^{\infty}\text{Sa}(\tau\omega)d\omega = \int_{-\infty}^{\infty}\frac{\sin(\tau\omega)}{\tau\omega}d\omega = \frac{\pi}{\tau}(\tau > 0) \tag{2}$$

(1)$\alpha > 0$ 时,令 $\tau = \alpha$,代入式(2) 可得

$$\int_{-\infty}^{\infty}\text{Sa}(\alpha\omega)d\omega = \int_{-\infty}^{\infty}\frac{\sin(\alpha\omega)}{\alpha\omega}d\omega = \frac{\pi}{\alpha},(\alpha > 0) \tag{3}$$

(2)$\alpha < 0$ 时,令 $\tau = -\alpha$,代入式(2) 可得

$$\int_{-\infty}^{\infty}\text{Sa}(\tau\omega)d\omega = \int_{-\infty}^{\infty}\frac{\sin(\tau\omega)}{\tau\omega}d\omega = \int_{-\infty}^{\infty}\frac{\sin(-\alpha\omega)}{-\alpha\omega}d\omega = -\frac{\pi}{\alpha}(\alpha < 0) \tag{4}$$

综合式(3) 和式(4) 可得:

$$\int_{-\infty}^{\infty}\frac{\sin(\alpha\omega)}{\alpha\omega}d\omega = \frac{\pi}{|\alpha|}$$

11. 解:先列出电路的微分方程,设电感电流为 $i_L(t)$,电感电压为 $u_L(t)$,则

$$i_L(t) = \frac{1}{R}u_R(t)$$

$$u_L(t) = L\frac{\mathrm{d}i_L(t)}{\mathrm{d}t} = \frac{L}{R}u_R'(t)$$

列出回路电压方程：

$$f(t) = u_L(t) + u_R(t) = \frac{L}{R}u_R'(t) + u_R(t) = u_R'(t) + u_R(t)$$

对以上微分方程求傅立叶变换

$$(\mathrm{j}\omega + 1)U_R(\mathrm{j}\omega) = F(\mathrm{j}\omega)$$

$$U_R(\mathrm{j}\omega) = \frac{1}{1+\mathrm{j}\omega}F(\mathrm{j}\omega) = \frac{1}{1+\mathrm{j}\omega} \cdot \frac{4}{4+\omega^2} = \frac{\frac{4}{3}}{1+\mathrm{j}\omega} + \frac{\frac{1}{3}}{2-\mathrm{j}\omega} - \frac{1}{2+\mathrm{j}\omega}$$

求傅立叶逆变换可得

$$u_R(t) = \frac{4}{3}\mathrm{e}^{-t}\varepsilon(t) + \frac{1}{3}\mathrm{e}^{2t}\varepsilon(-t) - \mathrm{e}^{-2t}\varepsilon(t)$$

12. 解：可以推证 $R(\mathrm{j}\omega) = F[r(t)] = F_1(-\mathrm{j}\omega) \cdot F_2(\mathrm{j}\omega)$，由已知条件，不难得出

$$F_1(\mathrm{j}\omega) = \frac{1}{1+\mathrm{j}\omega}, R(\mathrm{j}\omega) = \frac{1}{2+\mathrm{j}\omega}$$

$$F_2(\mathrm{j}\omega) = \frac{R(\mathrm{j}\omega)}{F_1(-\mathrm{j}\omega)} = \frac{1}{2+\mathrm{j}\omega} \Big/ \frac{1}{1-\mathrm{j}\omega} = \frac{1-\mathrm{j}\omega}{2+\mathrm{j}\omega} = \frac{3}{2+\mathrm{j}\omega} - 1$$

求傅立叶逆变换得

$$f_2(t) = 3\mathrm{e}^{-2t}\varepsilon(t) - \delta(t)$$

13. 解：$f(t)\varepsilon(t) \leftrightarrow F(\mathrm{j}\omega) = R(\omega) + \mathrm{j}X(\omega)$，因 $f(t)\varepsilon(t)$ 是实信号，故有 $R(-\omega) = R(\omega), X(-\omega) = -X(\omega)$，且

$$f(-t)\varepsilon(-t) \leftrightarrow F(-\mathrm{j}\omega) = R(\omega) - \mathrm{j}X(\omega)$$

则    $$f(t)\varepsilon(t) + f(-t)\varepsilon(-t) \leftrightarrow F(\mathrm{j}\omega) + F(-\mathrm{j}\omega) = 2R(\omega) = \frac{2\sin(\omega)}{\omega}$$

即    $$f(t)\varepsilon(t) + f(-t)\varepsilon(-t) = F^{-1}[2R(\omega)] = F^{-1}\left(\frac{2\sin\omega}{\omega}\right) = g_2(t)$$

因 $f(t)\varepsilon(t), f(-t)\varepsilon(-t)$ 分别处于正、负时域，故

$$f(t)\varepsilon(t) = g_1(t-0.5)$$

对 $f(t)\varepsilon(t)$ 求傅立叶变换得

$$f(t)\varepsilon(t) = g_1(t-0.5) \leftrightarrow F(\mathrm{j}\omega) = \mathrm{Sa}\left(\frac{\omega}{2}\right) \cdot \mathrm{e}^{-\mathrm{j}0.5\omega} = \frac{\sin(\omega)}{\omega} - \mathrm{j}\frac{2\sin^2(0.5\omega)}{\omega}$$

因此    $$X(\omega) = -\frac{2\sin^2(0.5\omega)}{\omega}$$

$f(t)\varepsilon(t)$ 如图 2-6 所示。

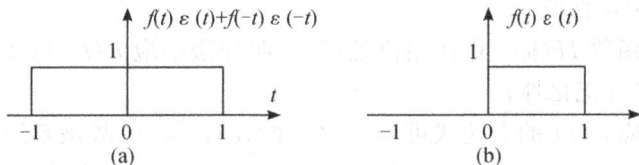

图 2-6

14. 解：(1) 据傅立叶变换对

$$\mathrm{Sa}(\omega_c t) \leftrightarrow \frac{\pi}{\omega_c} g_{2\omega_c}(\omega)$$

$$f'(t) \leftrightarrow \mathrm{j}\omega F(\mathrm{j}\omega)$$

$$h_1(t) = \frac{\mathrm{d}}{\mathrm{d}t}\left[\frac{\sin(\omega_c t)}{2\pi t}\right] = \frac{\omega_c}{2\pi} \frac{\mathrm{d}}{\mathrm{d}t}[\mathrm{Sa}(\omega_c t)]$$

对 $h_1(t)$ 求傅立叶变换可得：

$$H_1(\mathrm{j}\omega) = \mathrm{j}\frac{1}{2}\omega \cdot g_{2\omega_c}(\omega)$$

$H_1(\mathrm{j}\omega)$ 如图 2-7 所示。

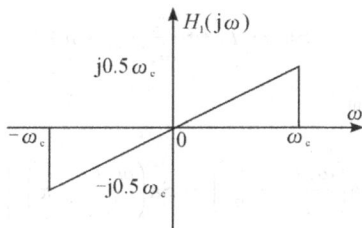

图 2-7

(2)
$$H_3(\mathrm{j}\omega) = F\left[\frac{\sin(3\omega_c t)}{\pi t}\right] = g_{6\omega_c}(\omega)$$

$$H_4(\mathrm{j}\omega) = \pi\delta(\omega) + \frac{1}{\mathrm{j}\omega}$$

分析图 2.11.15，可得整个系统的冲激响应 $h(t)$

$$h(t) = [h_1(t) - h_1(t) * h_2(t)] * h_3(t) * h_4(t)$$

对上式求傅立叶变换得：

$$
\begin{aligned}
H(\mathrm{j}\omega) &= H_1(\mathrm{j}\omega) \cdot [1 - H_2(\mathrm{j}\omega)] \cdot H_3(\mathrm{j}\omega) \cdot H_4(\mathrm{j}\omega) \\
&= \mathrm{j}\frac{1}{2}\omega g_{2\omega_c}(\omega) \cdot \left(1 - \mathrm{e}^{-\mathrm{j}\frac{2\pi\omega}{\omega_c}}\right) \cdot g_{6\omega_c}(\omega) \cdot \left[\pi\delta(\omega) + \frac{1}{\mathrm{j}\omega}\right] \\
&= \frac{1}{2} g_{2\omega_c}(\omega) \cdot \left(1 - \mathrm{e}^{-\mathrm{j}\frac{2\pi\omega}{\omega_c}}\right) \\
&= g_{2\omega_c}(\omega) \cdot \cos\left(\frac{\pi\omega}{\omega_c}\right) \cdot \mathrm{e}^{-\mathrm{j}\frac{\pi\omega}{\omega_c}}
\end{aligned}
$$

求傅立叶逆变换得：

$$h(t) = \frac{\omega_c}{2\pi}\mathrm{Sa}(\omega_c t) - \frac{\omega_c}{2\pi}\mathrm{Sa}\left[\omega_c\left(t - \frac{2\pi}{\omega_c}\right)\right] = \frac{\sin(\omega_c t)}{t(2\pi - \omega_c t)}$$

（3）系统具有记忆性质

系统频率响应函数 $H(j\omega)$ 存在相位延迟，说明冲激响应 $h(t)$ 与系统在前一时刻的状态有关，故该系统具有记忆性；

由系统冲激响应 $h(t)$ 的表达式可知，$t<0$ 时，$h(t)\neq0$，故该系统是非因果的；

由系统冲激响应 $h(t)$ 的表达式可知，随着 $t$ 的增大，$h(t)$ 将趋向于 0，故该系统是稳定的。

（4）求输入信号 $f(t)$ 的傅立叶变换 $F(j\omega)$：

$$F(j\omega)=j\pi[\delta(\omega+2\omega_c)-\delta(\omega-2\omega_c)]+\pi[\delta(\omega+0.5\omega_c)+\delta(\omega-0.5\omega_c)]$$

$$y(t)=f(t)*h(t)$$

$$\begin{aligned}Y(j\omega)&=F(j\omega)\cdot H(j\omega)\\&=\{j\pi[\delta(\omega+2\omega_c)-\delta(\omega-2\omega_c)]+\pi[\delta(\omega+0.5\omega_c)+\delta(\omega-0.5\omega_c)]\}\times\\&\quad\frac{1}{2}g_{2\omega_c}(\omega)(1-e^{-j\frac{2\pi}{\omega_c}\omega})\\&=\pi[\delta(\omega+0.5\omega_c)+\delta(\omega-0.5\omega_c)]\end{aligned}$$

$$y(t)=\cos(\omega_c t)$$

15. 解：（1）据傅立叶变换对

$$Sa(\omega_c t)\leftrightarrow\frac{\pi}{\omega_c}g_{2\omega_c}(\omega)$$

为便于表述，令 $\omega_0=\dfrac{2\pi}{T}$，则

$$\begin{aligned}h(t)&=\frac{1}{2T}\left[Sa\left(\frac{\omega_0 t}{2}\right)+2Sa\left(\frac{\omega_0 t}{2}-\frac{\pi}{2}\right)+Sa\left(\frac{\omega_0 t}{2}-\pi\right)\right]\\&=\frac{1}{2T}\left\{Sa\left(\frac{\omega_0}{2}t\right)+2Sa\left[\frac{\omega_0}{2}\left(t-\frac{T}{2}\right)\right]+Sa\left[\frac{\omega_0}{2}(t-T)\right]\right\}\end{aligned}$$

对 $h(t)$ 求傅立叶变换得：

$$\begin{aligned}H(j\omega)&=\frac{1}{2T}\left[\frac{2\pi}{\omega_0}g_{\omega_0}(\omega)+\frac{4\pi}{\omega_0}g_{\omega_0}(\omega)e^{-j\frac{\omega T}{2}}+\frac{2\pi}{\omega_0}g_{\omega_0}(\omega)c^{-j\omega T}\right]\\&=2g_{\omega_0}(\omega)\cos^2\left(\frac{\omega T}{4}\right)\cdot e^{-j\frac{\omega T}{2}}\\&=2g_{\omega_0}(\omega)\cos^2\left(\frac{\pi\omega}{2\omega_0}\right)\cdot e^{-j\frac{\pi\omega}{\omega_0}}\end{aligned}$$

幅频响应 $|H(j\omega)|$ 和相频响应 $\varphi(\omega)$ 分别为

$$|H(j\omega)|=\frac{1}{2}g_{\omega_0}(\omega)\left[1+\cos\left(\frac{\omega T}{2}\right)\right]$$

$$\varphi(\omega)=-\frac{\omega T}{2}$$

由上式可知，系统是具有相位线性的低通滤波器。

（2）先求 $f(t)$ 的傅立叶变换

$$f(t)=\frac{\sin\left(\frac{\pi t}{2T}\right)}{\pi t}\sin\left(\frac{2\pi t}{T}\right)+\sum_{n=0}^{\infty}2^{-n}\cos\left[n\left(\frac{\pi t}{2T}+\frac{\pi}{4}\right)\right]$$

$$= \frac{4\pi}{\omega_0} \mathrm{Sa}\left(\frac{\omega_0}{4}t\right) \sin(\omega_0 t) + \sum_{n=0}^{\infty} 2^{-n} \cos\left[\frac{n\omega_0}{4}\left(t + \frac{\pi}{\omega_0}\right)\right]$$

$$F(\mathrm{j}\omega) = \mathrm{j}\frac{1}{2}\left[g_{\frac{\omega_0}{2}}(\omega + \omega_0) - g_{\frac{\omega_0}{2}}(\omega - \omega_0)\right] + \pi \mathrm{e}^{\mathrm{j}\frac{\pi\omega}{\omega_0}} \sum_{n=0}^{\infty} 2^{-n}\left[\delta\left(\omega + \frac{n\omega_0}{4}\right) + \delta\left(\omega - \frac{n\omega_0}{4}\right)\right]$$

$$Y(\mathrm{j}\omega) = F(\mathrm{j}\omega)H(\mathrm{j}\omega)$$

$$= 2g_{\omega_0}(\omega)\cos^2\left(\frac{\pi\omega}{2\omega_0}\right) \cdot \mathrm{e}^{-\mathrm{j}\frac{\omega T}{2}}$$

$$= 2\pi\left[2\delta(\omega) + 0.5\cos^2\left(-\frac{\pi}{8}\right)\delta\left(\omega + \frac{\omega_0}{4}\right) + 0.5\cos^2\left(\frac{\pi}{8}\right)\delta\left(\omega - \frac{\omega_0}{4}\right)\right]$$

$$= 4\pi\delta(\omega) + 0.84\pi\left[\delta\left(\omega + \frac{\omega_0}{4}\right) + \delta\left(\omega - \frac{\omega_0}{4}\right)\right]$$

$$y(t) = 2 + 0.84\cos\left(\frac{\omega_0}{4}t\right) = 2 + 0.84\cos\left(\frac{\pi}{2T}t\right)$$

16. 解：(1) 对 $f(t)$ 求导数，得 $f'(t)$，如图 2-8 所示。

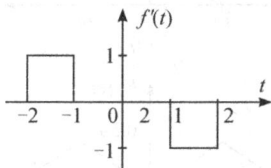

图 2-8

$$f'(t) = g_1(t + 1.5) - g_1(t - 1.5)$$

$$F[f'(t)] = \mathrm{j}2\mathrm{Sa}\left(\frac{\omega}{2}\right) \cdot \sin\left(\frac{3\omega}{2}\right) = \mathrm{j}\omega F(\mathrm{j}\omega)$$

$$F(\mathrm{j}\omega) = \frac{2}{\omega}\mathrm{Sa}\left(\frac{\omega}{2}\right) \cdot \sin\left(\frac{3\omega}{2}\right) = 3\mathrm{Sa}\left(\frac{\omega}{2}\right) \cdot \mathrm{Sa}\left(\frac{3\omega}{2}\right)$$

即 $$F_1(\mathrm{j}\omega) = F(\mathrm{j}\omega) = \frac{2}{\omega}\mathrm{Sa}\left(\frac{\omega}{2}\right) \cdot \sin\left(\frac{3\omega}{2}\right) = 3\mathrm{Sa}\left(\frac{\omega}{2}\right) \cdot \mathrm{Sa}\left(\frac{3\omega}{2}\right)$$

(2) 据傅立叶变换的尺度变换性质：

$$f(at - b) \leftrightarrow \frac{1}{|a|}F\left(\mathrm{j}\frac{\omega}{a}\right)\mathrm{e}^{-\mathrm{j}\frac{b}{a}\omega}$$

$$f(6 - 2t) \leftrightarrow \frac{1}{2}F\left(-\mathrm{j}\frac{\omega}{2}\right)\mathrm{e}^{-\mathrm{j}3\omega} = \frac{3}{2}\mathrm{Sa}\left(-\frac{\omega}{4}\right) \cdot \mathrm{Sa}\left(-\frac{3\omega}{4}\right)\mathrm{e}^{-\mathrm{j}3\omega}$$

$$= \frac{3}{2}\mathrm{Sa}\left(\frac{\omega}{4}\right) \cdot \mathrm{Sa}\left(\frac{3\omega}{4}\right)\mathrm{e}^{-\mathrm{j}3\omega}$$

即 $$F_2(\mathrm{j}\omega) = \frac{3}{2}\mathrm{Sa}\left(\frac{\omega}{4}\right) \cdot \mathrm{Sa}\left(\frac{3\omega}{4}\right)\mathrm{e}^{-\mathrm{j}3\omega}$$

17. 解：(1) 设 $x(t)$ 的频谱 $X(\mathrm{j}\omega)$ 如图 2-9(a)。

$$F(\mathrm{j}\omega) = \frac{1}{2}\left[X(\omega + \omega_0) + X(\omega - \omega_0)\right]$$

$$H(\mathrm{j}\omega) = F\left(\frac{1}{\pi t}\right) = -\mathrm{j}\mathrm{sgn}(\omega)$$

$$Y(j\omega) = F(j\omega)H(j\omega)$$

$$= \frac{1}{2}[X(\omega+\omega_0) + X(\omega-\omega_0)] \cdot [-j\,\mathrm{sgn}(\omega)]$$

$$= j\frac{1}{2}[X(\omega+\omega_0) - X(\omega-\omega_0)]$$

$$y(t) = x(t)\sin(\omega_0 t)$$

（2）由（1）可知

$$H(j\omega) = F\left(\frac{1}{\pi t}\right) = -j\,\mathrm{sgn}(\omega)$$

$$|H(j\omega)| = \mathrm{sgn}(\omega)$$

故系统为全通滤波器。

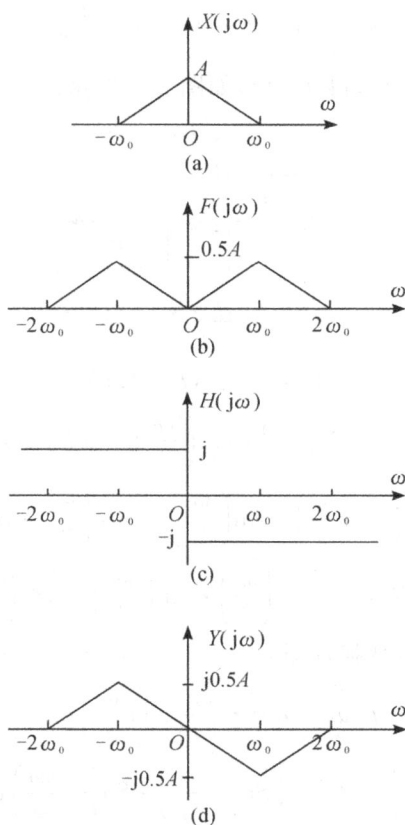

图 2-9

18. 解：由图 2.11.17（b）可得

$$H(j\omega) = |H(j\omega)|e^{j\varphi(\omega)} = 2|\omega| \cdot [e^{j\frac{\pi}{2}}\varepsilon(\omega) + e^{-j\frac{\pi}{2}}\varepsilon(-\omega)] = j2\omega$$

令 $x(t) = f'(t)$，其波形如图 2-10（a）所示，则

$$X(j\omega) = j\omega F(j\omega) \Rightarrow F(j\omega) = \frac{1}{j\omega}X(j\omega)$$

$$Y_{zs}(j\omega) = F(j\omega)H(j\omega) = \frac{1}{j\omega}X(j\omega)H(j\omega) = 2X(j\omega)$$

由上式可知，$y_{zs}(t) = 2x(t) = 2f'(t)$，其波形如图 2-10(b) 所示。

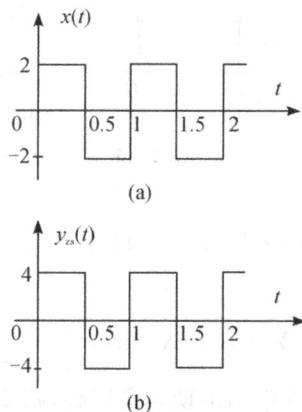

图 2-10

19. 解：(1) 据傅立叶变换定义式：

$$F(j\omega) = \int_{-\infty}^{\infty} f(t) e^{-j\omega t} dt$$

令上式中的 $\omega = 0$，则得

$$F(j0) = \int_{-\infty}^{\infty} f(t) e^{-j\omega t} dt \bigg|_{\omega=0} = \int_{-\infty}^{\infty} f(t) dt = \int_{-1}^{1} 3(t+1) dt + \int_{1}^{3} -3(t-3) dt = 12$$

(2) 由傅立叶逆变换定义式：

$$f(t) = \frac{1}{2\pi} \int_{-\infty}^{\infty} F(j\omega) e^{j\omega t} d\omega$$

令上式中 $t = 0$，则得

$$f(0) = \frac{1}{2\pi} \int_{-\infty}^{\infty} F(j\omega) e^{j\omega t} d\omega \bigg|_{t=0} = \frac{1}{2\pi} \int_{-\infty}^{\infty} F(j\omega) d\omega$$

由此可得

$$\int_{-\infty}^{\infty} F(j\omega) d\omega = 2\pi f(0) = 6\pi$$

(3) $E = \int_{-\infty}^{\infty} f^2(t) dt = \int_{-1}^{1} [3(t+1)]^2 dt + \int_{1}^{3} [-3(t-3)]^2 dt = 48$

20. 解：(1) 对 $x_1(t), x_2(t)$ 求傅立叶变换

$$x_1(t) = \frac{\sin(100t)}{\pi t} \leftrightarrow X_1(j\omega) = g_{200}(\omega)$$

$$x_2(t) = T \sum_{n=-\infty}^{\infty} \delta(t - nT) \leftrightarrow X_2(j\omega) = 2\pi \delta_{\Omega}(\omega) = 2\pi \sum_{n=-\infty}^{\infty} \delta(\omega - n\Omega), \Omega = \frac{2\pi}{T}$$

$x_1(t), x_2(t)$ 的频谱分别如图 2-11(a)(b) 所示。

(2) 在图 2.11.19(a) 系统中，得

$s(t) = x_1(t) \cdot x_2(t)$

$$S(j\omega) = \frac{1}{2\pi} X_1(j\omega) * X_1(j\omega) = \frac{1}{2\pi} X_1(j\omega) * \left[ 2\pi \sum_{n=-\infty}^{\infty} \delta(\omega - n\Omega) \right] = \sum_{n=-\infty}^{\infty} X_1(\omega - n\Omega)$$ 频

谱函数 $S(j\omega)$ 如图 2-12(a) 所示。

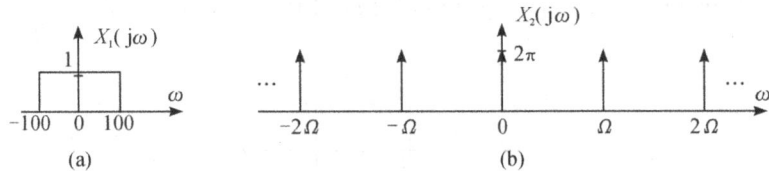

图 2-11

$$Y(j\omega) = S(j\omega) \cdot H(j\omega) = H(j\omega) \sum_{n=-\infty}^{\infty} X_1(\omega - n\Omega) \tag{1}$$

因 $y(t) = x_1(t - 0.03)$，则

$$Y(j\omega) = X_1(j\omega) e^{-j0.03\omega} \tag{2}$$

由图 2-12(a)可知，要使 $S(j\omega)$ 中不出现频谱混叠，则要求 $\Omega \geqslant 200$ rad/s，即 $T \leqslant \dfrac{\pi}{100}$ s。

对比式(1)和式(2)可知，$H(j\omega)$ 应具有如图 2-12(b)所示频谱特性，即 $H(j\omega) = g_{2\omega_c}(\omega) e^{-j0.03\omega}$，而且 $100 \leqslant \omega_c \leqslant 0.5\Omega$。

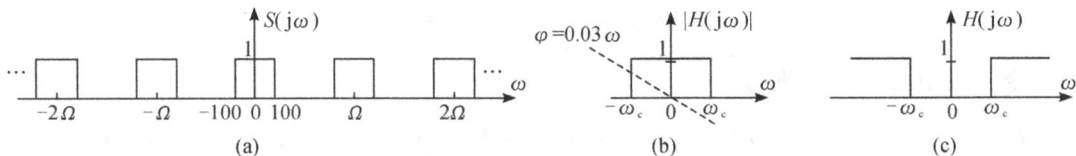

图 2-12

(3) 在图 2.11.19(b)系统中，频谱函数 $S(j\omega)$ 与(2)相同，如图 2-12(a)所示。

$$Y(j\omega) = S(j\omega) \cdot [1 - H(j\omega)] = [1 - H(j\omega)] \sum_{n=-\infty}^{\infty} X_1(\omega - n\Omega) \tag{3}$$

因 $y(t) = x_1(t)$，则

$$Y(j\omega) = X_1(j\omega) \tag{4}$$

由图 2-12(a)可知，要使 $S(j\omega)$ 中不出现频谱混叠，则要求 $\Omega \geqslant 200$ rad/s，即 $T \leqslant \dfrac{\pi}{100}$ s。

对比式(3)和式(4)可知，$H(j\omega)$ 应满足：

$$1 - H(j\omega) = g_{2\omega_c}(\omega), 100 \leqslant \omega_c \leqslant 0.5\Omega$$

即

$$H(j\omega) = 1 - g_{2\omega_c}(\omega), 100 \leqslant \omega_c \leqslant 0.5\Omega$$

$H(j\omega)$ 的频谱特性如图 2-12(c)所示。

21. 解：将滤波器系统及其频率响应画于图 2-13(a)(b)。

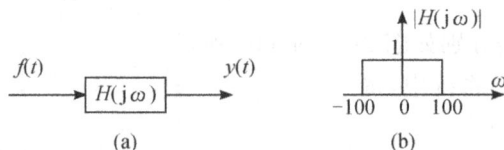

图 2-13

周期信号 $f(t)$ 基波角频率：

$$\Omega = \frac{2\pi}{T} = 12 \ \text{rad/s}$$

周期信号 $f(t)$ 的傅立叶变换：

$$F(j\omega) = 2\pi \sum_{n=-\infty}^{\infty} F_n \delta(\omega - n\Omega)$$

周期信号 $f(t)$ 的频谱是离散谱，由理想低通滤波器的频率特性可知，输入信号中 $|\omega| \leqslant 8\Omega = 96 \ \text{rad/s}$ 的频率分量均可无衰减地通过理想低通滤波 $S$；而对于输入信号中 $|\omega| > 9\Omega = 108 \ \text{rad/s}$ 的频率分量将被理想低通滤波 $S$ 所滤除。

为使 $y(t) = f(t)$，则 $f(t)$ 的所有频率分量均应处于理想低通滤波器的通带之内，即 $f(t)$ 只能包含角频率为 $\omega = 0, \Omega, 2\Omega, \cdots, 8\Omega$ 的谐波分量；对于 $\omega > 9\Omega$ 的谐波分量，$F_n = 0 (n \geqslant 9)$。

22. 解：
$$h(t) = \frac{\Omega}{2\pi} \text{Sa}\left(\frac{\Omega t}{2}\right) \leftrightarrow H(j\omega) = g_\Omega(\omega)$$

$$F(j\omega) = 2\pi \sum_{n=-\infty}^{\infty} F_n \delta(\omega - n\Omega)$$

$H(j\omega), F(j\omega)$ 分别如图 2-14(a)(b) 所示。

因 $f(t)$ 是实周期信号，则 $F_n = F_n^*$。

(1)
$$x(t) = f(t)p(t) = f(t)\cos(\Omega t)$$

$$X(j\omega) = \frac{1}{2}\{F[j(\omega+\Omega)] + F[j(\omega-\Omega)]\}$$

$$= \pi \sum_{n=-\infty}^{\infty} [F_{n+1} + F_{n-1}] \delta(\omega - n\Omega)$$

$X(j\omega)$ 如图 2-14(c) 所示。
$$Y(j\omega) = X(j\omega)H(j\omega) = \pi(F_1 + F_{-1})\delta(\omega)$$

求傅立叶逆变换可得：
$$y(t) = \frac{1}{2}(F_1 + F_{-1}) = \text{Re}[F_1]$$

(2) $x(t) = f(t)p(t) = f(t)\sin(\Omega t)$

$$X(j\omega) = j\frac{1}{2}\{F[j(\omega+\Omega)] - F[j(\omega-\Omega)]\}$$

$$= j\pi \sum_{n=-\infty}^{\infty} (F_{n+1} - F_{n-1})\delta(\omega - n\Omega)$$

$X(j\omega)$ 如图 2-14(d) 所示。
$$Y(j\omega) = X(j\omega)H(j\omega) = j\pi(F_1 - F_{-1})\delta(\omega)$$

求傅立叶逆变换可得
$$y(t) = j\frac{1}{2}(F_1 + F_{-1}) = -\text{Im}[F_1]$$

(3) 由(1)(2)可知，若要确定傅立叶系数 $F_n$ 的实部，应取 $p(t) = \cos(n\Omega t)$；若要确定傅立叶系数 $F_n$ 的虚部，应取 $p(t) = \sin(n\Omega t)$。

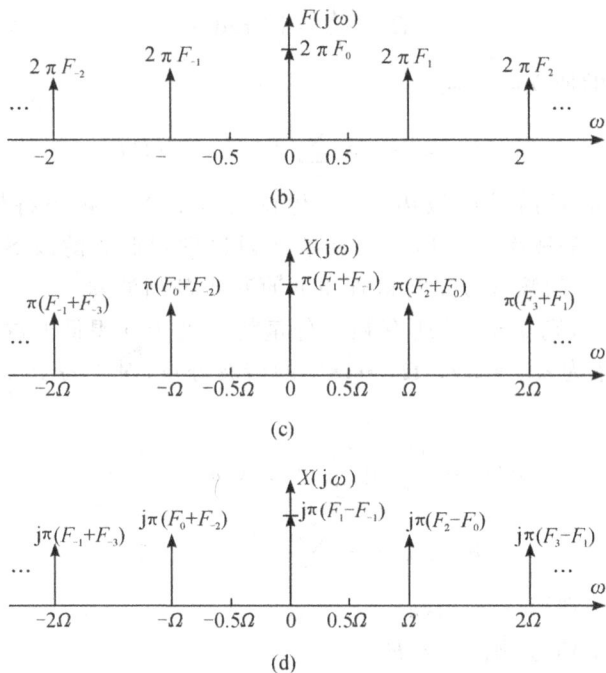

图 2-14

23. 解:(1) 调制系统的输出为

$$y_1(t) = f(t)x_1(t) = f(t)\cos(\omega_0 t)$$

$$Y_1(j\omega) = \frac{1}{2}\{F[j(\omega + \omega_0)] + F[j(\omega - \omega_0)]\}$$

$Y_1(j\omega)$ 如图 2-15(a) 所示。

(2) $$y_2(t) = y_1(t)x_2(t) = y_1(t)\cos(\omega_0 t)$$

$$Y_2(j\omega) = \frac{1}{2}\{Y_1[j(\omega + \omega_0)] + Y_1[j(\omega - \omega_0)]\}$$

$$= \frac{1}{4}\{F[j(\omega + 2\omega_0)] + 2F(j\omega) + F[j(\omega - 2\omega_0)]\}$$

$Y_2(j\omega)$ 如图 2-15(b) 所示。

(3) 为使 $y(t) = f(t)$,即

$$Y(j\omega) = Y_2(j\omega)H(j\omega) = F(j\omega)$$

由图 2.11.21(b) 可知,理想低通滤波器的传递函数 $H(j\omega)$ 应如图 2-15(c) 所示,即

$$H(j\omega) = 2g_{2\omega_c}(\omega)$$

$\omega_c$ 可取 $\omega_b \leqslant \omega_c < \omega_0 - \omega_b$,但一般地取 $\omega_c = \omega_b$。

24. 解:(1) 对 $H(j\omega)$ 做部分分式展开,然后求傅立叶逆变换:

$$H(j\omega) = \frac{j\omega}{-\omega^2 + 3j\omega + 2} = \frac{2}{j\omega + 2} - \frac{1}{j\omega + 1}$$

$$h(t) = (2e^{-2t} - e^{-t})\varepsilon(t)$$

(2) 由图 2.11.22 可知,$f(t)$ 一直作用于系统(从 $t = -\infty$ 开始),若设 $f(t) = 1$,$-\infty <$

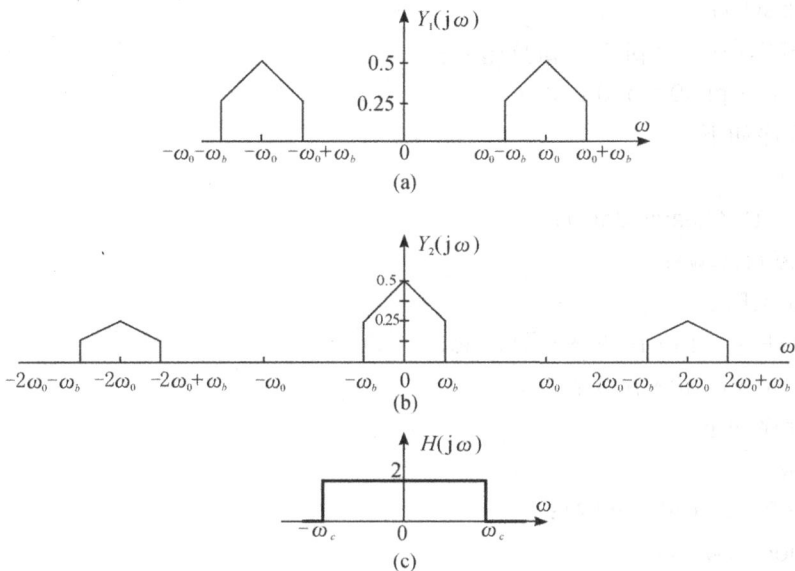

图 2-15

$t < \infty$,即有 $f(t)=1$ 的直流信号一直作用于系统,则系统的初始状态($t=0\_$)就是系统在 $t=0\_$ 时的零状态响应。

$$f(t)=1$$

$$F(j\omega)=2\pi\delta(\omega)$$

$$Y(j\omega)=F(j\omega)H(j\omega)=\left[2\pi\delta(\omega)\right]\cdot\left(\frac{j\omega}{-\omega^2+3j\omega+2}\right)=0$$

$$y(t)=0$$

可见,系统的初始状态($t=0\_$)为 $y(0\_)=0, y'(0\_)=0$。

(3)$t>0$ 时,由系统频率响应函数 $H(j\omega)$ 可知,系统的微分方程为

$$y''(t)+3y'(t)+2y(t)=f'(t)=\delta(t)$$

对微分方程求傅立叶变换得

$$Y_{zs}(j\omega)=\frac{1}{(j\omega)^2+3j\omega+2}=\frac{1}{j\omega+1}-\frac{1}{j\omega+2}$$

求傅立叶逆变换,可得

$$y_{zs}(t)=(e^{-t}-e^{-2t})\varepsilon(t)$$

因系统的初始状态 $y_{zi}(0_+)=y_{zi}(0\_)=y(0\_)=0, y'_{zi}(0_+)=y'_{zi}(0\_)=y'(0\_)=0$,故 $y_{zi}(t)=0$,则

$$y(t)=y_{zs}(t)+y_{zs}(t)=2(e^{-t}-e^{-2t})\varepsilon(t)$$

**五、Matlab 程序题**

1. 解:程序如下

```
syms t w
f = heaviside(2 * t + 1) - heaviside(2 * t - 1);
F = fourier(f,t,w);
```

```
FFP = abs(F);
ezplot(FFP,[- 10 * pi 10 * pi]);grid;
axis([- 10 * pi 10 * pi 0 2. 2])
```
2. 解:程序如下
```
syms t w
f = exp(- t) * heaviside(t);
F = fourier(f,t,w);
FFP = abs(F);
ezplot(FFP,[- 10 * pi 10 * pi]);grid;
axis([- 10 * pi 10 * pi 0 2. 2])
```
3. 解:程序如下
```
syms t w
F = - j * 2 * w/(16 + w^2);
f = ifourier(F,w,t);
ezplot(ft);
grid on;
```
4. 解:程序如下
```
t = 0:0. 1:20;
w = 2;
H = j * w/(j * w + 1. 5);
f = cos(w * t);
y = abs(H) * cos(w * t + angle(H));
plot(t,f);grid on;
```
5. 解:程序如下
```
fs = 4000;Ts = 1/fs;
t = 0:Ts:0. 02;
f1 = 100;f2 = 200;f3 = 3500;
% ft1 = sin(2 * pi * f1 * t)./(2 * pi * f1 * t);ft2 = sin(2 * pi * f2 * t)./(2 * pi * f2 * t);
% ft3 = sin(2 * pi * f3 * t)./(2 * pi * f3 * t);
ft1 = cos(2 * pi * f1 * t);ft2 = cos(2 * pi * f2 * t);ft3 = cos(2 * pi * f3 * t);
subplot(3,1,1);plot(t,ft1);grid on;
subplot(3,1,2);plot(t,ft2);grid on;
subplot(3,1,3);plot(t,ft3);grid on;
N = 500;
k = - N:N;                    % 频率数值计算点
w = pi * k/(N * Ts);          % 模拟角频率
Fw1 = Ts * ft1 * exp(- j * t' * w); % 连续信号傅立叶变换数值计算
Fw2 = Ts * ft2 * exp(- j * t' * w);
Fw3 = Ts * ft3 * exp(- j * t' * w);
```

```
figure；
subplot(3,1,1);plot(w,abs(Fw1));
subplot(3,1,2);plot(w,abs(Fw2));
subplot(3,1,3);plot(w,abs(Fw3));
```

# 第 3 章

## 一、单项选择题

1. C　2. C　3. B　4. C　5. B　6. B　7. D　8. D　9. B　10. A

## 二、判断题

1. √　2. √　3. √　4. ×　5. ×　6. √　7. √

## 三、计算填空题

1. $y''(t) + 6y'(t) + 8y(t) = 3f'(t) + 9f(t)$

2. 1.5, 0

3. $\dfrac{1 - e^{-2s} - 2s\,e^{-4s}}{s^2(1 - e^{-6s})}$

4. $\dfrac{1 - e^{-2s}}{s}$

5. $t\,e^{-t}\varepsilon(t)$

6. $f(t) = 2[e^{-(t-1)} - e^{-2(t-1)}]\varepsilon(t-1)$

7. $G(s) = -\dfrac{1}{2}\dfrac{\mathrm{d}}{\mathrm{d}s}F\left(\dfrac{s+4}{2}\right)$

8. 2, 20/3, 2

9. $\dfrac{1}{1 - e^{-2(s+3)}}$

10. $-e^{-t}\varepsilon(-t) - e^{-2t}\varepsilon(t)$

## 四、综合应用分析题

1. 解：先求 $f(t), y_{zs}(t)$ 的拉普拉斯变换：

$$f(t) = \varepsilon(t-2) - \varepsilon(t-4) \leftrightarrow F(s) = \frac{1}{s}e^{-2s} - \frac{1}{s}e^{-4s} = \frac{e^{-2s}}{s}(1 - e^{-2s})$$

为便于求 $y_{zs}(t)$ 的拉普拉斯变换，先对 $y_{zs}(t)$ 求导数，如图 3-1(a)，则

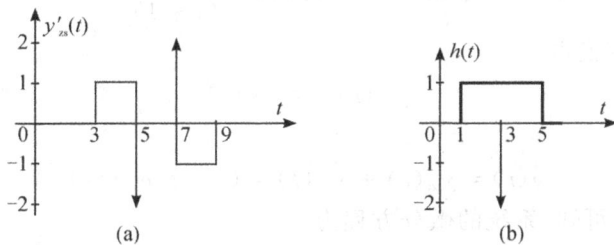

图 3-1

$$y'_{zs}(t) = [\varepsilon(t-3) - \varepsilon(t-5)] - 2\delta(t-5) + 2\delta(t-7) - [\varepsilon(t-7) - \varepsilon(t-9)]$$

对上式求拉普拉斯变换：

$$sY_{zs}(s) = \frac{e^{-3s}}{s}(1 - e^{-2s}) - 2e^{-5s}(1 - e^{-2s}) - \frac{e^{-7s}}{s}(1 - e^{-2s})$$

$$= \left(\frac{e^{-3s} - e^{-7s}}{s} - 2e^{-5s}\right)(1 - e^{-2s})$$

$$\Rightarrow Y_{zs}(s) = \frac{e^{-3s} - e^{-7s} - 2se^{-5s}}{s^2}(1 - e^{-2s})$$

则系统函数为

$$H(s) = \frac{Y_{zs}(s)}{F(s)} = \frac{e^{-s} - e^{-5s}}{s} - 2e^{-3s}$$

求拉普拉斯逆变换可得系统的冲激响应 $h(t)$

$$h(t) = \varepsilon(t-1) - \varepsilon(t-5) - 2\delta(t-3)$$

由 $h(t)$ 的表达式，可以画出 $h(t)$ 的波形，如图 3-1(b) 所示。

2. 解：(1) 据题设可知

$$f(t) = \varepsilon(t)$$

$$y_1(t) = T[\{x\}, f(t)] = T[\{x\}, \varepsilon(t)] = y_{zi}(t) + g(t) = 2e^{-t}\varepsilon(t) \tag{1}$$

$$y_2(t) = T[\{x\}, f'(t)] = T[\{x\}, \delta(t)] = y_{zi}(t) + h(t) = \delta(t) \tag{2}$$

由式(1)、式(2) 得

$$h(t) - g(t) = \delta(t) - 2e^{-t}\varepsilon(t)，因 h(t) = g'(t)$$

$$\Rightarrow g'(t) - g(t) = \delta(t) - 2e^{-t}\varepsilon(t)$$

求拉普拉斯变换

$$(s-1)G(s) = 1 - \frac{2}{s+1} \quad \Rightarrow \quad G(s) = \frac{1}{s+1} \quad \xrightarrow{L^{-1}} \quad g(t) = e^{-t}\varepsilon(t)$$

代入式(1) 得

$$y_{zi}(t) = e^{-t}\varepsilon(t)$$

系统的冲激响应及系统函数为

$$h(t) = g'(t) = \delta(t) - e^{-t}\varepsilon(t)$$

$$H(s) = \frac{s}{s+1}$$

(2) 
$$f(t) = e^{-t}\varepsilon(t) \leftrightarrow F(s) = \frac{1}{s+1}$$

$$Y_{zs}(s) = F(s)H(s) = \frac{1}{(s+1)^2}$$

求拉普拉斯逆变换得

$$y_{zs}(t) = te^{-t}\varepsilon(t)$$

则全响应为

$$y(t) = y_{zi}(t) + y_{zs}(t) = (1+t)e^{-t}\varepsilon(t)$$

（3）由系统函数可知，系统的微分方程为

$$y'(t) + y(t) = f'(t)$$

则系统的时域框图如图 3-2 所示。

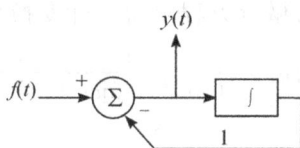

图 3-2

3. 解:(1) 据题设可知

$$y_1(t) = T[\{x\}, f_1(t)] = T[\{x\}, \delta(t)] = y_{zi}(t) + h(t) = -3e^{-t}\varepsilon(t) \tag{1}$$

$$y_2(t) = T[\{x\}, f_2(t)] = T[\{x\}, \varepsilon(t)] = y_{zi}(t) + g(t) = (1 - 5e^{-t})\varepsilon(t) \tag{2}$$

由式(1)、式(2) 得

$$h(t) - g(t) = (2e^{-t} - 1)\varepsilon(t), 因 h(t) = g'(t)$$
$$\Rightarrow g'(t) - g(t) = (2e^{-t} - 1)\varepsilon(t)$$

求拉普拉斯变换得

$$(s - 1)G(s) = \frac{s - 1}{s(s + 1)} \quad \Rightarrow \quad G(s) = \frac{1}{s(s + 1)} \quad \overset{L^{-1}}{\Longrightarrow} \quad g(t) = (1 - e^{-t})\varepsilon(t)$$

代入式(2) 得

$$y_{zi}(t) = -4e^{-t}\varepsilon(t)$$

系统的冲激响应及系统函数为

$$h(t) = g'(t) = e^{-t}\varepsilon(t)$$

$$H(s) = \frac{1}{s + 1}$$

(2)
$$f(t) = te^{-t}\varepsilon(t) \leftrightarrow F(s) = \frac{1}{s^2}$$

$$Y_{zs}(s) = F(s)H(s) = \frac{1}{s^2(s + 1)} = \frac{1}{s^2} - \frac{1}{s} + \frac{1}{s + 1}$$

求拉普拉斯逆变换得

$$y_{zs}(t) = (t - 1 + e^{-t})\varepsilon(t)$$

则全响应为

$$y(t) = y_{zi}(t) + y_{zs}(t) = (t - 1 - 3e^{-t})\varepsilon(t)$$

4. 解:(1) 由系统框图可得系统的微分方程

$$y''(t) + 3y'(t) + 2y(t) = f(t)$$

(2) 对微分方程求拉普拉斯变换得

$$(s^2 + 3s + 2)Y(s) = F(s)$$

则系统函数为

$$H(s) = \frac{Y(s)}{F(s)} = \frac{1}{s^2 + 3s + 2} = \frac{1}{s + 2} - \frac{1}{s + 3}$$

求拉普拉斯逆变换得

$$h(t) = (e^{-2t} - e^{-3t})\varepsilon(t)$$

(3) 先求初值 $y(0_-), y'(0_-)$

可假设一直流信号 $f(t)=-1$ 在 $-\infty<t<\infty$ 内作用于系统,则在 $t=0_-$ 时的零状态响应即为初值 $y(0_-),y'(0_-)$。对微分方程求傅立叶变换得:

$$Y(j\omega)=\frac{1}{(j\omega)^2+3j\omega+2}F(j\omega)=\frac{1}{(j\omega)^2+3j\omega+2}[-2\pi\delta(\omega)]=-\pi\delta(\omega)$$

$$\Rightarrow y(t)=-\frac{1}{2}$$

则

$$y(0_-)=-\frac{1}{2},y'(0_-)=0$$

$t>0$ 时系统输出 $y(t)$ 的零状态响应、零输入响应:

$t>0$ 时,$f(t)=\varepsilon(t)\leftrightarrow F(s)=\dfrac{1}{s}$,对微分方程求拉普拉斯变换:

$$[s^2Y(s)-sy(0_-)-y'(0_-)]+3[sY(s)-y(0_-)]+2Y(s)=F(s)$$

由此可得:

$$Y_{zi}(s)=\frac{sy(0_-)+y'(0_-)+3y(0_-)}{s^2+3s+2}=\frac{1}{2}\frac{s+3}{s^2+3s+2}=\frac{1}{s+1}-\frac{1}{2}\frac{1}{s+2}$$

$$\Rightarrow y_{zi}(t)=\left(e^{-t}-\frac{1}{2}e^{-2t}\right)\varepsilon(t)$$

$$Y_{zs}(s)=\frac{1}{s^2+3s+2}F(s)=\frac{1}{s(s^2+3s+2)}=\frac{1}{2}\frac{1}{s}-\frac{1}{s+1}+\frac{1}{2}\frac{1}{s+2}$$

$$\Rightarrow y_{zs}(t)=\left(\frac{1}{2}-e^{-t}+\frac{1}{2}e^{-2t}\right)\varepsilon(t)$$

5. 解:电路的 $S$ 域模型如图 3-3 所示。根据分压原理得

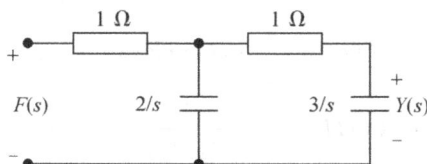

图 3-3

$$H(s)=\frac{Y(s)}{F(s)}=\frac{\dfrac{3}{s}}{1+\dfrac{3}{s}}\cdot\frac{\dfrac{2}{s}\ //\ \left(1+\dfrac{3}{s}\right)}{1+\dfrac{2}{s}\ //\ \left(1+\dfrac{3}{s}\right)}=\frac{6}{s^2+7s+6}$$

因为初始时刻电容两端的电压为零,则系统的完全响应等于零状态响应。

$$f(t)=[\sin(2t)-\cos(2t)]\varepsilon(t)\leftrightarrow F(s)=\frac{2-s}{s^2+4}$$

因为初始时刻电容的电压为零,则系统的完全响应等于零状态响应,即 $y(t)=y_{zs}(t)$。

$$Y(s)=Y_{zs}(s)=F(s)H(s)=\frac{6}{s^2+7s+6}\cdot\frac{2-s}{s^2+4}$$

$$=\frac{6}{25}\left(\frac{2s+17}{s^2+7s+6}-\frac{2s+3}{s^2+4}\right)$$

$$= \frac{6}{25}\left(\frac{3}{s+1} - \frac{1}{s+6} - \frac{2s}{s^2+2^2} - \frac{3}{2}\frac{2}{s^2+2^2}\right)$$

求拉普拉斯逆变换得

$$y(t) = \frac{6}{25}\left[3\mathrm{e}^{-t} - \mathrm{e}^{-6t} - 2\cos(2t) - \frac{3}{2}\sin(2t)\right]\varepsilon(t)$$

6. 解:(1) 先求初值 $u_C(0_-)$,$i_L(0_-)$。$t=0_-$ 时,电路处于直流稳态,电感相当于短路,电容相当于断路,而且电压源 $f(t)$ 相当于短路,则 $t=0_-$ 时的等效电路如图 3-4(a) 所示。

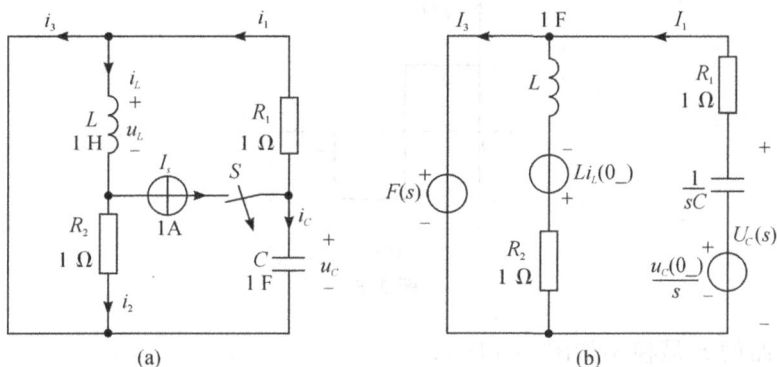

图 3-4

$$u_L(0_-) = 0, i_C(0_-) = 0, i_1 = I_s = 1\ \mathrm{A}, i_2 = i_3 = 0$$
$$i_L(0_-) = i_1 - i_3 = 1\ \mathrm{A}, u_C(0_-) = R_1 i_1 = 1\ \mathrm{V}$$

(2) 画出 $t \geqslant 0$ 时电路的 $S$ 域模型,如图 3-4(b) 所示。列出电路方程:

$$U_C(s) = \frac{1}{sC} \cdot \frac{F(s) - \dfrac{u_C(0_-)}{s}}{R_1 + \dfrac{1}{sC}} + \frac{u_C(0_-)}{s} = \frac{1}{s+1}F(s) + \frac{1}{s+1}u_C(0_-)$$

零输入响应:

$$U_{Czi}(s) = \frac{1}{s+1}u_C(0_-) = \frac{1}{s+1} \quad \Rightarrow \quad u_{Czi}(t) = \mathrm{e}^{-t}\varepsilon(t)$$

零状态响应:

$$U_{Czs}(s) = \frac{1}{s+1}F(s) = \frac{1}{s+1} \cdot \frac{2}{s+2} = \frac{2}{s+1} - \frac{2}{s+2} \quad \Rightarrow \quad u_{Czs}(t) = 2(\mathrm{e}^{-t} - \mathrm{e}^{-2t})\varepsilon(t)$$

全响应:

$$u_C(t) = u_{Czs}(t) + u_{Czi}(t) = (3\mathrm{e}^{-t} - 2\mathrm{e}^{-2t})\varepsilon(t)$$

7. 解:$f(t)$ 的波形如图 3-5(a) 所示。

对 $f(t)$ 求一阶导数,$f'(t)$ 的波形如图 3-5(b) 所示。

$$f'(t) = \varepsilon(t) - 2\varepsilon(t-1) + \varepsilon(t-2)$$

对上式求拉普拉斯变换得

$$sF(s) = \frac{1}{s}(1 - 2\mathrm{e}^{-s} + \mathrm{e}^{-2s}) = \frac{(1-\mathrm{e}^{-s})^2}{s}$$

$$\Rightarrow F(s) = \frac{(1-\mathrm{e}^{-s})^2}{s^2}$$

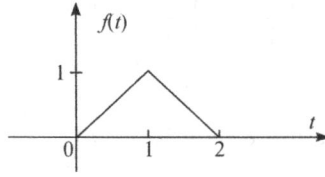

(a)

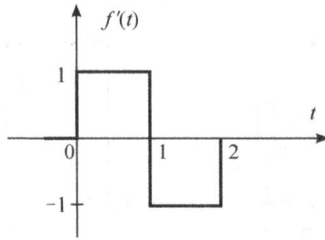

(b)

图 3-5

8. 解：电路的 $S$ 域模型如图 3-6 所示。

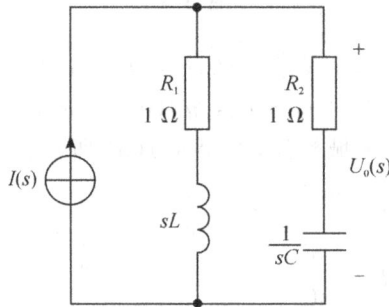

图 3-6

电路的系统函数 $H(s)$ 为

$$H(s) = \frac{U_0(s)}{I_0(s)} = (R_1 + s) \; // \; (R_2 + \frac{1}{s}) = \frac{R_2 s^2 + (1 + R_1 R_2)s + R_1}{s^2 + (R_1 + R_2)s + 1} \tag{1}$$

要实现无失真传输，应满足：

$$H(s) = K e^{-st_0} \quad (K, t_0 \text{ 为常数}) \tag{2}$$

对比式（1）和式（2），可得

$$\begin{cases} t_0 = 0. \text{说明传输过程中无延时} \\ \dfrac{R_2 s^2 + (1 + R_1 R_2)s + R_1}{s^2 + (R_1 + R_2)s + 1} = K \end{cases} \tag{3}$$

要使式（3）成立，应满足：

$$\begin{cases} \dfrac{R_1}{R_2} = 1 \\ \dfrac{1 + R_1 R_2}{R_2} = R_1 + R_2 \end{cases} \Rightarrow \quad R_1 = R_2 = 1 \; \Omega$$

9. 解：电路的 $S$ 域模型如图 3-7 所示。

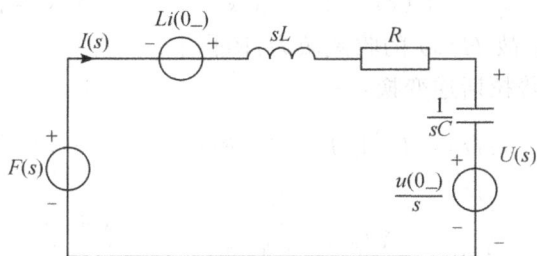

**图 3-7**

（1）由图 3-7 可得

$$U(s) = \frac{F(s) + Li(0_-) - \dfrac{u(0_-)}{s}}{sL + R + \dfrac{1}{sC}} \cdot \frac{1}{sC} + \frac{u(0_-)}{s} = \frac{F(s)}{s^2 + 2s + 1} + \frac{i(0_-) - \dfrac{u(0_-)}{s}}{s^2 + 2s + 1} + \frac{u(0_-)}{s}$$

$$\tag{1}$$

$$U_{zs}(s) = \frac{F(s)}{s^2 + 2s + 1} \tag{2}$$

$$U_{zi}(s) = \frac{i(0_-) - \dfrac{u(0_-)}{s}}{s^2 + 2s + 1} + \frac{u(0_-)}{s} \tag{3}$$

系统函数为

$$H(s) = \frac{U_{zs}(s)}{F(s)} = \frac{1}{s^2 + 2s + 1} = \frac{1}{(s+1)^2} \tag{4}$$

求拉普拉斯逆变换，得系统的单位冲激响应：

$$h(t) = t\,\mathrm{e}^{-t}\varepsilon(t)$$

（2）$u_{zi}(t) = h(t) \Rightarrow U_{zi}(s) = H(s)$，则由式（3）和式（4）可得

$$\frac{i(0_-) - \dfrac{u(0_-)}{s}}{s^2 + 2s + 1} + \frac{u(0_-)}{s} = \frac{1}{s^2 + 2s + 1}$$

要使上式成立，应取：$i(0_-) = 1$ A，$u(0_-) = 0$。

（3）$f(t) = \varepsilon(t) \leftrightarrow F(s) = \dfrac{1}{s}$，$u(t) = \varepsilon(t) \leftrightarrow U(s) = \dfrac{1}{s}$，代入式（1），得

$$\frac{1}{s} = \frac{\dfrac{1}{s} + i(0_-) - \dfrac{u(0_-)}{s}}{s^2 + 2s + 1} + \frac{u(0_-)}{s}$$

要使上式成立，应取：$i(0_-) = 0$，$u(0_-) = 1$ V。

10. 解：（1）分别求 $f(t)$，$y(t)$ 的拉普拉斯变换：

$$f(t) = \mathrm{e}^{-2t}\varepsilon(t) \leftrightarrow F(s) = \frac{1}{s+2}$$

$$y(t) = \frac{2}{3}\mathrm{e}^{-2t}\varepsilon(t) + \frac{1}{3}\mathrm{e}^{-t}\varepsilon(t) \leftrightarrow Y(s) = \frac{2}{3}\frac{1}{s+2} + \frac{1}{3}\frac{1}{s+1}$$

$$H(s) = \frac{Y(s)}{F(s)} = \frac{2}{3} + \frac{1}{3}\frac{s+2}{s+1} = 1 + \frac{1}{3}\frac{1}{s+1}$$

因为系统是因果的,故 $H(s)$ 的收敛域为:$\text{Re}[s] > -1$。

(2) 求 $H(s)$ 的拉普拉斯逆变换:

$$h(t) = L^{-1}[H(s)] = \delta(t) + \frac{1}{3}e^{-t}\varepsilon(t)$$

(3)
$$H(s) = \frac{Y(s)}{F(s)} = 1 + \frac{1}{3}\frac{1}{s+1} = \frac{s + \frac{4}{3}}{s+1}$$

则描述系统的微分方程为

$$y'(t) + y(t) = f'(t) + \frac{4}{3}f(t)$$

11. 解:
$$h(t) = \frac{\mathrm{d}g(t)}{\mathrm{d}t}$$

$$H(s) = sG(s) = \frac{2s}{(s^2 + 2s + 10)(e^{4s} - 1)} = \frac{2se^{-4s}}{s^2 + 2s + 10} \cdot \frac{1}{1 - e^{-4s}}$$

$$= \frac{2se^{-4s}}{(s+1)^2 + 3^2} \cdot \frac{1}{1 - e^{-4s}}$$

根据以下变换对,可求得 $H(s)$ 的拉普拉斯逆变换

$$e^{-t}\cos(3t)\varepsilon(t) \leftrightarrow \frac{s}{(s+1)^2 + 3^2}$$

$$e^{-(t-4)}\cos[3(t-4)]\varepsilon(t) \leftrightarrow \frac{se^{-4s}}{(s+1)^2 + 3^2}$$

$$\sum_{n=0}^{\infty}\delta(t-4n) \leftrightarrow \frac{1}{1 - e^{-4s}}$$

$$h(t) = L^{-1}\left[\frac{2se^{-4s}}{(s+1)^2 + 3^2}\right] * L^{-1}\left(\frac{1}{1 - e^{-4s}}\right)$$

$$= \{e^{-(t-4)}\cos[3(t-4)]\varepsilon(t-4)\} * \sum_{n=0}^{\infty}\delta(t-4n)$$

$$= \sum_{n=0}^{\infty}e^{-(t-4n-4)}\cos[3(t-4n-4)]\varepsilon(t-4n-4)$$

$$= \sum_{n=1}^{\infty}e^{-(t-4n)}\cos[3(t-4n)]\varepsilon(t-4n)$$

12. 解:(1) 先求系统函数 $H(s)$

二阶因果 LTI 系统的 $h(t)$ 在 $t = 0$ 处不含冲激项,则 $H(s)$ 可表示为 $H(s) = \frac{A(s+D)}{s^2 + Bs + C}$,其中 $A, B, C, D$ 为待定常数。

$H(s)$ 具有零点 $s = 2$,分析可知 $D = -2$,则 $H(s) = \frac{A(s-2)}{s^2 + Bs + C}$。

因 $h(t)$ 在 $t = 0$ 处不含冲激项,则可用初值定理

$$h(0) = \lim_{s\to\infty}sH(s) = \lim_{s\to\infty}s\frac{A(s+D)}{s^2 + Bs + C} = A = 2,\text{则 } H(s) = \frac{2(s-2)}{s^2 + Bs + C}$$

因 $H(s)$ 有极点 $:s_1=-\dfrac{\sqrt{2}}{2}+\mathrm{j}\dfrac{\sqrt{2}}{2}$ ，对于二阶系统来说，另一极点应是共轭复极点，即 $s_2=-\dfrac{\sqrt{2}}{2}-\mathrm{j}\dfrac{\sqrt{2}}{2}$ ，则

$$s^2+Bs+C=(s-s_1)(s-s_2)=s^2+\sqrt{2}s+1$$

$$\Rightarrow B=\sqrt{2}, C=1$$

则系统函数 $H(s)$ 为

$$H(s)=\frac{2(s-2)}{s^2+\sqrt{2}s+1}$$

由系统函数可知系统的微分方程为

$$y''(t)+\sqrt{2}y'(t)+y(t)=2f'(t)-4f(t)$$

（2）对 $H(s)$ 做部分分式展开

$$H(s)=\frac{2(s-2)}{s^2+\sqrt{2}s+1}=\frac{2s}{\left(s+\dfrac{1}{\sqrt{2}}\right)^2+\left(\dfrac{1}{\sqrt{2}}\right)^2}-\frac{4}{\left(s+\dfrac{1}{\sqrt{2}}\right)^2+\left(\dfrac{1}{\sqrt{2}}\right)^2}$$

求拉普拉斯逆变换得

$$h(t)=2\mathrm{e}^{-\frac{1}{\sqrt{2}}t}\cos\left(\frac{1}{\sqrt{2}}t\right)\varepsilon(t)-4\sqrt{2}\,\mathrm{e}^{-\frac{1}{\sqrt{2}}t}\sin\left(\frac{1}{\sqrt{2}}t\right)\varepsilon(t)$$

$$=2\mathrm{e}^{-\frac{1}{\sqrt{2}}t}\left[\cos\left(\frac{1}{\sqrt{2}}t\right)-2\sqrt{2}\sin\left(\frac{1}{\sqrt{2}}t\right)\right]\varepsilon(t)$$

（3）因 $H(s)$ 收敛域为 $\mathrm{Re}[s]>-\dfrac{1}{\sqrt{2}}$ ，它包含了 $S$ 平面的 $\mathrm{j}\omega$ 轴，故系统的频率响应函数为

$$H(\mathrm{j}\omega)=H(s)\big|_{s=\mathrm{j}\omega}=\frac{2(\mathrm{j}\omega-2)}{(\mathrm{j}\omega)^2+\sqrt{2}\mathrm{j}\omega+1}\quad\Rightarrow\quad |H(\mathrm{j}\omega)|=\frac{2\sqrt{\omega^2+4}}{\sqrt{(\omega^2-1)^2+2\omega^2}}$$

$$\left.\begin{array}{l}\displaystyle\lim_{\omega\to0}|H(\mathrm{j}\omega)|=\lim_{\omega\to0}\frac{2\sqrt{\omega^2+4}}{\sqrt{(\omega^2-1)^2+2\omega^2}}=\frac{4}{\sqrt{3}}=2.3\\[4mm]\displaystyle\lim_{\omega\to\infty}|H(\mathrm{j}\omega)|=\lim_{\omega\to\infty}\frac{2\sqrt{\omega^2+4}}{\sqrt{(\omega^2-1)^2+2\omega^2}}=0\end{array}\right\}\Rightarrow\text{该系统属于低通滤波器}$$

求低通滤波器的截止频率 $\omega_c$ ：

$$|H(\mathrm{j}\omega_c)|=\frac{2\sqrt{\omega_c^2+4}}{\sqrt{(\omega_c^2-1)^2+2\omega_c^2}}=\frac{1}{\sqrt{2}}\Rightarrow\omega_c=3.3\ \mathrm{rad/s}$$

由 $H(\mathrm{j}\omega)$ 的表达式可知， $|H(\mathrm{j}\omega)|$ 在高频端将以接近于"$-20\ \mathrm{dB}/$ 十倍频"的规律衰减。幅频特性如图 3-8 所示。

13. 解：对 $x_1(t)$ ，$x_2(t)$ 的两个关系式求拉普拉斯变换

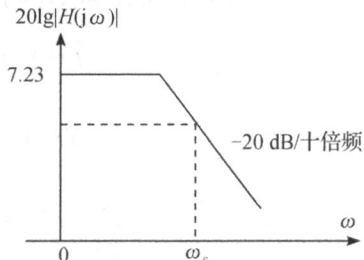

图 3-8

$$\begin{cases} sX_1(s) = -2X_2(s) + 1 \\ sX_2(s) = X_1(s) \end{cases} \Rightarrow \begin{cases} X_1(s) = \dfrac{s}{s^2 + 2}, \mathrm{Re}[s] > 0 \\ X_2(s) = \dfrac{1}{s^2 + 2}, \mathrm{Re}[s] > 0 \end{cases}$$

对 $X_1(s)$，$X_2(s)$ 求拉普拉斯逆变换得

$$x_1(t) = \cos(\sqrt{2}\,t)\varepsilon(t), \quad x_2(t) = \frac{1}{\sqrt{2}}\sin(\sqrt{2}\,t)\varepsilon(t)$$

14. 解：$H(s)$ 收敛域为 $\mathrm{Re}[s] > -1$，它包含了 $S$ 平面的 $j\omega$ 轴，故系统的频率响应函数为

$$H(j\omega) = H(s)\big|_{s=j\omega} = \frac{1}{j\omega + 1}$$

$f(t)$ 的傅立叶变换为

$$F(j\omega) = \pi[\delta(\omega+1) + \delta(\omega-1)] + \pi[\delta(\omega+\sqrt{3}) + \delta(\omega-\sqrt{3})]$$

$$Y(j\omega) = F(j\omega)H(j\omega)$$

$$= \{\pi[\delta(\omega+1) + \delta(\omega-1)] + \pi[\delta(\omega+\sqrt{3}) + \delta(\omega-\sqrt{3})]\}\frac{1}{j\omega+1}$$

$$= \frac{\pi}{1-j}\delta(\omega+1) + \frac{\pi}{1+j}\delta(\omega-1) + \frac{\pi}{1-j\sqrt{3}}\delta(\omega+\sqrt{3}) + \frac{\pi}{1+j\sqrt{3}}\delta(\omega-\sqrt{3})$$

求傅立叶逆变换得：

$$y(t) = \frac{1}{2(1-j)}e^{-jt} + \frac{1}{2(1+j)}e^{jt} + \frac{1}{2(1-j\sqrt{3})}e^{-\sqrt{3}t} + \frac{1}{2(1+j\sqrt{3})}e^{\sqrt{3}t}$$

$$= \frac{1}{2\sqrt{2}}e^{-j(t-\frac{\pi}{4})} + \frac{1}{2\sqrt{2}}e^{j(t-\frac{\pi}{4})} + \frac{1}{4}e^{-j(\sqrt{3}t-\frac{\pi}{3})} + \frac{1}{4}e^{j(\sqrt{3}t-\frac{\pi}{3})}$$

$$= \frac{1}{\sqrt{2}}\cos\left(t-\frac{\pi}{4}\right) + \frac{1}{2}\cos\left(\sqrt{3}t-\frac{\pi}{3}\right)$$

15. 解：(1) 延时器的冲激响应为 $\delta(t-T)$。

设变量 $x(t)$，如图 3.6.9 所示，列出系统中的输入输出关系式，并求拉普拉斯变换：

$$x'(t) + x(t) = f(t) \quad \Rightarrow (s+1)X(s) = F(s)$$

$$y(t) = x(t) * \delta(t-T) \quad \Rightarrow Y(s) = X(s)e^{-sT}$$

系统函数 $H(s)$ 为：

$$H(s) = \frac{Y(s)}{F(s)} = \frac{e^{-sT}}{s+1}$$

(2) 先求系统的零状态响应：

$$f(t) = 10\sin\left(t + \frac{\pi}{4}\right)\varepsilon(t) \leftrightarrow F(s) = \frac{10}{s^2+1}e^{\frac{\pi}{4}s}$$

$$Y(s) = F(s)H(s) = \frac{10}{(s^2+1)(s+1)}e^{-s(T-\frac{\pi}{4})}$$

$$= 5\left(-\frac{s}{s^2+1} + \frac{1}{s^2+1} + \frac{1}{s+1}\right)e^{-s(T-\frac{\pi}{4})}$$

求拉普拉斯逆变换得

$$y(t) = 5\left[-\cos\left(t - T + \frac{\pi}{4}\right) + \sin\left(t - T + \frac{\pi}{4}\right) + e^{-\left(t - T + \frac{\pi}{4}\right)}\right]\varepsilon\left(t - T + \frac{\pi}{4}\right)$$

$$= 5\left[\sqrt{2}\sin(t - T) + e^{-\left(t - T + \frac{\pi}{4}\right)}\right]\varepsilon\left(t - T + \frac{\pi}{4}\right)$$

则稳态响应为

$$y_{ss}(t) = 5\sqrt{2}\sin(t - T)\varepsilon\left(t - T + \frac{\pi}{4}\right)$$

16. 解:(1) 对微方程求拉普拉斯变换得

$$Y(s) = Y_{zi}(s) + Y_{zs}(s) = Y_{zi}(s) + \frac{b_0 s + b_1}{s^2 + a_0 s + a_1}F(s) \tag{1}$$

根据题设,对激励及相应的全响应求拉普拉斯变换,代入式(1),得

$$-\frac{1}{s+1} + \frac{4}{s+2} - \frac{1}{s+3} = Y_{zi}(s) + \frac{b_0 s + b_1}{s^2 + a_0 s + a_1} \cdot \frac{1}{s+2} \tag{2}$$

$$\frac{3}{s+1} + \frac{1}{s+2} - \frac{5}{s+3} = Y_{zi}(s) + \frac{b_0 s + b_1}{s^2 + a_0 s + a_1} \cdot \left(1 - \frac{2}{s+2}\right) \tag{3}$$

式(3)和式(2)相减,得

$$\frac{4}{s+1} - \frac{3}{s+2} - \frac{4}{s+3} = \frac{b_0 s + b_1}{s^2 + a_0 s + a_1} \cdot \frac{s-1}{s+2} \tag{4}$$

对照上式等号两边的分母,可得

$$s^2 + a_0 s + a_1 = (s+1)(s+3) = s^2 + 4s + 3$$

由此可得

$$a_0 = 4, a_1 = 3$$

(2) 对式(4)做处理,并代入 $a_0 = 4, a_1 = 3$,得

$$\frac{-3s^2 - 4s + 7}{(s+1)(s+2)(s+3)} = \frac{b_0 s^2 + (b_1 - b_0)s - b_1}{(s^2 + 4s + 3)(s+2)}$$

对照上式等号两边的分子,可得

$$b_0 = -3, b_1 = -7$$

将 $a_0 = 4, a_1 = 3, b_0 = -3, b_1 = -7$ 代入式(2),整理后可得

$$Y_{zi}(s) = -\frac{1}{s+1} + \frac{4}{s+2} - \frac{1}{s+3} + \frac{3s+7}{s^2 + 4s + 3} \cdot \frac{1}{s+2} = \frac{1}{s+1} + \frac{3}{s+2} - \frac{2}{s+3}$$

求拉普拉斯逆变换,可得零输入响应:

$$y_{zi}(t) = (e^{-t} + 3e^{-2t} - 2e^{-3t})\varepsilon(t)$$

下面求冲激响应 $h(t)$:

$$H(s) = \frac{Y(s)}{F(s)} = \frac{b_0 s + b_1}{s^2 + a_0 s + a_1} = \frac{-3s - 7}{s^2 + 4s + 3} = -\frac{2}{s+1} - \frac{1}{s+3}$$

求拉普拉斯逆变换,可得冲激响应:

$$h(t) = -(2e^{-t} + e^{-3t})\varepsilon(t)$$

(3) 由(2)知,$b_0 = -3, b_1 = -7$。

17. 解:(1) 由系统框图不难得到描述系统的微分方程:

$$y''(t) + 5y'(t) + 6y(t) = f''(t) + 3f'(t) + 2f(t)$$

（2）对微分方程求拉普拉斯变换：

$$Y(s)=\frac{sy(0_-)+y'(0_-)+5y(0_-)}{s^2+5s+6}+\frac{s^2+3s+2}{s^2+5s+6}F(s)=Y_{zi}(s)+\frac{s+1}{s+3}F(s)\qquad(1)$$

对已知的激励和响应求拉普拉斯变换，并代入式（1），可得

$$\frac{4}{s+2}+\frac{3}{s+3}+\frac{1}{s}=Y_{zi}(s)+\frac{s+1}{s+3}\left(\frac{3}{s}+\frac{3}{s+1}\right)$$

整理可得

$$Y_{zi}(s)=\frac{4}{s+2}+\frac{3}{s+3}+\frac{1}{s}-\frac{s+1}{s+3}\left(\frac{3}{s}+\frac{3}{s+1}\right)=\frac{2s+8}{(s+2)(s+3)}=\frac{4}{s+2}-\frac{2}{s+3}$$

求拉普拉斯逆变换得

$$y_{zi}(t)=2(2e^{-2t}-e^{-3t})\varepsilon(t)$$

（3）由式（1），可得

$$Y_{zi}(s)=\frac{sy(0_-)+y'(0_-)+5y(0_-)}{s^2+5s+6}\qquad(2)$$

由前述可知

$$Y_{zi}(s)=\frac{2s+8}{(s+2)(s+3)}\qquad(3)$$

比较式（2）和式（3），可得

$$\begin{cases}y(0_-)=2\\y'(0_-)+5y(0_-)=8\end{cases}\Rightarrow\begin{cases}y(0_-)=2\\y'(0_-)=-2\end{cases}$$

18. 解：（1）$u_s(t)=10\varepsilon(t)\leftrightarrow U_s(s)=\dfrac{10}{s}$，$S$ 域电路模型如图 3-9 所示。

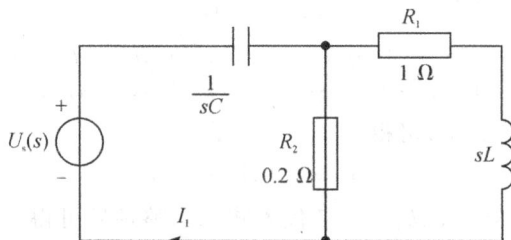

图 3-9

（2）因为电路的初始状态为零，所以 $t\geqslant0$ 时全响应 $i_1(t)$ 等到于零状态响应

$$I_1(s)=\frac{U_s(s)}{\dfrac{1}{sC}+R_2\;/\!/\;(R_1+sL)}=\frac{50s+120}{s^2+7s+12}=\frac{80}{s+4}-\frac{30}{s+3}$$

求拉普拉斯逆变换得

$$i_1(t)=10(8e^{-4t}-3e^{-3t})\varepsilon(t)$$

19. 解：由系统函数可知系统的微分方程为

$$y''(t)+3y'(t)+2y(t)=f'(t)+3f(t)$$

对微分方程求拉普拉斯变换

$$Y(s) = \frac{sy(0_-) + y'(0_-) + 3y(0_-)}{s^2 + 3s + 2} + \frac{s+3}{s^2 + 3s + 2}F(s) = Y_{zi}(s) + Y_{zs}(s)$$

可得

$$Y_{zi}(s) = \frac{sy(0_-) + y'(0_-) + 3y(0_-)}{s^2 + 3s + 2} = \frac{s+5}{s^2 + 3s + 2} = \frac{4}{s+1} - \frac{3}{s+2}$$

$$Y_{zs}(s) = \frac{s+3}{s^2 + 3s + 2}F(s) = \frac{s+3}{s^2 + 3s + 2} \cdot \frac{1}{s+3} = \frac{1}{s+1} - \frac{1}{s+2}$$

分别求拉普拉斯逆变换得

$$y_{zi}(t) = (4e^{-t} - 3e^{-2t})\varepsilon(t)$$
$$y_{zs}(t) = (e^{-t} - e^{-2t})\varepsilon(t)$$

全响应为

$$y(t) = (5e^{-t} - 4e^{-2t})\varepsilon(t)$$

由全响应的表达式可知，其中的各项均与系统函数的极点有关，而与激励的函数形式无关，因此，全响应中均为自由响应，强迫响应为 0。

20. 解:(1) 先求各子系统的系统函数:

$$h_1(t) = \delta(t) \leftrightarrow H_1(s) = 1$$

由微分方程 $y'_1(t) + y_1(t) = f_1(t)$ 可得

$$H_2(s) = \frac{Y_1(s)}{F_1(s)} = \frac{1}{s+1} \Rightarrow h_2(t) = e^{-t}\varepsilon(t)$$

$$h_3(t) = \int_{-\infty}^{t} \delta(\tau)d\tau = \varepsilon(t) \leftrightarrow H_3(s) = \frac{1}{s}$$

下面求互联系统的输入输出关系:设变量 $x(t)$，如图 3.6.12 所示，则可得

$$x(t) = f(t) - x(t) * h_1(t) * h_2(t) * h_3(t)$$
$$y(t) = x(t) * h_1(t) * h_2(t) * h_3(t)$$

求拉普拉斯变换得

$$Y(s) = \frac{H_1(s)H_2(s)H_3(s)}{1 + H_1(s)H_2(s)H_3(s)}F(s) = \frac{1}{s^2 + s + 1}F(s)$$

则互联系统的系统函数为

$$H(s) = \frac{Y(s)}{F(s)} = \frac{1}{s^2 + s + 1} = \frac{1}{\left(s + \frac{1}{2}\right)^2 + \left(\frac{\sqrt{3}}{2}\right)^2}$$

求拉普拉斯逆变换,可得互联系统的单位冲激响应:

$$h(t) = \frac{2}{\sqrt{3}}e^{-\frac{1}{2}t}\cos\left(\frac{\sqrt{3}}{2}t\right)$$

(2) 由(1)可知,互联系统的零状态响应 $y_{zs}(t)$ 的象函数为

$$Y_{zs}(s) = \frac{1}{s^2 + s + 1}F(s) = \frac{1}{s^2 + s + 1} \cdot \frac{e^2}{s+2} = \frac{e^2}{3}\left(\frac{1}{s+2} + \frac{1-s}{s^2 + s + 1}\right)$$

$$= \frac{e^2}{3}\left[\frac{1}{s+2} + \frac{2}{\sqrt{3}}\frac{\frac{\sqrt{3}}{2}}{\left(s + \frac{1}{2}\right)^2 + \left(\frac{\sqrt{3}}{2}\right)^2} - \frac{s}{\left(s + \frac{1}{2}\right)^2 + \left(\frac{\sqrt{3}}{2}\right)^2}\right]$$

求拉普拉斯逆变换得

$$y_{zs}(t) = \frac{e^2}{3}\left\{ e^{-2t} + e^{-\frac{1}{2}t}\left[ \frac{2}{\sqrt{3}}\sin\left(\frac{\sqrt{3}}{2}t\right) - \cos\left(\frac{\sqrt{3}}{2}t\right) \right] \right\} \varepsilon(t)$$

### 五、Matlab 程序题

1. 解:程序如下

```
syms x y s
f = 2 * exp( - t) * heaviside(t) +    5 * exp( - 5 * t) * heaviside(t);
F = laplace(f);
s = x + i * y;
Fs = subs(F);
ezmesh(abs(Fs));
```

2. 解:程序如下

```
x1 = - 6:0. 1:6;
y1 = - 6:0. 1:6;
[x,y] = meshgrid(x1,y1);
s = x + i * y;
fs = (s + 1). * (s + 3). /(s. * (s + 2). * (s + 5));
ffs = abs(fs);
% mesh(x,y,ffs);
surf(x,y,ffs);
axis([ - 6,6, - 6,6,0,8]);
colormap(hsv);
```

3. 解:程序如下

```
syms x y s
f = exp( - 3 * t) * heaviside(t);
Fs = laplace(f);
Fw = fourier(f);
s = x + i * y;
Fss = subs(F);
ezsurf(abs(Fss));
figure;
ezplot(abs(Fw));
```

4. 解:程序如下

```
syms x y s
F = (s^2 + 5 * s + 4)/(s^3 + 5 * s^2 + 6 * s);
f = ilaplace(F);
```

5. 解:程序如下

```
k = 3;z = [1;2];p = [ - 1; - 2];
[b,a] = zp2tf(z,p,k);
```

```
zplane(b,a);
figure;
freqs(b,a);
```
6. 解：程序如下
```
b = [1 35 29 1093 1700];
a = [1 9 66 294 1029 2541 4684 5856 4629 1700];
bode(b,a);
figure;
zplane(b,a);
```

# 第 4 章

## 一、单项选择题

1. A  2. D  3. C  4. A  5. D  6. C  7. D  8. C  9. D  10. C

## 二、判断题

1. √  2. √  3. √  4. √  5. √  6. √  7. ×  8. √  9. √

10. √  11. √  12. ×  13. √  14. √  15. √  16. √  17. ×  18. √

19. √  20. √  21. ×  22. ×  23. √  24. √  25. √

## 三、计算填空题

1. $f(n) = (-0.5)^n \varepsilon(n) - 2\varepsilon(-n-1)$

2. $f(n) = 8\delta(n+3) - 2\delta(n) + \delta(n-1) - \delta(n-2)$

3. $F(z) = \dfrac{az}{(z-a)^2}$

4. $F(z) = \dfrac{z - z^{-3}}{z - 1}$

5. 2

6. $\dfrac{2z}{z-1} F(2z), |z| > 1$

7. $F(z) = \dfrac{z}{z + e^{-2T}} - \dfrac{z}{z + e^{-3T}}$

8. 2,0

9. $g(k) = \{ \underset{\uparrow}{0}, 4, 6\}$

10. $2\pi, \sin(n),$ 不是

## 四、综合应用分析题

1. 解：
$$x(n) = \sum_{i=-\infty}^{n} f(i) = \begin{cases} 0, n \leqslant -2 \\ f(-1) = 2, n = -1 \\ f(-1)+f(0)=3, n=0 \\ f(-1)+f(0)+f(1)=3, n=1 \\ f(-1)+f(0)+f(1)+f(2)=5, n \geqslant 2 \end{cases}$$
$$= 2\delta(n+1) + 3\delta(n) + 3\delta(n-1) + 5\varepsilon(n-2)$$

$\sum\limits_{i=-\infty}^{k} f(i)$ 的序列图如图 4-1 所示。

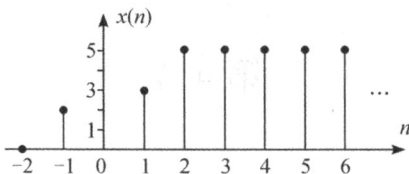

图 4-1

2. 解：(1) 因是有限长度序列，可用多项式乘法求 $f(n)$ 与 $f(n)$ 的线卷积：

$$f(n) * f(n) = \sum_{k=-\infty}^{\infty} f(k)f(n-k) = \{0.25, 1, 2, \overset{\downarrow}{2.5}, 2, 1, 0.25\}$$

```
              0.5 1 1 0.5
           × )0.5 1 1 0.5
          ───────────────────────
           0.25 0.5 0.5 0.25
               0.5  1    1   0.5
               0.5  1    1    0.5
         + )         0.25 0.5 0.5 0.25
          ───────────────────────
           0.25  1   2  2.5  2   1  0.25
```

$(2) x(n) = f(n) \otimes f(n) = \sum\limits_{m=0}^{3} f(m)f((n-m))_4 G_4(n)$

为更方便理解循环卷积运算过程，现将循环卷积过程中所涉及的序列图给出如图 4-2(a)～(g)。

$$x(0) = \sum_{m=0}^{3} f(m)f[(0-m)]_4 G_4(0) = 0.5 \times 0.5 + 1 \times 0.5 + 1 \times 1 + 0.5 \times 1 = 2.25$$

$$x(1) = \sum_{m=0}^{3} f(m)f[(1-m)]_4 G_4(1) = 0.5 \times 1 + 1 \times 0.5 + 1 \times 0.5 + 0.5 \times 1 = 2$$

$$x(2) = \sum_{m=0}^{3} f(m)f[(2-m)]_4 G_4(2) = 0.5 \times 1 + 1 \times 1 + 1 \times 0.5 + 0.5 \times 0.5 = 2.25$$

$$x(3) = \sum_{m=0}^{3} f(m)f[(3-m)]_4 G_4(3) = 0.5 \times 0.5 + 1 \times 1 + 1 \times 1 + 0.5 \times 0.5 = 2.5$$

则

$$x(n) = f(n) \otimes f(n) = \sum_{m=0}^{3} f(m)f[(n-m)]_4 G_4(n) = \{\overset{\downarrow}{2.25}, 2, 2.25, 2.5\}$$

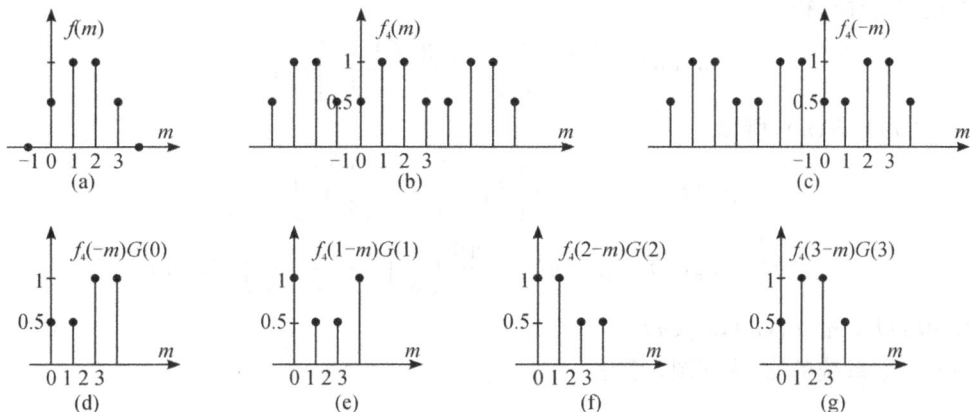

图 4-2

（3）要使 $f(n)$ 与 $f(n)$ 的线卷积等于循环卷积，给序列 $f(n)$ 补 3 个 0 即可。

3. 解：（1）对差分方程求 $Z$ 变换

$$Y(z) - \frac{7}{12}\left[z^{-1}Y(z) + y(-1)\right] + \frac{1}{12}\left[z^{-2}Y(z) + z^{-1}y(-1) + y(-2)\right] = \left(3 - \frac{5}{6}z^{-1}\right)F(z)$$

整理后可得

$$Y(z) = \frac{\frac{7}{12}y(-1) - \frac{1}{12}z^{-1}y(-1) - \frac{1}{12}y(-2)}{1 - \frac{7}{12}z^{-1} + \frac{1}{12}z^{-2}} + \frac{3 - \frac{5}{6}z^{-1}}{1 - \frac{7}{12}z^{-1} + \frac{1}{12}z^{-2}}F(z) \qquad (1)$$

由上式可得

$$H(z) = \frac{Y_{zs}(z)}{F(z)} = \frac{3 - \frac{5}{6}z^{-1}}{1 - \frac{7}{12}z^{-1} + \frac{1}{12}z^{-2}} = \frac{3z^2 - \frac{5}{6}z}{z^2 - \frac{7}{12}z + \frac{1}{12}}$$

对 $H(z)$ 做部分分式展开

$$H(z) = \frac{3z^2 - \frac{5}{6}z}{z^2 - \frac{7}{12}z + \frac{1}{12}} = \frac{2z}{z - \frac{1}{3}} + \frac{z}{z - \frac{1}{4}}$$

求逆 $Z$ 变换得

$$h(n) = \left[2\left(\frac{1}{3}\right)^n + \left(\frac{1}{4}\right)^n\right]\varepsilon(n)$$

（2）由式（1）可得：

$$Y_{zi}(z) = \frac{\frac{7}{12}y(-1) - \frac{1}{12}z^{-1}y(-1) - \frac{1}{12}y(-2)}{1 - \frac{7}{12}z^{-1} + \frac{1}{12}z^{-2}} = \frac{\frac{7}{12}z^2 - \frac{1}{12}z}{z^2 - \frac{7}{12}z + \frac{1}{12}}$$

$$= \frac{4}{3}\frac{z}{z - \frac{1}{3}} - \frac{3}{4}\frac{z}{z - \frac{1}{4}}$$

求逆 $Z$ 变换,得

$$y_{zi}(n) = \left[\frac{4}{3}\left(\frac{1}{3}\right)^n - \frac{3}{4}\left(\frac{1}{4}\right)^n\right]\varepsilon(n)$$

因 $f(n) = \delta(n)$,所以

$$y_{zs}(n) = h(n) = \left[2\left(\frac{1}{3}\right)^n + \left(\frac{1}{4}\right)^n\right]\varepsilon(n)$$

$$y(n) = y_{zi}(n) + y_{zs}(n) = \left[\frac{10}{3}\left(\frac{1}{3}\right)^n + \frac{1}{4}\left(\frac{1}{4}\right)^n\right]\varepsilon(n)$$

4. 解:设变量 $x_1(n), x_2(n)$

(1) 根据系统的 $Z$ 域框图,可得

$$\left(1 - \frac{1}{2}z^{-1}\right)X_1(z) = F(z) \quad \Rightarrow \quad X_1(z) = \frac{1}{1 - \frac{1}{2}z^{-1}}F(z) = \frac{z}{z - \frac{1}{2}}F(z)$$

$$\left(1 - \frac{1}{4}z^{-1}\right)X_2(z) = X_1(z) \quad \Rightarrow \quad X_2(z) = \frac{z}{z - \frac{1}{4}}X_1(z) = \frac{z^2}{\left(z - \frac{1}{2}\right)\left(z - \frac{1}{4}\right)}F(z)$$

$$Y(z) = \left(1 + \frac{1}{3}z^{-1}\right)X_2(z) = \frac{z^2 + \frac{1}{3}z}{\left(z - \frac{1}{2}\right)\left(z - \frac{1}{4}\right)}F(z)$$

则系统函数为

$$H(z) = \frac{Y(z)}{F(z)} = \frac{z^2 + \frac{1}{3}z}{\left(z - \frac{1}{2}\right)\left(z - \frac{1}{4}\right)}$$

(2) 将系统函数的表达式改为

$$H(z) = \frac{Y(z)}{F(z)} = \frac{1 + \frac{1}{3}z^{-1}}{\left(1 - \frac{1}{2}z^{-1}\right)\left(1 - \frac{1}{4}z^{-1}\right)} = \frac{1 + \frac{1}{3}z^{-1}}{1 - \frac{3}{4}z^{-1} + \frac{1}{8}z^{-2}}$$

由上式可知,系统的微分方程为

$$y(n) - \frac{3}{4}y(n-1) + \frac{1}{8}y(n-2) = f(n) + \frac{1}{3}f(n-1)$$

(3) 对 $H(z)$ 做部分分式展开

$$H(z) = \frac{Y(z)}{F(z)} = \frac{z^2 + \frac{1}{3}z}{\left(z - \frac{1}{2}\right)\left(z - \frac{1}{4}\right)} = \frac{10}{3} \cdot \frac{z}{z - \frac{1}{2}} - \frac{7}{3} \cdot \frac{z}{z - \frac{1}{4}}$$

求逆变换得

$$h(n) = \left[\frac{10}{3}\left(\frac{1}{2}\right)^n - \frac{7}{3}\left(\frac{1}{4}\right)^n\right]\varepsilon(n) = \frac{1}{3}\left[10(2)^{-n} - 7(4)^{-n}\right]\varepsilon(n)$$

5. 解:对差分方程求 $Z$ 变换

$$Y(z) = \frac{2y(-1) - y(-2) - y(-1)z^{-1}}{1 - 2z^{-1} + z^{-2}} + \frac{1}{1 - 2z^{-1} + z^{-2}}F(z)$$

先求零状态响应 $y_{zs}(n)$。由上式可得

$$Y_{zs}(z) = \frac{1}{1 - 2z^{-1} + z^{-2}}F(z) = \frac{z^2}{(z-1)^2}\frac{z}{z-2} = -\frac{z^2}{(z-1)^2} - 3\frac{z}{z-1} + 4\frac{z}{z-2}$$

求逆变换，得零状态响应：

$$y_{zs}(n) = [-n - 3 + 4(2)^n]\varepsilon(n)$$

令上式中 $n$ 分别等于 0 和 1，可得

$$y_{zs}(0) = 1, y_{zs}(1) = 4$$

则 $n = 0$ 和 $n = 1$ 时的零输入响应为

$$y_{zi}(0) = y(0) - y_{zs}(0) = 1$$
$$y_{zi}(1) = y(1) - y_{zs}(1) = -2$$

下面求零输入响应。由前可知，

$$Y_{zi}(z) = \frac{2y(-1) - y(-2) - y(-1)z^{-1}}{1 - 2z^{-1} + z^{-2}}$$
$$= \frac{[2y(-1) - y(-2)]z^2 - y(-1)z}{(z-1)^2} = \frac{Az}{(z-1)^2} + \frac{Bz}{z-1}$$

求逆变换则得

$$y_{zi}(n) = (An + B)\varepsilon(n)$$

令上式中 $n$ 分别等于 0 和 1，可得

$$\begin{cases} y_{zi}(0) = B = 1 \\ y_{zi}(1) = A + B = -2 \end{cases} \Rightarrow \begin{cases} A = -3 \\ B = 1 \end{cases} \Rightarrow y_{zi}(n) = (1 - 3n)\varepsilon(n)$$

6. 解：(1) 对差分方程求 $Z$ 变换得

$$Y(z) = \frac{y(-1) + 6y(-2) + 6y(-1)z^{-1}}{1 - z^{-1} - 6z^{-2}} + \frac{1}{1 - z^{-1} - 6z^{-2}}z^{-1}F(z)$$

则系统函数为

$$H(z) = \frac{Y_{zs}(z)}{F(z)} = \frac{z^{-1}}{1 - z^{-1} - 6z^{-2}} = \frac{z}{z^2 - z - 6} = \frac{z}{(z+2)(z-3)}$$

由上式可知，$H(z)$ 的极点为 $z_1 = -2, z_2 = 3$。由于该系统是因果的，故 $H(z)$ 的收敛域为 $|z| > 3$。

(2) 对 $H(z)$ 做部分分式展开得

$$H(z) = \frac{z}{(z+2)(z-3)} = \frac{1}{5}\left(\frac{2}{z+2} + \frac{3}{z-3}\right)$$

求逆变换得

$$h(n) = \frac{1}{5}[2(-2)^{n-1} + 3(3)^{n-1}]\varepsilon(n-1) = \frac{1}{5}[(3)^n - (-2)^n]\varepsilon(n-1)$$

(3) 利用卷积的方法求 $y(n)$：

$$y(n) = f(n) * h(n) = \sum_{i=-\infty}^{\infty} f(n-i)h(i) = \sum_{i=-\infty}^{\infty} (-3)^{n-i}h(i)$$
$$= (-3)^n \sum_{i=-\infty}^{\infty} (-3)^{-i}h(i) \text{（对照 } Z \text{ 变换的定义）}$$

$$= (-3)^n \cdot H(z)\big|_{z=-3} = (-3)^n \cdot \left[\frac{z}{(z+2)(z-3)}\right]\Big|_{z=-3}$$

$$= -\frac{1}{2}(-3)^n$$

7. 解：据 $f_1(n)$ 与 $f(n)$ 的关系，可得

$$F(e^{j\beta}) = \sum_{n=-\infty}^{\infty} f(n)e^{-jn\beta} = \sum_{n=0}^{5} f(n)e^{-jn\beta}$$

$$F_1(k) = F(e^{j\beta})\big|_{\beta=\frac{\pi}{2}k} = \left[\sum_{n=0}^{5} f(n)e^{-jn\beta}\right]_{\beta=\frac{\pi}{2}k} = \sum_{n=0}^{5} f(n)e^{-j\frac{\pi}{2}kn}$$

$$= f(0) + f(1)e^{-j\frac{\pi}{2}k} + f(2)e^{-j\pi k} + f(3)e^{-j\frac{3\pi}{2}k} + f(4)e^{-j2\pi k} + f(5)e^{-j\frac{5\pi}{2}k}$$

$$= 1 + b + e^{-j\frac{\pi}{2}k} + 2e^{-j\pi k} + 2e^{-j\frac{3\pi}{2}k}$$

对 $f_1(n)$ 求 DFT：

$$F_1(k) = \sum_{n=0}^{N-1} f_1(n)e^{-j\frac{2\pi}{N}kn} \xrightarrow{N=4} \sum_{n=0}^{3} f_1(n)e^{-j\frac{\pi}{2}kn}$$

$$= f_1(0) + f_1(1)e^{-j\frac{\pi}{2}k} + f_1(2)e^{-j\pi k} + f_1(3)e^{-j\frac{3\pi}{2}k}$$

$$= 4 + e^{-j\frac{\pi}{2}k} + 2e^{-j\pi k} + 2e^{-j\frac{3\pi}{2}k}$$

对比以上 $F_1(k)$ 的两个表达式，不难得到：

$$1 + b = 4, b = 3$$

8. 解：(1) 先对 $f(n), h(n)$ 求 DFT：

$$F(k) = \text{DFT}[f(n)] = \sum_{n=0}^{N-1} f(n)e^{-j\frac{2\pi}{N}kn} \xrightarrow{N=4} \sum_{n=0}^{3} \cos\left(\frac{\pi}{2}n\right)e^{-j\frac{\pi}{2}kn}$$

由上式可令 $n=0,1,2,3$ 分别求得 $F(0), F(1), F(2), F(3)$：

$$F(0) = \sum_{n=0}^{3} \cos\left(\frac{\pi}{2}n\right) = \cos(0) + \cos\left(\frac{\pi}{2}\right) + \cos(\pi) + \cos\left(\frac{3\pi}{2}\right) = 0$$

$$F(1) = \sum_{n=0}^{3} \cos\left(\frac{\pi}{2}n\right)e^{-j\frac{\pi}{2}n} = \cos(0) + \cos\left(\frac{\pi}{2}\right)e^{-j\frac{\pi}{2}} + \cos(\pi)e^{-j\pi} + \cos\left(\frac{3\pi}{2}\right)e^{-j\frac{3\pi}{2}} = 2$$

$$F(2) = \sum_{n=0}^{3} \cos\left(\frac{\pi}{2}n\right)e^{-j\pi n} = \cos(0) + \cos\left(\frac{\pi}{2}\right)e^{-j\pi} + \cos(\pi)e^{-j2\pi} + \cos\left(\frac{3\pi}{2}\right)e^{-j3\pi} = 0$$

$$F(3) = \sum_{n=0}^{3} \cos\left(\frac{\pi}{2}n\right)e^{-j\frac{3\pi}{2}n} = \cos(0) + \cos\left(\frac{\pi}{2}\right)e^{-j\frac{3\pi}{2}} + \cos(\pi)e^{-j3\pi} + \cos\left(\frac{3\pi}{2}\right)e^{-j\frac{9\pi}{2}} = 2$$

同理可得：

$$H(k) = \text{DFT}[h(n)] = \sum_{n=0}^{N-1} h(n)e^{-j\frac{2\pi}{N}kn} \xrightarrow{N=4} \sum_{n=0}^{3} \left(\frac{1}{2}\right)^n e^{-j\frac{\pi}{2}kn}$$

$$H(0) = \sum_{n=0}^{3} \left(\frac{1}{2}\right)^n = \left(\frac{1}{2}\right)^0 + \left(\frac{1}{2}\right)^1 + \left(\frac{1}{2}\right)^2 + \left(\frac{1}{2}\right)^3 = \frac{15}{8}$$

$$H(1) = \sum_{n=0}^{3} \left(\frac{1}{2}\right)^n e^{-j\frac{\pi}{2}n} = \left(\frac{1}{2}\right)^0 + \left(\frac{1}{2}\right)^1 e^{-j\frac{\pi}{2}} + \left(\frac{1}{2}\right)^2 e^{-j\pi} + \left(\frac{1}{2}\right)^3 e^{-j\frac{3\pi}{2}} = \frac{3}{4} - j\frac{3}{8}$$

$$H(2) = \sum_{n=0}^{3} \left(\frac{1}{2}\right)^n e^{-j\pi n} = \left(\frac{1}{2}\right)^0 + \left(\frac{1}{2}\right)^1 e^{-j\pi} + \left(\frac{1}{2}\right)^2 e^{-j2\pi} + \left(\frac{1}{2}\right)^3 e^{-j3\pi} = \frac{5}{8}$$

$$H(3) = \sum_{n=0}^{3} \left(\frac{1}{2}\right)^n e^{-j\frac{3\pi}{2}n} = \left(\frac{1}{2}\right)^0 + \left(\frac{1}{2}\right)^1 e^{-j\frac{3\pi}{2}} + \left(\frac{1}{2}\right)^2 e^{-j3\pi} + \left(\frac{1}{2}\right)^3 e^{-j\frac{9\pi}{2}} = \frac{3}{4} + j\frac{3}{8}$$

(2) 求 $Y(n)$：

$$y(n) = f(n) \otimes h(n) \leftrightarrow Y(k) = F(k)H(k)$$

$$Y(0) = F(0)H(0) = 0$$

$$Y(1) = F(1)H(1) = \frac{3}{2} - j\frac{3}{4}$$

$$Y(2) = F(2)H(2) = 0$$

$$Y(3) = F(3)H(3) = \frac{3}{2} + j\frac{3}{4}$$

(3) 利用 IDFT 求 $y(n)$：

$$y(n) = \text{IDFT}[Y(k)] = \frac{1}{N}\sum_{k=0}^{N-1} Y(k) e^{j\frac{2\pi}{N}kn} \xupuntil{N=4} \frac{1}{4}\sum_{n=0}^{3} Y(k) e^{j\frac{\pi}{2}kn}$$

$$y(0) = \frac{1}{4}\sum_{k=0}^{3} Y(k) = \frac{1}{4}[Y(0) + Y(1) + Y(2) + Y(3)] = \frac{3}{4}$$

$$y(1) = \frac{1}{4}\sum_{k=0}^{3} Y(k) e^{j\frac{\pi}{2}k} = \frac{1}{4}[Y(0) + Y(1)e^{j\frac{\pi}{2}} + Y(2)e^{j\pi} + Y(3)e^{j\frac{3\pi}{2}}] = \frac{3}{8}$$

$$y(2) = \frac{1}{4}\sum_{k=0}^{3} Y(k) e^{j\pi k} = \frac{1}{4}[Y(0) + Y(1)e^{j\pi} + Y(2)e^{j2\pi} + Y(3)e^{j3\pi}] = -\frac{3}{4}$$

$$y(3) = \frac{1}{4}\sum_{k=0}^{3} Y(k) e^{j\frac{3\pi}{2}k} = \frac{1}{4}[Y(0) + Y(1)e^{j\frac{3\pi}{2}} + Y(2)e^{j3\pi} + Y(3)e^{j\frac{9\pi}{2}}] = -\frac{3}{8}$$

9. 解：(1) $f_1(n)$ 的长度为 $N$

$$f(n) \leftrightarrow F(k) = \sum_{n=0}^{N-1} f(n) e^{-j\frac{2\pi}{N}kn}$$

$$F_1(k) = \sum_{n=0}^{N-1} f_1(n) e^{-j\frac{2\pi}{N}kn} = \sum_{n=0}^{N-1} f(N-1-n) e^{-j\frac{2\pi}{N}kn}$$

$$\xrightarrow{\text{令} m = N-1-n} \sum_{m=N-1}^{0} f(m) e^{-j\frac{2\pi}{N}(N-1-m)k}$$

$$= e^{-j\frac{2\pi}{N}(N-1)k} \sum_{m=0}^{N-1} f(m) e^{-j\frac{2\pi}{N}(-m)k}$$

$$= e^{-j\frac{2(N-1)\pi}{N}k} \sum_{m=0}^{N-1} f(m) e^{-j\frac{2\pi}{N}m(-k)}$$

$$= e^{-j\frac{2(N-1)\pi}{N}k} F(-k)$$

$$= e^{j\frac{2k\pi}{N}} F(-k)$$

(2) $f_2(n)$ 的长度为 $N$

$$F_2(k) = \sum_{n=0}^{N-1} f_2(n) e^{-j\frac{2\pi}{N}kn} = \sum_{n=0}^{N-1} (-1)^n f(n) e^{-j\frac{2\pi}{N}kn} = \sum_{n=0}^{N-1} e^{-jn\pi} f(n) e^{-j\frac{2\pi}{N}kn}$$

$$= \sum_{n=0}^{N-1} f(n) e^{-j\frac{2\pi}{N}n\left(k+\frac{N}{2}\right)} = F\left(k+\frac{N}{2}\right)$$

(3) 与(1) 相同，此处从略。

(4) $f_4(n)$ 的长度为 $N/2$

$$F_4(k) = \sum_{n=0}^{\frac{N}{2}-1} f_4(n)e^{-j\frac{2\pi}{N/2}kn} = \sum_{n=0}^{\frac{N}{2}-1}\left[f(n)+f\left(n+\frac{N}{2}\right)\right]e^{-j\frac{4\pi}{N}kn}$$

$$= \sum_{n=0}^{\frac{N}{2}-1} f(n)e^{-j\frac{4\pi}{N}kn} + \sum_{n=0}^{\frac{N}{2}-1} f\left(n+\frac{N}{2}\right)e^{-j\frac{4\pi}{N}kn} \text{（第二项中，令 } m=n+\frac{N}{2}\text{）}$$

$$= \left[\sum_{n=0}^{N-1} f(n)e^{-j\frac{4\pi}{N}kn} - \sum_{n=\frac{N}{2}}^{\frac{N}{2}-1} f(n)e^{-j\frac{4\pi}{N}kn}\right] + \sum_{m=\frac{N}{2}}^{N-1} f(m)e^{-j\frac{4\pi}{N}(m-\frac{N}{2})k}$$

$$= \left[\sum_{n=0}^{N-1} f(n)e^{-j\frac{4\pi}{N}kn} - \sum_{n=\frac{N}{2}}^{\frac{N}{2}-1} f(n)e^{-j\frac{4\pi}{N}kn}\right] + \sum_{n=\frac{N}{2}}^{N-1} f(n)e^{-j\frac{4\pi}{N}(n-\frac{N}{2})k}$$

$$= \sum_{n=0}^{N-1} f(n)e^{-j\frac{4\pi}{N}kn} - (1-e^{j2k\pi})\sum_{n=\frac{N}{2}}^{\frac{N}{2}-1} f(n)e^{-j\frac{4\pi}{N}kn}$$

$$= \sum_{n=0}^{N-1} f(n)e^{-j\frac{4\pi}{N}kn}$$

$$= F(2k)$$

10. 解：(1) 对 $f_2(n)$ 求 DFT：

$$f(n) \leftrightarrow F(k) = \sum_{n=0}^{N-1} f(n)e^{-j\frac{2\pi}{N}kn}$$

$$f_2(n) = f(n)+f(n-N)$$

$$F_2(k) = \sum_{n=0}^{2N-1}\left[f(n)+f(n-N)\right]e^{-j\frac{2\pi}{2N}kn}$$

$$= \sum_{n=0}^{2N-1} f(n)e^{-j\frac{\pi}{N}kn} + \sum_{n=0}^{2N-1} f(n-N)e^{-j\frac{\pi}{N}kn}$$

$$= \sum_{n=0}^{N-1} f(n)e^{-j\frac{\pi}{N}kn} + \sum_{n=N}^{2N-1} f(n-N)e^{-j\frac{\pi}{N}kn} \text{（因 } 0\leqslant n\leqslant N-1 \text{ 时, } f(k)\neq 0\text{）}$$

$n$ 取其余值时, $f(n)=0$）

$$= \sum_{n=0}^{N-1} f(n)e^{-j\frac{\pi}{N}kn} + \sum_{m=0}^{N-1} f(m)e^{-j\frac{\pi}{N}(m+N)k} \text{（令 } m=n-N\text{）}$$

$$= (1+e^{-j\pi k})\sum_{n=0}^{N-1} f(n)e^{-j\frac{\pi}{N}kn}$$

$$= (1+e^{-j\pi k})\sum_{n=0}^{N-1} f(n)e^{-j\frac{2\pi}{N}n(\frac{k}{2})}$$

$$= \begin{cases} (1+e^{-j\pi k})F\left(\dfrac{k}{2}\right), & k \text{ 为偶数} \\ 0, & k \text{ 为奇数} \end{cases}$$

由上式可知，可以由 $F(k)$ 推算得到 $F_2(k)$。

(2) 根据 $f_1(n)$ 的定义，$f_1(n)$ 的 DFT 为：

$$F_1(k) = \sum_{n=0}^{2N-1} f_2(n)e^{-j\frac{2\pi}{2N}kn} = \sum_{n=0}^{N-1} f(n)e^{-j\frac{\pi}{N}kn}$$

将上式中的 $k$ 改为 $2k$,则可得:

$$F_1(2k) = \sum_{n=0}^{N-1} f(n) e^{-j\frac{2\pi}{N}kn} = F(k)$$

即 $F(k) = F_1(2k)$。

11. 解:(1) 对题中给定的差分方程求 $Z$ 变换

$$\left(1 + \frac{1}{4}z^{-1}\right)Y(z) + \left(1 + \frac{1}{2}z^{-1}\right)X(z) = \frac{2}{3}F(z)$$

$$\left(1 - \frac{5}{4}z^{-1}\right)Y(z) + 2(1 - z^{-1})X(z) = -\frac{5}{3}F(z)$$

由以上两式做代换后可得

$$\left(z^2 - \frac{3}{4}z + \frac{1}{8}\right)Y(z) = \left(3z^2 - \frac{1}{2}z\right)F(z)$$

则系统的差分方程为

$$y(n) - \frac{3}{4}y(n-1) + \frac{1}{8}y(n-2) = 3f(n) - \frac{1}{2}f(n-1)$$

(2) 由(1) 可知,系统函数为

$$H(z) = \frac{Y(z)}{F(z)} = \frac{3z^2 - \frac{1}{2}z}{z^2 - \frac{3}{4}z + \frac{1}{8}} = \frac{4z}{z - \frac{1}{2}} - \frac{z}{z - \frac{1}{4}}$$

求逆 $Z$ 变换得

$$h(n) = \left[4\left(\frac{1}{2}\right)^n - \left(\frac{1}{4}\right)^n\right]\varepsilon(n)$$

12. 解:对差分方程求 $Z$ 变换,整理后可得

$$Y(z) = -\frac{y(-1)}{2 + z^{-1}} + \frac{1}{2 + z^{-1}}F(z)$$

$$= -\frac{z}{z + \frac{1}{2}} + \frac{1}{2}\frac{z}{z + \frac{1}{2}} \cdot \frac{z}{z - \frac{1}{4}} = -\frac{2}{3}\frac{z}{z + \frac{1}{2}} + \frac{1}{6}\frac{z}{z - \frac{1}{4}}$$

求逆 $Z$ 变换得

$$y(n) = \left[-\frac{2}{3}\left(-\frac{1}{2}\right)^n + \frac{1}{6}\left(\frac{1}{4}\right)^n\right]\varepsilon(n)$$

13. 解:(1) 对差分方程求 $Z$ 变换得

$$\left(1 - \frac{1}{2}z^{-1}\right)Y(z) = \left(1 + \frac{1}{2}z^{-1}\right)F(z) \quad \Rightarrow H(z) = \frac{X(z)}{F(z)} = \frac{1 + \frac{1}{2}z^{-1}}{1 - \frac{1}{2}z^{-1}} = 1 + \frac{1}{z - 0.5}$$

$H(z)$ 的收敛域为 $|z| > 0.5$,包含了平面中的 $z$ 单位圆,则系统的频率响应为:

$$H(e^{j\beta}) = H(z)\big|_{z = e^{j\beta}} = 1 + \frac{1}{e^{j\beta} - 0.5}$$

(2) 由(1) 可得系统的单位取样响应

$$h(n) = Z^{-1}[H(z)] = \delta(n) + (0.5)^{n-1}\varepsilon(n-1)$$

（3）当 $f(n) = \cos\left(\dfrac{\pi}{2}n\right)$ 时，则数字角频率为 $\theta = \dfrac{\pi}{2}$，系统的频率响应为：

$$H(e^{j\frac{\pi}{2}}) = 1 + \frac{1}{e^{j\frac{\pi}{2}} - 0.5} = 1 + \frac{1}{j - 0.5} = 0.6 - j0.8 = e^{-j53.1°}$$

所以系统在 $f(n) = \cos\left(\dfrac{\pi}{2}n\right)$ 作用下的响应为

$$y(n) = \cos\left(\frac{\pi}{2}n - 53.1°\right)$$

14. 解：（1）单位样值响应

$$h(n) = \text{IDTFT}[H(e^{j\beta})] = \frac{1}{2\pi}\int_{-\pi}^{\pi} H(e^{j\beta}) e^{jn\beta}\,d\beta$$

$$= \frac{1}{2\pi}\int_{-\frac{5\pi}{12}}^{-\frac{\pi}{3}} e^{jn\beta}\,d\beta + \frac{1}{2\pi}\int_{\frac{\pi}{3}}^{\frac{5\pi}{12}} e^{jn\beta}\,d\beta = \frac{1}{\pi n}\left[\sin\left(\frac{5\pi}{12}n\right) - \sin\left(\frac{\pi}{3}n\right)\right]$$

（2）先对输入信号做频率分析

$$f(n) = \left[(-1)^n + \sum_{k=-4}^{4} a_k e^{-jn(\frac{2\pi}{9})k}\right]\varepsilon(n) = \left[e^{j\pi n} + \sum_{k=-4}^{4} a_k e^{-jn(\frac{2\pi}{9})k}\right]\varepsilon(n)$$

可见，$f(n)$ 只包含以下频率分量：$\omega = \pi,\ \pm\dfrac{8\pi}{9},\ \pm\dfrac{6\pi}{9},\ \pm\dfrac{4\pi}{9},\ \pm\dfrac{2\pi}{9},\ 0$。这些频率点均处于带通滤波器的通带之外，因此，将 $f(n)$ 输入该带通滤波器时，它们将被带通滤波器所滤除，则输出为零，即 $y(n) = 0$。

15. 解：由 $H(z)$ 的表达式可知，$H(z)$ 的零点为 $z = 0$，极点为 $z = 0.5$。

$H(z)$ 的零极点如图 4-3 所示。

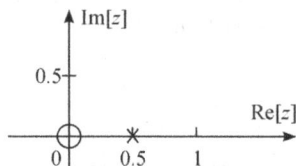

图 4-3

$H(z)$ 的收敛域为 $|z| > 0.5$，包含了平面中的 $z$ 单位圆，则系统的频率响应为

$$H(e^{j\beta}) = H(z)\big|_{z=e^{j\beta}} = \frac{e^{j\beta}}{e^{j\beta} - 0.5}$$

$H(z)$ 的幅度频率响应为

$$|H(e^{j\beta})| = \frac{1}{\sqrt{1.25 - \cos(\beta)}}$$

由此可得系统的幅频特性如图 4-4 所示。由图可知，该系统属于低通滤波器。

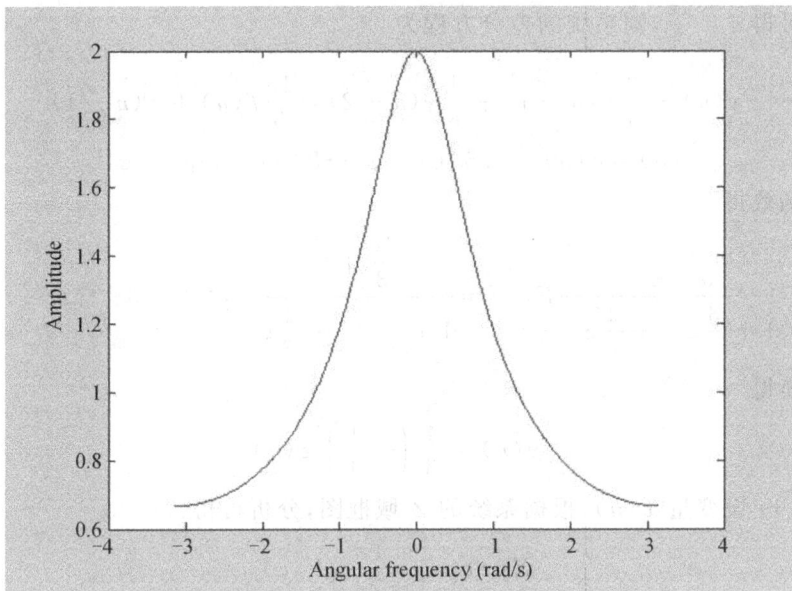

图 4-4

16. 解:(1) 根据图 4-5,可得

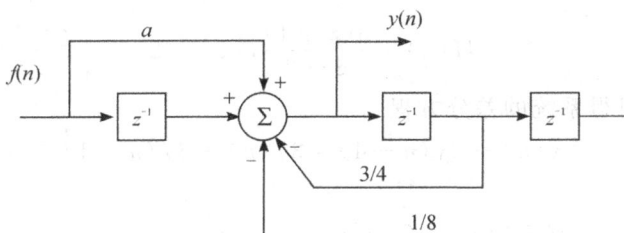

图 4-5

$$Y_{zs}(z) = aF(z) + z^{-1}F(z) - \frac{3}{4}z^{-1}Y_{zs}(z) - \frac{1}{8}z^{-2}Y_{zs}(z)$$

$$\Rightarrow Y_{zs}(z) = \frac{a + z^{-1}}{1 + \dfrac{3}{4}z^{-1} + \dfrac{1}{8}z^{-2}}F(z)$$

则系统函数为

$$H(z) = \frac{Y_{zs}(z)}{F(z)} = \frac{a + z^{-1}}{1 + \dfrac{3}{4}z^{-1} + \dfrac{1}{8}z^{-2}}$$

由此可得系统的差分方程

$$y(n) + \frac{3}{4}y(n-1) + \frac{1}{8}y(n-2) = af(n) + f(n-1)$$

将激励 $f(n) = \left(\dfrac{3}{4}\right)^n$ 和响应 $y(n) = 3\left(\dfrac{3}{4}\right)^n$ 代入以上差分方程

$$3\left(\frac{3}{4}\right)^n + \frac{3}{4} \times 3\left(\frac{3}{4}\right)^{n-1} + \frac{1}{8} \times 3\left(\frac{3}{4}\right)^{n-2} = a\left(\frac{3}{4}\right)^n + \left(\frac{3}{4}\right)^{n-1}$$

由上式可得 $a = \dfrac{16}{3}$，则系统的差分方程为

$$y(n) + \frac{3}{4}y(n-1) + \frac{1}{8}y(n-2) = \frac{16}{3}f(n) + f(n-1)$$

(2) $\qquad f(n) = \delta(n) + 0.5\delta(n-1) \leftrightarrow F(z) = 1 + 0.5z^{-1}$

由系统函数得

$$Y_{zs}(z) = \frac{a + z^{-1}}{1 + \dfrac{3}{4}z^{-1} + \dfrac{1}{8}z^{-2}} F(z) = \frac{\dfrac{16}{3} + z^{-1}}{1 + \dfrac{3}{4}z^{-1} + \dfrac{1}{8}z^{-2}}(1 + 0.5z^{-1}) = \frac{4}{3}\frac{z}{z + \dfrac{1}{4}}$$

求逆变换得

$$y(n) = \frac{4}{3}\left(-\frac{1}{4}\right)^n \varepsilon(n)$$

17. 解：(1) 设变量 $x(n)$，根据系统的 $Z$ 域框图，分析可得

$$X(z) = \frac{1}{1 - 2z^{-1}}F(z)$$

$$Y(z) = 3(1 + z^{-1})X(z) = \frac{3(z+1)}{z-2}F(z)$$

则系统函数为

$$H(z) = \frac{3(z+1)}{z-2}, \quad |z| > 2$$

(2) 由 $H(z)$ 可得系统的差分方程

$$y(n) - 2y(n-1) = 3f(n) + 3f(n-1)$$

求 $Z$ 变换得

$$Y(z) = \frac{2y(-1)z}{z-2} + \frac{3(z+1)}{z-2}F(z)$$

$$\Rightarrow Y_{zi}(z) = \frac{2y(-1)z}{z-2}$$

$$\Rightarrow y_{zi}(k) = 2y(-1) \cdot (2)^n \varepsilon(n)$$

$$\Rightarrow Y_{zs}(z) = \frac{3z+3}{z-2}F(z) = \frac{3z+3}{z-2} \cdot \frac{z}{z-1} = \frac{9z}{z-2} - \frac{6z}{z-1}$$

$$\Rightarrow y_{zs}(n) = [9 \cdot (2)^n - 6]\varepsilon(n)$$

$$y(n) = y_{zi}(n) + y_{zs}(n) = 2y(-1) \cdot 2^n \varepsilon(n) + (9 \cdot 2^n - 6)\varepsilon(n)$$

令上式中 $k=2$，并结合已知条件 $y(2)=42$，得

$$y(2) = 8y(-1) + 30 = 42 \Rightarrow y(-1) = 1.5$$

所以 $\qquad y_{zi}(n) = 2y(-1) \cdot 2^n \varepsilon(n) = 3 \cdot 2^n \varepsilon(n)$

(3) 因为 $H(z)$ 的收敛域为 $|z| > 2$，它不包含单位圆，系统不稳定，因此该系统不存在频率响应。

### 五、Matlab 程序题

1. 解：程序如下

```
%（1）
n = 0:20;
x = (1/2).^n;
stem(n,x);
%（2）
n = 0:20;
x = (2).^n;
stem(n,x);
```

2. 解：程序如下

```
%（1）
n = 0:20;
x = cos(pi/10 * n - pi/5);
stem(n,x);
%（2）
n = 0:20;
x = (5/6).^n. * sin(pi/5 * n);
stem(n,x);
```

3. 解：程序如下

```
b = [2,16,44,56,32];
a = [3,3, - 15,18, - 12];
[r,p,k] = residuez(b,a);
```

4. 解：程序如下

```
%（1）
b = [2, - 1.6, - 0.9];
a = [1, - 2.5,1.96, - 0.48];
zplane(b,a);
%（2）
b = [1, - 1];
a = [1, - 0.9, - 0.65,0.873,0];
zplane(b,a);
```

5. 解：程序如下

```
b = [1,0,0];
a = [1 - 3/4,1/8];
freqz(b,a);
```

6. 解：程序如下

```
%（1）
b = [1,1];
```

```
a = [3,4,1];
impz(b,a);
%(2)
b = [1];
a = [5/2,6,10];
impz(b,a);
```

7. 解:程序如下

```
n = 0:9;
h = (7/8).^n;
x = [1,1,1,1,1];
y = conv(h,x);
```

8. 解:程序如下

```
a = [3 - 4 2];
b = [1 2];
n = 0:30;
x = (1/2).^n;
y = filter(b,a,x);
stem(n,y,'fill'),grid on
```

9. 解:程序如下

```
function [H,W] = dtft(h,N)
%[H,W] = dtft(h,N)
%h:有限长时域序列向量,其长度为 L
%N:频域长度为 N,取值[- pi,pi),要求 N >= L
%H:DTFT 变换结果(复数值)
%W:输出的频率向量,与 DTFT 对应
N = fix(N);
L = length(h);
h = h(:);                        % 仅适应向量
if(N < L)
error('DTFT:时域样点不能多于频域样点数')
end
W = (2 * pi/N) * [0:(N - 1)]';
mid = ceil(N/2) + 1;             % 中间点
W(mid:N) = W(mid:N) - 2 * pi;    % 中心点之后频率数据减 2pi,即 pi 变为 - pi,…,2pi 变为 0
W = fftshift(W);                 % 移动[pi,2pi) 到[- pi,0)
H = fftshift(fft(h,N));          % move negative freq components
```

10. 解:程序如下

```
n = 0:4;
r = ones(5,1);
```

```
[H,W] = dtft(r,128);
subplot(211)
plot(W/2/pi,abs(H));
grid,title('幅频响应'),xlabel('归一化数字频率'),ylabel('| H(w) |')
subplot(212)
plot(W/2/pi,180/pi * angle(H));
grid,title('相频响应'),xlabel('归一化数字频率'),ylabel('DEGREES')
```
程序运行结果如图 4-6 所示。

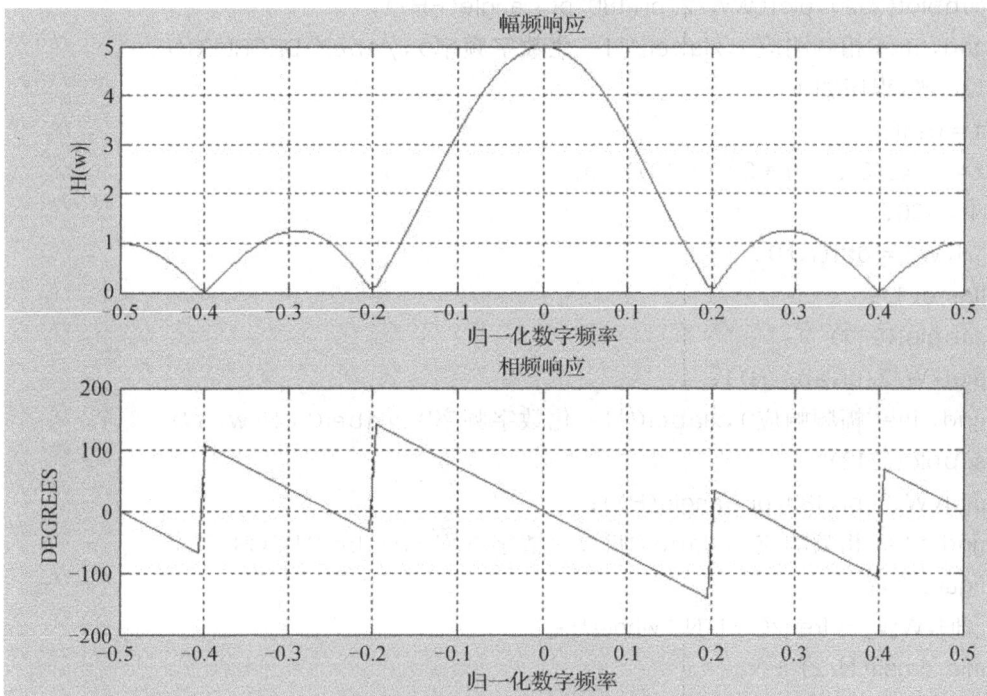

图 4-6　由 DTFT 得到的结果

11. 解:程序如下
```
n = 0:10;
x = 0.9.^n;
N = 100;
[H,W] = dtft(r,N);
figure(1);
subplot(211)
plot(W/2/pi,abs(H));
grid,title('幅频响应'),xlabel('归一化数字频率'),ylabel('| H(w) |')
subplot(212)
plot(W/2/pi,180/pi * angle(H));
grid,title('相频响应'),xlabel('归一化数字频率'),ylabel('DEGREES')
```

```
figure(2);
[HH,WW] = freqz(x,1,N,' whole ');
mid = ceil(N/2) + 1;
WW(mid:N) = WW(mid:N) - 2 * pi;
WW = fftshift(WW);
HH = fftshift(HH);
subplot(211),plot(WW/2/pi,abs(HH));
grid,title('幅频响应'),xlabel('归一化数字频率'),ylabel(' | H(w) | ')
subplot(212),plot(WW/2/pi,180/pi * angle(HH));
grid,title('相频响应'),xlabel('归一化数字频率'),ylabel(' DEGREES ')
```

12. 解:程序如下

```
n = 0:10;
x = (exp(0.2 + j * 2 * pi/10)).^n;
N = 100;
[H,W] = dtft(r,N);
figure(1);
subplot(211)
plot(W/2/pi,abs(H));
grid,title('幅频响应'),xlabel('归一化数字频率'),ylabel(' | H(w) | ')
subplot(212)
plot(W/2/pi,180/pi * angle(H));
grid,title('相频响应'),xlabel('归一化数字频率'),ylabel(' DEGREES ')
figure(2);
[HH,WW] = freqz(x,1,N,' whole ');
mid = ceil(N/2) + 1;
WW(mid:N) = WW(mid:N) - 2 * pi;
WW = fftshift(WW);
HH = fftshift(HH);
subplot(211),plot(WW/2/pi,abs(HH));
grid,title('幅频响应'),xlabel('归一化数字频率'),ylabel(' | H(w) | ')
subplot(212),plot(WW/2/pi,180/pi * angle(HH));
grid,title('相频响应'),xlabel('归一化数字频率'),ylabel(' DEGREES ')
```

# 第 5 章

一、单项选择题

1. D    2. D    3. A    4. A    5. A    6. B    7. C    8. C    9. B

## 二、判断题

1. √  2. ×  3. ×  4. √  5. √  6. ×  7. √  8. ×  9. ×  10. √

## 三、填空题

1. $\dfrac{2s-4}{(s+2)^2+4}$

2. $K > -6$

3. $\varepsilon(k)+\varepsilon(k-1)$

## 四、综合应用分析题

1. 解:对微分方程求拉普拉斯变换得

$$(s^2+4s+3)Y(s)=(s+2)F(s)$$

则系统函数 $H(s)$ 为

$$H(s)=\frac{Y(s)}{F(s)}=\frac{s+2}{s^2+4s+3}=\frac{s+2}{(s+1)(s+3)}$$

由此可知,$H(s)$ 的零点为 $s=-2$,极点为 $s=-1,s=-3$,零极点图如图 5-1(a) 所示。该系统的直接型框图如图 5-1(b) 所示。

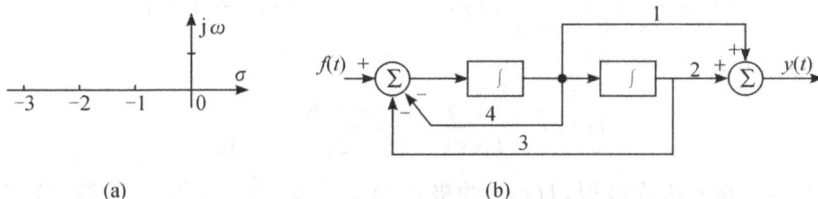

图 5-1

2. 解:(1) 画出该系统的 $Z$ 域框图,并设变量 $X(z)$,如图 5-2,则可得:

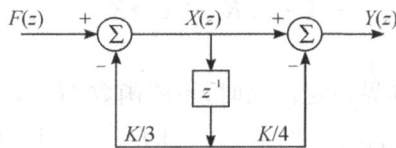

图 5-2

$$X(z)=F(z)-\frac{K}{3}z^{-1}X(z)$$

$$\Rightarrow X(z)=\frac{1}{1+\dfrac{K}{3}z^{-1}}F(z)$$

$$Y(z)=X(z)-\frac{K}{4}z^{-1}X(z)=\frac{1-\dfrac{K}{4}z^{-1}}{1+\dfrac{K}{3}z^{-1}}F(z)=\frac{z-\dfrac{K}{4}}{z+\dfrac{K}{3}}F(z)$$

则系统函数为:

$$H(z) = \frac{Y(z)}{F(z)} = \frac{z - \dfrac{K}{4}}{z + \dfrac{K}{3}}, \quad |z| > \frac{|K|}{3}$$

$H(z)$ 的零点为 $z = K/4$，极点为 $z = -K/3$；收敛域为 $|z| > \dfrac{|K|}{3}$。

(2) 要使这个系统稳定，$H(z)$ 的收敛域应包含单位圆，则要求 $\dfrac{|K|}{3} < 1$，即 $|K| < 3$，故 $K$ 的取值范围为 $-3 < K < 3$。

3. 解：(1) 设变量 $X(s)$，如图 5-3。

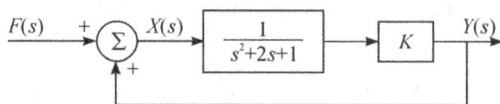

图 5-3

$$\begin{cases} X(s) = F(s) + Y(s) \\ Y(s) = \dfrac{K}{s^2 + 2s + 1} X(s) \end{cases} \Rightarrow Y(s) = \frac{K}{s^2 + 2s + 1 - K} F(s)$$

则系统函数 $H(s)$ 为

$$H(s) = \frac{Y(s)}{F(s)} = \frac{K}{s^2 + 2s + 1 - K}$$

(2) 由 $H(s)$ 的表达式可得，$H(s)$ 的极点为 $s_{1,2} = -1 \pm \sqrt{K}$。显然，若满足：

$$\mathrm{Re}[-1 + \sqrt{K}] < 0 \tag{1}$$

则可使 $H(s)$ 的极点 $s_1, s_2$ 都处于左半 $s$ 平面，系统稳定。若 $K$ 为实数，则式(1)变为

$$-1 + \sqrt{K} < 0 \Rightarrow K < 1$$

故 $K < 1$ 时，系统稳定。

(3) $K = 1$ 时，系统处于临界稳定。此时，系统函数 $H(s)$ 为

$$H(s) = \frac{1}{s^2 + 2s} = \frac{1}{2}\left(\frac{1}{s} - \frac{1}{s+2}\right)$$

求拉普拉斯逆变换得

$$h(t) = \frac{1}{2}(1 - \mathrm{e}^{-2t})\varepsilon(t)$$

4. 解：(1) 设变量 $X(s)$，如图 5-4。

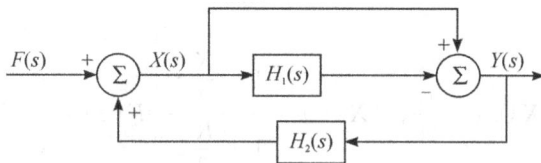

图 5-4

$$\begin{cases} X(s) = F(s) + H_2(s)Y(s) \\ Y(s) = [1 - KH_1(s)]X(s) \end{cases}$$

则系统函数为

$$H(s) = \frac{Y(s)}{F(s)} = \frac{1 - KH_1(s)}{1 - H_2(s) + KH_1(s)H_2(s)}$$

代入已知条件得

$$H(s) = \frac{1 - KH_1(s)}{1 - H_2(s) + KH_1(s)H_2(s)} = \frac{1 - \dfrac{K}{s+3}}{1 - \left(1 - \dfrac{K}{s+3}\right)H_2(s)} = 2$$

由上式可得

$$H_2(s) = \frac{s + 3 + K}{2(s + 3 - K)}$$

(2)由(1)知,$H_2(s)$ 的极点为 $s = K - 3$,要使子系统 $H_2(s)$ 为稳定系统,该极点应处于左半 $s$ 平面,即 $\mathrm{Re}(K-3) < 0$。若 $K$ 为实数,$K$ 的取值范围为 $K < 3$。对于 $K$ 为复数的情形,这里不做讨论。故 $K < 3$ 时,子系统 $H_2(s)$ 为稳定系统。

5. 解:(1)因为 $\displaystyle\sum_{n=-\infty}^{\infty}|h(-n)| = \sum_{n=-\infty}^{\infty}|h(n)| < \infty$,说明系统的 $h(n)$ 满足绝对可和条件,系统是稳定的。

对系统函数做部分分式展开,

$$H(z) = \frac{1 - z^{-1}}{\left(1 - \dfrac{1}{2}z^{-1}\right)(1 - 2z^{-1})} = \frac{z^2 - z}{\left(z - \dfrac{1}{2}\right)(z - 2)} = \frac{1}{3}\frac{z}{z - 0.5} + \frac{2}{3}\frac{z}{z - 2}$$

可见 $H(z)$ 的极点为:$z_1 = 0.5, z_2 = 2$。因为系统稳定,因此 $H(z)$ 的收敛域必定包含单位圆,则 $H(z)$ 的收敛域应为 $0.5 < |z| < 2$。据此,对 $H(z)$ 求逆 $Z$ 变换可得

$$h(n) = \frac{1}{3}(0.5)^n \varepsilon(n) - \frac{2}{3}(2)^n \varepsilon(-n-1)$$

(2)将输入信号分解为 $f(n) = f_1(n) + f_2(n)$,其中

$$f_1(n) = 2\varepsilon(n), \quad f_2(n) = 3\varepsilon(-n-1)$$

系统在 $f_1(n), f_2(n)$ 作用下所产生的响应分别为 $y_1(n), y_2(n)$。

$$f_1(n) = 2\varepsilon(n) \leftrightarrow F_1(z) = \frac{2z}{z-1}, \quad |z| > 1$$

$$Y_1(z) = F_1(z)H(z) = \frac{2z^2}{(z - 0.5)(z - 2)} = -\frac{2}{3}\frac{z}{z - 0.5} + \frac{8}{3}\frac{z}{z - 2}, \quad 1 < |z| < 2$$

$$\Rightarrow y_1(n) = -\frac{2}{3}(0.5)^n \varepsilon(n) - \frac{8}{3}(2)^n \varepsilon(-n-1)$$

$$f_2(n) = 3\varepsilon(-n-1) \leftrightarrow F_2(z) = -\frac{3z}{z-1}, \quad |z| < 1$$

$$Y_2(z) = F_2(z)H(z) = -\frac{3z^2}{(z - 0.5)(z - 2)} = \frac{z}{z - 0.5} - \frac{4z}{z - 2}, \quad 0.5 < |z| < 1$$

$$\Rightarrow y_2(n) = (0.5)^n \varepsilon(n) + 4(2)^n \varepsilon(-n-1)$$

由于该系统是线性的,因此,在输入信号 $f(n)=f_1(n)+f_2(n)$ 作用下,系统产生响应

$$y(n)=y_1(n)+y_2(n)=\frac{1}{3}(0.5)^n\varepsilon(n)+\frac{4}{3}(2)^n\varepsilon(-n-1)$$

6. 解:(1) 根据 $H(s)$ 的零极点图(图 5-5),$H(s)$ 的表达式为

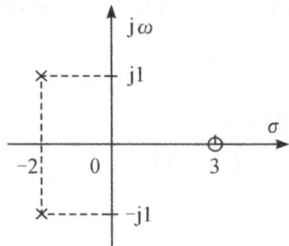

图 5-5

$$H(s)=\frac{A(s-3)}{(s+2+\mathrm{j})(s+2-\mathrm{j})}=\frac{A(s-3)}{(s+2)^2+1}$$

据 $H(0)=-1.2$,令上式 $s=0$,并结合 $H(0)=-1.2$,则得

$$H(0)=\frac{A(s-3)}{(s+2)^2+1}\bigg|_{s=0}=-\frac{3A}{5}=-1.2\quad\Rightarrow A=2$$

则系统函数为

$$H(s)=\frac{2(s-3)}{(s+2)^2+1}=\frac{2s-6}{s^2+4s+5}$$

将 $H(s)$ 表达式改为如下形式:

$$H(s)=\frac{2(s-3)}{(s+2)^2+1}=2\left[\frac{s}{(s+2)^2+1}-3\frac{1}{(s+2)^2+1}\right]$$

求拉普拉斯逆变换得

$$h(t)=2[\mathrm{e}^{-2t}\cos(t)-3\mathrm{e}^{-2t}\sin(t)]\varepsilon(t)=2\mathrm{e}^{-2t}[\cos(t)-3\sin(t)]\varepsilon(t)$$

(2) 由系统函数 $H(s)$ 的表达式以及拉普拉斯变换的时域微分性质可知,系统的微分方程为

$$y''(t)+4y'(t)+5y(t)=2f'(t)-6f(t)$$

(3) 因为 $H(s)$ 的收敛域为 $\mathrm{Re}[s]>-2$,包含了 $s$ 平面中的 $\mathrm{j}\omega$ 轴,则

$$H(\mathrm{j}\omega)=H(s)\big|_{s=\mathrm{j}\omega}=\frac{2s-6}{s^2+4s+5}\bigg|_{s=\mathrm{j}\omega}=\frac{\mathrm{j}2\omega-6}{5-\omega^2+\mathrm{j}4\omega}$$

对于信号 $\cos(3t)\varepsilon(t)$,其角频率为 $\omega=3\ \mathrm{rad/s}$,则在该频点处 $H(\mathrm{j}\omega)$ 的值为

$$H(\mathrm{j}\omega)\big|_{\omega=3}=\frac{\mathrm{j}2\omega-6}{5-\omega^2+\mathrm{j}4\omega}\bigg|_{\omega=3}=\frac{-6+\mathrm{j}6}{-4+\mathrm{j}12}=0.67\mathrm{e}^{\mathrm{j}26.6°}$$

因此,当激励为 $\cos(3t)\varepsilon(t)$ 时,系统的稳态响应为

$$y_{ss}(t)=0.67\cos(3t+26.6°)\varepsilon(t)$$

7. 解:据已知条件(1) 和(2),$H(s)$ 具有如下形式的表达式及收敛域:

$$H(s)=\frac{As+B}{(s+2)(s-4)}=\frac{As+B}{s^2-2s-8},\mathrm{Re}[s]>4 \tag{1}$$

由此可知,系统的微分方程为

$$y''(t) - 2y'(t) - 8y(t) = Af'(t) + Bf(t)$$

对微分方程求傅立叶变换得

$$Y(j\omega) = \frac{Aj\omega + B}{(j\omega)^2 - 2j\omega - 8} F(j\omega) \qquad (2)$$

据已知条件(3)得 $F(j\omega) = 2\pi\delta(\omega)$，$Y(j\omega) = 0$，代入式(2)可得

$$\frac{Aj\omega + B}{(j\omega)^2 - 2j\omega - 8} 2\pi\delta(j\omega) = -\frac{B\pi}{4}\delta(j\omega) = 0 \Rightarrow B = 0$$

将 $B = 0$ 代入(1)，并做部分分式展开

$$H(s) = \frac{As}{s^2 - 2s - 8} = \frac{A}{3}\left(\frac{1}{s+2} + \frac{2}{s-4}\right), \operatorname{Re}[s] > 4$$

求拉普拉斯逆变换，得单位冲激响应为

$$h(t) = \frac{A}{3}(e^{-2t} + 2e^{4t})\varepsilon(t) \Rightarrow h(0_+) = A$$

据已知条件(4)，可得 $A = 4$，则系统函数 $H(s)$ 为

$$H(s) = \frac{4s}{s^2 - 2s - 8}, \operatorname{Re}[s] > 4$$

8. 解：(1) 对差分方程求 $Z$ 变换得

$$\left(1 - \frac{5}{2}z^{-1} + z^{-2}\right)Y(z) = F(z)$$

则系统函数为

$$H(z) = \frac{Y(z)}{F(z)} = \frac{1}{1 - \frac{5}{2}z^{-1} + z^{-2}} = \frac{z^2}{z^2 - 2.5z + 1} = \frac{z^2}{(z - 0.5)(z - 2)}$$

由上式可知，$H(z)$ 的零点为 $z = 0$，极点为 $z = 0.5, z = 2$。

(2) 对 $H(z)$ 做部分分式展开得

$$H(z) = \frac{z^2}{(z - 0.5)(z - 2)} = -\frac{1}{3}\frac{z}{z - 0.5} + \frac{4}{3}\frac{z}{z - 2}$$

下面根据 $H(z)$ 可能出现的三种收敛域，讨论系统的稳定性和单位采样响应 $h(n)$。

若 $H(z)$ 的收敛域为 $|z| > 2$，由于 $H(z)$ 的收敛域不包含单位圆，故系统不稳定。 $H(z)$ 的逆 $Z$ 变换为

$$h(n) = -\frac{1}{3}\left[(0.5)^n - 4(2)^n\right]\varepsilon(n)$$

若 $H(z)$ 的收敛域为 $|z| < 0.5$，由于 $H(z)$ 的收敛域不包含单位圆，故系统不稳定。 $H(z)$ 的逆 $Z$ 变换为

$$h(n) = \frac{1}{3}\left[(0.5)^n - 4(2)^n\right]\varepsilon(-n-1)$$

若 $H(z)$ 的收敛域为 $0.5 < |z| < 2$，由于 $H(z)$ 的收敛域包含单位圆，故系统稳定。 $H(z)$ 的逆 $Z$ 变换为

$$h(n) = -\frac{1}{3}\left[(0.5)^n\varepsilon(n) + 4(2)^n\varepsilon(-n-1)\right]$$

9. 解：对差分方程求 $Z$ 变换得：

$$\left(1 + \frac{7}{3}z^{-1} + \frac{2}{3}z^{-2}\right)Y(z) = 2F(z) \tag{1}$$

则系统函数为

$$H(z) = \frac{Y(z)}{F(z)} = \frac{2}{1 + \frac{7}{3}z^{-1} + \frac{2}{3}z^{-2}} = \frac{2z^2}{z^2 + \frac{7}{3}z + \frac{2}{3}} = \frac{2z^2}{(z+2)(z+\frac{1}{3})}$$

系统函数的极点为：$z_1 = -2, z_2 = -\frac{1}{3}$。

（1）若该系统是因果系统，则系统函数的收敛域应为 $|z| > 2$。对系统函数做部分分式展开，并求逆 $Z$ 变换可得单位样本响应 $h(n)$。

$$H(z) = \frac{2z^2}{(z+2)(z+\frac{1}{3})} = \frac{12}{5}\frac{z}{z+2} - \frac{2}{5}\frac{z}{z+\frac{1}{3}}, \quad |z| > 2$$

$$h(n) = Z^{-1}[H(z)] = \frac{2}{5}\left[6(-2)^n - \left(-\frac{1}{3}\right)^n\right]\varepsilon(n)$$

（2）若该系统是稳定的，则系统函数的收敛域应包含单位圆，即为 $\frac{1}{3} < |z| < 2$，则有

$$H(z) = \frac{2z^2}{(z+2)(z+\frac{1}{3})} = \frac{12}{5}\frac{z}{z+2} - \frac{2}{5}\frac{z}{z+\frac{1}{3}}, \quad \frac{1}{3} < |z| < 2$$

求逆 $Z$ 变换可得单位样本响应 $h(n)$：

$$h(n) = Z^{-1}[H(z)] = -\frac{2}{5}\left[6(-2)^n\varepsilon(-n-1) + \left(-\frac{1}{3}\right)^n\varepsilon(n)\right]$$

（3）当输入为 $f(n) = 1$ 时，若要求系统有稳定的输出，则要求该系统是稳定的，此时系统函数收敛域应为 $\frac{1}{3} < |z| < 2$，则输出信号

$$y(n) = f(n) * h(n) = \sum_{i=-\infty}^{\infty} f(n-i)h(i) = \sum_{i=-\infty}^{\infty} h(i) - H(z)\big|_{z=1} = 0.5$$

（4）据式（1）可画出系统的 $Z$ 域框图、信号流图，分别如图 5-6(a)(b) 所示。

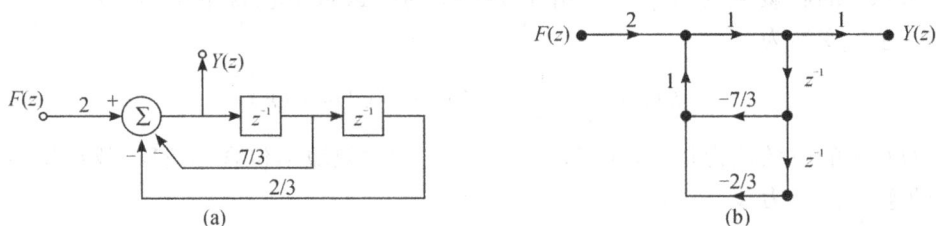

图 5-6

10. 解：（1）对差分方程求 $Z$ 变换，可得系统函数：

$$H(z) = \frac{Y(z)}{F(z)} = \frac{1 - bz^{-1}}{1 - az^{-1}} = \frac{z - b}{z - a}, \quad |z| > |a| \tag{1}$$

对式（1）求逆 $Z$ 变换，得

$$h(n) = \delta(n) + (a-b) \cdot a^{n-1}\varepsilon(n-1)$$

(2) 由式（1）可知，系统函数 $H(z)$ 的零点为 $z=b$，极点为 $z=a$。

(3) 由式（1）可画出如图 5-7 所示的 $Z$ 域框图：

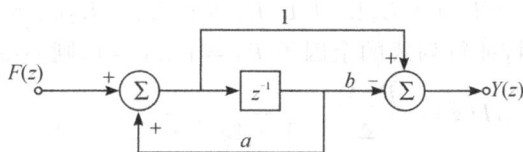

**图 5-7**

(4) 若 $|a|<1$，则 $H(z)$ 的收敛域包含单位圆，系统的频率响应为

$$H(\mathrm{e}^{\mathrm{j}\beta}) = H(z)\big|_{z=\mathrm{e}^{\mathrm{j}\beta}} = \frac{\mathrm{e}^{\mathrm{j}\beta}-b}{\mathrm{e}^{\mathrm{j}\beta}-a}$$

要使系统具有全通频率响应特性，应满足：$a=b$。

11. 解：(1)

$$H(z) = \frac{3z^2-2}{z^2+z+0.25} = \frac{3z^2-2}{(z+0.5)^2}$$

可见，$H(z)$ 在 $z=0.5$ 有二阶重极点。

若 $H(z)$ 的收敛域为 $|z|<0.5$，则不包含单位圆，系统不稳定，且为反因果系统；

若 $H(z)$ 的收敛域为 $|z|>0.5$，则包含单位圆，系统稳定，且为因果系统。

(2) 由（1）知，当 $H(z)$ 的收敛域为 $|z|>0.5$ 时，系统稳定，其频率响应函数表达式为

$$H(\mathrm{e}^{\mathrm{j}\beta}) = H(z)\big|_{z=\mathrm{e}^{\mathrm{j}\beta}} = \frac{3(\mathrm{e}^{\mathrm{j}\beta})^2-2}{(\mathrm{e}^{\mathrm{j}\beta})^2+\mathrm{e}^{\mathrm{j}\beta}+0.25} = \frac{3\mathrm{e}^{\mathrm{j}2\beta}-2}{\mathrm{e}^{\mathrm{j}2\beta}+\mathrm{e}^{\mathrm{j}\beta}+0.25}$$

(3) 将 $f(n)$ 分解成以下两部分，

$$f(n) = [1+3\cos(\pi n)]\varepsilon(n) = f_1(n)+f_2(n)$$
$$f_1(n) = \varepsilon(n)，f_2(n) = 3\cos(\pi n)\varepsilon(n)$$

系统在 $f_1(n)$ 作用下的响应为 $y_1(n)$。

$$Y_1(z) = F_1(z)H(z) = \frac{z}{z-1} \cdot \frac{3z^2-2}{z^2+z+0.25} = \frac{4}{9}\frac{z}{z-1} + \frac{5}{6}\frac{z}{(z+0.5)^2} + \frac{23}{9}\frac{z}{z+0.5}$$

求逆 $Z$ 变换得

$$y_1(n) = \left[\frac{4}{9} + \left(\frac{5}{6}n + \frac{23}{9}\right)(0.5)^n\right]\varepsilon(n)$$

系统在 $f_2(k)$ 作用下的响应为 $y_2(k)$。$f_2(k)$ 的角频率为 $\omega=\pi$。$H(\mathrm{e}^{\mathrm{j}\omega})$ 在该频点处的值为

$$H(\mathrm{e}^{\mathrm{j}\pi}) = \frac{3\mathrm{e}^{\mathrm{j}2\omega}-2}{(\mathrm{e}^{\mathrm{j}\omega}+0.5)^2}\bigg|_{\omega=\pi} = 4$$

由此得

$$y_2(n) = 4 \times 3\cos(\pi n)\varepsilon(n) = 12\cos(\pi n)\varepsilon(n)$$

则系统在 $f(n)$ 作用下的响应为

$$y(n) = y_1(n)+y_2(n) = \left[\frac{4}{9} + \left(\frac{5}{6}n + \frac{23}{9}\right)(0.5)^n\right]\varepsilon(n) + 12\cos(\pi n)\varepsilon(n)$$

其中，系统的稳态响应为

$$y_{\mathrm{ss}}(n) = \frac{4}{9}\varepsilon(n) + 12\cos(\pi n)\varepsilon(n)$$

12. 解：利用梅森公式求系统函数 $H(z)$。

环路增益：$L_1 = 3z^{-1}, L_2 = z^{-2}, L_3 = z^{-1}, L_4 = 2z^{-2}$。特征行列式：

$$\Delta = 1 - (L_1 + L_2 + L_3 + L_4) + L_1 L_3 + L_1 L_4 + L_2 L_3 + L_2 L_4 = 1 - 4z^{-1} + 7z^{-3} + 2z^{-4}$$

前向通路增益及其特征行列式的余因子 $P_1 = 1, \Delta_1 = 1$，则系统函数为

$$H(z) = \frac{P_1 \Delta_1}{\Delta} = \frac{1}{1 - 4z^{-1} + 7z^{-3} + 2z^{-4}}$$

由系统函数可知，系统的差分方程为

$$y(n) - 4y(n-1) + 7y(n-3) + 2y(n-4) = f(n)$$

13. 解：由系统函数 $H(s)$ 的零极点图（图 5-8）可知，$H(s)$ 的表达式为

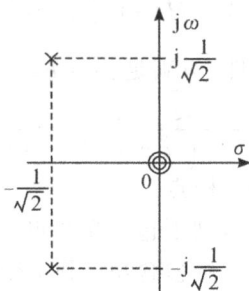

图 5-8

$$H(s) = \frac{As^2}{\left(s + \frac{1}{\sqrt{2}} - j\frac{1}{\sqrt{2}}\right)\left(s + \frac{1}{\sqrt{2}} + j\frac{1}{\sqrt{2}}\right)}$$

$$= A\left[1 - \frac{\sqrt{2}\,s + 1}{\left(s + \frac{1}{\sqrt{2}}\right)^2 + \left(\frac{1}{\sqrt{2}}\right)^2}\right]$$

$$= A\left[1 - \sqrt{2}\,\frac{s}{\left(s + \frac{1}{\sqrt{2}}\right)^2 + \left(\frac{1}{\sqrt{2}}\right)^2} - \sqrt{2}\,\frac{\frac{1}{\sqrt{2}}}{\left(s + \frac{1}{\sqrt{2}}\right)^2 + \left(\frac{1}{\sqrt{2}}\right)^2}\right], \mathrm{Re}[s] > -\frac{1}{\sqrt{2}}$$

求拉普拉斯逆变换得

$$h(t) = A\left[\delta(t) - \sqrt{2}\,e^{-\frac{1}{\sqrt{2}}t}\cos\frac{t}{\sqrt{2}}\varepsilon(t) - \sqrt{2}\,e^{-\frac{1}{\sqrt{2}}t}\sin\frac{t}{\sqrt{2}}\varepsilon(t)\right]$$

$$= A\delta(t) - 2A\,e^{-\frac{1}{\sqrt{2}}t}\cos\left(\frac{1}{\sqrt{2}}t - 45°\right)\varepsilon(t)$$

令上式中 $t = 0_+$，并结合 $h(0_+) = \sqrt{2}$，可得 $A = -1$，则系统函数和冲激响应分别为

$$H(s) = -\frac{s^2}{\left(s + \frac{1}{\sqrt{2}}\right)^2 + \left(\frac{1}{\sqrt{2}}\right)^2}$$

$$h(t) = -\delta(t) + 2e^{-\frac{1}{\sqrt{2}}t}\cos\left(\frac{1}{\sqrt{2}}t - 45°\right)\varepsilon(t)$$

14. 解:(1) 由 $H(s)$ 的零极点图(图 5-9)可知,$H(s)$ 具有以下的函数形式:

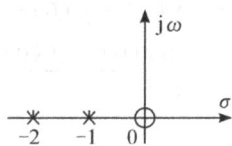

图 5-9

$$H(s) = \frac{As}{(s+1)(s+2)} = \frac{As}{s^2 + 3s + 2}$$

其中,$A$ 为常数。

因为系统是稳定的,所以 $H(s)$ 的收敛域应包含 $S$ 平面的 $j\omega$ 轴[在 $j\omega$ 轴上为临界稳定;在原点 $s=0$ 处有一阶极点时,为稳定。这两种情况之下,$H(s)$ 的收敛域不包含 $S$ 平面的 $j\omega$ 轴],又由于 $H(s)$ 的所有极点应均处于右半 $S$ 平面,故 $H(s)$ 的收敛域应取 $\text{Re}[s] > -1$。由此可知,该系统属于因果系统。

由 $H(s)$ 的表达式可得系统的微分方程:

$$y''(t) + 3y'(t) + 2y(t) = Af'(t)$$

将 $f(t) = e^{3t}, -\infty < t < \infty, y(t) = \frac{3}{20}e^{3t}, -\infty < t < \infty$ 代入微分方程,得

$$\frac{27}{20}e^{3t} + \frac{27}{20}e^{3t} + \frac{6}{20}e^{3t} = 3Ae^{3t} \Rightarrow A = 1$$

将 $A=1$ 代入,则系统函数 $H(s)$ 为

$$H(s) = \frac{s}{s^2 + 3s + 2} = \frac{2}{s+2} - \frac{1}{s+1}, \text{Re}[s] > -1$$

求 $H(s)$ 的拉普拉斯逆变换得

$$h(t) = (2e^{-2t} - e^{-t})\varepsilon(t)$$

(2) $$f(t) = \varepsilon(t) \leftrightarrow F(s) = \frac{1}{s}$$

$$Y(s) = F(s)H(s) = \frac{1}{s^2 + 3s + 2} = \frac{1}{s+1} - \frac{1}{s+2}$$

求 $Y(s)$ 的拉普拉斯逆变换得

$$y(t) = (e^{-t} - e^{-2t})\varepsilon(t)$$

(3) 表征该系统的常系数微分方程为

$$y''(t) + 3y'(t) + 2y(t) = f'(t)$$

(4) 该系统的框图如图 5-10(a),信号流图如图 5-10(b) 所示

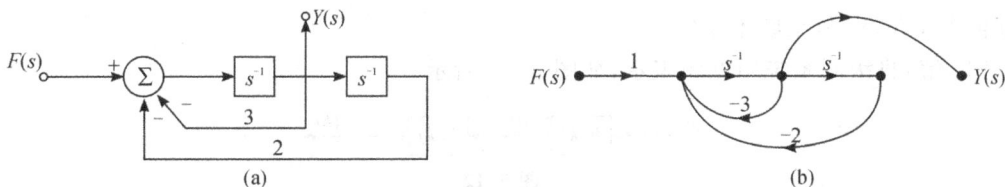

图 5-10

15. 解:(1) 对差分方程求 $Z$ 变换

$$[z^2 Y(z) - y(0)z^2 - y(1)z] + 3[zY(z) - y(0)z] + 2y(z) = zF(z) - f(0)z + 3F(z)$$

$$Y(z) = \frac{y(0)z^2 + [y(1) + 3y(0) - f(0)]z}{z^2 + 3z + 2} + \frac{z+3}{z^2 + 3z + 2}F(z)$$

则系统函数为

$$H(z) = \frac{Y_{zs}(z)}{F(z)} = \frac{z+3}{z^2 + 3z + 2} = \frac{z^{-1} + 3z^{-2}}{1 + 3z^{-1} + 2z^{-2}}$$

系统的信号流图如图 5-11(b) 所示。

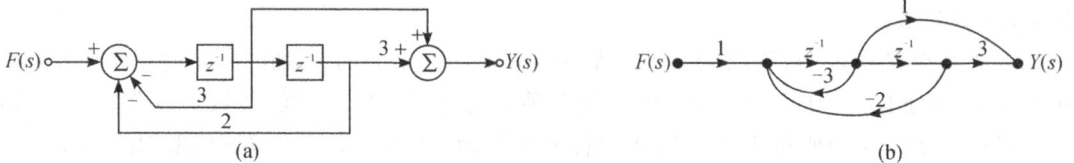

图 5-11

(2) 先求零状态响应 $y_{zs}(n)$

$$Y_{zs}(z) = \frac{z+3}{z^2 + 3z + 2}F(z) = \frac{z+3}{z^2 + 3z + 2} \cdot \frac{z}{z-1} = \frac{2}{3}\frac{z}{z-1} - \frac{z}{z+1} + \frac{1}{3}\frac{z}{z+2}$$

求逆变换得

$$y_{zs}(n) = \left[\frac{2}{3} - (-1)^n + \frac{1}{3}(-2)^n\right]\varepsilon(n)$$

下面求零输入响应 $y_{zi}(n)$:

递推法求初值 $y(0)$,由差分方程得

$$y(n) = \frac{1}{2}\left[f(n+1) + 3f(n) - y(n+2) - 3y(n+1)\right]$$

$$\Rightarrow y(0) = \frac{1}{2}\left[f(1) + 3f(0) - y(2) - 3y(1)\right] = \frac{1}{2}(1 + 3 - 3 - 3) = -1$$

$$Y_{zi}(z) = \frac{y(0)z^2 + [y(1) + 3y(0) - f(0)]z}{z^2 + 3z + 2} = \frac{-z^2 - 3z}{z^2 + 3z + 2} = \frac{z}{z+2} - \frac{2z}{z+1}$$

求逆变换得

$$y_{zi}(n) = \left[(-2)^n - 2(-1)^n\right]\varepsilon(n)$$

则全响应为

$$y(n) = y_{zi}(n) + y_{zs}(n) = \left[\frac{2}{3} - 3(-1)^n + \frac{4}{3}(-2)^n\right]\varepsilon(n)$$

(3) 系统函数具有极点:$z = -1$ 和 $z = -2$。对于因果系统,$H(z)$ 的收敛域为 $|z| > 2$,它不包含单位圆,故系统不稳定。

16. 解:将级联系统用框图表示,如图 5-12 所示。

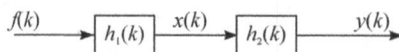

图 5-12

第一个子系统的差分方程可表示为

$$x(n) + \frac{1}{2}x(n-1) = 2f(n) - f(n-1)$$

求 $Z$ 变换可得

$$\left(1 + \frac{1}{2}z^{-1}\right)X(z) = (2 - z^{-1})F(z) \quad \Rightarrow H_1(z) = \frac{X(z)}{F(z)} = \frac{2 - z^{-1}}{1 + \frac{1}{2}z^{-1}}$$

第二个子系统的差分方程可表示为

$$y(n) - \frac{1}{2}y(n-1) + \frac{1}{4}y(n-2) = x(n)$$

求 $Z$ 变换可得

$$\left(1 - \frac{1}{2}z^{-1} + \frac{1}{4}z^{-2}\right)Y(z) = X(z) \quad \Rightarrow H_2(z) = \frac{Y(z)}{X(z)} = \frac{1}{1 - \frac{1}{2}z^{-1} + \frac{1}{4}z^{-2}}$$

则整个级联系统的系统函数为

$$H(z) = \frac{Y(z)}{F(z)} = H_1(z)H_2(z) = \frac{2 - z^{-1}}{1 + \frac{1}{2}z^{-1}} \cdot \frac{1}{1 - \frac{1}{2}z^{-1} + \frac{1}{4}z^{-2}} = \frac{2 - z^{-1}}{1 + \frac{1}{8}z^{-3}}$$

由系统函数可知整个级联系统的差分方程为

$$y(n) + \frac{1}{8}y(n-3) = 2f(n) - f(n-1)$$

（2）将系统函数分解成两个分式之和

$$H(z) = \frac{\frac{4}{3}}{1 + \frac{1}{2}z^{-1}} + \frac{\frac{2}{3} - \frac{2}{3}z^{-1}}{1 - \frac{1}{2}z^{-1} + \frac{1}{4}z^{-2}}$$

据此,可得 $Z$ 域框图,如图 5-13 所示。

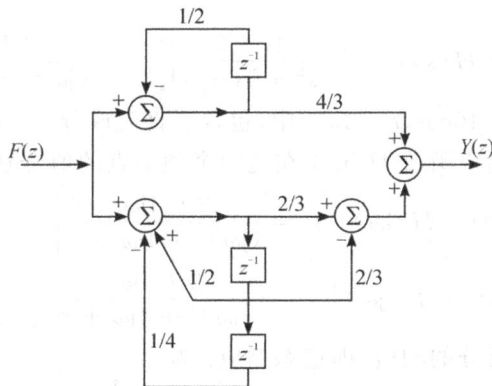

**图 5-13**

17. 解:对差分方程求 $Z$ 变换

$$[z^2Y(z) - y(0)z^2 - y(1)z] + 0.1[zY(z) - y(0)z] - 0.2Y(z)$$

$$= [z^2F(z) - f(0)z^2 - f(1)z] + 1.2[zF(z) - f(0)z] + 0.2F(z)$$

整理后得

$$Y(z) = \frac{[y(0) - f(0)]z^2 + [y(1) + 0.1y(0) - f(1) - 1.2f(0)]z}{z^2 + 0.1z - 0.2} + \frac{z^2 + 1.2z + 0.2}{z^2 + 0.1z - 0.2}F(z)$$

$$(1)$$

由上式可知,系统函数为

$$H(z) = \frac{z^2 + 1.2z + 0.2}{z^2 + 0.1z - 0.2} = \frac{z^2 + 1.2z + 0.2}{(z + 0.5)(z - 0.4)}, |z| > 0.5$$

(2)$H(z)$的收敛域包含单位圆,因此系统稳定。

(3) 将 $y(0) = -1, y(1) = 2, f(0) = 1, f(1) = 1, F(z) = \frac{z}{z-1}$ 代入式(1),可得

$$Y(z) = \frac{-2z^2 - 0.3z}{z^2 + 0.1z - 0.2} + \frac{z^2 + 1.2z + 0.2}{z^2 + 0.1z - 0.2} \cdot \frac{z}{z-1}$$

$$= -\frac{2}{3}\frac{z}{z + 0.5} - \frac{13}{3}\frac{z}{z - 0.4} + \frac{8}{3}\frac{z}{z - 1}$$

求逆 $Z$ 变换得

$$y(n) = -\frac{1}{3}[2(-0.5)^n + 13(0.4)^n - 8]\varepsilon(n)$$

18. 解:(1) 对微分方程求拉普拉斯变换,得系统函数

$$H(s) = \frac{Y(s)}{F(s)} = \frac{4s + 2}{s^2 + 4s + 3} = \frac{5}{s + 3} - \frac{1}{s + 1}, \mathrm{Re}[s] > -1$$

求拉普拉斯逆变换得

$$h(t) = (5e^{-3t} - e^{-t})\varepsilon(t)$$

(2) 由系统函数 $H(s)$ 的表达式可知,$H(s)$ 的极点为 $s_1 = -1, s_2 = -3$,由于是因果系统,所以其收敛域为 $\mathrm{Re}[s] > -1$。$H(s)$ 的极点全都处于左半 $s$ 平面,故系统是稳定的。

(3) 由于系统函数 $H(s)$ 的收敛域为 $\mathrm{Re}[s] > -1$,包含 $s$ 平面中的 $j\omega$ 轴,故系统的频率响应为:

$$H(j\omega) = H(s)\Big|_{s=j\omega} = \frac{4s + 2}{s^2 + 4s + 3}\Big|_{s=j\omega} = \frac{2 + 4j\omega}{(j\omega)^2 + 4j\omega + 3}$$

输入信号 $f(t) = 6 + 10\cos(t + 45°)$ 中,包含了直流成分 $\omega = 0$ 以及角频率 $\omega = 1$ rad/s 的正弦信号。系统频率响应函数 $H(j\omega)$ 在这两个频率点的值分别为

$$H(0) = H(j\omega)\Big|_{\omega=0} = \frac{2 + 4j\omega}{(j\omega)^2 + 4j\omega + 3}\Big|_{\omega=0} = \frac{2}{3}$$

$$H(j1) = H(j\omega)\Big|_{\omega=1} = \frac{2 + 4j\omega}{(j\omega)^2 + 4j\omega + 3}\Big|_{\omega=1} = 1$$

系统对这两个频率成分的响应(即稳态响应)为

$$y(t) = 6 \times \frac{2}{3} + 10\cos(t + 45°) = 4 + 10\cos(t + 45°)$$

19. 解:对差分方程求 $Z$ 变换,可得系统函数

$$H(z) = \frac{z^2 + cz + d}{z^2 + az + b} \tag{1}$$

由于 $H(z)$ 在原点 $z=0$ 有二阶零点，$H(z)$ 有一个极点在 $z=0.5$；同时，由差分方程可知，该系统是二阶系统，可能存在两个极点，设另一个极点为 $z_1$，故 $H(z)$ 应具有如下形式：

$$H(z) = \frac{Kz^2}{(z-0.5)(z-z_1)} \tag{2}$$

对比式(1) 和式(2)，可得：$c=d=0$，$K=1$，$a=-z_1-0.5$，$b=0.5z_1$。代入式(2)，得

$$H(z) = \frac{z^2}{(z-0.5)(z-z_1)} \tag{3}$$

由于 $H(1)=\dfrac{8}{3}$，令式(3) 中 $z=1$，可得

$$H(1) = \frac{z^2}{(z-0.5)(z-z_1)} \bigg|_{z=1} = \frac{1}{0.5(1-z_1)} = \frac{8}{3} \Rightarrow z_1 = 0.25$$

则

$$a = -z_1 - 0.5 = -0.75,\ b = 0.5z_1 = 0.125,\ c=d=0$$

$$H(z) = \frac{z^2}{(z-0.5)(z-0.25)},\ |z| > 0.5 \tag{4}$$

(2)$H(z)$ 的零极点如图 5-14 所示。$H(z)$ 的收敛域包含单位圆，故系统稳定。

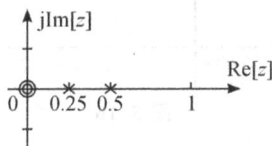

**图 5-14**

(3) 对 $H(z)$ 做部分分式展开，并求逆 $Z$ 变换：

$$H(z) = \frac{z^2}{(z-0.5)(z-0.25)} = \frac{2z}{z-0.5} - \frac{z}{z-0.25},\ |z| > 0.5$$

$$\Rightarrow h(n) = Z^{-1}[H(z)] = [2(0.5)^n - (0.25)^n]\varepsilon(n)$$

激励为 $\delta(n)$ 时，系统的响应为 $h(n)$；激励为 $\delta(n-2)$ 时，系统的响应为 $h(n-2)$。故当输入 $f(n)=\delta(n)+\delta(n-2)$ 时，系统的响应为

$$y(n) = h(n) + h(n-2)$$
$$= [2(0.5)^n - (0.25)^n]\varepsilon(n) + [2(0.5)^{n-2} - (0.25)^{n-2}]\varepsilon(n-2)$$

(4) 系统的输入 $f(n)=(-1)^n$ 时，利用时域卷积的方法求系统的输出 $y(n)$：

$$y(n) = f(n) * h(n) = \sum_{i=-\infty}^{\infty} f(n-i)h(i) = \sum_{i=-\infty}^{\infty} (-1)^{n-i} h(i)$$

$$= (-1)^n \sum_{i=-\infty}^{\infty} (-1)^{-i} h(i) = (-1)^n \cdot H(z)\big|_{z=-1} = \frac{8}{15}(-1)^n$$

(5) 系统的直接形式的流图如图 5-15 所示。

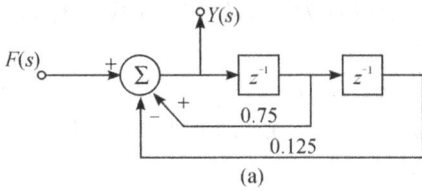

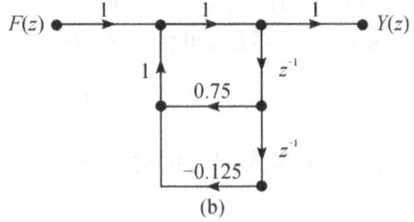

图 5-15

20. 解:(1) 差分方程改写为
$$y(n) - y(n-1) - y(n-2) = f(n-1)$$
求 $Z$ 变换,可得系统函数
$$H(z) = \frac{Y(z)}{F(z)} = \frac{z^{-1}}{z - z^{-1} - z^{-2}} = \frac{z}{z^3 - z - 1} = 0.45\left(\frac{z}{z-1.62} - \frac{z}{z+0.62}\right), |z| > 1.62$$
由上式可知,$H(z)$ 在原点 $z = 0$ 处有一阶零点,其极点为 $z_1 = -0.62, z_2 = 1.62$,如图 5-16 所示。由于该系统是因果的,故 $H(z)$ 的收敛域为 $|z| > 1.62$。

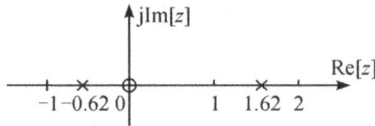

图 5-16

(2) 由 $H(z)$ 的表达式及其收敛域,求逆 $Z$ 变换可得系统的单位样值响应:
$$h(n) = Z^{-1}[H(z)] = 0.45[(1.62)^n - (-0.62)^n]\varepsilon(n)$$
(3) 由于 $H(z)$ 的收敛域为 $|z| > 1.62$,不包含单位圆,故系统不稳定。

(4) 若要获得一个满足该系统的稳定的单位样值响应,$H(z)$ 的收敛域应为 $0.62 < |z| < 1.62$。
$$H(z) = 0.45\left(\frac{z}{z-1.62} - \frac{z}{z+0.62}\right), 0.62 < |z| < 1.62$$
$$h(n) = Z^{-1}[H(z)] = -0.45[(1.62)^n\varepsilon(-n-1) + (-0.62)^n\varepsilon(n)]$$

21. 解:(1) 由系统函数 $H(z)$ 的零极点图(图 5-17)可知,$H(s)$ 的表达式为

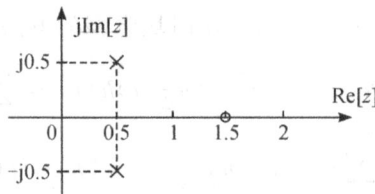

图 5-17

$$H(z) = \frac{A(z-1.5)}{(z-0.5-j0.5)(z-0.5+j0.5)} = \frac{A(z-1.5)}{z^2 - z + 0.5}$$
其中,$A$ 为待定常数。为简单起见,取 $A = 1$。

$$H(z) = \frac{z - 1.5}{z^2 - z + 0.5}$$

$$= \frac{z - \dfrac{1}{\sqrt{2}}\cos\dfrac{\pi}{4}}{z^2 - 2 \times \dfrac{1}{\sqrt{2}}z\cos\dfrac{\pi}{4} + \left(\dfrac{1}{\sqrt{2}}\right)^2} - 2\,\frac{\dfrac{1}{\sqrt{2}}\cos\dfrac{\pi}{4}}{z^2 - 2 \times \dfrac{1}{\sqrt{2}}z\cos\dfrac{\pi}{4} + \left(\dfrac{1}{\sqrt{2}}\right)^2}$$

据 $Z$ 变换对,求逆 $Z$ 变换:

$$h(n) = Z^{-1}[H(z)] = \left(\frac{1}{\sqrt{2}}\right)^n \left[\cos\left(\frac{n-1}{4}\pi\right) - 2\sin\left(\frac{n-1}{4}\pi\right)\right] \varepsilon(n-1)$$

(2)由于 $H(z)$ 的收敛域包含单位圆,故系统的频率响应存在,且为

$$H(e^{j\beta}) = H(z)\big|_{z=e^{j\beta}} = \frac{z - 1.5}{(z - 0.5)^2 + (0.5)^2}\bigg|_{z=e^{j\beta}} = \frac{e^{j\beta} - 1.5}{e^{j2\beta} - e^{j\beta} + 0.5}$$

幅频特性为

$$|H(e^{j\beta})| = \left|\frac{e^{j\beta} - 1.5}{e^{j2\beta} - e^{j\beta} + 0.5}\right| = \sqrt{\frac{3.25 - 3\cos\beta}{2.25 - 3\cos\beta + \cos 2\beta}}$$

系统的幅频特性如图 5-18 所示。由图可知,该系统是带通滤波器。

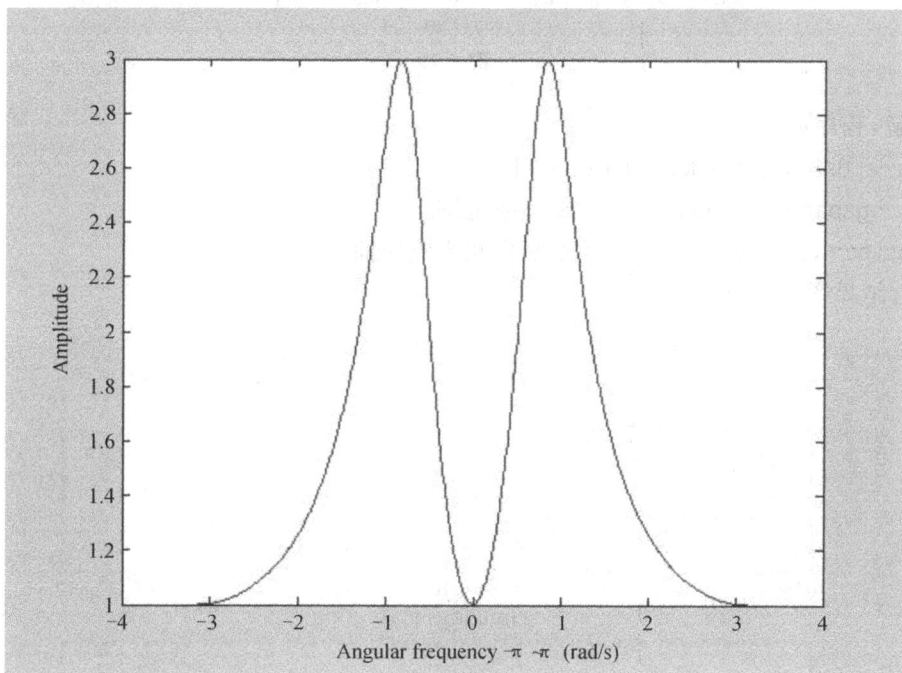

图 5-18

### 五、Matlab 程序题

1. 解:程序如下

```
num = [1 - 0.5 2];       % 分子系数,按降幂顺序排列
den = [1 0.4 1];         % 分母系数,按降幂顺序排列
[z,p] = tf2zp(num,den);  % 求零点 z 和极点 p
zplane(z,p)              % 作出零极点图
```

运行结果如图 5-19 所示。

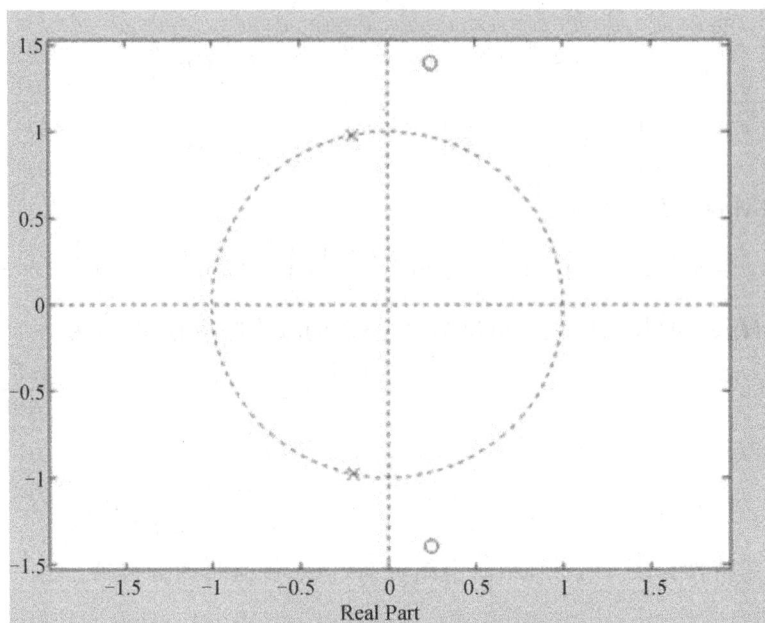

图 5-19

2. 解：程序如下

```
num = [0. 2 0. 3 1];den = [1 0. 4 1];
w = logspace( - 1,1);          % 频率范围
freqs(num,den,w)               % 画出频率响应曲线
```

运行结果图 5-20 所示。

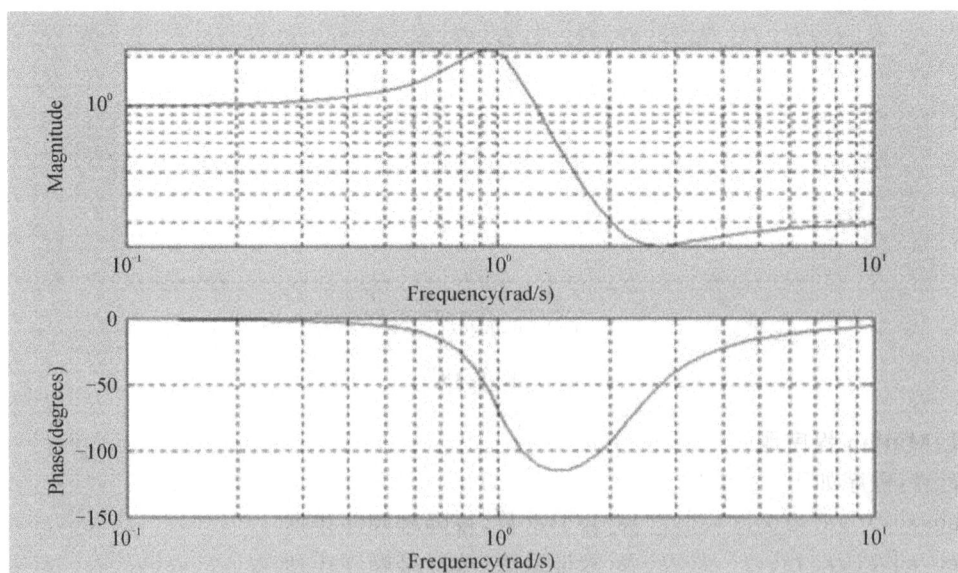

图 5-20

3. 解:程序如下

```
b = [3 0.6 2/3 0];
a = [1 1/6 1/3 1/6];
[z,p,k] = tf2zp(b,a);
zplane(b,a);
sos = zp2sos(z,p,k);        % 级联形式
[r,P,K] = residuez(b,a);    % 并联形式
disp('零点');disp(z)
disp('极点');disp(p)
disp('增益');disp(k)
disp(' sos 矩阵');disp(sos);
```

4. 解:程序如下

```
b = [1 0 0 0 1 0 0 0 1];
a = [1 0 0 0 0 0 0 0 0];
[z,p,k] = tf2zp(b,a);
sos = zp2sos(z,p,k);        % 级联形式
[r,P,K] = residuez(b,a);    % 并联形式
```

5. 解:程序如下

```
b = [8 - 4 11 - 2];
a = [1 - 1.25 0.75 - 0.125];
[z,p,k] = tf2zp(b,a);
disp('零点');disp(z)
disp('极点');disp(p)
disp('增益');disp(k)
zplane(b,a);
```

程序运行结果如图 5-21 所示。由于三个极点都在单位圆内部,所以系统是稳定系统。

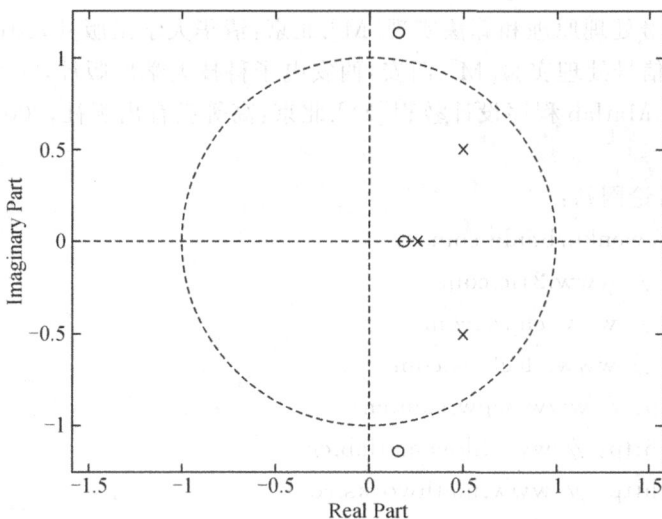

图 5-21

# 参考文献

[1] 吴大正.信号与信息系统分析[M]. 第 4 版.北京:高等教育出版社,2012.

[2] 郑君里,应启珩,杨为理.信号与系统[M].第 2 版.北京:高等教育出版社,2000.

[3] 郑佳春,陈仅星,陈金西.数字信号处理[M].西安:西安电子科技大学出版社,2013.

[4] Robert A. Gabel,Richard A. Roberts. Signals and Linear Systems[M]. John Wiley and Sons, Inc.,1973.

[5] Michael J. Roberts.信号与系统[M].第 2 版. 北京:机械工业出版社,2013.

[6] 赵光宙.信号分析与处理[M].第 2 版. 北京:机械工业出版社,2015.

[7] 王丽娟,贾永兴,王友军,等.信号与系统[M]. 北京:机械工业出版社,2015.

[8] J.V. Vegte. 数字信号处理基础(英文版)[M]. 北京:电子工业出版社,2003.

[9] J.H. McClellan etc.数字信号处理引论(英文影印版)[M].北京:科学出版社,2003.

[10] 陈怀琛.数字信号处理教程 ——Matlab 释义与实现[M].北京:电子工业出版社,2004.

[11] 张延华,姚林泉,郭玮.数字信号处理 —— 基础与应用[M].北京:机械工业出版社,2005.

[12] 郑南宁,程洪,数字信号处理[M].第 1 版.北京:清华大学出版社,2007.

[13] Vinay K. Ingle.数字信号处理及其 Matlab 实现(中译版)[M].北京:电子工业出版社,1998.

[14] K. R. Castleman.数字图像处理(英文版)[M].Prentice Hall,1996.

[15] 王世一.数字信号处理[M].第 2 版.北京:北京理工大学出版社,1997.

[16] 李莉.数字信号处理原理和算法实现[M].北京:清华大学出版社,2010.

[17] 刘舒帆.数字信号处理实验[M].西安:西安电子科技大学出版社,2008.

[18] 李海涛,邓樱.Matlab 程序设计教程[M].北京:高等教育出版社,2002.

参考电子资料及讨论网站:

百度文库:http:∥ wenku.baidu.com

中国电子网:http:∥ www.21ic.com

电子电路网:http:∥ www.cndzz.com

电子发烧友:http:∥ www.elecfans.com

电子产品世界:http:∥ www.eepw.com.cn

Matlab 中文论坛:http:∥ www.ilovematlab.cn

Matlab 官方网站:http:∥ www.mathworks.com

Matlab 工具箱网站:http:∥ www.mathtools.net